# ¡Rumbo al éxito!

*Rumbos,* **Second Edition**, was written with the goal of providing students with the guidance and practice necessary to reach higher levels of communication and cultural competence in intermediate Spanish.

Closely aligned with national standards, the *Rumbos* program:

- *promotes articulation and advancement for diverse learners* using a three-part approach—**review, build, expand**—woven throughout each chapter.

- *creates an effective context for learning and skill-building*—integrating vocabulary, grammar, and culture as well as reading, writing, and listening activities

- *encourages intercultural and intracultural understanding*

- *uses proven technology resources* to save time for instructors and engage today's "digital natives" in active learning

Your special chapter preview begins now...

# Creating a Context for Learning

# Rumbo a...

*Rumbos* immerses students in the rich diversity of Spanish-speaking cultures. Each chapter's content is organized around a different theme as well as a specific country or region. *Metas comunicativas*—communicative goals, *Estructuras*—grammar topics, and *Cultura y pensamiento crítico*—cultural and critical thinking themes, are clearly listed for easy reference.

To help students get acquainted with the target region(s) and cultures, chapter openers encourage interaction with maps, photos, timelines, and online activities. To enhance this journey, opportunities to explore with **Google™ Earth coordinates** and view video segments are embedded throughout the chapter.

 **Más perspectivas de. . .** www.cengage.com/spanish/rumbos
- Google™ Earth coordinates
- Video: Cuba, Puerto Rico y República Dominicana

2

# Enhanced Vocabulary Practice

# Vocabulario

A three-tiered **review, build,** and **expand** approach to vocabulary development helps students learn necessary lexical items while also helping them develop functional proficiency in the language. Each chapter's two visually based and contextualized **Vocabulario** presentations target frequently used lexical items relevant to the chapter theme and geographic focus.

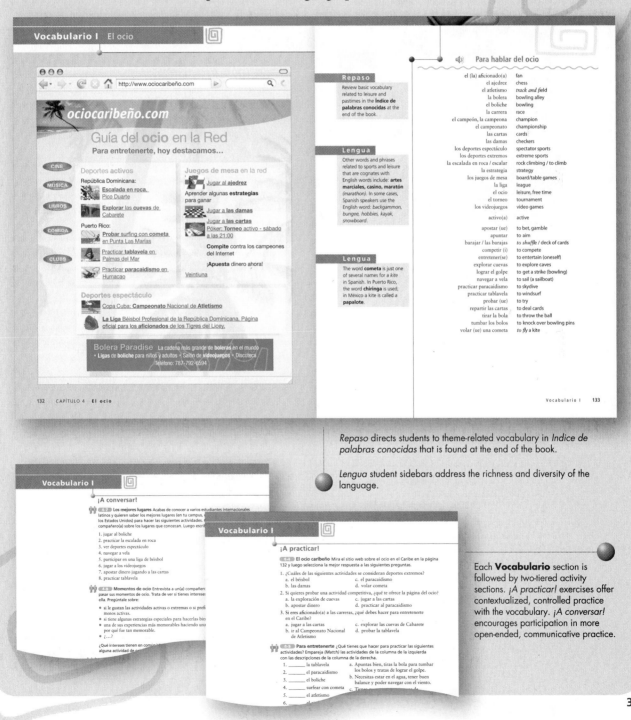

*Repaso* directs students to theme-related vocabulary in *Índice de palabras conocidas* that is found at the end of the book.

*Lengua* student sidebars address the richness and diversity of the language.

Each **Vocabulario** section is followed by two-tiered activity sections. *¡A practicar!* exercises offer contextualized, controlled practice with the vocabulary. *¡A conversar!* encourages participation in more open-ended, communicative practice.

# Perspectiva

Following each vocabulary presentation, a new **Perspectiva** section provides a cultural reading and activities that facilitate comprehension and promote intercultural awareness.

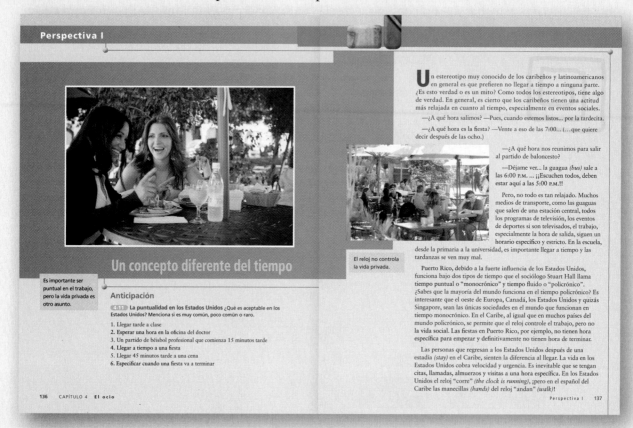

### Perspectiva I

**Un concepto diferente del tiempo**

Es importante ser puntual en el trabajo, pero la vida privada es otro asunto.

#### Anticipación

**4-11 La puntualidad en los Estados Unidos** ¿Qué es aceptable en los Estados Unidos? Menciona si es muy común, poco común o raro.

1. Llegar tarde a clase
2. Esperar una hora en la oficina del doctor
3. Un partido de béisbol profesional que comienza 15 minutos tarde
4. Llegar a tiempo a una fiesta
5. Llegar 45 minutos tarde a una cena
6. Especificar cuando una fiesta va a terminar

136   CAPÍTULO 4   El ocio

**U**n estereotipo muy conocido de los caribeños y latinoamericanos en general es que prefieren no llegar a tiempo a ninguna parte. ¿Es esto verdad o es un mito? Como todos los estereotipos, tiene algo de verdad. En general, es cierto que los caribeños tienen una actitud más relajada en cuanto al tiempo, especialmente en eventos sociales.

—¿A qué hora salimos? —Pues, cuando estemos listos... por la tardecita.

—¿A qué hora es la fiesta? —Vente a eso de las 7:00... (...que quiere decir después de las ocho.)

—¿A qué hora nos reunimos para salir al partido de baloncesto?

—Déjame ver... la guagua *(bus)* sale a las 6:00 P.M. ... ¡¡Escuchen todos, deben estar aquí a las 5:00 P.M.!!

El reloj no controla la vida privada.

Pero, no todo es tan relajado. Muchos medios de transporte, como las guaguas que salen de una estación central, todos los programas de televisión, los eventos de deportes de si son televisados, el trabajo, especialmente la hora de salida, siguen un horario específico y estricto. En la escuela, desde la primaria a la universidad, es importante llegar a tiempo y las tardanzas se ven muy mal.

Puerto Rico, debido a la fuerte influencia de los Estados Unidos, funciona bajo dos tipos de tiempo que el sociólogo Stuart Hall llama tiempo puntual o "monocrónico" y tiempo fluido o "policrónico". ¿Sabes que la mayoría del mundo funciona en el tiempo policrónico? Es interesante que el oeste de Europa, Canadá, los Estados Unidos y quizás Singapore, sean las únicas sociedades en el mundo que funcionan en tiempo monocrónico. En el Caribe, al igual que en muchos países del mundo policrónico, se permite que el reloj controle el trabajo, pero no la vida social. Las fiestas en Puerto Rico, por ejemplo, no tienen hora específica para empezar y definitivamente no tienen hora de terminar.

Las personas que regresan a los Estados Unidos después de una estadía *(stay)* en el Caribe, sienten la diferencia al llegar. La vida en los Estados Unidos cobra velocidad y urgencia. Es inevitable que se tengan citas, llamadas, almuerzos y visitas a una hora específica. En los Estados Unidos el reloj "corre" *(the clock is running)*, ¡pero en el español del Caribe las manecillas *(hands)* del reloj "andan" *(walk)*!

Perspectiva I   137

---

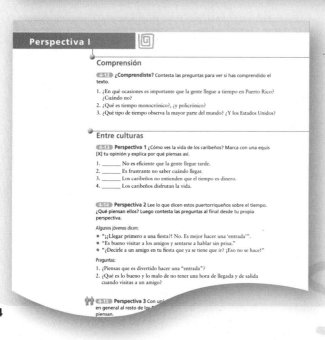

### Perspectiva I

#### Comprensión

**4-12 ¿Comprendiste?** Contesta las preguntas para ver si has comprendido el texto.

1. ¿En qué ocasiones es importante que la gente llegue a tiempo en Puerto Rico? ¿Cuándo no?
2. ¿Qué es tiempo monocrónico?, ¿y policrónico?
3. ¿Qué tipo de tiempo observa la mayor parte del mundo? ¿Y los Estados Unidos?

#### Entre culturas

**4-13 Perspectiva 1** ¿Cómo ves la vida de los caribeños? Marca con una equis [X] tu opinión y explica por qué piensas así.

1. _____ No es eficiente que la gente llegue tarde.
2. _____ Es frustrante no saber cuándo llegar.
3. _____ Los caribeños no entienden que el tiempo es dinero.
4. _____ Los caribeños disfrutan la vida.

**4-14 Perspectiva 2** Lee lo que dicen estos puertorriqueños sobre el tiempo. ¿Qué piensan ellos? Luego contesta las preguntas al final desde tu propia perspectiva.

Algunos jóvenes dicen:

• "¡¿Llegar primero a una fiesta?! No. Es mejor hacer una 'entrada'".
• "Es bueno visitar a los amigos y sentarse a hablar sin prisa."
• "¿Decirle a un amigo en tu fiesta que ya se tiene que ir? ¡Eso no se hace!"

Preguntas:

1. ¿Piensas que es divertido hacer una "entrada"?
2. ¿Qué es lo bueno y lo malo de no tener una hora de llegada y de salida cuando visitas a un amigo?

**4-15 Perspectiva 3** Con un/a [...] en general al resto de los [...] piensan.

Each cultural reading is accompanied by pre-reading, comprehension, cross-cultural comparison and analysis, and Internet-based expansion activities. These activities are designed to facilitate reading comprehension, highlight the diversity of Spanish-speaking cultures, and promote intercultural awareness.

# Integrated Approach to Grammar

## Estructura y uso

Carefully developed to help students **review, build,** and **expand** their knowledge, streamlined and simplified **Estructura y uso** grammar sections (three per chapter) are tightly integrated within each chapter's thematic and cultural focus—incorporating manageable explanations as well as numerous examples and model sentences.

Simplified *Repaso* student sidebars refer students to grammar points available for review in *Índice de gramática conocida*. Self-grading exercises—available online at the **Rumbos Premium Website** or at **iLrn™: Heinle Learning Center**—provide important and convenient practice and review.

The *¡A practicar!* and *¡A conversar!* activity sections provide more guided practice followed by additional opportunities to use the target structures in more creative and open-ended communication.

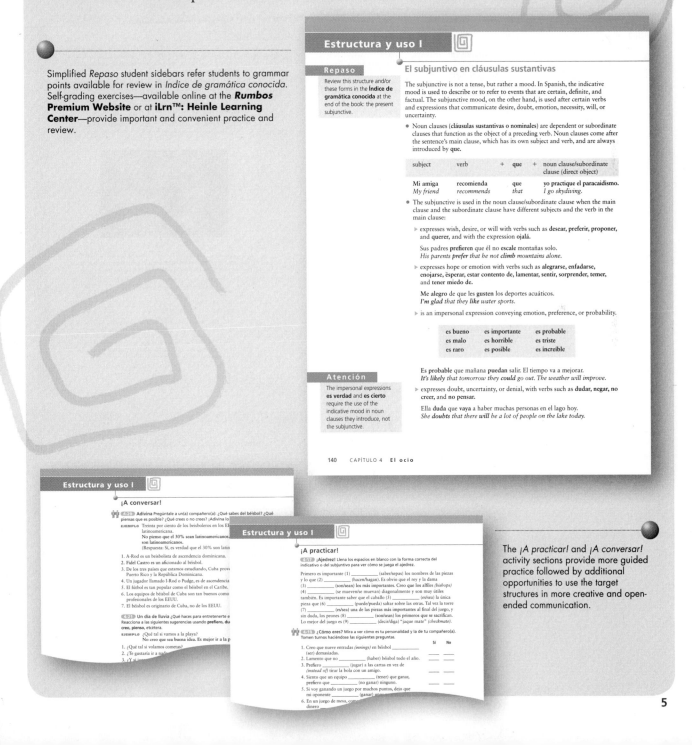

# Impresiones

The **review, build,** and **expand** approach comes full circle in **Impresiones**, a chapter-culminating skills section. Activities integrate listening, speaking, viewing, reading, writing, and critical thinking, and invite students to synthesize and apply what they have learned to contexts beyond classroom walls.

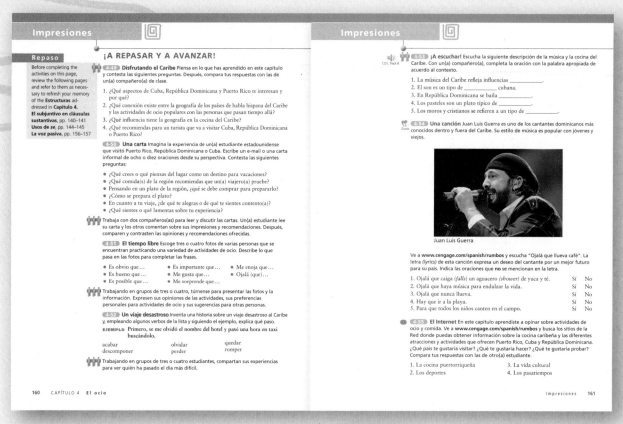

*¡A repasar y a avanzar!* engages students in a review of what they have learned in the chapter and then asks them to apply their new knowledge to more challenging speaking and listening tasks.

A thematically relevant, culturally contextualized **audio text** targets the active vocabulary presented in the chapter and is accompanied by a short task to help students gauge their progress.

An **original song** by a group or artist from the chapter's country or region of focus incorporates vocabulary and grammatical structures presented earlier. Students listen to the song and then test their comprehension through a brief activity. Links to an **iTunes® playlist** of featured songs can be found online at the *Rumbos* Premium Website or at **iLrn™: Heinle Learning Center.**

*iTunes is a trademark of Apple, Inc., registered in the U.S. and other countries*

# Carefully guides students through an exploration of authentic literature

*¡A leer!* literary readings are simplified, more concise, and supported by pre-reading, comprehension, expansion activities, and reading strategies.

---

## Impresiones

### ¡A ESCRIBIR! La reseña

**Atajo**

**Functions:** Describing; Talking about films; Writing an introduction; Writing a conclusion
**Vocabulary:** Food; Leisure; Sports
**Grammar:** Adjectives: agreement, position; Verbs: passive, passive with **se**, subjunctive

#### El tema

En una reseña el (la) autor(a) nos describe un libro, una película, una exposición, un restaurante, etcétera, desde su punto de vista personal. Contamos con las reseñas para decidir qué película queremos ver, para probar un nuevo restaurante o para encontrar alguna actividad nueva. Tu clase va a crear una *Guía del ocio* en español para describir algunas actividades relacionadas con la cultura latina que se pueden hacer en el tiempo libre. Tú vas a probar algo nuevo y luego vas a escribir una reseña sobre la experiencia. Puedes ver una película en español, probar la comida en un restaurante latino, visitar un mercado latino, participar en una celebración latina, visitar sitios latinos en la Second Life®, etcétera —cualquier cosa, con tal de que *(provided that)* tenga que ver con la cultura latina.

#### El contenido

Una buena reseña incluye datos objetivos y tu opinión personal. Los datos objetivos importantes pueden incluir: el nombre, la ubicación *(location)* y el tipo de película/exposición/restaurante, y los nombres de sus artistas/actores/obras/chefs. La información subjetiva puede incluir: tus primeras reacciones, si te gustó o no y por qué, y los aspectos más y menos interesantes. Las reseñas frecuentemente incluyen también recomendaciones para los lectores, por ejemplo, el mejor momento para hacer la actividad, si es apropiada para todos, etcétera.

#### El primer borrador

Tu reseña debe tener las siguientes partes:

*Una introducción:* Trata de interesar al lector comenzar con una pregunta intrigante *(intrig* sensorial *(sensory)* en la que mencionas los col que provoca la experiencia. También puedes i es relevante, el tipo de película, exposición, com

*El desarrollo (cuerpo de la reseña):* Dale al le poder entender bien cómo es la obra, la expos adjetivos descriptivos para demostrar tus opi "la exposición presenta una colección impresi entiende que piensas que tiene una buena cole usar frases como yo creo, en mi opinión, etcét

*Una conclusión:* Resume en una o dos oracion en la reseña, incluyendo tu opinión. También p

*Un título:* Piensa en algo que capte *(capture)* l opinión o las cosas.

---

*¡A escribir!* activities are designed to engage students with Hispanic culture outside the classroom. Students are guided through the steps necessary to compose a variety of written forms.

---

### ¡A LEER! La Cucarachita Martina

**Sobre la autora**

**Rosario Ferré (1938– )** nació en Ponce, Puerto Rico. Recibió su licenciatura en una universidad privada del estado de Nueva York. Hizo sus estudios de posgrado primero en la Universidad de Puerto Rico y luego en la Universidad de Maryland. En sus libros se destaca la crítica hacia las normas sociales puertorriqueñas, especialmente las dificultades que tiene la mujer en la sociedad patriarcal de Puerto Rico. En 1981 publicó el libro *La mona que le pisaron la cola*, en el cual se encuentra el cuento "La Cucarachita Martina".

#### Antes de leer

**4-56** **Invitación al texto** Rosario Ferré explora los mismos temas en sus cuentos para niños que en sus cuentos para adultos: el rol de la mujer en el contexto machista del Caribe. En el caso de esta selección, la autora se basa en un cuento para niños puertorriqueños muy popular, llamado "La Cucarachita Martina y el Ratoncito Pérez". Haciendo unos cambios a esta historia original, Ferré crea una sátira de un aspecto significante de la sociedad puertorriqueña: el machismo.

1. ¿Cuáles son algunos cuentos para niños que tratan de la relación entre hombres y mujeres? Brevemente resume la trama *(plot)* de uno de ellos y describe a los personajes principales.
2. Sabiendo que la autora se basa en un cuento para niños, pero hace algunos cambios para enfocarse en la situación de la mujer en las sociedades hispanohablantes, ¿cómo te imaginas que va a ser el tono de esta historia? ¿Crees que esta historia va a ser diferente de otros cuentos para niños que conoces?

---

**Estrategia de lectura** Identificar el tono

Tone in literature indicates to the reader a set of attitudes that the author has toward his or her subject matter. Tone includes a broad range of perspectives, including nostalgic, sentimental, didactic, humorous, ironic, critical, and cynical, to name just a few. A work will often provide several attitudes that, together, will help shape for the reader the author's purpose in writing a particular piece. In order to help you identify the tone, consider the characteristics of some of the most difficult tones to detect in literary works:

**Cynical:** It intends to question and openly criticize social behaviors.
**Didactic:** It informs the reader about an experience, example, or observation with the purpose of teaching a moral lesson.
**Satiric:** It intends to expose and criticize a social vice or folly through exaggerated irony, sarcasm, ridicule, or wit.
**Ironic:** It stresses the contrast between an ideal and actual condition, usually expressed by a contradiction between an action or expression and the context in which it occurs. Irony is more subtle than sarcasm.

---

## Impresiones

### ¡A VER! Navidad en Puerto Rico

#### Antes de ver

**4-60** **Navidad en Puerto Rico** Hay muchas maneras diferentes de celebrar las fiestas en diferentes culturas. Contesta las siguientes preguntas.

1. ¿Qué tipo de música es popular en el Caribe?
2. ¿Cómo se celebra la Navidad en Puerto Rico?
3. ¿Qué crees que comen los puertorriqueños durante la Navidad?
4. ¿Qué tiempo hace generalmente en diciembre en la isla?

**Vocabulario útil**

**Fíjate** *Think about it*
**a pesar de** *in spite of*
**ansia** *anxiety, yearning*
**parrandas** *parties, revelries*
**lechón** *roasted pork*
**arroz con leche** *rice pudding*
**plátanos** *plantains*
**morcillas** *blood pudding, blood sausages*

#### Mientras ves

**4-61** **¡Mira y escucha con cuidado!** Mira el segmento y marca con una equis [X] las palabras que escuches o veas.

_____ adoba
_____ bananas
_____ boricua
_____ membrillo
_____ morcillas

_____ paella
_____ parrandas
_____ plena
_____ tortillas

#### Después de ver

**4-62** **¿Qué recuerdas?** Contesta las siguientes preguntas.

1. ¿Cómo se llama la música típica boricua?
2. ¿Qué se come para Navidad?
3. ¿Con qué se acompaña la carne?
4. ¿Qué se sirve como postre?
5. ¿Qué especia se usa en el postre?

#### Más allá del video

**4-63** **Una breve presentación** Con otro(a) estudiante prepara una breve presentación sobre cómo tu familia celebra las fiestas. No te olvides de mencionar qué fiesta es, cómo y quién participa. También asegúrate de prestar particular atención a las estructuras que practicaste en este capítulo como por ejemplo, el subjuntivo en cláusulas sustantivas.

---

*¡A ver!* video sections apply a process approach that moves smoothly from pre-viewing, viewing, and post-viewing to "going beyond" the video activities. Cultural video segments are available online at the text's **Premium Website** or at **iLrn™: Heinle Learning Center.**

# Integrated Teaching and Learning Components

## ilrn™: Heinle Learning Center*
**Printed Access Card ISBN: 978-0-495-80141-2**
*See the text's inside front cover for details.*

## QUIA™ Online Student Activities Manual (eSAM)*

**Printed Access Card**
**ISBN: 978-0-495-80143-6**
**QUIA** is a complete online Student Activities Manual (with audio) and homework package with interactive exercises. Learn more at **books.quia.com**.

## Personal Tutor*

**Printed Access Card**
**ISBN: 978-0-495-80243-3**
**Personal Tutor** gives your students online access to live, one-on-one help from a subject-area expert.

*Students access these resources via passkey when packaged with new copies of the text.*

## Premium Website*

**Printed Access Card**
**ISBN: 978-0-495-80159-7**
The text's new **Premium Website** makes it easy for you and your students to access all of the resources from the **Companion Website** PLUS premium password-protected content. Multimedia resources include the text audio, the SAM audio, Heinle playlists, the complete video program, **Google™ Earth** coordinates, video grammar tutorials, interactive practice, and more!

## Companion Website
**www.cengage.com/spanish/rumbos**
This site features integrated, chapter-specific multimedia culture activities; self-graded quizzing; flashcards; a glossary and conjugation tool; and links to Heinle iRadio grammar and pronunciation podcasts. Instructors can download password-protected resources such as the SAM Answer Key/Audio Script; the in-text Audio Script; the Testing Program with Answer Key and Audio; transparencies and sample syllabi; and Microsoft® PowerPoint® presentations.

## Annotated Instructor's Edition + Text Audio
**CDs ISBN: 978-0-495-80000-2**
Enhanced on-page notes include suggestions for activities and cultural and linguistic information to support instructors with varying levels of experience.

## PowerLecture™: Instructor's Resource CD-ROM
**PowerLecture™** **ISBN: 978-0-495-80076-7**
This invaluable instruction companion includes the Instructor's Resource Manual and Testing Program.

## Student Activities Manual (SAM)
**ISBN: 978-0-495-80073-6**
This essential component follows the organization of the main text and provides additional reading, writing, viewing, listening, and pronunciation practice outside of class. Also available for student purchase at instructor's discretion: **SAM Answer Key/Audio Script**, **ISBN: 978-0-495-80074-3**

## SAM Audio Program

**ISBN: 978-0-495-80075-0**
The lab audio program includes dialogues, simulated conversations, and pronunciation practice.

## Text Audio Program

**Stand-Alone Version**
**ISBN: 978-0-495-80088-0**

# Preface

*Rumbos: Curso intermedio de español* is a one-volume intermediate Spanish program that offers a complete and integrated approach to language learning at the intermediate level. Through the combination of fresh themes and content, functional vocabulary and grammar, a variety of authentic materials, and engaging activities, *Rumbos* captures students' interest and guides them through creative processes of skill development in interpersonal, interpretative, and presentational communication. Closely aligned with the ACTFL and National Standards for Foreign Language Learning, *Rumbos* will successfully prepare students for active participation in our own pluralistic culture in the U.S. as well as abroad.

## Developed to target the pedagogical issues that matter most for intermediate Spanish programs

- *Articulation and advancement with diverse groups of learners*
  Intermediate students come from a variety of backgrounds with a wide range of skills and abilities, such that some students need extensive remediation while others are already peaking into the advanced level. Moreover, intermediate students come to our programs with an equally wide range of goals: some seek nothing more than to fulfill a requirement, some just want to improve their communication skills, others wish to pursue advanced study in Spanish, and finally others are open to exploring all of these paths. To more successfully individualize instruction for a diverse group of learners, *Rumbos,* Second Edition, presents a tri-layered approach of **review, build,** and **expand,** which is integrated into each of the chapter's components. For example, students will find robust support tools, including the **Índice de palabras conocidas,** the **Índice de gramática,** and the online **iLrn™: Heinle Learning Center,** all of which will help them "fill in the gaps" that might remain after high school or their first year of college Spanish study. With these tools students can individually review and practice the first-year vocabulary and grammar structures that underline the chapter's core vocabulary and grammar sections, so that they each can approach this new material from a solid foundation. *Rumbos,* Second Edition, carefully guides students through the acquisition of this new core vocabulary and grammar by providing several opportunities for controlled practice before leading them on to more challenging activities where they creatively apply and expand their knowledge of the newly acquired core material. This same tri-layered approach is employed to teach culture and to lead students to higher levels of communicative competence across the four skills. Finally, *Rumbos,* Second Edition, prepares students for advanced-level Spanish study by introducing them to authentic literary readings, academic writing tasks, and oral presentation activities in each chapter.

- *Integrating learning and skill building*
  *Rumbos,* Second Edition, stands out from other intermediate Spanish programs because of its integrated approach to the teaching of vocabulary, grammar, and culture, which not only increases the opportunities for communicative practice of the new material in a variety of related contexts and across a range of skills, but also promotes the development of critical thinking by enabling students to make connections among the different chapter components as well as with the world outside of the classroom.
  Each chapter of *Rumbos,* Second Edition, is contextualized by an intriguing theme and a geographic focus, which are carried through all chapter components. Vocabulary (**Vocabulario en contexto**) is not presented through decontextualized lists, but rather through

realia-based presentations of lexical items that have been carefully selected for their relevance to the chapter theme and geographic focus. An ¡A practicar! section immediately follows and helps students more deeply process the new vocabulary while encouraging engagement with the cultural aspects of the realia piece. ¡A practicar! smoothly transitions into ¡A conversar!, which offers pair and small group, integrated skills activities that encourage more creative, open-ended practice of the vocabulary items in theme-related communicative contexts. These activities frequently engage students in using the vocabulary to discuss culturally relevant issues that are presented in the chapter, and often they invite students to practice the vocabulary outside of the classroom through Internet research of Spanish websites or through conversations with Spanish speakers. The Estructura y uso sections are also tightly integrated within each chapter's thematic and cultural focus. All explanations, examples, and activities are contextualized by the chapter vocabulary and many activities directly engage students in cultural exploration, so that students will continue to learn about culture and reinforce their acquisition of new vocabulary while practicing the new grammatical structures in a range of communicative situations. This high level of integration continues throughout each chapter's reading, listening, speaking, and writing activities, culminating in the Impresiones section, which includes authentic videos, songs, and literature dealing with chapter-related themes, situated in the culture or geographic region of focus, and including chapter vocabulary and grammar structures. The activities found in Impresiones integrate listening, speaking, viewing, reading, writing, and critical thinking, and invite students to apply and extend what they have learned in the chapter to wider contexts.

- *Promoting intercultural competence*
  The second edition of *Rumbos* offers a systematic culture curriculum for helping students move beyond simplistic notions of Spanish-speaking cultures to an understanding of the complex relationship between people's culture, how they view the world, and how they use language. Students will seamlessly progress from Rumbo a..., the colorful chapter-opener where they will interact with maps, photos, and timelines to orient themselves to the target region(s) and cultures, through two different Perspectivas, which are short readings and activities designed to help students delve deeper into a critical exploration of both their own and the culture(s) of focus, to the chapter culminating Impresiones, in which students review, reflect upon, creatively apply, and expand the cultural acumen they have developed throughout the chapter. This culture curriculum is supported throughout the Vocabulario en contexto and Estructura y uso sections (as described above), which further engage learners in exploration and discussion of the products, practices, and perspectives of the target region and culture(s). By progressively challenging students to explore different nuances of culture, to question their own assumptions and stereotypes, and to apply what they have learned outside of the classroom, *Rumbos,* Second Edition, prepares learners to better understand and appreciate cultural diversity both at home and abroad.

- *Supporting learning for digital natives*
  Today's students are digital natives. They have grown up with technology mediating how they relax, play, interact with people and how they learn. Technology has helped these learners become more independent in their learning because through it they can access information that is more specifically suited to their learning needs. Likewise, the technology pieces in *Rumbos* enhance the learning experience by exposing students to a rich, multi-dimensional approach to culture, grammar, vocabulary, writing and reading in context.
      With iLrn™: Heinle Learning Center students have online and immediate access to all the contents of the *Rumbos* program. The contents of the course is built right in to the audio- and video-enhanced learning environment, including an interactive diagnostic study tool that helps students prepare for each chapter's lessons. The online student activities manual with audio

allows your student to receive immediate feedback on their work. This learning center also gives you access to an audio- and video-enhanced eBook, integrated textbook activities, partnered, voice-recorded activities, and companion videos with pre- and post-viewing activities.

Finally, additional resources and activities that include familiar resources to our students, such as Google™ Earth, and songs in playlist/mp3 format facilitate access and bring the Spanish-speaking world right at the student's fingertips.

Perhaps the most important aspect of the technology components of *Rumbos* is that you, the instructor do not have to get involved in the technology aspects. Students can access the majority of the technology on their own and work independently so that they can come to class better prepared to participate and grow in their communicative skills. For those instructors interested in technology, the **iLrn™: Heinle Learning Center** offers solutions organized around what you do day-to-day—a built-in, exportable gradebook, viewable tracking for daily planning, and auto-grading for many activities will save you time in course planning and managing the more administrative tasks of the intermediate course.

## Chapter organization and program features

As its name suggests, *Rumbos* opens to students pathways of exploration. Within each chapter students will set a course for a colorful journey through a new geographic, cultural, and thematic region. Along the way they will review, refine, and expand their linguistic knowledge, communication and critical thinking skills, they will be exposed to multiple perspectives on culture through a range of modalities, and they will develop a deeper understanding of the Spanish language, Spanish speakers, and the Spanish-speaking world.

The chapter components are:

Rumbo a...
Vocabulario 1
Perspectiva 1
Estructura y uso 1 & 2
Vocabulario 2
Perspectiva 2
Estructura y uso 3 (with the exception of the last chapter that has 2)
Impresiones
The chapter components are:

- ¡A repasar y a avanzar!
- ¡A leer!
- ¡A escribir!
- ¡A ver!

Vocabulario esencial
Comprehensive teaching annotations

## New to the second edition

*Rumbos,* **Second Edition,** has been completely revised to provide a range of new and exciting features. **An expanded chapter opener Rumbo a...** now provides students greater opportunities to engage with the geography, history, and culture of the chapter's region(s) of focus. This section now also provides links to Google™ Earth coordinates and cultural video, which integrate the time line and activities of this section.

Enhanced vocabulary practice   Each **Vocabulario en contexto** section has been carefully revised to highlight targeted lexical items presented in the contextualized realia piece and to better organize the chapters' vocabulary lists. Likewise, the **¡A practicar!** and **¡A conversar!** sections have been revised and expanded. Students will now find one activity per section specifically designed to engage them more actively in comprehending the realia piece, along with additional new activities that provide more extensive practice to aid students in their acquisition of the new vocabulary and in actively using this new vocabulary in communicative contexts.

More balanced grammar coverage   The organization of grammatical structures presented in **Estructura y uso** sections has been streamlined within each chapter, creating a simplified and more consistent treatment. The **¡A practicar!** and **¡A conversar!** activity sections have also been revised and expanded to provide more guided practice followed by greater opportunities to use the target structures in more creative and open-ended communication.

More extensive engagement with culture   Each chapter now includes two **Perspectiva** sections, which present a short and purposefully provocative cultural reading accompanied by a range of activities designed to facilitate reading comprehension, highlight the diversity of Spanish-speaking cultures, and promote intercultural competence. Relying on a unique 4-perspective sequence (i.e., "how we see ourselves," "how we see Spanish-speaking cultures," "how they see us," and "how they see themselves") these activities lead students to critically examine both their own and Spanish-speaking cultures, as well as challenge their assumptions and cultural stereotypes.

Expanded chapter culminating section   The all-new **Impresiones** chapter closer has been redesigned to take the tri-layered approach of review, build, and expand full circle. This is accomplished with **¡A repasar y a avanzar!**, a new section that engages students in a multimodal review of what they have learned in the chapter and then has them apply that to more challenging speaking and listening tasks in and beyond the walls of the classroom. Here students will find a thematically relevant, culturally contextualized audio text (e.g., a conversation, interview, or news report), which specifically targets the active vocabulary presented in the chapter, along with a short task to help them gauge their progress in comprehending these vocabulary items in context. Another unique feature of this section is the incorporation of an original song by a group or artist from the chapter's country or region of focus. These songs focus on a chapter theme and often incorporate chapter vocabulary and grammatical structures. After a brief introduction to the artist and genre, students are invited to listen to the song, and then test their comprehension through a brief comprehension-based activity. The variety of music genres offered, from modern the traditional to Spanish rap and hip-hop is sure to motivate students and even inspire them to explore more of the artists' music. Students are finally encouraged to further explore the chapter theme and put their learning to use through interactive Internet searches and activities. These activities may be done collaboratively, shared with the class or be treated as a culminating chapter project.

Revised literary readings and strategies   The literary selections in ¡A leer! now feature more extensive glossing of challenging vocabulary words to move students more efficiently through the text. Each reading is now introduced with pre-reading activities in the **Antes de leer** section, which both prepares students to process key concepts or themes and equips them with a variety of strategies to successfully interpret literary expression. Following the text is a section devoted exclusively to reading comprehension, **Comprensión,** which is followed with a more open-ended, communicative section entitled **Expansión.** This revised approach to introducing students to literary works will allow students to better appreciate literature as an integral part of a broader cultural canvass and help them to become more critical readers across disciplines.

## Program Components

**Annotated Instructor's Edition + Audio CDs Package**
ISBN: 0-495-80000-7

**In-Text Audio CDs**
ISBN: 0-495-80088-0 (Stand-Alone Version)
The In-Text Audio Program is available on CD (for packaging with new copies of the text or sold separately), on the text's **Premium Website**, and at iLrn™: Heinle Learning Center.

**Student Activities Manual (SAM)**
ISBN: 0-495-80073-2
The **Student Activity Manual** closely follows the organization of the main text to provide additional reading, writing, listening, and pronunciation practice outside of class.

**SAM Answer Key/Lab Audio Script**
ISBN: 0-495-80074-0
Provided to instructors to share with students at their own discretion (sold separately), the Answer Key provides answers to all activities in the **Student Activities Manual.**

**SAM Audio CDs**
ISBN: 0-495-80075-9
The **SAM Audio Program** includes dialogues, simulated conversations, and pronunciation practice.

**iLrn™: Heinle Learning Center, Printed Access Card**
ISBN: 0-495-80141-0
Everything your students need to master the skills and concepts of the course is built right into this audio- and video-enhanced learning environment, including an **eBook;** assignable and integrated textbook activities; assignable, partnered voice-recorded activities; a workbook; a lab manual with audio; companion videos; and a diagnostic study tool to better prepare students for exams. For you, **iLrn** offers solutions organized around what you do day to day, saving you time on course set-up and administrative tasks!

**PowerLecture™: Instructor's Resource CD-ROM**
ISBN: 0-495-80076-7
This invaluable instruction companion includes the **Instructor's Resource Manual** and **Testing Program**. The Instructor's Resource Manual provides information on chapter organization and supplements as well as how to teach with them; general teaching suggestions; and lesson plans. New to this edition are revised tests that offer multiple formats and a variety of testing items easily customized to your course needs.

**Companion Website**
Featured in this updated companion website are integrated, chapter-specific, multimedia culture activities. The website also features self-grading quizzes, flashcards, and a glossary as well as links to **Heinle iRadio** and a conjugation tool. Instructors can download password-protected teaching resources.

**QUIA™ Online Student Activities Manual (eSAM), Printed Access Card**
ISBN: 0-495-80143-7
**QUIA** is an advanced and easy-to-use e-learning platform for delivering **Student Activities Manual** activities (with audio) over the web.

**Personal Tutor, Printed Access Card**
ISBN: 0-495-80243-3
Available online, students have access to experienced tutors with degrees in this subject area. Students can receive one-on-one tutoring and on-demand help with assignments.

**Premium Website, Printed Access Card**
ISBN: 0-495-80159-3
This convenient suite of online digital resources for contains text audio, SAM audio, video segments, and grammar tutorials for students in a one-stop portal.

## Student Components

*See p. 8 of the Visual Preface.*

# Dedication

We each recognize the very special people in our lives to whom we dedicate this book:

*To my husband, Bruce, and my parents, for their love, strength, and laughter*

Jill

*To three of my reasons for living: Tom, Leslie, and Tab*

Norma

*To my wife, Sarah, and my daughters, Kate and Annie, for all of their patience and support*

Bob

*To my wife, Frauke*

Rafael

*To my husband, Mike, and my parents*

Susan

# Rumbos

Second Edition

# Rumbos

## Curso intermedio de español

**Jill Pellettieri**
Santa Clara University

**Norma López-Burton**
University of California, Davis

**Robert Hershberger**
DePauw University

**Rafael Gómez**
California State University, Monterey Bay

**Susan Navey-Davis**
North Carolina State University

HEINLE
CENGAGE Learning

Australia • Brazil • Japan • Korea • Mexico • Singapore • Spain • United Kingdom • United States

HEINLE
CENGAGE Learning™

*Rumbos* **Second Edition**
**Pellettieri | López-Burton | Hershberger | Navey-Davis | Gómez**

Editor in Chief: PJ Boardman

Publisher: Beth Kramer

Executive Editor: Lara Semones

Development Editor: Denise St. Jean

Senior Content Project Manager: Esther Marshall

Assistant Editor: Katie Latour

Editorial Assistant: Maria Colina

Senior Marketing Manager: Ben Rivera

Marketing Coordinator: Janine Enos

Senior Marketing Communications Manager: Stacey Purviance

Media Editor: Laurel Miller

Senior Print Buyer: Elizabeth Donaghey

Senior Art Director: Linda Jurras

Text Designer: Janet Theurer

Photo Researcher: Jill Engebretson and Pre-Press PMG

Text Permissions Manager: Mardell Glinski-Schulz

Cover Designer: Polo Barrera

Production Service and Compositor: Pre-Press PMG

Cover image: © Paul Kingsley/Alamy

For product information and technology assistance, contact us at **Cengage Learning Academic Resource Center, 1-800-423-0563**

For permission to use material from this text or product, submit all requests online at **cengage.com/permissions.** Further permissions questions can be e-mailed to **permissionrequest@cengage.com.**

Library of Congress Control Number: 2009934079

Student Edition:

ISBN-13: 978-1-4282-6226-3

ISBN-10: 1-428-26226-1

Loose-Leaf Edition:

ISBN-13: 978-0-495-90918-7

ISBN-10: 0-495-90918-1

**Heinle Cengage Learning**
20 Channel Center Street
Boston, MA 02210
USA

Cengage Learning products are represented in Canada by Nelson Education, Ltd.

For your course and learning solutions, visit **academic.cengage.com.**

Purchase any of our products at your local college store or at our preferred online store **www.ichapters.com.**

Printed in the United States of America
1 2 3 4 5 6 7 13 12 11 10 09

# Brief Contents

# Scope and Sequence

| | Vocabulario | Cultura |
|---|---|---|

- La geografía y el clima
- Los hispanos en los Estados Unidos

**Perspectivas**
- La diversidad racial en el mundo hispano
- Las contribuciones de los hispanos

**Cultura y pensamiento crítico**
- La variedad racial en los países de habla hispana
- La contribución de los hispanos que viven en los Estados Unidos
- Los lazos históricos entre el mundo hispano y los Estados Unidos

- Familias y tradiciones
- Ritos, celebraciones y tradiciones familiares

**Perspectivas**
- ¿Qué es una familia?
- Una quinceañera

**Cultura y pensamiento crítico**
- El concepto de familia en el mundo hispano
- Los ritos, celebraciones y tradiciones de diferentes familias
- La relación existente entre el concepto de familia de los centroamericanos y sus ceremonias religiosas

- Estudiar en el extranjero
- Viajando en el extranjero

**Perspectivas**
- La UNAM
- Los autobuses y el metro en México

**Cultura y pensamiento crítico**
- El sistema educativo en las escuelas mexicanas
- Universidad Autónoma de México

| Estructuras | Impresiones | Repaso de gramática |
|---|---|---|
| • Usos del tiempo presente del indicativo<br>• Diferencias entre **ser, estar, tener** y **haber**<br>• Concordancia y posición de adjetivos | **¡A repasar y a avanzar!**<br>**¡A leer!**<br>• *Cajas de cartón* de Francisco Jiménez<br>• Estrategia de lectura: Reconocer cognados y palabras derivadas de palabras familiares<br>**¡A escribir!**<br>• El informe<br>**¡A ver!**<br>• Los premios Grammys latinos | • Subject pronouns<br>• The present tense<br>• Use of definite and indefinite articles<br>• Gender of articles and nouns |
| • Diferencias entre el pretérito y el imperfecto<br>• Verbos que cambian de significado en el pretérito<br>• Palabras negativas e indefinidas | **¡A repasar y a avanzar!**<br>**¡A leer!**<br>• *Una Navidad como ninguna otra* de Gioconda Belli<br>• Estrategia de lectura: Usar la idea principal para anticipar el contenido<br>**¡A escribir!**<br>• La anécdota personal<br>**¡A ver!**<br>• Día de los muertos en Managua | • The preterite<br>• The imperfect tense<br>• **Saber** and **conocer** |
| • Las preposiciones **por** y **para**<br>• Verbos reflexivos y recíprocos<br>• Expresiones comparativas y superlativas | **¡A repasar y a avanzar!**<br>**¡A leer!**<br>• *Un lugar en el mundo* de Hernán Lara Zavala<br>• Estrategia de lectura: Identificar palabras por el contexto<br>**¡A escribir!**<br>• La carta personal<br>**¡A ver!**<br>• Protesta de estudiantes | • Common verbs with prepositions<br>• Reflexive verbs<br>• Superlative adjectives |

# Scope and Sequence

| | Vocabulario | Cultura |
|---|---|---|
| **Capítulo 4**<br>**El ocio**  *128*<br>*Rumbo a Cuba, Puerto Rico y República Dominicana*<br> | • El ocio<br>• La cocina | **Perspectivas**<br>• Un concepto diferente del tiempo<br>• La "cocina fusión" original<br>**Cultura y pensamiento crítico**<br>• La música, los deportes y la cultura popular del Caribe<br>• Un concepto diferente del tiempo<br>• Algunas comidas típicas del Caribe |
| **Capítulo 5**<br>**La imagen**  *170*<br>*Rumbo a España* | • La apariencia física y el carácter<br>• La moda y la expresión personal | **Perspectivas**<br>• Nuestra imagen y los piropos<br>• El destape en España<br>**Cultura y pensamiento crítico**<br>• Los piropos<br>• Las percepciones sobre el cuerpo<br>• Los estereotipos<br>• Los conceptos sobre la imagen |
| **Capítulo 6**<br>**El futuro**  *210*<br>*Rumbo a Costa Rica, El Salvador y Panamá* | • La búsqueda de trabajo<br>• El compromiso social | **Perspectivas**<br>• En busca de trabajo<br>• Un voluntario involuntario<br>**Cultura y pensamiento crítico**<br>• Diferencias culturales en entrevistas y relaciones personales en el trabajo<br>• El Arzobispo Óscar Romero y su influencia en El Salvador |

| Estructuras | Impresiones | Repaso de gramática |
|---|---|---|
| • El subjuntivo en cláusulas sustantivas<br>• Usos de **se**<br>• La voz pasiva | **¡A repasar y a avanzar!**<br>**¡A leer!**<br>• *La Cucarachita Martina* de Rosario Ferré<br>• Estrategia de lectura: Identificar el tono<br>**¡A escribir!**<br>• La reseña<br>**¡A ver!**<br>• Navidad en Puerto Rico | • The present subjunctive<br>• Indirect object pronouns<br>• Past participles |
| • Pronombres de objeto directo<br>• Pronombres de objeto indirecto y de objeto dobles<br>• Verbos como **gustar** | **¡A repasar y a avanzar!**<br>**¡A leer!**<br>• *La gloria de los feos* de Rosa Montero<br>• Estrategia de lectura: Usar la estructura de los párrafos para diferenciar entre ideas principales e ideas subordinadas<br>**¡A escribir!**<br>• La descripción biográfica<br>**¡A ver!**<br>• Manuel Pertegaz | • Direct object pronouns<br>• Indirect object pronouns<br>• Double object pronouns<br>• Pronouns as objects of prepositions |
| • El futuro<br>• El condicional<br>• Mandatos | **¡A repasar y a avanzar!**<br>**¡A leer!**<br>• *Flores de volcán* de Claribel Alegría<br>• Estrategia de lectura: Clarificar el significado al entender la estructura de la oración<br>**¡A escribir!**<br>• La carta de presentación<br>**¡A ver!**<br>• Niños trabajadores en El Salvador | • The future tense<br>• The conditional tense<br>• Double object pronouns |

# Scope and Sequence

| | Vocabulario | Cultura |
|---|---|---|
| **Capítulo 7**<br>**La justicia** *250*<br>*Rumbo a Ecuador, Perú y Bolivia* | • La lucha por los derechos<br>• El derecho a la justicia | **Perspectivas**<br>• La situación indígena<br>• Hacia otro tipo de justicia<br>**Cultura y pensamiento crítico**<br>• Diferentes grupos indígenas de Sudamérica<br>• La pluralidad cultural de Bolivia, Ecuador y Perú<br>• La situacion indígena en Ecuador<br>• El sistema de justicia indígena en Bolivia |
| **Capítulo 8**<br>**Las artes** *292*<br>*Rumbo a Colombia y Venezuela* | • Las artes plásticas<br>• El mundo de las letras | **Perspectivas**<br>• La arquitectura venezolana a través de los años<br>• La literatura en Colombia<br>**Cultura y pensamiento crítico**<br>• El arte y los artistas de Colombia y Venezuela<br>• Gabriel García Márquez<br>• Rómulo Gallegos<br>• La arquitectura en Caracas |
| **Capítulo 9**<br>**La tecnología** *330*<br>*Rumbo a Argentina y Uruguay* | • Los inventos de ayer y hoy<br>• La ciencia y la ética | **Perspectivas**<br>• Caceroladas en el Internet<br>• La tradición y la tecnología en la agricultura<br>**Cultura y pensamiento crítico**<br>• Las protestas electrónicas y en vivo<br>• La agricultura tradicional y moderna |

| Estructuras | Impresiones | Repaso de gramática |
|---|---|---|
| • El subjuntivo en cláusulas adjetivales<br>• El subjuntivo en cláusulas adverbiales<br>• El pretérito perfecto | **¡A repasar y a avanzar!**<br>**¡A leer!**<br>• *Entre dos luces* de César Bravo<br>• Estrategia de lectura: Separar los hechos de las opiniones<br>**¡A escribir!**<br>• El reportaje<br>**¡A ver!**<br>• El caso Berenson | • Personal **a**<br>• The present subjunctive<br>• Conjunctions<br>• Time expressions with **hace... que** and **llevar**<br>• **Acabar de** |
| • El imperfecto del subjuntivo<br>• Pronombres relativos<br>• El pluscuamperfecto | **¡A repasar y a avanzar!**<br>**¡A leer!**<br>• *El insomne* de Eduardo Carranza<br>• Estrategia de lectura: Reconocer la función de una palabra como indicio de su significado<br>**¡A escribir!**<br>• La expresión poética<br>**¡A ver!**<br>• *Gente silla* en Colombia | • The preterite |
| • El presente perfecto del subjuntivo<br>• El pluscuamperfecto del subjuntivo<br>• El futuro perfecto y el condicional perfecto | **¡A repasar y a avanzar!**<br>**¡A leer!**<br>• *Zapping* de Beatriz Sarlo<br>• Estrategia de lectura: Reconocer la función de un texto<br>**¡A escribir!**<br>• El ensayo académico<br>**¡A ver!**<br>• Asociación Nacional de Inventores | |

# Scope and Sequence

| | Vocabulario | Cultura |
|---|---|---|
| | • Los desafíos sociales<br>• La ecología global | **Perspectivas**<br>• Paraguay, un país bilingüe<br>• Los cartoneros y el reciclaje<br>**Cultura y pensamiento crítico**<br>• La migración<br>• El bilingüismo y el guaraní<br>• Los cartoneros y el reciclaje |

| Estructuras | Impresiones | Repaso de gramática |
|---|---|---|
| • Los tiempos progresivos<br>• Repaso de tiempos verbales | **¡A repasar y a avanzar!**<br>¡A leer!<br>• *Un tal Lucas* de Luis Sepúlveda<br>• Estrategia de lectura: Reconocer palabra conectivas<br>¡A escribir!<br>• El ensayo argumentativo<br>¡A ver!<br>• La contaminación en Santiago | • Past participles |

# To the Students

Congratulations on your decision to continue your study of the Spanish language! We are delighted to welcome you to a path of learning where you can expect to both significantly improve your proficiency in the areas of reading, listening, speaking, and writing, and to deepen your understanding of Spanish-speaking cultures. According to National Census projections, native speakers of Spanish will represent a majority in the United States by the year 2042, so we share your enthusiasm for expanding your opportunities to interact with a language and cultures that may in the near future, if not already, exist right in your neighborhood. Realizing the emerging immediacy of the language and cultures of Spanish, we have sought to expose you to the best and most compelling real-world topics and contexts of the Spanish-speaking world.

Your study of Spanish at the intermediate level will involve revisiting the grammatical structures you were exposed to at the introductory level. Take comfort in the fact that what you will learn will already be somewhat familiar to you. Seize this opportunity to perfect your knowledge of grammatical structures and look forward to applying them toward a more profound command of and appreciation for the Spanish language. Be sure to take advantage of the appendices of *Rumbos* to help your transition to a more sophisticated understanding of Spanish grammar.

In intermediate-level Spanish you will also use your existing knowledge of Spanish vocabulary as a bridge to new topics and expanded domains of words and phrases. Like the grammar presentations in *Rumbos,* intermediate vocabulary domains are cross-referenced to appendices of words you already know. Use these indices to give you confidence in what you already know as well as a context to learn new words and phrases. Furthermore, the *Rumbos* program is designed to accommodate students with different experiences of introductory Spanish. Rest assured that if you need to brush up on structures or vocabulary that were not addressed in your first-year study of the language, *Rumbos* can help you fill in the gaps. Finally, understand that the person who is ultimately responsible for what you know and understand is yourself. Be attentive to your own learning and invest the time and energy necessary to make this a productive semester or year of study. Your reasons for doing so are literally right in front of you!

# Acknowledgments

As active teacher-scholars, we are thrilled to see the fruit of our collective research and classroom experiences continue to thrive in **Rumbos**. We love what we do and the students we do it for, and we believe that this passion shines even brighter in this second edition. We recognize, however, that this book is the product of a collaboration that reaches far wider than our author team. We would like to thank all of the people whose hard work and dedication helped make this second edition a reality, including Lara Semones, Denise St. Jean, and Esther Marshall of Heinle, the many faculty users of **Rumbos,** first edition, and the anonymous peer-reviewers of this second edition whose valuable feedback guided our revision of this book, and our own students whose feedback was equally as valuable. Our thanks also go to the other people at Heinle, who contributed to this edition: Linda Jurras, Mardell Glinski-Schultz, Katie Latour, Maria Colina; as well as the freelancers and in particular: Melissa Sacco, Lourdes Murray, Peggy Hines, Patrice Titterington, Luz Galante, Megan Lessard, and Jill Engebretson.

## List of Reviewers

Gunnar Anderson, *State University of New York-Potsdam*
Antonio J. Baena, *Louisiana State University*
Ann Baker, *University of Evansville*
Gabriel Barreneche, *Rollins College*
Paul Bases, *Martin Luther College*
David Bedford, *Texas Christian University*
Lisa M. Blair, *Shaw University*
Herbert Brant, *Indiana University, Purdue University-Indianapolis*
Dennis Bricault, *North Park University*
Elizabeth Bruno, *UNC-Chapel Hill*
Catherine Balestrieri Burton, *Santa Rosa Junior College*
Luis Cano, *University of Tennessee*
Elena Casillas, *Highland Community College*
Chyi Chung, *Northwestern University*
Joseph Collentine, *Northern Arizona University*
Robert L. Colvin, *Brigham Young University-Idaho*
Roberto Vela Cordova, *Texas A&M University-Kingsville*
S. Angela Cresswell, *Holy Family University*
Gerardo Cruz-Tanahara, *Cardinal Stritch University*
Khamla Dhouti, *California State University-San Bernadino*
Ana Eire, *Stetson University*
José Antonio Fábres, *College of St.Benedict/St. John's University*
Juliet Falce-Robinson, *University of California-Los Angeles*
Ronna Feit, *Nassau Community College*
Fernando Feliu-Moggi, *University of Colorado-Colorado Springs*
Ben Forkner, *Louisiana State University*
Yvette Fuentes, *Nova Southeastern University*
Amy George-Hirons, *Tulane University*
Carlos Miguel Andrés Gil, *California State University-Stanislaus*
Andrew Gordon, *Mesa State College*
Curtis Goss, *Southwest Baptist University*

Frozina Goussak, *Collin County Community College District*
Luis Guzman, *Longwood University*
Margaret B. Haas, *Kent State University*
Denise Hatcher, *Aurora University*
Jerry Hoeg, *Pennsylvania State University*
Michael Hughes, *California State University-San Marcos*
Todd Hughes, *Vanderbilt University*
Carolina Ibañez-Murphy, *Pima Community College-Downtown*
Kathleen Johnson, *University of North Carolina at Chapel Hill*
Victoria L. Ketz, *Iona College*
Karina Kline-Gabel, *James Madison University*
Nieves Knapp, *Brigham Young University*
Beverly C. Leetch, *Towson University*
Iraida López, *Ramapo College of New Jersey*
Mary Makris, *University of Louisville*
Sergio Martínez, *San Antonio College*
Nancy Mason, *Dalton State College*
Timothy McGovern, *UC Santa Barbara*
Laura Trujillo Mejía, *University of Tennessee Knoxville*
Jerome Miner, *Knox College*
Montserrat Mir, *Illinois State University*
Tim Mollett, *Ohio University Southern*
Frank Antonio Morris, *University of Miami*
Richard Morris, *Middle Tennessee State University*
Jorge Nieto-Cano, *James Madison University*
José Ignacio Barrio Olano, *James Madison University*
María R. Paniagua-Tejo, *Rollins College*
Susan Pardue, *University of Mary Hardin Baylor*
Antonio Pedrós-Gascón, *The Colorado State University-Fort Collins*
Ana Peña-Oliva, *University of Texas, Brownsville*
Michelle Petersen, *Arizona State University-Downtown*
Karen Diaz Reategui, *Washburn University of Topeka*
Regina Roebuck, *University of Louisville*
Amy E. Rossomondo, *University of Kansas*
Benita Sampedro, *Hofstra University*
Laura Sánchez, *Longwood University*
Milagros Sánchez-Garcia, *Southern Methodist University*
Fernando Sánchez-Gutiérrez, *Illinois State University*
Elkin Spitia, *Quinebaug Valley Community College*
Alexander Steffanell, *Lee University*
Rebecca M. Stephanis, *Gonzaga University*
Edward Stering, *City College Of San Francisco*
Helen Webb, *University of Pennsylvania*
James R. Wilson, *Madison Area Technical College*
U. Theresa Zmurkewycz, *St. Joseph's University*

Mar Caribe

Barranquilla
Cartagena
Maracaibo
Caracas
**TRINIDAD Y TOBAGO**
Puerto España
San Carlos
La Guaira
Ciudad Bolívar

**VENEZUELA**

*OCÉANO ATLÁNTICO*

Medellín
Zipaquirá
Bogotá
Cali
**COLOMBIA**
Popayán
San Agustín
Otavalo
Santo Domingo
de los Colorados
Pichincha
Quito
**ECUADOR**
Chimborazo
Guayaquil

Salto Ángel

Georgetown
Paramaribo
**GUYANA**
Cayena
**SURINAM**
**GUAYANA FRANCESA**

*Río Orinoco*

*Río Negro*

*Río Amazonas*

Ecuador

Manaos

Belén

Iquitos

*CORDILLERA DE LOS ANDES*

Sipán
Trujillo

**PERÚ**

**BRASIL**

Recife

Callao
Lima
Machu Picchu
Cuzco

*Río Madeira*

Puno
La Paz
Cochabamba
Arequipa
Tiahuanaco
Arica
Sucre
**BOLIVIA**
Potosí
Iquique

*Lago Titicaca*

Brasilia

Salvador

*Río Paraguay*

*Río Paraná*

Bello
Horizonte

Trópico de Capricornio
Antofagasta

Filadelfia
**PARAGUAY**
Asunción

San Pablo
Santos
Río de Janeiro

Salta
San Miguel
de Tucumán
Resistencia

Puerto Iguazú

*Río Uruguay*

Puerto Alegre

**CHILE**

*OCÉANO PACÍFICO*

Córdoba
Aconcagua
Viña del Mar
Mendoza
Valparaíso
Santiago
Rosario
**URUGUAY**
Montevideo
Buenos Aires
La Plata
Punta del Este

*Río de la Plata*

**ARGENTINA**

Concepción

Mar del Plata

*Río Colorado*

Bahía Blanca

Bariloche
Puerto Montt

*CORDILLERA DE LOS ANDES*

*PATAGONIA*

Estrecho de
Magallanes
Islas
Malvinas
Punta Arenas
**TIERRA
DEL FUEGO**
Cabo de Hornos

*ISLAS GALÁPAGOS*
San
Salvador
Ecuador
Santa Cruz
San Cristóbal
Isabela
Quito
**ECUADOR**
Guayaquil

# América del Sur

0    250    500 Km.

0    250    500 Mi.

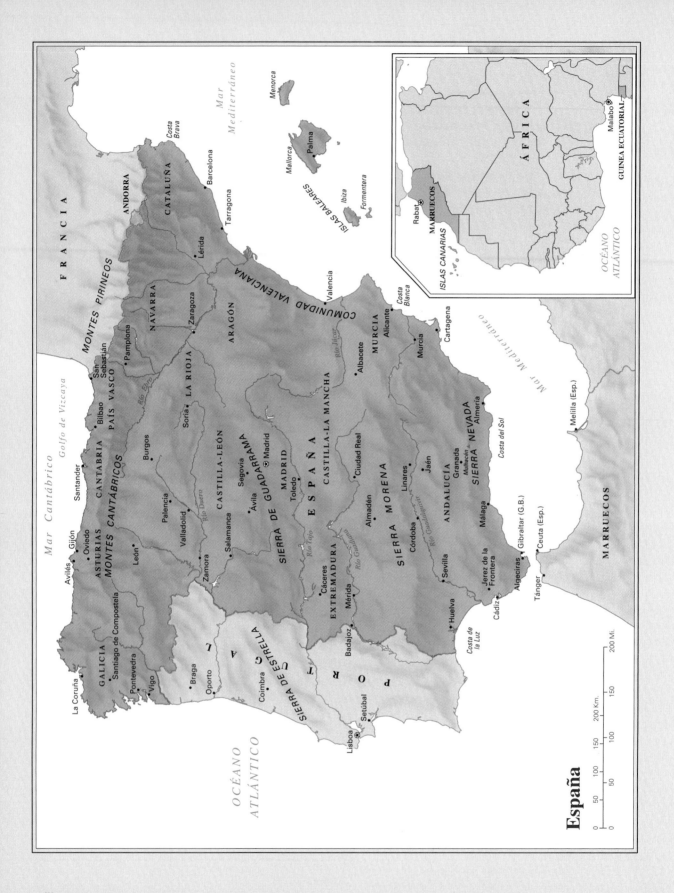

**España**

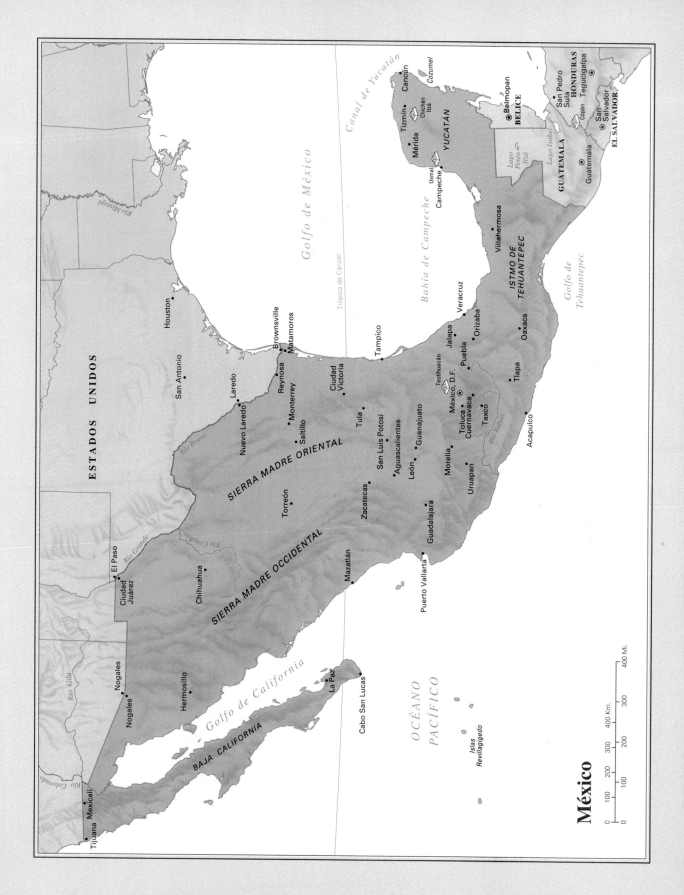

# México

**ESTADOS UNIDOS**

Río Colorado
Río Gila
Tijuana
Mexicali
Nogales
Nogales
Hermosillo
El Paso
Ciudad Juárez
Chihuahua
Río Grande
Río Conchos
Río Bravo
**SIERRA MADRE OCCIDENTAL**
Mazatlán
La Paz
Cabo San Lucas
**BAJA CALIFORNIA**
*Golfo de California*

*OCÉANO PACÍFICO*

Islas Revillagigedo

Houston
San Antonio
Laredo
Nuevo Laredo
Reynosa
Monterrey
Saltillo
Brownsville
Matamoros
Ciudad Victoria
Tampico
Torreón
Zacatecas
Tula
San Luis Potosí
Aguascalientes
León
Guanajuato
Morelia
Uruapan
Guadalajara
Puerto Vallarta
**SIERRA MADRE ORIENTAL**

*Golfo de México*
*Trópico de Cáncer*
*Río Mississippi*

*Bahía de Campeche*
*Canal de Yucatán*

Cancún
Cozumel
Tizmín
Chichén Itzá
Mérida
Uxmal
Campeche
**YUCATÁN**
Belmopan
**BELICE**
San Pedro Sula
**HONDURAS**
Tegucigalpa
Copán
San Salvador
**EL SALVADOR**
Lago Isabel
Lago Petén Itzá
**GUATEMALA**
Guatemala

Villahermosa
Veracruz
Jalapa
Orizaba
Puebla
Teotihuacán
México, D.F.
Toluca
Cuernavaca
Taxco
Tlapa
Oaxaca
Río Balsas
Acapulco
**ISTMO DE TEHUANTEPEC**
*Golfo de Tehuantepec*

0   100   200   300   400 Km.
0   100   200   300   400 Mi.

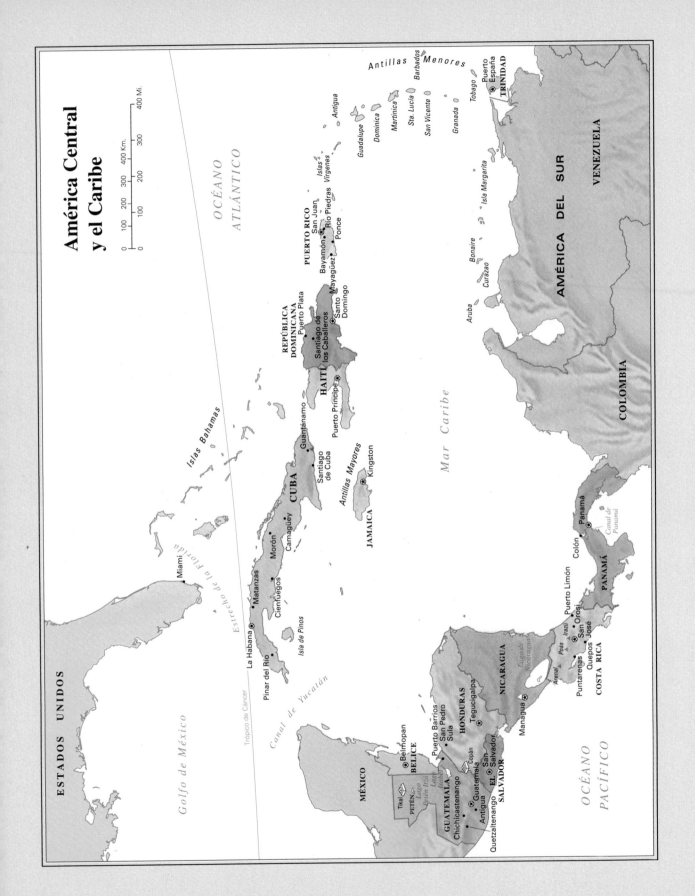

# América Central y el Caribe

400 Mi.

| 0 | 100 | 200 | 300 | 400 Km. |
|---|-----|-----|-----|---------|

OCÉANO ATLÁNTICO

ESTADOS UNIDOS

Golfo de México

Miami

Trópico de Cáncer

Estrecho de la Florida

Canal de Yucatán

Islas Bahamas

Pinar del Río
La Habana
Matanzas
Cienfuegos
Morón
Camagüey
CUBA
Isla de Pinos
Santiago de Cuba
Guantánamo

Antillas Mayores

JAMAICA
Kingston

REPÚBLICA DOMINICANA
Puerto Plata
Santiago de los Caballeros
Santo Domingo
HAITÍ
Puerto Príncipe

PUERTO RICO
San Juan
Bayamón
Mayagüez
Ponce
Río Piedras

Islas Vírgenes

Antigua

Guadalupe

Dominica

Martinica

Sta. Lucia
San Vicente

Barbados

Granada

Tobago
Puerto España
TRINIDAD

Antillas Menores

Mar Caribe

AMÉRICA DEL SUR

VENEZUELA

COLOMBIA

Isla Margarita

Aruba
Curazao
Bonaire

MÉXICO

Belmopan
BELICE
PETÉN
Lago Petén Itzá
Tikal

Puerto Barrios
San Pedro Sula
Copán
HONDURAS
Tegucigalpa

Lago de Izabal
GUATEMALA
Chichicastenango
Guatemala
Antigua
San Salvador
EL SALVADOR

Quetzaltenango

NICARAGUA
Lago de Nicaragua
Managua

COSTA RICA
Puntarenas
Arenal
Poás
Irazú
San José
Orosí
Quepos

PANAMÁ
Puerto Limón
Colón
Panamá
Canal de Panamá

OCÉANO PACÍFICO

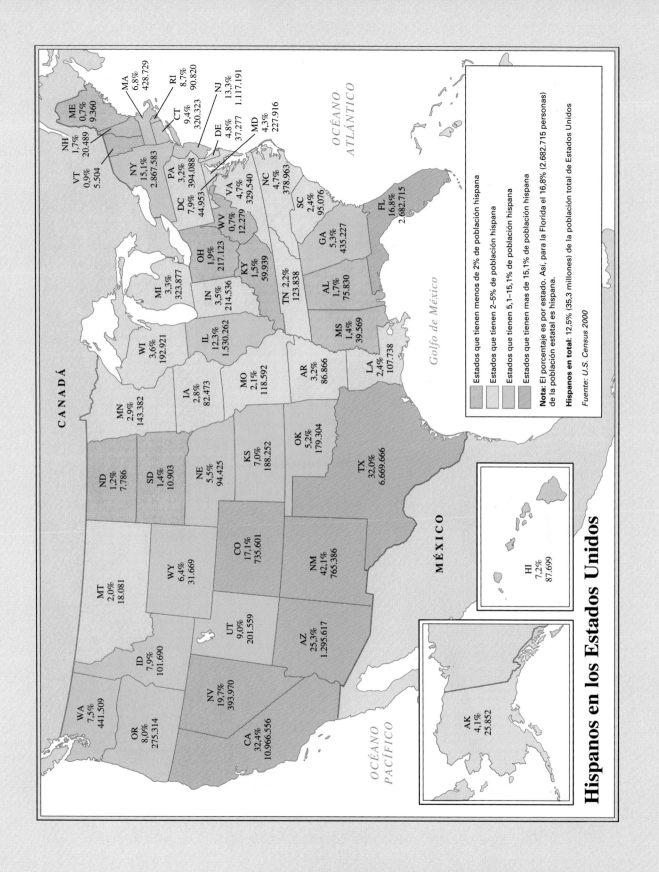

## Hispanos en los Estados Unidos

**MA** 6,8% 428.729
**RI** 8,7% 90.820
**ME** 0,7% 9.360
**NJ** 13,3% 1.117.191
**CT** 9,4% 320.323
**DE** 4,8% 37.277
**MD** 4,3% 227.916
**NH** 1,7% 20.489
**VT** 0,9% 5.504
**NY** 15,1% 2.867.583
**PA** 3,2% 394.088
**DC** 7,9% 44.953
**WV** 0,7% 12.279
**VA** 4,7% 329.540
**NC** 4,7% 378.963
**SC** 2,4% 95.076
**FL** 16,8% 2.682.715
**GA** 5,3% 435.227
**OH** 1,9% 217.123
**KY** 1,5% 59.939
**MI** 3,3% 323.877
**IN** 3,5% 214.536
**TN** 2,2% 123.838
**AL** 1,7% 75.830
**MS** 1,4% 39.569
**IL** 12,3% 1.530.262
**WI** 3,6% 192.921
**AR** 3,2% 86.866
**LA** 2,4% 107.738
**MN** 2,9% 143.382
**IA** 2,8% 82.473
**MO** 2,1% 118.592
**ND** 1,2% 7.786
**SD** 1,4% 10.903
**NE** 5,5% 94.425
**KS** 7,0% 188.252
**OK** 5,2% 179.304
**TX** 32,0% 6.669.666
**MT** 2,0% 18.081
**WY** 6,4% 31.669
**CO** 17,1% 735.601
**NM** 42,1% 765.386
**ID** 7,9% 101.690
**UT** 9,0% 201.559
**AZ** 25,3% 1.295.617
**WA** 7,5% 441.509
**OR** 8,0% 275.314
**NV** 19,7% 393.970
**CA** 32,4% 10.966.556
**HI** 7,2% 87.699
**AK** 4,1% 25.852

*OCÉANO ATLÁNTICO*
*Golfo de México*
*OCÉANO PACÍFICO*
CANADÁ
MÉXICO

Estados que tienen menos de 2% de población hispana
Estados que tienen 2–5% de población hispana
Estados que tienen 5,1–15,1% de población hispana
Estados que tienen mas de 15,1% de población hispana

**Nota:** El porcentaje es por estado. Así, para la Florida el 16,8% (2.682.715 personas) de la población estatal es hispana.

**Hispanos en total:** 12,5% (35,3 millones) de la población total de Estados Unidos

*Fuente: U.S. Census 2000*

Celebrando la Fiesta San Antonio en San Antonio, Texas.

# Los hispanohablantes

## Metas comunicativas

- Hablar de dónde vienes
- Describir la geografía y el clima de diferentes lugares
- Comentar los detalles de tu ascendencia
- Hablar de la influencia de los hispanos en los Estados Unidos
- Describir festivales que celebran los hispanos en los Estados Unidos
- Escribir un informe

## Estructuras

- Usos del tiempo presente del indicativo
- Diferencias entre **ser, estar, tener** y **haber**
- Concordancia y posición de adjetivos

## Cultura y pensamiento crítico

- La variedad racial en los países de habla hispana
- La contribución de los hispanos que viven en los Estados Unidos
- Los lazos históricos entre el mundo hispano y los Estados Unidos
- **Lectura:** *Cajas de cartón* de Francisco Jiménez
- **Video:** Los premios Grammys Latino

## 1-1 ¿Qué sabes de los hispanos en los Estados Unidos?

Lee las siguientes ideas sobre los hispanos en los Estados Unidos. Con un(a) compañero(a) determina si cada oración es cierta o falsa. Corrige las oraciones falsas.

1. Todos los latinoamericanos tienen pelo castaño.

2. Los puertorriqueños son ciudadanos *(citizens)* estadounidenses.

3. La ciudad estadounidense con más latinos es Nueva York.

4. La comida latinoamericana en los Estados Unidos sólo consiste en tacos, enchiladas y fajitas.

5. La diferencia entre el español que habla un dominicano y el español que habla un venezolano es tan grande que no se pueden entender.

**TEACHING TIP 1-1** The aim of this exercise is to help students activate their knowledge about different aspects of Spanish-speaking cultures in the United States. Ask students if they have friends or family members who come from Spanish-speaking countries. Have them describe these people and encourage the class to ask questions.

**ANSWERS 1-1** 1. F – En países como Uruguay y Argentina, muchas personas son rubias. 2. C 3. C. 4. F – En los Estados Unidos puedes comer comida de toda Latinoamérica. Por ejemplo, hay mucha comida puertorriqueña en Nueva York y mucha comida cubana en Miami. 5. F – Los acentos son diferentes y hay algunas diferencias de vocabulario pero los dos se entienden bien.

## RECURSOS

🔊 Audio     **iLrn** *iLrn*
▶ Video     iTunes
🌐 www.cengage.com/spanish/rumbos

# RUMBO A LOS ESTADOS UNIDOS

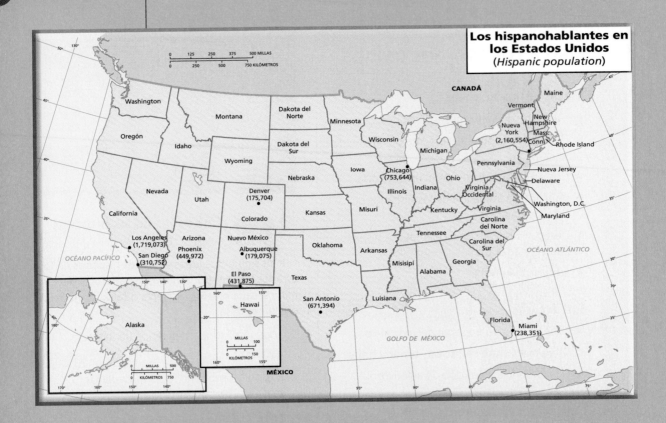

**Los hispanohablantes en los Estados Unidos**
*(Hispanic population)*

CANADÁ

Washington
Montana
Dakota del Norte
Minnesota
Maine
Vermont
New Hampshire
Nueva York (2,160,554)
Mass.
Conn.
Rhode Island

Oregón
Idaho
Dakota del Sur
Wisconsin
Michigan
Pennsylvania
Nueva Jersey
Delaware

Wyoming
Iowa
Chicago (753,644)
Ohio
Virginia Occidental
Washington, D.C.

Nevada
Utah
Denver (175,704)
Nebraska
Illinois
Indiana
Kentucky
Virginia
Maryland

California
Colorado
Kansas
Misuri
Tennessee
Carolina del Norte

Los Angeles (1,719,073)
Arizona
Phoenix (449,972)
Nuevo México
Albuquerque (179,075)
Oklahoma
Arkansas
Misisipí
Alabama
Georgia
Carolina del Sur

San Diego (310,752)
El Paso (431,875)
Texas
San Antonio (671,394)
Luisiana

OCÉANO PACÍFICO

OCÉANO ATLÁNTICO

Florida
Miami (238,351)

GOLFO DE MÉXICO

Alaska

Hawai

MÉXICO

## El mundo hispano

**1513** Juan Ponce de León llega a la Florida.

**1565** Los españoles establecen San Augustín en la Florida.

**1565–1823** Los españoles establecen misiones en la Florida, Nuevo México, Arizona, Texas y California.

**1846–1848** Guerra entre México y los EEUU

**1500**    **1550**    **1600**    **1775**    **1845**    **1860**

**antes de 1500** Es la tierra *(land)* de los iroquois, cherokee, sioux, chippewa, navajos, pueblo y más.

**1607** Inmigrantes de Inglaterra fundan Jamestown en Virginia.

**1775–1782** Guerra de la Independencia

**1776** Las trece colonias se declaran independientes.

**1861–1865** Guerra civil

## Los Estados Unidos (EEUU)

**1-2** **Nuestras comunidades** La cultura hispana está presente en muchas partes de los Estados Unidos. Describe la influencia que han tenido los hispanos en tu comunidad o en otra comunidad que conoces. Da por lo menos tres ejemplos.

**1-3** **Un poco de historia** Completa las oraciones con la información correcta de la cronología histórica *(timeline)*.

1. Los EEUU ganan Puerto Rico como resultado de _____.
2. Los hispanos se convierten en _____ en 2002.
3. _____ llega a la Florida en la primera parte del siglo *(century)* dieciséis.
4. La inmigración de cubanos a los EEUU comienza después de _____.
5. Muchos mexicanos llegan a los EEUU en la primera parte del siglo veinte como resultado de _____.
6. Después de 1980, muchos _____ llegan a los EEUU.
7. Durante más de 250 años, los españoles _____ en varios sitios *(locations)* que hoy en día son parte de los EEUU.
8. Durante la Guerra de Vietnam, muchos _____ continuaban inmigrando a los EEUU.

---

🌐 **Más perspectivas de. . .** www.cengage.com/spanish/rumbos
- Google™ Earth coordinates
- Video: Los Estados Unidos

---

| 1898 Guerra entre los EEUU y España; España le cede Puerto Rico a los EEUU. | 1910–1925 Revolución Mexicana; inmigración importante de mexicanos a los EEUU | 1952 Puerto Rico es declarado Estado Libre Asociado de los EEUU. | 1959 Revolución Cubana | 1960–1980 Inmigración importante de cubanos a los EEUU | 1980–hoy en día Continúa la inmigración de hispanohablantes; incluye mexicanos, cubanos, salvadoreños, guatemaltecos, dominicanos, colombianos y más. | 2002 Los hispanos se convierten en el grupo minoritario más grande de los EEUU. |
|---|---|---|---|---|---|---|
| **1900** | **1920** | **1940** | **1960** | **1980** | **2000** | **2010** |
| 1898 Guerra con España | 1917–1918 Primera Guerra Mundial | 1941–1945 Segunda Guerra Mundial | 1965–1975 Guerra de Vietnam | | 2001 Los atentados *(attacks)* terroristas del 11 de septiembre | |

## UC Davis Casa Internacional

### ¡Les damos la bienvenida a los nuevos residentes latinos!

**Vicenta Mamani**

¡Saludos a todos! Me llamo Vicenta Mamani y vengo de Bolivia. Mi familia es de **ascendencia indígena** y hablo español y aymara. Vivimos en Copacabana, un pueblo que está **situado** en el **altiplano** de Bolivia en la **cordillera** de los Andes. Aparte del nombre, Copacabana no tiene nada que ver con la metrópolis brasileña. Mi pueblo es un **sitio** tranquilo que está **en el borde** del lago Titicaca. A pesar de que Copacabana está a unos 3.800 metros de **altura,** tenemos un **clima** moderado y pasamos muchos días **soleados.** Creo que **las puestas del sol** sobre el lago son las mejores en el mundo. Tengo muchas ganas de conocerlos y **compartir** más sobre mi querida Bolivia con Uds.

**Javier Rosenbrock Spinetta**

Hola. Soy Javier Rosenbrock Spinetta, Javi para mis amigos. Soy de Argentina, de la ciudad de San Carlos de Bariloche. Es una ciudad **encantadora** con muchos **atractivos** de interés. Está **situada** entre los Andes y el **desierto** de la Patagonia en la Provincia de Río Negro y allá **disfrutamos** una increíble belleza natural, sobre todo en el invierno cuando **nieva.** Justo **en las afueras** de mi ciudad está el **Cerro** Catedral, el más famoso centro de esquí de Sudamérica, y ¡claro que me encanta esquiar y hacer *snowboard!* Pero también **disfruto** mucho los veranos de nuestro clima **montañoso.** Me encantaría contarles más de mi tierra y también aprender de la suya. ¡Chau!

## Para hablar de dónde vienes

| | |
|---|---|
| la ascendencia | *heritage, nationality* |
| el atractivo | *attraction* |
| el clima | *climate* |
| el condado | *county* |
| antiguo(a) | *old* |
| indígena | *indigenous* |
| compartir | *to share* |
| disfrutar | *to enjoy* |

## Para describir la geografía y el clima

| | |
|---|---|
| el acantilado | *cliff* |
| el altiplano | *high plateau* |
| la altura | *height, altitude* |
| la bahía | *bay* |
| el cerro | *hill* |
| la cordillera | *mountain chain* |
| el desierto | *desert* |
| la isla tropical | *tropical island* |
| el mar Mediterráneo/mar Caribe | *Mediterranean/Caribbean Sea* |
| el sitio | *place, location, site* |
| el volcán | *volcano* |
| el amanecer | *sunrise* |
| el chubasco | *heavy rain shower* |
| el huracán | *hurricane* |
| la neblina | *fog* |
| la puesta del sol | *sunset* |
| la tormenta | *storm* |
| despejado(a) | *clear (skies)* |
| encantador(a) | *charming* |
| húmedo(a) | *humid* |
| montañoso(a) | *mountainous* |
| plano(a) | *flat* |
| seco(a) | *dry* |
| soleado(a) | *sunny* |
| llover (ue) | *to rain* |
| nevar (ie) | *to snow* |
| (estar) en el borde | *(to be) on the edge* |
| (estar) en las afueras | *(to be) on the outskirts* |
| (estar) situado(a) | *(to be) situated* |

### Repaso

Review basic vocabulary related to greetings, geography, weather, and the seasons, and adverbs and prepositions of location in the **Índice de palabras conocidas** at the end of the book.

**TEACHING TIP** Use the realia on page 6 to present vocabulary in an interactive way. Have students describe and comment on the individuals and places presented. Ask if they know anyone from Bolivia or Argentina and see if any students have visited either country. Have them compare Copacabana and Barlíloche with places they know. Ask if your institution has international residence halls.

### Lengua

Other Spanish words related to geography are cognates of English words: **el continente** (continent), **el glaciar** (glacier), **la laguna** (lagoon), **la provincia** (province), **la región** (region), and **la sierra** (sierra, mountain range).

# ¡A practicar!

**1-4** **Gusto en conocerlos** Acabas de ver los anuncios sobre Vicenta y Javier en la página 6. Contesta las siguientes preguntas sobre ellos y sobre los lugares de donde vienen.

1. ¿Cómo se llama el pueblo de Vicenta? ¿Dónde está situado?
2. ¿Crees que su pueblo tiene muchos habitantes? ¿Por qué sí o por qué no?
3. ¿Cuál es la ascendencia de Vicenta? ¿Qué lenguas habla?
4. ¿De dónde es Javier? ¿Dónde está situada su ciudad?
5. ¿Cómo es el clima en el invierno en la ciudad de Javier?
6. ¿Cómo es la geografía de la Patagonia?
7. ¿Por qué disfruta tanto su ciudad Javier?
8. ¿Dónde está situado Cerro Catedral? ¿Cuál es uno de los atractivos que ofrece?
9. ¿Qué puedes compartir con Vicenta y Javier sobre tu ciudad?

**1-5** **Viña del mar** Hoy en la Casa Internacional conociste a Antonio, un estudiante de intercambio que viene de Viña del Mar, Chile. Para saber cómo es este lugar, rellena los espacios con la palabra apropiada. No vas a usar todas las palabras. ¡OJO! Si es verbo o adjetivo, quizás tengas que cambiar su forma para usarlo correctamente.

| | | | | |
|---|---|---|---|---|
| acantilados | borde | disfrutar | nevar | soleado |
| afueras | cerro | encantador | sitio | tormentas |
| antiguo | compartir | llover | situado | volcán |
| atractivos | | | | |

La ciudad está (1) ___situada___ en la costa de Chile en la región de Valparaíso. Tenemos un clima mediterráneo así que nunca (2) ___nieva___ y sólo (3) ___llueve___ durante el invierno. Durante el verano el clima es perfecto: no hace mucho calor, pero sí (4) ___disfrutamos___ días (5) ___soleados___ para ir a las playas. Las playas son muy bonitas y como están en la costa Pacífica, allí ves muchos (6) ___acantilados___.

En realidad no es una ciudad muy (7) ___antigua___, pues apenas *(hardly)* tiene 130 años, pero ofrece muchos (8) ___atractivos___ turísticos aparte de sus playas. Se le conoce *(it's known as)* como "Ciudad Jardín" porque tiene una gran cantidad de parques y plazas. En las (9) ___afueras___ de la ciudad está el Jardín Botánico, donde puedes observar muchos tipos de plantas y árboles. Y claro, como se llama Viña del Mar, es el (10) ___sitio___ perfecto para probar *(try)* vinos. A todos les gusta Viña del Mar. Es realmente una ciudad (11) ___encantadora___.

**1-6** **Una de estas cosas no es como las otras.** Comenta el significado de cada palabra con tu compañero(a) y luego determina la conexión entre las cuatro palabras de la lista. Determina qué palabra no se relaciona con esa conexión.

| | | | |
|---|---|---|---|
| 1. huracán | mar Caribe | clima húmedo | antiguo |
| 2. acantilado | ascendencia | isla | bahía |
| 3. plano | chubasco | cordillera | montañoso |
| 4. volcán | cerro | puesta del sol | altura |
| 5. amanecer | disfrutar | condado | compartir |
| 6. borde | neblina | húmedo | llover |

## ¡A conversar!

**1-7** **¿Y tú, de dónde vienes?** Habla con otros(as) compañeros(as) de la clase para investigar de dónde vienen. Toma apuntes para luego comentar esta información con la clase. Utiliza las siguientes oraciones para ayudar con la conversación.

- ¿Cuántos habitantes tiene tu ciudad?
- ¿Cómo es el clima?
- ¿Qué es lo más típico de tu ciudad?
- ¿Está a gran distancia de… ?
- ¿Qué atractivos ofrece?
- ¿ … ?

**1-8** **¿Qué prefieres?** Piensas ir de vacaciones con tu amigo(a) este año. Para decidir adónde van, tienen que hablar del tipo del sitio que les gusta a los dos. Comparte tus preferencias de geografía, clima y atractivos y sugiere lugares posibles. Al final decide qué lugar es apropiado. Menciona al menos cinco preferencias.

**EJEMPLO** E1: Me gusta mucho la neblina y me gustan las ciudades antiguas.
E2: Podemos ir a Londres.

**1-9** **Estoy pensando en un sitio...** Piensa en qué ciudad o destino te gusta más en los Estados Unidos. Descríbele ese sitio a tu compañero(a), sin mencionar su nombre. Tu compañero(a) te puede hacer preguntas sobre el sitio también, pero tiene que adivinar *(guess)* su nombre. Tal vez algunas de las siguientes oraciones te sean útiles.

| Preguntas posibles | Si no sabes una palabra | Si no entiendes |
|---|---|---|
| • ¿En qué estado / condado está? | • Es una cosa como… | • No entiendo. |
| • ¿Cómo es el clima allí? | • Es parecido(a) a… | • Repite, por favor. |
| • ¿Qué atractivos ofrece? | • Está cerca / lejos de… | • ¿Cómo? |

**1-10** **En el mundo hispano** Describe todos los aspectos de la geografía y el clima de los siguientes lugares del mundo hispano. Si no sabes nada de algún lugar, búscalo en uno de los mapas de este libro y trata de adivinar cómo es. Luego, comenta con tu compañero(a) los lugares que más te interesa visitar. Puedes investigar algunas de estas preguntas:

- ¿Es un sitio con muchos cerros o es plano?
- ¿Hay algún volcán allí?
- ¿Está situado cerca de un mar? ¿Cuál?
- ¿Tiene un clima seco o húmedo?
- ¿Tiene muchos días despejados y soleados durante el año?

1. Segovia, España
2. Punta Cana, República Dominicana
3. Cusco, Perú
4. Costa del Sol, El Salvador
5. Islas Galápagos, Ecuador
6. San Pedro de Atacama, Chile
7. Puebla, México
8. Santa Fe, Nuevo México

**1-11** **Anuncio publicitario** Trabaja con tus compañeros(as) para crear un anuncio publicitario para la Oficina de Turismo de uno de los lugares mencionados en la actividad 1–10 (u otro lugar del mundo hispano). Deben incluir todo tipo de información para atraer a los turistas. Van a presentar su anuncio a la clase y la clase va a votar por el mejor anuncio.

No todos siguen
un estereotipo.

# Diversidad racial en el mundo hispano

In the Perspectiva sections students are invited to explore different viewpoints on specific topics as a way of gaining a more authentic insight into the products, perspectives and practices of the Spanish-speaking world. Before beginning these activities in class, set the tone for an open and tolerant discussion so that students may feel comfortable sharing their points of view. Have students work in small groups first, and then ask groups to report back to the class from their discussions.

**ANSWERS 1-12** *Possible answers include:*
*1. Algunos estudiantes quizás digan que sí hay un estadounidense típico que es blanco, de clase media y con 2.5 hijos. Algunos estudiantes quizás digan que no lo hay porque hay inmigrantes de muchos países.*
*2. Answers will vary. 3. Answers will vary.*

## Anticipación

**1-12** **¿Cómo somos?** Observemos a las personas a nuestro alrededor (*around us*). Contesta las preguntas para ver qué observas.

1. ¿Puedes describir a un estadounidense típico? ¿Por qué sí o por qué no?
2. ¿De qué grupos étnicos son algunos estudiantes de tu escuela?
3. ¿Hay estudiantes de ascendencia japonesa, coreana, mexicana, irlandesa... ?

**A**primera vista el mundo hispano parece ser homogéneo, pero en realidad no lo es. Los primeros inmigrantes llegan de España en 1492 y rápidamente dominan la población nativa de cada área. A diferencia del patrón *(pattern)* de inmigración de los Estados Unidos, donde los inmigrantes llegan mayormente en grupos compuestos de familias, a Latinoamérica llegan soldados *(soldiers)* que se mezclan con la población nativa, formando una nueva "raza". Es esta nueva "raza" la que celebran en el festival del "Día de la Raza". Es un nuevo individuo que no es europeo, ni es indígena. Pero, ¿pertenecen los latinoamericanos a una sola raza? ¿Son un grupo homogéneo? ¿Puedes adivinar *(guess)* sólo por la apariencia *(their looks)* si una persona es latinoamericana?

En Perú, el 20% de la población es de ascendencia japonesa.

Al igual que en los Estados Unidos, muchos grupos de varios países se establecen en Latinoamérica. Llegan grupos de Japón, Corea, Alemania, Francia, Portugal, África, Italia y China, entre otros. En los países que tienen costas en el mar Caribe, como Venezuela, Colombia, Panamá, Costa Rica, Honduras, Cuba, República Dominicana y Puerto Rico, hay mucha influencia africana debido a la trata de esclavos *(slave trade)*. En el Perú, el 20% de la población es de ascendencia japonesa debido a varias olas *(waves)* de inmigración que empezaron en 1899. En Argentina, más del 90% son de ascendencia española e italiana. A Chile, Argentina y Bolivia llegaron centenares *(hundreds)* de coreanos desde el 1961. Latinoamérica, al igual que los Estados Unidos, ¡es un crisol de razas *(a melting pot of races)*!

## Comprensión

**1-13** **¿Comprendiste?** Contesta las preguntas para ver si has comprendido el texto.

1. ¿Qué se celebra en el Día de la Raza?
2. ¿Hay una sola raza en Latinoamérica? ¿De qué raza hablan?
3. ¿De dónde llegan muchos inmigrantes?

## Entre culturas

**1-14** **Perspectiva 1** Contesta las preguntas para determinar cómo tú y tus compañeros(as) de clase ven a los hispanos en general. ¿Puedes describir a un hispano típico? ¿Cuál es el estereotipo?

1. _____ Caucasian
2. _____ African American
3. _____ Chinese
4. _____ Japanese
5. _____ Other Asian
6. _____ American Indian
7. _____ Hispanic
8. Other _____

1. ¿A qué se refieren los números del uno al seis?
2. ¿A qué se refiere el número siete?
3. ¿Puede un hispano ser de ascendencia coreana, japonesa, ser negro, ser blanco?
4. ¿Piensas que el término *Hispanic* es una clasificación racial o no?

**1-15** **Perspectiva 2** De las siguientes opiniones sobre la diversidad racial en Latinoamérica, marca con una X las que crees que tienen algunos latinoamericanos.

1. _____ Piensan que hay diferencias raciales en Latinoamérica.
2. _____ Hay racismo, pero es menos marcado que en los EEUU.
3. _____ Piensan que todos son más o menos iguales en apariencia.
4. _____ Se autodenominan *(They call themselves)* "Hispanic" en su país.

**1-16** **Perspectiva 3** Con un(a) compañero(a), comenta y haz una lista de cómo ven las personas de origen hispano al resto de los Estados Unidos. ¿Qué estereotipo tienen ellos de los estadounidenses y cuál es la realidad que ven cuando llegan? Considera la diversidad racial y social.

## Extensión

**1-17** **No todo es color de rosa.** Contesta las siguientes preguntas en el espacio abajo para analizar otro aspecto de las relaciones entre los latinoamericanos.

1. ¿Ha habido *(Have there been)* conflictos entre los estados de los Estados Unidos?

2. ¿Ha habido conflictos entre países de habla inglesa?

3. Ahora que sabes que los latinoamericanos no son un grupo homogéneo, ¿sabes sobre algún conflicto entre algunos países de Latinoamérica? Si no sabes, busca en el Internet qué conflictos existen o existieron hace unos años entre Bolivia y Chile, Argentina y Chile, Panamá y Colombia, República Dominicana y Puerto Rico. ¿Son conflictos raciales, geográficos, políticos o de inmigración?

4. ¿Se llevan bien los argentinos y los chilenos, los dominicanos y los puertorriqueños, los bolivianos y los chilenos en los Estados Unidos? ¿Qué crees que pasa entre ellos?

## Repaso

Review these structures and/ or forms in the **Índice de gramática conocida** at the end of the book: subject pronouns, the present tense.

## El tiempo presente del indicativo

The present indicative tense is used by Spanish speakers not only to communicate general ideas about the present, but also to refer to actions or situations in the near future, or even in the past.

### Los usos del presente del indicativo

- Conditions or situations that are not specifically bound by time, including habitual actions

  —**Me llamo** Vicenta y **vivo en** Copacabana, Bolivia, pero **llevo** cinco años en Irvine, California.
  *My **name is** Vicenta and **I live in** Copacabana, Bolivia, but **I've been living** in Irvine, California, for five years.*

  —A veces **veo** telenovelas en Univisión cuando **echo de menos** a mi país.
  *Sometimes I **watch** soap operas on Univisión when I **miss** my country.*

- Actions that occur in the present, or actions in progress

  —¿Preguntas por qué **me encuentro** aquí en California?
  *You ask why I **find myself** here in California?*

  —**Vivo** aquí porque **estudio** medicina en la Universidad de California.
  *I **live** here because I **am studying** medicine at the University of California.*

  —En este momento me **preparo** para mis exámenes finales.
  *Right now I'm **preparing** for my final exams.*

- Actions that will occur in the near future

  —En junio **vuelvo** a mi país por unos meses para estar con mi familia.
  *In June I **will return** to my country for a few months in order to be with my family.*

- Actions in past-tense narrations that are brought to life through the use of the present tense

  El pintor ecuatoriano Guayasamín **nace** en Quito, Ecuador, en 1919. En 1942, **empieza** a pintar escenas indígenas, con volcanes y otros elementos del altiplano.
  *The Ecuadorian painter Guayasamín **was born** in Quito, Ecuador, in 1919. In 1942, he **began** to paint indigenous scenes, with volcanos and other elements of the highlands.*

### Ir a + infinitivo

To talk about the near future, Spanish speakers also use the construction **ir a** + infinitive *(to be going to do something)* or the verb **pensar** + infinitive. When the verb **pensar** *(to think)* is used before an infinitive, it expresses the idea of *to plan* or *to intend (to do something)*.

—La semana que viene **voy a visitar** a mi prima en San Francisco. **Vive** aquí también.
*Next week **I am going to visit** my cousin in San Francisco. She also lives here.*

—El sábado **pienso ver** una película en el centro comercial. **¿Piensas hacer algo ese día?**
*On Saturday **I plan to see** a movie at the shopping mall. Do you plan to do something that day?*

### Los usos y omisiones de los pronombres de sujeto

In Spanish, in all verb tenses, the endings of the conjugated verb indicate the subject of the verb. For this reason, the subject pronouns—**yo, tú, él/ella/usted, nosotros(as), vosotros(as), ellos/ellas/ustedes**—are only used when introducing new subjects, contrasting subjects, or when the subject is not obvious either from the verb ending or the discourse.

—Mi prima vive con una amiga, pero **yo** prefiero vivir sola, por lo menos por ahora.
*My cousin lives with a friend, but **I** prefer to live alone, at least for now.*

In the preceding example, the subject pronoun **yo** is used to indicate a contrast between Vicenta and her cousin.

—Ella se llama Marta y su esposo, Ivan, es Argentino. **Él** tiene su propio negocio en San Francisco.
*Her name is Marta and her husband, Ivan, is Argentinian. **He** has his own business in San Francisco.*

In the preceding example, the subject pronoun **él** is used to resolve ambiguity in the third person. When there is no possibility of ambiguity, Spanish speakers will tend to omit subject pronouns. Notice how all the sample sentences from the previous presentations in this section do not feature subject pronouns:

—**Me llamo** Vicenta y **vivo** en Copacabana, Bolivia, pero **llevo** cinco años en Irvine, California.
—A veces **veo** telenovelas en Univisión cuando **echo de menos** a mi país.
—¿Preguntas por qué **me encuentro** aquí en California?
—**Vivo** aquí porque **estudio** medicina en la Universidad de California.
—En este momento me **preparo** para mis exámenes finales.
—En junio **vuelvo** a mi país por unos meses para estar con mi familia.
—La semana que viene **voy a visitar** a mi prima en San Francisco. **Vive** aquí también.
—El sábado **pienso ver** una película en el centro comercial. **¿Piensas ir** conmigo?

El pintor ecuatoriano Guayasamín nace en Quito, Ecuador, en 1919. **Empieza** a pintar escenas indígenas, con volcanes y otros elementos del altiplano, en 1942.

## ¡A practicar!

**1-18** **Simón Bolívar** Lee lo siguiente sobre Simón Bolívar e indica si la acción del verbo subrayado debe estar en el presente (P), en el pasado (PA) o debe ser una acción progresiva (A).

Simón Bolívar (1) <u>nace</u> en Caracas en el año 1783. Pierde a sus padres de niño y (2) <u>hereda</u> *(inherits)* mucho dinero con el cual (3) <u>puede</u> viajar. Fue en un viaje a Europa que (4) <u>decide</u> dedicar su vida a liberar Sudamérica. (5) <u>Pasa</u> los próximos 25 años en la lucha *(fight)* contra el dominio español y (6) <u>muere</u> en el 1830 sin realizar su sueño *(dream)*.

Su nombre ha sido inmortalizado por los sudamericanos. Un país (7) <u>lleva</u> su nombre, Bolivia. La moneda de Venezuela (8) <u>es</u> "el bolívar". Muchísimos lugares en Sudamérica, Estados Unidos, India, Australia, Turquía y México (9) <u>llevan</u> su nombre.

Simón Bolívar (10) <u>vive</u> en la memoria de los sudamericanos y todavía se (11) <u>evoca</u> su nombre con reverencia.

**1-19** **¿Qué quieren decir?** Un grupo de amigos y tú están en Uruguay. Todos hablan sobre el clima. ¿Qué quieren decir?

1. Si llueve, pienso leer un libro.
   a. Dice que si llueve, no está segura de que va a leer un libro.
   b. Dice que si llueve, va a leer un libro.
2. Llevamos cinco días de sol.
   a. Dice que hace cinco días que está haciendo sol.
   b. Dice que va a hacer sol por cinco días más.
3. Si sigue despejado, podemos ir al campo otra vez.
   a. Dice que si está despejado volverán al campo.
   b. Dice que cuando está despejado siempre van al campo.
4. En dos meses, en julio, regresan el frío y la humedad a Uruguay, que es horrible.
   a. Dice que en julio van a regresar el frío y la humedad.
   b. Dice que en julio regresó el frío y la humedad.

**1-20** **¿Es hispana?** Llena los espacios en blanco con un pronombre, si lo necesita, para saber más sobre el origen de Raquel Welch.

El nombre verdadero de Raquel Welch es Jo Raquel Tejada, y (1) _____ nace en Chicago, Illinois, en 1940. Su padre boliviano, Armando Tejada, (2) _____ consigue un trabajo como ingeniero aeronáutico y (3) _____ se casa con una inmigrante de Irlanda. Cuando Raquel tiene dos años, la familia se muda a San Diego, California. Allí (4) _____ viven y se establecen por muchos años. Raquel se casa con James Welch y tienen dos hijos. (5) _____ sigue su carrera de actriz pero (6) _____ no, y pronto se divorcian. Más recientemente, Raquel Welch participa en las películas *The American Family* y *Tortilla Soup* donde (7) _____ deja ver su lado hispano.

## ¡A conversar!

**1-21** **Tus planes** Pregúntale a tu compañero(a) sobre sus planes para las siguientes vacaciones. Usa sólo el tiempo presente para hablar sobre acciones en progreso, en el presente y en el futuro.

- ¿Adónde vas las próximas vacaciones?
- ¿Cómo es el clima allí en el invierno?, ¿y en el verano?
- ¿Con quién vas?
- ¿Qué hacen allí generalmente?
- ¿Qué piensas hacer esta vez *(this time)*?
- ¿Cómo es la geografía del lugar?

**1-22** **Biografía** Pregúntale a tu compañero(a) la siguiente información. Usa sólo el tiempo presente para presentarlo a la clase (o a un grupo pequeño) y contar su vida. Pregúntale sobre…

- fecha de nacimiento
- estudios
- familia
- sitios donde ha vivido
- actividades en la escuela
- lugares preferidos para vacacionar
- graduación de la escuela secundaria
- carta de aceptación de la universidad

**1-23** **¿Qué vas a hacer?** Piensa en las siguientes situaciones y di qué vas a hacer, usando la estructura **ir a + infinitivo**.

1. Está lloviendo y no tienes paraguas ni dinero. ¿Qué vas a hacer?
2. Anuncian un huracán, las tiendas están cerradas y no tienes comida. ¿Qué vas a hacer?
3. Ganas un billete para ir a Puerto Rico por dos semanas pero detestas la humedad. ¿Qué vas a hacer con el billete?
4. Tu perro está temblando *(shaking)* porque le tiene miedo a las tormentas. ¿Qué vas a hacer con el perro?
5. Te encuentras con una pared de neblina muy densa mientras manejas en la autopista. ¿Qué vas a hacer?

# Estructura y uso II

## Ser, estar, haber y tener

**Repaso**

Review this structure and/or these forms in the **Índice de gramática conocida** at the end of the book: present indicative of irregular verbs.

In Spanish, four verbs—**ser, estar, haber,** and **tener**—are used to express different aspects of the one English verb *to be*.

### Ser y estar

### Los usos del verbo *ser*

- Profession or occupation
  Él **es** profesor.

- Origin
  Él **es** de Santa Cruz, Bolivia.

- What something is made of
  Sus zapatos **son** de cuero.

- Possession
  Los libros de arquitectura **son** de él.

- Nationality, religion, or political affiliation
  José **es** boliviano. Muchos de sus amigos **son** católicos.

- Intrinsic qualities
  José **es** trabajador y simpático.

- Time, dates, and seasons
  En Bolivia **es** invierno en junio.
  Hoy **es** martes y **son** las diez de la mañana.

- Where an event is to take place
  El concierto **es** en un auditorio en las afueras de Santa Cruz.

- Certain impersonal expressions
  **Es** útil saber aymara en Bolivia.

### Los usos del verbo estar

- Location
  José **está** en casa con su familia.

- With the present progressive tense
  Ellos **están** esperando en casa porque **está** lloviendo.

- With adjectives describing conditions that are subject to change or deviate from what is considered the norm
  La hija de José **está** muy guapa con su nuevo vestido.
  (*Her new dress makes her look even more attractive than she normally does.*)
  Ellos **están** contentos a pesar de la lluvia.

## Atención

Because **estar** is used to indicate a change from normal, it is often used to describe conditions: **Está enojado(a), está contento(a), está enfermo(a)**, etc. **Estar muerto(a)** *(to be dead)*, although permanent in nature, is used with **estar,** not **ser** because it can be understood that death is a departure from the normative condition of being alive.

### Adjetivos con *ser* y *estar*

| Adjective | with *ser* | with *estar* |
|---|---|---|
| aburrido(a) | *boring* | *bored* |
| bueno(a) | *good* | *good (food)* |
| enfermo(a) | *sickly (person)* | *ill* |
| listo(a) | *clever* | *ready* |
| loco(a) | *insane* | *crazy, foolish* |
| malo(a) | *bad* | *ill* |
| rico(a) | *rich (prosperous)* | *delicious* |
| seguro(a) | *safe* | *sure, certain* |
| verde | *green* | *unripe* |
| vivo(a) | *cunning* | *alive, living* |

Es difícil **estar aburrido** en Key West porque en la calle Duval siempre hay un ambiente festivo y las atracciones **son interesantes.**
*It is difficult **to be bored** in Key West because on Duval Street there is always a festive atmosphere and the attractions **are interesting.***

### *Haber* y *tener*

**TEACHING TIP** To help students decide when to use **ser** vs. **estar,** point out that **estar** will never be followed by a noun. Therefore, ___ **profesor** / __ **un gato**, etc., can only be expressed with **ser.**

- **Hay,** an irregular form of the verb **haber,** is used to express the idea of *there is* or *there are*. It should not be confused with the verbs **ser** or **estar.**

  **Hay** muchos cuadros de Guayasamín en una galería de San Antonio este mes.
  ***There are** a lot of paintings by Guayasamín in a gallery in San Antonio this month.*

  Los cuadros **son** de paisajes y **son** muy grandes y con mucho color.
  *The paintings **are** of landscapes and **are** very large and colorful.*

  Todos los cuadros **están** colgados en las paredes de la galería.
  *All of the paintings **are** hung on the walls of the gallery.*

- **Tener** can also be translated as *to be*, but is limited to certain idiomatic expressions.

## Atención

In some idiomatic expressions, **hacer** can also be translated as *to be*. These are typically limited to weather and time expressions, such as **Hace viento**. *It's windy.* **Hace calor (frío)**. *It's hot (cold).*

| | | | |
|---|---|---|---|
| tener... años | *to be . . . years old* | tener miedo (de) | *to be afraid (of)* |
| tener calor | *to be hot* | tener prisa | *to be in a hurry* |
| tener celos | *to be jealous* | (no) tener razón | *to be right (wrong)* |
| tener cuidado | *to be careful* | tener sed | *to be thirsty* |
| tener éxito | *to be successful* | tener sueño | *to be tired, sleepy* |
| tener frío | *to be cold* | tener suerte | *to be lucky* |
| tener hambre | *to be hungry* | tener vergüenza | *to be ashamed, embarrassed* |
| tener la culpa | *to be guilty* | | |

—**Tengo sed** y tu papá **tiene hambre.** ¿Por qué no vamos al restaurante El Sibonay?
*I'm **thirsty** and your dad **is hungry.** Why don't we go to El Sibonay Restaurant?*

—**Tienes razón.** La comida cubana allí está buenísima y, si **tenemos suerte,** podemos comer rapidamente. Las niñas **tienen sueño** y mañana madrugan.
***You're right.** The Cuban food there is delicious and, if **we're lucky,** we can eat quickly. The girls **are tired** and tomorrow they get up early.*

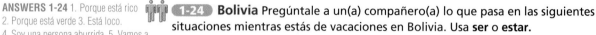

## ¡A practicar!

**1-24** **Bolivia** Pregúntale a un(a) compañero(a) lo que pasa en las siguientes situaciones mientras estás de vacaciones en Bolivia. Usa **ser** o **estar**.

**EJEMPLO** E1: ¿Qué pasa si la altura te molesta? (mareado)
E2: **Estoy malo.**

1. ¿Por qué quieres comer más y más de todo? (rico)
2. ¿Por qué el plátano no está listo para comer? (verde)
3. ¿Qué piensas si un amigo se toma cincuenta tazas de café? (loco)
4. ¿Por qué quieres quedarte *(stay)* siempre en el hotel? (aburrido)
5. ¿Qué pasa si caminamos todo el día por La Paz? (cansado)
6. ¿Por qué te quedas siempre en hoteles muy caros? (rico)
7. ¿Qué te dicen si aprendes aymara en dos meses? (listo)
8. ¿Vas a regresar a Bolivia? (seguro)

**1-25** **Caminata a Machu Picchu** En el viaje a ver las ruinas, varias cosas pasan. Pregúntale a un(a) compañero(a) si puede adivinar cuál es el problema. Usa expresiones con **tener**.

**EJEMPLO** E1: Durante el día la temperatura sube.
E2: **Tienes calor.**

1. Un insecto extraño le sube por una pierna y él grita *(screams)*.
2. La subida es muy ardua y hay personas mucho mayores que yo subiendo sin problemas.
3. No me gustan algunas de las cosas que comemos, pero me las como de todas maneras *(anyway)*.
4. Llevamos botellas de agua.
5. Ya a las siete de la noche quiero dormir.
6. Durante la noche la temperatura baja mucho.
7. Una persona encuentra un artefacto muy antiguo.
8. Empieza a llover y hay que prestar atención porque podemos resbalar *(slip)*.
9. Por fin llegamos a la cima de la montaña.
10. Dicen que Machu Picchu es una de las maravillas *(wonders)* del mundo. Es verdad.

**1-26** **¿Sabes o no?** Completa la lista con **ser, estar, tener** o **haber** y adivina si la oración es cierta o falsa.

**EJEMPLO** **Hay** huracanes en los Andes. **Falso, no hay huracanes en los Andes.**

1. El Chimborazo _____ el pico más alto del mundo.
2. El lago Titicaca _____ entre Bolivia y Ecuador.
3. En el Caribe _____ mucha humedad.
4. Las cataratas del Iguazú _____ en Paraguay.
5. En Venezuela _____ invierno en junio.
6. _____ nieve en las montañas del Ecuador.
7. En Brasil _____ la línea que divide el hemisferio norte del hemisferio sur.
8. Bolivia _____ playas muy bonitas.

### ¡A conversar!

**1-27** **¿Quién eres?** Asume la personalidad de un latinoamericano famoso. Tu compañero(a) te va a hacer estas preguntas para adivinar quién eres.

1. ¿De dónde eres?
2. ¿Cómo eres?
3. ¿Cuántos años tienes?
4. ¿Tienes suerte en la vida? ¿Por qué dices eso?
5. ¿A qué le tienes miedo?
6. ¿Eres rico?
7. ¿Tienes hijos?
8. ¿Adónde vas en tus vacaciones?

**1-28** **De viaje** ¿Qué hace la gente cuando viaja a un país latinoamericano? Para comparar tus experiencias con las de un(a) compañero(a), haz y contesta las siguientes preguntas.

1. ¿Son aburridos los museos?
2. ¿Tienes vergüenza cuando no entiendes algo en español?
3. ¿Tienes miedo de probar comidas exóticas locales?
4. ¿Tienes cuidado de lo que bebes?
5. ¿Hay algún otro país que no quieres visitar? ¿Por qué?
6. ¿En qué tipo de clima estás más contento?

**TEACHING TIP 1-28** Note that for #2, in addition to "**Tengo vergüenza,**" native speakers might more commonly say **me da vergüenza** or **siento vergüenza.**

**1-29** **¿De dónde eres?** Descríbele a tu compañero(a) cómo es tu ciudad o pueblo. Incluye...

- dónde está
- la geografía (¿Hay playas, acantilados... ?)
- el clima (¿Llueve con frecuencia? ¿Hay humedad? ¿Es seco?)
- la arquitectura (¿Tiene edificios altos?)
- entretenimiento (¿Es aburrido?)
- distancia de otras ciudades importantes

**1-30** **¿Una película?** Descríbele a tu compañero(a) una película hispana que hayas visto como *Tortilla Soup, La quinceañera, Amores perros.* Incluye información sobre...

1. ¿De dónde son los actores?
2. ¿En qué país están?
3. ¿Cómo es la película?
4. ¿Hay cosas que no te gustan?
5. ¿Cómo son los personajes?
6. ¿Cuántos años tienen?
7. ¿Recomiendas la película? ¿Por qué?

# Festival de la Herencia Hispana
## El día *festivo* para todas las comunidades latinas en Los Ángeles

## 12 de octubre 12:00-8:00 P.M.

### ¡*Festejemos* nuestros *logros* y nuestro *orgullo* latino!

César Chávez
*icono* de la raza

**CONCIERTOS**
*Ritmos bailables* de rock, banda, cumbias, salsa, merengue y más...

Artistas: Maná, Graciela Beltrán, Marc Anthony, El Gran Combo de Puerto Rico, Álex Bueno...

**CERTÁMENES** CON **PREMIOS**
DE MÁS DE $1.000,00

- poesía en español
- fotografía
- pintura
- baile

**COMIDA**
Les invitamos a **degustar** platos **exquisitos** de nuestra diversa cocina latina...

Arepas, arroz con frijoles, carnes al carbón, empanadas, tamales...

**Puestos** de comida

**Escenario**

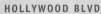
HOLLYWOOD BLVD

**Fuegos artificiales**

8:00 P.M.

**Espectáculo** de Ballet
folklórico de México

LAS PALMAS AVE

### Repaso

Review basic vocabulary related to heritage and festivals in the **Índice de palabras conocidas** at the end of the book.

### Lengua

Other words and phrases related to Hispanics in the U.S. are cognates with English words: **diverso(a)** (diverse); **dominante** (dominant); **generación** (generation); **heterogéneo(a)** (heterogeneous); **homogéneo(a)** (homogeneous); **influencia** (influence); **origen** (origin).

### Lengua

In addition to the many U.S. states that have Spanish names, several states have Spanish versions of their names. Some examples include: **Nueva Hampshire, Nueva Jersey, Nuevo México, Nueva York.** There are also Spanish names for the people from some states, such as: **neoyorquino(a)** (de Nueva York); **neoyorriqueño(a)** (puertorriqueño(a) de Nueva York); and **tejano(a)** (de Texas).

**TEACHING TIP** Use the realia on page 22 to encourage conversation among students and recycle familiar vocabulary. Have students describe the poster, or ask questions about it. Discuss any similar celebrations that take place in your area.

| | |
|---|---|
| el anglo(hispano)hablante | *English (Spanish) speaker* |
| los antepasados | *ancestors* |
| el aporte | *contribution* |
| el (la) boricua | *Puerto Rican* |
| el (la) chicano(a) | *Chicano* |
| la capa social | *social class* |
| la etnia / el grupo étnico | *ethnicity / ethnic group* |
| el icono | *icon* |
| el logro | *achievement* |
| la minoría | *minority* |
| el orgullo | *pride* |
| la población | *population, village* |
| los valores / valorar | *values / to value* |
| | |
| abundar | *to abound (to be abundant)* |
| asimilarse | *to assimilate* |
| destacar(se) | *to distinguish (oneself), to stand out* |
| establecer(se) | *to establish (oneself)* |
| influir | *to influence* |
| inmigrar | *to immigrate* |
| pertenecer a | *to belong to, to pertain to* |
| superar(se) | *to overcome, to improve oneself* |

## Para hablar de las celebraciones

| | |
|---|---|
| el certamen | *contest/event* |
| el escenario | *stage* |
| el espectáculo | *show* |
| los fuegos artificiales | *fireworks* |
| la pachanga | *party (party music)* |
| el premio / premiar | *award / to award* |
| el puesto | *booth* |
| la (música) salsa / cumbia / merengue | *salsa / cumbia / merengue (music)* |
| el ritmo bailable | *danceable rhythm* |
| | |
| entretenido(a) | *entertaining* |
| exquisito(a) | *exquisite* |
| festivo(a) | *festive* |
| | |
| acoger | *to welcome* |
| degustar | *to taste / to sample* |
| festejar | *to celebrate* |

# ¡A practicar!

**TEACHING TIP 1-31** This activity may be assigned as homework before formally treating vocabulary. In class, pair students so they share their responses or have students share as a whole class activity, focusing on comprehension of targeted vocabulary.

**ANSWERS 1-31** 1. Todas las comunidades latinas de Los Ángeles 2. Maná, Graciela Beltrán, Marc Anthony, El Gran Combo, Álex Bueno, César Chávez 3. Cuatro 4. No 5. Sí (de nuestra diversa cocina latina) 6. A las ocho 7. A las ocho 8. *Answers will vary.*

**TEACHING TIP 1-31** Turn this into a jig-saw activity by pairing students together and having them describe different words without mentioning the words themselves. One partner must guess which word it is based on the other partner's description.

**ANSWERS 1-33** 1. F – la costa este 2. C 3. C 4. *Answers will vary.* 5. *Answers will vary.* 6. C (comida, palabras, nombres de estados) 7. *Answers will vary.* 8. C 9. F – sólo en ciertos estados 10. C

**1-31** **¡Vamos al festival!** Lee el anuncio sobre el Festival de la Herencia Hispana en la página 22 y luego contesta las preguntas.

1. ¿A qué comunidades étnicas acogen al festival sus organizadores?
2. ¿A qué celebridades acogen al festival este año los organizadores? ¿Conoces a algunas?
3. ¿Cuántos certámenes va a haber? ¿Te interesa alguno? ¿Cuál?
4. ¿Va a haber puestos con juegos donde puedes ganar premios?
5. ¿Va a abundar comida de muchos países latinos? ¿Qué comida(s) quieres degustar?
6. ¿A qué hora van a comenzar los fuegos artificiales?
7. ¿Cuándo termina la pachanga?
8. ¿Hay algún día festivo como éste en tu ciudad? ¿Cuál es? ¿Cuándo ocurre?

 **1-32** **En otras palabras** Toma turnos con un(a) compañero(a) de clase para explicar en español el significado de cada una de las siguientes palabras.

1. entretenido(a)
2. asimilarse
3. un icono
4. superarse
5. abundar
6. acoger
7. pertenecer
8. establecerse
9. valorar

**1-33** **Latinos en los Estados Unidos** Lee los siguientes comentarios sobre los latinos en los Estados Unidos. Si piensas que son ciertos, justifica *(justify)* tu opinión. Si piensas que son falsos, corrígelos. Luego, comparte tus respuestas y opiniones con un(a) compañero(a) de clase.

1. Abundan boricuas en la costa oeste de los EEUU.
2. Los estados de Arizona, California y Nuevo México pertenecían a México en el pasado.
3. Los hispanos son la minoría más grande de los Estados Unidos.
4. La población de los Estados Unidos acoge con entusiasmo a los inmigrantes hispanohablantes.
5. Muchos de los hispanos que inmigran a los EEUU se superan en una sola generación.
6. La presencia de los hispanos influye mucho en la cultura de los Estados Unidos.
7. Muchos de los ritmos más bailables que salen en las emisoras en inglés son de artistas latinos.
8. En la televisión estadounidense de hoy se destacan varias celebridades latinas.
9. En todas partes de los EEUU es fácil degustar comida de diferentes países latinos.
10. Muchos de los latinos que se establecen en los EEUU se asimilan rápidamente a la cultura norteamericana.

## ¡A conversar!

 **1-34** **¿Cuál es tu herencia?** Tú y tu compañero(a) de clase van a entrevistar a otros(as) compañeros(as) sobre su herencia. Preparen una lista de cuatro o cinco preguntas interesantes y luego entrevisten a otros. Traten de ver cuánto tienen en común con los otros. Algunos ejemplos de preguntas son:

- ¿De dónde son tus antepasados?
- ¿Quiénes son algunos de los iconos de tu cultura?
- ¿Cuál es la mejor comida de tu cultura que otros deben degustar?

**1-35** **Iconos latinos** ¿Conoces a algunos de estos iconos latinos? Busca información sobre ellos para contestar las preguntas y aprender más sobre sus logros.

Ellen Ochoa                     Dolores Huerta
Mario J. Molina                 Jorge Ramos
Mari Carmen Ramírez             Salma Hayek

1. ¿Cuáles de estas personas inmigraron a los Estados Unidos de México?
2. ¿Quiénes son boricuas?
3. ¿Quiénes son chicanos?
4. ¿Cuál es el aporte más importante de Ellen Ochoa?
5. ¿Cómo se destaca Jorge Ramos como un icono latino?
6. ¿Cómo ayuda Dolores Huerta a los inmigrantes a superarse?
7. ¿Cuál es el logro de Molina?
8. ¿En qué se destaca Ramírez?

**1-36** **Celebraciones latinas** A continuación tienes algunas de las celebraciones latinas más populares en los Estados Unidos. Describe lo que sabes de cada evento. Si no conoces el evento, haz una investigación por Internet. Algunas preguntas que puedes investigar son:

¿Cuáles son las fechas de las celebraciones?

¿Dónde se celebran?

¿Qué festejan?

¿Qué valores culturales se destacan en las celebraciones?

¿Cómo son las celebraciones?

¿Qué tipo de certámenes tienen?

¿Tienen puestos para degustar comida?

1. El Día de la Raza
2. El Día de los Muertos
3. Carnaval Miami / Festival de la Calle Ocho
4. El Cinco de Mayo
5. El desfile puertorriqueño en Nueva York / el Día Nacional de Puerto Rico

**TEACHING TIP 1-35** Have students prepare this activity for homework. In class put them in pairs or small groups and turn this into a *Jeopardy*-style game. Have students read an answer to their partner; the partner has to respond in the form of a complete question.

**ANSWERS 1-35** 1. Hayek, Molina, Ramos 2. Ramírez 3. Ochoa, Huerta 4. Fue la primera astronauta latina en el espacio. 5. Es un escritor y co-presentador de las noticias en español en Univisión. 6. Trabaja por los derechos de los trabajadores agrícolas. 7. Ganó el Premio Nobel de Química en 1995. 8. El arte latinoamericano

**TEACHING TIP 1-36** Assign celebrations to pairs of students. In class, allow 3–4 minutes for pairs to orally share information and confer. Then allow 6–7 minutes for pairs to visit other pairs to learn about different celebrations. Have students return to their seats to then write out at least 3–4 details of each of the celebrations they did not research.

**ANSWERS 1-36** 1. 12 de octubre; celebración de todas las nacionalidades latinas e indígenas representadas en EEUU 2. 1 y 2 de noviembre; celebración para recordar los difuntos 3. febrero-marzo; coincide con la cuaresma y tiene atmósfera de Mardi Gras —en la Calle Ocho de la sección de "la Pequeña Habana" en Miami donde se celebra con mucha comida y música salsa 4. El Cinco de Mayo; la Batalla de Puebla en México; en los EEUU es una celebración del orgullo latino. 5. junio; para celebrar los logros y aportes de la comunidad puertorriqueña

## Las contribuciones de los hispanos

Bill Richardson

### Anticipación

**1-37** **¿Cómo somos?** Observemos de dónde son las personas de EEUU. Los Estados Unidos son un país formado por inmigrantes—algunos más recientes que otros. ¿Sabes la ascendencia étnica de las siguientes personas? Si no sabes, adivina *(guess)* escogiendo la nacionalidad de la columna de la derecha.

| Nombre | Ascendencia |
|---|---|
| 1. Henry Kissinger | a. ecuatoriana |
| 2. John F. Kennedy | b. keniana |
| 3. Oscar de la Renta | c. mexicana |
| 4. Andre Agassi | d. alemana |
| 5. Barack Obama | e. puertorriqueña |
| 6. Cristina Aguilera | f. checa |
| 7. Arnold Schwarzennegger | g. dominicana |
| 8. Esmeralda Santiago | h. irlandesa |
| 9. Bill Richardson | i. austriaca |
| 10. Noam Chomsky | j. iraní |

Los ciudadanos estadounidenses de ascendencia hispana han contribuido enormemente al desarrollo de los Estados Unidos. Han dejado su huella *(print)* en el servicio público, la industria, el entretenimiento, los deportes, los negocios *(business)*, las ciencias, la literatura y la política. Dos hispanos destacados son Bill Richardson y Esmeralda Santiago.

Bill Richardson, de ascendencia mexicana, nace en Pasadena, California, en 1947, pero pasa su niñez en la Ciudad de México. A los 13 años, sus padres lo envían *(send)* a los Estados Unidos donde recibe su bachillerato en ciencias políticas y francés de Tufts University como también su maestría *(Master's degree)* en asuntos internacionales. Su carrera política ha sido muy distinguida. Sirve de congresista por 14 años, de embajador *(ambassador)* a las Naciones Unidas, de secretario de energía bajo el presidente Clinton y de gobernador de New Mexico desde 2002. En 2008 buscó la nominación demócrata para la presidencia de los Estados Unidos. Bill Richardson es actualmente uno de los políticos con más influencia en los Estados Unidos.

Esmeralda Santiago

Esmeralda Santiago, la hija mayor de once hermanos nacida en San Juan, Puerto Rico, llega a los Estados Unidos a los 13 años. Estudia en la Universidad de Harvard donde se gradúa con honores. Su primer libro, *Cuando era puertorriqueña,* la hace famosa. Desde entonces ha publicado ensayos *(essays)* y artículos en el *Washington Post* y en el *Boston Globe.* Su primera novela, *America's Dream,* se publica en seis idiomas y al igual que sus novelas siguientes, recibe honores y aclamación. Otras obras son: *Almost a Woman, The Turkish Lover,* las antologías *Las Christmas* y *Las Mamis* y un libro para niños, *A Doll for Navidades.* Actualmente Esmeralda Santiago sigue escribiendo y ayudando al desarrollo artístico de la juventud.

## Comprensión

**1-38** **¿Comprendiste?** Contesta las preguntas para ver si has comprendido el texto.

1. ¿Cuál crees que es el primer idioma de Bill Richardson?
2. ¿En qué círculos se conoce a Bill Richardson, en un círculo estatal o nacional? Explica.
3. ¿Es Esmeralda Santiago estadounidense?
4. ¿Cuál es su profesión?
5. ¿En qué idioma escribe?

## Entre culturas

**1-39** **Perspectiva 1** Contesta las preguntas para determinar cómo tú y tus compañeros(as) de clase ven a los hispanos en general.

1. ¿En qué trabajos ves a muchos hispanos? ¿Cuál es el estereotipo?
2. ¿Por qué no conocemos a muchos hispanos en los campos de la ciencia, la literatura o los negocios?

**1-40** **Perspectiva 2** Lee lo que dicen estos latinoamericanos en los Estados Unidos. ¿Qué piensan ellos? Luego contesta la pregunta al final para dar tu perspectiva.

Ellos dicen:

- "Es difícil conseguir un buen trabajo acabados de llegar *(if you have just arrived)* y por eso aceptamos cualquier trabajo para ayudar a que la próxima generación siga adelante y se supere."
- "Hay muchos hispanos destacados cuyos padres *(whose parents)* fueron inmigrantes."

Pregunta:

1. ¿Qué tipo de trabajo piensas que puedes conseguir si tienes que vivir en otro país y no hablas el idioma local?

**1-41** **Perspectiva 3** Con un(a) compañero(a), considera las siguientes opiniones sobre los latinos en los EEUU. Marca con una equis [X] las que crees que tienen las personas de origen hispano.

1. _____ El gobierno tiene miedo de que los inmigrantes no se asimilen.
2. _____ El idioma español es muy popular en los Estados Unidos.
3. _____ La comida mexicana es muy aceptada en los Estados Unidos.
4. _____ Los inmigrantes están tomando los trabajos de los nativos.

## Extensión

**1-42** **Hispanos conocidos** ¿Cuáles son algunos hispanos que se han destacado en los Estados Unidos? Busca en el Internet. ¿Cuáles son sus profesiones?
¿Son actores, atletas, músicos, escritores, políticos, científicos, hombres o mujeres
de negocio… ? Abajo, escribe una lista con las personas que encuentres y luego
presenta tus resultados a la clase.

## Concordancia y posición de adjetivos

### La concordancia de los adjetivos

In Spanish, adjectives agree in number and in gender with the nouns that they modify, according to the following patterns:

- Adjectives that end in -o have four different forms.

|  | Masculine | Feminine |
|---|---|---|
| **Singular** | chicano | chicana |
| **Plural** | chicanos | chicanas |

- Adjectives that end in any other vowel or in a consonant have only two forms, singular and plural. Like nouns, they show singular and plural by adding **-s** to vowels and **-es** to consonants.

  importante → importantes    difícil → difíciles    fácil → fáciles

- Adjectives that end in **-z** change the **z** to **c** before adding **-es**.

  feliz → felices    tenaz → tenaces    capaz → capaces

- Adjectives of nationality that end in a consonant, or descriptive adjectives that end in **-dor**, **-ín**, **-ón**, and **-án**, add **-a** to show feminine agreement. These adjectives have four forms.

| | | | |
|---|---|---|---|
| español | española | españoles | españolas |
| francés | francesa | franceses | francesas |
| encantador | encantadora | encantadores | encantadoras |
| juguetón | juguetona | juguetones | juguetonas |
| andarín | andarina | andarines | andarinas |
| charlatán | charlatana | charlatanes | charlatanas |

- These adjectives have a short masculine form *before* a singular masculine noun.

| | | |
|---|---|---|
| bueno | un **buen** logro | *but* un logro **bueno** |
| malo | un **mal** día | *but* una carroza **mala** |
| primero | **primer** certamen | *but* los **primeros** certámenes |
| tercero | el **tercer** mes | *but* la **tercera** celebración |
| alguno | **algún** hispanohablante | *but* **alguna** isla |
| ninguno | **ningún** condado | *but* **ninguna** provincia |

- If a single adjective *follows* two nouns and one of the nouns is masculine, the adjective will be plural masculine. If, however, a single adjective *precedes* two or more nouns, it will agree with the first noun.

m. pl. noun   f. pl. noun   m. pl. adj.
↓       ↓      ↓

En esta región hay volcanes y lomas **bonitos.**

f. pl. adj.   f. pl. noun   m. pl. noun
↓    ↓    ↓

En las **pequeñas** islas y bosques encontramos muchos pájaros.

- **Lo,** the neuter form of the definite article, can be combined with a singular masculine adjective to refer to abstract ideas.
  **Lo bueno** *(The good thing)* es que el cielo está despejado.

## La posición de los adjetivos

Although descriptive adjectives normally follow the noun that they modify, they can be placed before the noun to call attention to a natural characteristic of the noun. For these same words, when the adjective is placed after the noun, the adjective is in a position of contrast, identifying a quality in opposition to other more intrinsic possibilities.

Sobre el acantilado hay **bellas** flores. Las flores **anaranjadas** no son muy comunes.

- The following adjectives change meaning, depending on their position either before or after the noun.

| Adjective | Before the noun | After the noun |
|---|---|---|
| antiguo | *former, old* | *ancient, old* |
| cierto | *some, certain* | *sure, certain* |
| medio | *half* | *middle* |
| mismo | *same* | *the thing itself* |
| nuevo | *another, different* | *brand new* |
| pobre | *pitiful* | *destitute, poor* |
| viejo | *former* | *old* |

Veo los **mismos** puestos en la calle.
El escenario **mismo** es muy bonito.
Hay un hombre **viejo** que sale primero para hablar de las **viejas** tradiciones.

## ¡A practicar!

**1-43** **Observaciones.** Parte de lo divertido de un festival es mirar a la gente. ¿Qué observan? Contesta las preguntas describiendo la nueva observación.

**EJEMPLO** Ese grupo mariachi es muy buen grupo. ¿Qué piensas sobre esos grupos de salsa?
**Esos grupos de salsa son muy buenos grupos.**

1. Esas muchachas con los trajes típicos son encantadoras. ¿Qué piensas de ese muchacho?
2. Ese niño juguetón y alegre es mexicano. ¿Y esas niñas?
3. Las enchiladas de esos puestos son grandes y riquísimas. ¿Qué piensas de los tacos?
4. El escenario es impresionante. ¿Qué piensas de los disfraces?
5. Ese puesto vende discos y juguetes baratos. ¿En dónde venden comida?
6. ¡La fiesta es fantástica! ¿Qué piensas de las luces y el escenario?

**1-44** **¿Sabes la diferencia?** Mira estas observaciones sobre el Cinco de Mayo y contesta las preguntas.

1. La celebración del Cinco de Mayo se celebra desde el siglo *(century)* pasado. ¿Es una vieja celebración o una celebración que es vieja?
2. En las esquinas algunas veces hay hombres que no tienen dinero y piden limosna. ¿Son pobres hombres o son hombres pobres?
3. Va a haber algunos certámenes en el festival pero no estoy segura de cuántos. ¿Va a haber ciertos certámenes o no va a haber certámenes por cierto?
4. En la plaza va a tocar un grupo que se formó este año. ¿Va a tocar un grupo nuevo o un nuevo grupo?

**1-45** **El festival de la familia** Selecciona la palabra que mejor describa lo que pasa en este festival.

1. En el festival hay _____ gente.
   a. muchísima    c. muchísimos
   b. muchísimo
2. Hay _____ variedad de comida y bebida.
   a. gran    c. mucho
   b. grande
3. Venden fotos muy _____ de las pirámides mayas.
   a. grande    c. bonitas
   b. bonitos
4. Hay comida _____.
   a. mexicana y centroamericana.
   b. mexicanas y centroamericanas.
   c. mexicanos y centroamericanos.

5. Algunas personas llevan trajes _____.
   a. típicas    c. nuevas
   b. típicos
6. La música y los certámenes _____.
   a. es divertida    c. son divertidas
   b. son divertidos
7. El festival de la familia es un evento _____
   a. barata y divertida.
   b. espectaculares.    c. espectacular.
8. Seguro que vamos a pasar un _____ día.
   a. bueno    c. buena
   b. buen

# Estructura y uso III

## ¡A conversar!

**TEACHING TIP 1-46** Have students work in pairs to ask and answer questions. After several minutes, have them change partners or have pairs join other pairs to expand the conversation. Encourage students to compare and contrast their opinions and experiences. Conclude with a full-class discussion.

**1-46** **Opiniones** Con un(a) compañero(a), habla sobre los siguientes aspectos de las celebraciones.

1. ¿Qué festivales conoces? ¿Dónde se celebran? ¿Cuándo?
2. ¿Qué es lo bueno, lo malo, lo interesante de los festivales?
3. ¿Cómo son los certámenes de los festivales que conoces? Descríbelos.
4. ¿Qué tipo de música tienen?
5. ¿Tienen fuegos artificiales? ¿Cómo son?

**1-47** **Latinoamericanos** Piensa en un(a) latinoamericano(a) famoso(a) y descríbeselo(la) a tu compañero(a) de clase. Él o ella tiene que adivinar quién es.

**EJEMPLO** E1: Esta persona es un buen actor de cine. Es más o menos guapo. Tiene el pelo negro y un poco largo. Es puertorriqueño. En una película hace el papel de policía mexicano. Fue una película excelente. ¿Quién es?
E2: Benicio del Toro.

**1-48** **¿Cómo se comparan las celebraciones?** Ya conoces algunos festivales latinoamericanos. Menciona y describe algunas diferencias con otras celebraciones en los Estados Unidos como el Cuatro de Julio, Mardi Gras, el Año Nuevo Chino...

|  | Festival latinoamericano | Otra celebración en los Estados Unidos |
|---|---|---|
| Comidas |  |  |
| Música |  |  |
| Baile |  |  |
| Entretenimiento |  |  |
| Desfiles *(parades)* |  |  |
| Certámenes |  |  |
| Discursos |  |  |
| Otro |  |  |

**1-49** **Adivina lo que describo.** Piensa en una celebración o festival que se celebra en los Estados Unidos y descríbesela a otro(a) estudiante. Él o ella debe adivinar qué celebración es.

1. Describe las actividades que hay.
2. ¿Qué tipo de música tiene la celebración?
3. ¿Qué hace la gente?
4. ¿Dónde es?
5. ¿Llevan ropa o colores especiales para la ocasión? Describe sus trajes.
6. ¿Qué tipo de comida se vende?

## Impresiones

# ¡A REPASAR Y A AVANZAR!

### Repaso

Before completing the activities on this page, review the following pages and refer to them as necessary to refresh your memory of the **Estructuras** addressed in **Capítulo 1.**
**El tiempo presente del indicativo,** pp. 14–15
*Ser, estar, haber y tener,* pp. 18–19
**Concordancia y posición de adjetivos,** pp. 30–31

**TEACHING TIP** Have students review the information on the topics and structures covered in the chapter before they begin the activities. All activities begin with a short written product that each student prepares in order to communicate about topics from the chapter and concludes with pair work or a small group activity that allows students to share information with classmates.

**TEACHING TIP** Have students prepare their written products at home. In class they work with a partner or in a small group to communicate about the chapter topics and use the recently studied structures. Circulate, looking at the written work as well as listening to conversations. Note common errors and address them at the end of class or after class via electronic communication.

**TEACHING TIP 1-50** Have students review the information on pages 2–5, 10–11, and 24–25 in order to address the questions. If relevant festivals or celebrations take place in your area, encourage students to describe and discuss them. If not, have them use the information presented in the chapter.

**TEACHING TIP 1-51** Have students review the written work of their partners, making corrections and offering suggestions when appropriate.

**TEACHING TIP 1-52** Conclude with a full class discussion of students' home towns and cities. Ask which cities and towns they are familiar with and which ones they hope to visit based on the descriptions.

**1-50** **Los hispanohablantes** Contesta las siguientes preguntas para ver qué has aprendido sobre las personas del mundo hispano y su presencia en los Estados Unidos. Después, conversa con un(a) compañero(a) de clase para compartir la información.

1. ¿Es posible describir a un hispano típico? ¿Por qué sí o por qué no?
2. ¿Hay una sola raza en el mundo hispano? Explica tu respuesta.
3. ¿Quiénes son algunos hispanos famosos en los Estados Unidos y cuáles son sus contribuciones a la cultura estadounidense?
4. ¿Puedes describir algunos de los festivales u otras celebraciones de los hispanos en los Estados Unidos?

**1-51** **Una presentación personal** Prepara una presentación personal de unas 6–8 oraciones, siguiendo los modelos en la página 6. Incluye la siguiente información:

- De dónde eres
- Cómo es ese lugar
- Dónde vives ahora
- Varias actividades que haces

Trabaja con uno(a) o dos compañeros(as) para compartir la información de las presentaciones y para ver qué tienen en común.

**1-52** **Mi ciudad** Escribe una descripción de 6–8 oraciones de tu ciudad o pueblo. Contesta las siguientes preguntas:

- ¿Cuáles son dos o tres lugares que visitas mucho y cómo son?
- ¿Cómo es el clima de tu pueblo o ciudad?
- ¿Quiénes son algunas personas muy importantes de tu ciudad o pueblo y cómo son?
- ¿Qué lugares de tu ciudad o pueblo debe visitar un(a) turista y por qué?

Trabajando en grupos de 3 o 4 estudiantes, compartan sus descripciones y conversen sobre sus ciudades y pueblos. Comenten tanto lo que tienen en común como sus diferencias.

**1-53** **Un festival** Prepara un artículo breve de 6–8 oraciones sobre un festival u otra celebración de la herencia hispana en los Estados Unidos. Si conoces un festival, puedes usar información sobre esa celebración. Si no, puedes inventar un festival y crear los detalles. Incluye la siguiente información:

- Dónde y cuándo tiene lugar el festival
- Información sobre la música y el baile
- Información sobre la comida
- Información sobre otras actividades

 Cambia papeles con otro(a) estudiante y lee su artículo mientras él (ella) lee el tuyo. Concluye con una conversación sobre los dos festivales y digan cómo les gustaría participar en ellos.

**1-54** **¡A escuchar!** Escucha la siguiente descripción de diferentes lugares de Latinoamérica. Luego, lee las siguientes oraciones e indica si son ciertas o falsas.

CD1, Track 2

1. La isla que se menciona le ofrece al turista playas con acantilados.
2. Está situada entre el océano Pacífico y el mar Caribe.
3. Este lugar tiene huracanes.

**1-55** **Una canción** Celia Cruz, la "Reina de la Salsa", era una famosa cantante cubano-americana. El presidente Bill Clinton le concedió en 1994 la Medalla Nacional del Arte por sus contribuciones a la cultura de los Estados Unidos.

iTunes

Celia Cruz

Ve a **www.cengage.com/spanish/rumbos** y escucha *Pasaporte latinoamericano*. La letra *(lyrics)* de la canción describe la experiencia del inmigrante latinoamericano y afirma la hermandad de todas las culturas del continente. Ahora indica si las siguientes oraciones son ciertas o falsas.

1. La primera parte de la canción describe la emigración.
2. Lo más importante que trae el inmigrante son sus sueños.
3. Lo único que tienen en común los latinoamericanos es el idioma español.

**1-56** **El Internet** En este capítulo aprendiste a describir la geografía y el clima de diferentes lugares. Ve a **www.cengage.com/spanish/rumbos** y busca un lugar que se especialice en describir las condiciones del tiempo. Lee el pronóstico del tiempo para dos de las siguientes ciudades. ¿Qué diferencias hay entre el clima de las dos ciudades?

1. Buenos Aires
2. Ciudad de México
3. San Juan, Puerto Rico
4. Madrid, España

## ¡A LEER! Cajas de cartón

### Sobre el autor

**Francisco Jiménez (1943– )** inmigra a los Estados Unidos desde México cuando tiene cuatro años. Sus padres son trabajadores migratorios y, junto a su familia, trabaja en los campos de California. Con mucho esfuerzo y dedicación, Jiménez realiza sus estudios en la Universidad de Santa Clara, y luego consigue su maestría y doctorado en la Universidad de Columbia. Actualmente es profesor en el Departamento de Idiomas y Literatura de la Universidad de Santa Clara.

**TEACHING TIP** Write the title, *Cajas de cartón*, on the board and ask students to think about what this title suggests to them. Knowing this is a story about migrant workers, ask them to predict why the author may have chosen such a title. Conclude by having students discuss how moving to different cities or states may be more difficult for children than adults.

**HERITAGE LEARNERS** Students that moved to the U.S. when they were young may have had some challenges adapting to the culture. Ask volunteers to share some stories about what problems they had at school and how they were treated by their peers.

## Antes de leer

**1-57** **Invitación al texto** En esta selección vas a leer sobre las experiencias de un niño mexicano, hijo de trabajadores migratorios. El cuento describe la vida de esta familia en los campos de California y también muestra los problemas que el chico enfrenta en una nueva escuela.

1. ¿En qué zonas de los Estados Unidos hay muchos trabajadores migratorios de origen hispano? ¿Hay trabajadores migratorios en tu estado?
2. ¿Has leído algún cuento o algún artículo sobre trabajadores migratorios? ¿Recuerdas alguna noticia reciente sobre ellos?

---

### Estrategia de lectura Reconocer cognados y palabras derivadas de palabras familiares

**W**hen you read in Spanish, you will come across words with which you are not familiar. Instead of looking up every unfamiliar word, first try to determine whether the words are cognates **(cognados)**—words that have forms and meanings similar to their English counterparts (for example, *recuperate* and **recuperar**)—or derivatives from other Spanish words with which you are familiar (for example, **soborear,** meaning *to savor,* is a derivative of the noun **sabor).** Recognizing similarities in words between Spanish and English, as well as relating unknown Spanish words to familiar ones, are two simple strategies that will enable you to read more efficiently and with less reliance on a dictionary.

## Cajas de cartón

Era a fines de agosto. Ito, el aparcero[1], ya no sonreía. Era natural. La cosecha[2] de fresas terminaba, y los trabajadores, casi todos braceros[3], no recogían[4] tantas cajas de fresas como en los meses de junio y julio.

Era a fines de agosto. Al abrir la puerta de nuestra chocita[5] me detuve[6]. Vi que todo lo que nos pertenecía estaba empacado en cajas de cartón[7]. De repente sentí aún más el peso de las horas, los días, las semanas, los meses de trabajo. Me senté sobre una caja, y se me llenaron los ojos de lágrimas al pensar que teníamos que mudarnos a Fresno.

[. . .]Papá estacionó el carro enfrente de la choza[8] y dejó andando el motor[9]. —¡Listo! —gritó. Sin decir palabra, Roberto y yo comenzamos a acarrear[10] las cajas de cartón al carro. Roberto cargó las dos más grandes y yo las más chicas. Papá luego cargó el colchón[11] ancho sobre la capota[12] del carro y lo amarró a los parachoques[13] con sogas[14] para que no se volara con el viento en el camino.

[. . .]Mientras nos alejábamos, se me hizo un nudo en la garganta[15]. Me volví[16] y miré nuestra chocita por última vez.

[. . .]Cuando llegamos allí, Mamá se dirigió a la casa. Cruzó la cerca, pasando entre filas de rosales hasta llegar a la puerta. Tocó el timbre[17]. Las luces del portal se encendieron y un hombre alto y fornido[18] salió. Hablaron brevemente. Cuando él entró en la casa, Mamá se apresuró[19] hacia el carro. —¡Tenemos trabajo! El señor nos permitió quedarnos allí toda la temporada[20] —dijo un poco sofocada[21] de gusto y apuntando hacia un garaje viejo que estaba cerca de los establos.

El garaje estaba gastado por los años. Roídas por comejenes[22], las paredes apenas sostenían el techo agujereado[23]. No tenía ventanas y el piso de tierra suelta ensabanaba[24] todo de polvo.

[. . .]Muy tempranito por la mañana al día siguiente, el señor Sullivan nos enseñó donde estaba su cosecha y, después del desayuno, Papá, Roberto y yo nos fuimos a la viña[25] a pizcar.

A eso de las nueve, la temperatura había subido hasta cerca de cien grados. Yo estaba empapado de sudor[26] y mi boca estaba tan seca que parecía como si hubiera estado masticando un pañuelo[27]. Fui al final del surco[28], cogí la jarra de agua que habíamos llevado y comencé a beber. —¡No tomes mucho; te vas a enfermar! —me gritó Roberto. No había acabado de advertirme[29] cuando sentí un gran dolor de estómago. Me caí de rodillas y la jarra se me deslizó de las manos[30]. Solamente podía oír el zumbido[31] de los insectos. Poco a poco me empecé a recuperar.

[. . .]De pronto vi palidecer[32] a Papá que miraba hacia el camino. —Allá viene el camión[33] de la escuela —susurró[34] alarmado. Instintivamente, Roberto y yo corrimos a escondernos entre las viñas. El camión amarillo se paró frente a la casa del señor Sullivan. Dos niños muy limpiecitos y bien vestidos se apearon[35]. Llevaban libros bajo sus brazos. Cruzaron la calle y el camión se alejó. Roberto y yo salimos de nuestro escondite[36] y regresamos adonde estaba Papá. —Tienen que tener cuidado —nos advirtió.

[. . .]Cuando regresamos del trabajo, nos bañamos afuera con el agua fría bajo una manguera[37]. Luego nos sentamos a la mesa hecha de cajones[38] de madera

---

[1]aparcero *sharecropper*
[2]cosecha *crop*
[3]braceros trabajadores migratorios
[4]recogían *picked*
[5]chocita *little shack*
[6]me detuve *I paused*
[7]cajas de cartón *cardboard boxes*
[8]choza *shack*
[9]dejó andando el motor *left the engine on*
[10]acarrear llevar
[11]colchón *mattress*
[12]capota *hood of the car*
[13]parachoques *bumper*
[14]sogas *ropes*

[15]se me hizo... garganta *I felt a lump in my throat*
[16]Me volví *I turned around*
[17]timbre *bell*
[18]fornido robusto
[19]se apresuró *hurried*
[20]temporada *season*
[21]sofocada *overwhelmed*
[22]Roídas por comejenes Comidas por termitas
[23]agujereado *full of holes*
[24]ensabanaba cubría
[25]viña plantación de uvas
[26]empapado de sudor *drenched with sweat*

[27]masticando un pañuelo *chewing on a handkerchief*
[28]surco *trench*
[29]advertirme *warn me*
[30]se me deslizó de las manos *slipped from my hands*
[31]zumbido *buzz*
[32]palidecer ponerse pálido
[33]camión *autobús*
[34]susurró *whispered*
[35]se apearon se bajaron
[36]escondite *hiding place*
[37]manguera *hose*
[38]cajones *drawers*

65 y comimos con hambre la sopa de fideos[39], las papas
y tortillas de harina[40] blanca recién hechas. Después
de cenar nos acostamos a dormir, listos para empezar
a trabajar a la salida del sol.

Al día siguiente, cuando me desperté, me sentía
70 magullado[41]; me dolía todo el cuerpo. Apenas[42] podía
mover los brazos y las piernas. Todas las mañanas
cuando me levantaba me pasaba lo mismo hasta que
mis músculos se acostumbraron a ese trabajo.

Era lunes, la primera semana de noviembre. La
75 temporada de uvas se había terminado y yo podía ir
a la escuela. Me desperté temprano esa mañana y me
quedé acostado mirando las estrellas y saboreando[43]
el pensamiento de no ir a trabajar y de empezar el
sexto grado por primera vez ese año.

80 [. . .]El señor Lema, el maestro de sexto grado, me
saludó cordialmente, me asignó un pupitre[44] y me
presentó a la clase. Estaba tan nervioso y asustado
en ese momento cuando todos me miraban que deseé
estar con Papá y Roberto pizcando algodón.

85 [. . .]Un viernes, durante la hora del almuerzo, el
señor Lema me invitó a que lo acompañara a la sala
de música.

—¿Te gusta la música? —me preguntó.

—Sí, muchísimo —le contesté, entusiasmado—.
90 Me gustan los corridos mexicanos.

Él, entonces, cogió una trompeta, la tocó, y me la
pasó. El sonido me hizo estremecer. Era un sonido de
corridos que me encantaba. —¿Te gustaría aprender a
tocar este instrumento? —me preguntó. Debió haber
95 comprendido la expresión en mi cara porque antes
de que yo respondiera, añadió: —Te voy a enseñar a
tocar esta trompeta durante las horas del almuerzo.

Ese día casi no podía esperar el momento de llegar a casa y contarles las nuevas[45] a mi familia. Al
100 bajar del camión me encontré con mis hermanitos
que gritaban y brincaban[46] de alegría. Pensé que era
porque yo había llegado, pero al abrir la puerta de
la chocita, vi que todo estaba empacado en cajas
de cartón.

---

[39]**fideos** *noodles*
[40]**harina** *flour*
[41]**magullado** con dolor

[42]**Apenas** *Barely*
[43]**saboreando** disfrutando
[44]**pupitre** escritorio pequeño

[45]**las nuevas** las noticias
[46]**brincaban** saltaban

## Después de leer

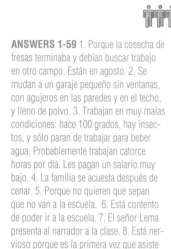

**1-58 Reconocer cognados y palabras derivadas de palabras familiares**
Haz una lista de todos los cognados que encontraste en la lectura y otra lista de las palabras derivadas. Compara tu lista con la de un(a) compañero(a).

**1-59 Comprensión** En parejas o en grupos de tres, contesten las siguientes preguntas.

1. ¿Por qué se muda la familia al principio del cuento? ¿En qué mes están?
2. ¿Adónde se mudan? ¿Cómo es el lugar donde viven?
3. ¿En qué condiciones trabajan? ¿Cuántas horas por día crees que trabajan? ¿Les pagan un salario decente?
4. ¿A qué hora se acuesta la familia típicamente?
5. ¿Por qué se esconden el narrador y su hermano cuando el autobús de la escuela para frente a la casa del señor Sullivan?
6. Cuando termina la temporada de uvas, ¿cómo se siente el narrador?
7. ¿Quién presenta al narrador a la clase en la escuela el primer día de clases?
8. En tu opinión, ¿por qué está nervioso el narrador durante su primer día de clases?
9. ¿Cómo reacciona el narrador cuando vuelve de la escuela y ve las cajas de cartón? ¿Por qué?
10. ¿Crees que los padres tienen la culpa de que el niño tenga que trabajar en lugar de asistir a la escuela? ¿Por qué?

**1-60 Expansión** En parejas o en grupos de tres, contesten las siguientes preguntas.

1. ¿Cuál es el significado del título en tu opinión? ¿Hay otras posibilidades para el título de este cuento?
2. Pensando en tu niñez, ¿cómo se comparan tus experiencias con las experiencias del narrador? ¿A qué edad empezaste a trabajar? ¿Haces trabajo manual con frecuencia?
3. Este cuento se narra en primera persona. ¿Por qué seleccionó el autor esta voz narrativa?
4. En tu opinión, ¿este cuento describe bien la realidad de los trabajadores migratorios, o es posible que el autor esté exagerando un poco? ¿Por qué?

# ¡A ESCRIBIR! El informe

## El tema

Esta tira cómica nos presenta una interesante cuestión cultural: ¿Qué significan los términos **hispano** y **latino** para la comunidad hispana/latina en los Estados Unidos? Tu trabajo es el de investigar estas cuestiones y reportar los resultados en un breve informe escrito.

## El contenido

Comienza tu investigación buscando algunas definiciones en el diccionario y por el Internet. Luego, entrevista a varias personas de ascendencia hispana para pedirles sus opiniones. Con tu investigación, vas a contestar las siguientes preguntas.

1. ¿Hay alguna diferencia entre las definiciones de los términos **hispano** y **latino**? ¿Cuál es? Escribe unas oraciones para describir las diferencias o similitudes *(similarities)* que encontraste.
2. ¿Cómo prefiere identificarse la gente de ascendencia hispana? ¿Por qué? Escribe dos o tres oraciones para explicar.
3. ¿Son idénticos los términos? ¿Tienen el mismo significado los términos para todos? ¿A qué conclusiones llegas? Escribe tu respuesta en una o dos oraciones.

## El primer borrador

Puedes comenzar tu informe con la oración que escribiste en el número 3 (arriba). Por ejemplo: **Los términos *hispano* y *latino* tienen significados muy diferentes entre los miembros de la comunidad en los Estados Unidos.** Luego escribe varias oraciones para explicar esta oración. Incluye las definiciones que escribiste en el número 1 (arriba). En otro párrafo puedes presentar la información que escribiste en el número 2 (arriba) sobre la preferencia por uno u otro término. Al final escribe un título descriptivo y creativo para el informe.

# Impresiones

## Revisión en parejas

**TEACHING TIP** If time does not allow for peer review, ask students to revise their own draft using the questions in **Revisión en parejas**.

 Lee el informe de un(a) compañero(a) de clase y contesta las siguientes preguntas.

1. ¿Contesta su informe claramente la pregunta de qué significan los términos **hispano** y **latino** para la comunidad hispana/latina en los Estados Unidos?
2. ¿Presenta definiciones de los términos?
3. ¿Presenta cada párrafo una y sólo una idea?
4. ¿Comprendes todas las palabras y oraciones que usa tu compañero(a)? Señala lo que no comprendes y tu compañero(a) puede ver si esas palabras u oraciones son correctas.
5. ¿Incluye el vocabulario del tema que estudiaron en este capítulo? ¿Puede incluir más?

## Elaboración y redacción

**HERITAGE LEARNERS** Remind heritage learners to pay close attention to spelling, and remind them of problematic areas such as **c, s, z,** and **h.**

Considera los comentarios de tu compañero(a) y haz los cambios necesarios. Mira la lista de vocabulario del capítulo y trata de incorporar algunas de las palabras donde sea posible y apropiado. Después, mira las formas de los verbos que usas: ¿Concuerdan *(Do they agree)* con su sujeto? ¿Usaste bien los verbos irregulares? ¿Usaste correctamente los verbos **ser** y **estar**? Ahora, mira los adjetivos: ¿Concuerdan en número y género con los sustantivos *(nouns)* que describen? Ahora, revisa los pronombres de sujeto. ¿Los usas cuando en realidad no es necesario? Repasa las secciones de **Estructuras** y corrige todos los errores. Luego escribe un nuevo borrador.

---

## Estrategia de escritura El proceso de redacción

**G**ood writing involves the following four stages: ***planning, discovery, composing,*** and ***revising,*** and the good writer will revisit any given stage during any part of the process.

**Planning:** A time to think critically about the kind of writing you are going to do, who your audience is, and what kind of research needs to be done.

**Discovery:** A time to brainstorm, to gather information and then to consider what facts, details, and ideas you will ultimately include in your text.

**Composing:** A time to write and structure your ideas. As you compose, you should check to see that what you are writing reflects the goals and purposes you stated for your task in the planning stage.

**Revising:** A time to look critically at your completed work for content, organization, and language use. In revising your language, check not only for errors, but for where you can include more descriptive, accurate, and/or elaborate vocabulary and more sophisticated grammar structures. It is helpful to get peer feedback on your writing during this stage.

# ¡A VER! Los premios Grammys latinos

## Antes de ver

**1-61** **Programas de premio** Cada año, los Grammys latinos celebran el talento de muchos artistas hispanos. Contesta las siguientes preguntas.

1. ¿Qué es lo que más te gusta de premios como los Emmys, los Grammys o los Oscars?
2. ¿Cuáles son los nombres de algunos músicos latinos? ¿De qué países son?
3. ¿Por qué crees que la música latina es popular entre los jóvenes?

## Mientras ves

### Vocabulario útil

**den morada** *give a home*
**mercado** *market*
**crecimiento** *growth*
**bendición** *blessing*
**hipócrita** *hypocritical*
**repentino(a)** *sudden*

**1-62** **¡Mira y escucha con cuidado!** Mira el segmento y marca con una equis [X] las palabras que escuches o veas.

| | | |
|---|---|---|
| _____ Celia Cruz | _____ la música clásica | _____ reggeaton |
| _____ cantantes españolas | _____ Los Nocheros | _____ Tego Calderón |
| _____ la cultura hispana | _____ los nuevos artistas | _____ Telemundo |

**TEACHING TIP** Allow students to watch the video segment at least two times. The first time suggest they watch and listen but not try to take notes. After watching it one time, have them read the questions in **Después de ver.** Then, as they watch the video a second time, have them write information related to the questions.

**ANSWERS 1-62** la cultura hispana, Los Nocheros, los nuevos artistas, reggeaton, Tego Calderón

**ANSWERS 1-63** 1. Patricia Materola es una modelo, Andrea Echeverri y Juanes son cantantes. 2. Patricia Manterola es mexicana, Andrea Echeverri y Juanes son colombianos. 3. No, no es la primera porque dice que ha ganado nueve premios antes. 4. Son importantes porque celebran la cultura latina y es una oportunidad para los nuevos artistas. 5. Es el productor del evento. 6. Opina que son unos hipócritas porque antes despreciaban su música en los Estados Unidos y ahora los premian.

## Después de ver

**1-63** **¿Qué recuerdas?** Contesta las siguientes preguntas.

1. ¿Quiénes son Patricia Manterola, Andrea Echeverri y Juanes?
2. ¿De qué país son?
3. ¿Es ésta la primera ceremonia de los Grammys latinos para Juanes? ¿Cómo sabes esto?
4. Según Juanes, ¿por qué son importantes los Grammys latinos?
5. ¿Quién es Emilio Estefan?
6. ¿Qué opina Tego Calderón de los Grammys latinos? ¿Por qué?

## Más allá del vídeo

**1-64** **Una breve presentación** Con otro(a) estudiante, prepara una breve presentación sobre un(a) artista hispano(a) famoso(a) en los Estados Unidos. No te olvides de mencionar de qué país es, qué tipo de música hace y si ha ganado alguna vez un Grammy u otro premio en este país. También asegúrate de *(be sure to)* usar las estructuras que practicaste en este capítulo como por ejemplo, presente del indicativo, las diferencias entre **ser, estar, tener** y **haber** y la concordancia y posición de adjetivos.

## Para hablar de dónde vienes

| | |
|---|---|
| la ascendencia | *heritage, nationality* |
| el atractivo | *attraction* |
| el clima | *climate* |
| el condado | *county* |
| antiguo(a) | *old* |
| indígena | *indigenous* |
| compartir | *to share* |
| disfrutar | *to enjoy* |

## Para describir la geografía y el clima

| | |
|---|---|
| el acantilado | *cliff* |
| el altiplano | *high plateau* |
| la altura | *height, altitude* |
| la bahía | *bay* |
| el cerro | *hill* |
| la cordillera | *mountain chain* |
| el desierto | *desert* |
| la isla tropical | *tropical island* |
| el mar Mediterráneo / mar Caribe | *Mediterranean / Caribbean Sea* |
| el sitio | *place, location, site* |
| el volcán | *volcano* |
| el amanecer | *sunrise* |
| el chubasco | *heavy rain shower* |
| el huracán | *hurricane* |
| la neblina | *fog* |
| la puesta del sol | *sunset* |
| la tormenta | *storm* |
| despejado(a) | *clear (skies)* |
| encantador(a) | *charming* |
| húmedo(a) | *humid* |
| montañoso(a) | *mountainous* |
| plano(a) | *flat* |
| seco(a) | *dry* |
| soleado(a) | *sunny* |
| llover (ue) | *to rain* |
| nevar (ie) | *to snow* |
| (estar) en el borde | (to be) *on the edge* |
| (estar) en las afueras | (to be) *on the outskirts* |
| (estar) situado(a) | (to be) *situated* |

## Para hablar de los hispanos en los Estados Unidos

| | |
|---|---|
| el anglo(hispano)hablante | *English (Spanish) speaker* |
| los antepasados | *ancestors* |
| el aporte | *contribution* |
| el (la) boricua | *Puerto Rican* |
| el (la) chicano(a) | *Chicano* |
| la capa social | *social class* |
| la etnia / el grupo étnico | *ethnicity / ethnic group* |
| el ícono | *icon* |
| el logro | *achievement* |
| la minoría | *minority* |
| el orgullo | *pride* |
| la población | *population, village* |
| los valores / valorar | *values / to value* |
| abundar | *to abound, to be abundant* |
| asimilarse | *to assimilate* |
| destacar(se) | *to distinguish (oneself), to stand out* |
| establecer(se) | *to establish (oneself)* |
| influir | *to influence* |
| inmigrar | *to immigrate* |
| pertenecer a | *to belong to, to pertain to* |
| superar(se) | *to overcome, to improve oneself* |

## Para hablar de las celebraciones

| | |
|---|---|
| el certamen | *contest* |
| el escenario | *stage* |
| el espectáculo | *show* |
| los fuegos artificiales | *fireworks* |
| la pachanga | *party, party music* |
| el premio / premiar | *award / to award* |
| el puesto | *booth* |
| la (música) salsa / cumbia / merengue | *salsa / cumbia / merengue (music)* |
| el ritmo bailable | *danceable rhythm* |
| entretenido(a) | *entertaining* |
| exquisito(a) | *exquisite* |
| festivo(a) | *festive* |
| acoger | *to welcome* |
| degustar | *to taste, to sample* |
| festejar | *to celebrate* |

La familia, encuentro de generaciones

# La familia

## Metas comunicativas

- Describir a tu familia y las relaciones familiares
- Describir los ritos, celebraciones y tradiciones familiares
- Narrar en el pasado
- Contar y escribir una anécdota

## Estructuras

- Diferencias entre el pretérito y el imperfecto
- Verbos que cambian de significado en el pretérito
- Palabras negativas e indefinidas

## Cultura y pensamiento crítico

- El concepto de familia en el mundo hispano
- Los ritos, celebraciones y tradiciones de diferentes familias
- La relación existente entre el concepto de familia de los centroamericanos y sus ceremonias religiosas
- **Lectura:** *Una Navidad como ninguna otra* de Gioconda Belli
- **Video:** Día de los Muertos en Managua

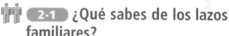 ¿Qué sabes de los lazos familiares?

Lee las siguientes ideas sobre la estructura de la familia. Con un(a) compañero(a) determina si cada oración es **cierta** o **falsa**. Corrige las oraciones falsas.

1. La familia juega un papel central en la vida diaria del centroamericano.

2. Las fiestas y celebraciones por lo general incluyen sólo a los padres y los hijos.

3. El concepto de la familia centroamericana está evolucionando y responde a las nuevas realidades de la sociedad.

4. La religión forma parte importante de la cultura centroamericana.

5. El Día de los Muertos se celebra exclusivamente en México.

ANSWERS 2-1 1. C. 2. F – Por lo general todos los miembros de la familia extendida participan en las fiestas y celebraciones. 3. C 4. C 5. F – El Día de los Muertos se celebra también en diferentes partes de Centroamérica.

TEACHING TIP 2-1 Ask students if they know people or have family members who come from Guatemala, Honduras, or Nicaragua. Have them identify these people and encourage the class to ask questions to find out more about them.

## RECURSOS

- Audio
- Video
- iLrn iLrn
- iTunes
- www.cengage.com/spanish/rumbos

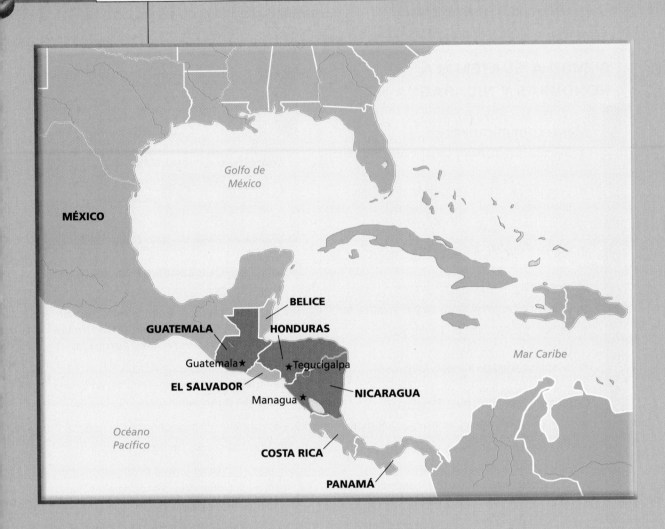

México

Golfo de México

MÉXICO

BELICE

GUATEMALA

HONDURAS

Guatemala★

★Tegucigalpa

EL SALVADOR

Managua ★

NICARAGUA

Mar Caribe

Océano Pacífico

COSTA RICA

PANAMÁ

## Guatemala, Honduras y Nicaragua

**1000 a. C.** *(antes de Cristo)*–**1530** Florece la cultura maya en Centroamérica.

**1502** Cristóbal Colón llega a las costas de Honduras.

**1522** Los españoles colonizan Nicaragua.

**1524** Pedro de Alvarado conquista Guatemala.

**1537** Los españoles conquistan Honduras.

**1821** Guatemala, Honduras y Nicaragua ganan su independencia de España.

| 1000 a.C. | 1500 | 1520 | 1540 | 1775 | 1850 | 1915 |
|---|---|---|---|---|---|---|

**1000 a. C.** Varias culturas indígenas

**1607–1750** Establecen las colonias británicas.

**1775–1782** Guerra de la Independencia

**1846–1848** Guerra con México

**1912** El presidente Woodrow Wilson inaugura la celebración del Día de la Madre.

## Los Estados Unidos (EEUU)

**2-2** **La geografía centroamericana** Mira el mapa de Guatemala, Honduras y Nicaragua y consulta el Internet para contestar las siguientes preguntas.

1. ¿Cómo se llama la capital de Nicaragua?
2. ¿Qué país tiene fronteras con México, El Salvador y Belice?
3. ¿Dónde se encuentra el lago más grande de Centroamérica?
4. ¿Cuáles crees que sean algunas de las atracciones de la región?

**2-3** **Un poco de historia** Completa las oraciones con la información correcta de la cronología histórica.

1. A principios *(At the beginning)* del siglo *(century)* XVI _____ llega a Honduras.
2. El español Pedro de Alvarado jugó un papel importante en la conquista de _____.
3. Guatemala cuenta con dos Premios Nobel. Miguel Ángel Asturias recibe el Nobel de _____ y Rigoberta Menchú el de _____.
4. El Movimiento Sandinista de Liberación Nacional derrota al dictador _____ en 1979.
5. Nicaragua elige a _____ como presidenta en 1990.
6. Nicaragua y Honduras sufrieron graves daños a causa del _____, uno de los fenómenos naturales más devastadores del siglo XX.
7. Las relaciones económicas entre EEUU y Centroamérica se ven consolidadas con la firma del _____.

---

🌐 **Más perspectivas de. . .** www.cengage.com/spanish/rumbos

• **Google™ Earth coordinates**

• **Video: Guatemala, Honduras y Nicaragua**

---

**1960–1996** Guerra civil de Guatemala
**1968** El guatemalteco Miguel Ángel Asturias recibe el Premio Nobel de Literatura.

**1979** El Movimiento Sandinista de Liberación Nacional derrota *(defeats)* al dictador Anastasio Somoza en Nicaragua.
**1981–1987** Guerra contra el régimen sandinista

**1990** Violeta Barrios de Chamorro es elegida presidenta de Nicaragua.
**1992** La guatemalteca y líder indigenista Rigoberta Menchú recibe el Premio Nobel de la Paz.

**1998** El huracán Mitch causa daños graves *(severe damage)* en Nicaragua y Honduras.

**2006** Tratado de Libre Comercio con Centroamérica *(Free Trade Agreement)* (CAFTA) con los EEUU
**2006** Daniel Ortega Saavedra del Frente Sandinista de Liberación Nacional es elegido presidente de Nicaragua.

**1960**　　　　**1980**　　　　**1990**　　　　**2000**　　　　**2005**　　　　**2010**

**1965–1975** Guerra de Vietnam

**1972** El presidente Nixon inaugura la celebración del Día del Padre.

**2001** Los atentados *(attacks)* terroristas del 11 de septiembre

**2006** Tratado de Libre Comercio (CAFTA) con Centroamérica

**2008** (4 de noviembre) Barack Obama es el primer afroamericano en ser elegido presidente en la historia de los EEUU.

## Cuatro **generaciones** de la familia Dardón

### Mi familia **íntima**

### Mi **tía abuela**

1985: **Convivimos** mis padres, mi abuela y mis hermanos en una casa. Mis padres nos **criaron** con mucha **disciplina**. Cuando no **me portaba** bien o cuando **peleaba** con mi hermanito, **me regañaban**. No éramos ricos, pero mis padres trataron de **proveer** todo lo necesario para nuestra familia.

La hermana de mi abuela pasaba mucho tiempo en nuestra casa y **mimaba** mucho a mis hermanos y a mí. Siempre nos traía dulces y jugaba por horas con nosotros.

### Mi familia hoy

mis **bisabuelos**          mi **abuelo**

### Mis **antepasados**

mi **tatarabuela**

1928: Mis **bisabuelos** tenían una relación **duradera** (¡duró 50 años!) y de mucho **afecto**. Tuvieron 3 hijos —mi abuelo fue el primero, el **primogénito**.

2010: Mi primer matrimonio **fracasó** y terminó en divorcio. Unos años después me casé con mi **segunda pareja**, Jorge Luis, y **adoptamos** a nuestra hija, Carmencita. Nuestra familia ahora es más grande que nunca, pero todavía somos una familia muy **cercana**. ¡Es bueno poder **contar con** tantas personas en los tiempos buenos y los difíciles!

## 🔊 Para hablar de los lazos familiares

| | |
|---|---|
| el (la) bisabuelo(a) | *great-grandfather (great-grandmother)* |
| el (la) hijastro(a) | *stepson (stepdaughter)* |
| el (la) hijo(a) único(a) | *only child* |
| el (la) huérfano(a) | *orphan* |
| el (la) medio hermano(a) | *half brother (sister)* |
| la niñera | *baby-sitter* |
| el (la) primogénito(a) | *first born* |
| el (la) primo(a) segundo(a) | *second cousin* |
| el (la) segunda pareja | *second spouse* |
| el (la) tatarabuelo(a) | *great-great-grandfather (great-great-grandmother)* |
| el (la) tío(a) abuelo(a) | *great-uncle(great-aunt)* |
| adoptivo(a) / adoptar | *adopted / to adopt* |

## Para describir las relaciones familiares

| | |
|---|---|
| el afecto | *affection, fondness* |
| la disciplina | *discipline* |
| la (in)fidelidad / ser (in)fiel | *(un)faithfulness / to be (un)faithful* |
| el fracaso / fracasar | *failure / to fail* |
| la generación | *generation* |
| la intimidad / íntimo(a) | *intimacy, privacy / intimate* |
| el malentendido | *misunderstanding* |
| la pelea / pelear | *fight / to fight* |
| alternativo(a) | *alternative* |
| cercano(a) | *close* |
| duradero(a) | *lasting* |
| lejano(a) | *distant* |
| mimado(a) / mimar | *spoiled / to spoil* |
| castigar | *to punish* |
| convivir | *to live together* |
| contar (ue) con | *to count on* |
| criar | *to raise* |
| educar | *to educate, to teach manners to* |
| favorecer | *to favor* |
| independizarse | *to become independent* |
| portarse bien, mal | *to behave well, poorly* |
| proveer | *provider / to provide* |
| regañar | *to scold* |

## ¡A practicar!

**TEACHING TIP 2-4** Prepare students by asking them to guess at the types of terms they will hear. Sketch a maternal family tree on the board and ask students to fill in the relationship names, i.e., **padres, abuelos,** etc. Finally, remind students that in much of the Spanish-speaking world people have two last names, the first being their father's first last name and the second being their mother's maiden name.

**TEACHING TIP 2-4** If you do this as a pair activity, encourage students to take notes and then share information to answer the questions.

**2-4** **La familia Dardón** Observa el álbum de fotos de la familia de Lourdes Dardón en la página 48 y luego selecciona todas las frases que mejor completan cada oración.

1. Cuando Lourdes Dardón era joven…
   a. vivía con sus bisabuelos.
   b. era hija única.
   c. no se portaba bien con su niñera.
   d. pasaba mucho tiempo con su tía abuela.

2. Los padres de Lourdes…
   a. mimaron mucho a sus hijos.
   b. regañaban a sus hijos cuando era necesario.
   c. se divorciaron.
   d. proveyeron lo necesario para su familia.

3. El padre del padre de Lourdes…
   a. le fue infiel a su esposa.
   b. era el hijo mayor de su familia.
   c. era huérfano.
   d. tenía tres medio hermanos.

4. Los bisabuelos de Lourdes…
   a. estuvieron casados por cincuenta años.
   b. criaron a tres hijos.
   c. no pudieron proveer para sus hijos.
   d. adoptaron a tres hijos.

5. Lourdes…
   a. no cree en la disciplina.
   b. adoptó a su hija.
   c. se independizó muy joven.
   d. le fue infiel a su esposo.

6. Lourdes…
   a. tiene un hijastro.
   b. convive con su tatarabuela.
   c. cuenta con su familia cuando la necesita.
   d. vive con su segundo esposo.

**2-5** **Lazos familiares** Lee las siguientes descripciones de los miembros de una familia y escribe el nombre de la persona que cada una describe.

1. El hermano de mi abuelo es mi ____tío abuelo____.
2. Mi hermana es la mayor de los tres hijos. Es la ____primogénita____.
3. La persona que cuida a los niños cuando los padres salen de casa es la ____niñera____.
4. Un niño que no tiene padres es un ____huérfano____.
5. El abuelo de mi abuelo es mi ____tatarabuelo____.
6. Los hijos de mis primos son mis ____primos segundos____.
7. Los padres y sus hijos representan dos ____generaciones____ de una misma familia.
8. La hija de mi segunda pareja es mi ____hijastra____.

**ANSWERS 2-6** *Answers will vary.* Encourage students to explain with examples.

 **2-6** **En otras palabras** Con un(a) compañero(a) toma turnos describiendo las siguientes palabras usando otras palabras en español. El (La) compañero(a) adivina qué palabra describes.

1. el fracaso
2. el malentendido
3. educar
4. ser infiel
5. la disciplina
6. portarse bien
7. mimar
8. castigar
9. regañar
10. favorecer
11. proveer
12. la relación lejana

## ¡A conversar!

**TEACHING TIP 2-7** Have the students who draw the family trees hide their papers from their partners so the activity promotes more active listening and negotiation of meaning. Encourage students to ask questions if they do not understand what their partner has said. When students are done drawing the trees, have their partners look at them for accuracy and make any necessary corrections.

**TEACHING TIP 2-7** Have students use Presentational Communication to present information about their own families or about famous families from the Spanish-speaking world. They should use photographs and other visual aids to enhance their presentations.

**TEACHING TIP 2-8** Have students work in groups of 4–5 and then share the answers with the class.

**HERITAGE LEARNERS 2-9** You may have heritage learners discuss differences in attitudes and behavior of their relatives in the U.S. and those in the Spanish-speaking world. Also have them comment on differences across generations.

**2-7** **Mi historia familiar** Toma turnos con un(a) compañero(a) para contar sus historias familiares. Describe los miembros de tu familia, desde los miembros más cercanos hasta tus antepasados más lejanos. Describe también las relaciones entre ellos. Mientras los describes, tu compañero(a) dibuja tu árbol genealógico. ¿En qué se parecen sus familias? ¿En qué se diferencian?

**2-8** **¿Quién de la clase...?** Entrevista a otros estudiantes para saber algo de sus familias.

1. ¿Quién tiene antepasados de Centroamérica?
2. ¿Quién tiene miembros de distintas generaciones de su familia en este estado?
3. ¿Quién es el (la) primogénito(a) de su familia?
4. ¿Quién tiene más bisabuelos vivos?
5. ¿Quién sabe los nombres de sus tatarabuelos?
6. ¿Quién tiene más primos hermanos y primos segundos?

**2-9** **Cosas de familia** Con un(a) compañero(a) contesta las siguientes preguntas según las costumbres de tu familia.

1. ¿La niñera se considera como parte de la familia?
2. ¿Qué tipo de relación tienes con tu familia nuclear? Descríbela.
3. ¿Hay sólo un proveedor en tu casa? ¿Quién es?
4. ¿Qué haces en tu familia cuando hay un malentendido entre dos miembros?
5. En tu familia, ¿cómo regañan a los niños que no se portan bien?
6. ¿Se valora mucho la privacidad en tu familia? Explica.
7. En tu familia, ¿ha cambiado el concepto de familia o los valores a través de los años? Explica.

**TEACHING TIP 2-10** Brainstorm with students about movies and programs that focus on Hispanic families. Compare these with other families in real life to see if these families are portrayed any differently. You might have students consult Spanish-language newspapers, magazines, and websites for information about families portrayed in recent TV programs and movies.

**TEACHING TIP 2-10** Make this a short writing exercise. Students brainstorm at home; in class, have groups share information to write a brief paragraph about the representation of familial relationships on TV or in movies, using the questions in Activity 2-10 as a guide. Encourage peer feedback by having groups exchange papers for correction.

**2-10** **La unidad familiar en la tele y las películas** Con un grupo de compañeros(as), piensen en tres o cuatro familias de programas de la tele y/o de películas recientes. Describan a los miembros de las familias y las relaciones entre ellos. Luego, contesten las siguientes preguntas.

1. ¿Qué tipo de relaciones familiares están representadas? Describan los diferentes tipos.
2. ¿Creen que esa variedad refleja la realidad de la familia estadounidense en el siglo XXI? ¿Por qué sí o por qué no?
3. ¿Hay alguna diferencia entre la representación de las familias estadounidenses y las familias hispanas?
4. ¿Cómo comparan las familias en los programas actuales con las familias en la tele y en las películas de hace 30–40 años?

## ¿Qué es una familia?

Una familia
centroamericana

## Anticipación

**2-11** **La familia en los Estados Unidos** ¿Qué es "típico" en las familias en los Estados Unidos? Menciona si lo que se describe a continuación es muy común, poco común o raro.

1. Un abuelo que vive con sus hijos y nietos.
2. Una abuela que disciplina a su nieta enfrente del padre de la niña.
3. Una hija o hijo de 26 años que vive con sus padres.
4. Un(a) muchacho(a) soltero(a) de 21 años que no vive con sus padres.
5. Una fiesta de cumpleaños para un niño donde invitan a muchos adultos también.

**E**l concepto de familia en muchas partes de Latinoamérica es diferente al de los Estados Unidos. La noción va más allá de la familia nuclear que incluye a un marido, esposa e hijos. En Guatemala, si le preguntas a alguien: "¿Tienes una familia grande?," seguramente la persona va a pensar en sus padres, abuelos, tíos, primos...

Abuelos, padres y nietos, todos forman parte de la familia.

En Guatemala, Nicaragua y Honduras, al igual que en la mayoría de los países latinoamericanos, las responsabilidades hacia la familia son más importantes que el interés individual de sus miembros y por eso tienden a vivir cerca unos de otros. La espectativa es que la familia se haga responsable del cuido *(care)* de sus ancianos. Es posible encontrar varias generaciones bajo un mismo techo *(under the same roof)*. Después de que uno de los abuelos queda *(is left)* viudo, es normal que se mude *(move)* a la casa de una hija y participe activamente en la disciplina de los niños. Los ancianos que viven en un asilo *(nursing home)* generalmente no tienen familia.

Los hijos no se van de la casa a los 18 años. Es más natural mudarse de la casa cuando la persona va a formar una nueva familia después de casarse, así es que es normal que los hijos de 20 a 30 años vivan en la casa de sus padres. El salir de la casa a los 19 o 20 años sin una razón válida puede indicar que hay problemas en la familia.

Se pueden imaginar entonces que las fiestas tienen también un sabor *(flavor)* familiar. Al cumpleaños de un niño no se invitan sólo a otros niños, se invitan a personas de todas las edades *(ages)*. Si alguna vez una persona recibe una invitación a un evento social, se da por sentado *(it's understood)* que la invitación se extiende a toda la familia que vive en la casa: hijos, padres y abuelos.

## Comprensión

**2-12** **¿Comprendiste?** Contesta las preguntas para ver si has comprendido el texto.

1. ¿Qué constituye el término "familia" en muchas partes de Latinoamérica?
2. ¿Son los asilos de ancianos comunes? Explica.
3. ¿Por qué los hijos generalmente no se van de la casa a los 18 años?
4. ¿A quiénes se invita a un cumpleaños de un niño de 10 años, por ejemplo? ¿Por qué?

## Entre culturas

**2-13** **Perspectiva 1** ¿Cómo ves a los centroamericanos? Marca con una equis [X] tu opinión y explica por qué piensas así.

1. _____ Los jóvenes no tienen un espíritu de independencia.
2. _____ Los hondureños están muy apegados a *(attached to)* sus padres.
3. _____ Los guatemaltecos aman a su familia.
4. _____ Los abuelos interfieren en la vida familiar.
5. _____ La disciplina de los niños debe ser sólo la responsabilidad del padre y la madre.
6. _____ Los jóvenes nicaragüenses son listos, no tienen que pagar alquiler *(rent)*.
7. _____ Los cumpleaños de los niños deben ser para los niños solamente.

**2-14** **Perspectiva 2** Lee lo que dicen estos centroamericanos sobre la vida familiar. ¿Qué piensan ellos? Luego contesta las preguntas al final desde tu propia perspectiva.

Algunos jóvenes dicen:

- "Es mejor llegar a casa del trabajo y estar con la familia en vez de estar solo."
- "¿Por qué poner al abuelo en un asilo? ¡Estaría muy solo sin nosotros!"
- "Mi abuela me regaña, ¡pero también me defiende de mis padres!"

Preguntas:

1. ¿Qué ventajas o desventajas tiene llegar del trabajo o de la escuela a la casa de los padres, frente *(compared to)* a llegar a un apartamento vacío?
2. ¿Qué es lo bueno y lo malo de que el abuelo o la abuela viva en la casa?

**2-15 Perspectiva 3** ¿Cómo crees que los centroamericanos ven a los estadounidenses? Marca con una equis [X] las opiniones que crees que ellos tienen y conversa con un(a) compañero(a) sobre por qué piensas que los centroamericanos opinan así.

1. _____ Es cruel poner a los abuelos en un asilo.
2. _____ Es bueno que los hijos se vayan a los 18 años y trabajen. Aquí los mimamos demasiado.
3. _____ Toda la familia debe celebrar el cumpleaños de un niño.

## Extensión

**2-16 Los mayas** Busca en el Internet información sobre la estructura familiar maya y haz una lista de los grupos que no siguen el patrón general que discutimos aquí. ¿Por qué piensas que este sistema funciona para ellos? ¿Por qué piensas que este sistema funciona para ellos?

# Estructura y uso I

## Repaso

Review these structures and/ or forms in the **Índice de gramática conocida** at the end of the book: the preterite, the imperfect tense.

**HERITAGE LEARNERS** Heritage learners may make spelling errors in these verb tenses. Point out that the imperfect forms of **-ar** verbs are spelled with a **b** rather than a **v**. Also emphasize the need for accents on certain preterite forms. Note any variation in usage that heritage learners demonstrate.

**RECYCLING** Use transparencies F-5 and G-8 to tell about vacation activities that members of a family did in the past. Identify several activities that took place year after year and several that occurred just one time.

## Atención

The imperfect progressive **(el imperfecto progresivo)** is used instead of the imperfect to place greater emphasis on the ongoing nature of the action. In the example, **Él hablaba por teléfono**, the imperfect tense itself carries a past progressive meaning, *He was talking*. If you were to say **Él estaba hablando por teléfono**, using the past progressive tense, you would be placing greater emphasis on the ongoing nature of the action of talking on the phone.

## Diferencias básicas entre el pretérito y el imperfecto

Spanish speakers use the preterite and the imperfect tenses to speak of events in the past. The preterite and the imperfect are not interchangeable. They serve different purposes depending on how the Spanish speaker views the action or state. Therefore, the choice between the two verb tenses is not arbitrary.

### Usos del pretérito

● To represent actions or events as completed in the past

Gloria y Esteban **se casaron** en 1975.
*Gloria and Esteban **married** in 1975.*
Dos años después **nació** su único hijo, Iván.
*Two years later their only child, Ivan, **was born.***

● To refer to the beginning or end of an action or event

(Ellos) **Empezaron** a tener dificultades en el matrimonio en 1980.
*They **began** to have difficulties with their marriage in 1980.*
Lamentablemente, (ellos) **se divorciaron** en 1983.
*Regrettably, they **divorced** in 1983.*

● To narrate a sequence of actions or to highlight main actions

Esteban y Gloria **volvieron** a su casa tarde, **llamaron** a la puerta tres veces y finalmente **despertaron** a la niñera.
*Esteban and Gloria **returned** home late, **knocked** on the door three times and finally **woke up** the baby-sitter.*

### Expresiones de tiempo

Time expressions often signal the use of either the preterite or the imperfect. Those that usually introduce preterite verbs refer to specific instances in the past or communicate a sense of a completed action or event.

| Preterite time expressions | |
|---|---|
| anoche | *last night* |
| ayer | *yesterday* |
| después | *after* |
| cuando | *when* |
| el semestre pasado | *last semester* |
| la semana pasada | *last week* |
| hace (una hora, un día, un mes) | *a(n) (hour, day, month) ago* |

## Usos del imperfecto

- To characterize past actions as ongoing without reference to or emphasis on their beginning or end

  Durante el noviazgo, Gloria y Esteban **se veían** mucho.
  *During their courtship, Gloria and Esteban **saw one another** frequently.*

  En esa época ellos **se llevaban** bastante bien.
  *At that time they **got along** pretty well.*

- To talk about past actions in progress while other actions took place

  Esteban **viajaba** mucho cuando la relación empezó a deteriorarse.
  *Esteban **was traveling** a lot when the relationship began to deteriorate.*

- To talk about habitual or repeated actions in the past, ideas that are typically communicated in English with *used to* or *would*

  Cuando Gloria y Esteban **eran** adolescentes, siempre **hacían** planes para el futuro.
  *When Gloria and Esteban **were** adolescents, they always **would make** plans for the future.*

  **Hablaban** por teléfono por horas hasta que sus padres los **regañaban**.
  *They **used to talk** on the phone for hours until their parents **would scold** them.*

- To talk about time of day, age, and weather in the past

  Gloria **tenía** 18 años cuando salió con Esteban por primera vez.
  *Gloria **was** 18 years old when she went out with Esteban for the first time.*

  **Era** de noche y **hacía** un poco de calor.
  *It **was** nighttime and it **was** a little warm.*

## Expresiones de tiempo

Time expressions that frequently introduce imperfect verbs refer to repeated or habitual actions in the past or indicate an instance of two actions occurring simultaneously.

| Imperfect time expressions | |
| --- | --- |
| a menudo | *often* |
| cada día, todos los días | *every day* |
| durante | *during* |
| frecuentemente | *frequently* |
| generalmente, por lo general | *generally* |
| mientras | *while* |
| muchas veces | *many times* |
| siempre | *always* |

## ¡A practicar!

Remind students that the rules governing the usage of the preterite or the imperfect are dependandant on both the context and the speaker's point of view. In exercises where some contextual information and speaker point of view must be inferred, there may be differences of opinion as to the appropriate response—even among native speakers! Where differences arise, focus on the types of contextual clues that support each choice and the differences in meaning that result.

**2-17** **Vacaciones en el lago de Nicaragua** Selecciona la frase que mejor complete la oración.

1. Cuando era niño frecuentemente…
   a. íbamos al lago de Nicaragua.
   b. fuimos al lago de Nicaragua.

2. A mi madrastra no le gustaba nadar, así es que siempre…
   a. se quedaba (stay behind) comprando en los mercados.
   b. se quedó comprando en los mercados.

3. En el lago siempre había tiburones (sharks) y ella…
   a. les tenía miedo.
   b. les tuvo miedo.

4. Recuerdo que un día…
   a. "descubríamos" una islita en el lago.
   b. "descubrimos" una islita en el lago.

5. Mis medio hermanos y yo por lo general…
   a. no nos llevábamos bien.
   b. no nos llevamos bien.

6. Pero durante todo ese día…
   a. no nos peleábamos.
   b. no nos peleamos.

7. Todo el día hasta la noche…
   a. jugábamos en la isla.
   b. jugamos en la isla.

8. Y nos divertimos mucho;
   a. eran unas vacaciones perfectas.
   b. fueron unas vacaciones perfectas.

**ANSWERS 2-18** 1. Nací
2. Completé 3. vivíamos 4. jugaba/jugábamos 5. nos regañaba 6. estudié
7. completé 8. se llamaba 9. era
10. murieron 11. tenía 12. sentían

**2-18** **La vida de un maya en el mundo de hoy** Llena los espacios en blanco con las formas correctas del pretérito o el imperfecto del verbo que está en paréntesis para conocer la vida de este maya.

Me llamo José Alejandro Iuit Canul. Mis apellidos son de origen maya. (1) _____ (nacer) en la ciudad de Antigua, Guatemala. (2) _____ (completar) mis estudios de primaria en la colonia Yucatán. De niño, mi familia y yo (3) _____ (vivir) en la sierra. A menudo (4) _____ (jugar) por horas con mis hermanos después de la escuela en vez de hacer la tarea. Mi madre siempre (5) _____ (regañarnos). Más adelante (6) _____ (estudiar) en Antigua, donde (7) _____ (completar) mis estudios profesionales.

Mi padre (8) _____ (llamarse) Fermín B. Iuit y el nombre de mi madre (9) _____ (ser) María del Pilar Canul. Los dos (10) _____ (morir) cuando yo (11) _____ (tener) 32 años. Recuerdo que (ellos) siempre (12) _____ (sentir) mucho orgullo (pride) de ser maya. ¡Igual que yo!

**ANSWERS 2-19** 1. gustaba
2. Estudiaba 3. Era 4. cometió
5. estudiaba/estudiaban 6. preguntó
7. respondió 8. llamaban (they used to call it) or llamaron (the called it)
9. había 10. contestó 11. había
12. vino 13. era 14. se rieron.

**2-19** **Estudiando Honduras** Cambia esta narración del tiempo presente al pasado para saber algo más sobre Honduras. Cambia los verbos subrayados al pretérito o al imperfecto.

A Daniel, de niño, le (1) gusta la escuela. (2) Estudia mucho. (3) ¡Es un "sabelotodo"! Un día (4) comete un error muy gracioso. En la clase de geografía (5) estudian el país de Honduras. La maestra (6) pregunta: "¿Quién sabe el nombre de la costa norte de Honduras?" Él (7) responde rápidamente: "Se llama La Costa Mosquito y la (8) llaman así porque (9) hay muchos mosquitos". La maestra (10) contesta: "Bueno, (11) hay muchos mosquitos, es verdad, pero el origen del nombre no (12) viene de los mosquitos sino de los miskitos que (13) es una tribu indígena nativa del área". Los compañeros de Daniel (14) se ríen mucho ese día.

## ¡A conversar!

**TEACHING TIP 2-20** Make this a group activity and have groups compete to present the most compelling explanations. Pairs from each group act out each scene and the class votes on the most believable and unbelievable stories.

**2-20** **Excusas** ¿Qué tipos de mentiras, o pretextos, les puedes decir a tus padres en las siguientes situaciones y lo qué pasó?

**EJEMPLO** Llegaste muy tarde a casa después de una fiesta.

**Llegué tarde a casa porque el coche no tenía gasolina. Empujamos (*We pushed*) el coche por tres millas y cuando llegamos a la gasolinera vimos que no teníamos dinero. Tuvimos que llamar a un amigo y él nos llevó a casa. ¡Eso fue lo que pasó!**

1. Tu hermanito tiene un ojo hinchado (*swollen*) y te culpa (*blames*) a ti.
2. Te dijo tu mamá que era el cumpleaños de tu abuelo y no lo llamaste.
3. Te dejaron (*left*) un mensaje escrito en un papel: "Lava los platos antes de salir esta noche". No lo hiciste.

**TEACHING TIP 2-21** Have students work with one partner for several minutes, then have them change partners or join with another pair to form a larger group. At the end of the conversations, have students share with the class interesting information that they have learned.

 **2-21** **Tus padres** ¿Qué tipo de relación tienes con tus padres? Con un(a) compañero(a), habla sobre tus padres.

- ¿Qué hicieron tus padres que admiras mucho?
- ¿Tenías una buena relación con ellos?
- ¿Te criaron bien? ¿Fueron muy estrictos?
- ¿Te mimaron mucho?
- ¿Te castigaban con frecuencia?
- ¿Favorecieron a tu hermana o hermano más que a ti?
- ¿Tenías quehaceres (*chores*)?
- ¿Te dejaban (*let you*) mirar mucha televisión o jugar videojuegos?

 **2-22** **De vacaciones** Averigua cómo eran las vacaciones de tu compañero(a) con su familia. Decide si las siguientes situaciones se aplican a tu compañero(a) o no. Dile que explique por qué.

**EJEMPLO** Siempre iban al mismo sitio de vacaciones. ¿Cierto o falso?

**¡Es cierto! Siempre íbamos a la misma ciudad a visitar a mi tío y a mis primos. ¡Era tan aburrido!**

1. Hacían viajes en coche.
2. Escuchabas tu iPod o Walkman para pasar el tiempo.
3. Tus hermanitos siempre se peleaban.
4. Te gustaba pasar las vacaciones con tu familia.
5. Tuvieron un accidente una vez.
6. Te perdiste alguna vez.
7. Era divertido visitar a tus familiares.
8. Recuerdas unas vacaciones extraordinarias que tuvieron una vez.

**2-23** **La familia** Compara historias de tu familia con tu compañero(a).

- ¿Cuál era tu pariente favorito(a) cuando eras niño? ¿Por qué? ¿A quién no podías soportar?
- ¿Cuál de tus parientes es/era el (la) más tonto(a)?, ¿el (la) más divertido(a)? ¿Qué hacían? ¿Qué hicieron una vez?
- ¿Quién te dio el mejor regalo que puedes recordar? ¿Cuál fue la ocasión?
- ¿Con cuál pariente te llevabas mejor cuando eras pequeño(a)? ¿Por qué?

## Más diferencias entre el pretérito y el imperfecto

### El pretérito y el imperfecto juntos

When talking about events in the past, Spanish speakers make choices between the preterite and the imperfect tenses, depending on the context of the events being related.

> **Era** el 15 de abril en el pueblo de San Roque. **Era** muy tarde en la noche, pero los padres de Carmen todavía **cocinaban** mientras ella **intentaba** dormirse. Carmen **estaba** muy emocionada con los preparativos para su cumpleaños el día siguiente. Carmen **tenía** 14 años ¡y mañana **iba** a cumplir 15! Ella **pensaba** en todos los familiares que **iban** a venir cuando, de repente, Carmen **oyó** un ruido en el patio de la casa. No **tenía** miedo pero **quería** saber lo que **causó** ese ruido extraño. Cuando ella **se levantó** de la cama para investigar, un grupo de jóvenes **apareció** al pie de su ventana. Todos le **gritaron** "feliz cumpleaños" y **empezaron** a cantarle las Mañanitas.

In the narration the imperfect tense is used to:

- set the scene, or to provide background information for an event.

  **Era** el 15 de abril en el pueblo de San Roque. **Era** muy tarde en la noche, pero los padres de Carmen todavía **cocinaban** mientras ella **intentaba** dormirse.

- describe two or more actions that are taking place simultaneously. **Mientras** and **y** are often used to connect the phrases.

  …los padres de Carmen todavía **cocinaban mientras** ella **intentaba** dormirse.

In this same narration, the preterite tense is used to:

- communicate the primary events of a scene in the past.

  …Carmen **oyó** un ruido en el patio de la casa.
  …un grupo de jóvenes **apareció** al pie de su ventana.
  …**gritaron** "feliz cumpleaños" y **empezaron** a cantarle las Mañanitas.

- indicate an interruption of another action in the past. **Cuando** is often used to connect the two phrases. The verbs in the imperfect describe what was happening when another action, described in the preterite, interrupted.

  …**pensaba** en todos los familiares que **iban** a venir a su fiesta de cumpleaños **cuando**, de repente, Carmen **oyó** un ruido en el patio de la casa.

## Verbos que cambian de significado en el pretérito

Several Spanish verbs convey different meanings, depending on their use in either the preterite or the imperfect. The use of the preterite implies an action taken or realized. The use of the imperfect communicates merely knowledge, intention, or need, but never specifies whether or not an action was initiated.

| Infinitive | Imperfect | | Preterite | |
|---|---|---|---|---|
| conocer | conocía | *knew someone; was acquainted with* | conocí | *met someone (for the first time)* |
| saber | sabía | *knew something* | supe | *learned something, found out* |
| querer | quería | *wanted to do something* | quise | *wanted to do something and did* |
| poder | podía | *was able to do something* | pude | *was able to do something and did* |
| tener (que) | tenía (que) | *had to do something* | tuve (que) | *had to do something and did* |

IMPERFECT Carmen **conocía** *(already knew)* a muchas personas en el pueblo.

vs.

PRETERITE Carmen **conoció** *(met for the first time)* a un chico nuevo en su clase.

IMPERFECT Los padres **sabían** *(had knowledge of)* cómo celebrar una fiesta.

vs.

PRETERITE Carmen nunca **supo** *(found out)* sobre los planes para sorprenderla.

IMPERFECT Sus amigos **querían cantarle** *(felt like singing to her)* muchas canciones.

vs.

PRETERITE Una chica **no pudo cantar** *(tried but was unable to sing)* porque le dolía un poco la garganta.

IMPERFECT Para las quinceañeras, los padres en San Roque **tenían que hacer** *(had to do, but didn't necessarily do)* muchas cosas.

vs.

PRETERITE Los padres de Carmen **tuvieron que hacer** *(had to do and did)* muchas cosas para la fiesta de ella.

- Using **querer** negatively in the preterite translates as *refused to do something*. Using **poder** negatively in the preterite translates as *was not able to do something* or *failed to do something*.

  El año pasado Carmen **no quiso ir** a una fiesta de cumpleaños porque no conocía bien a la chica.
  *Last year Carmen **refused to go** to a birthday party because she didn't know the girl well.*

  Este año Carmen quería ir a la fiesta de la misma chica, pero **no pudo** porque se enfermó.
  *This year Carmen wanted to go to the same girl's party but **couldn't** because she got sick.*

# ¡A practicar!

**2-24** **El Día de los Reyes Magos** ¿Qué pasó? Cambia los verbos en paréntesis al pasado. Decide si debes usar el pretérito o el imperfecto.

Cuando (1) ___era___ (ser) pequeña (2) ___creía___ (creer) en los Reyes Magos. Siempre les (3) ___escribía___ (escribir) cartas donde les (4) ___pedía___ (pedir) los juguetes que (5) ___quería___ (querer). Cada 5 de enero (6) ___ponía___ (poner) yerba *(grass)* en una cajita y (7) ___trataba___ (tratar) de no dormirme para "ver" a los Reyes. Al fin y al cabo *(In the end)*, nunca (8) ___pude___ (poder) hacerlo.

Un año, (9) ___supe___ (saber) así como así *(just like that)*, que los Reyes Magos no (10) ___existían___ (existir). Mi hermano me lo (11) ___dijo___ (decir). Bueno, nunca (12) ___conocí___ (conocer) a los Reyes Magos pero la verdad es que (13) ___fue___ (ser) una gran ilusión.

**2-25** **Mi primer funeral** Selecciona la frase que mejor complete la oración para saber cómo fue la primera experiencia relacionada con la muerte de un niño.

1. Cuando estaba en primer grado...
   a. tenía seis años.
   b. tuve seis años.

2. ...un amiguito mío, Rafael, no regresó a la escuela un lunes.
   a. El niño se moría.
   b. El niño murió.

3. ¡Yo pensaba que sólo los viejos morían!
   a. No lo podía creer.
   b. No pude creerlo.

4. Tristemente, ese día
   a. sabía que los niños también podían morir.
   b. supe que los niños también mueren.

5. La madre de Rafael pidió que la clase fuera *(went)* al funeral.
   a. Preguntó si queríamos ir al funeral.
   b. Preguntó si quisimos ir al funeral.

6. Todos fuimos vestidos de blanco y nos presentaron al papá de Rafael.
   a. Conocíamos al papá de Rafael.
   b. Conocimos al papá de Rafael.

7. Recuerdo algunas cosas:
   a. El papá traía un pañuelo y estaba llorando.
   b. El papá trajo un pañuelo y lloró.

8. Al final, al salir de la iglesia, nos dieron instrucciones en qué decir:
   a. Todos saludábamos y decíamos juntos: "Adiós, Rafael".
   b. Todos saludamos y dijimos juntos: "Adiós, Rafael".

**2-26** **Recuerdos de cuando era niño** Escoge el tiempo verbal más lógico para ver cuáles son los recuerdos infantiles de este niño.

1. Cuando era niño creía/creí que los niños venían/vinieron del hospital y no de la mamá.

2. Un día sabía/supe que la música del radio era/fue una transmisión y no de verdad.

3. Lloraba/Lloré el primer día de clases y veía/vi que mi mamá se iba/se fue.

4. Recuerdo que un día tenía/tuve muchas ganas de ir al baño y no llegaba/llegué a tiempo.

5. Otro día me ponía/me puse una capa de superhombre y trataba/traté de volar pero no podía/pude y me caía/me caí.

## ¡A conversar!

**TEACHING TIP 2–27** Have students brainstorm a list of verbs that they might use to complete these sentences, or provide a list for them.

**2-27** **¿Qué pasó inesperadamente en la boda?** ¿Qué puede ir mal? Usa tu imaginación y narra qué pasó.

**EJEMPLO** La novia caminaba al altar cuando…. ¡vio un ratón!

1. El padre de la novia iba hacia al altar con su hija cuando…
2. El cura le preguntaba a la congregación: "¿Hay alguien aquí que se oponga *(opposes)* a este matrimonio?" cuando…
3. El novio iba a decir "Sí, quiero" cuando…
4. El novio iba a besar a la novia cuando…
5. El fotógrafo iba a tomar una foto cuando…
6. Los novios iban a cortar el pastel cuando…

**2-28** **¿Recuerdas?** Narra qué pasó un día de Navidad o en un cumpleaños importante para ti. ¿Qué día fue? ¿A qué hora te levantaste? ¿Quiénes vinieron a tu casa? ¿Qué recibiste? ¿Cómo te sentiste? ¿Cuántos años tenías? ¿Dónde vivías? ¿Qué hiciste ese día?

**TEACHING TIP 2-29** Put students into small groups to discuss these topics. Allow them to choose from the list those about which they wish to comment, and encourage them to add others. Ask certain groups to share back some of their conversation with the class. Alternatively, you may turn this into a short writing assignment by asking students to write their response to one or two of these items.

**2-29** **Momentos importantes** ¿Dónde estabas y qué hacías cuando supiste sobre lo siguiente? ¿Cómo lo supiste? ¿Quién te lo dijo? ¿Cuál fue tu reacción?

1. Santa Claus no existe.
2. Un familiar murió.
3. Una hermana o hermano nació.
4. Tus padres se divorciaron.
5. Un familiar se declaró homosexual.
6. Recibiste la carta de aceptación para esta universidad.

**TEACHING TIP 2-30** Have students select a story to relate and write notes about it for homework. In class, they work in pairs to share stories. Have them ask questions of their partners and compare and contrast their stories. Alternatively, students could write a paragraph about a memorable moment in their lives.

**2-30** **Recuerdos** Con un(a) compañero(a), comparte algún momento triste, muy feliz, vergonzoso o importante en tu vida. ¿Qué pasó? ¿Cuándo? ¿Dónde? ¿Cuántos años tenías?

**2-31** **¿Estás de acuerdo o no?** Con un(a) compañero(a), lee las siguientes oraciones y decide si alguna vez viviste estas experiencias y por qué.

1. Era imposible tener una comunicación franca con mis padres cuando tenía 16 años.
2. Mis padres no me disciplinaron mucho.
3. Me peleaba con mis hermanos constantemente.
4. Las reuniones familiares eran una tortura para mí.
5. La época más feliz de mi vida fue cuando tenía de cinco a nueve años.
6. Les pedía mucho a mis padres: una hermanita o un hermanito.
7. Pensaba que era adoptado(a).
8. Iba o quería ir a campamentos de verano.

## La primera comunión

**MASAYA.** En la Basílica Nuestra Señora de La Asunción, en Masaya, el pasado 21 de mayo, la niña María Luisa Marín Gutiérrez celebró su **primera comunión** en una **misa** presidida por el **Sacerdote** Javier Solís. Fue un día de mucho **regocijo**. Para **conmemorar** el evento, sus padres ofrecieron una alegre recepción en su residencia. ¡Felicidades María Luisa!

Queridos Jaime y Adela,

¡Saludos desde Masaya! Queremos **agradecerles** el regalo que nos enviaron para la primera comunión de María Luisa. Les mandamos algunas fotos que sacamos del día. Una es de la **procesión** de los niños que comenzó la **ceremonia**. María Luisa está preciosa en su vestido, ¿no? Las otras son de la recepción en nuestra casa. **Decoramos** la casa con **globos** y otros **adornos** festivos y **colocamos** una foto de María Luisa en todas las mesas. Nos acompañó el padre Solís y nos dio a todos una **bendición** especial antes de **bendecir la mesa**. Después de cenar, los adultos **hicimos la sobremesa por horas**, pero María Luisa y sus amiguitos continuaron la celebración. Esa noche **trasnochamos**— ¡no nos acostamos hasta las cuatro de la mañana! Fue día estupendo.

Les mandamos un beso grande,
Alicia y Francisco

## ◄)) Para hablar de los ritos, celebraciones y tradiciones familiares

### Repaso

Review basic vocabulary related to celebrations in the **Índice de palabras conocidas** at the end of the book.

### Lengua

Other words and phrases related to family customs and celebrations are cognates with English: **condolencias** (condolences), **champán** (champagne), **el rabino** (rabbi), **la sinagoga** (synagogue), **la reunión familiar** (family reunion). **Piñata** is a Spanish word that English has borrowed.

**HERITAGE LEARNERS** Have heritage learners comment on their use of words and expressions related to rites and celebrations. Point out possible spelling problems with **b** and **v** in words such as **preparativos, globos, envolver,** and **villancico,** and with **c, s,** and **z** in **agradecer, condolencias, consentir,** and **rezar.**

| | |
|---|---|
| el bautismo | *baptism* |
| el funeral | *funeral* |
| la graduación | *graduation* |
| Janucá | *Chanukah* |
| el nacimiento | *birth* |
| la primera comunión | *first communion* |
| la quinceañera | *fifteenth birthday, Sweet Fifteen* |
| | |
| el adorno | *ornament, decoration* |
| la bendición | *blessing* |
| el candelabro | *candelabra* |
| la ceremonia | *ceremony* |
| la fogata | *bonfire* |
| el globo | *balloon* |
| la guirnalda | *garland* |
| los preparativos | *preparations* |
| la procesión | *procession* |
| el regocijo | *joy, merriment* |
| el sacerdote | *priest* |
| el villancico | *Christmas carol* |
| | |
| la melancolía/ melancólico(a) | *melancholy/melancholic* |
| religioso(a) | *religious* |
| | |
| agradecer | *to thank* |
| bendecir (la mesa) | *to bless (the table)* |
| colocar | *to hang, to place* |
| conmemorar | *to commemorate* |
| contar (ue) chistes | *to tell jokes* |
| dar el pésame | *to offer condolences* |
| decorar | *to decorate* |
| emborracharse | *to get drunk* |
| envolver (ue) regalos | *to wrap presents* |
| estar de luto | *to be in mourning* |
| hacer, estar de sobremesa | *to be, stay at the table for table talk* |
| gastar bromas | *to play a joke* |
| rezar | *to pray* |
| trasnochar | *to stay up very late* |

## ¡A practicar!

**2-32** **Un día especial** Lee el recorte *(clipping)* del periódico y la carta en la página 64 y luego selecciona la letra de todas las frases que pueden completar cada oración.

1. María Luisa celebró...
   a. su graduación de la escuela primaria.
   (b.) un rito religioso.
   c. Janucá.
   d. su bautismo.

2. El padre Javier Solís...
   (a.) rezó con los niños.
   (b.) era el sacerdote que celebró la misa.
   c. les dio el pésame a los niños.
   d. conmemoró el evento con una fogata.

3. Los niños...
   a. cantaron villancicos.
   b. gastaron bromas antes de la ceremonia.
   (c.) comenzaron la ceremonia con una procesión.
   d. colocaron adornos en la iglesia.

4. Durante la recepción...
   a. todos envolvieron regalos para dárselos a María Luisa.
   (b.) el sacerdote les dio la bendición a todos.
   (c.) los adultos se quedaron haciendo la sobremesa.
   (d.) celebraron hasta muy tarde en la mañana.

**2-33** **¿Qué rito es?** Rellena los espacios en blanco con la palabra correcta de la lista para saber qué rito se describe. Algunos verbos deben conjugarse.

| agradecer | dar el pésame | estar de luto | nacimiento | religioso |
| conmemorar | emborracharse | melancólico | procesión | rezar |

Una celebración llena de tristeza y (1) ___melancolía___ es un rito (2) ___religioso___ para (3) ___conmemorar___ la vida de un ser querido. En muchos países del mundo comienza con una (4) ___procesión___ en la iglesia. Los invitados cantan canciones y todos (5) ___rezan___ por su ser querido. También la gente le (6) ___da el pésame___ a la familia y muchos se visten de negro para indicar que (7) ___están de luto___. Se está celebrando un (8) ___funeral___.

**2-34** **Ritos y celebraciones** ¿Cuáles de las características de la columna derecha asocias con las celebraciones o ritos de la columna izquierda? Haz la lista con un(a) compañero(a) y comenten las diferencias de opinión. Luego, hablen de cuáles de las celebraciones de la lista son tradicionales en tu familia.

Celebraciones o ritos

1. El aniversario de bodas
2. La Navidad
3. Janucá
4. Un funeral
5. La Nochevieja *(New Year's Eve)*
6. La cuaresma *(Lent)*
7. La primera comunión
8. Una graduación

Características

| | |
| trasnochar | rezar |
| conmemorar | ir a la misa |
| una procesión | estar de luto |
| hacer bromas | mucho regocijo |
| dar el pésame | día melancólico |
| emborracharse | cantar villancicos |
| envolver regalos | colocar el candelabro |
| celebración religiosa | colocar adornos y guirnalda en el árbol |

## ¡A conversar!

**TEACHING TIP 2-35** Have students prepare for this activity before coming to class. Tell them to indicate which of the following customs they believe to be universal, if any, and which they think might be more specific to their own family, religion, or culture. Collect answers and while students work in pairs in class, write the customs on the board and indicate how many students think they are universal and how many, specific. Have class report back from pair work and see if students' assumptions were correct.

**2-35** **En mi familia...** ¿Cuáles de los siguientes ritos o costumbres son tradiciones en tu familia? Comenta con tus compañeros(as) todos los detalles que puedas sobre éstos. ¿En qué ocasiones ocurren? ¿Con qué frecuencia? ¿Cómo se llevan a cabo?

1. Quedarse haciendo la sobremesa
2. Guardar luto cuando se muere un pariente cercano
3. Enviar una tarjeta para agradecer un regalo
4. Bendecir la mesa/la comida antes de comer
5. Gastar bromas con los miembros de la familia
6. Trasnochar con la familia en la Nochevieja
7. Hacer una fogata en la playa con la familia
8. Hacer una fiesta para envolver regalos de Navidad
9. Celebrar el nacimiento de un nuevo bebé en la familia
10. ¿ ?

**HERITAGE LEARNERS 2-35** You may have heritage learners describe differences in traditions carried out by family members in the U.S. and by those in the Spanish-speaking world.

**TEACHING TIP 2-36** For more practice of the preterite and imperfect and use of Pre-sentational Communication, have students bring to class a picture from a particular time they celebrated with this custom. In class, students can use the picture(s) while they describe the event to their classmates. Encourage them to use as much vocabulary about family and traditions as possible.

**2-36** **¡Vaya costumbre!** Piensa en un rito o una costumbre de tu familia en algún día festivo especial (Navidad, Pascua, Janucá, graduación, Quinceañera, El Día de los Santos Inocentes...) que consideras interesante, único, cómico, tal vez raro. Reúnete con otros(as) tres estudiantes y explícales todo lo que puedas sobre este rito o costumbre. Luego, voten por lo que consideran el rito o costumbre más interesante, y un(a) representante del grupo le explica a la clase la costumbre elegida. Tal vez las siguientes frases sean útiles para la conversación.

**TEACHING TIP 2-37** This activity addresses Presentational Communication. Encourage students to use visuals in their presentations, including maps and images from the web. For fluency practice, tell students that they may use note cards, but that they are not allowed to read their presentations.

| Para la persona que describe | Para la persona que escucha |
| --- | --- |
| *Para empezar* | *Para demostrar interés* |
| Bueno... *(Well...)* | ¡No me digas! |
| Primero... y luego... al final... | ¡Qué alucinante! |
| La cosa es que... | ¿En serio? |
| | ¡No te creo! |
| *Para ver si entienden los otros* | |
| ¿Me explico? | |
| ¿Comprenden? | |
| *Mientras piensas en qué decir* | |
| Este... este... *(Um ... um)* | |

**ANSWERS 2-37** 1. Celebración religiosa, 7 de diciembre, grupos familiares van por las calles cantando canciones a la Concepción de María, paran en casas donde se han hecho altares en honor a la Virgen 2. Celebración religiosa, 7 de diciembre, las familias queman las cosas viejas de la casa para que el diablo regrese al infierno 3. Las fechas y los ritos varían según el país. 4. Celebración religiosa, los ritos pueden variar según el país. A partir del 16 de diciembre las imágenes de José y María tocan a las puertas de diferentes hogares simulando pedir posada, las imágenes de los dos Santos se quedan por una noche en cada casa y al final de la posada se sirve un pequeño aperitivo a quienes las han acompañado 5. El 6 de enero, se les dan regalos a los niños para conmemorar la entrega de los regalos al niño Jesús por los tres Reyes Magos. 6. El 28 de diciembre, parecido a *April Fools Day*, pero de origen religioso (conmemora la gran matanza *(slaughter)* de niños, los santos inocentes, organizado por el rey Herodes). Los familiares y amigos gastan bromas a quienes no recuerdan el día.

**2-37** **Ritos familiares del mundo hispano** A continuación hay una lista de eventos que se celebran en familia en uno o más países del mundo hispano. En un grupo con dos o tres compañeros(as), seleccionen e investiguen un evento y luego hagan una pequeña presentación a la clase.

Eventos

1. La Gritería (Nicaragua)
2. La Quema del Diablo (Guatemala)
3. El Día del Padre / El Día de la Madre
4. Las Posadas
5. El Día de los Reyes Magos
6. El Día de los Santos Inocentes

Preguntas claves a investigar

- ¿Cuándo se celebra?
- ¿Quiénes participan?
- ¿Cómo se celebra?
- ¿Es un evento religioso?
- ¿Es de origen latino?
- ¿Cuáles son los ritos asociados con el evento?

# Una quinceañera

La quinceañera con su orgulloso padre

## Anticipación

**2-38** **Cumpleaños importantes** Contesta las preguntas para reflejar lo que es importante para ti y para tus compañeros(as) de clase.

1. ¿Qué cumpleaños son importantes en los Estados Unidos?
2. ¿Por qué son importantes?
3. ¿Cómo se celebran generalmente?

**ANSWERS 2-38** *Possible answers include:* 1. El cumpleaños #16 para las niñas, el #18 porque ya se puede votar y se considera a la persona un adulto, el #21 porque es legal beber licor y el #25 porque ya pueden alquilar un coche

**U**na quinceañera, o fiesta de los 15 años, es una gran celebración que en el pasado marcaba el debut, o la entrada en sociedad, de una jovencita.

El origen de esta ceremonia es un poco oscuro, pero la explicación más aceptada es que esta tradición es una mezcla *(mixture)* de una costumbre indígena y los rituales del catolicismo de España. En la costumbre azteca, los padres formalmente admitían a la niña de 15 años en la sociedad como mujer con un rito religioso y una celebración con la comunidad. La muchacha entonces se casaba *(would get married)* poco tiempo después. Cuando España invadió el continente americano, trajo consigo *(with them)* a sacerdotes católicos para convertir a la población al catolicismo. Con el tiempo, estos rituales se unieron a los católicos y la ceremonia evolucionó a lo que es hoy la quinceañera que se celebra en Nicaragua, Honduras y El Salvador, al igual que en muchos otros países latinoamericanos.

La ceremonia en la iglesia

Hoy día, dependiendo del estado financiero de la familia, esta conmemoración se puede celebrar en la casa, en un club social o en un hotel. En algunos casos, la fiesta es tan elaborada como una boda y requiere meses de preparación. Los detalles de la celebración varían de país a país, pero típicamente la niña se viste de blanco y lleva una tiara. Va acompañada de catorce amigas (ella es la número quince) o siete parejas; siete damas *(ladies-in-waiting)* y siete chambelanes *(male attendants)*, para escoltarla a la iglesia donde se lleva a cabo *(is carried out)* una ceremonia religiosa. Luego, durante la recepción, el padre le cambia los zapatos de su hija a zapatos de tacón *(high heels)* y baila un vals con ella. La quinceañera también le da una muñeca *(doll)* a su hermana menor o a una amiga para reflejar que deja atrás su infancia.

El resto de la celebración incluye música, pastel, flores, decoraciones, invitados de todas las edades, regalos, bebida, comida ¡y claro, mucho baile!

## Comprensión

**2-39** **¿Comprendiste?** Contesta las preguntas para ver si has comprendido el texto.

1. ¿Cuál es el origen de esta tradición?
2. ¿En qué se parece una quinceañera a una boda?
3. ¿Cuántas parejas hay? ¿Cuál es el simbolismo del número de parejas?
4. ¿Cuál es el simbolismo de los zapatos de tacón y la muñeca?

## Entre culturas

**2-40** **Perspectiva 1** ¿Cómo ves a los centroamericanos? Marca con una equis [X] las opiniones con las cuales estás de acuerdo. ¿Por qué crees esto?

1. _____ La quinceañera es una celebración demasiado cara.
2. _____ Una niña de 15 años no es una mujer.
3. _____ Es una celebración muy divertida y alegre.
4. _____ Es mejor guardar todo ese dinero para una educación universitaria.
5. _____ ¿Por qué no hacen lo mismo con los muchachos?

**2-41** **Perspectiva 2** Lee lo que dicen estos centroamericanos sobre la quinceañera. ¿Qué piensan ellos? Luego contesta la pregunta al final desde tu propia perspectiva.

Algunos dicen:

● "Es una celebración muy hermosa y está llena de simbolismos."
● "En la ceremonia religiosa damos gracias porque la niña ha llegado a otra etapa *(stage)* de su vida."
● "Es una celebración especial para decirle al mundo que estamos muy orgullosos de nuestra hija."

Pregunta:

1. ¿Hay alguna celebración o evento especial donde los padres en los Estados Unidos proclaman su orgullo de sus hijos al mundo?

**2-42** **Perspectiva 3** Con un(a) compañero(a), habla sobre cómo ven los centroamericanos a los Estados Unidos. Marca con una equis [X] lo que crees que piensan ellos.

1. _____ La religión es menos importante en los Estados Unidos.
2. _____ En los Estados Unidos no hay una celebración que marque el paso de una niña a una persona adulta.
3. _____ En los Estados Unidos no hacen muchas fiestas.
4. _____ En las fiestas en los Estados Unidos no hay mucho baile, sólo comida y conversación.

## Extensión

**2-43** **Preparativos** Busca en el Internet usando las palabras "Quinceañera Mall" o "Accesorios para quinceañeras" para ver cuáles son los preparativos para una quinceañera. ¿Qué tipos de preparativos se necesitan para celebrar una quinceañera? ¿Cuánto tiempo y esfuerzo requiere la preparación de una quinceañera? Haz una lista de los accesorios que piensas son necesarios y los que no lo son.

## Palabras negativas e indefinidas

| Positive/Indefinite | Negative |
|---|---|
| **algo** *something* | **nada** *nothing* |
| **alguien** *someone* | **nadie** *no one* |
| **algún, alguno(a, os, as)** *some, someone* | **ningún, ninguno(a, os, as)** *none, no one* |
| **de algún modo** *somehow* | **de ningún modo** *by no means* |
| **de alguna manera** *some way* | **de ninguna manera** *no way* |
| **alguna vez** *sometime, ever* | **nunca** *never* |
| **siempre** *always* | **jamás** *never* |
| **(o)... o** *(either) ... or* | **(ni)... ni** *(neither) ... nor* |
| **también** *also* | **tampoco** *neither, not either* |

### Otras expresiones negativas

| | |
|---|---|
| **ni siquiera** *not even* | **todavía no** *not yet* |
| **ni yo tampoco** *nor I, neither do I* | **ya no** *no longer* |

- Indefinite words refer to things, people, or periods of time that are not specific. Negative words contradict or deny the existence of things, people, periods of time, or ideas.

- In Spanish, **no** or another negative word like **nunca** or **nadie** must precede the verb in order to make a sentence negative. Additional negative words may come after the verb.

| | |
|---|---|
| **No** quiero ir a la graduación. | I **don't want** to go to the graduation. |
| **No** tomaron **nada** en la fiesta. | They **didn't** drink **anything** at the party. |
| **Nunca** he asistido a un bautismo. | I've **never** attended a baptism. |
| **Nadie** cantó durante el funeral. | **Nobody** sang at the funeral. |
| **No** quiero sacar fotos de la fiesta. | I **don't** want to take pictures of the party. |
| **No** las quiero sacar. | I **don't** want to take them. |

- In Spanish, unlike in English, it is both common and acceptable to have multiple negative words in sentences. Once a negative word precedes the verb, all other indefinite ideas must also be expressed in the negative.

El chofer **no** quería llevar a los invitados a **ninguna** fiesta **tampoco**.
*The driver **didn't** want to take the guests to **any** party **either**.*

**Nunca** le dieron **nada** a **nadie**.
*They **never** gave **anything** to **anyone**.*

- **Alguno(a)(os/as)** and **ninguno(a)(os/as)** are adjectives and, therefore, must agree in gender and number with the nouns they modify. Before masculine singular nouns, they are shortened to **algún** and **ningún**. **Ninguno(a)** is almost always used in the singular except when the noun it modifies only exists in the plural.

  —¿Tienes **algunos** adornos para decorar la casa?
  *Do you have **any** decorations to decorate the house?*

  —No, no tengo **ningún** adorno.
  *No, I don't have **any** decorations.*

  —¿Va a haber **alguna** fogata durante el festival?
  *Will there be **any** bonfires during the festival?*

  —Sí, seguramente va a haber **algunas** fogatas en el centro de la ciudad.
  *Yes, surely there will be **some** bonfires in the center of the city.*

  —¿Necesitas ayuda con **algunos de los** preparativos para la fiesta?
  *Do you need help with **any** preparations for the party?*

  —No, no necesito ayuda con **ninguno de los** preparativos para la fiesta.
  *No, I don't need any help with **any** preparations for the party.*

- **Alguien** and **nadie** always refer to people, so they must be preceded by the personal **a** when they are used as direct objects. When **alguno(a, os, as)**, **algún, ninguno(a)**, and **ningún** are used as direct objects and refer to people, they, too, must be preceded by the personal **a**.

  —¿Conoces **a alguno** de los participantes de la procesión?
  *Do you know **any** of the participants in the procession?*

  —No, no conozco **a ninguno**. No conozco **a nadie** en la procesión.
  *No, I don't know **any**. I don't know **anyone** in the procession.*

### Atención

**Jamás** is also used to mean *not ever* and conveys emphasis or exaggeration.
**¿Has visto esto o lo otro? No, *jamás* lo he visto.**

- **Nunca** and **jamás** both mean *never*. **Alguna vez** is used to mean *ever* in a question.

  —¿Has ido **alguna vez** a un funeral?
  *Have you **ever** gone to a funeral?*

  —No, nunca.
  *No, **never**.*

- **Algo** and **nada** may also be used as adverbs to modify adjectives.

  La graduación fue **algo** aburrida. No fue **nada** interesante.
  *The graduation was **somewhat** boring. It wasn't interesting **at all**.*

# Estructura y uso III

## ¡A practicar!

**2-44** **El Año Viejo en Antigua, Guatemala** Encuentra la oración equivalente en la columna de la derecha.

1. El Año Viejo siempre es divertido.
2. Bailas o hablas con mucha gente.
3. De alguna manera iré al club a celebrar.
4. Antes era demasiado tímido para participar en las celebraciones.
5. Ahora celebro el Año Viejo y no me importa trasnochar.
6. Mis amigos nunca se cansan de bailar.
7. La calle del Arco es el sitio más popular.

a. Ninguno de mis amigos deja de ir allí.
b. De ninguna manera me quedaré en casa.
c. Ya no.
d. No me da sueño hasta las 6:00 A.M.
e. Nunca es triste.
f. Ni te quedas sentado ni estás solo.
g. Ni yo tampoco.

**2-45** **¿Qué quieres hacer?** Tu amigo y tú están de vacaciones en Guatemala durante la Semana Santa. Él es muy negativo. ¿Qué dice?

**EJEMPLO** ¿Conoces a alguien en Guatemala?
**No, no conozco a nadie.**

1. Hay mucha gente pero de algún modo vamos a ver el desfile.
No lo creo, ___de ningún modo podremos ver el desfile.___

2. ¿Quieres que te lleve sobre los hombros *(shoulders)*?
¡No! ¿Estás loco? ___de ninguna manera.___

3. ¿No te interesa ver un rato el desfile?
No, ___no me interesa para nada.___

4. ¡Mira las alfombras *(carpets)* de flores! ¿Las puedes ver?
No, ___no puedo ver nada.___

5. Bueno, yo voy a caminar y mirar a la gente. ¿Y tú?
No, ___ni quiero caminar, ni quiero mirar a la gente.___

6. ¿Quieres comer algo?
No, ___no quiero comer nada.___

7. ¿Y de beber? ¿Quieres un refresco o una limonada?
No, ___no quiero ninguno de los dos.___

## ¡A conversar!

**2-46** **El Año Viejo** ¿Cómo celebras la despedida del Año Viejo en los Estados Unidos? Pregúntale a tu compañero(a).

1. ¿Has celebrado toda la noche alguna vez?
2. ¿Siempre celebras con tus amigos o celebras con tu familia? ¿Por qué?
3. ¿Bebes un poco o no bebes nada? ¿Por qué?
4. ¿Algunas veces bailas con alguien que no conoces?
5. ¿Te has ido a dormir antes de las 12 alguna vez?
6. ¿Hacen algo especial a las 12? ¿Qué hacen?

**2-47** **Promesas del Año Nuevo** Lean las promesas que hacen algunos estudiantes y digan si son similares a algo que van a hacer ustedes, usando las expresiones **siempre, jamás, de algún modo, de ninguna manera, tampoco, ni siquiera,** etcétera.

**EJEMPLO** Voy a estudiar por lo menos diez horas al día.
> **¿Diez horas? Yo ni siquiera voy a estudiar dos horas al día.**

1. No voy a tomar ni una gota *(drop)* de café.
2. Sólo voy a beber una cerveza en las fiestas.
3. No voy a manejar borracho(a).
4. Voy a reducir el consumo de cigarrillos a una cajetilla *(pack)* al día.
5. Voy a ir al gimnasio todos los días.
6. Voy a comer menos dulces.

**2-48** **La Navidad en Honduras** Compara esta celebración en Honduras con la misma celebración en tu ciudad o estado. Usa palabras negativas e indefinidas: **algunos, algunas veces, siempre, nunca, también, tampoco, ya no, nadie,** etcétera.

| Honduras | En tu ciudad |
|---|---|
| 1. La Navidad está muy comercializada. | _____ |
| 2. Antes la población era 97% católica pero ya no. | _____ |
| 3. Siempre van a la iglesia el Día de Nochebuena. | _____ |
| 4. Todos comen tamales en Navidad. | _____ |
| 5. Algunos decoran las palmas con luces. | _____ |
| 6. Muchos disparan fuegos artificiales toda la noche del 24 de diciembre. | _____ |

**2-49** **La iglesia y el Estado** La Semana Santa es una celebración muy popular en Guatemala. ¿Cómo se celebra aquí? Usa expresiones como **también, nunca, algunas veces, ningún, ninguno, tampoco,** etcétera.

1. En Guatemala muchos negocios cierran durante la Semana Santa. ¿Y aquí?
2. Las escuelas públicas no abren Jueves ni Viernes Santo. ¿Y aquí?
3. Todos los años hay un desfile el Viernes Santo. ¿Y en tu ciudad?
4. Algunas estaciones de radio tienen música sacra solamente. ¿Y en tu ciudad?
5. El domingo de Pascua es un día especial que muchas familias celebran.

## Repaso

Before completing the activities on this page, review the following pages and refer to them as necessary to refresh your memory of the **Estructuras** addressed in **Capítulo 2.**

**Diferencias básicas entre el pretérito y el imperfecto,** pp. 56–57

**Más diferencias entre el pretérito y el imperfecto,** pp. 60–61

**Palabras negativas e indefinidas,** pp.72–73

**TEACHING TIP** Have students review the information on the topics and structures covered in the chapter before they begin the activities. All activities begin with a short written product that each student prepares in order to communicate about topics from the chapter and concludes with pair work or a small group activity that allows students to share information with classmates.

**TEACHING TIP** It is likely that many students will have family photos and will enjoy sharing them. Some, however, may not. Encourage them to use the Internet or other sources to find photos and to create information about the people pictured. The objective of the activities is to promote communication with recently studied vocabulary and structures. Any photos that support the objectives should be acceptable.

**TEACHING TIP 2-52** Have students review the written work of their partners, making corrections and offering suggestions when appropriate.

**TEACHING TIP 2-53** Conclude with a full class discussion of family celebrations. Ask questions about activities and other aspects of the celebrations, including things that no one did or that were rarely or never done, in order to elicit the recently studied negative and indefinite words and expressions.

# ¡A REPASAR Y A AVANZAR!

**2-50** **La familia en Guatemala, Honduras y Nicaragua** Piensa en lo que has aprendido en este capítulo y prepara respuestas a las siguientes preguntas. Después, comenta tus respuestas con un(a) compañero(a) de clase.

1. ¿Qué sabes de Guatemala, Honduras y Nicaragua? Puedes considerar la geografía, el clima, la historia y la vida de la gente.
2. Compara y contrasta el concepto de familia en Centroamérica y en los Estados Unidos. Nota las semejanzas tanto como las diferencias.
3. ¿Qué relación existe entre el concepto de familia de los centroamericanos y sus ceremonias religiosas?
4. ¿Cuáles son algunos aspectos notables de las celebraciones hispanas? Piensa en lo que has visto o leído sobre las celebraciones, o considera tu experiencia personal si has participado en una celebración.

**2-51** **Fotos de la familia** Escoge 3 fotografías de tu familia (o de otra familia que conoces o de una familia imaginaria). Prepara 3–4 oraciones sobre cada foto, incluyendo información como:

- El año y el lugar de la foto
- Quién sacó la foto
- Quiénes son las personas en la foto
- Cómo eran las personas en esa época
- Qué hacían las personas en la foto
- Cómo estaban ese día y por qué

Trabaja con uno(a) o dos compañeros(as) para compartir la información y para ver qué tienen en común sus familias.

**2-52** **Una celebración** Escoge una foto de tu familia (o de otra familia) en la que se celebra un día especial. Escribe una narración de qué pasó en la celebración. Escribe unas 6–8 oraciones incluyendo tantas palabras y expresiones de la lista como sea posible.

| Palabras indefinidas | Palabras negativas |
|---|---|
| algo | nada |
| alguien | nadie |
| algún, alguno(a, os, as) | ningún, ninguno(a, os, as) |
| de algún modo, de alguna manera | de ningún modo, de ninguna manera |
| alguna vez, siempre | nunca, jamás |
| (o) … o | (ni) … ni |
| también | tampoco |

Trabajando en grupos de 3 o 4 estudiantes, compartan sus narraciones y háganles preguntas a los otros(as) estudiantes sobre sus fotos y sus celebraciones.

**2-53** **Un día memorable** Piensa en un día muy importante en tu vida, tratando de recordar los detalles más importantes. Escribe unas 6–8 oraciones sobre lo que pasó. Incluye información en las siguientes categorías:

- el día y/o la fecha
- el lugar
- las personas
- qué hicieron algunas personas
- qué hiciste
- cómo terminó el día

CD1, Track 4

**2-54** **¡A escuchar!** Escucha a Mercedes Vanegas Rivas describir su vida. Con un(a) compañero(a) determina si cada oración es cierta o falsa. Corrige las oraciones falsas.

1. Mercedes nació en 1955.
2. Ella es la hija mayor.
3. Ana María Barreto es la tía de Mercedes.
4. Hernán, Javier y Josefina son primos de Mercedes.

iTunes **2-55** **Una canción** Amparo Ochoa es una de las representantes más importantes de la nueva trova *(protest music)* latinoamericana. En su música trata de rescatar *(rescue)* la tradición folclórica del continente y darle voz a la gente común.

Ve a **www.cengage.com/spanish/rumbos** y escucha *Mujer*. La letra *(lyrics)* de la canción describe un día típico de una madre. Presta atención a los usos del pretérito y el imperfecto. Ahora indica si las siguientes oraciones son ciertas o falsas.

1. El Día de una madre empieza antes de salir el sol.
2. Al hijo más pequeño le arde la panza *(has an upset stomach)*.
3. La madre tiene mucho tiempo libre.
4. La mujer vive en su propia casa.

**2-56** **El Internet** En este capítulo aprendiste a describir las celebraciones tradicionales de las familias del mundo hispánico. Ve a www.cengage.com/spanish/ rumbos y busca los sitios de la Red relacionados con el turismo de Guatemala, Honduras y Nicaragua (Instituto Guatemalteco de Turismo, Instituto Hondureño de Turismo, Instituto Nicaragüense de Turismo). Busca información sobre festivales, carnavales, celebraciones y costumbres.

1. Fiestas de Palo de Mayo en Bluefields, Nicaragua
2. Celebraciones de los garífunas en Honduras
3. La Semana Santa en Antigua, Guatemala

## ¡A LEER! Una Navidad como ninguna otra

### Sobre la autora

**Gioconda Belli (1948– )**, poeta y novelista nicaragüense, nació en Managua en 1948. En 1970 publicó sus primeros poemas y también ingresó *(became a member of)* al Frente Sandinista de Liberación Nacional. Pocos años después, a causa de la persecución del régimen conservador de Anastasio Somoza, tuvo que exiliarse en México y Costa Rica. En 1978 ganó el premio Casa de las Américas por su colección de poemas *Línea de fuego*. Con el triunfo de la revolución en 1979, volvió a Nicaragua donde encontró trabajo bajo el nuevo sistema político. Actualmente vive en Santa Monica, California.

### Antes de leer

**2-57** **Invitación al texto** En este cuento la autora, Gioconda Belli, comparte sus recuerdos de un terremoto devastador que dejó en ruinas a la ciudad de Managua el 23 de diciembre de 1972. El cuento presenta cómo la autora se preparaba para recibir las Navidades, luego la llegada inesperada de la catástrofe, y por último, la reacción de ella y de las otras personas ante el desastre. El cuento también indica cómo las costumbres norteamericanas pueden estar fuera de lugar en el contexto nicaragüense.

1. ¿Recuerdas alguna celebración en la que algo no ocurrió como tú tenías planeado? ¿Qué pasó? ¿Cuál fue tu reacción ante ese evento inesperado?

2. ¿Has estado alguna vez en un terremoto o en algún otro desastre natural? ¿Cómo fue esa experiencia? ¿Crees que es posible intuir *(to sense)* cuando algo malo va a ocurrir?

3. ¿Has celebrado alguna vez una fiesta religiosa fuera de tu país? ¿En qué sentido(s) fue diferente?

### Estrategia de lectura  Usar la idea principal para anticipar el contenido

**K**nowing the general topic or theme of a reading can help you predict both the kind of information you may encounter in the text as well as how it will be organized. From the title of this reading, you can make the assumption that it will be an account of a particular holiday marked by an unusual set of circumstances. You can also deduce that the text is in the form of an anecdote and most likely will consist of a linear presentation of events.

Once you begin to read, you can also use paragraph structure to help you anticipate the content of each portion of the text. In a typical narration, you might expect to find the following types of information: geographic information, cultural comparison/contrast, information about a specific locale, primary event, secondary event, and consequences.

This sentence from the reading, for example, could be categorized as an example of cultural comparison/contrast: "Era la Navidad de otra cultura u otro clima, pero todos lo aceptaban sin rechistar *(protest)*."

# Una Navidad como ninguna otra

No sabría decir a qué hora me empezó el desasosiego[1], pero sé que en el almacén donde compraba los juguetes para mi hija Maryam, me sentí claustrofóbica, agobiada[2] y hasta febril[3].
5 Fue por eso que acepté, sin pensarlo dos veces, la oferta de don Jorge, el dueño, de que dejara mis regalos empacando[4]. [. . .]

—No sabe cómo se lo agradezco —repetí no sé cuántas veces.

10 Salí del almacén atiborrado de[5] compradores y respiré el aire de la calle con profundo alivio[6]. Tenía el pecho[7] oprimido. Noté que hacía mucho calor, un calor inusual para esa época en Managua. Por ser el fin de la estación lluviosa, diciembre aún conserva
15 cierto frescor. Además, los vientos alisios[8] soplan[9] con fuerza y contribuyen a aminorar[10] el húmedo bochorno[11] del trópico. Pero los vientos alisios no soplaban esa tarde. Las hojas de los árboles estaban inmóviles. [. . .]

20 Era la Navidad de otra cultura u otro clima, pero todos lo aceptaban sin rechistar[12]. Mientras caminaba al estacionamiento tenía la sensación de estar ajena[13] a la celebración, angustiada por una pesadez[14] que no sabía a qué atribuir. Quizás se debía a
25 que no podía evadirme[15] de la conciencia de que la Navidad era una fiesta donde la pobreza se hacía más flagrante[16]. Era la fiesta de quienes habían conocido la nieve, en un país donde la mayoría no tenían acceso siquiera al agua potable.

30 Llegué a mi casa y me tiré[17] en la cama. Mi hija vino y se me subió encima[18]. Su cara traviesa[19] y dulce hacía que todo esfuerzo valiera la pena. A la medianoche del día siguiente, el 24 de diciembre, su padre y yo pondríamos los juguetes al lado de su cama para que
35 ella los viera al despertar. Imaginé su alegría cuando viera la preciosa granja[20] roja con los animalitos diminutos. A sus cuatro años, ya disfrutaba la fantasía. [. . .]

Me dolía un poco la cabeza. No atinaba a[21] entender qué me pasaba, por qué mi desazón[22]. Aquella
40 atmósfera opresiva, asfixiante, estaba cargada de malos presagios[23]. Salí a tomarme una aspirina. Comenté con Alicia la doméstica, pequeña, morena y maternal, lo caluroso que estaba el día.

—No hay aire —confirmó ella—. ¿Ya se fijó[24] que
45 no se mueve ni una hoja? Si no fuera porque estamos en diciembre, diría que va a llover.

Ciertamente que el ambiente cargado, tenso, recordaba la sensación que precede los grandes aguaceros[25] del trópico. Pero también podría tratarse de
50 algo peor. [. . .]

—Alicia, ayúdame a pasar la cuna[26] de Maryam a mi cuarto —dije, en un impulso—. Está haciendo mucho calor —aclaré, justificándome—. Por lo menos que duerma con aire acondicionado.

55 Después de hacer el traslado[27], anduve arreglando cosas en la casa para ocuparme en algo y distraerme. Me arrepentí[28] de haber dejado los paquetes en la tienda. [. . .]

Llegó mi esposo. Cenamos. Se burló[29] otra vez de
60 mi idea de usar como árbol de Navidad una palmera que adorné con luces y bolas de colores. Defendí mi palmera navideña, pero tuve que admitir que la pobre se veía desgajada[30] y mustia[31], inepta para sostener ningún peso[32] en las ramas[33].

65 A las diez de la noche al inclinarme sobre la cama de Maryam para calmarle el sueño intranquilo con palmaditas[34] en la espalda, escuché el sonido hueco[35], lejano de una trepidación. Era como un trueno que viniera de la tierra. Sonaba a temblor, excepto que
70 nada se movía.

---

[1]**desasosiego** ansiedad
[2]**agobiada** *overwhelmed/weighed down by something*
[3]**febril** con fiebre
[4]**dejara mis regalos empacando** *left my gifts to be wrapped*
[5]**atiborrado de** lleno de
[6]**alivio** *relief*
[7]**pecho** *chest*
[8]**vientos...** *prevailing winds of the region*
[9]**soplan** *blow*
[10]**aminorar** *to mitigate*

[11]**bochorno** *sultry*
[12]**rechistar** *protest*
[13]**ajena** *distant from*
[14]**pesadez** *weight*
[15]**evadirme** *avoid*
[16]**flagrante** evidente
[17]**me tiré** *threw myself*
[18]**se me subió encima** *climbed up on top of me*
[19]**traviesa** *mischievous*
[20]**granja** *farm*
[21]**atinaba a** podía
[22]**desazón** ansiedad

[23]**malos presagios** *bad omens*
[24]**se fijó** *noticed*
[25]**aguaceros** *downpour*
[26]**cuna** *crib*
[27]**traslado** *move*
[28]**Me arrepentí** *I regretted*
[29]**Se burló** *He made fun of*
[30]**desgajada** *bare*
[31]**mustia** *withered*
[32]**peso** *weight*
[33]**ramas** *branches*
[34]**palmaditas** *pat on the back*
[35]**hueco** *hollow*

—¿Oíste eso? —pregunté a mi esposo—. Creo que fue un retumbo[36].

—Oí algo —dijo—. Tal vez fue un avión. No te preocupes— y siguió viendo televisión, sin
75 inmutarse[37].

Me salí a la puerta para ver el cielo. Una luna llena, radiante, con un ancho[38] halo rodado, brillaba en el horizonte. El cielo sin nubes pesaba[39] sobre la ciudad. A lo lejos ladraban[40] los perros. La noche lucía[41] de-
80 masiado quieta. Antes de acostarme, dejé la llave de la casa junto a la puerta, mi bolso a la orilla[42] de la cama. Por si acaso[43]. Apenas habríamos dormido unas horas cuando sobrevino el terremoto[44]. Eran las 12:28 de la mañana del 23 de diciembre de 1972. [. . .]

85 —Se está quemando Managua —gritó alguien. A los lejos se oían sirenas. [. . .]

Cuando paró[45] el segundo terremoto, Alicia, que vivía cerca, se marchó a buscar a su familia. No-sotros nos metimos al carro porque alguien dijo que
90 era el lugar más seguro. Decidimos pasar la noche allí. Empezaba a hacer frío y yo tiritaba[46], me casta-ñeteaban los dientes[47]. [. . .]

El centro comercial estaba desierto. Las vidrieras[48] de todas las tiendas se habían fracturado y caído al
95 piso, dejando los almacenes abiertos. Junto al alma-cén de mi papá un negocio de venta de colchones[49]

tenía una promoción en que regalaba muñecas[50] lindas y enormes por la compra de un set matri-monial. Las muñecas eran casi del tamaño[51] de mi
100 hija Maryam. Estaban solas allí, tiradas sobre los colchones. Las muñecas solas y mi hija sin juguetes. Miré a todos lados pensando en lo fácil que sería. Acompañé a mi papá a su tienda. Todo estaba en el suelo, pero era recuperable. Empezamos a meter
105 la mercadería en cajas y bolsas y transportarlas al camión. Las muñecas me veían desde las camas. Cada vez que pasaba yo las miraba. [. . .]

Por fin llegó el turno de la última caja. Seguí a mi papá al camión. El chofer metió la llave en la ignición
110 y encendió el motor. El ruido me hizo reaccionar.

—Ya regreso —grité, corriendo hacia la tienda con las muñecas—. Ya regreso.

Tenía que hacerlo. Cualquier madre lo haría. Tomé la muñeca, me la puse bajo el brazo y regresé
115 al camión. [. . .]

Varios días después, en la casa de mis suegros, en Granada, donde nos refugiamos, Maryam me miró mientras jugaba con la muñeca y me dijo, con esa mirada de concentración de los niños cuando han
120 recapacitado[52] —Mamá, qué alegre que no hubo terremoto donde vive Santa Claus.

---

[36]**retumbo** *rumble*
[37]**inmutarse** cambiar de actitud
[38]**ancho** *wide*
[39]**pesaba** *weighed*
[40]**ladraban** *barked*
[41]**lucía** *it looked like*
[42]**orilla** *edge*

[43]**Por si acaso** *Just in case*
[44]**terremoto** *earthquake*
[45]**paró** *stopped*
[46]**tiritaba** temblaba por el frío
[47]**me castañeteaban los dientes** *my teeth were chattering*
[48]**vidrieras** *window panes*

[49]**colchones** *mattresses*
[50]**regalaba muñecas** *gave away dolls*
[51]**tamaño** *size*
[52]**recapacitado** *mulled over*

## Después de leer

 **2-58** **Utilizando la idea central para anticipar el contenido** Con la ayuda de un(a) compañero(a), vuelvan a considerar las siguientes categorías de información, típicas de una anécdota: **información geográfica, comparaciones/contrastes culturales, información sobre un lugar específico, un evento principal, un evento secundario y consecuencias.** ¿Cuántos párrafos pueden identificarse según estas categorías? ¿Hay otras categorías de información que necesitan añadir?

| Párrafo | Categorías de información típicas | Otras categorías |
|---------|-----------------------------------|------------------|
| 1. | | |
| 2. | | |
| 3. | | |
| 4. | | |
| 5. | | |

 **2-59** **Comprensión** En parejas o en grupos de tres, contesten las siguientes preguntas.

1. ¿Por qué decidió la narradora abandonar la tienda sin sus regalos?
2. ¿Por qué le llamó la atención a la narradora el tiempo de aquel día?
3. ¿Por qué no compartía la narradora el espíritu navideño de la época? ¿Le molestaba algo en particular sobre la Navidad?
4. ¿En qué momento presintió la narradora que algo malo iba a ocurrir? ¿Qué hizo con la cuna?
5. ¿Se arrepintió la narradora de haber salido rápido de la tienda aquella tarde? ¿Por qué?
6. ¿De qué se burló el esposo de la narradora?
7. ¿Cuándo notó la narradora los primeros indicios de que iba a haber un terremoto? ¿Cuál fue la reacción del esposo? ¿Qué hizo la narradora antes de acostarse?
8. ¿Dónde pasó la noche la familia?
9. ¿Por qué fueron la narradora y su padre al centro? Allí, ¿qué le impresionó a la narradora?
10. Antes de irse del centro, ¿qué decidió hacer la narradora y por qué?

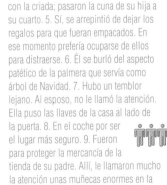 **2-60** **Expansión** En parejas o en grupos de tres, contesten las siguientes preguntas.

1. Cuando eras niño(a), ¿participaste alguna vez en una celebración extraordinaria?
2. ¿Piensas que sería difícil celebrar la Navidad u otra celebración religiosa fuera de tu propio país?
3. En tu opinión, ¿deben los países tropicales celebrar la Navidad de la misma manera que se celebra en los EEUU? ¿Por qué sí o por qué no?
4. Explica por qué este cuento logra reflejar claramente las diferencias entre Nicaragua y los Estados Unidos.
5. Al final, ¿piensas que la decisión de la narradora fue razonable? ¿Harías tú lo mismo?

## ¡A ESCRIBIR!  La anécdota personal

### El tema

Como demuestra el cuento *Una Navidad como ninguna otra*, la anécdota personal es una breve historia sobre un evento significativo en la vida de alguien. Se narra para ilustrar algún tema o concepto, como por ejemplo, la importancia de contar con tu familia en tiempos difíciles.

Imagina que un amigo por correspondencia *(pen pal)* de Nicaragua quiere aprender sobre las tradiciones familiares en los Estados Unidos. Escríbele una anécdota para ilustrar alguna tradición y hablar sobre tus lazos familiares.

### El contenido

Piensa en una tradición familiar importante. Luego, selecciona un episodio que demuestre un aspecto interesante, emocionante o cómico de esa tradición y de la relación entre los familiares que participaron en ella. Apunta todos los detalles que puedas recordar. Usa las siguientes preguntas para organizar tus ideas.

1. ¿Cuál es la tradición?
2. ¿Cuándo se celebró y quiénes participaron?
3. ¿Qué hicieron? Describe el orden de los sucesos *(events)*.
4. ¿Por qué fue significativo/emocionante/cómico el evento? Describe el momento que más lo demuestra.
5. ¿Qué demuestra el evento sobre las relaciones entre los miembros de tu familia? ¿Cómo lo demuestra?

Después de apuntar todos los detalles de tu anécdota, lee la Estrategia de escritura. Luego, selecciona los detalles más importantes para relatar tu historia y descarta *(throw out)* los demás *(rest)*. Por último, piensa si necesitas añadir algo para que tu lector(a) comprenda bien tu anécdota.

### El primer borrador

Por ser una narración personal, la anécdota se escribe desde la perspectiva de la primera persona, yo. La anécdota también es breve, y por eso tienes que situar *(situate)* al lector en el momento desde el comienzo. Por ejemplo, Belli comienza *Una Navidad como ninguna otra* con la oración "No sabría decir a qué hora... pero sé que en el almacén... me sentí claustrofóbica...", situándonos en la tienda donde comienza su historia.

Usa tus apuntes y narra los sucesos en el orden en que ocurrieron. Incluye los detalles más apropiados para facilitar la comprensión del (de la) lector(a). Resalta *(Highlight)* el clímax de la anécdota y termina rápidamente después, preferiblemente con una oración que resuma el mensaje de tu historia. Ten cuidado con el uso de los tiempos verbales: Usa el imperfecto para describir los detalles que sirven de trasfondo para los otros sucesos de la historia. Usa el pretérito para contar los sucesos que ocurrieron. Usa el pluscuamperfecto si es importante resaltar *(emphasize)* que un suceso pasado ocurrió antes que otro evento pasado. Cuando acabes, escribe un título creativo que refleje el tema de tu historia.

**Atajo**

**Functions:** Describing people; Describing places; Describing the past; Sequencing of events
**Vocabulary:** Family members; Religions; Religious holidays; Upbringing
**Grammar:** Verbs: preterite, preterite vs. imperfect

## Impresiones

### Revisión en parejas

 Lee la anécdota de un(a) compañero(a) de clase y contesta las siguientes preguntas.

1. ¿Entiendes el objetivo de la historia? ¿Qué información necesitas para entenderlo?

2. ¿Hay partes de su anécdota que no entiendes? ¿Cuáles son? ¿Qué información necesitas para entender mejor la historia?

3. ¿Incluye eventos o conceptos culturales o personales que una persona de Nicaragua no entendería? ¿Cuáles son?

4. ¿Usó bien los tiempos verbales? Señala cualquier forma que te parezca problemática.

5. ¿Incluye el vocabulario de la familia, relaciones, ritos y tradiciones del capítulo? ¿Puedes agregar alguna otra información?

### Elaboración y redacción

Considera los comentarios de tu compañero(a) y haz los cambios necesarios. Mira la lista de vocabulario del capítulo y trata de incorporar algunas palabras más. Después, presta atención a tus verbos. Para cada verbo, señala su sujeto y confirma que usas la terminación correcta para ese sujeto. También, confirma que usas la conjugación correcta para el tiempo que necesitas. Revisa para ver si cambias de tiempo en una sola oración o entre oraciones. ¿Es apropiado cambiar de tiempo? Por último, revisa las reglas para usar el imperfecto y el pretérito y asegúrate de usar esas formas correctamente.

---

### Estrategia de escritura La selección de detalles apropiados

**W**riting is an act of communication between a writer and a reader, so the selection of appropriate details to include in your writing should be guided by a consideration of your intended reader's needs. The less information you have about your reader, the more background information and details you should include in your writing. Try to answer the following questions about your reader, even if it may involve some guesswork.

1. Who is the reader? Consider factors like age, sex, culture, religion, and education.

2. What might your reader not know? Remember that personal information, cultural knowledge, and technical information are not universally shared!

3. What would motivate the reader to want to read your writing?

## ¡A VER! Día de los Muertos en Managua

### Antes de ver

**2-61** **Día de los Muertos** La celebración del Día de los Muertos representa una tradición religiosa de algunas comunidades del mundo hispánico. Contesta las siguientes preguntas.

1. ¿De qué manera recuerdan en tu familia a las personas que han muerto?
2. ¿Qué representan para ti los cementerios?
3. ¿Por qué crees que son importantes las fiestas públicas?

### Vocabulario útil

**tumba** *grave*
**familiares** *family members*
**pintar** *to paint*
**bóveda** *burial vault, crypt*
**fallecer** *to die*
**curas** *parish priests*

### Mientras ves

**2-62** **¡Mira y escucha con cuidado!** Mira el segmento y marca con una equis [X] las palabras que escuches o veas.

_____ Es el 2 de noviembre.
_____ Limpian las tumbas.
_____ Colocan cerveza en las tumbas.

_____ Pintan las tumbas.
_____ Van a la playa.
_____ Bailan para celebrar.

_____ Comen en el cementerio.
_____ Escuchan música fúnebre.
_____ Cantan en el cementerio.

**TEACHING TIP** Allow students to watch the video segment at least two times. The first time suggest they watch and listen but not try to take notes. After watching it one time, have them read the questions in **Después de ver**. Then, as they watch the video a second time, have them write information related to the questions.

**ANSWERS 2-62** Es el 2 de noviembre. Limpian las tumbas. Pintan las tumbas. Comen en el cementerio.

### Después de ver

**2-63** **¿Qué recuerdas?** Contesta las siguientes preguntas.

1. ¿En qué día y mes se celebra el Día de los Muertos en Nicaragua?
2. ¿Qué preparativos llevan a cabo los nicaragüenses?
3. ¿Por qué ponen agua en las tumbas?
4. ¿Qué hacen las personas en las tumbas de los familiares?
5. ¿Qué hacen las familias alrededor de las tumbas?
6. ¿Qué función tiene esta celebración?

**ANSWERS 2-63** 1. el dos de noviembre 2. Los preparativos incluyen comprar flores, llevarlas al cementerio, limpiar las tumbas y poner adornos en las tumbas. 3. Porque creen que el agua ayuda a dar energía a los muertos. 4. Pintan las tumbas o escriben inscripciones. 5. Comen y hablan alrededor de la tumba. 6. Tiene la función espiritual de conectar a los familiares vivos con los que ya no están.

### Más allá del vídeo

**2-64** **Una breve presentación** Con otro(a) estudiante, busca información en Internet sobre el Día de los Muertos. Entrevista a un(a) centroamericano(a) o a otro(a) compañero(a) y pregúntale cómo celebra esta fiesta. También asegúrate de *(be sure to)* usar las estructuras que practicaste en este capítulo, como por ejemplo, las diferencias entre el pretérito y el imperfecto, verbos que cambian de significado en el pretérito y palabras negativas e indefinidas.

## Para hablar de los lazos familiares

| | |
|---|---|
| el (la) bisabuelo(a) | *great-grandfather (great-grandmother)* |
| el (la) hijastro(a) | *stepson (stepdaughter)* |
| el (la) hijo(a) único(a) | *only child* |
| el (la) huérfano(a) | *orphan* |
| el (la) medio hermano(a) | *half brother (sister)* |
| la niñera | *baby-sitter* |
| el (la) primogénito(a) | *first born* |
| el (la) primo(a) segundo(a) | *second cousin* |
| la segunda pareja | *second marriage, second spouse* |
| el (la) tatarabuelo(a) | *great-great-grandfather (great-great-grandmother)* |
| el (la) tío(a) abuelo(a) | *great-uncle (great-aunt)* |
| adoptivo(a) / adoptar | *adopted / to adopt* |

## Para describir las relaciones familiares

| | |
|---|---|
| el afecto | *affection, fondness* |
| la disciplina | *discipline* |
| la (in)fidelidad / ser (in)fiel | *(un)faithfulness / to be (un)faithful* |
| el fracaso / fracasar | *failure / to fail* |
| la generación | *generation* |
| la intimidad / íntimo(a) | *intimacy, privacy / intimate, immediate* |
| el malentendido | *misunderstanding* |
| la pelea / pelear | *fight / to fight* |
| alternativo(a) | *alternative* |
| cercano(a) | *close* |
| duradero(a) | *lasting* |
| lejano(a) | *distant* |
| mimado(a) / mimar | *spoiled / to spoil* |
| castigar | *to punish* |
| convivir | *to live together* |
| contar (ue) (con) | *to count on* |
| criar | *to raise* |
| educar | *to educate, to teach manners to* |
| favorecer | *to favor* |
| independizarse | *to become independent* |
| portarse bien, mal | *to behave well, poorly* |
| proveer | *provider / to provide* |
| regañar | *to scold* |

## Para hablar de los ritos, celebraciones y tradiciones familiares

| | |
|---|---|
| el bautismo | *baptism* |
| el funeral | *funeral* |
| la graduación | *graduation* |
| Janucá | *Chanukah* |
| el nacimiento | *birth* |
| la primera comunión | *first communion* |
| la quinceañera | *fifteenth birthday, Sweet Fifteen* |
| el adorno | *ornament, decoration* |
| la bendición | *blessing* |
| el candelabro | *candelabra* |
| la ceremonia | *ceremony* |
| la fogata | *bonfire* |
| el globo | *balloon* |
| la guirnalda | *garland* |
| los preparativos | *preparations* |
| la procesión | *procession* |
| el regocijo | *joy, merriment* |
| el sacerdote | *priest* |
| el villancico | *Christmas carol* |
| religioso(a) | *religious* |
| melancolía/ melancólico(a) | *melancholy / melancholic* |
| agradecer | *to thank* |
| bendecir (la mesa) | *to bless (the table)* |
| colocar | *to hang, to place* |
| conmemorar | *to commemorate* |
| contar chistes | *to tell jokes* |
| dar el pésame | *to offer condolences* |
| decorar | *to decorate* |
| emborracharse | *to get drunk* |
| envolver(ue) regalos | *to wrap presents* |
| estar de luto | *to be in mourning* |
| hacer, estar de sobremesa | *to be, stay at the table to talk* |
| gastar bromas | *to play a joke* |
| rezar | *to pray* |
| trasnochar | *to stay up very late* |

Estudiantes en el Colegio San Miguel de Allende, México

# Los viajes

## RUMBO A MÉXICO

### Metas comunicativas

- Describir las oportunidades de estudiar y viajar en el extranjero
- Describir los trámites administrativos para solicitar un programa de intercambio académico
- Hablar del transporte y los viajes
- Escribir una carta personal

### Estructuras

- Las preposiciones **por** y **para**
- Verbos reflexivos y recíprocos
- Expresiones comparativas y superlativas

### Cultura y pensamiento crítico

- El sistema educativo en las escuelas mexicanas
- Universidad Autónoma de México
- Los autobuses y el metro en México
- **Lectura:** *Un lugar en el mundo* de Hernán Lara Zavala
- **Video:** Protesta de estudiantes

### 🏃🏃 3-1 ¿Qué sabes de México?

Lee las siguientes ideas sobre México. Con un(a) compañero(a) determina si cada oración es cierta o falsa. Corrige las oraciones falsas.

1. La política es un tema común de conversación entre los estudiantes mexicanos.

2. En los Estados Unidos viven millones de personas descendientes de padres mexicanos.

3. México tiene muchos atractivos turísticos y culturales para viajeros y estudiantes.

4. El sitio arqueológico de Teotihuacán se encuentra en la costa del Caribe mexicano.

5. En México no hay universidades modernas.

ANSWERS 3-1 1. C 2. C 3.C. 4. F – Se encuentra cerca de la Ciudad de México. 5. F – México tiene muchas universidades modernas como la Universidad Iberoaméricana, El Tecnológico de Monterrey y la Universidad de las Américas en Puebla.

TEACHING TIP 3-1 Ask students if they know people or have family members who come from Mexico. Have them identify these people and encourage the class to ask questions to find out more about them.

### RECURSOS

🔊 Audio     **iLrn** *iLrn*
▶ Video     🎧 iTunes
🌐 **www.cengage.com/spanish/rumbos**

**México**

**1200 a. C.** *(antes de Cristo)*–**400 a. C.** Civilización olmeca

**1000 a. C.–1530** Civilización maya

**900–1200** Civilización tolteca

**1200–1521** Civilización azteca

**1325** Los aztecas fundan Tenochtitlán en el valle de México.

**1521** Hernán Cortés conquista Tenochtitlán.

**1551** Se funda la Universidad Autónoma de México (UNAM).

**1810** (16 de septiembre) El padre Miguel Hidalgo inicia el movimiento de independencia de México.

**1821** Independencia de México

| 1200 a.C | 1000 a.C | 1000 | 1200 | 1500 | 1775 | 1800 |
|---|---|---|---|---|---|---|

**1200 a. C.** Varias culturas indígenas

**1607–1750** Establecen las colonias británicas.

**1636** Se funda la Universidad de Harvard.

**1775–1782** Guerra de la Independencia

**1776** Las trece colonias se declaran independientes.

**Los Estados Unidos (EEUU)**

**3-2** **La geografía** Mira el mapa de México y contesta las siguientes preguntas.

1. ¿Cuáles son algunas de las ciudades mexicanas que se encuentran cerca de la frontera con Estados Unidos?
2. ¿Dónde está Chichén Itzá?
3. ¿Qué sitio arqueológico está cerca de la Ciudad de México?
4. ¿Cuáles son dos de los puertos turísticos de la costa del Pacífico?

**3-3** **Un poco de historia** Completa las oraciones con la información correcta de la cronología histórica (*timeline*).

1. La guerra entre México y EEUU duró ____dos____ años.
2. La civilización ____olmeca____ es una de las primeras culturas precolombinas de Mesoamérica.
3. Para los mexicanos el sacerdote ____Miguel Hidalgo____ es el padre de la patria (*country*).
4. En el año 2000 el ____PRI____ pierde su monopolio sobre la vida política de México.
5. A ____Hernán Cortés____ se le conoce como el conquistador de México.
6. Durante la primera década del siglo XIX México inicia su proceso de ____independencia____ de España.
7. La ____UNAM____ fue una de las primeras universidades de América.
8. Los aztecas fundan la ciudad de ____Tenochtitlán____ en el siglo XIV.

---

🌐 **Más perspectivas de. . .** www.cengage.com/spanish/rumbos

- **Google™ Earth coordinates**
- **Video: México**

---

| | | | | | |
|---|---|---|---|---|---|
| **1846–1848** Guerra con los EEUU | | | **1969** Inauguración de la línea 1 del metro en la Ciudad de México. | | **2000** Una alianza de partidos políticos derrota (*defeats*) al PRI; Vicente Fox es elegido presidente de la nación. |
| **1862** (5 de mayo) Los mexicanos derrotan (*defeat*) a los franceses en la ciudad de Puebla. | **1910–1920** Revolución Mexicana | **1929–2000** El Partido Revolucionario Institucional (PRI) domina el gobierno. | | **1990** Octavio Paz recibe el Premio Nobel de Literatura. | |

**1845**  **1900**  **1930**  **1950**  **1990**  **2002  2005**

| | | | | |
|---|---|---|---|---|
| **1845** Texas, antiguo territorio mexicano, se convierte en el estado número 28 de la Unión Americana. | **1846–1848** Guerra con México  **1850** California entra a formar parte de los EEUU. | **1950** Miles de trabajadores mexicanos entran a los EEUU bajo el Programa Bracero (*day laborer*). | **1994** Tratado de Libre Comercio (*Free Trade Agreement*) de América del Norte (NAFTA) | **2006** 64% de los hispanos en los EEUU (más de 28 millones de personas) son de origen mexicano. |

# MÉXICO

## INTERCAMBIOS ACADÉMICOS

Una oportunidad única para

- **Enriquecer** tu currículum
- **Acoplarte** a una nueva cultura
- **Integrarte** en el mundo globalizado

**Programas:**

- **Elige** un programa en una de diez universidades mexicanas
- **Cursar** una variedad de **materias** (antropología hasta zoología)
- **Estancias** de un semestre hasta un año
- **Hospedaje** con una familia mexicana o una **recámara** en un **departamento** amueblado

### Costos por semestre

- **Gastos** administrativos: N$4.200.00
- **Colegiatura** (hasta 18 créditos): **Licenciatura** N$10.000.00 / **Maestría** N$12.000.00
- Hospedaje con familia: N$20.000.00

**Trámites administrativos para inscripciones en el programa**

- Para **inscribirte** en el programa debes llenar una **solicitud** de admisión e incluir:
  1. una copia oficial de tu **historial académico**
  2. una copia de tu pasaporte **vigente**
  3. una solicitud para una visa de estudiante (disponible en el Consulado de México)
  4. una copia de un seguro médico con **cobertura total**

---

Universidad de las Américas ■ Universidad Nacional Autónoma de México ■ Universidad de Guadalajara

### Becas y asistencia financiera

- El Instituto de Cooperación Iberoamericana ofrece un programa para estudiantes de **Posgrado** para cubrir el 50% de la colegiatura por un año.

- **Fecha límite** para solicitudes: 10 de febrero.

- Dirección de Intercambio Académico y Becas, Homero #213, col. Polanco, 11560 México, D.F.

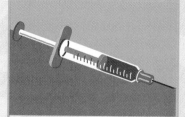

Si viajas de los Estados Unidos no es necesaria ninguna certificación de **vacunas.** Sin embargo, te recomendamos **vacunarte** contra el tétano y la hepatitis A.

Universidad Iberoamericana ■ Universidad de Sonora ■ Universidad Autónoma de Chihuahua ■ Universidad Autónoma de Yucatán ■ Universidad de Guanajuato ■ Universidad Autónoma Benito Juárez de Oaxaca

■ Universidad Autónoma de Querétaro

## 🔊 Para describir los trámites administrativos

| | |
|---|---|
| el (la) asesor(a) | *adviser* |
| la asistencia financiera | *financial aid* |
| la beca | *scholarship* |
| la cobertura total | *complete coverage* |
| la colegiatura | *tuition* |
| el departamento | *apartment* |
| la estancia | *stay, period of time* |
| la fecha límite | *deadline* |
| los gastos | *expenses* |
| el historial académico | *academic transcript* |
| la inscripción / inscribirse | *registration / to register, enroll* |
| el intercambio | *exchange* |
| la licenciatura | *undergraduate* |
| las materias | *courses* |
| la recámara | *bedroom* |
| la solicitud | *application* |
| el trámite | *procedure, step (in a process)* |
| la vacuna / vacunarse | *vaccination / to get vaccinated* |
| posgrado(a) | *graduate* |
| vigente | *current* |
| cursar | *to take courses, to deal with a process* |
| elegir (i) | *to choose* |

## Para describir la experiencia

| | |
|---|---|
| el choque cultural | *culture shock* |
| el hospedaje / hospedarse | *lodging / to lodge oneself* |
| acoplarse | *to fit in* |
| enfrentarse a los retos | *to confront challenges* |
| enriquecer | *to enrich* |
| extrañar a (los amigos) | *to miss (friends)* |
| integrarse | *to integrate oneself (into a country)* |
| involucrarse en actividades | *to get involved in activities* |
| mudarse | *to move (residence)* |

### Repaso

Review basic vocabulary related to university life in the **Índice de palabras conocidas** at the end of the book.

### Lengua

**Mudarse** implies changing residence. **Moverse** is a false cognate in that it only means to move your body physically and not to change residence.

### Lengua

Other words and phrases related to studying abroad that are cognates with English words include: **el cibercafé, drástico** *(drastic)*, **el obstáculo** *(obstacle)*, **las primeras impresiones** *(first impressions)*, **el tétano** *(tetanus)*.

## ¡A practicar!

**3-4** **Un programa interesante** Lee el folleto *(brochure)* sobre los programas de intercambio en México en la página 90 y luego decide si las siguientes oraciones son ciertas o falsas. Si son falsas, corrígelas.

1. _____ El objetivo de este programa de intercambio es para hospedar en tu casa a un estudiante de posgrado de México.

2. _____ En este programa participan varias universidades mexicanas.

3. _____ El costo del hospedaje en este programa es más que la colegiatura.

4. _____ En este programa sólo puedes cursar materias a nivel de licenciatura.

5. _____ El costo del programa incluye el seguro médico con cobertura total.

6. _____ Los trámites de inscripción incluyen enviar una copia de tu historial académico.

7. _____ Para inscribirte en el programa necesitas varias vacunas contra distintas enfermedades.

8. _____ Si quieres solicitar asistencia financiera, tienes que hacerlo antes del 10 de abril.

**3-5** **En otras palabras** Con un(a) compañero(a) toma turnos describiendo cada una de estas palabras y frases usando otras en español.

1. la estancia
2. vigente
3. la colegiatura
4. cobertura médica
5. cursar materias
6. el asesor
7. los trámites
8. el choque cultural
9. acoplarse

**3-6** **En el extranjero** Una estudiante de la universidad de Ohio, que estudió en México el año pasado, escribió el siguiente resumen de su experiencia. Rellena cada espacio en blanco con la forma apropiada de una de las siguientes palabras y frases. **¡OJO!** Es posible que tengas que conjugar algunos verbos en el pasado.

acoplarme
asistencia financiera
beca
cursar

departamento
elegir
enfrentarme
enriquecer

extrañar
gastos
integrarme
intercambio

licenciatura
mudarme
posgrado

Un programa de (1) __intercambio__ es una manera excelente para (2) __enriquecer__ tu vida. Yo (3) __elegí__ la Universidad de las Américas porque allí me ofrecieron una (4) __beca__ para cubrir el 50% de mis (5) __gastos__ y estaba muy contenta de recibir esa (6) _asistencia financiera_.

Al principio fue muy difícil (7) __integrarme__ en mi nuevo entorno *(environment)*. Tuve que (8) __enfrentarme__ a varios retos: la lengua, la comida... Vivía en un (9) __departamento__ en el centro de Cholula, y al principio no tenía compañeros de cuarto *(roommates)*. Estaba muy sola y (10) __extrañaba__ mucho a mi familia y a mis amigos. Por eso decidí (11) __mudarme__ a una casa privada con una familia mexicana y entonces todo cambió. Con la ayuda de mi nueva familia fue mucho más fácil (12) __acoplarme__ a la cultura mexicana. Mi experiencia fue tan buena que decidí volver a México después de terminar mi (13) __licenciatura__ aquí en Ohio para hacer estudios de (14) __posgrado__ en lingüística.

## ¡A conversar!

**3-7 En nuestra universidad** Trabaja con tus compañeros(as) para preparar una hoja de información sobre tu universidad para los estudiantes de intercambio de habla hispana. Incluyan la información indicada.

Los trámites administrativos

- El costo de la colegiatura por semestre
- La fecha límite para inscribirse en clases para el semestre que viene
- La cantidad máxima de créditos que un estudiante puede cursar en un semestre
- Los tipos de asistencia financiera disponibles en esta universidad
- Cómo conseguir un historial académico
- ¿ ?

Cómo acoplarte a la nueva cultura

- Algunas cosas que pueden causar un choque cultural
- Las mejores actividades en las que deben involucrarse
- ¿ ?

**3-8 ¿Cómo me acoplo?** Imagina que dentro de poco vas a la Universidad Autónoma de Yucatán por un año y ahora estás pensando en cómo va a ser la experiencia. Contesta y comenta con un(a) compañero(a) tus respuestas a las siguientes preguntas.

1. ¿Cuáles son algunos de los retos que esperas enfrentar? ¿Cómo piensas enfrentarlos?
2. ¿Qué puedes hacer para acoplarte mejor a ese nuevo entorno?
3. ¿Piensas que vas a extrañar mucho a tu familia/ tus amigos/ tu novio(a)? ¿Qué puedes hacer para no echarlos tanto de menos?
4. ¿Cuáles son algunos de los trámites que probablemente vas a tener que hacer para inscribirte en las clases?
5. ¿Qué materias piensas cursar allá? ¿Por qué?
6. ¿Cómo te puede ayudar esta experiencia en tu vida personal, académica y profesional en el futuro?

**3-9 Programas interesantes** Haz una investigación sobre los programas de intercambio que tiene tu universidad con organizaciones en otros países, y presenta información sobre uno de estos programas a tu clase. No te olvides de incluir todos los detalles sobre el lugar, la universidad, las materias que puedes cursar, los trámites que tienes que seguir para inscribirte, etcétera.

## La UNAM

Ciudad Universitaria,
Ciudad de México

## Anticipación

**3-10** **Nuestra educación universitaria** Contesta las preguntas para
reflexionar en cómo funciona nuestra universidad aquí en los Estados Unidos.

1. ¿Qué requisitos necesita una persona para ser aceptada en tu universidad?
2. ¿Cuántos estudiantes subgraduados *(undergraduates)* hay en tu universidad?
3. ¿Qué personas conocidas se han graduado de tu universidad?
4. ¿Qué deportes son populares en tu universidad?

La Universidad Autónoma de México, la UNAM, ocupa el primer lugar en Latinoamérica. Es una universidad pública que tiene un total de 163.000 estudiantes subgraduados en sus 28 recintos *(campuses)* en México, los EEUU y Canadá. Ofrece 83 áreas de estudio *(majors)*, 131 programas de maestría y 45 programas doctorales. Entre sus egresados *(alumni)* se encuentran siete presidentes y tres recipientes del Premio Nobel: de la Paz, de Química y de Literatura.

Los Pumas

El sistema educacional de México empieza con la primaria, de *kindergarten* hasta el sexto grado. Luego la secundaria, que va de séptimo a noveno grado. De ahí, si se quiere seguir una educación universitaria, se pasa a la preparatoria de la UNAM, la cual "prepara" al estudiante para una futura educación universitaria en la UNAM. Con tres años de preparatoria se obtiene una "licenciatura". Para ser admitido a la UNAM, se debe tener una licenciatura con un promedio *(average)* mínimo de 7 (de un máximo de 10) o pasar el examen de admisión.

En México, el costo de una educación en las universidades públicas no reside tanto en la colegiatura, que es voluntaria, sino en los gastos relacionados con la educación, como los libros, el alojamiento y la comida. Ya que la universidad no tiene residencias estudiantiles ni fraternidades, los estudiantes que vienen de fuera deben quedarse a vivir con algún amigo que viva cerca de la universidad, alquilar *(rent)* un cuarto en una casa particular, quedarse en una casa de huéspedes *(boarding house)* o alquilar un departamento. Para ayudar con el costo, la UNAM ofrece becas para los estudiantes que quieren seguir sus estudios de posgrado.

La UNAM cuenta con deportes intramurales como tenis, polo acuático, baloncesto y muchos más, pero Los Pumas, el equipo de fútbol de la UNAM, es un equipo profesional, que compite a nivel nacional y ha aportado futbolistas al equipo nacional y a otros equipos en el extranjero.

La UNAM, con recintos en los Estados Unidos, Canadá y cursos a distancia, es verdaderamente una de las mejores universidades de Latinoamérica reconocida internacionalmente.

## Comprensión

**3-11** **¿Comprendiste?** Contesta las preguntas para ver si has entendido el texto.

1. ¿Cuál es el nombre completo de la UNAM?
2. ¿Qué reputación tiene la UNAM?
3. ¿Qué premios internacionales han ganado algunos de sus ex alumnos?
4. ¿Qué tiene que hacer un mexicano para ser admitido a la UNAM?
5. ¿Qué es un diploma de bachillerato *(bachelor's degree)* en México?
6. ¿Es la educación universitaria en México cara o barata? Explica.
7. ¿Qué tipos de atletas representan a la universidad?

## Entre culturas

**3-12** **Perspectiva 1** ¿Cómo ves a los mexicanos? Marca con una equis [X] tu opinión y explica por qué piensas así.

1. _____ Es bueno que la UNAM tenga su propia preparatoria.
2. _____ Es mejor que el equipo de fútbol sea verdaderamente profesional.
3. _____ Los mexicanos tienen suerte. No tienen que pagar mucho por la colegiatura.
4. _____ Sería mejor para los estudiantes si existieran residencias estudiantiles.

**3-13** **Perspectiva 2** Lee lo que dicen algunos mexicanos sobre la UNAM. Luego contesta las preguntas al final para ofrecer tu perspectiva.

Algunos dicen:

- "Con tres recipientes del Premio Nobel, ¿quién no está orgulloso de estudiar aquí?"
- "La colegiatura es barata y así debe ser."

Preguntas:

1. ¿Crees que tienen razón de estar orgullosos de su universidad? ¿Por qué?
2. ¿Es tu universidad financiada por el estado? ¿Crees que la colegiatura es cara o barata en tu universidad? ¿Debe ser así?

**3-14** **Perspectiva 3** ¿Cómo ven los mexicanos a los Estados Unidos? Con un(a) compañero(a) piensen en el punto de vista mexicano. ¿Qué piensan los estudiantes de la UNAM sobre las instituciones de los Estados Unidos?

1. ¿Crees que muchos quieren venir a estudiar a los Estados Unidos? ¿Por qué sí o por qué no?
2. ¿Piensas que ellos creen que las universidades de los Estados Unidos son mejores?
3. ¿Piensas que a los mexicanos les gustaría tener una variedad de deportes universitarios que produzcan ingresos *(income)* para la universidad?

## Extensión

**3-15** **Clases en la UNAM** Busca en el Internet qué tipos de clases se ofrecen en la UNAM. ¿Qué clases son muy diferentes, interesantes o que no se ofrecen en tu universidad? Haz una lista y preséntala a la clase.

## Repaso

Review this structure and/or these forms in the **Índice de gramática conocida** at the end of the book: common verbs with prepositions.

**RECYCLING** Use transparency F-1 to review familiar uses of **por** and **para**. Point to the scene of the market and present examples such as **Paso por el mercado varias veces por semana para comprar frutas y vegetales frescos. Prefiero ir por la mañana. Este mercado tiene una selección excelente para un mercado pequeño.** Add other examples as you point to other scenes.

## Atención

When **para** is used in this way, it expresses a comparison with all others of that category or type. For example, the sentence **Para una persona de diecinueve años, ha visto mucho mundo** conveys the idea of *Compared to all other nineteen-year-olds, this particular individual has seen a lot of the world.*

## Las preposiciones *por* y *para*

The prepositions **por** and **para** are frequently used in describing intentions, actions, comparisons, and periods of time. As both words can mean *for* in English, they are often confused. The choice between these two prepositions depends on the context of the sentence and the intent of the speaker. In Spanish, **por** has more uses than **para.**

### Los usos de *para*

- Movement or direction toward a destination or goal

  Él salió **para** *(in the direction of)* la oficina de su asesora.

- A specific deadline or future period of time

  Tenemos que inscribirnos en la UNAM **para** *(by)* octubre.

- Purpose, use, goal, or intended recipient

  El dinero es **para** *(for)* tu estancia en Puebla.
  Muchas personas viajan **para** *(in order to)* madurar.

- An implied comparison of inequality

  **Para** *(For)* una persona de diecinueve años, ha visto mucho mundo.

- The person(s) having an opinion or making a judgment

  **Para mí** *(Personally, As for me)*, prefiero limitar mis gastos personales.

| Common expressions with *para* | |
|---|---|
| **para siempre** | *forever* |
| **no estar para bromas** | *to not be in the mood for jokes* |
| **no servir para nada** | *to be useless* |

En el extranjero los cheques personales **no sirven para nada.**
*While abroad, personal checks **are useless.***

### Los usos de *por*

- A specific period of time, or a general time of day

  El pasaporte está vigente **por** *(for)* un período de diez años.
  **Por** *(In)* la mañana, vamos a buscar un departamento amueblado.

- Movement along or through a space

  Nos encanta pasear **por** *(through)* el Zócalo.

- Cause, reason, or motive of action

  **Por** *(Due to)* falta de dinero, no puede vacunarse.
  Muchas personas visitan las pirámides **por** *(out of)* curiosidad.

- An action that is about to take place

  El avión está **por** *(about to)* salir del aeropuerto.

- On behalf of, for the sake of, or in favor of

  Como estás enfermo, voy **por** *(for)* ti al banco para retirar dinero.

- The object of an errand with **ir, venir, pasar,** and **preguntar**

  Ella vino y preguntó **por** *(for)* ti.

- Means of communication or transportation

  Ella habla con sus padres cada semana **por** *(by)* teléfono.

- The exchange of money or substitution of one thing for another

  Pago cien pesos al mes **por** *(for)* el seguro médico.

- The agent of an action in a passive construction

  Las pirámides fueron construidas **por** *(by)* los aztecas.

- Rate, frequency, or unit of measure (as in the sense of *per*)

  En nuestro programa hay un profesor **por** *(for)* cada veinte estudiantes.

- Multiplication or division

  Seis **por** *(times)* dos son doce.

| Common expressions with *por* | | | |
|---|---|---|---|
| por adelantado | *in advance* | por lo general | *generally* |
| por ahora | *for now* | por lo menos | *at least* |
| por aquí | *around here* | por lo visto | *apparently* |
| por casualidad | *by chance* | por mi parte | *as for me* |
| por ciento | *percent* | por ningún lado | *nowhere* |
| por cierto | *for sure, by the way* | por otra parte | *on the other hand* |
| | | por otro lado | *on the other hand* |
| por completo | *completely* | por primera vez | *for the first time* |
| por dentro | *inside* | por si acaso | *in case* |
| por desgracia | *unfortunately* | por su cuenta | *on one's own* |
| ¡Por Dios! | *Oh my God!, For God's sake!* | por supuesto | *of course* |
| | | por todas partes | *everywhere* |
| por ejemplo | *for example* | por última vez | *for the last time* |
| por eso | *therefore* | por último | *lastly, finally* |
| por favor | *please* | | |

## ¡A practicar!

**3-16** **Frida Kahlo** Llena los espacios en blanco con las preposiciones **por** o **para** y así saber sobre la vida de la famosa pintora mexicana, Frida Kahlo.

Frida Kahlo nació cerca de la Ciudad de México en 1910. Estudiaba en la Escuela Nacional Preparatoria donde (1) _____por_____ casualidad estaba su futuro esposo, Diego Rivera, quien pintaba un mural (2) _____para_____ su escuela.

(3) _____Por_____ desgracia, cuando tenía 18 años, sufrió un accidente de autobús que la obligó a quedarse en cama (4) _____por_____ mucho tiempo sin poder moverse. (5) _____Para_____ combatir el aburrimiento, empezó a pintar y así la pintura se convirtió en un vehículo de expresión (6) _____para_____ ella.

Dos años más adelante se reencuentra con Diego Rivera quien muestra interés (7) _____por_____ la artista y sus pinturas. Se vieron (8) _____por_____ dos años más y luego decidieron casarse. (9) _____Para_____ el mundo, su matrimonio era muy extraño, lleno de infidelidades, amor y odio (10) _____por_____ su parte y (11) _____por_____ parte de él.

**ANSWERS 3-17** 1. b 2. c 3. e 4. a 5. d

**3-17** **La UNAMLA** Selecciona la frase que mejor complete la oración de la columna de la izquierda para obtener información sobre el recinto (*campus*) de la UNAM en Los Ángeles.

1. La UNAMLA es un centro de enseñanza...
2. Algunos cursos a distancia se ofrecen...
3. La UNAMLA no es gratis...
4. Puedes conseguir más información...
5. La UNAMLA ofrece diplomas de preparatoria y cuesta...

a. por Internet.
b. para extranjeros en Los Ángeles.
c. por videoconferencia.
d. $35 por año.
e. para los estudiantes de los Estados Unidos; éstos tienen que pagar una pequeña cantidad.

**3-18** **Gael García Bernal** Selecciona la frase que lógicamente complete la primera oración para saber algo sobre la vida de este conocido actor mexicano.

1. De adolescente trabajó con los indígenas huichal...
   a. para enseñarles a leer.
   b. por desgracia.

2. Estudió en la prestigiosa academia británica Edrón en la Ciudad de México, ...
   a. por adelantado aprendió inglés.
   b. y por supuesto, aprendió inglés.

3. También estudió en el Central School of Speech and Drama en Londres...
   a. para seguir la carrera de actor.
   b. para no estar de bromas.

4. Trabajó en varias telenovelas mexicanas...
   a. por varios años.
   b. para siempre.

5. En la película *Motorcycle Diaries* él es Ché Guevara...
   a. y viaja en motocicleta por toda Sudamérica.
   b. y no encuentra su motocicleta por ningún lado.

6. Gael García Bernal dijo: "Soy un actor y...
   a. no tengo que ser categorizado por mi etnicidad."
   b. no trabajo para ganar dinero."

## ¡A conversar!

**3-19 La vida de los estudiantes** Completa las oraciones sobre la vida universitaria con un(a) compañero(a).

1. Después de las clases, por lo general...
2. Para sacar buenas notas yo...
3. Después de la última clase salgo para...
4. Generalmente estudio español por...
5. Algunas veces llamo a mis padres para...
6. Cuando quiero relajarme camino por...
7. Cuando llamo a mis padres siempre pregunto por...

**3-20 Los estudios en la universidad** Hazle las siguientes preguntas a un(a) compañero(a) para saber sobre sus estudios en la universidad.

- ¿Qué hiciste por primera vez en esta universidad?
- ¿Te piden tus padres que estudies o lo haces por tu cuenta?
- En tu opinión, ¿hay clases que tienes que tomar que no sirven para nada?
- ¿Hay mucho estrés? ¿Cuándo no estás para bromas?
- ¿Qué haces para divertirte aquí?
- ¿Te dieron préstamos *(loans)* para tus estudios? ¿Quién va a pagar por ellos?
- ¿Por cuántos años vas a tener que pagarlos?

**3-21 ¿Cuál es tu opinión?** Con un(a) compañero(a), indica si la oración es cierta o falsa en tu opinión y por qué.

1. Tienes que estudiar más de cuatro años para graduarte.
2. Por lo visto es muy fácil hablar con los profesores en esta universidad.
3. Los viernes por la noche nadie estudia.
4. Por desgracia no se puede conseguir un buen trabajo con sólo una licenciatura.
5. Los estudiantes tienen demasiadas clases y por eso no aprenden mucho.
6. El ochenta por ciento de los estudiantes estudia en el extranjero.
7. La colegiatura es muy cara en esta universidad. No es para pobres.
8. Por mi parte, yo voy a seguir estudios de posgrado.

**3-22 Puerto Vallarta** Puerto Vallarta es un lugar en la costa del Pacífico, en México, muy bello y popular para los turistas. Escribe dos oraciones con una expresión usando **por**.

**EJEMPLO** mercados al aire libre (por supuesto / por lo general)
**Por supuesto que hay mercados al aire libre. Por lo general son muy baratos.**

1. los taxis (por si acaso / por casualidad)
2. la playa (por cierto / ¡Por Dios!)
3. los autobuses (por dentro / por adelantado)
4. los turistas (por todas partes / por otra parte)
5. los restaurantes (por desgracia / por lo menos)

## Verbos reflexivos y recíprocos

**Repaso**

Review this structure and/or these forms in the **Índice de gramática conocida** at the end of the book: reflexive verbs.

- Reflexive and reciprocal verbs are useful in describing daily routines and activities. Truly reflexive verbs describe actions for which the subject and object are the same. For example, in the following sentence, Juan is both the subject or *performer of the action* (the one who looks) and the object or *recipient of the action* (the one who is being looked at).

Juan **se mira** en el espejo.    *Juan **looks at himself** in the mirror.*

- In English, reflexives are often communicated by pronouns that end in *self/selves*. In Spanish, the following reflexive pronouns must be used.

| Subject | Reflexive pronoun | |
|---|---|---|
| yo | me | *myself* |
| tú | te | *yourself* (familiar) |
| él/ella/usted | se | *himself, herself, yourself* (formal) |
| nosotros(as) | nos | *ourselves* |
| vosotros(as) | os | *yourselves* (familiar, plural) |
| ellos/ellas/ustedes | se | *yourselves* (formal, plural), *themselves* |

**Atención**

When a reflexive pronoun is attached to a present participle, an accent mark is added to maintain the correct stress: **mudándose, poniéndote**.

- The prepositional phrases **a mí mismo(a)**, **a ti mismo(a)**, **a sí mismo(a)**, etc., may be used with reflexive verbs for emphasis.

Juan **se mira a sí mismo** en el espejo.    *Juan **looks at himself** in the mirror.*

- Reflexive pronouns follow the same rules for placement as other types of pronouns.
- Immediately before the conjugated verb or negative command: Enrique **se** acopla al nuevo ambiente. Enrique **se** integró a la comunidad. ¡No **te** olvides de lavar tu ropa cada semana!

**Atención**

The definite article, *not* the possessive pronoun, is used in a reflexive construction before parts of the body and articles of clothing: **José se cepilla *los* dientes. Sara se puso *el* pijama.**

- With present participles or infinitives, either immediately before the conjugated verb or at the end of the present participle or infinitive: Enrique **se** está acoplando bien. Enrique está acoplándo**se** bien. **Me** voy a mudar mañana. Voy a mudar**me** mañana.
- At the end of affirmative commands: ¡Involúcra**te** en muchas actividades!
- Before a direct object pronoun in front of a conjugated verb: **Te** pusiste la corbata que te dimos? Sí, mamá, ya **me la** puse.

- In Spanish, many verbs can be used both reflexively and non-reflexively.

  **REFLEXIVE**    Enrique **se hospedó** en un hotel durante su viaje.
  *Enrique **stayed** the night (**lodged himself**) in a hotel during his trip.*

  **NON-REFLEXIVE**    Al administrador del hotel le gusta **hospedar** a los extranjeros.
  *The administrator of the hotel likes **to lodge** foreigners.*

- Some verbs change meaning when they are used reflexively.

| Non-reflexive | | Reflexive | |
|---|---|---|---|
| acordar (ue) | *to agree* | acordarse (ue) de | *to remember* |
| despedir (i) | *to fire* | despedirse (i) de | *to say good-bye* |
| dormir (ue) | *to sleep* | dormirse (ue) | *to fall asleep* |
| ir | *to go* | irse | *to leave, to go away* |
| negar (ie) | *to deny* | negarse (ie) a | *to refuse* |
| parecer | *to seem* | parecerse a | *to resemble* |
| poner | *to put* | ponerse | *to put on, to become* |
| probar (ue) | *to try, taste* | probarse (ue) | *to try on* |
| quitar | *to take away* | quitarse | *to take off* |

Ella **se durmió** en el tren porque no **durmió** bien anoche.
*She **fell asleep** on the train because she didn't **sleep** well last night.*

**Parece** que Juan **se parece** a su padre.
*It **appears** that Juan **resembles** his father.*

- Certain verbs are always used reflexively even if they cannot be considered "truly reflexive" and even if their English counterparts may not be reflexive.

| | | | |
|---|---|---|---|
| **arrepentirse (ie)** | *to repent, regret* | **jactarse de** | *to boast* |
| **darse cuenta de** | *to realize* | **quejarse de** | *to complain* |

**Se dio cuenta de** que estaba perdido en una ciudad nueva.
*He **realized** that he was lost in a new city.*

**Se arrepintió de** no haber traído un mapa.
*He **regretted** not having brought a map.*

- The plural reflexive pronouns (**nos, os, se**) can also be used to express reciprocal or mutual actions (the idea of *each other*). When the context alone does not adequately convey the reciprocity of the action, the clarifying phrase **uno a otro** (or an appropriate derivative such as **una a otra, unos a otros, unas a otras**) can be added.

Enrique y su novia **se extrañan el uno al otro**.
*Enrique and his girlfriend **miss one another**.*

Las amigas **se despidieron de unas a otras** en el anden.
*The girlfriends **said good-bye to one another** on the platform.*

**Atención**

Note that, in reciprocal constructions, the masculine forms of **uno** and **otro** are used unless both subjects are feminine.

## ¡A practicar!

**3-23** **¡México!** Estos estudiantes viajan por el Sierra Madre Express, para conocer mejor México. Llena los espacios con las formas correctas del verbo dado. Decide si el verbo es reflexivo o no.

MIGUEL: ¿Cuántas horas vamos a viajar? ¡Voy a (1) ___aburrirme___ (aburrir/se)!

PACO: ¡Ya empiezas a (2) ___quejarte___ (quejar/se)! ¿No (3) ___te acuerdas___ (acordar/se) de la información en el Internet? Es un viaje magnífico. Vamos a (4) ___dormir___ (dormir/se) en el tren. Va a ser divertido.

MIGUEL: Pero, no (5) ___conozco___ (conocer/se) a nadie.

PACO: ¡Ay, qué pesado *(annoying)* estás! El primer día dan una fiesta para (6) ___conocerse___ (conocer/se). Vas a (7) ___acoplarte___ (acoplar/se) muy bien.

MIGUEL: (8) ___Niego___ (Negar/se) ser pesado. ¿Qué más vamos a ver?

PACO: Vamos a ver La Barranca del cobre *(Copper Canyon)*. (9) ___Parece___ (Parecer/se) que es un cañón muy grande. Es más grande que el Gran cañón en Arizona. Y no (10) ___te preocupes___ (preocupar/se) que yo pago el viaje.

MIGUEL: Pues, ¿cuándo (11) ___nos vamos___ (ir/se)?

**ANSWERS 3-24** 1. Se ayudan. 2. Se habla a sí mismo. 3. Se gritan. 4. No se escuchan. 5. Parece que se habla a sí misma.

**3-24** **¿Qué pasa en el viaje?** Durante el viaje en el Sierra Madre Express pasan muchas cosas. Lee lo que pasa y escribe otra vez lo que demuestre una acción recíproca o una acción reflexiva.

EJEMPLO Un muchacho llama a su novia cada dos horas y la novia lo llama también.
**Se llaman cada dos horas.**

1. Un viejito ayuda a su esposa con el equipaje y ella lo ayuda con las medicinas.
2. Un hombre le tiene miedo a los trenes y está enfrente de un espejo hablando.
3. Una pareja recién casada discute. Él le grita a ella y ella le grita a él.
4. Como los dos gritan, él no la escucha a ella y ella no lo escucha a él.
5. Una muchacha habla por su celular con un kit de manos libres *(free-hand kit)*. Parece que no le habla a nadie.

**3-25** **Expreso maya** ¿Cómo es este viaje? Escoge la oración que mejor complete la oración.

1. El profesor nos recomendó este viaje y tú y yo decidimos ir.
   a. Nos pusimos de acuerdo.
   b. Nos acordamos de ir.

2. ¿Le dijiste adiós a tu hermanita?
   a. ¿Te despediste de tu hermanita?
   b. ¿Despediste a tu hermanita?

3. Podemos parar en Cancún, ¿no?
   a. ¿Quieres quedarte más tiempo en Cancún?
   b. ¿Quieres irte de Cancún?

4. No seas maleducado *(ill mannered)*…
   a. y quítate los zapatos.
   b. y quita los pies del asiento.

5. Compré muchas cosas. Cuando regrese a casa…
   a. voy a ponerlas en la maleta.
   b. voy a ponerme lo que me compré.

## ¡A conversar!

 **3-26** **¿Qué tipo de viajero eres?** Hazle las siguientes preguntas a un(a) compañero(a) para saber qué tipo de viajero son los dos.

1. ¿Te atreves a *(Do you dare)* visitar lugares fuera de las áreas turísticas? ¿Por qué sí o por qué no?
2. ¿De qué te preocupas cuando viajas? ¿Te preocupas del dinero, del idioma, de perderte, de perder algo...?
3. De los sitios que has visitado, ¿de qué te acuerdas más? ¿Te acuerdas de lo bueno o lo malo? ¿Qué te pasó un día?
4. ¿Te duermes en los aviones fácilmente o no? ¿Por qué?
5. ¿Pruebas la comida local aunque *(even if)* se vea muy rara?

 **3-27** **¿Es verdad?** Con un(a) compañero(a), lee las oraciones y di si para ti es cierto o falso y explica por qué.

1. Cuando viajo a un lugar, compro ropa y me la pongo enseguida.
2. Aprendo frases coloquiales antes de viajar a un país.
3. Cuando estoy de vacaciones no me acuerdo de comprarles regalos a mis amigos.
4. Me pongo furioso cuando no recuerdo ciertas palabras muy fáciles en español y no me puedo comunicar.
5. Cuando viajo mis padres y yo nos llamamos todos los días.
6. Cuando viajo no me despido de nadie porque no me gusta decir adiós.
7. Me niego a comer en sitios donde venden comida de los Estados Unidos cuando viajo.
8. Bebo el agua sin miedo.

 **3-28** **¿Qué haces?** Con un(a) compañero(a), lee la siguiente situación y di qué harías.

1. Tu prima regresa de México con una blusa muy cara de muchos colores que no es tu estilo. No quieres ofenderla. ¿Te la pones o no? ¿Por qué?
2. Tienes mucha, mucha hambre y gastas *(spend)* el único dinero que tienes en un delicioso taco de pescado. Estás caminando y comiendo cuando de repente, el taco se te cae en el piso *(you drop it)*. ¿Te lo comes comoquiera o no? ¿Por qué?
3. Eres un invitado de honor en la casa de una familia de la localidad. Te invitan a comer y no reconoces lo que hay en tu plato. Ah, son chapulines *(grasshoppers)*... No quieres ofenderlos. ¿Los pruebas, te niegas a comerlos, te quejas...? ¿Por qué?
4. Estás en un autobús y tienes una conversación con unos jóvenes mexicanos. Ellos muestran su orgullo *(pride)* hablando excesivamente sobre lo magnífico y fantástico que es México. ¿Te jactas de los Estados Unidos? ¿Te quejas de México? ¿Estás de acuerdo con ellos? ¿Qué haces?
5. Compras un billete de autobús de primera clase para ir a Mérida, pero por error te llevan a un autobús de tercera clase que va al mismo lugar. El bus de primera ya salió y sólo queda *(remains)* el autobús de tercera. ¿Te quejas? ¿Te vas en el de tercera clase o te vas en el próximo de primera clase? ¿Por qué?

¡Bienvenidos a la Universidad Nacional Autónoma de México!
## Opciones de transporte y de excursiones disponibles en México, D.F.

*D*.F. cuenta con un eficiente sistema de metro. Las **tarifas** son bajas y se puede **transbordar** de una **línea** a otra sin pagar un costo extra. Los boletos se venden exclusivamente en **taquillas** que hay en todas las estaciones. Durante las horas de más tráfico los primeros dos **vagones** de cada tren están reservados para las mujeres y niños para que vayan más cómodos y seguros.

*L*os **camiones** circulan por la mayor parte de la ciudad. El **letrero** enfrente de cada camión indica el **destino** final y las **paradas** están señaladas en las calles. En las **líneas** más **transitadas** hay camiones solo para mujeres y niños. Hay también **líneas camioneras** para hacer viajes fuera de la ciudad. Por ejemplo, un boleto en autobús de primera clase, **viaje redondo** México-Acapulco-México, cuesta alrededor de $N500.00 (nuevos pesos).

*L*os taxis son una buena opción de transporte si no quieres **rentar** un carro. Dentro de la ciudad los precios de **pasaje** son más estables y no es necesario **regatear** el precio con el **chofer** antes de **abordar** el taxi. Fuera de D.F. las **tarifas** pueden variar mucho y es recomendable **regatear** el precio.

*E*n las agencias de viajes de la ciudad puedes buscar **folletos** sobre los muchos **recorridos turísticos** del país. Tienen **itinerarios** para ver los **monumentos** y las **ruinas** más famosos de México. ¡No pierdas la oportunidad de visitar uno de los muchos sitios arqueológicos! A veces las agencias ofrecen **descuentos** de 20% para estudiantes, pero tienes que **reservar con anticipación.**

## Repaso

Review basic vocabulary related to travel in the **Índice de palabras conocidas** at the end of the book.

## Lengua

Other words and phrases related to travel and transportation are cognates of English words: **la catedral; el ferry; la garantía; la excursión; el paquete** (*tour package*); **la ruta** (*route*), **la zona** (*zone*).

## Lengua

In addition to **autobús,** many other words are used throughout the Spanish-speaking world for *bus*: **el camión** (México), **la guagua** (el Caribe y las islas Canarias de España), **el carro** (Ecuador), and **el colectivo** (Argentina). In addition to **viajar por aventón**, different expressions are also used for *hitchhiking*: **ofrecer** o **coger pon** (Puerto Rico), **hacer dedo** (Argentina), and **pedir** o **hacer autostop** (España).

| | |
|---|---|
| el cambio | *loose change* |
| el camión | *bus* |
| el chofer | *driver* |
| la disponibilidad / disponible | *availability / available* |
| el descuento | *discount* |
| el destino | *destination* |
| el folleto | *brochure* |
| el hostal | *hostel* |
| los impuestos | *taxes* |
| el itinerario | *itinerary* |
| la línea camionera (aérea) | *bus (air)line* |
| el letrero | *sign* |
| la parada | *(bus) stop* |
| el pasaje | *ticket, passage* |
| la plaza | *space (on a bus)* |
| el recorrido turístico | *sightseeing trip* |
| el retraso | *delay* |
| la taquilla | *ticket office* |
| la tarifa | *price* |
| la terminal | *terminal* |
| el vagón | *car (of a train)* |
| el viaje redondo | *round trip* |
| el monumento | *monument* |
| la pirámide | *pyramid* |
| las ruinas | *ruins* |
| | |
| abordar / transbordar | *to board, get on / to transfer (on a bus)* |
| alojarse / alojamiento | *to stay / lodging* |
| pedir / dar un aventón | *to hitchhike* |
| regatear | *to bargain* |
| rentar un carro | *to rent a car* |
| reservar con anticipación | *to reserve in advance* |
| transitar / transitado(a) | *to travel / traveled* |

## ¡A practicar!

**3-29** **D.F. y el transporte** Lee el folleto sobre las opciones de transporte en la página 106 y luego indica si las siguientes oraciones son ciertas o falsas. Si son falsas, corrígelas.

1. _____ Se pueden comprar los boletos para el metro dentro de los vagones del tren.

2. _____ Los hombres no pueden viajar ni en el metro ni en los camiones en las horas de más tráfico o en las líneas más transitadas.

3. _____ Los camiones de la ciudad no ofrecen descuentos para estudiantes.

4. _____ Para buscar una parada del camión tienes que buscar un letrero con un dibujo de un camión.

5. _____ En el metro puedes hacer recorridos turísticos a las pirámides aztecas y mayas.

6. _____ Las agencias de viajes ofrecen descuentos para estudiantes en itinerarios especiales si esperas hasta el último momento para hacer la reserva.

**3-30** **Pasándolo bien** Santi es de Argentina, pero este año estudia en la UNAM. Le escribe un correo electrónico a su amigo para contarle de sus experiencias en México. Para saber lo que le pasó, rellena los espacios en blanco con la palabra apropiada de la lista y conjuga los verbos si es necesario.

| | | | |
|---|---|---|---|
| alojarse | destino | monumentos | regatear |
| anticipación | disponible | pasaje | rentar |
| aventón | folleto | pedir un aventón | tarifa |
| cambio | impuestos | plaza | vagón |
| chofer | itinerario | recorrido | viaje redondo |

Hola Javi:

Estoy en Oaxaca, México. Encontré un paquete en un (1) ___folleto___ turístico y la (2) ___tarifa___ era increíblemente barata: incluía el (3) ___viaje redondo___ en avión, el hotel y todos los (4) ___impuestos___ por sólo 450 pesos. El (5) ___itinerario___ del tour incluye un (6) ___recorrido___ al Monte Albán para ver los templos y (7) ___monumentos___ zapotecas. No hice la reserva con mucha (8) ___anticipación___, así que sólo quedaba una (9) ___plaza___ para reservar. Y sólo había un hotel (10) ___disponible___; en realidad es un hostal, pero es bonito. Aquí (11) ___me alojo___ sólo una noche más porque mi (12) ___destino___ final es Huatulco para pasar unos días en la playa.

Anoche pasó algo muy cómico. Después de comer en un restaurante descubrí que no tenía suficiente dinero para pagar el (13) ___pasaje___ en taxi para volver al hotel. Sólo tenía unos centavos que había recibido como (14) ___cambio___. Traté de (15) ___regatear___ el precio con el (16) ___chofer___ del taxi, pero no pude conseguir rebaja. Al final tuve que (17) ___pedir un aventón___ para volver. En el futuro debo (18) ___rentar___ un carro.

## ¡A conversar!

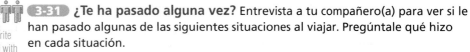

**3-31** **¿Te ha pasado alguna vez?** Entrevista a tu compañero(a) para ver si le han pasado algunas de las siguientes situaciones al viajar. Pregúntale qué hizo en cada situación.

1. tener que viajar por aventón
2. tener un accidente con un carro rentado
3. tener un retraso de más de 5 horas con una línea aérea
4. abordar un autobús/metro/tren sin saber la parada que querías
5. alojarse en un hotel/hostal sucio y espantoso *(frightening)*
6. bajarse del tren/autobús en el destino equivocado *(wrong)*

**3-32** **Aventuras en Cancún** Estás estudiando en la Universidad Autónoma de Yucatán y llamas a una agencia de viajes para ver lo que pueden hacer tú y tus amigos en Cancún este fin de semana. Usa el siguiente folleto y toma turnos con un(a) compañero(a) haciendo los papeles de agente de viajes y cliente para decidir qué hacer.

## Cancún: Recorridos turísticos

| Recorrido | Descripción | Tarifa |
|---|---|---|
| ISLA MUJERES | Famosa por sus impresionantes escenarios naturales y sus hermosas vistas del mar Caribe y por tener el acantilado más elevado sobre el nivel del mar en toda la península de Yucatán. Incluye: Guía bilingüe, transportación redonda en el Trimarán, equipo de snorkel sin costo, barra libre en la embarcación (refrescos, cerveza, agua). Salidas disponibles todos los días a las 7:30 y a las 9:30 de la mañana. Reserva con al menos 7 días de anticipación. | **$N471,00** |
| COZUMEL | Isla de playas de blanca arena y el mar color turquesa de gran belleza. Incluye: Camión de lujo, transportación redonda, guía bilingüe, ferry, bebidas, comida e impuestos. Salidas disponibles todos los días a las 7:30 de la mañana. | **$N728,00** |
| TULÚM / XEL-HA | Tulúm es una bella zona arqueológica y en Xel-Ha se puede explorar las aguas azules del acuario natural más grande del mundo. Incluye: Camión de lujo, transportación redonda, entradas a Tulúm, guía bilingüe, buffet y bebidas. Salidas todos los días a las 8:30 de la mañana, con 30 plazas disponibles en cada salida. | **$N897,00** |
| CHICHÉN ITZA | Llamada "La ciudad de los brujos", es la zona arqueológica más importante de la cultura maya. Incluye: Camión de lujo, transportación redonda, entradas a la zona arqueológica, guía bilingüe, buffet, Show de Luz y Sonido e impuestos. Salidas jueves, viernes y sábado a las 7:30 de la mañana. Hay descuentos disponibles para estudiantes. | **$N600,00** |

**3-33** **La historia en rueda** Con algunos(as) compañeros(as) inventen una historia sobre un(a) estudiante de intercambio en la Ciudad de México y las aventuras que tuvo al usar diferentes modos de transporte en México. Un(a) estudiante comienza la historia con una oración y luego el (la) siguiente sigue con otra oración que siga lógicamente a la primera. Así en rueda van a construir la historia.

# Los autobuses y el metro en México

Estación de
autobuses en
Quintana Roo,
México

## Anticipación

**3-34 Nuestra transportación pública** Contesta las preguntas para
reflexionar en cómo funciona nuestra transportación pública aquí en los
Estados Unidos.

1. ¿Qué tipo de transportación pública se usan en tu ciudad?
2. ¿Cuáles se usan más y cuáles menos?
3. ¿Cuál es el más caro y el más barato? ¿Cuál es más cómodo?
4. ¿Cuál prefieres tú? ¿Por qué?
5. ¿Qué tipo de transportación usas si la distancia es más de 300 millas?

Imagínate estar en un asiento asignado *(assigned)*, muy cómodo y con aire acondicionado. Te ofrecen algo de comer y beber y luego reclinas el asiento para relajarte o ver una película, te atienden empleados inmaculadamente vestidos y con un comportamiento *(behavior)* muy profesional. Te encuentras en un autobús de lujo *(luxury)*. En México no se tiene que viajar "con las gallinas *(chickens)*".

**Autobús en Los Esclavos, Santa Rosa**

El sistema de autobuses de México tiene autobuses de tercera clase, de segunda, de primera y de lujo. Los autobuses de lujo o primera plus, son los más rápidos porque van de una ciudad a otra con pocas paradas. Son los más caros pero los más cómodos y eficientes. Los autobuses de primera clase son muy cómodos también, tienen aire acondicionado, ofrecen películas, pero no tienen baño, ni comida. Las ciudades grandes de México tienen estaciones de autobuses centralizadas que funcionan como aeropuertos con terminales y altavoces *(loud speakers)* anunciando salidas y llegadas a tiempo, por la mayor parte.

Los autobuses de segunda y tercera clase son autobuses locales que tienen múltiples paradas. Estos varían de calidad dependiendo de la ciudad. Puede ser un colectivo *(mini van)*, un autobús convencional que recorre la ciudad, un autobús escolar viejo o un autobús que definitivamente ha visto mejores tiempos. Estos autobuses paran con frecuencia y funcionan bien para distancias cortas dentro de la ciudad.

Otra forma de transportación terrestre es el metro. Con un promedio *(average)* de 4.5 millones de pasajeros por día, es el más grande de toda Latinoamérica y el segundo más grande de las Américas, después del de New York. El metro de México tiene 175 estaciones y 11 líneas codificadas por colores para facilitar su uso. Es el sistema de trenes más barato en todo el mundo. Un boleto para viajar de una estación a otra cuesta $0.20 (USD).

La variedad de transporte en México va de caro a barato, de cómodo y eficiente a lento y pintoresco. Hay un tipo para cada presupuesto *(budget)* y gusto. ¿Cuál te viene bien?

## Comprensión

**3-35** **¿Comprendiste?** Contesta las preguntas para ver si has entendido el texto.

1. ¿Qué tipos de autobuses hay en México?
2. ¿Qué ventajas y desventajas tiene cada clase?
3. ¿Dónde está el metro en México?
4. ¿Cómo es el metro de México comparado con el de otros países?

## Entre culturas

**3-36** **Perspectiva 1** ¿Cómo ves a los mexicanos? Marca con una equis [X] tu opinión y explica por qué piensas así.

1. _____ Sólo los pobres toman el autobús.
2. _____ El metro en México es impresionante.
3. _____ ¿Los autobuses de verdad salen a tiempo?
4. _____ La clase de lujo y la primera clase son como nuestro Greyhound.
5. _____ ¿Por qué tener un sobrecargo *(attendant)* en el autobús?

**3-37** **Perspectiva 2** Lee lo que dicen algunos mexicanos sobre la transportación en México. ¿Qué piensan ellos? Luego contesta las preguntas al final de tu perspectiva.

Algunos dicen:

- "Nuestros autobuses de lujo son mejores que los aviones."
- "El metro es muy barato y eficiente."
- "Nuestro gobierno apoya la transportación pública como parte de la lucha contra la contaminación del aire."

Preguntas:

1. ¿Cuál crees que son mejores en tu opinión, los autobuses de lujo o los aviones? ¿Por qué?
2. ¿Nuestro gobierno apoya la transportación pública? ¿Cómo?

**3-38** **Perspectiva 3** ¿Cómo ven los mexicanos a los estadounidenses? Con un(a) compañero(a) piensen en el punto de vista mexicano. Marca con una equis [X] lo que crees que ellos piensan sobre la transportación en los Estados Unidos.

1. _____ En los Estados Unidos se usa mucho el automóvil.
2. _____ En los Estados Unidos sólo las personas que no tienen coche toman el autobús.
3. _____ Es mejor usar el coche como en los Estados Unidos porque da más libertad.
4. _____ El sistema de transportación pública en los Estados Unidos es muy caro.

## Extensión

**3-39** **Otro tipo de transportación** Busca en el Internet qué otros tipos de trenes hay en México. Busca información sobre los trenes turísticos, como el tren de La Barranca del Cobre y también el del Sierra Madre Express. ¿Qué comodidades tiene? ¿Hay primera, segunda y tercera clase? ¿Qué ofrece? Contesta las preguntas en el espacio abajo.

## Estructura y uso III

## Expresiones comparativas y superlativas

### Comparaciones de desigualdad

**Repaso**

Review these structures and/ or forms in the **Índice de gramática conocida** at the end of the book: superlative adjectives.

- Comparative statements compare two people or things in regard to a particular quality. To make comparisons of inequality, use the following two constructions.

| adjective | |
|---|---|
| **más/menos** + adverb + **que** | verb + **más/menos que** |
| *(more/less)*   noun   *(than)* | *(more/less than)* |

ADJECTIVE   Viajar en microbús es **más cómodo que** viajar en camión.
*Traveling by microbus is **more comfortable than** traveling by truck.*

ADVERB   En general, el tren llega **más puntualmente** que el ferry.
*Generally, the train arrives **more punctually** than the ferry.*

NOUN   En el D.F. hay **más taxis que** camiones.
*In the D.F. there are **more taxis than** trucks.*

VERB   Los taxistas **trabajan más que** los camioneros.
*Taxi drivers **work more than** truck drivers.*

- In comparative statements referring to numerical quantities, use **más/menos de** instead of **más/menos que**.

Hay **más de** 500 ruinas en Palenque.
*There are **more than** 500 ruins in Palenque.*

El viaje duró **menos de** dos horas.
*The trip lasted **less than** two hours.*

- In Spanish, a few adjectives have irregular comparative forms.

| Adjective | Comparative Form |
|---|---|
| **bueno(a)** *(good)* | **mejor(es)** *better* |
| **malo(a)** *(bad)* | **peor(es)** *worse* |
| **joven** *(young)* | **menor(es)** *younger* |
| **viejo(a)** *(old)* | **mayor(es)** *older* |

**Atención**

When the regular comparative forms of **más bueno(a, os, as)** and **más malo(a, os, as)** are used, they refer to moral qualities: **Para muchos, Cortés era más malo que Moctezuma.**

**HERITAGE LEARNERS** Some heritage learners may be accustomed to using **más viejo** for **mayor**, **más joven** for **menor**, and even **más bueno** and **más malo** for **mejor** and **peor**, respectively. Point out that the forms presented in this grammar explanation have more widespread acceptance, particularly in formal usage.

Los precios son **mejores** si tu estadía incluye un fin de semana.
*The prices are **better** if your stay includes a weekend.*

Es **peor** perder el vuelo que llegar con dos horas de anticipación.
*It's **worse** to miss a flight than to arrive two hours early.*

### Comparaciones de igualdad

- To make comparisons of equality, use **tan** *(as)* before an adjective or an adverb and **como** *(as)* after it.

| **tan** + adjective *or* adverb + **como** |
|---|

Ella va al zoológico **tan frecuentemente como** su amiga.
*She goes to the zoo **as frequently as** her friend.*

# Estructura y uso III

- Use **tanto/tanta** (*as much*) or **tantos/tantas** (*as many*) before a noun, and **como** (*as*) after it. Use **tanto como** (*as much as*) after a verb.

> **tanto(a)** + singular noun + **como**
>
> verb + **tanto como**
>
> **tantos(as)** + plural noun + **como**

¿Hay **tantas** ruinas en Coba **como** en Tulum?
*Are there **as many** ruins in Coba **as** in Tulum?*

Vas de vacaciones **tanto como** yo.
*You go on vacation **as much as** I do.*

## Formas superlativas

- Superlative statements express the highest or lowest degree of a particular quality and always in relation to a group of people or things. In Spanish, superlative statements include a form of the definite article (**el, la, los, las**) and use the preposition **de** to specify the group to which the statement refers.

> definite article + noun + **más/menos** + adjective + **de**

Es **el** templo **más alto de** todos.
*It is **the highest temple of** all.*

Es **el** hostal **menos cómodo de** la ciudad.
*It's **the least comfortable hostel in** the city.*

- Adjectives with irregular comparative forms also have irregular superlative forms.

| Adjective | Superlative Form |
|---|---|
| **bueno(a)** *good* | **el (la, los, las) mejor(es)** *best* |
| **malo(a)** *bad* | **el (la, los, las) peor(es)** *worst* |
| **joven** *young* | **el (la, los, las) menor(es)** *youngest* |
| **viejo(a)** *old* | **el (la, los, las) mayor(es)** *oldest* |

Es **el mejor** ejemplo de arquitectura maya de la región.
*It is **the best** example of Mayan architecture in the region.*

- To indicate the highest degree of a quality, Spanish speakers will either use an adverb, such as **muy or sumamente,** before the adjective or add the suffix **-ísimo** (**-a, -os, -as**) to the adjective itself. This is called the absolute superlative. If the adjective ends in **-o** or **-a**, these letters are dropped before the suffix **-ísimo** is added.

El viaje a Chichén Itzá es **sumamente divertido.**
El viaje a Chichén Itzá es **divertidísimo.**
*The trip to Chichén Itzá is **very fun.***

# ¡A practicar!

**3-40** **Pirámides** La Pirámide del Sol en Teotihuacán es un monumento impresionante. ¿Cómo se compara esta pirámide y la sociedad maya con la sociedad egipcia y la Gran Pirámide de Egipto? Mira los datos y haz una comparación de igualdad o desigualdad.

EJEMPLO Compara el largo de los lados.
**El lado de la Gran Pirámide es más largo que el lado de la Pirámide del Sol.**

1. Compara el alto de las pirámides.
2. Compara la complejidad de los jeroglíficos.
3. Compara el número de jeroglíficos.
4. Compara la antigüedad de las dos sociedades.
5. Compara la distancia al centro de la ciudad.

| La Gran Pirámide egipcia | La Pirámide del Sol en Teotihuacán |
|---|---|
| • Los lados miden 756 pies de largo. | • Los lados miden 733 pies de largo. |
| • Mide 481 pies de alto. | • Mide 234 pies de alto. |
| • La escritura tiene 5.000 jeroglíficos. | • La escritura tiene 800 jeroglíficos. |
| • La civilización egipcia empezó aproximadamente en 3100 a.C. | • La civilización maya empezó aproximadamente en 3100 a.C. |
| • Está a 15 millas del centro de la ciudad. | • Está en el centro de la ciudad. |
| • Los jeroglíficos son muy complejos. | • Los jeroglíficos son muy complejos. |

**3-41** **Impresiones de México** ¿Qué cosas le impresionan de México a este estudiante? Lee los comentarios y escribe el superlativo absoluto.

EJEMPLO El nombre de la ciudad "San Cristóbal de las Casas" es largo, ¿no?
**Sí, es sumamente largo. ¡Es larguísimo!**

1. Las ciudades mexicanas Tlalnepantla y Coatzacoalcos son difíciles de pronunciar, ¿no?
2. El volcán Popocatépetl es muy grande, ¿no?
3. La gente en México es muy simpática.
4. ¡Las playas de la costa del Pacífico son muy bellas!
5. Las pirámides son muy antiguas.

## ¡A conversar!

**3-42** **Preferencias** ¿Qué medios de transporte prefieres? ¿Por qué? Da tu opinión con oraciones comparativas, usando los siguientes criterios: eficiencia, peligro, rapidez, lentitud, comodidad, preocupación, diversión, problemas, ejercicio.

**EJEMPLO**   avión o crucero
**El avión es más peligroso que el crucero porque hay más accidentes de aviones que de barcos. Además, el crucero es muchísimo más divertido y más cómodo.**

1. andar a pie / andar en bicicleta
2. metro / taxi
3. coche / autobús de primera clase
4. tren turístico / metro
5. coche viejo / autobús de tercera clase
6. autobús de lujo / Greyhound
7. metro / Amtrak
8. crucero / autobús de Primera Plus

**TEACHING TIP 3-43** Encourage students to go beyond simple expressions of opinion. Have them explain and justify their answers and compare them to those of their conversation partners. Conclude with a class discussion in which students share opinions and try to convince classmates to agree with them.

**3-43** **¿Qué piensas tú?** Con un(a) compañero(a) de clase, lee las siguientes oraciones y da tu opinión. ¿Estás de acuerdo o no? ¿Por qué?

1. El mejor coche del mundo es el Cadillac.
2. ¡Los cruceros son lentísimos y aburridos!
3. El avión es el medio de transporte más peligroso.
4. El coche es el medio de transporte menos eficiente.
5. Los taxis son rapidísimos.
6. Los autobuses de tercera clase son los más peligrosos.
7. Lo mejor para el medio ambiente es no tener coche, punto.
8. El Honda Element es el coche más feo del mundo.

**ANSWERS 3-44** 1.–2. *Answers will vary.* 3. México 4. Perú 5.–6. *Answers will vary.* 7. La Barranca del Cobre. 8. *Answers will vary.*

**3-44** **¿Quién sabe más?** Lee las siguientes oraciones y compara tu opinión con la de tu compañero(a). ¿Están de acuerdo o no? ¿Por qué?

1. ¿Qué país es más interesante, México, Guatemala o Nicaragua? ¿Por qué dices eso?
2. ¿Qué música es más reconocida en el mundo, la música folklórica de los Estados Unidos o la música mariachi de México?
3. ¿Qué país produce menos petróleo, los Estados Unidos o México?
4. Sin mirar un mapa, ¿qué país crees que es más pequeño, Perú o México?
5. ¿Quién es mejor artista, el actor de cine Gael García Bernal o el músico y guitarrista Carlos Santana? ¿Por qué dices eso?
6. ¿Qué es peor, perder tu pasaporte, perder tu cartera o perder tu cámara llena de fotos al final de tu viaje?
7. ¿Cuál es más grande, La Barranca del Cobre en México o el Gran Cañón de Arizona? ¿Por qué dices eso?
8. ¿Qué es más interesante, las playas de Cancún, las pirámides mayas o aztecas o comprar en los mercados al aire libre?

# ¡A REPASAR Y A AVANZAR!

Before completing the activities on this page, review the following pages and refer to them as necessary to refresh your memory of the **Estructuras** addressed in **Capítulo 3.**
**Las preposiciones *por* y *para*,** pp. 98–99
**Verbos reflexivos y recíprocos,** pp. 102–103
**Expresiones comparativas y superlativas,** pp. 114–115

**TEACHING TIP** Have students review the information on the structures covered in the chapter before they begin the activities. All activities begin with a short written product that each student prepares in order to communicate about topics from the chapter and concludes with pair work or a small group activity that allows students to share information with classmates.

**TEACHING TIP** Encourage students who have studied abroad or plan to do so to personalize the material as much as possible. Students can also speak with friends who have participated in a study abroad experience in order to gather information that will be useful in the review activities.

**TEACHING TIP 3-45** If students have visited Mexico, invite them to share their experiences with the class. In addition, ask if they can identify the influence of Mexican culture in your area or in other parts of the U.S. that they know.

**TEACHING TIP 3-47** Have students prepare brochures that contain the photos and required information. After they work in small groups to share information and identify their preferred excursions, have them examine the brochures of students in other groups to extend the conversation and the review of the chapter material.

**3-45** **Explorando México** Piensa en lo que has aprendido en este capítulo y contesta las siguientes preguntas. Después, compara tus respuestas con las de un(a) compañero(a) de clase.

1. ¿Qué sabes de México y qué aspectos del país te interesan más?
2. ¿Cómo se comparan las universidades de México y las de los Estados Unidos?
3. Considerando las diferencias entre las universidades de los dos países, ¿qué ventajas pueden tener los estudiantes del sistema mexicano y qué ventajas pueden tener los del sistema estadounidense?
4. ¿Qué te gustaría hacer si viajas a México?

**3-46** **Saludos desde México** Trata de imaginar la vida de un estudiante de intercambio en México y escribe un e-mail desde su propia perspectiva. Escribe 7–8 oraciones e incluye la siguiente información:

- Qué hiciste para prepararte para tu estadía
- Dónde vives y cómo es ese lugar
- Cómo es tu rutina diaria
- Qué has hecho para acoplarte
- Qué materias cursas y cómo son
- En qué actividades te has involucrado

Trabaja con dos compañeros(as) para leer y comentar las cartas. Un(a) estudiante lee su carta y los otros comentan sobre lo que el/ella ha escrito, o le hacen preguntas si quieren aclarar algo o desean más información. Túrnense hasta terminar las cartas y concluyan con una comparación del contenido de las tres cartas.

**3-47** **Recorridos turísticos** Escoge tres fotos de diferentes partes de México y prepara información para turistas que quieren visitarlas. Incluye la siguiente información:

- Itinerarios posibles
- Opciones de transporte
- Información sobre visitas a ruinas
- Visitas a catedrales o monumentos
- Posibilidad de comprar regalos
- Las tarifas y si hay descuentos

Trabajando en grupos de 3 o 4, túrnense para presentar sus fotos y la información que han preparado. Después de las presentaciones, comparen y contrasten los recorridos. Para terminar, cada estudiante debe identificar el recorrido turístico que más le interesa y explicar por qué lo prefiere.

**3-48** **La experiencia perfecta para mí** Pensando en las opciones para estudiar en el extranjero, contesta las siguientes preguntas para describir la experiencia perfecta para ti.

- ¿Cuál sería el mejor destino para ti?
- ¿Por cuánto tiempo quieres estudiar en el extranjero?
- ¿Cuándo quieres viajar y cuándo quieres regresar a tu universidad?
- ¿Cómo prefieres viajar y por qué?
- ¿Qué partes del país quieres visitar y qué te gustaría hacer?
- ¿Por qué deben participar los estudiantes en programas de estudio en el extranjero?

**TEACHING TIP 3-48** As students share their answers to the questions, circulate to monitor their use of structures covered in **Capítulo 3.** Several questions are designed to elicit responses with **por** and **para** so pay particular attention to proper use of those items.

CD1, Track 6

**3-49** **¡A escuchar!** Escucha este anuncio de Radio UNAM. Con un(a) compañero(a), determina si cada oración es cierta o falsa. Corrige las oraciones falsas.

1. Estudiantours se especializa en viajes para estudiantes.
2. Esta semana brinda un paquete turístico a Ciudad de México.
3. Tonina significa "casa grande de piedra".
4. El paquete incluye el alojamiento y tres comidas diarias.
5. La tarifa normal es 3.400 pesos.

iTunes

**3-50** **Una canción** José Alfredo Jiménez es uno de los representantes más importantes de la música ranchera mexicana. Su música refleja las preocupaciones de la vida del mexicano.

Ve a **www.cengage.com/spanish/rumbos** y escucha *El caballo blanco.* La letra *(lyrics)* de este corrido describe un viaje de un caballo desde Guadalajara, Jalisco, hasta Ensenada en Baja California. Ahora indica si las siguientes oraciones son ciertas o falsas. Corrige las oraciones falsas.

1. El caballo salió de Guadalajara un domingo.
2. Cruzó como un rayo *(like a flash)* tierras Nayaritas.
3. Al pasar por los Mochis el caballo iba muy feliz.
4. El caballo y su jinete *(rider)* llegaron a Tijuana de noche.

**3-51** **El Internet** En este capítulo aprendiste a describir las oportunidades de estudiar y viajar en el extranjero. Ve a **www.cengage.com/spanish/rumbos** y busca los sitios de la Red donde puedas obtener información sobre universidades y turismo. Con un(a) compañero(a) identifica un programa de verano para estudiantes extranjeros en México. ¿Qué cursos ofrecen las diferentes universidades? ¿Cuánto cuesta el programa? ¿Qué tipo de actividades culturales incluyen? ¿Qué ofrecen en cuanto a alojamiento? Comparte la información con otros estudiantes de tu clase. Presta atención a los usos de las preposiciones **por** y **para**, los verbos reflexivos y recíprocos y las expresiones comparativas y superlativas.

1. Turismo ecológico
2. Turismo cultural
3. La ruta maya
4. Carreras universitarias de turismo

## ¡A LEER! Un lugar en el mundo (fragmento)

### Sobre el autor

**Hernán Lara Zavala (1946– )**, cuentista y ensayista mexicano, nació en México, D.F. Estudió en la UNAM, donde todavía trabaja como asesor del programa de posgrado en Letras Hispánicas. Sus obras frecuentemente muestran un fuerte interés en las zonas más aisladas *(isolated)* de México.

El cuento "Un lugar en el mundo" es del libro *De Zitilchén*, donde explora las dificultades de la vida en esta región de su país, poniendo énfasis en las tensiones raciales que allí predominan. También es autor de varias crónicas de viaje, como por ejemplo *Equipaje de mano* (1995) y *Viaje al corazón de la península* (1998).

**TEACHING TIP** Ask students if they know of any Hispanic performing artists that deal with the situation of indigenous communities. Some ideas are: Maná from Mexico, Rubén Blades from Panama, and Juan Luis Guerra from the Dominican Republic.

## Antes de leer

**3-52 Invitación al texto** En este fragmento del cuento "Un lugar en el mundo", el escritor mexicano Hernán Lara Zavala nos presenta a un joven maya de 18 años y a un doctor, que se conocen en un autobús rumbo a Zitilchén, un pueblo cerca de Yucatán. Al principio, parecen ser dos extraños que tratan de ignorarse, pero después de un viaje de dos horas descubrimos que, aparte de compartir el mismo destino, hay algo más que los une. El autor utiliza el diálogo para dejar que los personajes cuenten su propia historia.

1. ¿Crees que el joven maya y el doctor puedan tener mucho en común? ¿Por qué sí o por qué no?
2. Sabiendo que el doctor abordó el autobús de mal humor, ¿cuál crees que va a ser la actitud del doctor hacia este joven maya?
3. El joven y el doctor hablan, entre otras cosas, sobre las oportunidades de estudiar. En tu opinión, ¿hay algunas minorías que tienen menos posibilidades para asistir a la universidad? ¿Por qué?

## Estrategia de lectura Identificar palabras por el contexto

Identifying words through context is similar to the strategy you learned in Chapter 1, "Recognizing cognates and derivatives of familiar words," in that it asks you to use words that you are familiar with in order to help you establish meaning. In addition to considering the similarities between words in English and Spanish, another strategy is to take advantage of words you know in Spanish to help you make intelligent guesses about unknown words used in the context of words you already know. For example, if a passage reads **Deseaba estar con su familia y recuperarse de la constante presión de la clínica que no lo dejaba ni a sol ni a sombra**, you can guess, from the grammatical context of the words you know, that the expression **ni a sol ni a sombra** refers to something that never stops occurring **(constante).**

# Un lugar en el mundo (fragmento)

El doctor Indalecio Baqueiro sacó su pañuelo[1] de mala gana[2] para secarse las gotas de sudor[3] que le resbalaban[4] por la frente, se detenían unos instantes en sus gruesas cejas[5] y, rodeándole las cuencas[6] de los ojos, continuaban sobre sus mejillas[7] hasta caer sobre el libro que intentaba leer. Iba a pasar el fin de semana a Zitilchén. [. . .] Él se había quedado en Campeche para atender una operación de emergencia: un indio maya con un tumor en el cerebro. Siempre lo habían impresionado los familiares de los indios que se limitaban[8] a una sola y lacónica[9] pregunta: "¿va a quedar[10] bien?" No les importaba el estado actual del enfermo ni el diagnóstico a [de] la enfermedad. [. . .]

Mientras viajaba sintió cómo se incrementaba su ira[11] a causa de que junto a él, pegado a la ventanilla iba un muchacho maya de unos dieciocho años que había sacado un libro leyéndolo en voz alta. [. . .]

Cuando el doctor Baqueiro, después de guardar su pañuelo en el bolsillo[12], lo miró con severidad pidiéndole con los ojos que bajara la voz, el maya dejó de leer[13]. Sonrió.

—¿Tú qué estás leyendo? —le preguntó con simpleza. [. . .]

—Una novela.

—¿Está escrita en inglés?

—Bueno, originalmente sí. Por un polaco. Pero ésta es una traducción al español.

—Es que yo estudio inglés —le dijo el muchacho sin que viniera al cuento[14] mostrándole su libro. Era uno de esos *pocket books* para aprender inglés. Cómo leerá[15], pensó Baqueiro, que ni cuenta me di[16] de que leía en otro idioma—. Me lo sé todo —continuó el muchacho—. Anda, pregúntame lo que quieras —le dijo entregándole el libro[17]. Ahí era donde quería llegar, pensó Baqueiro mientras

cerraba, resignado, su propio libro. Eligió una página del principio, al azar[18].

—*Where are you going?* —le preguntó examinándolo con recelo[19].

—¿A dónde va usted? —respondió el muchacho concentrado.

El uso del usted en la traducción le llamó la atención a Baqueiro, que al inicio de[20] la conversación se había sentido desconcertado ante el intempestivo tuteo[21] del muchacho.

—*Where is the post-office?* —volvió a preguntar.

—¿A dónde está la oficina de correos?

—Muy bien —observó el doctor un tanto sorprendido. Muy bien —repitió mientras buscaba frases más complicadas, escéptico[22]—. Muy bien —dijo por tercera vez—, parece que te sabes el libro de memoria, pero a ver —le dijo cerrando el libro—. *Where did you learn to speak English?*

—*I learned at school. In my hometown.*

—Muy bien, muy bien. Cuéntame dónde aprendiste.

—Yo soy de Tunkán, un pueblo cerquita de Izamal. ¿Conoce Izamal? Bueno, allí aprendí algo con mi maestro; pero como me gustaba el inglés me compré mi libro. Luego mi mismo maestro me recomendó para que entrara a trabajar en un hotel cerca de Chichén.

Yo era el único mesero que hablaba inglés. Ayudaba al dueño a atender a los gringos. Los llevaba a las ruinas y les explicaba. A veces les decía mentiras —confesó sonriendo.

—¿Y por qué te saliste?

—El hotel abre nada más durante la temporada[23]. Tuve que buscar otro trabajo. Pero no creas, en el hotel me fue muy bien. Tengo una novia americana. Su familia insiste en llevarme a Estados Unidos.

---

[1]**pañuelo** *handkerchief*
[2]**de mala gana** con mal humor
[3]**las gotas de sudor** *drops of sweat*
[4]**resbalaban** caían
[5]**gruesas cejas** *thick eyebrows*
[6]**cuencas** *eye sockets*
[7]**mejillas** *cheeks*
[8]**se limitaban** *they limited themselves*

[9]**lacónica** breve
[10]**quedar** *turn out*
[11]**ira** rabia
[12]**bosillo** *pocket*
[13]**dejó de leer** *stopped reading*
[14]**sin que** *out of nowhere*
[15]**Cómo leerá** *how is he even able to read*
[16]**ni cuenta** *didn't even realize*

[17]**entregándole el libro** *handing over the book to him*
[18]**al azar** *at random*
[19]**recelo** *distrust*
[20]**al inicio de** *at the beginning of*
[21]**intempestivo tuteo** inapropiado uso del tú
[22]**escéptico** dudoso
[23]**temporada** *season*

—¿Y por qué no vas? Puedes aprender bien inglés. Labrarte[24] un futuro. Ser un hombre importante.

75 —Me gusta aquí, para qué ir a otra parte. Ella y su familia son muy buenos. Me escriben y cada vez que vienen me invitan con ellos a Mérida. . . Una vez llevé a mi novia al pueblo. Se quedó en mi casa. Se iba a bañar y fui por agua al pozo[25] para ponerla en

80 la candela[26]. No le gusta el agua fría. Cuando traje el agua me dejó pasar: estaba desnuda. No le dio vergüenza[27] —dijo sonriendo—. Dormimos juntos. Pasó el tiempo, dejé el hotel y entré a trabajar con un sastre[28] en mi pueblo; y luego un señor que me

85 conoció me llevó a trabajar con él a Mérida.

—Haciendo. . .

—Cuidando a los chiquitos, haciendo mandados y ayudando a la esposa del señor a servir la mesa. En las tardes iba a la escuela. Me gusta estudiar. Me

90 gusta tanto que cuando alguna de mis novias me hablaba le pedía a mi patrón[29] que dijera que no estaba. Pero ya no trabajo con ellos.

—¿Por qué?

—Nada. . . mi cuñado me consiguió un trabajo

95 mejor en Zitilchén, que es a donde voy.

—Yo voy precisamente a Zitilchén —dijo Baqueiro notando hasta entonces que su mal humor había desaparecido. [. . .]

—¿Y qué clase de trabajo te consiguió?

100 —Soldado. . .

—A ti que veo que te gusta estudiar tanto, ¿te gustaría ser soldado?

—No lo sé, pero me van a pagar mejor. Cuando mi mamá lo supo lloró mucho porque ella piensa que

105 pueden matarme. No quería que yo fuera soldado. Pero la convencí.

—¿Pero no preferirías ganar un poco menos y seguir estudiando? ¿Por ejemplo en casa del señor con el que trabajabas?

110 —Pues sí, pero. . .

—Consíguete otro trabajo. Eres un muchacho inteligente y no creo que tengas la disposición del soldado. ¿Cuánto te pagaba el señor con el que trabajabas en Mérida?

115 —Doscientos pesos, las comidas y el cuarto. Me dejaba las tardes libres para estudiar.

—¿Y en el ejército[30]?

—Mil quinientos.

—Si te quedas trabajando con tu patrón y sigues

120 estudiando ganarás mucho más que un soldado en poco tiempo.

—Me gusta estudiar, pero en mi casa necesitan el dinero.

—Tus cualidades te van a servir de poco como

125 soldado. Eres inteligente y no pareces un muchacho agresivo. En el ejército se te va a olvidar el inglés; no vas a tener oportunidad de practicarlo nunca; no es que crea que te vayan a matar, no. En todo caso tú vas a ser el que tendrás que matar —dijo, recordando

130 los incidentes en Zitilchén que propiciaron[31] que hubiera un pelotón de fijo[32] en el pueblo—. Por lo que me cuentas tu vocación no es la de soldado, que me parece que no va contigo. Tú no quieres estar en el ejército toda tu vida, ¿no te gustaría ser

135 importante?, ¿ocupar un lugar en el mundo?

---

[24]**Labrarte** *Build yourself*
[25]**pozo** *well*
[26]**candela** *cistern*

[27]**vergüenza** *shame*
[28]**sastre** *tailor*
[29]**patrón** *jefe*

[30]**ejército** *army*
[31]**propiciaron** *causaron*
[32]**pelotón de fijo** *permanent platoon*

## Después de leer

**3-53 Identificar palabras por el contexto** Con la ayuda de un(a) compañero(a), vuelve a buscar las oraciones con palabras desconocidas. ¿Has podido definirlas con la ayuda del contexto? ¿Hay otras palabras en la lectura que pudiste identificar usando la misma estrategia?

| El número de la línea del texto | Palabras desconocidas |
|---|---|
|  |  |
|  |  |
|  |  |

**3-54 Comprensión** En parejas o en grupos de tres, contesten las siguientes preguntas. Después compartan sus respuestas con la clase.

1. ¿Por qué va el Dr. Baqueiro a Zitilchén? ¿Y el joven maya qué va a hacer en Zitilchén?

2. ¿Cómo trata el Dr. Baqueiro al joven maya al principio del viaje? ¿Y al final del viaje?

3. ¿Por qué está tan molesto el Dr. Baqueiro con el joven maya al principio del viaje?

4. ¿En qué momento se da cuenta el Dr. Baqueiro que su humor había cambiado?

5. ¿Por qué crees que está sorprendido el Dr. Baqueiro de que el joven maya sepa hablar inglés?

6. ¿Cuál es la profesión actual del joven maya? ¿Qué piensa el Dr. Baqueiro de este trabajo? ¿Por qué?

7. ¿Crees que el joven maya tomó la decisión correcta en dejar de estudiar para ganar mucho más dinero? ¿Por qué sí o por qué no?

8. En tu opinión, ¿cuál es probablemente la verdadera vocación del joven maya? ¿Por qué?

9. ¿Estás de acuerdo con lo que dice el Dr. Baqueiro al final del fragmento? ¿Crees que es un buen consejo? ¿Por qué?

**3-55 Expansión** En parejas o en grupos de tres, contesten las preguntas.

1. ¿Cuál es el significado del título en tu opinión? ¿Hay otras posibilidades para el título de este cuento?

2. ¿Te acuerdas de la última vez que formulaste una opinión errónea de otra persona? ¿Qué pasó? ¿Por qué crees que te equivocaste?

3. En tu opinión, ¿por qué decidió usar el autor tanto diálogo en este cuento? ¿Cuál es el efecto de esta decisión en el lector?

4. ¿Te has enfrentado alguna vez con una decisión importante en tu vida, al igual que el joven maya? ¿Por qué tomaste una decisión en particular y no otra?

5. ¿Estarías dispuesto a sacrificar tu profesión para apoyar a tu familia? ¿Puedes imaginar cómo este sacrificio limita las posibilidades de salir de la pobreza?

# ¡A ESCRIBIR! La carta personal

## El tema

Imagínate que el año que viene vas a estudiar en México, en la Universidad de Guadalajara, y vas a vivir con una familia mexicana. La madre de la familia con la que te vas a alojar te escribió la siguiente carta. Ahora te toca a ti escribirle una carta personal (o un mensaje por correo electrónico) para presentarte y contarle a la familia un poco de ti.

> Guadalajara, Jalisco, 15 de octubre de 2011
>
> Querido(a) estudiante:
>
> Deseo que esta carta te encuentre bien. Mi nombre es Elena Gómez de García y soy la señora de la casa en donde vas a vivir. Te cuento que en nuestra familia somos cinco: mi esposo, José, y nuestros tres hijos, Samuel, Amanda y Rafael, de 18, 12 y 10 años respectivamente y yo. Vivimos en Guadalajara, no lejos de la universidad, y ya tenemos una recámara privada esperando tu llegada.
>
> Nos gustaría saber de ti para ayudarte a acoplarte mejor a nuestra cultura. ¿Alguna vez has vivido en otro país? ¿Tienes algunas necesidades especiales? ¿En qué tipo de actividades te gusta involucrarte? ¿Cómo es tu rutina diaria? ¿Qué comidas prefieres? ¿Qué sitios te gustaría visitar?
>
> Un fuerte abrazo,
>
> Elena Gómez de García y familia

## El contenido

Para organizar tus ideas piensa en cada una de las siguientes categorías y escribe durante cinco minutos todo lo que se te ocurra: respuestas a las preguntas de Elena, otras cosas para describirte y tus preferencias, cosas que quieres saber de su familia. Después de apuntar tus ideas, organízalas dentro de cada categoría.

## Estrategia de escritura Diccionarios bilingües tradicionales y electrónicos

The quality of your dictionary and how you use it will directly impact the quality of the translation you obtain. Ask your instructor to recommend a good dictionary and follow these tips for use:

**Know what kind of word you are trying to translate:** Are you looking for a noun or a verb? If you need to translate *play* you will find **jugar** as a verb (i.e., *to play*), but **obra de teatro** as a noun (i.e., *a live performance*). Remember that English particle verbs, such as *pay back* and *look up*, do not have the same two-word structure in Spanish. Do not translate each word separately!

**Be careful with verb types:** Notations like *tr.* or *intr.* indicate whether the verb needs an object (transitive) or whether it can be used without one (intransitive).

**Confirm the context:** If your dictionary doesn't tell you how the word is used, look it up in a Spanish monolingual dictionary.

**Try synonyms:** Think about other ways that meaning is expressed in English and search for those words.

## El primer borrador

En tu interacción con la Sra. Gómez de García la vas a tratar de usted. Tu carta debe tener la siguiente estructura:

*La fecha:* Escríbela en la parte superior derecha de la carta, con el mes en letra minúscula.

*El saludo:* Se debe usar un saludo apropiado para el tipo de carta y la relación entre el (la) escritor(a) y el (la) destinatario(a). En este caso, **Querida Sra. Gómez de García** tal vez sea lo más apropiado. Nota que el saludo va seguido por los dos puntos (:).

*La salutación:* Escríbela antes de comenzar el cuerpo de la carta. Para este tipo de carta es apropiado escribir: **Espero que se encuentre bien.**

*El cuerpo:* Incluye tanto tus respuestas a las preguntas de Elena como tus propias preguntas para ella. Cada párrafo debe tratar sólo una idea así que usa párrafos distintos para contestar sus preguntas y para hacer las tuyas.

*La despedida y tu firma:* Algunas opciones son: **Atentamente** *(formal)*, **Saludos cordiales** *(formal, informal)*, **Cuídese** *(informal)*, **Un abrazo** *(informal)*, **Cariñosamente** *(informal)*, **Un beso** *(informal)*. En este caso, todas menos la última es apropiada.

## Revisión en parejas

 Lee la carta de un(a) compañero(a) de clase y contesta las siguientes preguntas.

1. ¿Tiene la carta todos los elementos necesarios de la estructura?
2. En el cuerpo, ¿responde a las preguntas de la señora Gómez de García y da suficiente información de sí mismo(a)? ¿Está bien organizada?
3. ¿Usa siempre la forma de usted en sus verbos y pronombres cuando le habla a la señora?
4. ¿Incorpora muchas palabras del vocabulario relacionado con vivir y viajar en el extranjero? ¿Puede incluir más?
5. ¿Incorpora bien las estructuras estudiadas: **por** y **para**, verbos reflexivos, palabras negativas, estructuras comparativas y superlativas? ¿Puede incorporar más?

## Elaboración y redacción

Considera los comentarios de tu compañero(a) y haz los cambios necesarios. También, concéntrate específicamente en las palabras y estructuras que aprendiste en este capítulo. ¿Usaste bien el vocabulario? Si buscaste palabras en el diccionario, ¿seguiste los consejos de la Estrategia para encontrar y usarlas? ¿Usaste bien los verbos reflexivos, palabras negativas, **por** y **para** y las estructuras comparativas y superlativas? Por último, vuelve a revisar la ortografía.

## ¡A VER! Protesta de estudiantes

### Antes de ver

**3-56** **Protesta de estudiantes** Para muchos estudiantes de Latinoamérica la participación activa en la vida política del país es un fenómeno muy común. Contesta las siguientes preguntas.

1. ¿Qué organizaciones hay en tu universidad que se preocupan por temas políticos o sociales?
2. ¿Por qué es importante que los estudiantes participen en la política de la universidad y de la comunidad donde viven?
3. ¿De qué manera participan los estudiantes en el funcionamiento de la universidad?
4. ¿Cuáles son los temas políticos y sociales que preocupan a los estudiantes en tu universidad?

**ANSWERS 3-56** *Possible answers include:* 1. El club del Partido Demócrata, el club del Partido Republicano, Club Ecologista. 2. Porque es parte de la responsabilidad cívica de todo ciudadano dentro de una democracia. 3. Involucrándose en la gestión de la universidad por medio de su participación en asociaciones estudiantiles. 4. La inmigración, el medio ambiente, la justicia social.

### Mientras ves

**3-57** **¡Mira y escucha con cuidado!** Mira el segmento y marca con una equis [X] las palabras que escuches o veas.

_____ La universidad ha estado cerrada desde el martes.
_____ La causa de la protesta es la falta de maestros.
_____ La educación en México siempre ha sido gratis.
_____ El gobierno propone una matrícula de $145 por año.

_____ Los estudiantes votaron para demostrar que se oponen al aumento.
_____ El decano acusa a los estudiantes de usar la fuerza y no la razón.
_____ El rector de la universidad está a favor de la huelga.

**Vocabulario útil**

**manifestación** *demonstration*
**matrícula** *tuition*
**gratuita** *free*
**rector** *university president*
**cuota** *payment*
**marchar** *to protest*
**ponen en riesgo** *put at risk*
**huelga** *strike*

### Después de ver

**ANSWERS 3-58** La universidad ha estado cerrada desde el martes. La educación en México siempre ha sido gratis. Los estudiantes votaron para demostrar que se oponen al aumento. El decano acusa a los estudiantes de usar la fuerza y no la razón.

**3-58** **¿Qué recuerdas?** Contesta las siguientes preguntas.

1. ¿En qué universidad ocurrió esta manifestación?
2. ¿Por qué están protestando los estudiantes?
3. ¿Cuánto va a costar la colegiatura por semestre?
4. ¿Qué actividades organizaron los estudiantes para protestar?
5. ¿Por qué se opone el decano a la protesta?

**ANSWERS 3-59** 1. En la UNAM. 2. Protestan en contra del aumento de la matrícula. 3. La matrícula va a costar $145 por semestre. 4. Los estudiantes organizaron marchas y una votación. 5. Porque cree que los estudiantes están usando la fuerza y no la razón.

### Más allá del video

**3-59** **Una breve presentación** Con otro(a) estudiante, prepara una breve presentación sobre una protesta en tu universidad o comunidad. No te olvides de mencionar cuál era el objetivo de la protesta, quién la organizó, qué hicieron y cuáles fueron los resultados. Asegúrate de prestar particular atención a las estructuras que practicaste en este capítulo como, por ejemplo, las preposiciones **por** y **para,** los verbos reflexivos y las expresiones comparativas y superlativas.

## Para describir los trámites administrativos

| | |
|---|---|
| el (la) asesor(a) | *adviser* |
| la asistencia financiera | *financial aid* |
| la beca | *scholarship* |
| la cobertura total | *complete coverage* |
| la colegiatura | *tuition* |
| el departamento | *apartment* |
| la estancia | *stay, period of time* |
| la fecha límite | *deadline* |
| los gastos | *expenses* |
| el historial académico | *academic transcript* |
| la inscripción / inscribirse | *registration / to register, enroll* |
| el intercambio | *exchange* |
| la licenciatura | *undergraduate degree* |
| las materias | *courses* |
| la recámara | *bedroom* |
| la solicitud | *application* |
| el trámite | *procedure, step (in a process)* |
| la vacuna / vacunarse | *vaccination / to get vaccinated* |
| | |
| posgrado(a) | *graduate* |
| vigente | *current* |
| | |
| elegir (i) | *to choose* |
| cursar | *to take courses, to deal with a process* |

## Para describir la experiencia

| | |
|---|---|
| el choque cultural | *culture shock* |
| el hospedaje / hospedarse | *lodging / to lodge oneself* |
| | |
| acoplarse | *to fit in* |
| enfrentarse a los retos | *to confront challenges* |
| enriquecer | *to enrich* |
| extrañar a (los amigos) | *to miss (friends)* |
| integrarse | *to integrate oneself (into a country)* |
| involucrarse en (actividades) | *to get involved in (activities)* |
| mudarse | *to move (residence)* |

## Para hablar del transporte y los viajes

| | |
|---|---|
| el cambio | *loose change* |
| el chofer | *driver* |
| la disponibilidad / disponible | *availability / available* |
| el descuento | *discount* |
| el destino | *destination* |
| el folleto | *brochure* |
| el hostal | *hostel* |
| los impuestos | *taxes* |
| el itinerario | *itinerary* |
| la línea camionera (aérea) | *bus (air)line* |
| el letrero | *the sign* |
| la parada | *(bus) stop* |
| el pasaje | *ticket, passage* |
| la plaza | *space (on a bus)* |
| el recorrido turístico | *sightseeing trip* |
| el retraso | *delay* |
| la taquilla | *ticket office* |
| la tarifa | *price* |
| la terminal | *terminal* |
| el vagón | *car (of a train)* |
| el viaje redondo | *round trip* |
| | |
| el monumento | *monument* |
| la pirámide | *pyramid* |
| las ruinas | *ruins* |
| abordar, transbordar | *to board, get on, to transfer (on a bus)* |
| alojarse / el alojamiento | *to stay (lodge) / lodging* |
| pedir / dar un aventón | *to hitchhike* |
| regatear | *to bargain* |
| rentar un carro | *to rent a car* |
| reservar con anticipación | *to reserve in advance* |
| transitar / transitado(a) | *to travel / traveled* |

Una playa en República Dominicana. ¡Hay que disfrutar de la vida!

# El ocio

La Habana ★ •Matanzas
Pilar del Río •Cienfuegos
CUBA •Camagüey
Santiago de Cuba •Guantánamo
REPÚBLICA DOMINICANA
Santo Domingo ★ PUERTO RICO
★San Juan
Mayagüez★ ★Ponce

## RUMBO A CUBA, PUERTO RICO Y REPÚBLICA DOMINICANA

### Metas comunicativas

- Opinar sobre actividades de ocio y comida
- Hacer, aceptar y rechazar invitaciones
- Hablar de la cocina y preparación de comida
- Ofrecer y aceptar de comer y beber
- Escribir una reseña

### Estructuras

- El subjuntivo en cláusulas sustantivas
- Usos de **se**
- La voz pasiva

### Cultura y pensamiento crítico

- La música, los deportes y la cultura popular del Caribe
- Un concepto diferente del tiempo
- Algunas comidas típicas del Caribe
- **Lectura:** *La Cucarachita Martina* de Rosario Ferré
- **Video:** Navidad en Puerto Rico

### 4-1 ¿Qué sabes de Cuba, República Dominicana y Puerto Rico?

Lee las siguientes descripciones de diferentes actividades asociadas con el ocio y la comida en Cuba, República Dominicana y Puerto Rico. Con un(a) compañero(a) determina si cada oración es cierta o falsa. Corrige las oraciones falsas.

1. La comida caribeña incluye plátanos, yuca y frutas tropicales.

2. El béisbol es uno de los deportes más populares de Cuba.

3. El tango es un tipo de música tradicional en República Dominicana.

4. Los puertorriqueños tienen un concepto diferente del tiempo y por lo tanto no hay que siempre llegar a tiempo.

5. La comida caribeña representa una fusión de influencias africanas, europeas e indígenas.

ANSWERS 4-1 1. C 2. C 3. F – La música tradicional de República Dominicana es el merengue. 4. C 5. C

TEACHING TIP 4-1 Ask students if they know people or have family members who come from Cuba, the Dominican Republic, or Puerto Rico. Have them identify these people and encourage the class to ask questions to find out more about them.

### RECURSOS

- 🔊 Audio
- ▷ Video
- 🌐 www.cengage.com/spanish/rumbos
- **iLrn** iLrn
- 🎧 iTunes

# RUMBO A CUBA, PUERTO RICO Y REPÚBLICA DOMINICANA

Golfo De México · Miami · Océano Atlántico · LAS BAHAMAS · Estrecho de Florida · La Habana · Varadero · Matanzas · Santa Clara · Pilar del Río · Cienfuegos · Camagüey · Holguín · CUBA · Santiago de Cuba · Guantánamo · REPÚBLICA DOMINICANA · Puerto Plata · Playa Rincón · HAITÍ · Port-au-Prince · Santo Domingo · PUERTO RICO · San Juan · ISLAS VÍRGENES · Mayagüez · Ponce · Kingston · Punta Cana · Río Piedras · ANTIGUA · JAMAICA · Arecibo · GUADALUPE · Mar Del Caribe

## Cuba, Puerto Rico y República Dominicana

**antes de 1492** Habitan en estas islas los taínos, siboney y caribes.

**1492** Cristóbal Colón llega a las costas de Cuba.

**1493** Cristóbal Colón llega a la isla de Puerto Rico.

**1496** Bartolomé Colón funda la ciudad de Santo Domingo en República Dominicana.

**1511** Juan Ponce de León funda San Juan, Puerto Rico.

**1538** Se funda la Universidad Autónoma de Santo Domingo, la más antigua del hemisferio.

**1844** Se proclama la fundación de República Dominicana.

**1853** Nace José Martí, escritor y patriota cubano.

**1898** Guerra entre los EEUU y España; España le cede Puerto Rico a los EEUU.

**1902** Cuba gana la independencia de España.

| antes de 1492 | 1492 | 1500 | 1540 | 1850 | 1900 1920 |

**antes de 1492** Varias culturas indígenas

**1513** Juan Ponce de León llega a la Florida.

**1819** El Presidente James Monroe le compra a España el estado de la Florida por cinco millones de dólares.

**1898** Guerra con España; España le cede Puerto Rico, Guam y las Filipinas a los EEUU.

**1917** El Presidente Woodrow Wilson firma una ley *(signs a law)* que concede la ciudadanía *(grants citizenship)* estadounidense a los puertorriqueños.

## Los Estados Unidos (EEUU)

**4-2** **La geografía** Mira el mapa y contesta las siguientes preguntas.

1. ¿Cuál es la isla más grande del Caribe?
2. ¿Cuál es la capital de Puerto Rico?
3. ¿Dónde está la ciudad de Guantánamo?
4. Basado en su geografía, ¿cuál crees que es el sector más dinámico de las economías del Caribe?
5. ¿Qué productos agrícolas esperas encontrar en el Caribe?

**4-3** **Un poco de historia** Completa las oraciones con la información correcta de la cronología histórica.

1. La segunda gran revolución de Latinoamérica, después de la de México, es la _____ de 1959.
2. Juan Ponce de León funda _____, la capital de Puerto Rico.
3. Además de su talento como escritor, a _____ se le conoce como patriota.
4. España pierde sus últimas colonias al perder la guerra contra _____.
5. Después de cuatro décadas en el poder, _____ se retira del poder en Cuba.
6. La _____ es la primera universidad que se funda en el hemisferio.
7. La destacada bailarina cubana _____ crea el Ballet Nacional de Cuba en los años sesenta.
8. Los EEUU tienen una relación muy especial con _____, gracias a que la isla es un Estado Libre Asociado.

---

🌐 **Más perspectivas de. . .** www.cengage.com/spanish/rumbos

- **Google™ Earth coordinates**
- **Video: Cuba, Puerto Rico y República Dominicana**

---

**1952** Puerto Rico es declarado Estado Libre Asociado de los EEUU.

**1959** Revolución Cubana

**1962** La crisis de los misiles soviéticos en Cuba; Alicia Alonso crea el Ballet Nacional de Cuba, compañía de fama mundial.

**1973** El puertorriqueño y jugador de béisbol Roberto Clemente (1934–1972) se convierte en el primer latinoamericano en ser elegido al Salón de la Fama.

**2008** Fidel Castro se retira del poder (*power*) por problemas de salud. Su hermano Raúl Castro es elegido presidente de Cuba.

**1950**    **1960**    **1970**    **1980**    **2000**    **2010**

**1961** El Presidente John . Kennedy fracasa (*fails*) en su ntento de derrocar (*overthrow*) Fidel Castro con la invasión de laya Girón (*Bay of Pigs*).

**1965** El Presidente Lyndon B. Johnson interviene militarmente en República Dominicana.

**1980** (15 de abril–31 de octubre) Unos 125.000 refugiados cubanos parten (*leave*) del puerto (*harbor*) de Mariel en Cuba con destino al estado de la Florida.

**2006** Los cubanos, puertorriqueños y dominicanos representan más de 15% de todos los hispanos en los EEUU (más de 6.700.000 personas).

**2007** El compositor y cantante de merengue dominicano Juan Luis Guerra gana 5 *Grammys Latinos* y es reconocido como Persona del Año.

http://www.ociocaribeño.com

## ociocaribeño.com

## Guía del ocio en la Red

### Para entretenerte, hoy destacamos...

 CINE

 MÚSICA

 LIBROS

COMIDA

CLUBS

### Deportes activos

República Dominicana:

**Escalada en roca**, Pico Duarte

**Explorar** las **cuevas** de Cabarete

Puerto Rico:

**Probar** surfing con **cometa** en Punta Las Marías

Practicar **tablavela** en Palmas del Mar

Practicar **paracaidismo** en Humacao

### Juegos de mesa en la red

Jugar al **ajedrez**

Aprender algunas **estrategias** para ganar

Jugar a **las damas**

Jugar a **las cartas**
Póker: **Torneo** activo - sábado a las 21:00

**Compite** contra los campeones del Internet

**¡Apuesta** dinero ahora!

Veintiuna

### Deportes espectáculo

Copa Cuba: **Campeonato** Nacional de **Atletismo**

**La Liga** Béisbol Profesional de la República Dominicana. Página oficial para los **aficionados** de los Tigres del Licey.

**Bolera Paradise**   La cadena más grande de **boleras** en el mundo
• **Ligas** de **boliche** para niños y adultos • Salón de **videojuegos** • Discoteca
Teléfono: 787-792-6594

## Repaso

Review basic vocabulary related to leisure and pastimes in the **Índice de palabras conocidas** at the end of the book.

| | |
|---|---|
| el (la) aficionado(a) | *fan* |
| el ajedrez | *chess* |
| el atletismo | *track and field* |
| la bolera | *bowling alley* |
| el boliche | *bowling* |
| la carrera | *race* |
| el campeón, la campeona | *champion* |
| el campeonato | *championship* |
| las cartas | *cards* |
| las damas | *checkers* |
| los deportes espectáculo | *spectator sports* |
| los deportes extremos | *extreme sports* |
| la escalada en roca / escalar | *rock climbing / to climb* |
| la estrategia | *strategy* |
| los juegos de mesa | *board/table games* |
| la liga | *league* |
| el ocio | *leisure, free time* |
| el torneo | *tournament* |
| los videojuegos | *video games* |
| | |
| activo(a) | *active* |
| | |
| apostar (ue) | *to bet, gamble* |
| apuntar | *to aim* |
| barajar / las barajas | *to shuffle / deck of cards* |
| competir (i) | *to compete* |
| entretener(se) | *to entertain (oneself)* |
| explorar cuevas | *to explore caves* |
| lograr el golpe | *to get a strike (bowling)* |
| navegar a vela | *to sail (a sailboat)* |
| practicar paracaidismo | *to skydive* |
| practicar tablavela | *to windsurf* |
| probar (ue) | *to try* |
| repartir las cartas | *to deal cards* |
| tirar la bola | *to throw the ball* |
| tumbar los bolos | *to knock over bowling pins* |
| volar (ue) una cometa | *to fly a kite* |

## Lengua

Other words and phrases related to sports and leisure that are cognates with English words include: **artes marciales, casino, maratón** *(marathon)*. In some cases, Spanish speakers use the English word: *backgammon, bungee, hobbies, kayak, snowboard.*

## Lengua

The word **cometa** is just one of several names for a *kite* in Spanish. In Puerto Rico, the word **chiringa** is used; in México a kite is called a **papalote**.

## ¡A practicar!

**4-4 El ocio caribeño** Mira el sitio web sobre el ocio en el Caribe en la página 132 y luego selecciona la mejor respuesta a las siguientes preguntas.

1. ¿Cuáles de las siguientes actividades se consideran deportes extremos?
   a. el béisbol
   b. las damas
   c. el paracaidismo *(selected)*
   d. volar cometa

2. Si quieres probar una actividad competitiva, ¿qué te ofrece la página del ocio?
   a. la exploración de cuevas
   b. apostar dinero
   c. jugar a las cartas *(selected)*
   d. practicar al paracaidismo

3. Si eres aficionado(a) a las carreras, ¿qué debes hacer para entretenerte en el Caribe?
   a. jugar a las cartas
   b. ir al Campeonato Nacional de Atletismo *(selected)*
   c. explorar las cuevas de Cabarete
   d. probar la tablavela

**TEACHING TIP 4-5** Turn this into a jigsaw activity by having students take turns reading the descriptions and guessing at the activity. While one student reads the description, the student who guesses covers the descriptions.

 **4-5 Para entretenerte** ¿Qué tienes que hacer para practicar las siguientes actividades? Empareja *(Match)* las actividades de la columna de la izquierda con las descripciones de la columna de la derecha.

1. __b__ la tablavela
2. __e__ el paracaidismo
3. __a__ el boliche
4. __f__ surfear con cometa
5. __c__ el atletismo
6. __d__ el ajedrez

a. Apuntas bien, tiras la bola para tumbar los bolos y tratas de lograr el golpe.
b. Necesitas estar en el agua, tener buen balance y poder navegar con el viento.
c. Tienes que correr en carreras de diferentes distancias.
d. Juegas contra otra persona y necesitas saber muchas estrategias para ganar.
e. No puedes tener miedo a las alturas y necesitas saltar de un avión.
f. Necesitas estar en el agua con una cometa y una tabla y necesitas el viento.

**ANSWERS 4-6** 1. entretenerme 2. navegamos a vela 3. probar 4. deporte extremo 5. cometa 6. compite 7. torneos 8. campeonato 9. ocio 10. juegos de mesa

**4-6 Visita al Caribe** Alicia va a visitar a su familia en Puerto Rico. Para saber sus planes, completa el párrafo con las palabras apropiadas. ¡OJO! Tienes que conjugar algunos de los verbos.

| | | | |
|---|---|---|---|
| campeonato | deporte extremo | navegar a vela | probar |
| cometa | entretenerse | ocio | torneos |
| competir | juegos de mesa | | |

Tengo muchas ganas de volver al Caribe. Aparte de visitar a mi familia, siempre hay muchísimas actividades para (1) _____. El año pasado mis primos habían comprado un velero nuevo, así que nosotros (2) _____ cerca de donde viven en Rincón. Este año voy a (3) _____ un (4) _____: Mi prima me va enseñar a surfear con (5) _____. Ella es excelente y (6) _____ en muchos (7) _____. Dicen que este año puede ganar el (8) _____. También me gusta pasar mi tiempo de (9) _____ con mis abuelos. Jugamos a los (10) _____ como las damas y las cartas.

## ¡A conversar!

**4-7** **Los mejores lugares** Acabas de conocer a varios estudiantes internacionales latinos y quieren saber los mejores lugares (en tu campus, ciudad o estado o en los Estados Unidos) para hacer las siguientes actividades. Conversa con un(a) compañero(a) sobre los lugares que conozcan. Luego escriban una lista.

1. jugar al boliche
2. practicar la escalada en roca
3. ver deportes espectáculo
4. navegar a vela
5. participar en una liga de béisbol
6. jugar a los videojuegos
7. apostar dinero jugando a las cartas
8. practicar tablavela

**4-8** **Momentos de ocio** Entrevista a un(a) compañero(a) sobre cómo le gusta pasar sus momentos de ocio. Trata de ver si tienes intereses en común con él o ella. Pregúntale sobre:

- si le gustan las actividades activas o extremas o si prefiere las actividades menos activas.
- si tiene algunas estrategias especiales para hacerlas bien.
- una de sus experiencias más memorables haciendo una de esas actividades y por qué fue tan memorable.
- ¿…?

¿Qué intereses tienen en común? Basándote en sus intereses, ¿le puedes recomendar alguna actividad de ocio?

**4-9** **Investigación** Con un grupo de compañeros(as), investiguen y preparen una breve presentación sobre las actividades de ocio en los países latinos del Caribe. Pueden dividir el trabajo según el tipo de actividad (deporte extremo, deporte activo, deporte espectáculo…), según la región (República Dominicana, Cuba o Puerto Rico) o los dos. Algunas preguntas para investigar son: ¿Qué actividades se pueden hacer? ¿Cuáles son los lugares donde se pueden hacer? ¿Cuál es la mejor temporada *(season)* del año para hacerlas?

**4-10** **Dramatizaciones** En grupos de tres, seleccionen una de las siguientes situaciones para dramatizar. ¡Sean creativos!

1. Dos amigos(as) "compiten" para salir con la misma persona. Los (Las) dos la llaman el mismo día para invitarla a salir en "la cita de sus sueños", un día lleno de diversión y actividad. Él/Ella tiene que decidir qué invitación aceptar y cuál va a rechazar.

2. Un sábado por la noche un grupo de amigos de la universidad conversan sobre sus opciones para entretenerse. Todos tienen ideas muy extrañas. ¿Qué deciden hacer?

# Un concepto diferente del tiempo

Es importante ser puntual en el trabajo, pero la vida privada es otro asunto.

## Anticipación

**4-11** **La puntualidad en los Estados Unidos** ¿Qué es aceptable en los Estados Unidos? Menciona si es muy común, poco común o raro.

1. Llegar tarde a clase
2. Esperar una hora en la oficina del doctor
3. Un partido de béisbol profesional que comienza 15 minutos tarde
4. Llegar a tiempo a una fiesta
5. Llegar 45 minutos tarde a una cena
6. Especificar cuando una fiesta va a terminar

**U**n estereotipo muy conocido de los caribeños y latinoamericanos en general es que prefieren no llegar a tiempo a ninguna parte. ¿Es esto verdad o es un mito? Como todos los estereotipos, tiene algo de verdad. En general, es cierto que los caribeños tienen una actitud más relajada en cuanto al tiempo, especialmente en eventos sociales.

—¿A qué hora salimos? —Pues, cuando estemos listos... por la tardecita.

—¿A qué hora es la fiesta? —Vente a eso de las 7:00... (...que quiere decir después de las ocho.)

—¿A qué hora nos reunimos para salir al partido de baloncesto?

—Déjame ver... la guagua *(bus)* sale a las 6:00 P.M. ... ¡¡Escuchen todos, deben estar aquí a las 5:00 P.M.!!

Pero, no todo es tan relajado. Muchos medios de transporte, como las guaguas que salen de una estación central, todos los programas de televisión, los eventos de deportes si son televisados, el trabajo, especialmente la hora de salida, siguen un horario específico y estricto. En la escuela, desde la primaria a la universidad, es importante llegar a tiempo y las tardanzas se ven muy mal.

El reloj no controla la vida privada.

Puerto Rico, debido a la fuerte influencia de los Estados Unidos, funciona bajo dos tipos de tiempo que el sociólogo Stuart Hall llama tiempo puntual o "monocrónico" y tiempo fluido o "policrónico". ¿Sabes que la mayoría del mundo funciona en el tiempo policrónico? Es interesante que el oeste de Europa, Canadá, los Estados Unidos y quizás Singapore, sean las únicas sociedades en el mundo que funcionan en tiempo monocrónico. En el Caribe, al igual que en muchos países del mundo policrónico, se permite que el reloj controle el trabajo, pero no la vida social. Las fiestas en Puerto Rico, por ejemplo, no tienen hora específica para empezar y definitivamente no tienen hora de terminar.

Las personas que regresan a los Estados Unidos después de una estadía *(stay)* en el Caribe, sienten la diferencia al llegar. La vida en los Estados Unidos cobra velocidad y urgencia. Es inevitable que se tengan citas, llamadas, almuerzos y visitas a una hora específica. En los Estados Unidos el reloj "corre" *(the clock is running)*, ¡pero en el español del Caribe las manecillas *(hands)* del reloj "andan" *(walk)*!

## Comprensión

**4-12** **¿Comprendiste?** Contesta las preguntas para ver si has comprendido el texto.

1. ¿En qué ocasiones es importante que la gente llegue a tiempo en Puerto Rico? ¿Cuándo no?
2. ¿Qué es tiempo monocrónico?, ¿y policrónico?
3. ¿Qué tipo de tiempo observa la mayor parte del mundo? ¿Y los Estados Unidos?

## Entre culturas

**4-13** **Perspectiva 1** ¿Cómo ves la vida de los caribeños? Marca con una equis [X] tu opinión y explica por qué piensas así.

1. _____ No es eficiente que la gente llegue tarde.
2. _____ Es frustrante no saber cuándo llegar.
3. _____ Los caribeños no entienden que el tiempo es dinero.
4. _____ Los caribeños disfrutan la vida.

**4-14** **Perspectiva 2** Lee lo que dicen estos puertorriqueños sobre el tiempo. ¿Qué piensan ellos? Luego contesta las preguntas al final desde tu propia perspectiva.

Algunos jóvenes dicen:

- "¡¿Llegar primero a una fiesta?! No. Es mejor hacer una 'entrada'".
- "Es bueno visitar a los amigos y sentarse a hablar sin prisa."
- "¿Decirle a un amigo en tu fiesta que ya se tiene que ir? ¡Eso no se hace!"

Preguntas:

1. ¿Piensas que es divertido hacer una "entrada"?
2. ¿Qué es lo bueno y lo malo de no tener una hora de llegada y de salida cuando visitas a un amigo?

 **4-15** **Perspectiva 3** Con un(a) compañero(a) discute cómo ven los caribeños en general al resto de los EEUU. Marca con una equis [X] lo que crees que ellos piensan.

1. _____ En los Estados Unidos la gente siempre tiene prisa. ¡Deben relajarse!
2. _____ En los Estados Unidos hay mucha eficiencia.
3. _____ En el Caribe estamos tratando de ser como los Estados Unidos.

## Extensión

**4-16** **¿Eres poli o mono?** Los individuos, como los países, pueden ser monocrónicos o policrónicos. ¡Toma el quiz y mira a ver si eres mono o poli! Lee lo siguiente y haz una lista de las actividades que te hacen uno o el otro.

- **Eres monocrónico si...** haces sólo una cosa a la vez, si sigues con seriedad las fechas y los horarios, si estás dedicado al trabajo, si sigues planes, si enfatizas la puntualidad en las reuniones.

- **Eres policrónico si...** haces varias cosas a la misma vez, si te distraes mucho, si cambias de planes con frecuencia, si piensas que la familia es más importante que el trabajo, si la puntualidad depende de la relación personal.

## Repaso

Review this structure and/or these forms in the **Índice de gramática conocida** at the end of the book: the present subjunctive.

**TEACHING TIP** Encourage students to consult the **Índice de gramática conocida** for further explanation of the subjunctive mood.

**RECYCLING** Use transparency G-7 to review vocabulary of leisure activities and the present subjunctive. Ask students if they participate in various activities, then ask if they recommend them to others. Model the use of the present subjunctive with wishes, desire, and will. Help students form sentences based on your models. Use transparencies G-5, G-6, and G-8 for additional practice.

## El subjuntivo en cláusulas sustantivas

The subjunctive is not a tense, but rather a mood. In Spanish, the indicative mood is used to describe or to refer to events that are certain, definite, and factual. The subjunctive mood, on the other hand, is used after certain verbs and expressions that communicate desire, doubt, emotion, necessity, will, or uncertainty.

- Noun clauses (**cláusulas sustantivas o nominales**) are dependent or subordinate clauses that function as the object of a preceding verb. Noun clauses come after the sentence's main clause, which has its own subject and verb, and are always introduced by **que.**

| subject | verb | + | **que** | + | noun clause/subordinate clause (direct object) |
|---|---|---|---|---|---|
| **Mi amiga** *My friend* | **recomienda** *recommends* | | **que** *that* | | **yo practique el paracaidismo.** *I go skydiving.* |

- The subjunctive is used in the noun clause/subordinate clause when the main clause and the subordinate clause have different subjects and the verb in the main clause:

  ▶ expresses wish, desire, or will with verbs such as **desear, preferir, proponer,** and **querer,** and with the expression **ojalá.**

  Sus padres **prefieren** que él no **escale** montañas solo.
  *His parents **prefer** that he not **climb** mountains alone.*

  ▶ expresses hope or emotion with verbs such as **alegrarse, enfadarse, enojarse, esperar, estar contento de, lamentar, sentir, sorprender, temer,** and **tener miedo de.**

  Me **alegro** de que les **gusten** los deportes acuáticos.
  *I'm **glad** that they **like** water sports.*

  ▶ is an impersonal expression conveying emotion, preference, or probability.

| | | |
|---|---|---|
| **es bueno** | **es importante** | **es probable** |
| **es malo** | **es horrible** | **es triste** |
| **es raro** | **es posible** | **es increíble** |

  **Es probable** que mañana **puedan** salir. El tiempo va a mejorar.
  *It's **likely** that tomorrow they **could** go out. The weather will improve.*

  ▶ expresses doubt, uncertainty, or denial, with verbs such as **dudar, negar, no creer,** and **no pensar.**

  Ella **duda** que **vaya** a haber muchas personas en el lago hoy.
  *She **doubts** that there **will** be a lot of people on the lake today.*

## Atención

The impersonal expressions **es verdad** and **es cierto** require the use of the indicative mood in noun clauses they introduce, not the subjunctive.

> expresses request, preference, or advice, with verbs such as **aconsejar, exigir, insistir, impedir, mandar, obligar, ordenar, oponer, pedir,** and **recomendar.**

**Aconsejo** que los participantes **jueguen** a las cartas mientras esperan.
*I recommend that the participants play cards while they wait.*

- If there is no change in subject between the main clause and the noun clause/ subordinate clause, the infinitive, not the subjunctive, is used.

<u>Es importante</u> **tener** mucho cuidado. vs. <u>Es importante</u> **que tengamos** mucho cuidado.

## El subjuntivo, el indicativo o el infinitivo después de ciertos verbos

- In some instances, depending on the context, either the subjunctive or the indicative can be used in the noun clause.

  > The indicative is used with **decir** and **pedir** when these verbs convey or report information. When **decir** or **pedir** expresses a command, the subjunctive is used.

  **REPORTING**    Juan **dice** que el torneo **empieza** a las seis.
  **REQUESTING**   Juan pide que el torneo **empiece** a las seis.

  > The indicative is used with **creer** and **pensar** in affirmative statements. The subjunctive is used when either of these verbs is negated. The subjunctive may also be used in interrogative sentences with **creer** and **pensar,** according to the degree of doubt the speaker has about a particular proposition.

  Yo **creo** que la exposición **es** buena, pero mi amigo **no piensa** que **sea** tan interesante.
  ¿**Crees** tú que **es** buena? (The speaker thinks so.)
  ¿**Piensas** que **sea** buena? (The speaker doesn't think so.)

  > The subjunctive is used with the expressions **quizás** *(maybe, perhaps)*, **tal vez** *(perhaps)*, and **acaso** *(maybe, by chance)* when the speaker is uncertain about a particular action. If the speaker is relatively certain, the indicative is used.

  **Quizás tengamos** tiempo para ver el torneo de fútbol. (Speaker is unsure.)
  **Tal vez pasan** el torneo por la tele. (Speaker is fairly certain that they will.)

- With certain verbs like **aconsejar, dejar, hacer, impedir, mandar, obligar a, ordenar, permitir,** and **prohibir,** it is possible to use an infinitive in place of a noun clause.

Mi esposa no me deja **practicar el paracaidismo.**
*My wife won't let me go skydiving.*

## ¡A practicar!

**4-17 ¡Ajedrez!** Llena los espacios en blanco con la forma correcta del indicativo o del subjuntivo para ver cómo se juega el ajedrez.

Primero es importante (1) _____saber_____ (saber/sepas) los nombres de las piezas y lo que (2) _____hacen_____ (hacen/hagan). Es obvio que el rey y la dama (3) _____son_____ (son/sean) los más importantes. Creo que los alfiles *(bishops)* (4) _____se mueven_____ (se mueven/se muevan) diagonalmente y son muy útiles también. Es importante saber que el caballo (5) _____es_____ (es/sea) la única pieza que (6) _____puede_____ (puede/pueda) saltar sobre las otras. Tal vez la torre (7) _____sea/es_____ (es/sea) una de las piezas más importantes al final del juego, y sin duda, los peones (8) _____son_____ (son/sean) los primeros que se sacrifican. Lo mejor del juego es (9) _____decir_____ (decir/diga) "jaque mate" *(checkmate)*.

**4-18 ¿Cómo eres?** Mira a ver cómo es tu personalidad y la de tu compañero(a). Tomen turnos haciéndose las siguientes preguntas.

|  | Sí | No |
|---|---|---|
| 1. Creo que nueve entradas *(innings)* en béisbol _____son_____ (ser) demasiadas. | ____ | ____ |
| 2. Lamento que no _____haya_____ (haber) béisbol todo el año. | ____ | ____ |
| 3. Prefiero _____jugar_____ (jugar) a las cartas en vez de *(instead of)* tirar la bola con un amigo. | ____ | ____ |
| 4. Siento que un equipo _____tenga_____ (tener) que ganar, prefiero que _____no gane_____ (no ganar) ninguno. | ____ | ____ |
| 5. Si voy ganando un juego por muchos puntos, dejo que mi oponente _____gane_____ (ganar) unos puntos. | ____ | ____ |
| 6. En un juego de mesa, como Monopolio, no creo que prestar dinero _____sea_____ (ser) buena idea. | ____ | ____ |
| 7. En un juego de mesa, como Risk, me alegra _____destruir_____ (destruir) a mis oponentes. | ____ | ____ |
| 8. Pienso que ganar no _____es_____ (ser) tan importante. | ____ | ____ |

**4-19 ¿Qué opinas?** Llena los espacios en blanco con la forma correcta del indicativo o el subjuntivo para dar tu opinión sobre los siguientes deportes y atracciones.

1. El boliche
   a. Creo que el boliche _____es_____ (ser) difícil.
   b. No creo que _____sea_____ (ser) peligroso.
   c. Es importante _____comprar_____ (comprar) su propia bola.

2. La montaña rusa *(roller coaster)*
   a. Temo que _____haya_____ (haber) un accidente.
   b. Estoy seguro de que _____son_____ (ser) seguras.
   c. Siento que voy a _____enfermarme_____ (enfermarse).

3. El paracaidismo
   a. Quizás algún día _____lo haga_____ (hacerlo).
   b. Sin duda, nunca voy a _____hacerlo_____ (hacerlo).
   c. Tengo miedo de _____caerme_____ (caerme).

## ¡A conversar!

**4-20 Adivina** Pregúntale a un(a) compañero(a): ¿Qué sabes del béisbol? ¿Qué piensas que es posible? ¿Qué crees o no crees? ¡Adivina lo que no sepas!

**EJEMPLO** Treinta por ciento de los beisboleros en los EEUU son de ascendencia latinoamericana.

**No pienso que el 30% sean latinoamericanos. O Sí, creo que el 30% son latinoamericanos.**

(Respuesta: Sí, es verdad que el 30% son latinoamericanos.)

1. A-Rod es un beisbolista de ascendencia dominicana.
2. Fidel Castro es un aficionado al béisbol.
3. De los tres países que estamos estudiando, Cuba provee más jugadores que Puerto Rico y la República Dominicana.
4. Un jugador llamado I-Rod o Pudge, es de ascendencia puertorriqueña.
5. El fútbol es tan popular como el béisbol en el Caribe.
6. Los equipos de béisbol de Cuba son tan buenos como algunos equipos profesionales de los EEUU.
7. El béisbol es originario de Cuba, no de los EEUU.

**4-21 Un día de lluvia** ¿Qué haces para entretenerte en un día de lluvia? Reacciona a las siguientes sugerencias usando **prefiero, dudo, espero, creo, no creo, pienso,** etcétera.

**EJEMPLO** ¿Qué tal si vamos a la playa?
**No creo que sea buena idea. Es mejor ir a la playa cuando hace sol.**

1. ¿Qué tal si volamos cometas?
2. ¿Te gustaría ir a nadar en el río?
3. ¿Y si jugamos al ajedrez?
4. ¿Qué tal si jugamos a las cartas?
5. ¿Te gustaría ir a un parque de diversiones?
6. ¿Quieres ir a la bolera?

**4-22 Hombres vs. mujeres** En grupos de cuatro (dos hombres y dos mujeres) háganse demandas el uno al otro. Después compartan sus demandas con la clase. Usen frases como: **queremos que, sugerimos que, es mejor que, es preferible que, ya saben que, te aconsejo que, insistimos que,** etcétera.

**EJEMPLO** Ellos: Queremos que las mujeres miren partidos de béisbol en la tele con nosotros.
Ellas: Pensamos que ellos deben cocinar para nosotras con más frecuencia.

**4-23 Demandas al instructor** En grupos de tres, hagan una lista y lleguen a un consenso sobre cambios que quieren en la clase de español para hacerla más divertida. Usa el vocabulario del ocio para tener ideas.

**EJEMPLO** Nosotros queremos que la profesora / el profesor nos enseñe a jugar barajas españolas en la clase.

## Usos de *se*

In addition to its use with reflexive and reciprocal verbs that you learned about in **Capítulo 3,** the pronoun **se** has several other uses in Spanish.

### El *se* pasivo

● Spanish speakers use a passive construction to place emphasis on the action itself rather than on the person (subject) who performs the action. The passive **se,** therefore, is used when the performer of the action is either unknown or not central to the meaning of the sentence.

**Se reparten** todas las cartas antes de empezar a jugar.
*All the cards **are dealt** before beginning to play.*

**Se practica** tablavela en las playas cerca del hotel.
*Windsurfing **is practiced** at the beaches near the hotel.*

● In the preceding sentences, the objects of the verbs—**las cartas** and **tablavela**—act as the subjects of the verbs, thereby determining whether the verb is singular or plural. Third-person singular verbs are used with singular nouns; third-person plural verbs are used with plural nouns.

● In passive **se** constructions, use the following formulas. Note that the noun can either precede or follow the **se** + verb combination.

> **se** + third-person singular/plural verb + noun
> noun + **se** + third-person singular/plural verb

### El *se* impersonal

● Like the passive **se,** the impersonal **se** is used in sentences in which the performer of the action is not specified or is unimportant to the meaning of the sentence.

En esta zona **se escala** mucho.
*In this area, **one climbs** a lot.*

**Se puede** entretener a los niños en una sala de videojuegos por horas.
***You can** entertain children in a game room for hours.*

● In English, the impersonal **se** is conveyed by the subjects *one, you* (in general), *people* (in general), and *they* (in general). Only the third-person singular form of the verb is used with the impersonal **se.**

## El *se* accidental

- The passive construction with **se** is also used with certain verbs to indicate unplanned or unexpected events. In these constructions, the accidental **se** communicates a lesser degree of responsibility on behalf of the person implicated in the action. For example, in the sentence **Se me cayó el libro,** the accidental **se** assumes that the object (in this case, *the book*) is responsible for the action. Thus, the English translation is actually *The book fell out of my hands* instead of *I dropped the book*.

- In accidental **se** constructions, the verb agrees with the object of the sentence. Third-person singular verbs are used with singular nouns; third-person plural verbs are used with plural nouns. An indirect object pronoun is used to indicate to whom the unintentional action occurred.

  indirect object pronoun    indirect object pronoun
  ↓                          ↓

  **Se les olvidó** la hora de la carrera.  **Se le quedaron** las bolas en la cancha.
  *They **forgot** the time of the race.*  *He **left** the balls on the playing field.*

- Sentences with accidental **se** frequently begin with **a** + noun or **a** + prepositional pronoun to emphasize or to clarify the person to whom the unplanned event occurred.

  **A mí se me perdieron** algunas de las fichas del juego de damas.
  *I **lost** some of the checkers.*
  **A un aficionado se le quedó** el boleto en su coche.
  *A **fan left** his ticket in his car.*

- Only certain verbs can be used in accidental **se** constructions, and they are frequently conjugated in the preterite tense. The following verbs are commonly used in accidental **se** constructions:

  | | |
  |---|---|
  | **acabar** | A ella **se le acabó** el dinero para apostar. <br> *She **ran out of** money to bet.* |
  | **caer** | A usted **se le cayeron** las cartas. <br> *You **dropped** the cards.* |
  | **descomponer** | Al piloto de Fórmula 1 **se le descompuso** el coche antes de terminar la carrera. <br> *The car **broke down** on the Formula 1 driver before finishing the race.* |
  | **olvidar** | A ti **se te olvidó** una linterna para explorar las cuevas. <br> *You **forgot** a flashlight to explore the caves.* |
  | **perder** | **Se nos perdieron** algunas de las piezas del juego de ajedrez. <br> *Some of the chess pieces **went missing on us**.* |
  | **quedar** | **Se me quedaron** los zapatos en la bolera. <br> *My shoes **were left behind** at the bowling alley.* |
  | **romper** | A nosotros **se nos rompió** la cometa cuando la volábamos en el parque. <br> *The kite **broke on us** when we were flying it in the park.* |

## ¡A practicar!

**4-24** **Excusas** Cuando perdemos un partido, siempre tenemos una excusa. ¿Qué excusas da esta persona porque perdió el partido de tenis? Encuentra la explicación de la excusa en la columna derecha.

1. Esas bolas de tenis son viejas.
2. Golpeé la raqueta ayer y ahora tiene una pequeña fractura.
3. Creo que se me olvidó ponerme los calcetines que me dan buena suerte.
4. Tengo problemas con el hombro *(shoulder)* desde el año pasado.
5. No puedo ver bien por el sol.
6. Estaba cansado(a) porque no tenía mi bebida energética.
7. Estaba muy frustrado(a) y perdí la paciencia.

a. Se me quedaron en casa.
b. Se me cayó y se perdió todo el líquido.
c. Se me dislocó el año pasado.
d. Se me rompió ayer.
e. Se me olvidaron las gafas en casa.
f. Se me acabaron las nuevas.
g. Se me acabó la paciencia.

**4-25** **¡Las cuevas de Camuy!** Estas cuevas son mundialmente famosas. ¿Qué se puede hacer en esta impresionante atracción turística en Puerto Rico? Cambia las oraciones usando el **se** pasivo o el **se** impersonal.

**EJEMPLO** Primero vas a mirar una breve película sobre las cuevas.
**Se mira una breve película.**

1. Vas a montar en un mini tren.
2. Tienes que llevar un casco duro *(hard hat)* para evitar accidentes.
3. Vas a aprender sobre muchos tipos de flores y plantas.
4. Vas a ver un sumidero *(sink hole)* enorme.
5. Algunas veces permiten caminar por las cuevas.
6. Puedes escuchar los murciélagos *(bats)*.
7. ¡No debes mirar hacia arriba con la boca abierta!
8. Vas a ver muchas estalactitas.

**4-26** **¿Por qué no vinieron al partido?** Un grupo de amigos tuvo muchos problemas para llegar al estadio y ver un partido de béisbol. Explícale a tus compañeros(as) qué fue lo que pasó.

**EJEMPLO** Pensamos que el partido era a las 4:00, pero en realidad era a las 5:00.
**Se nos olvidó a qué hora era el partido.**

1. Nuestro coche no quiso prender *(start)*.
2. Miré el tanque y vi que el carro no tenía gasolina.
3. Mi amigo caminó hasta una gasolinera, pero al regreso dejó *(left)* las llaves en la gasolinera.
4. Cuando llegamos al estadio, vimos que no teníamos boletos de entrada. Creo que estaban en casa.
5. Había un hombre vendiendo boletos pero ya no tenía más.
6. Compramos un boleto muy muy caro y no teníamos más dinero para comprar otro.
7. Nosotros tuvimos mucha paciencia con todos los problemas, pero ya no.

## ¡A conversar!

**4-27** **¿Cómo se hace?** Explícale a un(a) compañero(a) cómo se hace lo siguiente usando el se pasivo.

Vocabulario útil

| | |
|---|---|
| balancear | rodar *(to roll)* |
| el blanco *(target)* | la tabla *(surfboard)* |
| comprar | tirar |
| escoger | tumbar |
| mover | vender |

**EJEMPLO** Boliche

**Se rueda una bola y se tumba el mayor número de bolos posibles.**

1. Monopolio
2. Tirar dardos *(darts)*
3. Surfear
4. Practicar tablavela
5. Enviar un mensaje de texto
6. Jugar al Frisbi golf
7. Jugar al póker

**4-28** **¡Para mirar un partido importante!** Tu equipo favorito va a jugar un partido muy importante. ¿Qué haces para celebrar? Aconséjale a un(a) compañero(a) qué hacer durante y después del partido.

**EJEMPLO** Primero se invitan a 20 o 30 amigos a la casa a ver el partido conmigo, se les dice que traigan algo de comer…

**4-29** **La ley de Murphy** ¿Conocen esta ley? De acuerdo a esta ley, si hay algo que puede salir mal, va a salir mal. Con un(a) compañero(a), sean pesimistas y digan qué va a pasar usando los verbos **romper, quedar, caer, perder, descomponer, olvidar, acabar** y **escapar**.

**EJEMPLO** Quieres jugar al tenis. Llegas a la cancha *(court)* y…

**se te quedó la raqueta en la casa.**

1. Tus amigos quieren ir a la playa, pero cuando llegan al coche…
2. Estás levantando pesas pero tienes que parar porque…
3. Un niño juega videojuegos pero tiene que parar porque…
4. Un muchacho quiere jugar al béisbol pero…
5. Hace mucho calor, quieres nadar en la piscina pero no puedes porque…
6. Unas personas vuelan unas cometas y…
7. Nosotros queremos tener una fiesta en la clase pero…

## ¿Te apetece ser chef de la cocina criolla?

### RECETA DEL MES: EL MOFONGO

*Aunque se conoce por diferentes nombres (Matajíbaro o Fufú en Cuba, Mangú en la República Dominicana y Mofongo en Puerto Rico), el plátano verde **machacado** es siempre el ingrediente básico de este famosísimo plato.*

**INGREDIENTES:**

- 3 plátanos **verdes, cortados en trozos**
- 1/2 **libra** de **chicharrones** o **tocino**
- 3 **dientes de ajo**
- 1 **cucharada** de aceite de oliva
- sal **a gusto**
- aceite para **freír**

**UTENSILIOS** DE COCINA:

- un mortero
- una sartén

**Tabla de medidas**

1 pizca = 1/8 **cucharadita**

4 **cucharadas** = 1/4 **taza** = 2 onzas = 56 gramos

1/4 libra = 4 onzas = 115 gramos

**PREPARACIÓN:**

1. Primero, **remojas** los plátanos en agua con sal durante 15 minutos.
2. Luego **fríes** los plátanos sin **tostarlos** demasiado.
3. Después, **retiras** los plátanos de la **sartén** y los pones a **escurrir** en un papel absorbente.
4. En el **mortero**, tienes que **machacar** el ajo, los plátanos **fritos** y el **tocino** o los **chicharrones** con el aceite.
5. Después, **agregas** la sal para **sazonar** la mezcla.
6. Por último, tomas 3 o 4 **cucharadas** de la **mezcla** para formar bolas.
7. ¡Se recomienda servirlo caliente!

## Para hablar de la cocina

| | |
|---|---|
| la canela | *cinnamon* |
| el chicharrón | *pork rind* |
| la clara | *egg white* |
| la cocina | *cooking, cuisine* |
| la cucharada | *tablespoon* |
| la cucharadita | *teaspoon* |
| el diente de ajo | *clove of garlic* |
| la libra | *pound* |
| el mortero | *mortar* |
| la olla | *pot* |
| la pizca | *pinch* |
| el recipiente | *container* |
| el/la sartén | *frying pan* |
| la taza | *cup* |
| el tocino | *bacon* |
| el utensilio | *utensil* |
| la yema | *yolk* |

| | |
|---|---|
| adobar / el adobo | *to marinate / marinade* |
| agregar | *to add* |
| asar a la parrilla / asar | *to broil, grill / to roast* |
| batir / batido | *to whip / whipped* |
| cortar | *to cut* |
| cubrir / cubierto(a) | *to cover / covered* |
| derretir (i) / derretido(a) | *to melt / melted* |
| descartar | *to discard, throw out* |
| echar(le/les) sal | *to add salt (to something)* |
| enfriar | *to cool* |
| escurrir | *to drain* |
| freír (i) / frito(a) | *to fry / fried* |
| hervir (ie) / hervido(a) | *to boil / boiled* |
| mezclar / la mezcla | *to mix / mixture* |
| machacar / machacado | *to crush, to mash / crushed, mashed* |
| picar / picado(a) | *to cut / minced* |
| remojar | *to soak* |
| retirar | *to remove* |
| sazonar | *to season* |
| tostar | *to brown, to toast* |
| verter (ie) | *to pour (out)* |

| | |
|---|---|
| agrio(a) / agridulce | *bitter, sour / sweet and sour, bittersweet* |
| maduro(a) | *ripe* |
| picante | *spicy* |
| sabroso(a) / el sabor | *tasty, delicious / taste* |
| verde | *unripe* |

| | |
|---|---|
| a fuego bajo/medio/alto | *on low/medium/high heat* |
| al gusto | *to (one's) taste* |
| de lata | *canned* |
| **en trozos** | *in pieces* |

---

### Repaso

Review basic vocabulary related to food in the **Índice de palabras conocidas** at the end of the book.

### Lengua

Other words and phrases related to cooking are cognates of English words: **el cubo** (cube), **la gastronomía** (gastronomy, cuisine), **las hierbas** (herbs), **la onza** (ounce), **el orégano** (oregano), **el procesador** (food processor), **el puré** (puree), **el ron** (rum), **la vainilla** (vanilla).

**TEACHING TIP** Point out to students that a number of the verbs in the vocabulary have irregular conjugations, including stem changes.

### Lengua

There is a great deal of variation in the names of Spanish food-related items. For example, **el plátano, el banano,** and **el guineo** all mean *banana,* but refer to different varieties of the fruit found in various Spanish-speaking countries. Also, whereas in Spain and South America **mortero** is used for a *mortar,* in the Caribbean Spanish speakers use **pilón,** and in Mexico they use **molcajete.**

## ¡A practicar!

**4-30 Para hacer el mofongo** Lee la receta del mofongo en la página 148 y después selecciona las mejores respuestas a las siguientes preguntas.

1. ¿Cuáles de las siguientes cosas no son necesarias para hacer el mofongo?
   a. plátano maduro *(circled)*
   b. plátano frito
   c. un mortero
   d. una clara

2. Según la receta, ¿qué no se hace con el plátano?
   a. Escurres el plátano.
   b. Hierves el plátano. *(circled)*
   c. Cortas el plátano en trozos.
   d. Fríes el plátano en aceite.

3. ¿Cuáles de los siguientes no son pasos de la receta?
   a. Remojas el ajo en un recipiente durante 15 minutos. *(circled)*
   b. Mezclas media libra de chicharrones con el plátano.

c. Viertes agua hervida sobre los chicharrones.
d. Machacas el ajo con los chicharrones.

4. ¿Con qué cosas se sazona el mofongo?
   a. la canela
   b. la sal *(circled)*
   c. tomates de lata
   d. una yema

5. ¿Qué pasos se siguen para servir el mofongo?
   a. Enfrías el mofongo antes de servirlo.
   b. Formas bolas con la mezcla de ingredientes. *(circled)*
   c. Le echas una taza de sal.
   d. Adobas el mofongo con salsa.

**TEACHING TIP 4-31** Follow up with listening/comprehension questions like ¿Qué derrites para freír las cebollas? and ¿Por cuánto tiempo se debe hervir el puré? For additional practice of subjunctive, have students tell each other what they should do to make this recipe, for example, **Es importante que piques la carne muy finamente.** Focus on regular and irregular verbs from the vocabulary.

**4-31 Secretos de la cocina cubana** La familia de Óscar es de Cuba y Óscar comparte una de sus recetas cubanas favoritas. Para aprender a prepararla, rellena los espacios en blanco con la palabra apropiada de la lista. Cada palabra se usa sólo una vez. **¡OJO!** Si usas un verbo, quizás tengas que conjugarlo.

| | | | |
|---|---|---|---|
| adobar | fuego bajo | picadas | retirar |
| agregar | latas | picar | sartén |
| cucharada | libra | pizca | tazas |
| derretir | mezclar | recipiente | verter |

Las albóndigas de maíz son mi especialidad. Para hacerlas necesitas una (1) _____libra_____ de maíz y la mitad de esa cantidad de carne. También necesitas dos (2) _____tazas_____ de cebollas (3) _____picadas_____ y dos (4) _____latas_____ de puré de tomates. Tienes que (5) _____picar_____ la carne muy finamente *(finely)* y entonces vas a (6) _____adobar_____ la carne con sal, pimienta y limón.

En un (7) _____recipiente_____ vas a (8) _____mezclar_____ el maíz con la mitad de *(half)* las cebollas y después tienes que echarle una (9) _____pizca_____ de sal a la mezcla. (10) _____Agregas_____ la carne a la mezcla y luego formas las bolas que van a ser las albóndigas.

En una (11) _____sartén_____ vas a (12) _____derretir_____ una (13) _____cucharada_____ de mantequilla para freír el resto de las cebollas con ajo. Luego, (14) _____viertes_____ el puré de tomates en la sartén. Échale un poco de agua y déjalo hervir a (15) _____fuego bajo_____ por veinte minutos. Pones las albóndigas en la mezcla y después de cocinarlas veinte minutos más, (16) _____retiras_____ la sartén del fuego, ¡y listo!

## ¡A conversar!

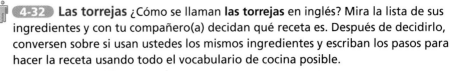

**4-32** **Las torrejas** ¿Cómo se llaman **las torrejas** en inglés? Mira la lista de sus ingredientes y con tu compañero(a) decidan qué receta es. Después de decidirlo, conversen sobre si usan ustedes los mismos ingredientes y escriban los pasos para hacer la receta usando todo el vocabulario de cocina posible.

Ingredientes:

pan de canela, 3 yemas, 1 lata de leche evaporada, 1 taza de azúcar, 1 cucharadita de canela, 1 cucharadita de vainilla, 4 huevos, ¼ barra de mantequilla

Manera de hacerse:

_____   _____

_____   _____

**4-33** **Recetas para cualquier ocasión** Habla con tu compañero(a) para ver cuáles son sus recetas preferidas (de comida o bebida) para las siguientes ocasiones. Pregúntale también sobre los ingredientes y la preparación de esas recetas.

1. Durante las Navidades
2. Para fiestas con los amigos
3. Durante el verano
4. Para una cena romántica
5. ¿ ?

**4-34** **¿Qué receta es?** Toma turnos describiendo las recetas para hacer las siguientes comidas. No le digas a tu compañero(a) qué receta describes y así tiene que adivinar. El (La) compañero(a) también te puede hacer preguntas sobre los ingredientes o los pasos de preparación.

1. smores
2. quesadillas de carne de res
3. brownies
4. cheeseburgers
5. tacos
6. meatloaf
7. top ramen
8. mac and cheese

**4-35** **El menú del día** Tú y otro(a) estudiante tienen que preparar un menú especial para otros dos estudiantes de la clase. Juntos entrevisten a los otros dos sobre sus gustos y preferencias alimenticias *(food)*. Luego, trabaja con tu compañero(a) para elaborar un menú completo de comidas para un día, incluyendo el desayuno, la comida y la cena.

**4-36** **Cocinando con…** Trabaja con otro(a) estudiante para presentarle a la clase una receta de la cocina cubana, dominicana o puertorriqueña. Tienen que presentar tanto los ingredientes y los utensilios necesarios como la manera de prepararla.

## La "cocina fusión" original

**Mercado Semanas en República Dominicana**

## Anticipación

**4-37 Las comidas en los Estados Unidos** ¿Qué se come en los Estados Unidos?

1. ¿Qué comidas son típicas en los Estados Unidos?
2. ¿Sabes si estas comidas llegaron de otro continente?
3. ¿Sabes de alguna comida nativa de las Américas?

Seguro que has oído sobre la cocina fusión: Tex-mex, la franco-china, la Pacific Rim… Bueno, pues, tal vez la primera comida fusión sea la de las islas del Caribe. La comida de Cuba, Puerto Rico y República Dominicana no es algo creado por un cocinero, sino que viene de tres continentes y culturas: las tribus amerindias del Caribe, los conquistadores españoles y los esclavos del África. A través de los años, estas culturas y alimentos se mezclaron para crear algo nuevo: "la comida criolla".

De las tribus taínas, la comida criolla recibe mariscos, muchos vegetales, la yuca *(cassava)*, las guayabas *(guava)*, las habichuelas *(beans)* y la piña *(pineapple)*. El mismo Cristóbal Colón notó que la dieta de los indígenas era muy saludable y variada. Esto, al igual que hace mil años, es lo que se consume hoy.

Los españoles trajeron muchos ingredientes como los garbanzos, el pan, la cebolla, el ajo, el aceite de oliva, el arroz y especias *(spices)* como el orégano. Los españoles preferían el cabrito *(goat)*, el pollo y el cerdo. Debido a que la cocina criolla empezó cuando era difícil criar *(raise)* animales, todas las partes de éstos se usaban. Hoy día, platos preparados con patas de cerdo, intestinos, sesos *(brains)*, lengua y corazón de vaca *(cow)* todavía son comunes.

Del continente africano llegó un método nuevo de cocinar: el freír en grasa *(deep fat frying)*. También vinieron el café, la caña de azúcar y los plátanos, que hoy día se comen de mil maneras: verdes, maduros, hervidos, fritos, asados, machacados, etcétera. Los plátanos son el complemento más popular de todo plato.

Varias de estas comidas e influencias se pueden ver en un plato muy típico: el mofongo. El mofongo consiste en un plátano verde que se fríe lentamente, se machaca con chicharrones y ajo y se puede rellenar *(stuff)* con carne o mariscos. Junto con los plátanos, casi toda comida incluye lo que los nutricionistas llaman la perfecta combinación: arroz y habichuelas, que los cubanos llaman "moros y cristianos" y los puertorriqueños, "el matrimonio perfecto". Esto es ciertamente lo que describe la comida criolla: un increíble matrimonio, una fusión de tres culturas.

Tostones

## Comprensión

**4-38** **¿Comprendiste?** Contesta las preguntas para ver si has comprendido el texto.

1. La comida criolla es una fusión de tres culturas. ¿Cuáles son estas culturas? ¿Qué aporta cada una?
2. ¿Qué complementos están casi siempre presentes en la comida criolla?
3. ¿Qué partes de la vaca y el cerdo se comen?
4. ¿Por qué crees que llaman al arroz y a las habichuelas "moros y cristianos" o "el matrimonio perfecto"?

## Entre culturas

**4-39** **Perspectiva 1** ¿Cómo ves la cocina de los caribeños? Marca con una equis [X] tu opinión y explica por qué piensas así.

1. _____ No me atraen las comidas exóticas que tengan cosas como las patas, el corazón o la lengua.
2. _____ Me gustaría probar cosas como los sesos.
3. _____ La comida caribeña se parece a la comida mexicana (u otra).
4. _____ Los plátanos son como nuestras papas. Son muy versátiles.

**4-40** **Perspectiva 2** Lee lo que dicen estos puertorriqueños sobre la comida criolla. ¿Qué piensan ellos? Luego contesta las preguntas al final sobre tu perspectiva.

Algunos dicen:

- "El arroz y las habichuelas son comidas muy saludables y la mejor combinación para subsistir. No se necesita nada más."

- "La comida del Caribe lleva aceite de oliva y también mucho ajo, que es muy bueno para la salud; el ajo es un antibiótico."

Preguntas:

1. El arroz y las habichuelas acompañan muchos platos criollos. ¿Qué comidas acompañan los platos en los Estados Unidos? ¿Y en tu familia?
2. ¿Pones ajo en tu comida? ¿Por qué?

**4-41** **Perspectiva 3** Con un(a) compañero(a) discute cómo ven algunos caribeños al resto de los Estados Unidos. Marca con una equis [X] lo que crees que ellos piensan.

1. _____ En los Estados Unidos hay desperdicio *(waste)* porque no comen todo el animal.

2. _____ En los Estados Unidos se presenta la carne muy bien envuelta *(wrapped)* sin cabezas ni ojos para que no parezca que viene de un animal o de un ser que un día tuvo vida.

3. _____ En los Estados Unidos hay una gran variedad de comidas de diferentes países.

4. _____ En los Estados Unidos comen comida demasiado picante para nosotros.

5. _____ Hay comidas que no nos gustan mucho, como la mantequilla de maní *(peanut)*.

## Extensión

**4-42** **Las frutas** En el Caribe crecen *(grow)* muchas frutas tropicales que no se encuentran en los Estados Unidos, a menos de que sean importadas. Busca en el Internet cuáles son. ¿Las has visto en el supermercado? ¿Las has probado? ¿Te gustan? Escribe una lista de frutas importadas que se pueden comprar en el supermercado.

## La voz pasiva

### La voz pasiva con *ser* + participio pasado

In **Estructura II,** you learned how to form passive constructions with the pronoun **se.** In Spanish, you can also use the passive voice to deemphasize the importance of the performer of an action (agent). The true passive voice consists of the verb **ser** + the past participle of a second verb functioning as an adjective.

- In the active voice, a subject (agent) performs the action of a verb on an object. In the passive voice, however, the object of the sentence becomes the subject of the sentence. In the following sentences, notice how the passive sentence places emphasis on the object of the sentence (**el plato**) rather than on the agent (**la cocinera**).

  **ACTIVE VOICE**   La cocinera **sazonó** el plato con varias especias.
  *The cook **seasoned** the dish with several spices.*

  **PASSIVE VOICE**   El plato **fue sazonado** con varias especias.
  *The plate **was seasoned** with several spices.*

- The passive voice often includes the preposition **por** to indicate the agent or performer of the action.

  El plato fue sazonado con muchas especias **por la cocinera.**
  *The plate was seasoned with several spices **by the cook.***

  Las ensaladas fueron servidas **por el camarero.**
  *The salads were served **by the waiter.***

- In the passive voice, the verb **ser** can appear in any tense. It should be noted, however, that the passive voice is not frequently used in speech. It is more common in reporting than in writing.

  El pastel **fue decorado** hace una hora por Cristina.
  *The cake **was decorated** an hour ago by Cristina.*

  Los dientes de ajo **son agregados** al final.
  *The cloves of garlic **are added** at the end.*

  Las ollas no **van a ser usadas** por nadie.
  *The pots **are not going to be used** by anyone.*

- In the preceding examples, notice how the second verb—the past participle that follows the verb **ser**—functions as an adjective and thus agrees in number and gender with the noun that it modifies.

| passive subject | past participle |
| --- | --- |
| el pastel | decorado |
| los dientes de ajo | agregados |
| las ollas | usadas |

### *Estar* + participio pasado

The verb **estar** can also be used with the past participle. Unlike the passive voice, which uses the verb **ser** and emphasizes the carrying out of an action on a noun, this construction is used to describe a noun, emphasizing only its state or condition.

Los champiñones **están escurridos.**     Los champiñones **están fríos.**
*The mushrooms **are drained.***         *The mushrooms **are cold.***

In preceding examples, both the adjective escurridos, which is derived from the past participle of the verb **escurrir,** and the adjective **fríos** describe different conditions of the mushrooms. The only difference between the two adjectives is that **escurridos** is derived from a verb form and **fríos** is not.

- Because the **estar** + past participle construction describes a state or condition of a noun without referring to who or what brought the noun to that state or condition, this construction is never followed by a **por** + the performer phrase. This is another feature that distinguishes it from the passive voice.

- If you want to describe an action that is carried out on a noun, while either deemphasizing or not mentioning the person or thing that carried it out, use the passive construction, **ser** + the past participle.

Chef: Necesito los plátanos maduros. ¿Dónde están?
Chef: *I need the ripe bananas. Where are they?*

Asistente: Lo siento. Los plátanos **fueron desechados** esta mañana.
Assistant: *I'm sorry. The bananas **were thrown out** (by somebody) this morning.*

In the preceding example, the emphasis is on the action of throwing out the bananas without explicit reference to who did it. The assistant either does not know or does not want to admit to knowing this information.

- If you only wish to describe the state or condition of a noun using an adjective that is derived from the past participle, use **estar** + adjective.

Chef: ¿Está todo listo para comenzar?
Asistente: Sí, la carne **está adobada y picada.** ¡Manos a la obra!

In the preceding example, the assistant simply describes the condition that the meat is in: it's marinated and cut up. While these states result from the action of marinating and cutting, the carrying out of the actions is not emphasized here, only the resulting state of the meat.

## ¡A practicar!

**4-43** **Una cocina increíble** Doña Carmen Avoy de Valdejuli, es la "Julia Child" de Puerto Rico. Es muy conocida y ha escrito varios libros de cocina puertorriqueña. Su cocina está súper organizada. Selecciona la frase que mejor completa la columna de la izquierda.

1. Su cocina
2. Las ollas
3. Las recetas
4. Las especias
5. Las copas
6. Los platos
7. Los utensilios
8. Sus libros de cocina

a. fueron comprados en una tienda de la capital.
b. está muy organizada.
c. están cubiertos de plata.
d. están organizadas por colores.
e. están clasificadas por orden alfabético.
f. están arregladas por tamaño.
g. fueron hechas a mano.
h. fueron escritos y revisados por ella.

**4-44** **Una cena de aniversario** Quieres celebrar un aniversario especial con tu novio(a) y le pides a un amigo que te ayude a organizarlo preguntándote si has hecho todo para tener la cena perfecta. Contesta las preguntas usando el participio pasado.

**EJEMPLO** ¿Adobaste la carne?
**Ya está adobada.**

1. ¿Pusiste la mesa?
2. ¿Arreglaste las flores?
3. ¿Limpiaste la cocina?
4. ¿Pusiste la música?
5. ¿Encendiste las velas?
6. ¿Serviste la comida?
7. ¿Envolviste el regalo?
8. ¿Firmaste la tarjeta de aniversario?

**4-45** **Una boda bonita** Preparas un breve artículo para el periódico sobre la boda de un(a) estudiante. Escribe los detalles usando la voz pasiva con **ser**.

**EJEMPLO** Una amiga de la novia diseñó el pastel.
**El pastel fue diseñado por una amiga de la novia.**

1. Sus hermanas decoraron el salón.
2. Su madre bordó (*embroidered*) el traje.
3. El vino se importó de España.
4. Trajeron las flores de San Juan.
5. Los abuelos donaron los anillos.
6. Los padres encargaron (*ordered*) la comida.
7. El restaurante La Bombonera preparó la comida.
8. Un cocinero famoso preparó el menú.

## ¡A conversar!

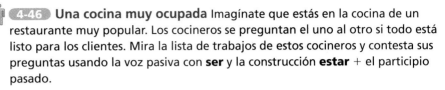

**4-46 Una cocina muy ocupada** Imagínate que estás en la cocina de un restaurante muy popular. Los cocineros se preguntan el uno al otro si todo está listo para los clientes. Mira la lista de trabajos de estos cocineros y contesta sus preguntas usando la voz pasiva con **ser** y la construcción **estar** + el participio pasado.

| Fernando | Carmen | René |
|---|---|---|
| hirvió las papas | machacó los plátanos | derritió el chocolate |
| cortó la cebolla | asó el pollo | remojó las manzanas en agua de sal |
| cortó la carne | sazonó los camarones | descartó el líquido |
| picó el ajo | tostó el pan | batió la mezcla |

**EJEMPLO**  ¿Qué pasó con las papas?
**Ya están hervidas.**
**Fueron hervidas por Fernando.**

1. ¿Tostaste el pan?
2. ¿Cocinaste el pollo?
3. ¿Qué hiciste con el chocolate?
4. ¿Y la cebolla?
5. ¿Qué hiciste con las manzanas?
6. ¿Qué pasó con los plátanos?
7. ¿Qué hiciste con los camarones?
8. ¿?

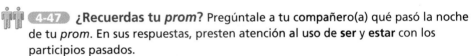

**4-47 ¿Recuerdas tu *prom*?** Pregúntale a tu **compañero(a)** qué pasó la noche de tu *prom*. En sus respuestas, presten atención al **uso de ser** y **estar** con los participios pasados.

1. ¿Cómo fue decorado el salón?
2. ¿Había comida? ¿Fue preparada por los padres o fue traída de un restaurante?
3. ¿Quién organizó todo? Fue organizado por los padres o por los estudiantes?
4. ¿Cómo estaba tu pareja? ¿Estaba bien vestido(a)? ¿Estaba emocionado(a)?
5. ¿Y tú, bailaste mucho? ¿Estabas cansado(a) al final? ¿A qué hora terminó todo?

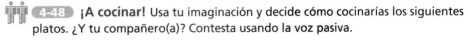

**4-48 ¡A cocinar!** Usa tu imaginación y decide cómo cocinarías los siguientes platos. ¿Y tu **compañero(a)**? Contesta usando la **voz pasiva**.

**EJEMPLO**  **La lengua estofada** *(stewed)* **la puedo cocinar con agua hervida, y con ajo machacado. Se puede servir con papas majadas.**

1. Lengua de vaca estofada con…
2. Corazón de vaca sazonado con…
3. Sesos *(brains)* acompañados de…
4. Frutas tropicales batidas con…
5. Bacalao *(cod)* preparado con…
6. Plátanos asados cubiertos de…

Before completing the activities on this page, review the following pages and refer to them as necessary to refresh your memory of the **Estructuras** addressed in **Capítulo 4.**
**El subjuntivo en cláusulas sustantivas**, pp. 140–141
**Usos de se**, pp. 144–145
**La voz pasiva**, pp. 156–157

**TEACHING TIP** Have students review the information on the structures covered in the chapter before they begin the activities. All activities begin with a short written product that each student prepares in order to communicate about topics from the chapter and concludes with pair work or a small group activity that allows students to share information with classmates.

**TEACHING TIP** Invite students who have spent time in a Spanish-speaking country in the Caribbean or have ties to the area to share information with classmates. If Caribbean food is available in your area, ask students who have sampled it to describe several dishes and offer their reactions to the cuisine.

**TEACHING TIP 4-49** Encourage students to think critically about the influence that geography exercises on leisure activities and cuisine. Have them compare and contrast these aspects of the Spanish-speaking nations of the Caribbean with the area in which they live and other areas that they know.

**TEACHING TIP 4-51** Tell students they may use personal photographs, or they may use photos they find on the Internet or in magazines. After students work in groups to share photos and information, have several students show their photos to the class and direct a class discussion of various leisure activities and students' opinions of them. If some students have visited or lived in a Spanish-speaking country or countries in the Caribbean, allow them to share information about leisure activities they pursued there.

# ¡A REPASAR Y A AVANZAR!

**4-49** **Disfrutando el Caribe** Piensa en lo que has aprendido en este capítulo y contesta las siguientes preguntas. Después, compara tus respuestas con las de un(a) compañero(a) de clase.

1. ¿Qué aspectos de Cuba, República Dominicana y Puerto Rico te interesan y por qué?
2. ¿Qué conexión existe entre la geografía de los países de habla hispana del Caribe y las actividades de ocio populares con las personas que pasan tiempo allá?
3. ¿Qué influencia tiene la geografía en la cocina del Caribe?
4. ¿Qué recomiendas para un turista que va a visitar Cuba, República Dominicana o Puerto Rico?

**4-50** **Una carta** Imagina la experiencia de un(a) estudiante estadounidense que visitó Puerto Rico, República Dominicana o Cuba. Escribe un e-mail o una carta informal de ocho o diez oraciones desde su perspectiva. Contesta las siguientes preguntas:

- ¿Qué crees o qué piensas del lugar como un destino para vacaciones?
- ¿Qué comida(s) de la región recomiendas que un(a) viajero(a) pruebe?
- Pensando en un plato de la región, ¿qué se debe comprar para prepararlo?
- ¿Cómo se prepara el plato?
- En cuanto a tu viaje, ¿de qué te alegras o de qué te sientes contento(a)?
- ¿Qué sientes o qué lamentas sobre tu experiencia?

Trabaja con dos compañeros(as) para leer y discutir las cartas. Un(a) estudiante lee su carta y los otros comentan sobre sus impresiones y recomendaciones. Después, comparen y contrasten las opiniones y recomendaciones ofrecidas.

**4-51** **El tiempo libre** Escoge tres o cuatro fotos de varias personas que se encuentran practicando una variedad de actividades de ocio. Describe lo que pasa en las fotos para completar las frases.

- Es obvio que…
- Es bueno que…
- Es posible que…
- Es importante que…
- Me gusta que…
- Me sorprende que…
- Me enoja que…
- Ojalá (que)…

Trabajando en grupos de tres o cuatro, túrnense para presentar las fotos y la información. Expresen sus opiniones de las actividades, sus preferencias personales para actividades de ocio y sus sugerencias para otras personas.

**4-52** **Un viaje desastroso** Inventa una historia sobre un viaje desastroso al Caribe y, empleando algunos verbos de la lista y siguiendo el ejemplo, explica qué pasó.

**EJEMPLO** Primero, se me olvidó el nombre del hotel y pasé una hora en taxi buscándolo.

| | | |
|---|---|---|
| acabar | olvidar | quedar |
| descomponer | perder | romper |

Trabajando en grupos de tres o cuatro estudiantes, compartan sus experiencias para ver quién ha pasado el día más difícil.

CD1, Track 8

**4-53** **¡A escuchar!** Escucha la siguiente descripción de la música y la cocina del Caribe. Con un(a) compañero(a), completa la oración con la palabra apropiada de acuerdo al contexto.

1. La música del Caribe refleja influencias <u>europeas y africanas</u>.
2. El son es un tipo de <u>música</u> cubana.
3. En República Dominicana se baila <u>el merengue; la bachata</u>
4. Los pasteles son un plato típico de <u>Puerto Rico</u>.
5. Los moros y cristianos se refieren a un tipo de <u>comida típica cubana</u>.

**ANSWERS 4-54** 2, 3 y 4

**TEACHING TIP 4-54** Complete lyrics for Spanish songs can often be found through an Internet search of the song title plus the word "letra". Encourage students to listen to the complete song and to note what they believe the song to be about. In class, have students work in groups to share their ideas. Play the song for them with the lyrics displayed and then have a class discussion about the song and its cultural nuances. Encourage students to find connections between the song (or its writer and his/her country of origin) and the chapter's themes.

iTunes **4-54** **Una canción** Juan Luis Guerra es uno de los cantantes dominicanos más conocidos dentro y fuera del Caribe. Su estilo de música es popular con jóvenes y viejos.

Juan Luis Guerra

Ve a **www.cengage.com/spanish/rumbos** y escucha "Ojalá que llueva café". La letra *(lyrics)* de esta canción expresa un deseo del cantante por un mejor futuro para su país. Indica las oraciones que **no** se mencionan en la letra.

1. Ojalá que caiga *(falls)* un aguacero *(shower)* de yuca y té.     Sí     No
2. Ojalá que haya música para endulzar la vida.     Sí     No
3. Ojalá que nunca llueva.     Sí     No
4. Hay que ir a la playa.     Sí     No
5. Para que todos los niños canten en el campo.     Sí     No

**4-55** **El Internet** En este capítulo aprendiste a opinar sobre actividades de ocio y comida. Ve a **www.cengage.com/spanish/rumbos** y busca los sitios de la Red donde puedas obtener información sobre la cocina caribeña y las diferentes atracciones y actividades que ofrecen Puerto Rico, Cuba y República Dominicana. ¿Qué país te gustaría visitar? ¿Qué te gustaría hacer? ¿Qué te gustaría probar? Compara tus respuestas con las de otro(a) estudiante.

1. La cocina puertorriqueña          3. La vida cultural
2. Los deportes          4. Los pasatiempos

# ¡A LEER! La Cucarachita Martina

## Sobre la autora

**Rosario Ferré (1938– )** nació en Ponce, Puerto Rico. Recibió su licenciatura en una universidad privada del estado de Nueva York. Hizo sus estudios de posgrado primero en la Universidad de Puerto Rico y luego en la Universidad de Maryland. En sus libros se destaca la crítica hacia las normas sociales puertorriqueñas, especialmente las dificultades que tiene la mujer en la sociedad patriarcal de Puerto Rico. En 1981 publicó el libro *La mona que le pisaron la cola*, en el cual se encuentra el cuento "La Cucarachita Martina".

## Antes de leer

**4-56** **Invitación al texto** Rosario Ferré explora los mismos temas en sus cuentos para niños que en sus cuentos para adultos: el rol de la mujer en el contexto machista del Caribe. En el caso de esta selección, la autora se basa en un cuento para niños puertorriqueños muy popular, llamado "La Cucarachita Martina y el Ratoncito Pérez". Haciendo unos cambios a esta historia original, Ferré crea una sátira de un aspecto significativo de la sociedad puertorriqueña: el machismo.

1. ¿Cuáles son algunos cuentos para niños que tratan de la relación entre hombres y mujeres? Brevemente resume la trama *(plot)* de uno de ellos y describe a los personajes principales.
2. Sabiendo que la autora se basa en un cuento para niños, pero hace algunos cambios para enfocarse en la situación de la mujer en las sociedades hispanohablantes, ¿cómo te imaginas que va a ser el tono de esta historia? ¿Crees que esta historia va a ser diferente de otros cuentos para niños que conoces?

## Estrategia de lectura Identificar el tono

**T**one in literature indicates to the reader a set of attitudes that the author has toward his or her subject matter. Tone includes a broad range of perspectives, including nostalgic, sentimental, didactic, humorous, ironic, critical, and cynical, to name just a few. A work will often provide several attitudes that, together, will help shape for the reader the author's purpose in writing a particular piece. In order to help you identify the tone, consider the characteristics of some of the most difficult tones to detect in literary works:

**Cynical:** It intends to question and openly criticize social behaviors.

**Didactic:** It informs the reader about an experience, example, or observation with the purpose of teaching a moral lesson.

**Satiric:** It intends to expose and criticize a social vice or folly through exaggerated irony, sarcasm, ridicule, or wit.

**Ironic:** It stresses the contrast between an ideal and actual condition, usually expressed by a contradiction between an action or expression and the context in which it occurs. Irony is more subtle than sarcasm.

# La Cucarachita Martina

abía una vez y dos son tres, una cucarachita que era muy limpia y que tenía su casa muy aseada[1]. Un día se puso a barrer[2] el balcón y luego siguió barriendo la escalera y luego, con
5 el mismo ímpetu[3] que llevaba, siguió barriendo la acera[4]. De pronto vio algo en el piso que le llamó la atención y se inclinó para recogerlo. Cuando lo tuvo en la palma de la mano vio que era algo muy sucio, pero después de brillarlo y brillarlo con
10 la punta de su delantal[5], descubrió que era una moneda. [...]

—Podría comprarme un chavo de dulce[6], —dijo— pero eso no me conviene, porque en cuanto[7] me lo coma se me acaba[8]. Podría comprarme un chavo de
15 cinta[9] color guayaba[10] para hacerme un lazo[11]... pero eso tampoco me conviene, porque cuando me despeine se me acaba. ¡Ay, ya sé, ya sé! ¡Me compraré un chavito de polvo[12], para que San Antonio[13] me ayude a buscar novio!

20 Y dicho y hecho, se fue corriendo a la tienda y se compró un chavito de polvo. Cuando regresó a su casa se puso su mejor vestido, se empolvó[14] todita todita[15] y se sentó en el balcón para ver pasar a la gente.

25 Al rato atravesó la calle el Señor Gato, muy elegante, vestido todo de negro porque iba camino de unas bodas. Cuando la vio tan bonita se acercó al balcón y, recostándose sobre los balaustres[16], se atusó los bigotes[17] frente a todo el mundo con un gesto
30 muy aristocrático y dijo:

—¡Buenos días, Cucarachita Martina! ¡Qué elegante está usted hoy! ¿No le gustaría casarse conmigo?

—Quizá —contestó la Cucarachita— pero
35 primero tiene usted que decirme cómo hará en nuestra noche de bodas[18].

—¡Por supuesto, Cucarachita! ¡Eso es muy fácil! En nuestra noche de bodas yo maullaré[19] ¡MIAOUU, MARRAOUMAUMIAOUU, MIAOUUMIAOUU!
40 ¡Yo mando aquí y arroz con melao[20]!

—¡Ay no, por favor, Señor Gato! ¡Váyase, váyase lejos de aquí! ¡Eso sí que no, porque me asusta! [...]

Pasó entonces por la calle el Señor Gallo, muy orondo[21] con su traje de plumas amarillas porque iba
45 camino de unas fiestas patronales[22]. Cuando la vio tan bonita se acercó al balcón y, moviendo la cresta[23] con arrogancia, sacó pecho en plena calle[24] y dijo:

—¡Buenos días, Cucarachita Martina! ¡Pero qué bonita está usted hoy! ¿Por qué no se casa conmigo?

50 —A lo mejor[25], —le contestó la Cucarachita—, pero primero tiene usted que decirme cómo hará en nuestra noche de bodas.

—¡Claro que se lo diré, Cucarachita! ¡Sin ningún problema! En nuestra noche de bodas yo cantaré
55 ¡KIKIRIKIIII, yo mando aquííí! ¡KOKOROKOOOO, aquí mando yooo!

—¡Ay no, no, no, por favor, Señor Gallo! ¡Apártese, apártese de mi lado! ¡Eso no puede ser! Es usted muy indiscreto, y además, hace tanto ruido que, en la
60 mañanita, no me dejará dormir!

Y el Señor Gallo se alejó con la cresta muy alta, disimulando el desaire[26].

Se estaba haciendo tarde y ya la Cucarachita se disponía a entrar de nuevo a su casa, cuando a lo
65 lejos vio venir al Ratoncito Pérez por la calle. Se había vestido con su camisa más limpia y en la

---

[1] **aseada** limpia, ordenada
[2] **barrer** *sweep*
[3] **ímpetu** energía
[4] **acera** *sidewalk*
[5] **delantal** *apron*
[6] **un chavo dulce** *a penny's worth of candy*
[7] **en cuanto** *as soon as*
[8] **acaba** termina
[9] **cinta** *ribbon*
[10] **guayaba** *guava fruit*

[11] **lazo** *bow*
[12] **polvo** *face powder*
[13] **San Antonio** Para los hispanos católicos, San Antonio de Padua es el santo patrón de las mujeres solteras y es un rito común rezarle para encontrar novio.
[14] **se empolvó** *powdered her face*
[15] **todita todita** *completely*
[16] **balaustres** *banisters*
[17] **se atusó** *smoothed his whiskers*

[18] **noche de bodas** *wedding night*
[19] **maullaré** *will meow*
[20] **arroz con melao** lit. *rice and honey*
[21] **orondo** *arrogante*
[22] **fiestas patronales** *saint's day parties*
[23] **cresta** *comb of a rooster*
[24] **sacó pecho en plena calle** *stuck out his chest in the middle of the street*
[25] **a lo mejor** quizás
[26] **disimulando el desaire** *hiding the rejection*

cabeza llevaba un sombrero de paja[27] adornado con una pequeña pluma roja. [...]

—¡Buenos días, Cucarachita Martina! ¡Qué tarde tan agradable hace hoy! ¿No le gustaría salir conmigo a dar un paseo?

La Cucarachita le contestó que muchas gracias, que prefería seguir cogiendo fresco[28] en su balcón, pero que si él quería, podía sentarse a su lado y hacerle compañía. Entonces el Ratoncito Pérez subió con mucha elegancia las escaleras y, cuando estuvo junto a ella, le dijo con mucha crianza[29]:

—Cucarachita Martina, hace tiempo que quería hacerle una pregunta. ¿Le gustaría casarse conmigo?

—A lo mejor —le contestó la Cucarachita, disimulando una pícara[30] sonrisa tras el vuelo de su abanico[31]— pero primero me tiene usted que decir cómo hará en nuestra noche de bodas.

—Te diré muy pasito[32]. ¡Chuí, Chuí, Chuí! ¡Así te quiero yo a ti! —le susurró[33] muy discreto el Ratoncito al oído para que los vecinos no se enteraran—. Y ni tonto ni perezoso le besó respetuosamente los dedos de la mano.

—¡Ay qué lindo y qué fino! ¡Me gusta como haces, Ratoncito Pérez! Mañana mismo me casaré contigo.

Al otro día la Cucarachita Martina se levantó muy temprano, y se puso a limpiar su casa porque quería que estuviese reluciente[34] el día de la boda. [...] Después entró en la cocina, porque quería darle una sorpresa al Ratoncito Pérez. Primero lavó el arroz; luego rayó[35] el coco y lo exprimió en un paño[36] fino para sacarle la leche; luego lo echó en la olla y le añadió varios puñados[37] de pasas[38], un tazón de melao, un poco de jengibre[39], un poco de agua, varias rajas[40] de canela y dos cucharadas de manteca.

Cuando terminó colocó la olla sobre las tres piedras del fogón[41] y lo puso todo a hervir. Entonces se fue a su cuarto, para engalanarse[42] con su traje de novia.

Pero héte aquí que[43] la Cucarachita Martina no sabía que el Ratoncito Pérez, además de ser muy fino, era también muy goloso[44] y se la pasaba siempre buscando qué comer. [...] Como no podía ver qué era lo que había adentro, arrimó un banquillo[45] y, subiéndose de un salto[46], logró alcanzar el borde de la olla. [...] Por fin, alargando la uña de una pata, alcanzó una rajita de canela. "Una sola tiradita[47] y será mía", se dijo. Tiró una vez, pero la raja estaba bien caliente y se había quedado pegada a la melcocha[48] del arroz. Intentó una segunda vez y la raja se movió un poquito. Tiró con más brío[49] y logró por fin desprenderla, pero mareado[50] por el dulce olor a manjares de bodas, perdió el balance y cayó al fondo de la olla.

Un poquitito después, la Cucarachita Martina volvió a la cocina a revolver el arroz con su larga cuchara de palo[51]. Cuando vio que el Ratoncito Pérez se había caído en la olla, comenzó a lamentarse desconsolada:

—¡Ay, Ratoncito Pérez, pero quién te manda a meterte en la cocina, a husmear[52] por donde no te importa!

Como el Ratoncito Pérez nada le contestaba, la Cucarachita se fue a su cuarto, se quitó su traje de novia, se vistió de luto y, sacando su cuatro[53] del ropero[54], se sentó a la puerta de su casa y se puso a cantar:

Ratoncito Pérez cayó en la olla,
Cucarachita Martina lo canta y lo llora,
¡Lo canta y lo llora!
¡Lo canta y lo llora!

---

[27] **paja** *straw*
[28] **seguir cogiendo fresco** *keep cool*
[29] **crianza** respeto
[30] **pícara** *roguish*
[31] **abanico** *fan*
[32] **pasito** suavemente
[33] **susurró** dijo en voz muy baja
[34] **reluciente** brillante
[35] **rayó** *grated*
[36] **paño** *cloth*

[37] **puñados** *handfuls*
[38] **pasas** *raisins*
[39] **jengibre** *ginger*
[40] **rajas** *sticks*
[41] **fogón** *wood fire*
[42] **engalanarse** vestirse elegantemente
[43] **héte aquí que** *as it turns out*
[44] **goloso** *gluttonous, greedy*
[45] **banquillo** *stool*
[46] **salto** *jump*

[47] **tiradita** *(little) pull*
[48] **melcocha** *foamy part*
[49] **con más brio** *with more force*
[50] **mareado** *dizzy*
[51] **de palo** *wooden*
[52] **husmear** *investigar*
[53] **cuatro** *guitar-like Puerto Rican instrument*
[54] **ropero** *closet*

# Después de leer

**4-57** **Identificar el tono** Con la ayuda de un(a) compañero(a), haz una lista de todos los tonos que has identificado en la selección. ¿Cuáles son los tonos que predominan? ¿Cómo contribuyen los tonos dominantes al significado del cuento?

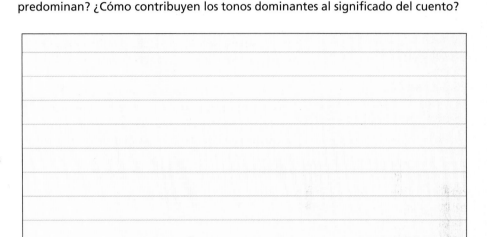

**4-58** **Comprensión** En parejas o en grupos de tres, contesten las siguientes preguntas. Después compartan sus respuestas con la clase.

1. Según el cuento, ¿qué hace Martina en sus momentos de ocio?
2. ¿Por qué decide Martina que no es buena idea gastar su centavo en un dulce o una cinta? Irónicamente, ¿qué ocurre al final con su novio?
3. ¿Por qué escoge Martina al Ratoncito Pérez, pero no al Gato o al Gallo?
4. Martina espera que su novio la respete y la quiera. ¿Por qué crees que los dos primeros pretendientes no entienden las expectativas de ella?
5. ¿Qué hace Martina en preparación para el día de la boda?
6. El Ratoncito Pérez parece perfecto, pero al final descubrimos que tiene una falla *(defect)*. ¿Cuál es?
7. ¿Cómo reacciona Martina cuando ve que el Ratoncito Pérez se había caído en la olla?
8. ¿Por qué termina el cuento con la canción de Martina?

**4-59** **Expansión** En parejas o en grupos de tres, contesten las siguientes preguntas.

1. Antes de leer hiciste algunas predicciones sobre esta historia. Ahora que la has leído, ¿cómo se comparan tus predicciones con lo que realmente ocurrió? ¿Pasó lo que esperabas, o te sorprendió algo?
2. En tu opinión, ¿cómo modificó la autora una leyenda popular para hacer una crítica del machismo de los puertorriqueños?
3. En tu opinión, ¿cuál puede ser la moraleja *(moral)* de esta historia?
4. ¿Crees que este cuento es más para niños o para adultos? ¿Por qué?

# ¡A ESCRIBIR! La reseña

## Atajo

**Functions:** Describing; Talking about films; Writing an introduction; Writing a conclusion
**Vocabulary:** Food; Leisure; Sports
**Grammar:** Adjectives: agreement, position; Verbs: passive, passive with **se**, subjunctive

**TEACHING TIP** Second Life® is an online, 3D virtual world imagined and created by its residents, that is, its members, who create their own buildings and communities and interact, work, shop, and create in them.

**TEACHING TIP** This activity is designed to engage students with Hispanic culture outside the classroom, as well as to give purpose to their writing. Encourage them to be adventurous and to try new things. For example, if they visit a restaurant, ask them to try a dish they have never eaten. You should emphasize that the experiences have to be related to Latino culture. Make sure student selections represent a variety of choices. Publish final drafts in a paper or web page format for the class to read. Suggestions for Caribbean-made movies in Spanish include: *Cuatro hombres y un ataúd* (República Dominicana, 1996), *Fresa y chocolate* (Cuba, 1993), *Siete días, siete noches* (Cuba, 2003), *Un paraíso bajo las estrellas* (Cuba/Spain, 2000).

## El tema

En una reseña el (la) autor(a) nos describe un libro, una película, una exposición, un restaurante, etcétera, desde su punto de vista personal. Contamos con las reseñas para decidir qué película queremos ver, para probar un nuevo restaurante o para encontrar alguna actividad nueva. Tu clase va a crear una *Guía del ocio* en español para describir algunas actividades relacionadas con la cultura latina que se pueden hacer en el tiempo libre. Tú vas a probar algo nuevo y luego vas a escribir una reseña sobre la experiencia. Puedes ver una película en español, probar la comida en un restaurante latino, visitar un mercado latino, participar en una celebración latina, visitar sitios latinos en la Second Life®, etcétera —cualquier cosa, con tal de que *(provided that)* tenga que ver con la cultura latina.

## El contenido

Una buena reseña incluye datos objetivos y tu opinión personal. Los datos objetivos importantes pueden incluir: el nombre, la ubicación *(location)* y el tipo de película/exposición/restaurante, y los nombres de sus artistas/actores/obras/chefs. La información subjetiva puede incluir: tus primeras reacciones, si te gustó o no y por qué, y los aspectos más y menos interesantes. Las reseñas frecuentemente incluyen también recomendaciones para los lectores, por ejemplo, el mejor momento para hacer la actividad, si es apropiada para todos, etcétera.

## El primer borrador

Tu reseña debe tener las siguientes partes:

*Una introducción:* Trata de interesar al lector en tu reseña. Para hacerlo, puedes comenzar con una pregunta intrigante *(intriguing)*, o una breve descripción sensorial *(sensory)* en la que mencionas los colores, olores *(smells)*, o sensaciones que provoca la experiencia. También puedes incluir el nombre y la ubicación (si es relevante), el tipo de obra, exposición, comida, etcétera.

*El desarrollo (cuerpo de la reseña):* Dale al lector suficiente información para poder entender bien cómo es la obra, la exposición o el restaurante. Usa adjetivos descriptivos para demostrar tus opiniones. Por ejemplo, si escribes **"la exposición presenta una colección impresionante del arte taíno"**, se entiende que piensas que tiene una buena colección. Por eso no hace falta usar frases **como yo creo, en mi opinión,** etcétera.

*Una conclusión:* Resume en una o dos oraciones la información que presentaste en la reseña, incluyendo tu opinión. También puedes incluir tus recomendaciones.

*Un título:* Piensa en algo que capte *(capture)* bien el tema de tu reseña, tu opinión o las dos cosas.

## Revisión en parejas

 Lee la reseña de un(a) compañero(a) de clase y contesta las siguientes preguntas.

1. ¿Tiene una introducción, un cuerpo, una conclusión y un título?
2. Después de leer su reseña, ¿tienes una buena idea de cómo es el objeto de su reseña? o ¿Crees que necesita añadirle o quitarle algo a su descripción?
3. ¿Es convincente su opinión o necesita dar más detalles para apoyar su opinión?
4. ¿Ofrece recomendaciones para los lectores? ¿Usa bien el subjuntivo?
5. ¿Usa bien otras estructuras del capítulo (la voz pasiva y/o expresiones impersonales)? ¿Ves algunos casos donde puede usar estas estructuras?
6. ¿Usa bien el vocabulario del capítulo?

## Elaboración y redacción

Considera los comentarios de tu compañero(a) y haz los cambios necesarios. También, revisa las estructuras del capítulo para asegurarte de que las has usado bien. Por último, usa la función de *spell-check* para pulir *(polish)* la ortografía.

---

### Estrategia de escritura La revision de ortografía

**M**any word processing programs include a Spanish spell-check function. After you have a complete draft of your composition, use this tool to help you identify spelling and accent errors. Spell-check underlines or highlights words it does not recognize, and sometimes it suggests a correction. If no new word or spelling is suggested, you can try the following strategies:

1. ***Check whether the word needs an accent.*** You can review the rules of written accentuation with the Atajo Writing Assistant CD.

2. ***Try a couple of different spellings,*** keeping in mind that the following letters or groups of letters can often be confused: b/v, c/z/s, gi/ge/ji/je, j/g/h, qu/k/c, gu/g, ll/y, r/rr.

3. ***Make sure that you have not invented the word.*** Look it up in a traditional or online dictionary. If you don't find it, search for an appropriate word.

Remember that spell-check does not catch words spelled correctly, but used improperly. There are a number of Spanish words whose spelling only differs by the use of an accent mark: **solo/sólo, mas/más, tu/tú, mi/mí, te/té, el/él, de/dé, si/sí.** Also, question words, like **qué** and **cuándo** when used as conjunctions, do not have an accent. Finally, there are verb forms that differ only by an accent mark. For example, the form **hablo** means *I speak,* but with an accent on the final vowel, the meaning changes to *she/he spoke,* **habló.**

## ¡A VER! Navidad en Puerto Rico

### Antes de ver

**4-60** **Navidad en Puerto Rico** Hay muchas maneras diferentes de celebrar las fiestas en diferentes culturas. Contesta las siguientes preguntas.

1. ¿Qué tipo de música es popular en el Caribe?
2. ¿Cómo se celebra la Navidad en Puerto Rico?
3. ¿Qué crees que comen los puertorriqueños durante la Navidad?
4. ¿Qué tiempo hace generalmente en diciembre en la isla?

**ANSWERS 4-60** *Possible answers include:* 1. El son, el merengue, la plena. 2. Se celebra con música y comida. 3. Posiblemente cerdo y arroz. 4. Hace calor.

### Vocabulario útil

**Fíjate** *Think about it*
**a pesar de** *in spite of*
**ansia** *anxiety, yearning*
**parrandas** *parties, revelries*
**lechón** *roasted pork*
**arroz con leche** *rice pudding*
**plátanos** *plantains*
**morcillas** *blood pudding, blood sausages*

### Mientras ves

**4-61** **¡Mira y escucha con cuidado!** Mira el segmento y marca con una equis [X] las palabras que escuches o veas.

_____ adoba
_____ bananas
_____ boricua
_____ membrillo
_____ morcillas

_____ paella
_____ parrandas
_____ plena
_____ tortillas

**TEACHING TIP** *Rice pudding* is called **arroz con dulce** in Puerto Rico (according to the video), while in other Spanish-speaking countries it is called **arroz con leche**.

**ANSWERS 4-61** adoba, boricua, morcillas, parrandas, plena

**ANSWERS 4-62** 1. La plena. 2. Lechón. 3. Se acompaña con arroz con gandules y plátanos hervidos. 4. Arroz con dulce. 5. Canela.

### Después de ver

**4-62** **¿Qué recuerdas?** Contesta las siguientes preguntas.

1. ¿Cómo se llama la música típica boricua?
2. ¿Qué se come para Navidad?
3. ¿Con qué se acompaña la carne?
4. ¿Qué se sirve como postre?
5. ¿Qué especia se usa en el postre?

### Más allá del video

 **4-63** **Una breve presentación** Con otro(a) estudiante prepara una breve presentación sobre cómo tu familia celebra las fiestas. No te olvides de mencionar qué fiesta es, cómo y quién participa. También asegúrate de prestar particular atención a las estructuras que practicaste en este capítulo como por ejemplo, el subjuntivo en cláusulas sustantivas.

## Para hablar del ocio

| | |
|---|---|
| el (la) aficionado(a) | *fan* |
| el ajedrez | *chess* |
| el atletismo | *track and field* |
| la bolera | *bowling alley* |
| el boliche | *bowling* |
| la carrera | *race* |
| el campeonato | *championship* |
| el campeón, la campeona | *champion* |
| las cartas | *cards* |
| las damas | *checkers* |
| los deportes espectáculo | *spectator sports* |
| los deportes extremos | *extreme sports* |
| la escalada en roca / escalar | *rock climbing / to climb* |
| la estrategia | *strategy* |
| los juegos de mesa | *board/table games* |
| la liga | *league* |
| el ocio | *leisure, free time* |
| el torneo | *tournament* |
| los videojuegos | *video games* |
| activo(a) | *active* |
| apostar (ue) | *to bet, gamble* |
| apuntar | *to aim* |
| barajar / las barajas | *to shuffle / deck of cards* |
| competir (i) | *to compete* |
| entretener(se) | *to entertain (oneself)* |
| explorar cuevas | *to explore caves* |
| lograr el golpe | *get a strike (bowling)* |
| navegar a vela | *to sail (a sailboat)* |
| practicar paracaidismo | *to skydive* |
| practicar tablavela | *to windsurf* |
| probar (ue) | *to try* |
| repartir las cartas | *to deal cards* |
| tirar la bola | *throw the ball* |
| tumbar los bolos | *knock over bowling pins* |
| volar (ue) una cometa | *to fly a kite* |

## Para hablar de la cocina

| | |
|---|---|
| la canela | *cinnamon* |
| el chicharrón | *pork rind* |
| la clara | *egg white* |
| la cocina | *cooking, cuisine* |
| la cucharada | *tablespoon* |
| la cucharadita | *teaspoon* |
| el diente de ajo | *clove of garlic* |
| la libra | *pound* |
| el mortero | *mortar* |
| la olla | *pot* |
| la pizca | *pinch* |
| el recipiente | *container* |
| el/la sartén | *frying pan* |
| la taza | *cup* |
| el tocino | *bacon* |
| el utensilio | *utensil* |
| la yema | *yolk* |
| adobar / el adobo | *to marinate / marinade* |
| agregar | *to add* |
| asar a la parrilla / asar | *to broil, grill / to roast* |
| batir / batido | *to whip / whipped* |
| cortar | *to cut* |
| cubrir / cubierto(a) | *to cover / covered* |
| derretir (i) / derretido(a) | *to melt / melted* |
| desechar | *to discard, throw out* |
| echar(le/les) sal | *to add salt (to something)* |
| enfriar | *to cool* |
| escurrir | *to drain* |
| freír (i) / frito(a) | *to fry / fried* |
| hervir (ie) / hervido(a) | *to boil / boiled* |
| mezclar / la mezcla | *to mix / mixture* |
| machacar / machacado | *to crush, to mash / crushed, mashed* |
| picar / picado(a) | *to cut / minced* |
| remojar | *to soak* |
| retirar | *to remove* |
| sazonar | *to season* |
| tostar | *to brown, to toast* |
| verter (ie) | *to pour (out)* |
| agrio(a) / agridulce | *bitter, sour / sweet and sour, bittersweet* |
| maduro(a) | *ripe* |
| picante | *spicy* |
| sabroso(a) / el sabor | *tasty, delicious / taste* |
| verde | *unripe* |
| a fuego bajo/medio/alto | *on low/medium/high heat* |
| al gusto | *to (one's) taste* |
| de lata | *canned* |
| en trozos | *in pieces* |

España, uno de los centros de la moda europea

# La imagen

## RUMBO A ESPAÑA

### Metas comunicativas

- Describir las características físicas y la personalidad de otras personas
- Describir la ropa y comentar las tendencias de la moda
- Expresar preferencias sobre la moda
- Escribir una biografía

### Estructuras

- Pronombres de objeto directo
- Pronombres de objeto indirecto
- Pronombres de objeto dobles
- Verbos como **gustar**

### Cultura y pensamiento crítico

- Nuestra imagen y los piropos
- El destape en España
- **Lectura:** *La gloria de los feos* por Rosa Montero
- **Video:** Manuel Pertegaz

**ii** **5-1** ¿Qué sabes de España?

Lee las siguientes ideas sobre España. Con un(a) compañero(a) determina si cada oración es cierta o falsa. Corrige las oraciones falsas.

1. España es una república democrática.

2. El piropo —cumplido *(compliment)* dirigido a una mujer en la calle— forma parte de la cultura española.

3. Los españoles no se preocupan por su apariencia física ni por cuestiones de moda.

4. La palabra "destape" como fenómeno social probablemente se refiere a un nuevo tipo de actitud y una nueva libertad de expresión personal.

5. La cultura española es el producto de influencias de grupos judíos, musulmanes y europeos.

**RECURSOS**

- 🔊 Audio
- ▶ Video
- **iLrn** iLrn
- 🎵 iTunes
- 🌐 **www.cengage.com/spanish/rumbos**

# RUMBO A ESPAÑA

## España

**antes de 218 a.C.** Varias culturas indígenas y colonizaciones celtas, fenicias (*Phoenician*) y griegas

**218 a.C.–300 d.C.** Dominación romana

**711** Invaden los árabes (moros o musulmanes).

**1492** Los Reyes (*Monarchs*) Católicos (Isabel de Castilla y Fernando de Aragón) expulsan a los judíos (*Jews*) de España; Cristóbal Colón llega al Nuevo Mundo.

**1500–1700** España se convierte en uno de los mayores imperios de la historia, con colonias en América del Norte, América del Sur, Asia y África; florecen también la literatura y las bellas artes.

**1810** Empiezan a independizarse las colonias españoles en Centroamérica y Sudamérica.

| 200 a.C. | 700 | 1500 | 1560 | 1600 | 1775 |

**antes de 1500** Es la tierra (*land*) de los iroquois, cherokee, sioux, chippewa, navajos, pueblo y más.

**1513** Juan Ponce de León llega a la Florida.

**1565** Los españoles fundan San Agustín en la Florida.

**1565–1823** Los españoles establecen misiones en la Florida, Nuevo México, Arizona, Texas y California.

**1607** Inmigrantes de Inglaterra fundan Jamestown en Virginia.

**1775–1782** Guerra de la Independencia

## Los Estados Unidos (EEUU)

**5-2 La geografía** Mira el mapa y contesta las siguientes preguntas.

1. ¿Dónde se encuentran las ciudades de Melilla y Ceuta?
2. ¿Cuál es la capital de España?
3. ¿Qué cadena montañosa separa a Francia de España?
4. ¿Con que países tiene fronteras España?
5. ¿Cuáles crees que son las dos ciudades más importantes de España?

**5-3 Un poco de historia** Completa las oraciones con la información correcta de la cronología histórica.

1. El dictador _____ domina la vida política de España por casi cuatro décadas.
2. La expansión española por América, Asia y África coincide con el florecimiento de _____.
3. Antes de la colonización romana los griegos, fenicios y _____ colonizaron la península.
4. El siglo XIX es un siglo trágico para España; empieza con las guerras de independencia y termina con _____.
5. Al igual que otros miembros de la Unión Europea, España usa _____ como moneda nacional.
6. Para muchos historiadores la _____ de 1936 es el preludio de la Segunda Guerra Mundial.
7. Los Reyes Católicos expulsan a _____ y para finales del siglo XV.
8. Después de la Guerra Civil, la dictadura franquista y un período de transcición se establece en España una _____ encabezada por el rey Juan Carlos.

**Más perspectivas de. . .** www.cengage.com/spanish/rumbos
• Google™ Earth coordinates
• Video: España

| 1850 | 1900 | 1940 | 1970 | 1990 | 2000 | 2005 |
|------|------|------|------|------|------|------|

**1936–1939** Guerra civil

**1939–1975** Dictadura de Francisco Franco

**1975** Con el rey Juan Carlos I a la cabeza se establece una monarquía constitucional.

**1986** España se une *(joins)* a la Comunidad Económica Europea (CEE).

**2002** Se adopta el euro como moneda oficial.

**2004** (11 de marzo) Atentado terrorista muy grave; las explosiones en varios trenes de cercanías *(commuter trains)* en Madrid causan 192 muertos y miles de heridos *(injured)*.

**1898** Guerra con los EEUU

**1845–1850** Los EEUU anexan Texas, California, Nevada, partes de Arizona, Utah, Colorado, Wyoming y Nuevo México.

**1898** Guerra con España; España le cede Puerto Rico, Guam y las Filipinas a los EEUU.

**1941–1945** Segunda Guerra Mundial

**1965–1975** Guerra de Vietnam

**1992** William Jefferson Clinton es elegido presidente.

**2001** Los atentados *(attacks)* terroristas del 11 de septiembre

**2003** Empieza la Guerra de Iraq.

¿Te **falta** la **autoestima**?

¿Quieres estar más **seguro de ti mismo**?

**En el centro del Dr. Josep Sempre Bello te ofrecemos los siguientes servicios:**

- Gimnasio con entrenador personal
- Cursos para mejorar la personalidad que **proyectas**: cómo ser más **extrovertido**, cómo mejorar **el genio**, cómo **aumentar el amor propio**

## Oscar Mario

Antes

Después

"En el año 1999 yo era **pequeño de estatura** y a la vez algo gordo. Me gustaban mis grandes **facciones** (sobre todo la **nariz aguileña**) pero no me gustaba ser **calvo**, y era muy **sensible** a la crítica. Era **terco** y siempre estaba **de mal humor**, y por eso era difícil hacer amigos."

"¡Gracias al doctor Sempre Bello soy una persona totalmente nueva! Después de las clases de **autoestima** y un poco de ejercicio, estoy más **delgado de cintura** y creo que tengo **buen aspecto**, pues ¡hasta me gusta mi cabeza **calva**! Noto también cambios en mi personalidad: ahora **tengo buen genio** y **proyecto la imagen** de una persona **despreocupada** y **juguetona**. Debido al Dr. Sempre Bello estoy más **seguro de mí mismo** y me sobra **el amor propio**."

### ¡El doctor Josep Sempre Bello te espera!

**Centro del Dr. Josep Sempre Bello. Avda. de la Plata, 118 – 46006 Valencia. 041-240878.**

### Repaso

Review basic vocabulary related to physical and character descriptions in the **Índice de palabras conocidas** at the end of the book.

### Lengua

Other words and phrases related to physical and character descriptions and image are cognates with English words: **atractivo(a), cara triangular** u **ovalada** *(triangular or oval face),* **la cirugía plástica** *(plastic surgery),* **potente** *(strong/ potent),* **tener un complejo** *(to have a complex),* **voluptuoso(a)** *(voluptuous).*

### Lengua

The term **un sinvergüenza** can be very strong and implies as much arrogance as disrespect.

### Lengua

There are many ways to express the verb to *become* in Spanish. **Hacerse** is followed by nouns or adjectives to indicate a personal change brought about through one's own effort, as in **se hizo abogado** *(he became a lawyer).* **Volverse** is followed by an adjective to indicate a sudden and severe personal change, as in **se volvió loco** *(he became crazy),* while **ponerse** is followed by adjectives to indicate involuntary changes, as in **se puso triste** *(he or she became saddened).*

## ◁)) Para describir la apariencia física

| | |
|---|---|
| las arrugas | *wrinkles* |
| las caderas | *hips* |
| las cejas pobladas | *thick eyebrows* |
| la cicatriz | *scar* |
| las facciones grandes (delicadas) | *large (delicate, small) facial features* |
| la imagen | *image* |
| la nariz aguileña (puntiaguda) | *hooked (pointed) nose* |
| el pelo lacio (rizado) | *straight (curly) hair* |
| | |
| calvo(a) | *bald* |
| delgado(a) de cintura | *thin-waisted* |
| pequeño(a) de estatura | *small in stature (size)* |
| | |
| adelgazar | *to lose weight* |
| aumentar | *to gain* |
| engordar | *to gain weight* |
| faltar(le) (a alguien) | *to be lacking (to someone)* |
| hacerse | *to become (after much effort)* |
| proyectar | *to project* |
| sobrar(le) (a alguien) | *to be in excess, to have in excess* |
| tener buen aspecto | *to look good* |

## Para describir el carácter / la personalidad

| | |
|---|---|
| la autoestima | *self-esteem* |
| el amor propio | *pride, self-respect* |
| el buen (mal) genio | *a good (bad) temper* |
| el (la) sinvergüenza | *shameless person* |
| | |
| apasionado(a) | *passionate* |
| atrevido(a) | *daring, risqué* |
| audaz | *daring, bold* |
| caprichoso(a) | *capricious, impulsive* |
| cariñoso(a) | *affectionate, loving* |
| despreocupado(a) | *carefree* |
| egoísta | *selfish* |
| (in)seguro(a) de sí mismo(a) | *(in)secure about oneself* |
| juguetón(a) | *playful* |
| (mal)educado(a) | *(bad) mannered, (im)polite* |
| patoso(a) | *clumsy* |
| quisquilloso(a) | *finicky, fussy* |
| sensato(a) | *sensible* |
| sensible | *sensitive* |
| terco(a) | *stubborn* |
| valiente | *courageous* |
| vanidoso(a) | *vain, conceited* |

## ¡A practicar!

**5-4** **En el consultorio** Lee el anuncio del Dr. Josep Sempre Bello en la página 174 y selecciona todas las frases que completen las oraciones correctamente.

1. El Dr. Sempre Bello te puede ayudar a...
   a. ser patoso(a).
   b. hacerte entrenador personal.
   c. aumentar el amor propio.
   d. tener buen aspecto.

2. Antes de visitar al Dr. Sempre Bello, Oscar Mario...
   a. no era delgado de cintura.
   b. proyectaba la imagen de una persona quisquillosa.
   c. no era una persona muy grande.
   d. tenía pelo rizado.

3. A Oscar Mario no le gustaba(n)...
   a. sus cejas pobladas.
   b. ser calvo.
   c. sus grandes facciones.
   d. sus arrugas.

4. Con la ayuda del Dr. Sempre Bello, Oscar Mario...
   a. adelgazó.
   b. aumentó su autoestima.
   c. se hizo más egoísta.
   d. cambió de genio.

**ANSWERS 5-5** *Possible answers include:*
1. No se preocupa por nada. 2. Se ofende fácilmente. 3. No tiene mucha habilidad para las actividades físicas. 4. No tiene miedo. 5. Se preocupa bastante por su aspecto físico. 6. Le falta el respeto a los demás./No siente vergüenza. 7. Critica mucho; no le gusta que otros toquen sus cosas. 8. Le gusta hacerles bromas a los demás. 9. No le gusta cambiar de opinión. 10. Le gusta obtener cosas que no se necesitan.

**EXPANSION 5-5** Have students read their descriptions aloud so that others can guess the word they are describing.

**5-5** **En otras palabras** ¿Cuál es la imagen o percepción que tenemos de las personas con las siguientes características? ¿Qué hacen o qué no hacen? Escribe una oración que describa a una persona con las siguientes características.

**EJEMPLO** una persona egoísta
> **Una persona egoísta siempre piensa en sí misma y no comparte sus cosas con los demás.**

1. una persona despreocupada
2. una persona sensible
3. una persona patosa
4. una persona valiente
5. una persona vanidosa
6. un(a) sinvergüenza
7. una persona quisquillosa
8. una persona juguetona
9. una persona terca
10. una persona caprichosa

## ¡A conversar!

**5-6** **La imagen virtual** Para vivir en un mundo virtual, como la Second Life®, necesitas seleccionar un avatar para representarte. Comenta las características físicas de los siguientes dos avatares, como también las características de personalidad que sugieren sus imágenes. Luego decide cuál de los dos seleccionarías *(you would choose)* para representarte o describe otro avatar que prefieras usar.

**5-7** **Tiene que…** ¿Qué características físicas y/o de carácter son deseables *(desirable)* o necesarias para hacer las siguientes cosas? ¿Cuáles no son deseables?

EJEMPLO  ser piloto

Uno tiene que sentirse seguro de sí mismo y proyectar la imagen de una persona sensata. No puede ser caprichoso.

1. ser enfermero(a)
2. ser profesor(a) de español
3. hacer muchos amigos en la universidad
4. viajar por España por aventón (a dedo)
5. ser modelo de pasarela *(runway model)*
6. hacer el papel de la bruja malvada *(wicked witch)* en una producción del *Mago de Oz*

**5-8** **La belleza en los Estados Unidos** ¿Cómo es la imagen del hombre y de la mujer "ideal" en los Estados Unidos actualmente? Haz una lista de sus características físicas y cualidades de su personalidad. Compara tus listas con las de otros de la clase. ¿En qué están de acuerdo? ¿En qué no?

**5-9** **¿De acuerdo?** A continuación se presentan algunas de las ideas y estereotipos que se oyen sobre la imagen. Léelas e indica si estás de acuerdo o no. Explica por qué. Trata de incorporar muchas de las palabras del vocabulario en tus respuestas.

1. Las rubias se divierten más que las morenas.
2. Si no te gustas tal y como estás, te cambias y así te sobra la autoestima.
3. Sólo la gente vanidosa se hace la cirugía plástica.
4. La belleza es universal.

# Nuestra imagen y los piropos

Son graciosos, pero hay que ignorarlos.

## Anticipación

**5-10** **La atención a las mujeres en los Estados Unidos** ¿Qué es aceptable en los Estados Unidos?

1. ¿Cómo se llaman las frases que les dicen los hombres a las mujeres en la calle?
2. ¿Cómo se llaman las frases que les dicen en un bar?
3. ¿La sociedad estadounidense considera esto algo positivo o negativo?
4. ¿Cómo se sienten las mujeres al recibir esos comentarios, en general?

¿Qué es un piropo? Los aficionados lo llaman "la poesía de la calle". Para ellos, son sólo comentarios, cumplidos *(compliments)* dirigidos a una mujer en la calle para reconocer *(acknowledge)* su belleza sin esperar nada a cambio *(in exchange)*. Los detractores, que sienten que éstos son una forma de hostigamiento *(harassment)*, están contentos de que ésta parece ser una costumbre que está desapareciendo *(disappearing)*.

Para bien o para mal, el piropo más creativo y poético ya no es común. La economía global y el paso *(pace)* acelerado de la vida va robándole el tiempo a la poesía. Antes, los piropos podían ser poéticos y elaborados: "Mírame a los ojos, morena, que quiero ver el cielo *(heaven)*" o "Bendita *(blessed)* sea la madre que parió *(gave birth)* a los obreros que aplanaron *(leveled)* el pavimento por el que pasas. ¡Monumento!" Hoy día son más cortos y directos, pero todavía son graciosos: "¡Ay qué curvas y yo sin frenos *(brakes)*!", "Y dicen que la Virgen no tiene hermanas…", "¿Qué hace una estrella volando tan bajito?"

¿Se abrió el cielo y bajaron los ángeles?

Los piropos no deben confundirse con el equivalente en los Estados Unidos, los *catcalls* o los cumplidos que se ofrecen en un bar. Estas frases tienen un motivo o una segunda intención que puede ser ofensiva. Si el resultado de un piropo es una ofensa, entonces, no es un piropo. La intención de un piropo es confesar una atracción, admirar y reconocer la belleza de una mujer, dar confianza, echar una flor. ¿Qué hace una mujer al recibir un piropo? Pues, nada: seguir caminando sin decir nada, ni mirar de quién viene.

La palabra piropo viene de la palabra griega "pyropos" que significa "cara en fuego" o sonrojada *(blushed)*. Si una mujer recibe un piropo, como cualquier cumplido, la reacción natural es sonrojarse un poco, pero su autoestima, su confianza en sí misma y su importancia como persona no se ven afectadas al recibir este tipo de cumplido. ¿Cómo reaccionaría una persona si la llamaran "¡Diosa!"?

## Comprensión

**5-11** **¿Comprendiste?** Contesta las preguntas para ver si has comprendido el texto.

1. En la opinión de los que les gustan los piropos, ¿qué es un piropo?
2. En la opinión de los que no les gustan los piropos, ¿qué es un piropo?
3. ¿Cómo han cambiado los piropos en los últimos años?
4. ¿Cuál es el propósito *(purpose)* de los piropos?
5. ¿De dónde viene la palabra *piropo*?
6. ¿Cuáles son algunos ejemplos de piropos?

## Entre culturas

**5-12** **Perspectiva 1** ¿Cómo ves a los españoles? Marca con una equis [X] tu opinión y explica por qué piensas así.

1. _____ El piropo es una forma de hostigamiento sexual hacia la mujer española.
2. _____ Los españoles no son muy sensibles. No les importa ofender a las mujeres.
3. _____ El piropo es gracioso, pero no es apropiado.
4. _____ Una mujer española liberada no debe aceptar un piropo.
5. _____ Me gustan los piropos. No hacen daño.

**5-13** **Perspectiva 2** Lee lo que dicen estos españoles sobre los piropos. ¿Qué piensan ellos? Luego contesta las preguntas al final desde tu propia perspectiva.

Algunos hombres dicen:

- "Es un cumplido, es echar una flor."
- "Es una frase graciosa para expresar admiración."
- "Al César lo que es del César."

Algunas mujeres dicen:

- "No hace daño, es gracioso, es una rima o juego."
- "Mientras más pasan los años, más aprecias los piropos."

Preguntas:

1. ¿Cómo piensas que te sentirías, si fueras un hombre español, al echar un piropo?
2. ¿Cómo piensas que te sentirías en España al recibir uno?

**5-14 Perspectiva 3** Con un(a) compañero(a) discute cómo ven los españoles, en general, al resto de los EEUU. Marca con una equis [X] lo que crees que ellos piensan.

1. _____ Si hay una mujer bonita enfrente, ¿por qué fingir *(pretend)* que no la ves?

2. _____ En los Estados Unidos reaccionan exageradamente ante todo lo que tenga que ver con hostigamiento.

3. _____ Los hombres no son muy expresivos, no son valientes, son demasiado correctos, tienen mucho miedo a ofender.

## Extensión

**5-15 Piropos: ¿son graciosos o hacen daño?** Busca en el Internet bajo la palabra "piropos" y haz una lista de piropos graciosos y otros que tú usarías o no te importaría recibir. Bajo las palabras "feminista y piropos" busca qué piensan algunas feministas sobre estos cumplidos. ¿Afectan la autoestima de una mujer? ¿Hacen al hombre más machista? ¿Qué piensas tú?

# Estructura y uso I

## Repaso

Review this structure and/ or these forms in the **Índice de gramática conocida** at the end of the book: direct object pronouns.

**RECYCLING** You may recycle direct object pronouns and clothing vocabulary with transparency I-1, using sentences such as **Javier mira una camisa azul. La compra porque le gusta mucho. Mariana mira un suéter pero no va a comprarlo porque no lo necesita.** Ask students if the individuals in the drawing do or do not buy various items that are pictured.

## Lengua

Occasionally, and more commonly in Spain, Spanish speakers will substitute the indirect object pronoun **le(s)** for the direct object pronoun **lo(s)**. For example, instead of saying: **Voy a llamarlo mañana para hablar sobre nuestros planes,** someone in Spain might say: **Voy a llamarle mañana para hablar sobre nuestros planes**. Although this phenomenon called the **leísmo hispano** is often thought to be limited to Spain, it actually is more widespread and occurs in some parts of Spanish-speaking America.

## Pronombres de objeto directo

In order to avoid redundancies in speaking and in writing, Spanish speakers will often use direct object pronouns to refer to previously mentioned direct object nouns. Similarly, English speakers use direct object pronouns such as *me, you, him, her, it,* and *them* in the place of direct objects to shorten sentences and to avoid repetition.

- The direct object of a sentence is usually a person or a thing, and it answers the questions *what?* or *whom?* in relation to the sentence's subject and verb. In other words, it receives the action of the verb.

| Subject | Verb | Direct object | |
|---------|------|---------------|---|
| Andrea | mira | la cicatriz. | *What does Andrea look at? (the scar)* |
| Marcos | llamó | a su amiga. | *Whom did Marcos call? (his friend)* |

- In Spanish, direct object pronouns—me, te, lo, la, nos, os, los, las—are used in place of direct object nouns when it is clear from context what the pronouns designate.

—¿Conociste a **la nueva amiga de Alicia?**
*Did you meet **Alice's new friend**?*
—Sí, **la** conocí ayer en el centro.
*Yes, I met **her** yesterday in the center of town.*
—¿Viste **el pelo rizado** tan lindo que tiene?
*Did you see what pretty **curly hair** she has?*
—Sí, **lo** vi. **Lo** tiene como el tuyo.
*Yes, I saw **it**. She wear **it** likes yours.*

- In the preceding sentences, the direct object pronouns **la** and **lo** replace the direct object nouns **la nueva amiga de Alicia** and **el pelo rizado**, respectively. In the first example, it is possible to include a pronoun along with the direct object pronoun (*La* conocí *a ella*). This addition (**a + ella**) clarifies or emphasizes the direct object pronoun. It is not possible, however, to include the direct object and the direct object pronoun together in the same sentence (~~La conocí a la nueva amiga de Alicia~~).

- The direct object pronoun **lo** can be used to stand for actions, conditions, or ideas in general that are abstract and have no gender.

—Rafael, ¿puedes creer **que la señora antes tenía una nariz aguileña?**
*Rafael, can you believe **that the woman previously had a hooked nose?***
—¡No puedo creer**lo**!
*No, I can't believe **it**!*

# Estructura y uso I

## ¡A practicar!

**5-16** **Un arreglo extremo** Contesta las preguntas llenando los espacios en blanco con el pronombre del objeto directo apropiado.

1. ¿Qué hicieron con la nariz? _____La_____ hicieron más pequeña.
2. ¿Qué hicieron con el pelo? _____Lo_____ recortaron muy a la moda.
3. ¿Qué pasó con las cejas? _____Las_____ redujeron mucho.
4. ¿Qué pasó con la cicatriz que tenía en la cara? _____La_____ borraron con cirugía plástica.
5. ¿Y sus arrugas? _____Las_____ eliminaron con botox.
6. Sus dientes son diferentes. _____Los_____ blanquearon.

**ANSWERS 5-17** *Possible answers include:* 1. Las admiro porque es difícil ser valiente. 2. Los detesto porque no me gusta su personalidad. 3. Lo admiro porque es bueno ser sensato. 4. Lo adoro porque adoro los gatos. 5. La comprendo pero no la soporto. 6. Lo comprendo porque yo era así. 7. Los detesto porque no puedo concentrarme en la clase.

**5-17** **Personalidades** ¿Qué piensas de estos tipos de persona? Usando las siguientes palabras con pronombres de objeto directo, di qué adoras, admiras, respetas, odias, amas, detestas, comprendes o quieres.

**EJEMPLO** los niños
**Los comprendo porque yo era así.**

1. las mujeres valientes
2. los hombres vanidosos
3. un profesor sensato
4. un gato quisquilloso

5. una niña egoísta
6. un adolescente inseguro
7. estudiantes maleducados

**ANSWERS 5-18** *Possible answers include:* 1. Es mejor prepararla con aceite de oliva. 2. No las debes beber con alcohol. 3. Lo debes comer algunas veces. 4. Es mejor hacerlo por la mañana. 5. Debes perderlo lentamente. 6. Es mejor evitarlos. 7. La debes comer con aceite y vinagre.

**5-18** **Para no engordar** ¿Qué es mejor para no engordar y verse mejor? Da tu opinión usando pronombres de objeto directo para evitar la repetición.

**EJEMPLO** ¿Debo comprar vegetales frescos o congelados?
**Debes comprarlos frescos. o**
**Los debes comprar congelados.**

1. ¿Es mejor preparar la comida con aceite de oliva o con mantequilla?
2. ¿Es preferible tomar bebidas sin alcohol o con alcohol?
3. ¿Se debe comer helado algunas veces o nunca?
4. ¿Es mejor hacer ejercicio por la mañana o por la noche?
5. ¿Debo perder peso rápida o lentamente?
6. ¿Debo evitar los carbohidratos o no?
7. ¿Es mejor comer una ensalada con aderezo (*dressing*) o con aceite y vinagre?

## ¡A conversar!

**5-19** **¿Cómo eres tú? ¿Cómo son los demás?** Con otro(a) estudiante, contesta las preguntas usando el objeto directo cuando sea posible.

**EJEMPLO** ¿Escuchas a tus padres? ¿Y ellos a ti?
**Yo los escucho. Mis padres no me escuchan.**

1. ¿Comprendes a tu novio(a)? ¿Y él/ella a ti?
2. ¿Amas a tu madre? ¿Y ella a ti?
3. ¿Quieres a tu familia? ¿Y ellos a ti?
4. ¿Buscas a un hombre (una mujer) con dinero? ¿Y él/ella a ti?
5. ¿Visitas a tus abuelos? ¿Y ellos a ti?
6. ¿Necesitas a tus amigos? ¿Y ellos a ti?
7. ¿Miras programas de ejercicios? ¿Y tus amigos?

**5-20** **Antonio Machado** Lo siguiente es una cita del poeta español Antonio Machado: "El ojo que ves; no es ojo porque lo ves, sino (*but rather*) porque te ve." ¿Comprendes este juego de palabras? ¿Estás de acuerdo con su opinión? Escribe algo parecido con otras palabras.

**EJEMPLO** ojos / ver
**El ojo que ves; no es ojo porque lo ves, sino porque te ve.**

1. mano / agarrar (*to grab*)
2. labios / besar
3. perro que está en tu casa / necesitar
4. tiempo / controlar
5. conciencia / percibir (*to sense*)
6. dedos / rascar (*scratch*)

**5-21** **Dos actores y dos atletas** ¿Qué piensas de estos destacados españoles? Con un(a) compañero(a), da tu opinión usando los pronombres de objeto directo cuando sea posible.

Vocabulario útil

| admirar | amar | conocer | mirar | respetar |
|---------|------|---------|-------|----------|
| adorar | comprender | imitar | odiar | |

Antonio Banderas

Penélope Cruz

Rafael Nadal

Sergio García

1. Sobre Antonio Banderas y Penélope Cruz
   - ¿Los conoces? ¿Viste sus últimas películas? ¿Dónde? ¿Las recomiendas?
   - ¿Qué piensas de su cara, su nariz, sus labios, su pelo... ?
   - Y como personas, ¿qué piensas de ellos?

2. Sobre Rafael Nadal (tenista) y Sergio García (golfista)
   - ¿Los conoces? ¿Los viste jugar alguna vez? ¿Cuándo? ¿Dónde?
   - ¿Qué piensas de su cara, su pelo, su ropa... ?
   - Y como personas, ¿qué piensas de ellos?

## Pronombres de objeto indirecto y pronombres de objetos dobles

### Pronombres de objeto indirecto

**Repaso**

Review these structures and/or these forms in the **Índice de gramática conocida** at the end of the book: indirect object pronouns, double object pronouns, pronouns as objects of prepositions.

Like English speakers, Spanish speakers use indirect object pronouns to identify *to whom* or *for whom* the action of the verb is performed.

El médico **le** recomendó **a Felipe** una dieta especial para adelgazar.
*The doctor recommended a special diet **to Felipe** in order to lose weight.*

- Spanish speakers often include both the indirect object and the indirect object pronoun in the same sentence. In sentences involving the third person, the pronoun is included to resolve any ambiguities that might be caused by the indirect object **le(s)**, which can mean **a usted(es)**, **a él (ellos)**, or **a ella (ellas)**.

  —¿**Le** sacaste una foto **a María** cuando tenía pelo lacio?
  *Did you take a photograph of María when she had straight hair?*

  —No, no **le** saqué ninguna foto.
  *No, I didn't take any photos of **her**.*

  —¿Por qué **le** cortaste el pelo **a mi hermanita**?
  *Why did you cut my little sister's hair?*

  —**Me** dijo que quería un estilo más atrevido.
  *She told **me** that she wanted a more daring style.*

**Atención**

Once the indirect object noun has been identified or mentioned for the first time, it may be left out of a sentence, but the indirect object pronoun continues to be used: ¿**Les** dio las cartas **a los niños?** Sí, **les** dio las cartas.

- Spanish speakers may also include the indirect object along with the indirect object pronoun in order to further qualify or add emphasis to statements.

  Pablo:   Mercedes me cae fatal.
  *I can't stand Mercedes.*

  Mónica:  Pues, **a nosotras** Mercedes **nos** cae muy bien.
  *Well, **we** (in contrast to Pablo) really like Mercedes.*

### Pronombres de objetos dobles

- When direct and indirect object pronouns are used together in the same sentence, indirect pronouns always come before direct object pronouns.

  Sus hijos, tan educados, **me** contestaron **mis preguntas.**
  ↓
  Sus hijos **me las** contestaron.

- The indirect object pronouns **le** and **les** always change to **se** when they are used together with the direct object pronouns **lo, la, los,** and **las.**

  **Le** compré un helado **a mi hermana.**
  ↓
  **Se lo** compré ayer en el centro.

## ¡A practicar!

**5-22** **La familia real española** ¿Cómo es la familia real de España? Selecciona de la columna de la derecha lo que mejor complete la oración de la columna izquierda.

1. El rey Juan Carlos es muy valiente porque les…
2. La reina Sofía es sensata porque les…
3. El príncipe Felipe es un aficionado del tenis. Le…
4. Las infantas Elena y Cristina no son egoístas. Ellas les…
5. El Rey es impulsivo algunas veces. Una vez, le…
6. La Infanta Elena piensa que su esposo es un sinvergüenza. "Me…
7. El esposo de la Infanta Cristina es muy cariñoso con sus cuatro hijos. Les…

a. dijo al presidente venezolano Hugo Chávez: "Pero, ¿por qué no te callas?"
b. dice que los quiere mucho.
c. dan mucho tiempo y dinero a los pobres.
d. ofreció a los españoles un gobierno democrático.
e. dio a sus hijos una educación normal.
f. pidió una separación."
g. dio la mano a Rafael Nadal cuando ganó Wimbledon.

**5-23** **Un tenista** Rafael Nadal es ahora el tenista más conocido en España, después de haber ganado numerosos *Grand Slams*. No es ni descortés, ni vanidoso. ¿Qué hace Rafael?

**EJEMPLO** ¿Qué haces con tu raqueta algunas veces? (a un aficionado)
**Se la doy a un aficionado.**

1. ¿Regalas tus bolas de tenis? (a muchachitos)
2. ¿Quién diseña tu ropa de tenis? (yo mismo)
3. ¿Quién te guarda tus trofeos? (mi madre)
4. ¿A quién le dedicas tus victorias? (a España)
5. ¿Quién te escribe "Vamos Rafa" en tus tenis? (los que hacen los tenis)
6. ¿Regalas algunas de tus camisetas? (a mis amigas)

**5-24** **La Copa Euro** ¡El equipo de fútbol de España ganó la copa Euro! ¿Qué hizo este apasionado aficionado? Usa dos pronombres para evitar la repetición.

**EJEMPLO** Le dije que ganamos hasta a mi abuela.
**Se lo dije hasta a mi abuela.**

1. El Rey de España estaba muy emocionado. Le dieron el trofeo a él por unos minutos.
2. Los organizadores le pusieron cintas *(ribbons)* al trofeo con los colores de España.
3. Una tienda les prometió a sus clientes televisores gratis si España ganaba.
4. Cuando España ganó, la tienda les dio televisores gratis a todos sus clientes.
5. Mis amigos y yo les pedimos el autógrafo a varios jugadores.
6. Pero, no nos dieron su autógrafo porque estaban muy ocupados.
7. El equipo de fútbol le dedicó la copa Euro a España.

## ¡A conversar!

**5-25** **¿Eres quisquilloso o no?** Con otro(a) estudiante, compara opiniones sobre las siguientes situaciones. Contesta usando pronombres de objeto indirecto y directo para evitar la repetición.

**EJEMPLO** ¿Le prestas tu camisa favorita a tu hermanito? ¿Por qué?
**¡No! No se la presto porque él es muy egoísta.**

1. ¿Le regalas ropa interior a tu compañero(a) de cuarto en su cumpleaños? ¿Por qué?
2. ¿Te quitas la gorra *(cap)* cuando entras a una casa?
3. ¿Le lavas la ropa a tu novia/o? ¿Por qué?
4. ¿Te piden dinero tus amigos? ¿Te enoja eso?
5. ¿Le dices a un amigo que tiene algo en los dientes? ¿Cómo?
6. ¿Te prestan tus amigos sus zapatos algunas veces? ¿Te enoja eso?

**5-26** **¿Tienes escrúpulos?** En grupos de tres, imagínense que están en las siguientes situaciones y decidan cuál es la mejor solución.

1. Eres amigo/a de la novia en una boda. Sabes que el novio es un maleducado y atrevido, y tiene una relación amorosa con otra mujer. ¿Le dices la verdad a tu amiga?
2. Un grupo de amigos te invita a un restaurante francés muy caro pero a ti no te gusta (¡prefieres la comida española!). ¿Les dices la verdad o comes con ellos?
3. Tu amigo te presenta a su novia (que tiene una nariz aguileña monumental) y te dice: "Ella es la mujer de mi vida, es muy, muy guapa, ¿no?" ¿Le respondes que sí, que piensas que es muy guapa y/o cambias el tema?
4. Una buena amiga te da como regalo unos pantalones de un color horrible. Una semana después vas a un cumpleaños pero no tienes dinero para comprar un regalo. ¿Le das los pantalones que te dio tu amiga a la persona que cumple años?
5. Vas a casarte y ves a tu ex novia entre los invitados. Tu futura esposa, que tiene muy mal genio, no la conoce. ¿Le dices que ella está en la boda? ¿O le dices que no sabes quién es?

**5-27** **Antes y después** Trabaja con un(a) compañero(a). Un(a) compañero(a) toma la posición de una mujer y el (la) otro(a) la posición de un hombre. Siguiendo el ejemplo, digan lo que creen que decía una mujer durante la dictadura de Franco y lo que dice un hombre liberado ahora, después de la dictadura de Franco. Por último digan cómo responden ustedes.

**EJEMPLO** planchar *(iron)* la ropa
**Mujer (durante la dictadura): Se la plancho a mi esposo.**
**Hombre (ahora): Me la tengo que planchar yo mismo.**
**Estudiante: Pues, yo no plancho nada. Quizás las camisas… le pido a mi mamá que me las planche algunas veces…**

1. preparar sus tapas preferidas
2. limpiar sus zapatos
3. cocinar su comida favorita
4. lavar sus calcetines
5. arreglar *(to mend)* sus pantalones
6. servir la comida

## Este año en la Pasarela Cibeles:
### Las últimas **tendencias** de los **diseñadores españoles**

**Moda mujer**

el top estampado

la capucha

la sudadera

los bolsillos

con punta estrecha

los zaptos de tacón alto

**Moda hombre**

e polo de punto

la americana

la cierre de cremallera

los vaqueros holgados

de pata ancha

con puños abotonados

las zapatillas

## Complementos

la gargantilla

el gorro

la gorra

Siempre **innovadores**, los **diseñadores** españoles como Antonio Miró, Agatha Ruiz de la Prada, Juan Duyos y muchos otros presentan para esta temporada una colección **impactante** de **prendas** y **complementos** para mujeres y hombres. Con sus colores y **estampados llamativos**, sus atrevidos **diseños** seguramente van a ser **imprescindibles** para **estar en boga** este año.

Review basic vocabulary related to clothing and fashion in the **Índice de palabras conocidas**, at the end of the book.

## Repaso

## Cultura

Pasarela Cibeles, mentioned on page 188, is Spain's premier fashion show. Rivaling the runways in Paris and Milan, the Cibeles show, which is held in Madrid, displays the latest trends of Spain's top fashion designers.

## Lengua

Other words and phrases related to clothing and fashion are cognates or direct borrowings from English: **el top** (women's top), **el polo** (polo shirt), **la parka, el poliéster** (polyester), **los mocasines** (moccasins).

## Lengua

There is a great deal of diversity in Spanish with respect to fashion vocabulary. For example, the word **la zapatilla** means slipper or tennis shoe in Spain, but in Mexico, Puerto Rico, and some other Spanish-speaking countries, it is used for a woman's shoe. In many of these countries, **los zapatos de tenis**, or simply **los tenis** is used for tennis shoes, and the word **la chancla** is used for slipper. In Mexico and other countries the word **el saco** is used instead of **la americana**, but in Spain **el saco** means a sack or bag. Other examples: **la cazadora** (España) = **la chamarra** (México) = **la chaqueta** (P.R.) = **la campera** (Argentina) and **el gorro** (España / Argentina) = **la cachucha** (México) = **la gorra** (P.R.).

## Para hablar de la moda

| | |
|---|---|
| el atuendo | *outfit* |
| el bolsillo | *pocket* |
| el botón / abotonar | *button / to button* |
| el diseño / el (la) diseñador(a) | *design / designer* |
| la marca | *brand* |
| la ropa de etiqueta | *elegant/formal clothing* |
| el calzado | *footwear* |
| las chanclas | *flip-flops, beach sandals* |
| las zapatillas | *slippers, sports shoes* |
| los zapatos | *shoes* |
| planos | *flat* |
| de tacón alto | *high-heeled* |
| de punta estrecha | *pointed toe* |
| la capucha | *hood* |
| las chaquetas y los abrigos | *jackets and overcoats* |
| la americana / el saco | *men's blazer* |
| la cazadora | *jacket (waist length)* |
| los complementos / complementar(se) | *accessories / to accessorize* |
| el encaje | *lace* |
| el estampado | *print* |
| la franela | *flannel* |
| la gargantilla | *short necklace, choker* |
| el gorro / la gorra | *cap (no visor) / cap (with visor)* |
| el jersey | *pullover sweater* |
| los vaqueros | *jeans* |
| de pata ancha | *wide-legged* |
| con cierre de cremallera | *zipper* |
| los puños abotonados | *buttoned cuffs* |
| la pana | *corduroy* |
| la prenda | *item of clothing* |
| el punto | *knit* |
| la sudadera | *sweatshirt, sweatsuit* |
| el tatuaje adhesivo | *adhesive tattoo* |
| la tendencia | *trend* |
| | |
| conservador(a) | *conservative* |
| fresco(a) | *fresh* |
| imprescindible | *indispensable* |
| impactante / impacto | *striking / impact* |
| innovador(a) | *innovative* |
| llamativo(a) | *showy, flashy* |
| pasado(a) de moda | *out of style* |
| | |
| estar en boga | *to be in vogue* |
| lucir un estilo | *to show off a style* |
| quedar(le) a alguien… | *to fit someone . . .* |
| ajustado(a) | *tightly* |
| holgado(a) | *loosely* |
| vestir (i) (una prenda) | *to wear (an item of clothing)* |

# Vocabulario II

## ¡A practicar!

ANSWERS 5-28 1. F — El top estampado 2. F — Tienen que lucir un estilo conservador. 3. C 4. C 5. C 6. C 7. F — La pata ancha va a estar de moda. 8. F —Van a vestir tops ajustados.

**5-28 En la pasarela Cibeles** Mira las nuevas tendencias que salieron en Cibeles este año en la página 188 y luego decide si las siguientes oraciones son ciertas o falsas. Si son falsas corrígelas.

1. La sudadera estampada va a estar en boga este año.
2. Para estar de moda este año, los hombres tienen que lucir un estilo bastante llamativo.
3. Las nuevas tendencias incluyen zapatos de tacón alto para las mujeres.
4. El gorro de punto es otra tendencia de moda.
5. El atuendo femenino debe complementarse con una gargantilla.
6. Los hombres deben vestir una americana con botones en los puños para estar de moda.
7. La pata estrecha vuelve a los pantalones este año.
8. Las mujeres de moda van a vestir tops holgados.

ANSWERS 5-29 1. top estampado, sin mangas. 2. pantalones largos con cierre de botones, ajustados. 3. jersey estampado con bolsillos. 4. zapatos planos de punta estrecha.

**5-29 Zara** ¿Qué tendencias incluye el nuevo catálogo de la tienda española Zara? Mira los dibujos y describe cada prenda.

TEACHING TIP 5-29 Encourage students to incorporate previously learned fashion vocabulary with these new words and phrases. Call on students to share answers and keep calling on students until all aspects of the items are described.

1.

3.

2.

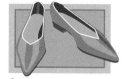
4.

TEACHING TIP 5-30 Follow up by asking students which items they could not find and seeing if anyone else in the class did find them.

TEACHING TIP 5-30 Turn this into a listening comprehension activity by having students close their books while you read these items aloud. Have students note the name of the classmate wearing the item, or make it a paired/group contest to see who can identify it first.

**5-30 La moda de la clase** ¿Cuántas de las siguientes prendas y complementos puedes encontrar en tu clase hoy? Toma turnos con un(a) compañero(a) de clase para leer los nombres de las prendas y encontrar a alguien de la clase que las esté usando.

1. una prenda con bolsillos
2. unas chanclas
3. una prenda de encaje
4. una gorra de punto
5. un jersey
6. una cazadora
7. una prenda con una capucha
8. una prenda con cremallera
9. unos vaqueros de pata estrecha
10. un tatuaje
11. una prenda holgada
12. una prenda llamativa
13. una prenda conservadora
14. ropa de etiqueta
15. un atuendo impactante
16. una sudadera estampada

## ¡A conversar!

 **5-31** **¿De qué se viste?** Con un(a) compañero(a) comenta las prendas y los complementos que se deben usar para las siguientes ocasiones. No se olviden de usar los adjetivos para describir las prendas y los atuendos.

1. para asistir a una boda
2. para cenar con alguien en una primera cita
3. para ir a una fiesta con amigos de la universidad
4. para ir a las montañas en el invierno
5. para lucir un estilo "punk"
6. para ir a la playa

**TEACHING TIP 5-32** Encourage students to bring in old pictures of themselves, their friends, or their family members wearing clothes that were in style at the time but now may not be. Have them share the photos with classmates so that other students can describe the outfits and offer their opinions about them.

 **5-32** **¡Qué hortera** *(tacky)***!** A veces lo que está muy de moda un año, está muy pasado de moda en otro. ¿Te acuerdas de algunas de esas tendencias del pasado? Comenta con un(a) compañero(a) de clase todos los ejemplos que puedan recordar y luego comparen las respuestas con las de otros de la clase y comenten las diferencias de opinión.

**EJEMPLO** los pantalones de poliéster de la época del disco

 **5-33** **La moda en nuestra sociedad** Comenta con unos(as) compañeros(as) de clase las siguientes preguntas.

1. ¿Es importante la moda en nuestra sociedad? ¿Cuáles son los indicios del nivel de importancia?
2. ¿Es más importante la moda para las mujeres que para los hombres? ¿Por qué? ¿Es más importante la moda para los jóvenes que para los adultos? ¿Por qué?
3. ¿Cuál es la marca de ropa que está más de moda entre los niños? ¿Entre los estudiantes universitarios? ¿Cuánto cuesta una prenda típica de esos diseñadores?
4. ¿Cuáles son las tendencias actuales que más te fascinan? ¿Cuáles son las tendencias que más te molestan? ¿Por qué?

**TEACHING TIP 5-34** Put students into groups of 3 and have half of the groups prepare the first situation and the other half prepare the second. Encourage students to be creative and humorous. When students perform their role play, tell them that they cannot use their notes. As an option, you can have each student prepare a role play at home. In class, they can use what they have prepared to contribute to a group-created role play.

**5-34** **Dramatizaciones** Con otros(as) dos estudiantes de la clase, elaboren una dramatización de las siguientes situaciones. Traten de incorporar todo el vocabulario que puedan.

1. Alicia quería un cambio de aspecto y acaba de gastar mucho dinero en un atuendo nuevo. ¿El problema? A ella le fascina el nuevo estilo que luce, pero a sus compañeros de casa les parece algo pasado de moda. Al llegar a casa Alicia les pide sus opiniones sobre su transformación.
2. Jaimito tiene sólo 14 años y se hizo un agujero *(piercing)* en la nariz sin el permiso de sus padres. Vuelve a casa con un aro *(hoop)* en la nariz y sus padres lo descubren. Los padres no están contentos y empiezan a decirle a Jaimito por qué no les gusta. ¡Lo que no saben todavía es que Jaimito también se hizo un tatuaje!

## El destape en España

En España hay libertad de expresión personal.

## Anticipación

**5-35** **Cómo somos nosotros** Contesta las preguntas para reflexionar en cómo funciona nuestra sociedad aquí en los Estados Unidos.

1. ¿En los EEUU hay leyes que controlan lo que se lleva en la calle? ¿Y en la playa?
2. ¿Hay reglas sobre qué ropa llevar a la escuela?
3. ¿Ha habido un cambio muy marcado *(sudden)* en la historia de los Estados Unidos sobre cambios en la moda o en los estilos de vida?

A fines de los años setenta, después de la muerte del dictador Francisco Franco, nació en España el fenómeno del "destape" *(uncovering)*, que es una nueva moda, un nuevo tipo de actitud y una nueva libertad de expresión personal.

En los casi 40 años de dictadura, España llevaba una camisa de fuerza *(straight jacket)* de presión social y política. Las mujeres no podían comprar propiedad *(real estate)* ni trabajar sin el permiso de sus esposos. La censura en la prensa también era parte de la vida diaria. ¡Tan estrictas eran las leyes, que estaba prohibido llevar camisas sin mangas *(sleeves)* fuera de la casa! Así es que, cuando el bikini apareció en el 1946 en Europa, era de esperarse la reacción del gobierno español: ¡arrestar a todo turista que llevara esa pieza tan indecente! Pero esto sólo echó leña al fuego *(added fuel to the fire)*. Junto con los turistas y sus ideas liberales, de otras partes de Europa llegaron los españoles exiliados con sus hijos, los cuales estaban acostumbrados a ideas y ropa más moderna. Los programas de televisión de otros países europeos ayudaron también a resaltar *(highlight)* el contraste.

*Los chicos en la playa,* por Sorolla y Bastida Joaquín, 1910

Finalmente, en 1975, cuando murió Franco, esta supresión de la expresión personal explotó como un volcán. En el corto plazo de cinco años, en todas las playas se permitió el "topless", en las revistas y periódicos se permitió la publicidad *(advertising)* con modelos semi-desnudos y los jóvenes españoles comenzaron a vestirse con una variedad de estilos chocantes para la generación anterior. Empezaron a vestirse con estilos punk, góticos y andrógenos, inspirados por David Bowie, Blondie, Siouxsie and the banshee y Boy George. Se empezaron a ver pantalones estrechos, spandex, géneros *(fabrics)* brillantes y sintéticos, joyas *(jewelry)* extravagantes y hasta maquillaje *(make-up)* para hombres.

¿Cómo es España hoy? Pues, el destape sigue en las playas, en la calle y en el arte. A España se le conoce por su tolerancia: los homosexuales se pueden casar, la marihuana se ha despenalizado, las mujeres son mayoría en el gabinete del primer ministro y todavía se puede ver a algunos jóvenes con pelo de puercoespín *(porcupine)*, pantalones de lycra con estampados locos, cinturones anchos y brillantes y zapatos puntiagudos caminando por las calles de Madrid.

## Comprensión

**5-36** **¿Comprendiste?** Contesta las preguntas para ver si has comprendido el texto.

1. ¿Qué es el destape?
2. ¿Cómo era la dictadura de Francisco Franco? ¿Qué cosas prohibía?
3. ¿Cómo reaccionó el gobierno a la llegada del bikini?
4. ¿Quiénes influenciaron el cambio en España? ¿Cómo es España hoy?

## Entre culturas

**5-37** **Perspectiva 1** ¿Cómo ves a los españoles? Marca con una equis [X] tu opinión o lo que observas.

1. _____ Es bueno que las mujeres tengan la misma libertad que los hombres.

2. _____ Los españoles se visten de una forma más llamativa. Yo no lo haría.

3. _____ Los hombres no llevan pantalones holgados, ni zapatos de tenis. ¡Qué bueno!

4. _____ Los hombres llevan pantalones capris y eso no se usa en los Estados Unidos.

**5-38** **Perspectiva 2** Lee lo que dicen estos españoles sobre la ropa. ¿Qué piensan ellos? Luego contesta las preguntas al final desde tu propia perspectiva.

Algunos españoles dicen:
- "Aquí hay mucha libertad de expresión en cuanto a la ropa."
- "Tenemos buen gusto al vestir."

Preguntas:
1. ¿Crees que la ropa llamativa de colores brillantes es de buen gusto?
2. ¿Qué es indecente para ti?

**5-39** **Perspectiva 3** Con un(a) compañero(a) discute cómo ven los españoles, en general, al resto de los EEUU. Marca con una equis [X] lo que crees que ellos piensan.

1. _____ En los Estados Unidos la gente no se siente cómoda o tiene más problemas en cuanto a mostrar el cuerpo.
2. _____ En los Estados Unidos se visten en una forma más conservadora y elegante.
3. _____ ¡Ay, ay, ay, esos jeans tan holgados!

## Extensión

**5-40** **La moda** Busca en el Internet bajo la palabra "moda" y busca qué es lo último en la moda en España. ¿Se compara con la moda en los EEUU? ¿Qué es lo último aquí? Escribe una lista de los artículos de moda en España que no se ven mucho aquí.

## Verbos como *gustar*

**Repaso**

Review this structure and/or these forms in the **Índice de gramática conocida** at the end of the book: pronouns as objects of prepositions.

As you may recall, the verb **gustar,** often translated as *to like*, is special because it always requires the use of an indirect object pronoun. This is because **gustar** does not literally translate as *to like*, but rather as *to be pleasing to*.

- In sentences with the verb **gustar,** the subject of the corresponding English sentence becomes the indirect object of the Spanish sentence, and the direct object of the English sentence becomes the subject of the Spanish sentence. In other words, an indirect object pronoun comes *before* the verb **gustar** and indicates the person who is pleased. A noun comes *after* the verb **gustar** and indicates the thing or person liked.

| Subject ↓ | Verb ↓ | Direct object ↓ | | Indirect object | |
|---|---|---|---|---|---|
| | | | pronoun ↓ | Verb ↓ | Subject ↓ |
| I | like | the jeans. | Me | gustan | los vaqueros. |
| | | | *(lit. The jeans are pleasing to me.)* | | |

- The verb **gustar** agrees in person and number with the subject of the sentence (the person or thing liked) and is usually used in the third person.

| Singular verb ↓ | Singular subject ↓ | Plural verb ↓ | Plural subject ↓ |
|---|---|---|---|
| ¿Te gusta | este jersey? | ¿Te gustan | estas gorras? |
| *Do you like* | *this pullover?* | *Do you like* | *these caps?* |
| | *(lit., Is this pullover pleasing to you?)* | | *(lit., Are these caps pleasing to you?)* |

- When **gustar** is used with one or more infinitives, it is always used in the singular.

    A Paola le **gusta lucir** los vaqueros ajustados, tan en boga en nuestros días.
    *Paola likes to wear the tight jeans, that are so in-style these days.*

- Several verbs function exactly like the verb **gustar.** They always require indirect object pronouns and are usually used only in the third person singular or plural.

    —¿**Te importa** tener ropa de etiqueta?
    ***Does it matter to you*** *to have designer clothing?*

    —A veces. ¡Sobre todo, **me encantan** los zapatos italianos!
    *Occasionally. Above all,* ***I love*** *Italian shoes!*

| Verbs like **gustar** | | | |
|---|---|---|---|
| caer bien /mal | *to like/dislike (a person)* | importar | *to matter to, to be important to* |
| encantar | *to delight, to love* | interesar | *to be of interest to* |
| enojar | *to anger* | molestar | *to annoy* |
| faltar | *to miss, to be lacking* | parecer | *to seem, to appear* |
| fascinar | *to absolutely love, to adore* | quedar | *to fit, to remain, to keep* |

# Estructura y uso III

—Aquella dependienta **no me caía muy bien.**
*I used to not like that salesclerk very much.*

—**A mí me pareció** que estaba muy cansada y por eso **no le interesaba** atendernos bien.
*It seemed to me that she was very tired and for that reason wasn't interested in helping us.*

—**Me falta** un complemento llamativo para la fiesta este sábado.
*I'm missing (still looking for) a showy accessory for the party this Saturday.*

—Pues, **te quedan muy bien** mis aretes de perlas.
*Well, my pearl earrings suit you very well.*

—¿**No te molesta** si los llevo?
*Won't it bother you if I wear them?*

—¡Qué va! Venga, póntelos. A mí **no me importa** nada.
*Come on! Go on, put them on. It doesn't bother me at all.*

—¿Y **no te interesa** venir conmigo? Yo sé como **te encanta bailar.**
*And aren't you interested in coming with me? I know how you love to dance.*

—**Me fascinan** las fiestas pero **me enoja** un poquito que Carlos no me invitara directamente.
*I absolutely love parties, but it angers me a little that Carlos didn't invite me directly.*

- The phrase **a** + noun or **a** + prepositional pronoun can be used with **gustar** and verbs like **gustar** to emphasize or to clarify the person who is pleased, delighted, angered, annoyed, etc.

**A nuestras amigas** les encantan los jerseys ajustados.
**A nosotros** nos gustan los vaqueros de pata ancha.

**HERITAGE LEARNERS** Ask heritage learners about their use of these verbs, and note any regional differences.

**TEACHING TIP** You might tell students that thinking about the verb **fascinar** as to *fascinate* may help them to understand and express more easily the grammatical relationship between these Spanish and English constructions.

## ¡A practicar!

**5-41 Gustos diferentes** ¿Qué les gusta a estos españoles famosos? Usa el verbo gustar para decir cuáles son los gustos de estas personas.

**EJEMPLO** Plácido Domingo / la ropa formal
**A Plácido Domingo le gusta la ropa formal.**

1. Pedro Almodóvar / la ropa negra
2. Enrique Iglesias / los pantalones ajustados
3. A Melanie y Antonio Banderas / la ropa informal
4. Rafael Nadal / las camisetas sin mangas
5. Penélope Cruz y Paz Vega / los zapatos de tacones
6. ¿Y a ti?

**5-42 Observaciones** Una joven española observa y compara la moda de España y la de los Estados Unidos. Para ver lo que dice, llena los espacios en blanco con los verbos dados y los pronombres apropiados.

| faltar | fascinar | gustar | importar | molestar | parecer |
|--------|----------|--------|----------|----------|---------|

"Es interesante… a los estadounidenses (1) ___les gusta___ llevar zapatos de tenis siempre, ¡aunque no estén jugando tenis! A mí (2) ___me molesta___ mezclar estilos de ropa, así es que yo no llevo tenis fuera de la cancha. En general, los españoles piensan que a los estadounidenses (3) ___les falta___ estilo, pero yo sé que (4) ___les interesa___ más la comodidad que la moda. La excepción es la noche de los "Oscar". (5) ___Me fascina___ la ropa que llevan las actrices. (6) ___Me parece___ que es elegantísima. ¡Los Estados Unidos definitivamente no son como España!

**5-43 María Isabel** La cantante María Isabel, que fue la ganadora del Euro Junior con la canción "Antes muerta que sencilla" *(Better dead than plain-looking)*, representa a un segmento de la juventud española que sigue la moda; a otros no les importa. ¿Qué dice el portavoz *(spokeperson)* de este grupo que piensa lo opuesto? Usa las siguientes palabras para expresar lo contrario de lo que le gusta a María Isabel.

| María Isabel | Grupo no conformista |
|--------------|----------------------|
| 1. tener muchos zapatos (sí) | (interesar) "A nosotros… |
| 2. comprar ropa de marca (sí) | (molestar) "A ella… |
| 3. ser conservadora (¡no!) | (caer mal) "A ellos… |
| 4. llevar colores llamativos (¡sí!) | (parecer) "A mí en particular… |
| 5. seguir las tendencias de la moda (sí) | (gustar) "A nosotros en general… |
| 6. vestir pasada de moda (¡no!) | (fascinar) "A él… |
| 7. ponerse atuendos sexy (sí) | (importar) "A ellas… |

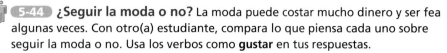

## ¡A conversar!

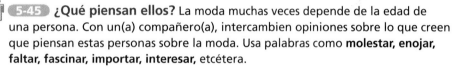 **5-44** **¿Seguir la moda o no?** La moda puede costar mucho dinero y ser fea algunas veces. Con otro(a) estudiante, compara lo que piensa cada uno sobre seguir la moda o no. Usa los verbos como **gustar** en tus respuestas.

1. ¿Qué piensas sobre los pantalones holgados en los hombres? ¿Y en las mujeres?
2. ¿Qué te molesta de la moda? ¿La sigues?
3. ¿Qué aspecto de la moda te molesta o te encanta?
4. ¿Qué artículos de vestir te favorecen? ¿Cuáles no te quedan bien?
5. ¿Qué aspecto de la moda te parece ridículo?
6. ¿Te importa lo que piense la gente de tu ropa?
7. ¿Te cae bien una persona sólo porque se viste bien?

**5-45** **¿Qué piensan ellos?** La moda muchas veces depende de la edad de una persona. Con un(a) compañero(a), intercambien opiniones sobre lo que creen que piensan estas personas sobre la moda. Usa palabras como **molestar, enojar, faltar, fascinar, importar, interesar,** etcétera.

1. una mujer de 50 años sobre los pantalones holgados
2. nosotros los estudiantes universitarios sobre las sudaderas
3. los muchachos sobre las gorras
4. una joven sobre el encaje
5. un niño de 5 años sobre la ropa de etiqueta
6. las niñas sobre los tatuajes adhesivos
7. un hombre de 70 años sobre las capuchas

**5-46** **Estereotipos culturales** Hay muchos estereotipos que tienen algo de verdad, pero no siempre es así. Con un(a) compañero(a) traten de decidir si la oración es cierta o falsa y por qué.

**EJEMPLO** A los españoles les fascinan las corridas de toros *(bullfights).*
**No es cierto que a todos los españoles les fascinen las corridas de toros. A algunos no les gusta del todo.**

1. A las mujeres españolas les molestan los piropos.
2. A una mujer de 60 años le hacen falta los piropos.
3. Las estudiantes jóvenes se enojan cuando reciben un piropo en España porque piensan que es hostigamiento.
4. A muchas personas del mundo les interesa emigrar a los Estados Unidos y a los españoles también.
5. A las mujeres españolas no les importa seguir la moda.
6. Al Rey de España no le cae bien Hugo Chávez (el presidente de Venezuela).
7. A los estadounidenses les molesta el ceceo *(the "th" sound)* de los españoles.

## Repaso

Before completing the activities on this page, review the following pages and refer to them as necessary to refresh your memory of the **Estructuras** addressed in **Capítulo 5.**
**Pronombres de objeto directo**, p. 182
**Pronombres de objeto indirecto y pronombres de objetos dobles**, p. 185
**Verbos como** *gustar*, pp. 196–197

# ¡A REPASAR Y A AVANZAR!

**5-47** **A conocer España** Piensa en lo que ya sabías y en lo que has aprendido en este capítulo y contesta las siguientes preguntas. Después, compara tus respuestas con las de un(a) compañero(a) de clase.

1. ¿Qué sabes de la historia de España y el efecto que ha tenido en la España de hoy?
2. ¿Cómo es la geografía de España? Describe los atributos geográficos más notables del país.
3. ¿Conoces a algunos españoles famosos? ¿En qué campos se han distinguido?
4. ¿Qué sitios de interés y actividades le recomiendas a un(a) turista en España y por qué?

**5-48** **Regalos** ¿Qué regalos vas a comprar y a quiénes se los vas a dar si visitas España? Escribe información sobre diez regalos que quieres comprar y la(s) persona(s) a quién(es) piensas regalar cada uno. Emplea algunos verbos de la lista.

**EJEMPLO**  Voy a comprar una chaqueta de cuero y se la voy a regalar a mi hermano. Pienso buscar una gargantilla de oro y quiero dársela a mi mejor amiga. Le encantan las gargantillas. ¡Espero que ella me la preste de vez en cuando!

| | | | |
|---|---|---|---|
| buscar | dar | mostrar | prestar |
| comprar | mandar | ofrecer | regalar |

Trabaja con dos o tres otros(as) estudiantes para leer y discutir la información sobre los regalos. Si otro(a) estudiante piensa comprar algo que te interesa mucho, puedes pedir que te lo regale a ti. Identifica a la persona más generosa del grupo y a la persona más tacaña *(stingy)*.

**5-49** **¿Qué piensas?** Escoge tres o cuatro fotos de varias partes de España y de gente española. Empleando los verbos a continuación, explica por qué las cosas y las personas representadas te interesan, te encantan, te parecen importantes, etcétera.

| | | | |
|---|---|---|---|
| caer bien/mal | enojar | importar | molestar |
| encantar | fascinar | interesar | parecer |

Trabajando en grupos de tres o cuatro estudiantes, compartan información sobre las fotos. Después, cada grupo debe escoger una foto de una persona y una foto de un lugar para presentarlas a la clase. Para cada foto, expliquen quién es o qué es y presenten las opiniones de dos o más personas del grupo.

**5-50** **¿Qué me prestas?** Piensa en las cosas que tú y tus amigos llevan a clase. Hazles un mínimo de seis preguntas a tus compañeros(as) pidiéndoles que te presten o que te den algo suyo.

**EJEMPLO**  ¿Me regalas tu libro de texto? ¿No? Entonces, ¿me lo prestas, por favor? Te lo devuelvo pronto.

Trabaja con uno(a) o con otros(as) dos estudiantes haciendo y contestando las preguntas.

**TEACHING TIP** Have students review the information on the structures covered in the chapter before they begin the activities. All activities begin with a short written product that each student prepares in order to communicate about topics from the chapter and concludes with pair work or a small group activity that allows students to share information with classmates.

**TEACHING TIP** Encourage students who have visited Spain or have ties to the country to share information with the class. Ask them what aspects of the country and its culture interest, fascinate, or delight them. Ask if they noticed differences between popular fashions in Spain and styles that were popular in the U.S. at the same time.

**TEACHING TIP 5-47** Encourage students to identify and discuss a broad range of information on the history and geography of Spain and help them understand that much diversity is found in this single country. Urge them to address and dispel any stereotypes they associate with the country, its people, and its cultures.

**TEACHING TIP 5-48** Monitor students' conversations to see that they are including object pronouns. Encourage them to ask questions of one another and answer with object pronouns, modeling as necessary.

**TEACHING TIP 5-49** Remind students to be certain to choose photos of Spain and of Spaniards. They can use information in the textbook, from the Internet, and from other sources to verify that their choices are correct.

**TEACHING TIP 5-50** Begin the activity by modeling a short conversation with a student or guiding two students through an interchange. Remind them that some of the verbs that are commonly used with object pronouns are listed in activity 5-49 above.

CD1, Track 10

**5-51** **¡A escuchar! Un desfile** A continuación vas a escuchar la descripción de un desfile de modas. Pon una X al lado de cada oración que escuches en el anuncio.

1. __X__ Eleonora Bosé luce un estilo bastante innovador de la diseñadora Laura Sánchez.
2. _____ Laura Sánchez lleva un top estupendo.
3. __X__ Los pantalones que lleva Eleonora van a ser la prenda imprescindible este año.
4. __X__ Eleonora lleva zapatos planos de puntas estrechas.
5. _____ Jorge Fernández viste pantalones de seda verde.
6. _____ Los pantalones que lleva Jorge se combinan con una sudadera sin mangas.
7. __X__ Para completar el atuendo veraniego, Jorge lleva chanclas de cuero suave.

**TEACHING TIP 5-52** Complete lyrics for Spanish songs can often be found through an Internet search of the song title plus the word "letra". Encourage students to listen to the complete song and to note what they believe the song to be about. In class, have students work in groups to share their ideas. Play the song for them with the lyrics displayed and then have a class discussion about the song and its cultural nuances. Encourage students to find connections between the song (or its writer and his/her country of origin) and the chapter's themes.

iTunes

**5-52** **Una canción** Joan Manuel Serrat es un cantante español con una larga trayectoria artística.

Joan Manuel Serrat

Ve a **www.cengage.com/spanish/rumbos** y escucha "Señora". En esta canción un joven le explica a la madre de su novia quién es él. Indica si las siguientes oraciones se mencionan o no en la letra.

| | Sí | No |
|---|---|---|
| 1. Ya sé que no soy un buen novio. | Sí | (No) |
| 2. Soy un soñador *(dreamer)* de pelo largo. | (Sí) | No |
| 3. Soy un hombre terco. | Sí | (No) |
| 4. Póngase usted un vestido viejo. | (Sí) | No |
| 5. Recuerde que tuvo usted la carne firme y un sueño *(dream)* en la piel. | (Sí) | No |

**5-53** **El Internet** En este capítulo aprendiste a expresar preferencias sobre la moda. Ve a **www.cengage.com/spanish/rumbos** y busca los sitios de la Red donde puedas obtener información sobre la moda en España. Escoge una fotografía que te llame la atención y escribe una descripción sobre el/la modelo y la ropa que lleva.

## ¡A LEER! La gloria de los feos

### Sobre la autora

**Hoy en día Rosa Montero (1951– ),** además de ser periodista de fama internacional, es una de las autoras españolas más leídas. Rosa Montero ha escrito nueve novelas, tres colecciones de cuentos infantiles y cinco colecciones de relatos. Debido a su formación periodística, su narrativa se enfoca en personajes de toda condición social y siempre está comprometida con la realidad circundante *(surrounding)*. Su cuento "La gloria de los feos" viene de su colección *Amantes y enemigos: Cuentos de parejas* (1998) y es representativo de un don de observación propio de una periodista.

## Antes de leer

**5-54 Invitación al texto** En esta lectura conocerás a dos jóvenes que no son aceptados por otros niños de su edad. El cuento va más allá del ambiente contemporáneo de España y nos invita a considerar nuestro trato *(dealings)* con otros que son diferentes a nosotros.

1. Cuando estabas en la escuela primaria, ¿eras aceptado(a) por todos tus compañeros o algunos se burlaban *(make fun)* de tu apariencia física? ¿Había algún (alguna) estudiante del que todos se burlaban?
2. En general, ¿cómo trata la gente a los feos? ¿Y a los guapos? ¿Se discrimina a las personas en base a su apariencia física? ¿Puedes dar ejemplos?
3. En tu opinión, ¿es importante la apariencia física para poder tener muchos amigos? ¿Y para tener novio(a)? ¿Por qué?

---

**Estrategia de lectura** Usar la estructura de los párrafos para diferenciar entre ideas principales e ideas subordinadas

In order to organize a text for the reader, writers will often express the main idea (sometimes identified as a *thesis statement*) in the first paragraph and then develop this idea further in each of the subsequent paragraphs. These subsequent (or body) paragraphs, in turn, may begin with an idea—subordinate to the thesis statement—that is then developed in the rest of the paragraph. These subordinate ideas are often called *topic sentences* and represent different facets embraced by the thesis statement of the first paragraph. Having an awareness of this organization—a main idea in the first paragraph (thesis) supported by subordinate ideas (topic sentences) in the subsequent paragraphs—will help you to navigate through a text and will facilitate your identification of main and subordinate ideas.

Read the first paragraph of "La gloria de los feos", and identify what you suspect will be the controlling idea or thesis for the selection.

- Central idea(s) or thesis statement(s): _____

  _____

  _____

  _____

# La gloria de los feos

**M**e fijé en[1] Lupe y Lolo, hace ya muchos años, porque eran, sin lugar a dudas, los *raros* del barrio. Hay niños que desde la cuna[2]
son distintos y, lo que es peor, saben y padecen[3] su
5   diferencia. Son esos críos[4] que siempre se caen en los recreos; que andan como almas en pena, de grupo en grupo, mendigando[5] un amigo. Basta con que el profesor *los* llame a la pizarra para que el resto de la clase se desternille[6], aunque en realidad no haya en
10  ellos nada risible[7], más allá de su destino de víctimas y de su mansedumbre[8] en aceptarlo.

    Lupe y Lolo eran así: llevaban la estrella negra en la cabeza[9]. Lupe era hija de la vecina del tercero[10], una señora pechugona[11] y esférica[12]. La niña salió
15  redonda desde chiquitita[13]; era patizamba[14] y, de las rodillas para abajo, las piernas se le escapaban cada una para un lado como las patas de un compás[15]. No es que fuera gorda; es que estaba mal hecha, con un cuerpo que parecía un torpedo y la barbilla saliendo
20  directamente del esternón[16].

    Pero lo peor, con todo, era algo de dentro; algo desolador[17] e inacabado[18]. Era guapa de cara: tenía los ojos grises y pelo muy negro, la boca bien formada, la nariz correcta. Pero tenía la mirada cruda[19],
25  y el rostro borrado por una expresión de perpetuo estupor[20]. De pequeña *la* veía arrimarse[21] a los corrillos[22] de los otros niños: siempre fue grandona[23] y les sacaba a todos la cabeza[24]. Pero los demás críos parecían ignorar su presencia descomunal[25],
30  su mirada vidriosa[26]; seguían jugando sin prestarle

atención, como si la niña no existiera. Al principio, Lupe corría detrás de ellos, patosa y torpona, intentando ser una más; pero, para cuando llegaba a los lugares, los demás ya se habían ido. Con los años
35  la vi resignarse a su inexistencia. Se pasaba los días recorriendo sola la barriada[27], siempre al mismo paso doblando las mismas esquinas[28], con esa determinación vacía[29] e inútil con que los peces recorren[30] una y otra vez sus estrechas peceras[31].

40     En cuanto a Lolo, vivía más lejos de mi casa, en otra calle. Me fijé en él porque un día los otros chicos le dejaron atado[32] a una farola[33] en los jardines de la plaza. Era en el mes de agosto, a las tres de la tarde. Hacía un calor infernal, la farola
45  estaba al sol y el metal abrasaba[34]. Desaté[35] al niño, lloroso[36] y moqueante[37]; me ofrecí a acompañarle a casa y le pregunté quién le había hecho eso. "No querían hacerlo", contestó entre hipos[38]: "Es que se han olvidado". Y salió corriendo. Era un niño
50  delgadísimo, con el pelo hundido[39] y las piernas como dos palillos[40]. Caminaba inclinando hacia delante, como si siempre soplara frente a él un ventarrón furioso[41], y era tan frágil que parecía que se iba a desbaratar[42] en cualquier momento. Tenía
55  el pelo tieso[43] y pelirrojo, grandes narizotas[44], ojos de mucho susto[45]. Un rostro como de careta de verbena[46], una cara de chiste[47]. Por entonces debía de estar cumpliendo los diez años.

    Poco después me enteré de[48] su nombre, porque
60  los demás niños le estaban llamando todo el rato.

---

[1]**Me fijé en** Presté atención a
[2]**desde la cuna** *from birth (lit., from the cradle)*
[3]**padecen** sufren por
[4]**críos** niños
[5]**mendigando** *begging for*
[6]**se desternille** *erupts in laughter*
[7]**risible** cómico
[8]**mansedumbre** estado calmado
[9]**llevaban la estrella…** *were born under a bad sign*
[10]**la vecina del tercero** *the neighbor from the third floor*
[11]**pechugona** con pechos grandes
[12]**esférica** *spherical*
[13]**desde chiquitita** desde muy pequeña
[14]**patizamba** *bow-legged*
[15]**patas de un compás** *hands of a compass*
[16]**esternón** *sternum*

[17]**desolador** *bleak*
[18]**inacabado** no terminado
[19]**cruda** *raw, primitive*
[20]**rostro borrado… estupor** *her face always showed a look of stupor*
[21]**arrimarse** acercarse
[22]**corrillos** *cliques*
[23]**grandona** muy grande
[24]**les sacaba… la cabeza** *she was taller than the rest*
[25]**descomunal** grande
[26]**vidriosa** *glassy*
[27]**barriada** sector del pueblo
[28]**esquinas** *street corners*
[29]**vacía** *empty*
[30]**recorren** pasan por
[31]**peceras** *fish bowls*
[32]**le dejaron atado** *left him tied*

[33]**farola** *lamp post*
[34]**abrasaba** quemaba
[35]**Desaté** *I untied*
[36]**lloroso** *teary-eyed*
[37]**moqueante** *runny-nosed*
[38]**hipos** *hiccups, sobs*
[39]**hundido** *sunken*
[40]**palillos** *toothpicks*
[41]**como si siempre… furioso** *as if he were facing furiously blowing winds*
[42]**desbaratar** *fall apart*
[43]**tieso** *rígido*
[44]**narizotas** *nostrils*
[45]**de mucho susto** *frightening*
[46]**Un rostro… de verbena** *a face like a mask on a carnival attraction*
[47]**chiste** *joke*
[48]**me enteré de** supe

Así como Lupe era invisible, Lolo parecía ser omnipresente: los otros chicos no paraban de[49] martirizarle, como si su aspecto de triste saltamontes[50] despertara en los demás una suerte de ferocidad entomológica. Por cierto, una vez coincidieron en la plaza Lupe y Lolo; pero ni siquiera se miraron. Se repelieron entre sí, como apestados[51].

Pasaron los años y una tarde, era el primer día de calor de un mes de mayo, vi venir por la calle vacía a una criatura singular; era un esmirriado[52] muchacho de unos quince años con una camiseta de color verde fosforescente. Sus vaqueros, demasiado cortos, dejaban ver unos tobillos picudos[53] y unas canillas[54] flacas; pero lo peor era el pelo, una mata espesa rojiza y reseca[55], peinada con gomina[56], a los años cincuenta, como una inmensa ensaimada[57] sobre el cráneo. No me costó trabajo reconocerle; era Lolo, aunque un Lolo crecido y transmutado[58] en calamitoso[59] adolescente. Seguía caminando inclinando hacia delante, aunque ahora parecía que era el peso de su pelo, de esa especie de platillo volante[60] que coronaba su cabeza, lo que le mantenía desnivelado[61].

Y entonces *la* vi a ella. A Lupe. Venía por la acera[62], en dirección contraria. También ella había dado el estirón puberal[63] en el pasado invierno. Le había crecido la misma pechuga que a su madre, de tal suerte que, como era cuellicorta[64], parecía llevar la cara en bandeja[65]. Se había teñido[66] su bonito pelo oscuro, así como a lo punky. Estaban los dos, en suma, francamente espantosos[67]; habían florecido, conforme a sus destinos, como seres ridículos. Pero se los veía anhelantes[68] y en pie de guerra[69].

Lo demás, en fin, sucedió de manera inevitable. Iban ensimismados[70] y chocaron el uno contra el otro. Se miraron entonces como si se vieran por primera vez, y se enamoraron de inmediato. Fue un 11 de mayo y, aunque ustedes quizá no lo recuerden, cuando los ojos de Lolo y Lupe se encontraron tembló el mundo, los mares se agitaron, los cielos se llenaron de ardientes meteoros. Los feos y los tristes tienen también sus instantes gloriosos.

---

[49]**no paraban** no dejaron de
[50]**saltamontes** *grasshopper*
[51]**Se repelieron…, como apestados** *They repelled one another, as if suffering from the plague*
[52]**esmirriado** flaco, delgado
[53]**picudos** *bony*
[54]**canillas** *shins*
[55]**una mata espesa rojiza y reseca** *a clump of thick, dry, red hair*

[56]**gomina** *hair grease*
[57]**ensaimada** *common Spanish breakfast pastry similar in shape to a cinnamon roll*
[58]**transmutado** transformado
[59]**calamitoso** desastroso
[60]**platillo…** *flying saucer*
[61]**lo que… desnivelado** *which kept him unbalanced*
[62]**acera** *sidewalk*

[63]**estirón puberal** *a growth spurt*
[64]**cuellicorta** con un cuello corto
[65]**en bandeja** *on a tray*
[66]**teñido** *dyed*
[67]**espantosos** horribles
[68]**anhelantes** con deseos
[69]**en pie de guerra** *on the war path*
[70]**ensimismados** *self-absorbed*

## Después de leer

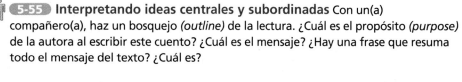

**TEACHING TIP 5-55** Remind students to go back and scan the reading a second time before doing this activity.

**TEACHING TIP 5-55** Have students work in pairs or small groups to prepare an outline of the story and discuss their ideas about the author's purpose and the message of the story. Assign the outline and questions for homework and have students share their ideas with classmates during the following class. After the groups identify the purpose and message, have them share their ideas with the whole class.

**5-55** **Interpretando ideas centrales y subordinadas** Con un(a) compañero(a), haz un bosquejo *(outline)* de la lectura. ¿Cuál es el propósito *(purpose)* de la autora al escribir este cuento? ¿Cuál es el mensaje? ¿Hay una frase que resuma todo el mensaje del texto? ¿Cuál es?

**ANSWERS 5-56** *Possible answers include:* 1. Parece que la narradora conoce bien a Lupe y Lolo porque es una vecina de ellos en el barrio. Lleva años observándolos. 2. Se compara con objetos mecánicos, como un compás y un torpedo. Son negativas porque sugieren que ella carece de dimensiones humanas. 3. Ignoran a Lupe como si ella no existiera. 4. Es muy delgado y parece tener más la simpatía de la narradora. 5. Habían coincidido en la plaza, pero no se habían conocido. 6. Los dos crecieron y llegaron a adolescentes. 7. Los dos chocaron el uno con el otro y se enamoraron en seguida. "Tembló el mundo, los mares se agitaron, los cielos se llenaron de ardientes meteoros."

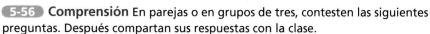

**5-56** **Comprensión** En parejas o en grupos de tres, contesten las siguientes preguntas. Después compartan sus respuestas con la clase.

1. ¿Conoce la narradora bien a Lupe y Lolo? ¿Por qué sí o por qué no?
2. ¿Con qué objetos se compara a Lupe en el segundo y el tercer párrafo? ¿Es una descripción positiva o negativa?
3. Según la narradora, ¿le prestan mucha atención los otros chicos a Lupe o la ignoran?
4. ¿En qué sentido es Lolo diferente a Lupe?
5. Antes de la escena final, ¿se habían conocido Lupe y Lolo?
6. Después de unos años, ¿cómo cambian Lupe y Lolo?
7. Al encontrarse los dos al final del cuento, ¿qué pasó? ¿Y qué eventos naturales pasaron para marcar este encuentro?

**5-57** **Expansión** En parejas o en grupos de tres, contesten las siguientes preguntas.

**ANSWERS 5-57** 1. *Answers will vary.* 2. *Answers will vary;* las comparaciones con el reino animal tienen un efecto deshumanizante. 3. *Answers will vary.* 4. El cuento, comunica los prejuicios de la narradora sobre la apariencia de la pareja. Si fuera desde el punto de vista de ellos, no tendríamos la impresión de que son personas tan raras. 5. Sugiere que, con un tono un poco satírico, que hasta los "feos y raros" pueden encontrar el amor. 6. *Answers will vary.*

1. ¿Has conocido a personas como Lupe y Lolo? ¿Es realista el trato que reciben de sus compañeros o es exagerado? ¿Puede ser la juventud tan cruel como sugiere la narradora?
2. ¿Por qué se usan imágenes del reino animal *(animal kingdom)* en este cuento? ¿Qué efecto tienen estas comparaciones?
3. En tu opinión, ¿suelen juntarse *(get together)* las personas raras como Lupe y Lolo? ¿Por qué sí o por qué no?
4. ¿Cómo afecta nuestra interpretación del cuento el hecho de que nunca sabemos lo que están pensando Lupe y Lolo? ¿Cómo cambiaría el cuento si fuera desde el punto de vista de ellos?
5. ¿Cuál es el significado de los eventos naturales al final del cuento?
6. En tu opinión, ¿es cómico el cuento? ¿Es posible que el sentido de humor latino sea un poco diferente del sentido norteamericano?

# ¡A ESCRIBIR! La descripción biográfica

## Atajo

**Functions:** Describing people; Expressing an opinion
**Vocabulary:** Body; Personality; Emotion
**Grammar:** Adjectives: agreement, position; Personal Pronouns: direct, indirect; Verbs: present, use of **gustar**

## El tema

El periódico español *El país* tiene un certamen de escritura para estudiantes internacionales y para participar es necesario presentar biografías interesantes. Las biografías son escritos que nos permiten conocer a una persona más a fondo. Para inscribirte en el certamen, tienes que escribir una breve biografía sobre una persona especial en tu vida. Piensa en dos o tres personas importantes en tu vida y selecciona la persona sobre la que puedes escribir la biografía más interesante.

## El contenido

Una buena biografía incluye descripciones del aspecto físico de la persona, de su carácter y de los hechos que la hacen una figura interesante. Para generar ideas, usa las siguientes categorías y haz una lista de varias de las características de la persona que seleccionaste:

- sus comienzos (cuándo y dónde nació, descripción de su familia...)
- su aspecto físico y su carácter (adjetivos y frases que lo/la describen)
- su modo de vestir
- sus intereses (qué le fascina/interesa)
- sus logros profesionales o personales (¿por qué es una persona tan especial?)

Trata de usar el vocabulario que ya conoces y el que aprendiste en este capítulo. Quizás también puedas usar algunas de las frases descriptivas que aprendiste en el cuento? "La gloria de los feos".

## El primer borrador

Tu biografía debe tener las siguientes partes:

*La introducción:* Escribe un breve párrafo para presentarle al lector a tu persona especial. Usa varias de las frases descriptivas que ya apuntaste *(noted)*. Una función importante de este párrafo es captar *(capture)* la atención del lector y motivarlo a seguir leyendo la biografía. Otra función es plantear la idea principal o la *tesis* de tu escrito. Debes incluir una o dos frases que describan por qué es tan especial esta persona.

*El desarrollo:* Escribe dos o tres párrafos para desarrollar la idea que planteaste en tu introducción. Debes usar una descripción, tan completa como sea posible, y ofrecer detalles específicos que ejemplifiquen tu tesis.

*La conclusión:* Escribe un párrafo de conclusión que resuma las características más distintivas que mencionaste en tu biografía.

*El título:* Escribe un título que capte la esencia de tu biografía.

## Revisión en parejas

 Lee la biografía de un(a) compañero(a) de clase y contesta las siguientes preguntas.

1. ¿Tiene una introducción, un cuerpo, una conclusión y un título?
2. ¿Puedes entender por qué es tan especial la persona que describe?
3. ¿Incluye detalles pertinentes? ¿Tiene algún detalle que no apoye el punto fundamental de la biografía o el punto fundamental de cada párrafo?
4. ¿Resume bien la conclusión el punto fundamental de la biografía?
5. ¿Tiene alguna palabra o frase que no reconoces o que no entiendes?
6. Si usa los tiempos pasados, ¿usa las formas correctas de los verbos?
7. ¿Usa bien otras estructuras del capítulo (los pronombres y los verbos como **gustar**)? ¿Ves algunos casos donde puede usar estas estructuras?
8. ¿Usa bien el vocabulario del capítulo? ¿Puede usar más?

**TEACHING TIP** Ask students to e-mail you their drafts before class. Select a good model to anonymously share with class on an overhead transparency. Go over the peer review questions and comment on the draft to model peer feedback for the class.

## Elaboración y redacción

Considera los comentarios de tu compañero(a) y haz los cambios necesarios. Lee la Estrategia de escritura y luego revisa la gramática de tu biografía. ¿Usaste bien el verbo **gustar** u otros verbos de este tipo? ¿Usaste bien los pronombres de objeto directo e/o indirecto? ¿Puedes usar estos pronombres para eliminar la repetición en tu biografía? Busca y corrige los errores comunes y por último, usa la función de *spell-check* para pulir *(polish)* la ortografía.

---

### Estrategia de escritura La revision de gramática

To do a thorough review of your grammar, it is important to be aware of your most common errors and actively search for them in your writing. Perhaps the most common types of student error in writing are those of agreement between adjectives (including articles) and their nouns and between verbs and their subjects. To check for these errors, take a clean draft of your work and highlight all the adjectives and articles. These include descriptive words like **alto**, and determiners like **algunos, mis, esta,** etc. After highlighting the adjectives, draw an arrow from each one to the noun it modifies. If it does not agree in number and/or gender with the noun, correct it. Next, highlight each verb. Ask yourself what tense the form should be in, and who the subject is to verify that you have used the correct verb ending. Other common errors occur with the verbs **ser** and **estar** and

with **gustar**-type verbs. Use the search function of your computer to find and check these forms against the rules you have learned for their use. For example, open the search window and type in **gust** to find forms of **gustar**, then check that the endings and accompanying pronouns are correct. Finally, when writing about the past, it is common for students to mistakenly switch tenses in the middle of a sentence or paragraph. To catch these types of errors, you must consciously check your verb forms for switches between past, present, and future. Ask yourself whether the tense switch is warranted or whether it was an unconscious mistake that requires correction. Though these strategies may seem time-consuming at first, the more you take these conscious, proactive steps to improve your grammar, the less you will find that you need to do so.

## ¡A VER! Manuel Pertegaz

### Antes de ver

**5-58** **Manuel Pertegaz** Es uno de los diseñadores más importantes de España. Antes de ver este reportaje sobre este famoso catalán, contesta las siguientes preguntas.

1. ¿Qué diseñadores famosos internacionales conoces?
2. ¿Quién crees que compra la ropa diseñada por estos diseñadores?
3. ¿Crees que la moda es un arte o un oficio?
4. ¿Por qué se deben exhibir los diseños de moda en museos?

**ANSWERS 5-58** *Possible answers include:* 1. Gabriel "Coco" Chanel, Ralph Lauren, Oscar de la Renta 2. Políticos, artistas, empresarios, mujeres famosas 3. En algunos casos puede ser un arte. 4. Porque representan una expresión artística de la cultura

### Mientras ves

**5-59** **¡Mira y escucha con cuidado!** Mira el segmento y marca con una equis [X] las palabras que escuches o veas.

— Hoy celebramos la moda española.

X El Museo Nacional de Arte de Madrid se viste de moda.

— Los trajes de novia blancos están de moda.

X Las creaciones de Pertegaz tienen detalles llamativos.

— Manuel Pertegaz es un diseñador andaluz.

— Letizia Ortiz es la reina de España.

X Pertegaz tiene un estilo innovador.

— Pertegaz tiene 65 años y está jubilado.

X Los diseños de Pertegaz nunca pasan de moda.

#### Vocabulario útil

| | |
|---|---|
| traje de novia | *wedding dress* |
| el físico | *physique* |
| seda | *silk* |
| encaje | *lace* |

### Después de ver

**ANSWERS 5-60** 1. En el Museo Nacional de Arte de Madrid. 2. Es un estilo innovador que marca las tendencias de la moda en Europa. 3. Habló de su libro de modas. 4. Porque es su diseño más famoso y es ahora parte de la historia de España. 5. Utiliza la seda.

**5-60** **¿Qué recuerdas?** Contesta las siguientes preguntas.

1. ¿Dónde se realizó este homenaje a Manuel Pertegaz?
2. ¿Cómo podemos describir el estilo de Pertegaz?
3. ¿De qué habló Pertegaz en la conferencia de prensa?
4. ¿Por qué es tan importante el diseño que creó para Doña Letizia Ortiz?
5. ¿Qué tela utiliza en los trajes de novia?

### Más allá del vídeo

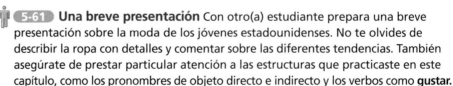

**5-61** **Una breve presentación** Con otro(a) estudiante prepara una breve presentación sobre la moda de los jóvenes estadounidenses. No te olvides de describir la ropa con detalles y comentar sobre las diferentes tendencias. También asegúrate de prestar particular atención a las estructuras que practicaste en este capítulo, como los pronombres de objeto directo e indirecto y los verbos como **gustar.**

## Para describir la apariencia física

| | |
|---|---|
| las arrugas | *wrinkles* |
| las caderas | *hips* |
| las cejas pobladas | *thick eyebrows* |
| la cicatriz | *scar* |
| las facciones grandes (delicadas) | *large (delicate, small) facial features* |
| la imagen | *image* |
| la nariz aguileña (puntiaguda) | *hooked (pointed) nose* |
| el pelo lacio (rizado) | *straight (curly) hair* |
| calvo(a) | *bald* |
| delgado(a) de cintura | *thin-waisted* |
| pequeño(a) de estatura | *small in stature (size)* |
| adelgazar | *to lose weight* |
| aumentar | *to gain* |
| engordar | *to gain weight* |
| faltar(le) (a alguien) | *to be lacking (to someone)* |
| hacerse | *to become (after much effort)* |
| proyectar | *to project* |
| sobrar(le) (a alguien) | *to be in excess, to have in excess* |
| tener buen aspecto | *to look good* |

## Para describir el carácter / la personalidad

| | |
|---|---|
| la autoestima | *self-esteem* |
| el amor propio | *pride, self-respect* |
| el buen (mal) genio | *a good (bad) temper* |
| el (la) sinvergüenza | *shameless person* |
| apasionado(a) | *passionate* |
| atrevido(a) | *daring, risqué* |
| audaz | *daring, bold* |
| caprichoso(a) | *capricious, impulsive* |
| cariñoso(a) | *affectionate, loving* |
| despreocupado(a) | *carefree* |
| egoísta | *selfish* |
| (in)seguro(a) de sí mismo(a) | *(in)secure about oneself* |
| juguetón(a) | *playful* |
| (mal)educado(a) | *(bad) mannered, (im)polite* |
| patoso(a) | *clumsy* |
| quisquilloso(a) | *finicky, fussy* |
| sensato(a) | *sensible* |
| sensible | *sensitive* |
| terco(a) | *stubborn* |
| valiente | *courageous* |
| vanidoso(a) | *vain, conceited* |

## Para hablar de la moda

| | |
|---|---|
| el atuendo | *outfit* |
| el bolsillo | *pocket* |
| el botón / abotonar | *button / to button* |
| el diseño / el (la) diseñador(a) | *design / designer* |
| la marca | *brand* |
| la ropa de etiqueta | *elegant/formal clothing* |
| el calzado | *footwear* |
| las chanclas | *flip-flops, beach sandals* |
| las zapatillas | *slippers, sports shoes* |
| los zapatos | *shoes* |
| planos | *flat* |
| de tacón alto | *high-heeled* |
| con punta estrecha | *pointed toe* |
| la capucha | *hood* |
| las chaquetas y los abrigos | *jackets and overcoats* |
| la americana / el saco | *men's blazer* |
| la cazadora | *jacket (waist length)* |
| los complementos / complementar(se) | *accessories / to accessorize* |
| el encaje | *lace* |
| el estampado | *print* |
| la franela | *flannel* |
| la gargantilla | *short necklace, choker* |
| el gorro / la gorra | *cap (no visor) / cap (with visor)* |
| el jersey | *pullover sweater* |
| los vaqueros | *jeans* |
| de pata ancha | *wide-legged* |
| con cierre de cremallera | *zipper* |
| los puños abotonados | *buttoned cuffs* |
| la pana | *corduroy* |
| la prenda | *item of clothing* |
| el punto | *knit* |
| la sudadera | *sweatshirt, sweatsuit* |
| el tatuaje adhesivo | *adhesive tattoo* |
| la tendencia | *trend* |
| conservador(a) | *conservative* |
| fresco(a) | *fresh* |
| imprescindible | *indispensable* |
| impactante / impacto | *striking / impact* |
| innovador(a) | *innovative* |
| llamativo(a) | *showy, flashy* |
| pasado(a) de moda | *out of style* |
| estar en boga | *to be in vogue* |
| lucir un estilo | *to show off a style* |
| quedar(le) a alguien… | *to fit someone . . .* |
| ajustado(a) | *tightly* |
| holgado(a) | *loosely* |
| vestir (i) (una prenda) | *to wear (an item of clothing)* |

# 6

Banco en la Ciudad de Panamá

# El futuro

## RUMBO A COSTA RICA, EL SALVADOR Y PANAMÁ

### Metas comunicativas

- Hablar de la búsqueda del trabajo
- Describir el compromiso social
- Manejar la conversación durante una entrevista
- Escribir una carta de presentación

### Estructuras

- El futuro
- El condicional
- Los mandatos

### Perspectivas culturales

- En busca de trabajo
- Un voluntario involuntario

### Cultura y pensamiento crítico

- Diferencias culturales en entrevistas y relaciones personales en el trabajo
- El arzobispo Óscar Romero y su influencia en El Salvador
- **Lectura:** *Flores de volcán* de Claribel Alegría
- **Video:** Niños trabajadores en El Salvador

### 6-1 ¿Qué sabes de Costa Rica, El Salvador y Panamá?

Lee las siguientes descripciones sobre la búsqueda de trabajo y sobre la cultura de Costa Rica, El Salvador y Panamá. Con un(a) compañero(a) determina si cada oración es cierta o falsa. Corrige las oraciones falsas.

1. La economía de Costa Rica depende de la producción de productos agrícolas.

2. Costa Rica tiene una larga tradición democrática en la región.

3. El Salvador no tiene acceso al mar Caribe.

4. El canal interoceánico que une el Pacífico y el Atlántico juega un papel importante en la economía e historia de Costa Rica.

5. Los salvadoreños en el extranjero envían dinero a sus familias en El Salvador.

**TEACHING TIP 6-1** Ask students if they know people or have family members who come from Costa Rica, El Salvador, or Panama. Have them identify these people and encourage the class to ask questions to find out more about them.

**ANSWERS 6-1** 1. C 2. C 3. C 4. F — La economía y la historia de Panamá. 5. C

## RECURSOS

- Audio
- Video
- iLrn iLrn
- iTunes
- **www.cengage.com/spanish/rumbos**

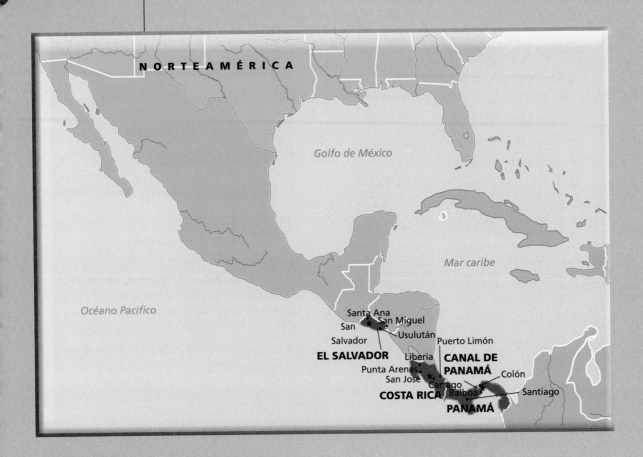

NORTEAMÉRICA

Golfo de México

Océano Pacifico

Mar caribe

Santa Ana
San Miguel
San
Usulután
Salvador
Puerto Limón
EL SALVADOR
Liberia
CANAL DE
PANAMÁ
Punta Arenas
San José
Colón
Cartago
COSTA RICA
Balboa
Santiago
PANAMÁ

## Costa Rica, El Salvador y Panamá

**1501** El español Rodrigo de Bastidas llega a las costas panameñas.

**1502** Cristóbal Colón llega a Costa Rica.

**1522** Los españoles llegan a El Salvador.

**1821** Costa Rica, El Salvador y Panamá declaran su independencia de España; Panamá se une *(joins)* a la República de la Gran Colombia (Colombia, Venezuela, Ecuador).
**1878** Se inicia la construcción del Canal de Panamá.

**1903** Panamá declara su independencia de Colombia.

**1904** Se adopta el dólar estadounidense como moneda oficial de Panamá.

**1914** Se inaugura el Canal de Panamá.

| 1500 | 1520 | 1600 | 1800 | 1900 | 1915 |

**antes de 1500** Es la tierra de los iroquois, cherokee, sioux, chippewa, navajos, pueblo y más.

**1607** Inmigrantes de Inglaterra fundan Jamestown en Virginia.

**1775–1782** Guerra de la Independencia

**1791** Se agrega el "Bill of Rights" (Derechos del Ciudadano) a la Constitución de los Estados Unidos.

**1899–1975** La United Fruit Company establece una presencia importante en Centroamérica; interviene en las economías y los gobiernos de estos países.

**1920** Las mujeres ganan el derecho a votar.

## Los Estados Unidos (EEUU)

**6-2 La geografía** Mira el mapa y contesta las siguientes preguntas.

1. ¿Qué país centroamericano no tiene costas sobre el mar Caribe?

2. ¿Dónde se encuentra el canal interoceánico?

3. ¿Qué país tiene la densidad más alta de población?

4. ¿Qué tipo de clima crees que predomina en esta área de Centroamérica?

5. ¿Qué país sirve de puente cultural entre Centroamérica y Sudamérica?

**6-3 Un poco de historia** Completa las oraciones con la información correcta de la cronología histórica.

1. Costa Rica se caracteriza por su tradición democrática. Esta empieza con una constitución en 1949 y _____.

2. Durante parte del siglo XIX Panamá formó parte de _____.

3. Una de las víctimas de la violencia política de El Salvador en la década de los ochenta es _____.

4. Cristóbal Colón y _____ llegan a las costas centroamericanas a principios *(at the beginning)* del siglo XVI.

5. La economía y la política de Panamá han estado ligadas *(have been tied)* al _____, obra maestra de la ingeniería del siglo XIX.

6. Muchos centroamericanos todavía recuerdan _____ que azotó *(pounded)* las costas de El Salvador y Costa Rica.

7. Entre los políticos más distinguidos de Costa Rica se destaca _____, ganador del Premio Nobel de la Paz.

8. Después de su independencia de Colombia en 1903, Panamá adopta _____ como moneda oficial.

**Más perspectivas de. . .** www.cengage.com/spanish/rumbos

- **Google™ Earth coordinates**
- **Video: Costa Rica, El Salvador y Panamá**

**1931–1979** Dictadura militar en El Salvador

**1949** Una nueva constitución costarricense garantiza las libres elecciones y el fin del ejército *(army)*.

**1980** El arzobispo Óscar Arnulfo Romero es asesinado en San Salvador.

**1980–1992** Guerra civil en El Salvador

**1987** El costarricense Óscar Arias Sánchez recibe el Premio Nobel de la Paz.

**1989** Los EEUU interviene militarmente en Panamá para derrocar *(overthrow)* al dictador Manuel Noriega, antiguo colaborador de la CIA.

**1998** El huracán Mitch causa daños graves *(severe damage)* en Centroamérica.

**1999** El Canal de Panamá regresa a control panameño.

**2001** Se adopta el dólar estadounidense como moneda oficial en El Salvador.

**2007** Comienza la expansión del Canal de Panamá.

| **1930** | **1940** | **1980** | **1985** | **1990** | **2000** | **2010** |

**1933** El Presidente Franklin D. Roosevelt inicia el Programa de Reformas Sociales llamado "New Deal" (literalmente, Nuevo Reparto).

**1941–1945** Segunda Guerra Mundial

**1978** El Senado ratifica un acuerdo *(agreement)* otorgándole soberanía *(bestowing sovereignty)* a Panamá sobre la zona del canal.

**1986** La Asociación internacional de médicos para la prevención de la guerra nuclear (Boston, Massachusetts) recibe el Premio Nobel de la Paz.

**1990** Guerra del Golfo contra Irak como respuesta a la invasión de Irak a Kuwait y la anexión de éste a Irak.

**2006** Tratado de Libre Comercio *(Free Trade Agreement)* con El Salvador

http://www.yahoraque.com

## ¿Y ahora qué? Tu **reclutador** en Internet
Con más de 2.000 empresas en nuestra **base de datos**
te conectamos con los mejores trabajos

### BOLSA DE TRABAJO

**Bolsa de trabajo**

Ver **ofertas**
Lista de **empresas**

**EJECUTIVO DE VENTAS:** Empresa multinacional de **tecnologías de la información** con base en San Salvador.
Responsabilidades: **Proponer** e **implementar** estrategias de **ventas, capacitar** a la fuerza de **ventas.**
**Requisitos:** Titulado en informática con algunos estudios en negocios; experiencia **previa** en vender servicios y **atención al cliente, alto grado de motivación.**
Edad: No mayor de 30 años
Sexo: Masculino
Salario: $500 base + **comisiones** por **metas alcanzadas** + **bonos**
Solicitudes: Enviar currículum, foto y **carta de presentación**

**Candidatos**

Añadir currículum
Modificar currículum

**DISEÑADOR GRÁFICO:** Agencia de marketing en San José, Costa Rica.
Responsabilidades: **Encargarse** de nuestros clientes en el sector de flores tropicales; **diseñar** elementos gráficos para las compañías y **supervisar** la producción de sus catálogos.
**Requisitos:** Estudios universitarios en artes gráficas; dominio de Corel, Freehand y Photoshop; mínimo de un año de experiencia en empresas de **publicidad;** poder trabajar bien **bajo presión**
Edad: Mayor de 18 años
Solicitudes: Únicamente por correo electrónico

**Empresas**

Registrar su empresa
Buscar candidatos

**ASESOR FINANCIERO:** Empresa líder en la administración de **fondos** para el retiro y la **inversión** con base en la Ciudad de Panamá.
**Requisitos:** Licenciatura en administración de empresas; excelente **manejo de** Excel; tener **buena presencia** y mucha **iniciativa; estar dispuesto a** viajar.
Edad: 25 a 35 años
Salario: Según experiencia
Solicitudes: Enviar currículum por correo electrónico. Incluir foto y datos personales (estado civil, familia)

### SISTEMAS SOLOTÚ
Atención **empresarios: Monta** tu propio **negocio** y ¡empieza a ganar millones ya!

## 🔊 Para hablar de los puestos

| | |
|---|---|
| la administración de empresas | *business administration* |
| el (la) asesor(a) financiero(a) | *financial consultant, advisor* |
| el (la) corredor(a) de bolsa | *stock broker* |
| el (la) diseñador(a) gráfico | *graphic designer* |
| el (la) ejecutivo(a) de ventas | *sales executive* |
| el (la) empresario(a) | *entrepreneur/businessman, businesswoman* |
| el (la) reclutador(a) | *recruiter* |
| el (la) científico(a) | *scientist* |

## Para hablar de los atributos, responsabilidades y beneficios

| | |
|---|---|
| la atención al cliente | *customer service* |
| las bases de datos | *database* |
| la bolsa de trabajo | *job listing* |
| el bono | *bonus* |
| la buena presencia | *good appearance* |
| la carta de presentación | *cover letter, letter of introduction* |
| la comisión | *commission* |
| el dominio de . . . | *mastery of . . .* |
| la experiencia previa | *previous experience* |
| el fondo de inversión | *investment fund* |
| la iniciativa | *initiative* |
| la meta | *goal* |
| la publicidad | *advertising* |
| el requisito | *requirement* |
| las tecnologías de la información | *information technology* |

| | |
|---|---|
| alcanzar | *to reach, achieve* |
| capacitar / la capacitación | *to train / training* |
| diseñar / el diseño | *to design / design* |
| encargarse de | *to be in charge of* |
| (estar) dispuesto(a) a | *(to be) prepared to, capable of* |
| implementar | *to implement* |
| montar un negocio | *to start a business* |
| proponer | *to propose* |
| supervisar | *to supervise* |
| tener un alto grado de motivación | *to be highly motivated* |
| tener conocimientos de . . . | *to be knowledgeable in . . .* |
| trabajar bajo presión | *to work under pressure* |
| tener manejo de | *manages, understands (to have the hang of)* |
| vender acciones | *to sell stocks, shares* |

## ¡A practicar!

**6-4** **La búsqueda de trabajo** Lee la página web de "Y ahora qué" en la página 214 y luego selecciona todas las frases apropiadas para completar correctamente cada oración.

1. "Y ahora qué"...
   - (a.) recluta empleados para las empresas que se inscriben en su servicio.
   - b. se especializa en la administración de empresas.
   - c. te paga una comisión si aceptas una de sus ofertas de trabajo.
   - d. te ayuda a empezar tu propia empresa.

2. El futuro ejecutivo de ventas...
   - a. va a tener un salario fijo *(fixed)*.
   - (b.) necesita tener conocimientos de la informática y la tecnología.
   - (c.) va a entrenar a otros empleados en vender los servicios de la empresa.
   - d. va a ser una mujer.

3. El futuro diseñador gráfico...
   - a. se va a encargar de vender flores tropicales.
   - b. va a supervisar a otros empleados.
   - (c.) necesita estar dispuesto a trabajar en situaciones de mucha presión.
   - (d.) debe manejar bien varios programas de software.

4. El futuro asesor financiero...
   - a. tiene que proponer e implementar programas de capacitación para la empresa.
   - (b.) necesita tener un alto grado de motivación.
   - c. va a trabajar sólo en la Ciudad de Panamá.
   - (d.) tiene que demostrar su buen aspecto y por eso debe incluir una foto.

**ANSWERS 6-5** *Answers will vary. Possible answers include:* 1. el material que usas para anunciar una compañía o vender un producto 2. el servicio especial que le das a un cliente en un negocio 3. ciertas características o experiencia que necesitas tener para solicitar un trabajo 4. una lista de anuncios de trabajos disponibles 5. los trabajos que has tenido en el pasado 6. lograr u obtener algo

**6-5** **En otras palabras** Explica cada uno de estos términos a tu compañero(a) sin mencionar la palabra para ver si él (ella) puede adivinar qué término describes.

1. la publicidad
2. la atención al cliente
3. el requisito
4. la bolsa de trabajo
5. la experiencia previa
6. alcanzar

**6-6** **Posibilidades** Marcos considera sus posibilidades de trabajo. Completa parte de la carta que le escribe a su amigo con las palabras apropiadas de la lista.

| | | | |
|---|---|---|---|
| acciones | comisiones | dispuesto | manejo |
| base de datos | corredor de bolsa | meta | reclutador |
| bono | diseñar | implementar | tecnologías de la información |

Tengo (1) __manejo__ de las (2) __tecnologías de la información__ y un (3) __reclutador__ me ofreció un puesto con una empresa aquí en Panamá. Necesitan guardar en la computadora información sobre sus clientes y necesitan alguien para (4) __diseñar__ e (5) __implementar__ una (6) __base de datos__. Pero estoy (7) __dispuesto__ a viajar, y puedo trabajar en los Estados Unidos con mi primo, quien es (8) __corredor de bolsa__. Él ayuda a sus clientes a vender y comprar (9) __acciones__. Puedo ganar mucho dinero, pero no ofrece un salario, solamente (10) __comisiones__ y si realizo mi (11) __meta__ de ventas, me da un (12) __bono__.

## ¡A conversar!

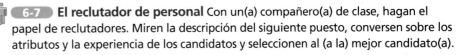

**TEACHING TIP 6-7** Encourage students to consider the strengths and weaknesses of each candidate while practicing relevant vocabulary. After 5–6 minutes have pairs share their selections and the justification. Compare responses.

**6-7 El reclutador de personal** Con un(a) compañero(a) de clase, hagan el papel de reclutadores. Miren la descripción del siguiente puesto, conversen sobre los atributos y la experiencia de los candidatos y seleccionen al (a la) mejor candidato(a).

Puesto:

Transforce S.A., en San José de Costa Rica, solicita <u>Coordinador de Representantes, Línea Dermatológica</u> Responsabilidades: encargarse de operaciones internacionales; supervisar a representantes dermatológicos; hacer capacitación de productos y ventas.

Requisitos: buena presencia; estar dispuesto a viajar, a veces al extranjero; tener un mínimo de 3 años de experiencia en un puesto similar; tener entre 30–40 años; sexo indistinto.

Candidatos:

- Ángela Reyes Guzmán, 34 años
  Solicita: empleo administrativo en la zona de San Salvador
  Experiencia y atributos: 4 años en áreas de ventas y atención al cliente; conocimientos de Excel y Word; alto grado de motivación.

- María Victoria Daneri, 40 años
  Solicita: empleo en industria farmacéutica en Costa Rica o Panamá
  Experiencia y atributos: titulada en farmacia; amplia experiencia en capacitación farmacéutica; 2 años en ventas; buen manejo de relaciones interpersonales; buen manejo del inglés.

- Francisco Javier Ramos Santos, 29 años
  Solicita: empleo a nivel ejecutivo en Ciudad de Panamá
  Experiencia y atributos: licenciado en administración de empresas; 3 años de experiencia en reclutamiento y capacitación de personal; manejo de trámites legales; bilingüe español/inglés.

**TEACHING TIP 6-8** To integrate culture and critical thinking into the activity, have students also discuss the types of jobs they believe might be most available in Costa Rica, Panamá and El Salvador, given what they know about their geography, economy, history, etc.

**6-8 ¿Qué te interesa?** Mira la siguiente lista y comenta con tu compañero(a) algunos de los trabajos posibles en cada categoría. Luego, conversa sobre algunos de los posibles trabajos que piensas hacer en el futuro, los atributos que tienes para hacerlos, los salarios y los beneficios.

1. Arte / Medios de comunicación
2. Telecomunicaciones
3. Finanzas
4. Ingeniería
5. Marketing
6. Recursos humanos

**TEACHING TIP 6-9** To integrate culture into the activity, you might also bring to class 2 sets of 3 job ads each from a real **bolsa de trabajo** for target countries. Give the first recruiter one set of ads (not to be shown to the client). After their interview, the recruiter makes a recommendation for the most appropriate job of the three, if there is one. Allow 6-7 minutes and then ask students to switch roles. Distribute the remaining set to the new recruiters and allow another 6-7 minutes for the interview. At the end, find out how many successful job placements there were and check to see that these placements were appropriate.

**6-9 ¡El trabajo de tus sueños!** Consultas con un(a) reclutador(a) para encontrar un trabajo ideal. Toma turnos con otro(a) estudiante haciendo los papeles de reclutador(a) y cliente. Deben hablar de las responsabilidades que el (la) candidato(a) busca desempeñar, las habilidades y destrezas especiales que tiene, su formación académica y el horario, el salario y los beneficios que le gustaría tener. El (La) reclutador(a) le hace sugerencias sobre trabajos apropiados.

# En busca de trabajo

En una entrevista

## Anticipación

**6-10 El trabajo en los Estados Unidos** ¿Cómo nos vemos a nosotros mismos en los Estados Unidos? Determina si cada oración es cierta o falsa y explica por qué piensas así.

1. Se piden fotos en el currículum.
2. Se hacen preguntas personales en las entrevistas.
3. Hay discriminación al seleccionar a una persona.
4. No es extraño que un jefe les pida sugerencias a los empleados.

En Costa Rica, El Salvador o Panamá, al igual que en muchas partes del mundo, la vida laboral tiene un aspecto personal. No sólo se busca un empleado con ciertas destrezas sino también se busca cierto tipo de persona. Al observar con detenimiento (carefully) los anuncios clasificados de la página 214, a primera vista, no se ve del todo diferente a un anuncio de trabajo en los Estados Unidos pero hay varias diferencias.

El jefe es considerado un líder que no necesita ayuda de sus empleados.

Las diferencias continúan en la entrevista de trabajo. Después de que el jefe determina que el candidato llena los requisitos laborales y de apariencia que busca, entonces, con la entrevista quiere medir (measure) el carácter de la persona. En una entrevista se esperan preguntas más personales como: ¿Es usted casado? ¿Planea casarse? ¿Cuántos años tiene? ¿Tiene hijos? ¿Piensa tener más? ¿Cómo está de salud?

Las diferencias no sólo vienen de la persona que entrevista sino también de la manera en que responde el candidato. Si le dice: "Hábleme sobre usted", un candidato panameño probablemente diría: "Bueno, soy de aquí muy cerca, de Capetí. Tengo 26 años. Mi esposa se llama Cecilia y esperamos nuestro primer hijo en unos meses. Estamos muy contentos." Es posible que un estadounidense diga: "Bueno, me gusta interactuar con la gente y por eso pienso que me gustan las ventas. Soy una persona muy dedicada al trabajo y siento una satisfacción personal cuando el trabajo está bien hecho."

Una vez conseguido el trabajo, hay que notar que la relación laboral entre el jefe y el empleado es un poco más rígida. Un gerente por lo general, no les pide opiniones ni sugerencias a los empleados. Se espera que un jefe tenga experiencia y que esté capacitado para dirigir con firmeza. El pedir opiniones puede sugerir debilidad (weakness) de su parte. Por otro lado, el empleado respeta la autoridad del jefe y tiene cuidado de no hacer sugerencias en público.

Un grupo laboral se puede describir como una familia con un padre o madre (el jefe o la jefa) que cuida a sus empleados. El trabajo no es sólo un negocio; es algo más personal.

## Comprensión

**6-11** **¿Comprendiste?** Contesta las preguntas para ver si has entendido el texto.

1. ¿Qué diferencias hay entre un anuncio en los EEUU y los que están en la página 214?
2. ¿Qué tipos de preguntas se pueden esperar en una entrevista de trabajo?
3. ¿Por qué se hacen preguntas personales?
4. ¿Cuál podría ser la diferencia entre la respuesta de un salvadoreño y la de un estadounidense cuando le dicen: "Hábleme de usted"?
5. ¿Cómo es la relación entre un empleado y un jefe?

## Entre culturas

**6-12** **Perspectiva 1** ¿Cómo vemos a los centroamericanos? Marca con una equis [X] tu opinión y con un(a) compañero(a) explica por qué piensas así.

1. _____ En El Salvador, las empresas quieren saber cosas personales y en realidad, no es de su incumbencia (*it's none of their business*).
2. _____ En muchos países del mundo hay discriminación basada en el sexo y la edad (*age*) y eso no es justo (*fair*) para el (la) empleado(a).
3. _____ Las empresas quieren conocer bien a la persona que van a emplear. Hasta cierto punto, tienen razón.
4. _____ Un negocio no puede mejorar si no se aceptan sugerencias.

**6-13** **Perspectiva 2** Lee lo que dicen algunos panameños sobre su manera de entrevistar ¿Qué piensan ellos? Contesta honestamente y sin juzgar (*without judgment*) las preguntas que hacen ellos para ver el punto de vista de muchas empresas en el mundo.

Algunos dicen:

1. "¿Por qué hacer preguntas personales...? ¿Por qué no?"
2. "¿No es mejor tener a alguien guapo para que atraiga más gente al negocio?"
3. "¿Por qué emplear a una mujer que va a pedir tiempo libre para tener un bebé?"
4. "¿Por qué emplear a una persona enferma que va a faltar mucho al trabajo?"

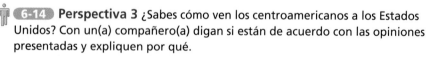

**6-14** **Perspectiva 3** ¿Sabes cómo ven los centroamericanos a los Estados Unidos? Con un(a) compañero(a) digan si están de acuerdo con las opiniones presentadas y expliquen por qué.

1. En los EEUU la discriminación no es legal, pero hay formas discretas de hacerlo.
2. En los Estados Unidos no se discrimina porque es en contra de la ley.
3. En los Estados Unidos se puede tener una idea de dónde viene tu familia por el apellido.
4. En los Estados Unidos se puede tener una idea de tu raza por el nombre.

## Extensión

**6-15** **Trabajos en el Canal de Panamá** El gobierno de Panamá ha aprobado la expansión del Canal de Panamá. El proyecto va a durar siete años. ¿Qué tipos de trabajos requiere ese proyecto? Escribe una lista de trabajos que requerirá el Canal, buscando en el Internet con las palabras "Autoridad de Canal de Panamá". Tráelos a la clase para ver la variedad de trabajos que generará ese tipo de proyecto.

# Estructura y uso I

## Repaso

Review these structures and/or these forms in the **Índice de gramática conocida** at the end of the book: the future tense.

## Lengua

The conjugated future tense (e.g., **trabajaré, trabajarás,** etc.) is used with much greater frequency in Spain than in Latin America, where the **ir + a +** infinitive (e.g., **voy a trabajar**) construction is more common.

## El futuro

- Like English speakers, Spanish speakers use the future tense to refer to future events, that is, events that *will happen.*

  Algún día **montaré** mi propio negocio y no **tendré** que depender de las comisiones.
  *Someday I will start my own business and I will not have to depend on commissions.*

- The future tense is also used to express probability or conjecture in the present. English expresses this in several ways, for example, with *probably, wonder,* and *must be.*

  —¿Qué **hará Juan** estos días?

  —**Trabajará con** la ejecutiva de ventas.

  *I wonder what Juan is doing these days.*

  *He must be working with the sales executive.*

- In some situations, Spanish speakers will use the present tense or other constructions instead of the future to express future events.

  - The present tense is often used to refer to events that will take place in the near future.

    —Mañana **doy** la presentación para la sección de atención al cliente.
    *Tomorrow I will give a presentation to the customer service section.*

  - **Ir a +** infinitive with **ir** in the present tense is also used to describe future actions. However, Spanish speakers may use the simple future to convey a strong sense of future intention or purpose.

    —**Voy a mostrarles** mis ideas.
    —Te **darán** el puesto. No te preocupes.

    *I'm going to show them my ideas.*
    *They will give you the job. Don't worry.*

  - Certain verbs that express intention or obligation, such as **pensar, deber, necesitar,** and **tener que,** can be used in the present with a futuristic meaning.

    —¿**Piensas** solicitar el puesto de corredora de bolsa?
    *Are you thinking about applying for the stockbroker job?*

    —Sí, **debo** enviarles mi solicitud pronto.
    *Yes, I should send them my application soon.*

    —¿**Necesitas** incluir cartas de recomendación?
    *Will you need to include letters of recommendation?*

    —Sí, **tengo que** pedirte una carta que describa mi experiencia previa.
    *Yes, I will have to ask you for a letter that describes my previous experience.*

## ¡A practicar!

**6-16** **Lo mismo de siempre** En Centroamérica, como en muchas partes del mundo, las profesiones son muy similares. ¿Qué hará cada persona en su trabajo? Escribe otra vez la oración con otra forma de expresar el futuro.

**EJEMPLO** Carpintero: <u>Va a trabajar</u> con madera.
**Trabajará con madera.**

1. Farmacéutico
2. Corredor de bolsas
3. Diseñador gráfico
4. Optómetra
5. Nutricionista
6. Científico

a. Va a examinar a sus pacientes.
b. Va a leer las recetas.
c. Va a trabajar en un laboratorio.
d. Va a prestar atención al mercado.
e. Se va a sentar en su mesa a dibujar.
f. Le van a aconsejar a sus pacientes qué comer.

**6-17** **El futuro del Canal de Panamá** ¿Cuáles son los planes del gobierno panameño con el Canal de Panamá? Llena los espacios en blanco con la forma futura del verbo dado.

En el año 2007 empezó el proyecto para expandir el Canal de Panamá. Este proyecto (1) _____doblará_____ (doblar) la capacidad del Canal y (2) _____permitirá_____ (permitir) más tráfico. Los panameños se (3) _____beneficiarán_____ (beneficiar) porque el proyecto (4) _____creará_____ (crear) muchos nuevos trabajos. Estos trabajos (5) _____reducirán_____ (reducir) la pobreza y el desempleo.

El Canal de Panamá ahora mismo tiene dos carriles *(lanes)*. Los ingenieros (6) _____añadirán_____ (añadir) un tercer carril más ancho *(wide)* que (7) _____hará_____ (hacer) posible el paso de barcos más grandes. Este proyecto le (8) _____costará_____ (costar) al pueblo panameño más de 5 billones de dólares, pero esta mejora es necesaria porque si no se invierte *(invest)* en la infraestructura del Canal, los panameños no (9) _____podrán_____ (poder) absorber la demanda mundial y no (10) _____generarán_____ (generar) más ingresos para Panamá. El proyecto se (11) _____terminará_____ (terminar) en el año 2014.

**6-18** **Un nuevo maestro en Costa Rica** Dos muchachos universitarios piensan que una forma de aprender español y también trabajar, es enseñar inglés en Costa Rica. Contesta las preguntas que les hacen sus padres sobre la idea según la información de abajo.

**Requisitos:** tener un certificado CTEFL; tomar un curso de cuatro semanas; un pasaporte

**Ventajas:** vivir en el pueblo Manuel Antonio; ir a las playas; salario de $1.600 al mes

**Ayuda:** orientación sobre Costa Rica; ayuda para conseguir vivienda; proveen seguro médico

**EJEMPLO** ¿Cuáles son los requisitos? (yo)
**Tendré que obtener un certificado de CTEFL.**

1. ¿Dónde vivirás? (yo)
2. ¿Cuánto pagan? (ellos)
3. ¿Qué harán en su tiempo libre? (yo), (nosotros)
4. ¿Tienes seguro médico? (ellos)
5. ¿Cómo vas a conseguir casa? (ellos)

## ¡A conversar!

**6-19** **El año 2025** ¿Cómo supones *(suppose)* que será tu vida en el año 2025? Usa el futuro de probabilidad para hacer conjeturas.

**EJEMPLO** Supongo que seré un abogado.

- ¿Qué tipo de trabajo tendrás?
- ¿Cómo será tu jefe/jefa?
- ¿Cuánto dinero ganarás?
- ¿Dónde vivirás?
- ¿Te casarás? ¿Cómo será tu esposo(a)?
- ¿Tendrás hijos? ¿Cuántos?
- ¿Qué coche manejarás?
- ¿Usarás español en tu trabajo?
- ¿Te acordarás *(remember)* de tu profesor (a) de español?

 **6-20** **El futuro de tus compañeros** ¿Qué pasará con tus compañeros de clase en 25 años? En grupos de tres o cuatro, predigan el futuro de un(a) estudiante de otro grupo.

**EJEMPLO** Fulanito vivirá en Costa Rica. Ayudará a las personas de su comunidad. Se casará con una costarricense Ana María Rodríguez Villar. Tendrán cuatro hijos guapísimos. Hablará español como un costarricense. En agradecimiento, le enviará dinero a su antiguo(a) profesor(a) de español.

 **6-21** **Problemas en el trabajo** Comparte con un(a) compañero(a) lo que pasará en cada una de estas situaciones.

**EJEMPLO** Un mesero llega con su corbata en la sopa del cliente. ¿Qué hará el cliente, el gerente y el mesero?
El cliente se enojará, el gerente lo despedirá y el mesero llorará.

1. Un doctor te da el diagnóstico equivocado y tú piensas que tienes poco tiempo de vida. ¿Qué harás tú, tus padres y el doctor?
2. Un guardia de seguridad piensa que estás robando algo de la tienda y te acusa delante de los otros clientes. ¿Qué harás tú y los demás clientes?
3. Tu profesor de español se equivoca y te da una "A" cuando en realidad te debe dar una "C". ¿Qué harás tú, tu profesor(a) y tus padres?
4. Descubren que un político muy conservador está involucrado en una situación moralmente inaceptable. ¿Qué dirá él, los constituyentes y los reporteros?
5. Un fotógrafo no llega a la boda porque se equivocó de día. ¿Qué pasará en la boda? ¿Qué dirán los novios?
6. Un peluquero te da un recorte demasiado corto y feo. ¿Qué harás tú y qué hará el peluquero?

## El conditional

- While the future tense is used to talk about events that will happen after a moment in the present, the conditional describes actions that will take place after a moment in the past. In other words, the conditional *(would do something)* is used to talk about future actions from a point of reference in the past.

  Ayer Carlos dijo que **se encargaría** del nuevo proyecto.
  *Yesterday Carlos said that **he would be in charge** of the new project.*

  En aquel momento no sabía que **tendría** que trabajar tanto.
  *At that time he didn't know that **he would have** to work so much.*

- The conditional is used to express what *would be done* under conditions that are either hypothetical or highly unlikely.

  Con más años de experiencia, Marta **tendría** mucho éxito como reclutadora.
  *With more years of experience, Marta **would be** very successful as a recruiter.*

  Si pudiera elegir mi carrera otra vez, yo **querría** ser nutricionista en vez de farmacéutico.
  *If I could choose my career again, I **would want** to be a nutritionist instead of a pharmacist.*

- The conditional is used to make polite requests or to soften suggestions and statements with verbs like **deber, gustar, poder, preferir, querer,** and **tener.**

  ¿**Podría** indicarme dónde debo dejar mi carta de presentación?
  *Could you tell me where I should leave my cover letter?*

  ¿**Preferiría** dejarla conmigo o dársela directamente al jefe?
  *Would you prefer to leave it with me or give it directly to the boss?*

- English speakers often use *would* to mean *used to* in the past. To communicate this same idea of repeated action in the past, Spanish speakers use the imperfect tense.

  En su último puesto, **trabajaba** mucho bajo presión.
  *In her last position, **she would work** under pressure a lot.*

- The conditional is also used to express probability or conjecture in the past. English expresses this in several ways, for example, with *probably was* and *must have.*

  —¿En qué año vino Pablo a trabajar con nosotros?
  *What year did Pablo come to work for us?*

  —**Vendría** aquí hace seis años, ¿no?
  *He **must have come** here six years ago, right?*

# ¡A practicar!

**6-22** **Cómo se habla en el trabajo** En el elegante restaurante salvadoreño, Casa Maya, los jefes, los meseros y los clientes hablan con más cortesía. Cambia estas instrucciones directas por algo más cortés.

**EJEMPLO** El jefe no dice: ¡Lávese las manos! Dice…
¿**Podría** (poder) usted, por favor, lavarse las manos?

1. El jefe no dice: ¡Llegue a tiempo! Dice…
   (Yo) _____Preferiría_____ (preferir) que llegara a tiempo.
2. El cliente no dice: Deme el arroz con pollo. Dice…
   A mí _____me gustaría_____ (gustarme) el arroz con pollo.
3. El mesero no dice: Aquí tienen unas servilletas. Dice…
   ¿_____Querrían_____ (querer) ustedes unas servilletas?
4. El cliente no dice: Quiero pagar con tarjeta de crédito. Dice…
   (Yo) ¿_____Podría_____ (poder) pagar con tarjeta de crédito?
5. El jefe no dice: ¡Ve y limpia esa mesa! Dice…
   (Tú) _____Deberías_____ (deber) ir a limpiar esa mesa, ¿no?
6. Los clientes no dicen: ¡Tráiganos más vino! Dicen…
   (Nosotros) _____Querríamos_____ (querer) más vino, por favor.

ANSWERS 6-23 1. b 2. e 3. a 4. f 5. d 6. c

**6-23** **¿Qué profesión seguir?** Unos estudiantes de la Universidad de Panamá se preguntan qué profesión seguir. Selecciona la mejor respuesta de la columna de la derecha.

1. Si estudiara en la Facultad de Economía…
2. Si recibiera un título de relaciones internacionales…
3. Si muchos fueran a la Facultad de Derecho *(law)*…
4. Si participáramos en obras de teatro…
5. Si dominaras el cálculo…
6. Si nos aceptaran en la Facultad de Odontología…

a. habría muchos abogados.
b. podría ser contador.
c. seríamos unos súper dentistas.
d. podrías ser profesora de matemáticas.
e. sería posible ser diplomático.
f. tendríamos la oportunidad de ser actores.

ANSWERS 6-24 1. Supongo que no le caería bien al entrevistador. 2. Supongo que no se vestiría bien. 3. Supongo que mentiría en la entrevista. 4. Supongo que diría que no le gusta trabajar. 5. Supongo que pediría mucho dinero al principio.

**6-24** **¿Qué habría pasado?** Un(a) estudiante brillante se acaba de graduar de la Universidad de El Salvador, pero no ha conseguido trabajo. Sus amigos y parientes están especulando… Cambia la oración dada a una de probabilidad usando el condicional.

**EJEMPLO** Es importante escribir bien el currículo.
**Supongo que no escribiría bien el currículo.**

1. Es importante caerle bien al entrevistador.
2. Es imprescindible vestirse bien.
3. Es mejor no mentir en la entrevista.
4. Es importante decir que te gusta trabajar.
5. Es importante no pedir mucho dinero al principio.

## ¡A conversar!

**6-25** **Una entrevista de trabajo** Aconseja a tu amiga sobre lo que debe o no debe hacer en una entrevista. Contesta las siguientes preguntas usando el condicional.

**EJEMPLO** E1: ¿Como chicle?

E2: **Yo no comería chicle. Si tengo uno en la boca lo tiraría en la basura antes de entrar a la entrevista.**

1. ¿Qué me recomiendas para tener un aliento *(breath)* fresco si no puedo comer chicle?
2. ¿Está bien si fumo?
3. ¿Qué tal si llego con el *look* de "mal afeitado" que está de moda?
4. ¿Debo tratar a la persona de "tú" o de "usted"?
5. ¿Puedo llevar tacones muy altos? Son mis favoritos.
6. ¿Puedo llevar perfume?
7. Si es una mujer la que me entrevista, ¿le doy la mano de una manera firme o suave?
8. ¿Qué digo si me hacen preguntas personales?

**6-26** **A soñar...** Si estuvieras en una de las situaciones siguientes, ¿qué harías? ¿Dónde estarías? ¿Con quién trabajarías? ¿Cuánto ganarías?

**EJEMPLO** Si fuera cocinero...

**trabajaría en un restaurante elegantísimo, cocinaría platos exóticos y sería muy famoso y ganaría un montón *(a whole bunch)* de dinero.**

1. Si viviera en Costa Rica como técnico de computadoras...
2. Si hiciera tele-mercadeo...
3. Si fuera el jefe...
4. Si fuera presidente de los Estados Unidos...
5. Si yo trabajara de maestro(a) de español...

**6-27** **¿Qué harías tú?** Muchas veces tenemos que decidir qué hacer en situaciones difíciles. Lee lo siguiente y con un(a) compañero(a), decide qué harías tú.

1. Eres el dependiente encargado de los probadores *(fitting rooms)*. Un cliente entra a un probador con cinco artículos y le das una tarjeta con el #5. Cuando sale, ves que sólo tiene cuatro artículos. ¿Hubo un error? ¿Contaste mal? ¿Está robando? ¿Qué harías?
2. Eres el gerente de un restaurante elegante. Una pareja celebra su aniversario de casados número 50. Al terminar la cena, el hombre dice que se le perdió su cartera, y no tiene efectivo. ¿Qué harías?
3. Estás entrevistando a un candidato. La persona, obviamente acaba de comer porque ves que tiene un pedazo de lechuga en los dientes. ¿Qué harías?
4. Estás cuidando a un niño de 4 años y él quiere comprar unos dulces en el supermercado. Le dices que no porque no tienes dinero. Al niño le da una rabieta *(tantrum)* monumental delante de todos en el supermercado. Grita a todo pulmón *(at the top of his lungs)* que eres una persona muy mala y que no eres ni su mamá ni su papá. Todos te miran. ¿Qué harías?

## ¿Qué harás de tu vida?
### Deja que te ayudemos con la respuesta
## OPERACIÓN PAZ

**OPERACIÓN PAZ** es una **organización sin fines de lucro** dedicada a la acción social. Buscamos **promover el bienestar** y una mejor **calidad de vida** para todos. ¡Echa una **mano** y disfruta el **gratificante** trabajo del **voluntariado!**

### El voluntariado doméstico

Participa como miembro de un equipo de **rescate** para ayudar a los que sufren los **devastadores** efectos de **terremotos, inundaciones** y otros **desastres naturales** en tu propio país.

### El voluntariado durante las vacaciones: Costa Rica

Si no puedes **comprometerte a largo plazo,** pasa dos semanas en las montañas de Talamanca y colabora en la **repoblación** de bosques. O si prefieres los animales, participa en un programa para **proteger** las tortugas y otras criaturas en peligro de extinción.

### El voluntariado internacional: El Salvador

Ayuda a **combatir** la **pobreza extrema** en las áreas rurales del país. Ofrecemos programas para **construir viviendas** y traer **agua potable** a las demasiadas personas que viven sin estos **recursos** básicos de la vida.

### El voluntariado virtual

Usa tus talentos para dar asistencia técnica, desarrollar páginas web para **gente discapacitada** o **recaudar fondos** para cualquier causa u organización de **caridad,** todo desde tu propia casa.

**Contáctanos hoy: ¡Convierte tus buenas intenciones en acciones!**
http://www.idealistas.org

## Repaso

Review basic vocabulary related to civic engagement in the **Índice de palabras conocidas** at the end of the book.

## Lengua

Other words and phrases related to volunteerism and civic engagement are cognates of English words: **la ayuda humanitaria** *(humanitarian aid)*, **donar** *(to donate)*, **erupción** *(eruption)*, **impactar** *(to impact)*, **la justicia social** *(social justice)*, el **medicamento** *(medication)*.

## Cultura

El 5 de diciembre es el Día Internacional del Voluntariado.

**TEACHING TIP** Point out to students that the verbs **construir**, **promover**, **proteger**, and **reporbar** (in the vocabulary) have irregular forms or undergo spelling changes in some conjugations.

## ◁)) Para hablar del compromiso social

| | |
|---|---|
| el agua potable | *drinkable water* |
| el altruismo / altruista | *altruism / altruist* |
| el bienestar | *well-being* |
| la calidad de vida | *quality of life* |
| la caridad | *charity* |
| el desarrollo sostenible | *sustainable development* |
| el desastre (natural) | *(natural) disaster* |
| la desnutrición | *malnutrition* |
| el estipendio | *stipend* |
| la gente desamparada | *homeless people* |
| la gente discapacitada | *disabled people* |
| la inundación | *flood* |
| la organización sin fines de lucro | *non-profit organization* |
| la pobreza (extrema) | *(extreme) poverty* |
| el recurso | *resource* |
| la repoblación / repoblar (ue) | *repopulation, reforestation / repopulate, reforest* |
| el terremoto | *earthquake* |
| la vivienda | *housing, house* |
| el (la) voluntario(a) / el voluntariado | *volunteer / volunteerism, group of volunteers* |
| | |
| colaborar / la colaboración | *to collaborate / collaboration* |
| combatir | *to combat, fight against* |
| comprometerse a / el compromiso | *to commit oneself to / commitment* |
| construir | *to construct* |
| echar una mano | *to lend a hand* |
| promover (ue) | *to promote* |
| proteger / la protección | *to protect / protection* |
| recaudar fondos | *to raise funds* |
| remunerar / remunerado | *to pay, to reward / paid* |
| rescatar / el rescate | *to rescue / rescue* |
| | |
| devastador(a) | *devastating* |
| gratificante | *gratifying* |
| | |
| a largo/corto plazo | *long/short term* |
| en vías de desarrollo | *developing* |

## ¡A practicar!

**6-28** **¿Idealistas?** Lee el anuncio de Operación Paz en la página 228 y luego determina si las siguientes oraciones son ciertas o falsas. Si son falsas, corrígelas.

1. Operación Paz gana millones de dólares cada año.
2. Operación Paz presenta varias oportunidades para gente altruista.
3. Los programas de voluntariado existen sólo en países en vías de desarrollo.
4. Hay un programa para ayudar a gente desamparada en El Salvador.
5. Las ofertas probablemente son para trabajos no remunerados.
6. Operación Paz se dedica al compromiso social.
7. El anuncio solicita voluntarios para recaudar fondos para Operación Paz.
8. Con esta organización te puedes comprometer a la acción social a corto plazo.

**6-29** **Crónicas de El Salvador** Juan José Díaz es un español que ha escrito un libro sobre sus experiencias como voluntario en El Salvador después de los dos terribles terremotos de 2001. Completa esta parte con las palabras apropiadas de la lista. **¡OJO!** Si conjugas un verbo, tendrás que usar el pretérito.

| | | | |
|---|---|---|---|
| agua potable | construir viviendas | echar una mano | proteger |
| altruismo | desamparada | estipendio | recursos |
| bienestar | desarrollo | gratificante | remunerado |
| caridad | desastre natural | inundación | rescate |
| colaborar | desnutrición | pobreza extrema | sin fines de lucro |
| combatir | devastadores | promover | voluntarios |

Cuando supe de los (1) ___devastadores___ terremotos, tuve que ir a (2) ___echar una mano___. Me uní a la Cruz Roja Española y ellos me enviaron a La Libertad, una de las zonas más afectadas por ese (3) ___desastre natural___. Los primeros días trabajé con un equipo de (4) ___rescate___ tratando de salvar a las víctimas y (5) ___proteger___ a todas las personas. Después de una semana, (6) ___colaboré___ con (7) ___voluntarios___ de otras organizaciones (8) ___sin fines de lucro___ para distribuir bolsas de comida. Había mucha más gente que comida y tuvimos que (9) ___combatir___ muchos casos de (10) ___desnutrición___. Nosotros también (11) ___construimos viviendas___ porque mucha gente se había quedado (12) ___desamparada___. Fue duro porque fue la primera vez que vi con mis propios ojos la (13) ___pobreza extrema___, gente que no tenía ni los (14) ___recursos___ más básicos, como (15) ___agua potable___. Mi trabajo no fue (16) ___remunerado___ con dinero; la Cruz Roja sólo me dio un (17) ___estipendio___ pequeño para comprar comida. Pero la experiencia fue muy (18) ___gratificante___.

**6-30** **Una de estas cosas…** Decide con tu compañero(a) cuál de las palabras de cada serie no encaja *(fit)* con las demás. Explica la relación entre las otras dos.

1. altruista / bienestar / estipendio
2. desastre natural / inundación / gratificante
3. gente discapacitada / voluntarios / desarrollo sostenible
4. en vías de desarrollo / remunerar / pobreza extrema

## ¡A conversar!

**6-31** **¡Echa una mano!** Conversa con un(a) compañero(a) sobre el compromiso social. Tomen turnos haciendo y contestando las siguientes preguntas.

1. ¿Alguna vez te has ofrecido de voluntario(a)? ¿Dónde? ¿Qué hiciste? ¿Fue un compromiso de largo o corto plazo?
2. ¿Qué tipo de voluntariado te interesa más y por qué?
3. ¿Qué oportunidades hay en tu comunidad para prestar servicio?
4. ¿Te interesa trabajar de voluntario(a) en Latinoamérica? ¿Por qué? ¿Qué harías?
5. ¿Cuán importante es el compromiso social? ¿Tenemos todos una responsabilidad de promover el bienestar y calidad de vida de otros?

**6-32** **Objetivos del milenio** Los países de la Organización de las Naciones Unidas se comprometieron a realizar los siguientes ocho objetivos para el año 2015. ¿Qué progreso hemos hecho en los EEUU para realizar estas metas? ¿Qué más podríamos hacer y qué podrías hacer tú? Lee los objetivos, y con otro(a) estudiante, contesten estas preguntas.

1. Acabar con la pobreza extrema y el hambre
2. Lograr la enseñanza primaria universal
3. Promover la igualdad de sexos
4. Reducir la mortalidad infantil
5. Mejorar la salud materna
6. Combatir el VIH/SIDA *(AIDS)* y otras enfermedades
7. Garantizar la sostenibilidad ambiental
8. Promover una asociación mundial para el desarrollo

*Hagámoslo realidad*

**6-33** **¿Qué significa el voluntariado?** ¿Cuáles de las siguientes tareas serían ejemplos de voluntariado? ¿Cuáles no? Decide con otro(a) estudiante y formulen una definición del término voluntariado.

- Repartir *(Distribute)* ropa a gente desamparada en tu ciudad
- Donar sangre
- Construir viviendas en Tijuana durante las vacaciones para incluir esta experiencia en tu solicitud de entrada a la universidad
- Cualquier trabajo no remunerado
- Rescatar de un árbol alto el gato de un vecino
- Participar en una campaña de repoblación de bosques en Sudamérica
- Recaudar dinero para niños discapacitados en El Salvador como requisito de una clase
- Comprometerte a corto plazo a no comer carne
- Trabajar para una organización sin fines de lucro por un estipendio de mil dólares por mes
- Donar doscientos dólares a una organización de caridad

# Un voluntario involuntario

La Catedral
metropolitana de
San Salvador

## Anticipación

**6-34** **La iglesia en los Estados Unidos...** ¿Cómo nos vemos a nosotros mismos en los Estados Unidos? Determina si cada oración es cierta o falsa y explica por qué piensas así.

1. El catolicismo es la denominación predominante en los Estados Unidos.

2. En los Estados Unidos hay separación del gobierno y la iglesia.

3. En los Estados Unidos hubo un líder religioso que fue asesinado.

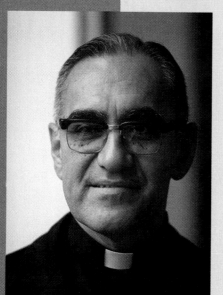

El arzobispo Óscar Romero

En El Salvador, al igual que en Costa Rica y Panamá, la Iglesia Católica es tan importante como el Gobierno. La iglesia es parte de cada evento social y oficial; desde nacimientos, bautizos, comunión, matrimonios y muerte, la iglesia siempre estará presente. Históricamente, la iglesia siempre ha apoyado *(supported)* el status quo, así es que los ricos le dan dinero a la iglesia para mantener el status quo y los pobres rezan por una vida mejor.

En los años 60 algunas 14 familias tenían las mejores tierras de El Salvador, mientras que los campesinos *(peasants)* trabajaban las peores tierras sólo para sobrevivir *(survive)*. El 90% de los niños estaban malnutridos y sólo una tercera parte de los hombres tenían empleo a tiempo completo. La oligarquía mantenía el poder con la ayuda del ejército *(army)*, y la iglesia estaba allí para ofrecer consuelo *(consolation)*. Pero, a los campesinos que querían más que consuelo los llamaron "comunistas" y fueron el blanco *(target)* de la violencia del ejército.

Con la esperanza de mantener el orden social de siempre, la iglesia escogió *(selected)* al conservador Óscar Romero para ser arzobispo en 1977. Al principio, el arzobispo Romero mantuvo su posición derechista, pero pronto se dio cuenta *(realized)* del sufrimiento de los salvadoreños cuando su amigo, el Padre Rutilio Grande, fue brutalmente asesinado por soldados *(soldiers)* por decir cosas como "los perros de los ricos comen mejor que los niños salvadoreños". Finalmente, Romero se sintió forzado a hablar a favor de la gente pobre de El Salvador.

Este voluntario involuntario dio un cambio radical y se dedicó desde entonces a usar el poder de la iglesia para combatir asesinatos y secuestros *(kidnappings)*. Nunca pensó que caminaría hombro *(shoulder)* con hombro con su pueblo y que se convertiría en su portavoz *(spokesperson)*. Desde el púlpito le imploró varias veces al gobierno de los Estados Unidos que dejara de enviar armas al ejército, sin éxito. La guerra *(war)* civil cobró la vida de 75,000 salvadoreños.

El 24 de marzo de 1980, el arzobispo Óscar Arnulfo Romero fue asesinado mientras daba misa en un hospital. Poco antes de su muerte había dicho: "No creo en la muerte, sino en la resurrección. Si me matan *(kill)*, regresaré a la vida en el pueblo salvadoreño."

## Comprensión

**6-35** **¿Comprendiste?** Contesta las preguntas para ver si has entendido el texto.

1. ¿Qué eventos sociales son religiosos?
2. Tradicionalmente, ¿de parte de quién *(whose side)* estaba la iglesia en El Salvador?
3. ¿Por qué eligieron a Óscar Romero para ser arzobispo?
4. ¿Por qué cambió de actitud el arzobispo Romero?
5. ¿Quién asesinó al Arzobispo? ¿Qué dijo antes de morir?

## Entre culturas

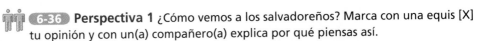

**6-36** **Perspectiva 1** ¿Cómo vemos a los salvadoreños? Marca con una equis [X] tu opinión y con un(a) compañero(a) explica por qué piensas así.

1. _____ Había mucha violencia en los años de la guerra civil.
2. _____ La iglesia católica es muy importante para los salvadoreños.
3. _____ Hay una brecha *(gap)* muy grande entre los ricos y los pobres.
4. _____ No hay ricos en El Salvador.

**6-37** **Perspectiva 2** Lee lo que dicen algunos salvadoreños sobre su país. ¿Qué piensan ellos? Luego contesta las preguntas al final desde tu propia perspectiva.

Algunos dicen:

- "El arzobispo Óscar Romero fue un hombre de paz que será siempre recordado."
- "No se debería llamar a un campesino 'comunista' ni matarlo por querer justicia."
- "En El Salvador ahora hay paz y habrá paz en el futuro."

Preguntas:

1. ¿En qué aspectos son similares Martin Luther King, Jr. y el arzobispo Romero?
2. ¿Qué gobierno ayudó a los salvadoreños a combatir a los comunistas?

**6-38** **Perspectiva 3** ¿Cómo ven los salvadoreños a los Estados Unidos? ¿Crees que hay algún tipo de resentimiento *(resentment)* hacia los Estados Unidos? ¿Sabes cómo nos ven a nosotros? Con un(a) compañero(a) piensen en ese punto de vista y digan si están de acuerdo o no con estas opiniones y expliquen por qué.

1. El gobierno de los Estados Unidos mandó muchas armas al ejército salvadoreño y esto causó la muerte de muchos campesinos.
2. Los Estados Unidos son un país donde el catolicismo es un grupo grande.
3. La religión domina muchos aspectos de la vida en los Estados Unidos.
4. Muchos salvadoreños quieren venir a los Estados Unidos.

## Extensión

**6-39** **Intervención** Los Estados Unidos han estado envueltos *(involved)* en asuntos políticos en Latinoamérica. Haz una lista de los eventos que ocurrieron en Centroamérica, buscando en el Internet. Usa las palabras "intervención militar" y El Salvador, Panamá y Costa Rica. ¿Cuándo ocurrió? ¿Por qué ocurrió? Trae esta información a clase para así comparar notas.

## Los mandatos

Commands are used to give orders, suggestions, or advice. Formal commands are used with people you address as **usted** and **ustedes**. Informal commands are used with people you address as **tú** or **vosotros(as).**

### Mandatos formales

● Affirmative and negative **usted** and **ustedes** commands have one form, and it is the same as the corresponding form of the present subjunctive. To form the negative, simply place **no** before the verb.

| Infinitive | Affirmative command | Negative command |
|---|---|---|
| hablar | **hable** (usted) | **no hable** (usted) |
|  | **hablen** (ustedes) | **no hablen** (ustedes) |
| vender | **venda** (usted) | **no venda** (usted) |
|  | **vendan** (ustedes) | **no vendan** (ustedes) |
| combatir | **combata** (usted) | **no combata** (usted) |
|  | **combatan** (ustedes) | **no combatan** (ustedes) |

**Hablen** con su senador sobre la importancia del desarrollo sostenible.
*Talk to your senator about the importance of sustainable development.*

**No hablen** del bienestar de sus familias cuando la mayoría vive en la pobreza.
*Don't talk about the well-being of your families when the majority live in poverty.*

### Mandatos informales

● **Tú** commands have two forms. With only a few exceptions, affirmative **tú** commands are the same as the corresponding third-person singular forms of the present indicative. Negative **tú** commands are the same as the corresponding forms of the present subjunctive.

| Infinitive | Affirmative command | Negative command |
|---|---|---|
| hablar | **habla** (tú) | **no hables** (tú) |
| vender | **vende** (tú) | **no vendas** (tú) |
| combatir | **combate** (tú) | **no combatas** (tú) |

● Eight verbs have irregular affirmative **tú** commands.

| decir | **di** | ir | **ve** | salir | **sal** | tener | **ten** |
|---|---|---|---|---|---|---|---|
| hacer | **haz** | poner | **pon** | ser | **sé** | venir | **ven** |

**Ven** conmigo a ver los carteles para el nuevo programa de voluntariado.
*Come with me to see the posters for the new volunteer program.*

**Ten** paciencia con la gente desamparada porque sufren de mucho estrés.
*Be patient with the homeless people because they're under a lot of stress.*

- **Vosotros(as)** commands also have two forms. Affirmative **vosotro(as)** commands are formed by dropping the final **-r** of the infinitive and adding **-d.** Negative **vosotro(as)** commands are the same as the corresponding forms of the present subjunctive.

| Infinitive | Affirmative command | Negative command |
|---|---|---|
| hablar | **hablad** (vosotros) | **no habléis** (vosotros) |
| vender | **vended** (vosotros) | **no vendáis** (vosotros) |
| combatir | **combatid** (vosotros) | **no combatáis** (vosotros) |

**Haced** algo positivo con el estipendio que recibisteis.
*Do something positive with the stipend you received.*

**No os olvidéis** de los países en vías de desarrollo.
*Don't forget developing countries.*

## Los mandatos con *nosotros(as)*

- **Nosotros(as)** commands include the speaker as well as others and translate as *let's.* Both affirmative and negative **nosotro(as)** commands are the same as the corresponding forms of the present subjunctive.

**¡Empecemos** a recaudar fondos inmediatamente!
*Let's begin raising funds immediately!*

No **ignoremos** lo que más necesitan.
*Let's not ignore what they need the most.*

- The verb **ir** has the only irregular **nosotros(as)** command form and only in the affirmative.

—**Vamos** al centro para echar una mano con el rescate.
*Let's go downtown to lend a hand with the rescue.*

—**No vayamos** si todavía hay riesgos para nosotros.
*Let's not go if there are still risks to ourselves.*

- **Vamos a** + infinitive is often substituted for the affirmative **nosotros(as)** command form.

—Entonces, **vamos a buscar** agua potable en los hoteles y restaurantes.
*Then, let's look for drinkable water in the hotels and restaurants.*

## ¡A practicar!

**6-40** **Un terremoto** En El Salvador hay muchos volcanes y también muchos terremotos. Un(a) estudiante le dice a otro(a) qué debe hacer si siente un terremoto. Llena los espacios con mandatos informales.

Si estás en un edificio, (1) _____no uses_____ (no usar) los ascensores. (2) _____Quédate_____ (quedarse) en el edificio. (3) _____No corras_____ (no correr) afuera porque van a llover escombros *(debris)*. (4) _____Mantente_____ (mantenerse) alejado de *(far away from)* ventanas y estantes que te puedan caer encima. (5) _____Métete_____ (meterse) debajo de un escritorio. Si estás afuera, (6) _____corre_____ (correr) hasta llegar a un área abierta, si puedes. Al terminar el terremoto, (7) _____escucha_____ (escuchar) la radio para recibir instrucciones y (8) _____ve_____ (ir) a ayudar a los heridos *(injured)*, si no estás herido tú.

**ANSWERS 6-41** 1. Ve a la tienda. 2. Cómpralas. 3. Búscalas. 4. Protégelas. 5. Ponla. 6. No la bebas. 7. Hiérvela. 8. Ten cuidado.

**6-41** **Un huracán** ¿Qué debemos hacer en caso de que anuncien un huracán? Convierte las siguientes instrucciones en oraciones más directas usando mandatos informales para hablar con un(a) amigo(a). Usa pronombres cuando sea posible.

**EJEMPLO** Hay que <u>comprar comidas</u> en lata.
              **Cómpralas hoy.**

1. Hay que <u>ir</u> a la tienda antes de que llegue el huracán.
2. Hay que <u>comprar pilas</u> *(batteries)* para las linternas *(flashlights)*.
3. Hay que <u>buscar las linternas</u>.
4. Hay que <u>proteger las ventanas</u> con madera.
5. Hay que <u>poner agua</u> potable en envases *(containers)* grandes.
6. No podemos <u>beber el agua</u> del grifo *(tap water)*.
7. Hay que <u>hervir el agua</u>.
8. Hay que <u>tener</u> cuidado con los cables eléctricos.

**ANSWERS 6-42** Combate las enfermedades, lávate las manos antes de comer. Lávatelas con un jabón antibacterias, si es posible. Al preparar la comida, cocina la carne completamente, no la dejes a medio cocer. Cocínala bien para matar las bacterias. Luego de comer, cepíllate los dientes. Cepíllatelos tres veces al día. Sé consistente para conservar una buena salud.

**6-42** **Instrucciones para mantener la higiene** Aconseja a un muchacho. Repítele lo que una vez te dijeron tus padres, pero dilo en una forma más directa usando mandatos informales.

**EJEMPLO** Es bueno <u>comer frutas</u> todos los días.
              **Cómelas todos los días.**

Para <u>combatir</u> las enfermedades tienes que <u>lavarte</u> las manos antes de comer. Es mejor <u>lavártelas</u> con un jabón antibacterias, si es posible. Al preparar la comida, debes <u>cocinar</u> la carne completamente, <u>no debes dejarla</u> a medio cocer *(half-cooked)*. Es importante <u>cocinarla</u> bien para matar *(kill)* las bacterias. Luego de comer es importante <u>cepillarse</u> los dientes. Sería ideal <u>cepillártelos</u> tres veces al día. Hay que <u>ser</u> consistente para conservar una buena salud.

**ANSWERS 6-43** Ofrezca una palabra de amistad, sea amable. No tenga miedo de mostrar afecto. Tenga compasión. Vea y trate a las personas como iguales a usted. No sea condescendiente. Considere sus sentimientos. Écheles una mano. Respete las ideas y las tradiciones de la gente.

**6-43** **Instrucciones para los voluntarios** En un folleto hay instrucciones y consejos para los voluntarios que van a trabajar en regiones rurales en El Salvador. Escribe otra vez las oraciones en forma de mandatos formales.

● Es importante <u>ofrecer</u> una palabra de amistad, una sonrisa, <u>ser amable</u>.
● <u>No hay que tener</u> miedo de mostrar su afecto. Es bueno <u>tener</u> compasión.
● Es mejor <u>ver</u> y <u>tratar</u> a las personas como iguales a usted. <u>No es</u> bueno ser condescendiente.
● Es importante <u>respetar</u> las ideas y tradiciones de la gente.

# Estructura y uso III

## ¡A conversar!

 **6-44** **Problemas** Piensa en un problema que tienes ahora y díselo a un(a) compañero(a) para que te dé consejos. Si tu compañero(a) es de tu misma edad, usa mandatos informales. Si es mayor que tú, usa mandatos formales.

**EJEMPLO** Quiero ir a Costa Rica de vacaciones y no tengo dinero.
**Busca un trabajo en el verano o pídeles dinero a tus padres. o
Busque un trabajo en el verano o pídales dinero a sus padres.**

 **6-45** **¿Qué me recomiendas?** ¿Recuerdas los países que hemos estudiado: México, Guatemala, El Salvador, Nicaragua, Costa Rica, Panamá, Honduras y España?. Dile a tu compañero(a) qué país le recomiendas y qué debe hacer allí.

**EJEMPLO** ¿Qué me recomiendas?
**Ve a México. Camina por las calles de Acapulco. Nada en el mar.
Mira a los muchachos(as) guapos(as) y toma piña coladas en la
playa. Ve a Tenochtitlán.**

ANSWERS 6-46 *Answers will vary. Possible answers include:* 1. a. Busca en el Internet para ver si tu ciudad tiene un programa de voluntarios en esta área. b. Selecciona qué puedes hacer. c. Aconséjalos. 2. a. Llama a un hospital. b. Pregunta si tienen voluntarios c. Escoge el horario que sea bueno para ti. 3. a. Ve a la Cruz Roja. b. Haz una cita. c. Toma mucho líquido antes de donar sangre. 4. a. Ten paciencia. b. No les grites. c. Habla con calma. 5. a. Pregunta por qué necesitan dinero. b. Dales lo que necesitan, no dinero en efectivo. c. Indícales dónde pueden conseguir ayuda. 6. a. Trata a los pobres con dignidad. b. Sirve la comida sin preguntar. c. Limpia las mesas al final. 7. a. Compartan lo que tienen. b. Denles dinero a los pobres. c. Ayuden en su ciudad.

**6-46** **Algo positivo** Un(a) estudiante quiere hacer algo positivo en la vida. Con un(a) compañero(a) hagan una lista de qué pueden hacer en cada situación.

1. Me gustaría ayudar a los desamparados.
   a. _____
   b. _____
   c. _____
2. Me gustaría ser voluntario en un hospital.
   a. _____
   b. _____
   c. _____
3. ¿Cómo puedo donar sangre?
   a. _____
   b. _____
   c. _____
4. Podría ayudar a cuidar niños. ¿Qué me aconsejan?
   a. _____
   b. _____
   c. _____
5. ¿Cómo doy dinero en la calle?
   a. _____
   b. _____
   c. _____
6. ¿Qué hago en lugares donde dan comida gratis?
   a. _____
   b. _____
   c. _____
7. ¿Qué les digo a los ricos?
   a. _____
   b. _____
   c. _____

## Repaso

Before completing the activities on this page, review the following pages and refer to them as necessary to refresh your memory of the **Estructuras** addressed in **Capítulo 6.**
**El futuro, p. 222**
**El conditional, p. 225**
**Los mandatos, pp. 236–237**

# ¡A REPASAR Y A AVANZAR!

**6-47** **Costa Rica, El Salvador y Panamá** Pensando en lo que has aprendido en este capítulo y lo que ya sabes, contesta las siguientes preguntas. Después, compara tus respuestas con las de un(a) compañero(a) de clase.

1. ¿Qué sabes de Costa Rica, El Salvador y Panamá? ¿Qué aspectos de estos países son más interesantes para ti?
2. ¿Viajarás a Costa Rica, El Salvador o Panamá en el futuro? ¿Por qué sí o por qué no?
3. ¿Te gustaría ofrecerte de voluntario(a) en Costa Rica, El Salvador o Panamá? ¿En qué circunstancias lo considerarías?
4. ¿Qué recomendaciones le ofrecerías a una persona que quisiera pasar tiempo en Costa Rica, El Salvador o Panamá? ¿Qué debería hacer la persona?

**6-48** **Trabajos** Escoge tres o cuatro fotos de varias personas en sus empleos o en trabajo del voluntariado. Incluye fotos de Costa Rica, El Salvador, Panamá u otro país de habla hispana si puedes. Contesta las siguientes preguntas:

1. ¿Qué están haciendo las personas en las fotos?
2. ¿Harás esas actividades u otras semejantes en el futuro? Explica tu respuesta.
3. ¿Qué harías en un trabajo ideal? ¿Qué no harías?

Trabajando en grupos de tres o cuatro estudiantes, compartan sus fotos y sus respuestas a las preguntas. Discutan lo que tienen en común con respecto a sus planes para el futuro y sobre lo que harían y no harían en un puesto ideal.

**6-49** **¡Vamos a echar una mano!** Identifica una situación de emergencia, como un desastre natural, en la cual muchas personas se ofrecen de voluntarios. Prepara un cartel pequeño para presentarles a los voluntarios información sobre lo que deben hacer y, tal vez, lo que no deben hacer. Incluye un mínimo de seis mandatos formales en plural. Si quieres, puedes incluir dibujos o fotos para que el cartel tenga más impacto. Incluye algunos verbos y expresiones de la lista a continuación.

| | | | |
|---|---|---|---|
| colaborar | donar | implementar | proteger |
| combatir | echar una mano | planear | recaudar fondos |
| construir | estar dispuestos a | promover | trabajar |

Formen grupos para presentar y discutir los carteles. Cada estudiante presenta su cartel y los otros le hacen preguntas y ofrecen opiniones.

**6-50** **Consejos para amigos** Identifica dos situaciones difíciles que un(a) voluntario(a) puede encontrar. Para cada una, describe la situación en unas dos a cuatro frases. Después, escribe al menos tres consejos que le darías a un(a) amigo(a) en esa situación. Incluye mandatos en formas afirmativas y negativas.

Trabaja con un(a) compañero(a) de clase para presentar y discutir las situaciones. Cada persona ofrece recomendaciones para la situación presentada por su compañero(a).

**TEACHING TIP** Have students review the information on the structures covered in the chapter before they begin the activities. All activities begin with a short written product that each student prepares in order to communicate about topics from the chapter and concludes with pair work or a small group activity that allows students to share information with classmates.

**TEACHING TIP 6-47** Monitor students' work in pairs to be sure they are practicing structures from the chapter as they address questions about plans for the future and possible interest in doing volunteer work in Costa Rica, El Salvador, or Panama. If you or any students have visited the region, share information about the experience and ask students if they would do the activities mentioned and if any believe they indeed will do some of them in the future.

**TEACHING TIP 6-48** Bring to class some photos of workers in Costa Rica, El Salvador, and/or Panama and share them with the class if students do not include photos from those countries. Ask questions about them using the future and conditional tenses.

**TEACHING TIP 6-49** Note that students are asked to make a small, simple poster. A sheet of 8.5" x 11" paper will suffice; the intent is to create a context for presenting information from the chapter using a major point of structure covered in the chapter, not to demand an elaborate project. You may encourage students to be creative and include graphics if you wish, but the focus should be on accurate use of formal plural commands in the designated context.

**TEACHING TIP 6-50** Monitor students' conversations to be sure they are using informal commands and are producing correct forms for both affirmative and negative commands.

# Impresiones

CD2, Track 2

**6-51** **¡A escuchar!** Escucha los tres mensajes de tu contestador. Con un(a) compañero(a) determina si cada frase es cierta o falsa. Corrige las frases falsas.

1. Ángela Reyes busca un empleo administrativo en la zona de San José.
2. Ángela Reyes maneja muy bien el paquete de Microsoft Office.
3. María Victoria Daneri hizo su carrera de medicina en la Universidad de Panamá.
4. Francisco Javier Ramírez Santos es licenciado en administración de empresas y es bilingüe.
5. Francisco Javier Ramírez Santos aunque es emprendedor y dinámico no trabaja muy bien bajo presión.

iTunes

**6-52** **Una canción** Rubén Blades es uno de los cantantes panameños más conocidos fuera de su país. Ganador de muchos premios internacionales, incluyendo varios Grammy, se le conoce además como Ministro de Turismo y activista político en su país.

Rubén Blades

Ve a **www.cengage.com/spanish/rumbos** y escucha "Buscando América". La letra *(lyrics)* de la canción expresa las quejas y las aspiraciones del latinoamericano que busca la unidad continental. Indica las oraciones que se mencionan en la letra.

1. Temo no encontrar a América.          (Sí)     No
2. Te llamo América y no me respondes.   (Sí)     No
3. Sin paz no hay justicia.               (Sí)     No
4. América está perdida en el océano.     Sí     (No)
5. No hay futuro para nuestro continente. Sí     (No)

**6-53** **El Internet** En este capítulo aprendiste a hablar de la búsqueda de trabajo y del voluntariado. Ve a **www.cengage.com/spanish/rumbos** y busca bolsas de trabajo en Costa Rica, Panamá y El Salvador para encontrar algunos puestos que te interesen. Nota los puestos, los requisitos y los beneficios. Por último, escribe algunos consejos para un(a) candidato(a) que solicita cada puesto. Usa el mandato formal singular.

**ANSWERS 6-54** *Answers will vary. Possible answers include:* 1. La violencia y la injusticia de la conquista dramatizan la explotación y sufrimiento de grupos contemporáneos. 2. Pat Buchanan, Lawrence Wright, Ann Coulter, etc. Algunos temas sociales predominantes son: la guerra en Irak, el terrorismo, la inmigración ilegal, la globalización, etc. 3. En los Estados Unidos, el huracán Katrina inspiró muchos libros. El tsunami del año 2004 en Indonesia también fue el tema de muchos libros.

## ¡A LEER! Flores de volcán

### Sobre la autora

**Claribel Alegría (1924– )** nació en Nicaragua en 1924. Al año siguiente la familia se mudó a El Salvador y, por eso, se considera salvadoreña. En 1985, después de residir por varios años en los Estados Unidos, volvió a Nicaragua para colaborar en la reconstrucción del país después de la guerra. Claribel Alegría ha publicado más de veinte libros de poesía. Aunque su poesía explora temas como la violencia, las violaciones y la muerte, hay siempre la esperanza del triunfo de la justicia. En "Flores de volcán", la justicia se manifiesta como la venganza de una fuerza natural, la erupción de un volcán.

## Antes de leer

**ANSWERS 6-54** *Possible answers:* After reorganizing the text into sentences with subjects and verbs and eliminating extra prepositional phrases, the text might look like the following collection of seven sentences:
Catorce volcanes se levantan en mi país memoria.
[Hay] catorce volcanes de follaje y piedra donde nubes extrañas se detienen.
A veces [hay] un chillido de un pájaro extraviado.
¿Quién dijo que era verde mi país?
[Mi país] es más rojo.
[Mi país] es más gris.
[Mi país] es más violento.

**6-54** **Invitación al texto** La poesía de Claribel Alegría es apasionada, directa, y, a veces, gráfica, comunicando los aspectos de una realidad social que es brutal y sangrienta *(bloody)*. En el poema "Flores de volcán" la poeta utiliza una erupción real de un volcán en El Salvador como una metáfora para comentar sobre la injusticia social, que afecta, sobre todo, a los niños pobres. El poema también utiliza metafóricamente la violencia del período de la conquista para comentar sobre la injusticia contemporánea.

1. ¿Por qué escogió la poeta el conflicto entre los conquistadores y las socie-dades precolombinas (mayas y aztecas) para comentar sobre una situación contemporánea?

2. ¿Qué escritores estadounidenses escriben sobre la realidad social del país? ¿Cuál es el tema social que más predomina entre estos escritores? (¿la pobreza?, ¿el conflicto armado?, ¿la paz?)

3. ¿Qué desastres naturales en los Estados Unidos han sido la inspiración para cuentos, poemas o ensayos? ¿Y catástrofes en otras partes del mundo?

## Estrategia de lectura Clarificar el significado al entender la estructura de la oración

**W**hen language is employed poetically, it is often distorted, departing from the normative sequence of subject — verb — object. Furthermore, poetry is an art form that is often characterized by the elimination of words or phrases deemed unnecessary by the poet. To help negoti-ate the difficulties presented by a poetic text, it often helps to reorganize the text according to more conventional uses of language. If you use the basic premise that sentences, at their most essential level, contain a subject **(un sujeto)** and a verb **(un verbo),** it is possible to reorganize a text, which, though less poetic, is easier to understand.

For the first 12 lines of the poem "Flores de volcán", construct a series of sentences in which each sentence has a subject and a verb. (In some cases, you will have to provide a subject or a verb that has been left out.) Finally, eliminate any repetitive prepositional phrases, that is, extra or redundant phrases that begin with prepositions such as **en, con, de, para,** etc.

# Flores de volcán

A Roberto y Ana María

Catorce volcanes se levantan
en mi país memoria
en mi país mito
que día a día invento
5    catorce volcanes de follaje[1] y piedra
donde nubes extrañas se detienen
y a veces el chillido[2]
de un pájaro extraviado[3]
¿Quién dijo que era verde mi país?
10   es más rojo
es más gris
es más violento:
el Izalco[4] que ruge[5]
exigiendo[6] más vidas
15   los eternos chacmol[7]
que recogen la sangre[8]
y los que beben sangre
del chacmol
y los huérfanos[9] grises
20   y el volcán babeando[10]
toda esa lava incandescente
y el guerrillero[11] muerto
y los mil rostros traicionados[12]
y los niños que miran
25   para contar la historia.
No nos quedó ni un reino
Uno a uno cayeron
a lo largo de América
el acero[13] sonaba
30   en los palacios
en las calles
en los bosques[14]
y saqueaban[15] el templo
los centauros[16]

35   y se alejaba[17] el oro
y se sigue alejando
en barcos yanquis
el oro del café
mezclado con la sangre
40   mezclado con el látigo[18]
y la sangre.
El sacerdote huía[19]
dando gritos[20]
en medio de la noche
45   convocaba a sus fieles[21]
y abrían el pecho de un guerrero[22]
para ofrecerle al Chac
su corazón humeante[23].
Nadie cree en Izalco
50   que Tlaloc[24] esté muerto
por más televisores
heladeras[25]
toyotas
el ciclo ya se acercaba
55   es extraño el silencio del volcán
desde que dejó de respirar[26]
Centroamérica tiembla
se derrumbó[27] Managua
se hundió[28] la tierra en Guatemala
60   el huracán Fifi
arrasó con Honduras[29]
dicen que los yanquis lo desviaron[30]
que iba hacia Florida
y lo desviaron
65   el oro del café
desembarca en Nueva York
allí lo tuestan[31]
lo trituran[32]

---

[1]**follaje** *foliage*
[2]**chillido** *screeching*
[3]**extraviado** *perdido*
[4]**Izalco** *a still-active volcano in El Salvador*
[5]**ruge** *bellows*
[6]**exigiendo** *demanding*
[7]**chacmol** *Chac Mool, the Maya-Toltec god of rain, thunder, and lightning and the inventor of agriculture; he was appeased by frequent sacrifices*
[8]**sangre** *blood*
[9]**huérfanos** *orphans*

[10]**babeando** *drooling*
[11]**guerrillero** *guerrilla (member of a movement)*
[12]**traicionados** *betrayed*
[13]**acero** *steel*
[14]**bosques** *forests*
[15]**saqueaban** *plundered*
[16]**centauros** *half-horse, half-man mythical creatures*
[17]**se alejaba** *was taken away*
[18]**látigo** *whip*
[19]**huía** *was fleeing*
[20]**gritos** *yells*

[21]**fieles** *congregation*
[22]**guerrero** *warrior*
[23]**humeante** *steaming*
[24]**Tlaloc** *Aztec god of rain; the counterpart of Chac Mool*
[25]**heladeras** *freezers*
[26]**dejó de respirar** *stopped breathing*
[27]**se derrumbó** *crumbled*
[28]**se hundió** *sank*
[29]**arrasó con** *devastated*
[30]**lo desviaron** *redirected it*
[31]**lo tuestan** *roast it*
[32]**lo trituran** *grind it*

lo envasan[33]
70 y le ponen un precio.
"Siete de junio[34] noche fatal bailando
el tango la capital."
Desde la terraza ensombrecida[35]
se domina el volcán San Salvador
75 le suben por los flancos[36]
mansiones de dos pisos
protegidas por muros
de cuatro metros de alto
le suben rejas[37] y jardines
80 con rosas de Inglaterra
y araucarias enanas[38]
y pinos de Uruguay
un poco más arriba
ya en el cráter
85 hundidos[39] en el cráter
viven gentes del pueblo
que cultivan sus flores
y envían a sus niños a venderlas.
El ciclo ya se acerca
90 las flores cuscatlecas[40]
se llevan bien con la ceniza[41]
crecen grandes y fuertes
y lustrosas

bajan los niños del volcán
95 bajan como la lava
con sus ramos[42] de flores
como raíces bajan
como ríos
se va acercando el ciclo
100 los que viven en casa de dos pisos
protegidas del robo por los muros
se asoman[43] al balcón
ven esa ola[44] roja
que desciende
105 y ahogan en whisky su temor[45]
sólo los pobres niños
con flores del volcán
con jacintos[46]
y pascuas[47]
110 y mulatas[48]
pero crece la ola
que se los va a tragar[49]
porque el chacmol de turno
sigue exigiendo sangre
115 porque se acerca el ciclo
porque Tlaloc no ha muerto.

---

[33]**lo envasan** *package it*
[34]**Siete de junio** *song of unknown origin, popular in El Salvador in 1917, the year of a terrible earthquake*
[35]**ensombrecida** *darkened*
[36]**flancos** *flanks*
[37]**rejas** *iron bars on windows and doors*

[38]**araucarias enanas** *dwarf evergreens*
[39]**hundidos** *sunken*
[40]**cuscatlecas** *Salvadorian*
[41]**ceniza** *ash*
[42]**ramos** *bouquets*
[43]**se asoman** *they appear*
[44]**ola** *wave*

[45]**ahogan su temor** *they drown their fear*
[46]**jacintos** *hyacinths*
[47]**pascuas** *a type of flower*
[48]**mulatas** *a type of flower*
[49]**tragar** *to swallow*

## Después de leer

**6-55** **Clarificando el significado de las oraciones** Con la ayuda de un(a) compañero(a), examina las siguientes líneas del poema. ¿Has podido entenderlas utilizando la estrategia?

1. No nos quedó ni un reino / Uno a uno cayeron / a lo largo de América el acero sonaba / en los palacios / en las calles / en los bosques / y saqueaban el templo / los centauros

2. Nadie cree en Izalco / que Tlaloc esté muerto / por más televisores / heladeras / toyotas

3. el oro del café / desembarca en Nueva York / allí lo tuestan / lo trituran / lo envasan y le ponen un precio.

4. bajan los niños del volcán / bajan como la lava / con sus ramos de flores / como raíces bajan / como ríos

**6-56** **Comprensión** En parejas o en grupos de tres, contesten las siguientes preguntas. Después compartan sus respuestas con la clase. Justifiquen sus respuestas con líneas específicas del poema.

1. ¿Por qué no es verde el país de la poeta? ¿Cuáles otros dos colores usa la poeta y por qué?

2. ¿Qué significa la línea "No nos quedó ni un reino"?

3. ¿Quiénes son los centauros que "saqueaban el templo"?

4. Según el poema, ¿sigue la explotación de la gente de Centroamérica hoy en día? ¿Qué parte(s) del poema sugiere(n) que sí? Según el poema, ¿quién está explotando a quién?

5. ¿Qué evidencia hay en el poema de que los habitantes de la región hacen caso omiso al peligro *(ignore the danger)* que representa el volcán?

6. ¿Con qué imagen termina el poema?

7. El poema repite la frases "el ciclo se acerca" cuatro veces. En su opinión, cuál es el significado de "el ciclo"? Justifiquen su repuesta con ejemplos del poema.

**6-57** **Expansión** En parejas o en grupos de tres, contesten las siguientes preguntas.

1. ¿Has leído de eventos parecidos a los que se describen en el poema? ¿Qué ocurrió?

2. ¿Por qué se describe el volcán Izalco en términos de un dios azteca?

3. ¿Qué representan los televisores, heladeras y toyotas mencionados en el poema?

4. ¿Por qué se describe la erupción del volcán en términos de niños bajando hacia las casas? ¿Cómo son los niños? ¿Dónde viven? ¿Cómo son las casas y la gente que viven en ellas?

## ¡A ESCRIBIR! La carta de presentación

### El tema

En una carta de presentación, un(a) candidato(a) expresa su interés en un puesto con una empresa u organización, destaca sus atributos y habilidades y abre el camino a nuevos contactos con ellos.

Haz una búsqueda en las bolsas de trabajo o con organizaciones sin fines de lucro en tu comunidad que trabajan con hispanohablantes o que operan en Latinoamérica. Identifica un puesto interesante, remunerado o voluntario, y escribe una carta de presentación para solicitar el puesto.

### El contenido

Escribe una lista de los requisitos y responsabilidades del puesto. Para cada uno, apunta dos o tres detalles de tus atributos y habilidades que demuestren que eres un(a) buen(a) candidato(a). Luego, apunta algunos detalles que sabes sobre la empresa u organización. Por último, escribe una o dos oraciones para expresar por qué te interesa el puesto. Trata de usar el vocabulario que aprendiste en este capítulo y también las palabras y frases relacionadas con la personalidad que aprendiste en el Capítulo 5.

### El primer borrador

Escribe tu primer borrador siguiendo este modelo:

1. *La dirección de la persona que escribe la carta (el/la remitente):* Va en la parte superior, derecha o izquierda.
2. *La fecha:* Va debajo de la dirección, a la derecha o a la izquierda.
3. *La dirección de la persona a quien le mandas la carta (el/la destinatario[a]):* Va debajo de la fecha.
4. *El saludo formal:* Se dirige a la persona responsable de la búsqueda, seguido por dos puntos (:), por ejemplo, **Estimado(a) Sr(a). Martín:** Si no sabes el nombre del destinatario, usa **A quien corresponda:**
5. *El cuerpo de la carta:* Escribe un máximo de cuatro párrafos. En el primero preséntate y explica brevemente lo que buscas. Algunos ejemplos para comenzar son: **Me dirijo a usted para..., Tengo el agrado de presentarme para el puesto de...** En el segundo párrafo escribe lo que te interesa del puesto y de la organización. En el tercer párrafo explica qué valor aportarán a la organización tus atributos y habilidades. En el último párrafo agradécele al seleccionador su tiempo e intenta abrir el camino a una futura comunicación. Algunas frases útiles son: **Me gustaría agradecerle el tiempo que se tomó en leer mi carta, Espero poder concertar una entrevista con usted(es) para hablar más. . .** Si incluyes un currículo, en este párrafo puedes mencionarlo: **Anexo mi currículo.**
6. *La despedida y la firma:* Algunas frases formales comunes son: **Quedo en espera de su respuesta, Atentamente** y **Reciba un saludo cordial.**

**TEACHING TIP** If you are comfortable with students using models to assist their writing, do (or have them do) an Internet search on the terms **carta de presentación** and **modelos** to find authentic Spanish models of this type of letter.

## Estrategia de escritura El uso de los conectores para lograr la cohesión

**C**ohesion means the degree to which ideas, sentences, and paragraphs of a text flow together. Connectors are phrases that establish or highlight the relationship between ideas, sentences, and paragraphs, and can help to guide the reader through your text. In Spanish, there are many types of connector phrases. Here are a few organized by the function they serve.

***Organizing connectors:*** Open, sequence, or close a discussion or topic

**Opening**

| | |
|---|---|
| Ante todo | *First of all* |
| En primer/segundo... lugar | *In the first/second . . . place* |

**Sequencing**

| | |
|---|---|
| Por un lado | *On the one hand* |
| Por otro lado | *On the other hand* |
| Primero/Segundo | *Firstly/Secondly* |

**Continuing**

| | |
|---|---|
| De igual manera | *In the same way* |

**Concluding/closing**

| | |
|---|---|
| Por eso | *For that reason* |
| Por lo tanto | *Therefore* |
| Por último | *Lastly* |

***Countering connectors:*** Introduce information counter to ideas already presented

| | | | |
|---|---|---|---|
| Sin embargo | *However* | No obstante | *Nevertheless* |

## Revisión en parejas

Lee la carta de presentación de un(a) compañero(a) de clase y contesta las siguientes preguntas.

1. ¿Sigue el modelo de estructura de una carta de presentación?
2. ¿Tiene un saludo y despedida apropiados?
3. ¿Incluye suficiente información para destacar los atributos, habilidades y experiencias más pertinentes del candidato(a)?
4. ¿Demuestra que al (a la) candidato(a) le interesaría trabajar con la empresa u organización y que podrá mejorarla? ¿Debe incluir otros detalles?
5. ¿Usa bien algunos conectores?
6. ¿Usa bien algunas estructuras del capítulo (el futuro y el condicional)? ¿Ves algunos casos donde puede usar estas estructuras?
7. ¿Usa bien el vocabulario del capítulo? ¿Puede usar más?

## Elaboración y redacción

Considera los comentarios de tu compañero(a) y haz los cambios necesarios. También, revisa la gramática de tu carta. ¿Usaste bien formas del futuro o condicional? ¿Puedes usar pronombres de objeto directo o indirecto para eliminar la repetición en tu carta? ¿Has usado alguna forma del subjuntivo? Recuerda tus errores comunes; búscalos y corrígelos. Por último, usa la función de *spell-check* para pulir *(polish)* la ortografía.

# Impresiones

## ¡A VER! Niños trabajadores en El Salvador

### Antes de ver

**6-58** **Trabajo infantil** En muchos países del mundo, los padres no ganan suficiente dinero para mantener a la familia. Por lo tanto, los niños se ven forzados a trabajar para ayudar a sus familias con dinero extra. Explora tus conocimientos sobre el tipo de trabajo que realizan estos niños.

1. ¿Dónde crees que puedan trabajar estos niños?
   - a. en las calles
   - b. en hospitales
   - c. en colegios

2. ¿Cuánto crees que ganen?
   - a. ganan un salario mínimo
   - b. ganan lo suficiente para comer
   - c. no ganan lo suficiente para sobrevivir *(survive)*

3. ¿Quién crees que emplea a estos niños?
   - a. organizaciones pública
   - b. personas particulares
   - c. agencias internacionales

4. ¿Qué agencia internacional crees que se preocupa por este problema?
   - a. La ONU
   - b. La UNICEF
   - c. La OEA

### Vocabulario útil

**La UNICEF** *agencia de Naciones Unidas que tiene como objetivo garantizar el cumplimiento de los derechos de la infancia*

**el creciente número** *increasing number*

**la superación** *self-improvement*

**aprieta** *pinches*

**mancomunado(a)** *united*

**desamparado(a)** *destitute*

**TEACHING TIP** Allow students to watch the video segment at least two times. The first time suggest that they watch and listen but not try to take notes. After watching it one time, have them read the questions in **Después de ver**. Then, as they watch the video a second time, have them write information related to the questions.

### Mientras ves

**6-59** **¡Ve y escucha con cuidado!** Mira el segmento y marca con una equis [X] la palabra que escuches o veas.

| | | |
|---|---|---|
| __X__ se estima | __X__ superación | _____ mayores de 12 años |
| _____ una escuela | __X__ aprieta | _____ universidad |
| __X__ capacitación | _____ una tienda | __X__ social y civil |
| _____ siete años | __X__ bienestar | __X__ el gobierno |

**ANSWERS 6-60** 1. el creciente número de niños que trabajan en El Salvador 2. más de trescientos mil 3. la pobreza y el hambre. 4. Venden agua, comida o periódicos en las calles y limpian mesas en restaurantes situación.

### Después de ver

**6-60** **¿Qué recuerdas?** Contesta las siguientes preguntas.

1. ¿Qué preocupa a la UNICEF?
2. ¿Cuántos niños trabajadores hay?
3. ¿Cuáles son las causas principales de este problema?
4. ¿Qué trabajos hacen los niños?

### Más allá del video

**6-61** **¿Qué opinas?** Contesten las siguientes preguntas.

1. ¿Pueden identificar las consecuencias que este tipo de crisis puede tener a corto plazo? ¿Y a largo plazo?
2. ¿Es posible que al tener que trabajar y ganar dinero los niños ganen destrezas y experiencia que les serán útil para el futuro? ¿Por qué sí o por qué no?
3. ¿Creen que el trabajo infantil debe estar regulado, o debe estar prohibido totalmente? Apoyen su opinión con argumentos lógicos.

## Para hablar de los puestos

| | |
|---|---|
| la administración de empresas | *business administration* |
| el (la) asesor(a) financiero(a) | *financial consultant, advisor* |
| el (la) corredor(a) de bolsa | *stockbroker* |
| el (la) científico(a) | *scientist* |
| el (la) diseñador(a) gráfico(a) | *graphic designer* |
| el (la) ejecutivo(a) de ventas | *sales executive* |
| el (la) empresario(a) | *entrepreneur* |
| el (la) reclutador(a) | *recruiter* |

## Para hablar de los atributos, responsabilidades y beneficios

| | |
|---|---|
| la atención al cliente | *customer service* |
| las bases de datos | *database* |
| la bolsa de trabajo | *job listing* |
| el bono | *bonus* |
| la buena presencia | *good appearance* |
| la carta de presentación | *cover letter, letter of introduction* |
| la comisión | *commission* |
| el dominio de... | *mastery of . . .* |
| la experiencia previa | *previous experience* |
| el fondo de inversión | *investment fund* |
| la iniciativa | *initiative* |
| la meta | *goal* |
| la publicidad | *advertising* |
| el requisito | *requirement* |
| las tecnologías de la información | *information technology* |
| | |
| alcanzar | *to reach, achieve* |
| capacitar / la capacitación | *to train / training* |
| diseñar / el diseño | *to design / design* |
| encargarse de | *to be in charge of* |
| (estar) dispuesto(a) a | *to be prepared to, capable of* |
| implementar | *to implement* |
| montar un negocio | *to start a business* |
| proponer | *to propose* |
| supervisar | *to supervise* |
| tener un alto grado de motivación | *to be highly motivated* |
| tener conocimientos de... | *to be knowledgeable in . . .* |
| trabajar bajo presión | *to work under pressure* |
| tener manejo de | *to manage, understand (to get the hang of)* |
| vender acciones | *to sell stocks, shares* |

## Para hablar del compromiso social

| | |
|---|---|
| el agua potable | *drinkable water* |
| el altruismo / altruista | *altruism / altruist* |
| el bienestar | *well-being* |
| la calidad de vida | *quality of life* |
| la caridad | *charity* |
| el desarrollo sostenible | *sustainable development* |
| el desastre (natural) | *(natural) disaster* |
| la desnutrición | *malnutrition* |
| el estipendio | *stipend* |
| la gente desamparada | *homeless people* |
| la gente discapacitada | *disabled people* |
| la inundación | *flood* |
| la organización sin fines de lucro | *non-profit organization* |
| la pobreza (extrema) | *(extreme) poverty* |
| el recurso | *resource* |
| la repoblación / repoblar (ue) | *repopulation, reforestation / to repopulate, reforest* |
| el terremoto | *earthquake* |
| la vivienda | *housing, house* |
| el (la) voluntario(a) / el voluntariado | *volunteer / volunteerism, group of volunteers* |
| | |
| colaborar / la colaboración | *to collaborate / collaboration* |
| combatir | *to combat, fight against* |
| comprometerse a / el compromiso | *to commit oneself to / commitment* |
| construir | *to construct* |
| echar una mano | *to lend a hand* |
| promover (ue) | *to promote* |
| proteger / la protección | *to protect / protection* |
| recaudar fondos | *to raise funds* |
| remunerar / remunerado | *to pay, reward / paid* |
| rescatar / el rescate | *to rescue / rescue* |
| | |
| devastador(a) | *devastating* |
| gratificante | *gratifying* |
| | |
| a largo/corto plazo | *long/short term* |
| en vías de desarrollo | *developing* |

Paso a paso se lucha por la justicia.

# La justicia

*[Map of Sudamérica showing Mar Caribe, Océano Atlá[ntico], Océano Pacífico, Quito (ECUADOR), Lima (PERÚ), La Paz (BOLIVIA), SUDAMÉRICA]*

## 7-1 ¿Qué sabes de Ecuador, Perú y Bolivia?

Lee las siguientes ideas sobre Ecuador, Perú y Bolivia. Con un(a) compañero(a) determina si cada oración es cierta o falsa. Corrige las oraciones falsas.

1. En Ecuador, Perú y Bolivia hay poblaciones indígenas importantes.

2. Parte de la sociedad civil se ha preocupado por las violaciones de los derechos humanos.

3. Buen número de las culturas indígenas de Sudamérica lograron su esplendor después de la conquista española.

4. El sistema de justicia en la mayoría de Sudamérica es igual al de los Estados Unidos.

5. Muchas de las culturas indígenas de Sudamérica siguen luchando por lograr sus derechos humanos.

ANSWERS 7-1 1. C 2. C 3. F – La culturas indígenas entraron en un período de decadencia después de la conquista. 4. F – Aunque hay algunas similaridades, los dos sistemas son diferentes. 5. C

### RECURSOS

🔊 Audio     **iLrn** *iLrn*
▷ Video     iTunes
🌐 **www.cengage.com/spanish/rumbos**

TEACHING TIP 7-1 Ask students if they know people or have family members who come from Ecuador, Bolivia, or Peru. Have them identify these people and encourage the class to ask questions to find out more about them.

251

Islas Galápagos

Esmeralda
Quevedo
Quito
Riobamba
**ECUADOR**
La Libertad
Guayaquil
Loja
Iquitos
Piura
**PERÚ**
R. Amazonas
**SUDAMÉRICA**
Trujillo
Chimbote
Lima
Callao
Huancayo
Cuzco
Ica
Lago Titicaca
R. Beni
Trinidad
**BOLIVIA**
R. Mamoré
Arequipa
Tacna
Cochabamba
La Paz
Oruro
Santa Cruz
Sucre
Potosí
Tarija

Océano Pacífico

## Ecuador, Perú y Bolivia

**3000 a. C.** *(antes de Cristo)* Florecen varias culturas indígenas como la Chavín, la Mochica, la Chimú, la Nazca y la Inca.

**1438–1532** Domina el Imperio Inca cuya capital es Cusco, Perú.

**1533–1538** Los españoles conquistan a los incas.

**1535** Francisco Pizarro funda la ciudad de Lima, Perú.

**1548** Los españoles fundan la ciudad de La Paz, Bolivia.

**1780–1781** Revolución indígena en Perú dirigida por *(led by)* el inca Túpac Amaru II.

**1821–1822** Ecuador y Perú declaran su independencia de España; Ecuador se une a la República de la Gran Colombia (Colombia, Venezuela, Ecuador).

**1825** Con la ayuda de Simón Bolívar y Antonio José de Sucre, Bolivia gana su independencia de España.

**1830** Independencia de Ecuador de la República de la Gran Colombia

**3000 a. C.**     **1500**    **1530**    **1550**     **1750**     **1820**     **1830**

**antes de 1500** Los iroquois, cherokee, sioux, chippewa, navajos, pueblo y más habitan esta tierra.

**1565–1823** Los españoles establecen misiones en la Florida, Nuevo México, Arizona, Texas y California.

**1775–1782** Guerra de la Independencia

**1830** El presidente Andrew Jackson firma la Ley de desalojo de los indígenas *(Indian Removal Act)* para obtener las tierras de éstos.

## Los Estados Unidos (EEUU)

**7-2** **La geografía** Mira el mapa y contesta las siguientes preguntas.

1. ¿Qué masa permanente de agua se encuentra entre Perú y Bolivia?
2. ¿Cómo se llaman las famosas islas que visitó Darwin?
3. ¿Cómo se llama el puerto al mar de la ciudad de Lima?
4. ¿Cuál es la capital de Ecuador?
5. ¿Cómo se llama el puerto peruano sobre el río Amazonas?
6. ¿Qué país andino no tiene costas en el océano Pacífico?

**7-3** **Un poco de historia** Completa las oraciones con la información correcta de la cronología histórica (time line).

1. El líder indígena _____ se rebeló en contra de los españoles dos siglos después de la conquista.
2. Bolivia no tiene acceso al mar ya que lo perdió como consecuencia de su derrota (defeat) durante _____.
3. Las culturas Chavín, Mochica, Chimú y _____ florecieron en Sudamérica antes del apogeo (height of power) de los incas.
4. Al igual que otros países latinoamericanos Ecuador adopta _____ estadounidense en el año 2000.
5. La segunda gran revolución latinoamericana, después de la mexicana, se llevó a cabo en 1952 en _____.
6. La ciudad de Cusco fue la ciudad más importante del Imperio _____.
7. Con la ayuda de Simón Bolívar y _____, Bolivia logra su independencia de España.
8. Durante la primera mitad del siglo XVI el conquistador español _____ funda la actual capital de Perú.

---

⊕ **Más perspectivas de. . .** www.cengage.com/spanish/rumbos
- Google™ Earth coordinates
- Video: Ecuador, Perú y Bolivia

---

| 1879–1884 Guerra del Pacífico entre Perú, Bolivia y Chile; Bolivia pierde acceso al mar; Perú pierde algunas provincias. | 1911 El arqueólogo estadounidense Hiram Bingham "descubre" Machu Picchu en Perú. | 1952 Revolución boliviana; los indígenas aymara y quechua, que representan más de 65% de la población, se integran a la sociedad. | 1967 El líder guerrillero Ernesto (Che) Guevara es ejecutado (executed) en Bolivia. | 1980–1984 Surgen (Arise) organizaciones guerrilleras izquierdistas como Sendero Luminoso y el Movimiento Revolucionario Túpac Amaru (MRTA) en Perú; son consideradas organizaciones terroristas en Perú y los EEUU. | 2000 Se adopta el dólar estadounidense como moneda oficial en Ecuador. | 2005 Evo Morales es elegido presidente de Bolivia; es el primer presidente indígena de la nación. |
|---|---|---|---|---|---|---|

**1880    1910    1940    1965    1980    2000    2005**

| 1863 Emancipación de los esclavos en los EEUU | 1920 Las mujeres ganan el derecho a votar. | 1941–1945 Segunda Guerra Mundial | 1968 Muere asesinado Martin Luther King, Jr. | 1986 El presidente Reagan se ve envuelto en (involved in) el "Iran-Contra Affair"; los Contras usan tácticas de guerra de guerrillas contra el régimen sandinista en Nicaragua. | 2008 (4 de noviembre) Barack Obama es elegido el primer presidente afroamericano en la historia de los EEUU. | 2009 El presidente Barack Obama propone a la puertorriqueña Sonia Sotomayor como juez del Tribunal Supremo. |
|---|---|---|---|---|---|---|

## EL VOCERO DE LATINOAMÉRICA

### SUPLEMENTO ESPECIAL La lucha por los derechos: pasado y presente

El SIDA no **discrimina**.
¡No lo hagas tú!

Perú: Activistas **exigen solidaridad** con los que sufren del SIDA y VIH. Su **portavoz** dice que el acceso a las medicinas debe ser un derecho y no un **privilegio**. [Véase la página 3.]

Bolivia: UNICEF **toma medidas** para proteger la **seguridad** de los niños que viven en **insoportables** condiciones de pobreza. [Véase la página 6.]

El pueblo unido ¡jamás será vencido!

Bolivia: Durante la "Guerra del gas" hubo **levantamientos sangrientos** y **paros** de labores para **protestar** la **explotación** de las reservas de gas natural y la **violación** de los derechos de los indígenas. Resultaron en el **derrocamiento** del presidente y la elección del primer presidente indígena del país, Evo Morales. [Véase la página 2.]

Ecuador: Los pueblos indígenas realizaron **movilizaciones** con **bloqueos** de carreteras para **llamar la atención** a la **desigualdad** y pobreza a las que están **sometidos** los grupos indígenas. **Exigieron** más representación. [Véase la página 4.]

*Manifestación: Con **pancartas** al hombro y gritando su **consigna** de **protesta**, "Ahora es cuando" las masas populares **se levantan** en contra de la **opresión**.*

### Repaso

Review basic vocabulary related to the struggle for rights in the **Índice de palabras conocidas** at the end of the book.

### Lengua

Other Spanish words and phrases related to the struggle for rights are cognates with English words: **el abuso** *(abuse)*, **el (la) activista, la amnistía** *(amnesty)*, **la crisis, el conflicto, la dignidad** *(dignity)*, **la expresión** *(expression)*, **el (la) líder, la marcha / marchar** *(march, protest / to march)*, **el (la) piquetero(a)** *(picketer)*, **la tortura / torturar** *(torture / to torture)*.

**TEACHING TIP** For further integration of authentic cultural products, practices, and perspectives related to this topic, have students investigate the Bolivian gas and water wars, the **cocalero** protests in Peru and Bolivia, the rise of Evo Morales and indigenous rights in Peru, Bolivia, and Ecuador, or the Wipala, the colorful flags of the indigenous groups of South America. Youtube.com has many videos related to these topics.

| | |
|---|---|
| el bloqueo / bloquear | *blockade / to blockade* |
| la consigna | *slogan* |
| el derrocamiento / derrocar | *overthrow / to overthrow* |
| el (la) esclavo(a) / la esclavitud | *slave / slavery* |
| la explotación / explotar | *exploitation / to exploit* |
| la (des)igualdad | *(in)equality* |
| el levantamiento / levantar | *uprising / to lift* |
| la lucha / luchar contra (por) | *struggle / to struggle against (for)* |
| el maltrato / maltratar | *mistreatment / to mistreat* |
| la manifestación / el (la) manifestante | *demonstration, protest / protester* |
| la movilización / movilizar | *mobilization / to mobilize* |
| la opresión / oprimir | *oppression / to oppress* |
| la pancarta | *(picket) sign* |
| el paro / parar | *stoppage / to stop* |
| el (la) portavoz | *spokesperson* |
| la privacidad / privado(a) | *privacy / private* |
| el privilegio | *privilege* |
| la solidaridad | *solidarity* |
| la seguridad | *security, safety* |
| | |
| amenazar / la amenaza | *to threaten / threat* |
| censurar / la censura | *to censure / censure* |
| discriminar / la discriminación | *to discriminate / discrimination* |
| exigir / la exigencia | *to demand / demand* |
| liberar / la liberación / la libertad | *to liberate / liberation / freedom* |
| llamar la atención a | *to call attention to* |
| protestar / la protesta | *to protest / protest* |
| someter a / sometido(a) | *to subject (someone) to / subjected* |
| tener derecho a | *to have a right to* |
| tomar medidas | *to take measures* |
| violar / la violación | *to violate / violation* |
| | |
| insoportable | *unbearable* |
| pacífico(a) | *peaceful* |
| sangriento(a) | *bloody* |
| | |
| vencido / vencer | *defeated / to defeat, overcome* |

## ¡A practicar!

**7-4** *El Vocero* Lee el suplemento especial de *El Vocero* en la página 254 y luego selecciona la frase que mejor completa cada una de las siguientes oraciones.

1. En Bolivia, UNICEF...
   a. acusa al gobierno de explotar a los niños de su país.
   b. dice que la pobreza amenaza la seguridad de los niños pobres.

2. En Perú los activistas...
   a. llaman la atención a la situación de las víctimas del VIH y SIDA.
   b. quieren que las víctimas del VIH y SIDA tengan más privilegios.

3. En Ecuador...
   a. el gobierno demostró solidaridad con los manifestantes.
   b. los manifestantes cerraron carreteras como forma de protesta.

4. En Bolivia...
   a. los trabajadores dejaron de trabajar como forma de protesta.
   b. los manifestantes tomaron medidas para vencer la opresión de los indígenas.

**7-5** **Una lucha histórica** Para aprender sobre la famosa Guerra del gas de Bolivia, completa el siguiente párrafo con las palabras apropiadas de la lista.

| | | | | |
|---|---|---|---|---|
| bloqueos | explotación | maltrato | pancartas | solidaridad |
| consigna | insoportables | manifestantes | paros | tenía derecho a |
| desigualdad | lucha | movilizaciones | protesta | tomar medidas |
| exigieron | llamaron la atención | pacífica | se levantaron | vencido |

La Guerra del gas fue una (1) ____lucha____ por los derechos humanos. Los pueblos indígenas (2) __se levantaron__ en contra de la (3) __explotación__ de uno de sus recursos naturales, el gas. Los indígenas (4) __llamaron la atención__ sobre la (5) __desigualdad__ que existía entre la pequeña clase rica que gobernaba el país y el casi 60% de la población que vivía en (6) __insoportables__ condiciones de pobreza. Los indígenas decían que el gobierno no (7) __tenía derecho a__ vender el gas del país para hacerse aún más rico sin (8) __tomar medidas__ para ayudar a los pobres. También (9) __exigieron__ tener más representación en el gobierno. Las (10) __movilizaciones__ comenzaron en El Alto, la parte más pobre del país y se realizaron (11) __bloqueos__ de carreteras y (12) __paros__ de trabajo. La respuesta del gobierno no fue (13) __pacífica__: hubo muchos casos de (14) __maltrato__ y murieron varios (15) __manifestantes__. Pero los indígenas siguieron demostrando su (16) __solidaridad__, marchando, llevando (17) __pancartas__ de (18) __protesta__ y gritando la (19) __consigna__ "el pueblo unido jamás será (20) __vencido__".

**7-6** **En otras palabras** Con un(a) compañero(a) toma turnos describiendo las siguientes palabras. El (La) compañero(a) adivina qué palabra describes.

1. privacidad
2. esclavo
3. censurar
4. liberar
5. privilegio
6. portavoz

## ¡A conversar!

**7-7** **Los derechos humanos** En la columna de la izquierda están algunos de los derechos humanos proclamados universales por las Naciones Unidas. Con un(a) compañero(a), decide con qué derechos está asociada cada acción de la columna de la derecha y luego decide si el derecho permitiría la acción o la prohibiría.

1. Todo individuo tiene derecho a la vida, a la libertad y a la seguridad de su persona.
2. Nadie será objeto de interferencias arbitrarias en su vida privada, su familia, su domicilio o su correspondencia, ni ataques a su honra o su reputación.
3. Toda persona tiene derecho a la libertad de pensamiento, de conciencia y de religión.
4. A nadie se privará arbitrariamente de su nacionalidad ni del derecho a cambiar de nacionalidad.
5. Todo individuo tiene derecho a la libertad de opinión y expresión.
6. Toda persona tiene derecho a la libertad de reunión y de asociación pacífica.
7. Nadie estará sometido a la esclavitud.
8. Toda persona tiene derecho a salir de cualquier país, incluso del propio, y a regresar a su país.

__ a. Tener seguros médicos
__ b. Cambiar de creencia religiosa
__ c. Amenazar verbalmente a un jefe insoportable
__ d. Participar en una manifestación contra el gobierno
__ e. Maltratar o torturar a prisioneros políticos
__ f. Estar en frente de la Casa Blanca con pancartas de protesta contra el presidente
__ g. Publicar un artículo lleno de mentiras sobre la vida privada de una figura pública
__ h. Viajar desde Ecuador a los Estados Unidos
__ i. Censurar artículos del periódico
__ j. Iniciar un levantamiento de empleados contra el jefe

**7-8** **¿Protección o amenaza?** ¿Crees que los siguientes conceptos y acciones protegen los derechos de los seres humanos o los amenazan? Comparte tus opiniones con otros en tu grupo y explica por qué sí o por qué no. ¿Están todos de acuerdo?

| Para expresar el acuerdo | Para expresar el desacuerdo |
| --- | --- |
| ¡De acuerdo! | No exactamente. |
| Opino como tú. | No estoy de acuerdo del todo. |
| Pensamos igual. | No me convences. *(You're not convincing me.)* |

1. Permitir que todos puedan tener una pistola
2. Establecer una lengua nacional
3. Permitir que las compañías y empresas guarden nuestra información personal en sus bases de datos
4. La práctica de perfil racial *(racial profiling)*
5. La censura del lenguaje y material gráfico en los medios de comunicación

## La situación indígena

Las protestas son un recurso legal.

## Anticipación

**7-9** **Los indígenas de los Estados Unidos** ¿Cómo vemos a los indígenas de los Estados Unidos? Determina si cada oración es cierta o falsa y explica por qué piensas así.

1. El gobierno de los Estados Unidos, en el pasado, fue justo con las tierras de los indígenas.
2. Los indígenas ahora viven en reservaciones que escogieron ellos mismos.
3. Los indígenas estadounidenses tienen poder político.
4. Hoy día, no hay discriminación en contra de los indígenas en los Estados Unidos.
5. Algunas veces la gente siente un cierto orgullo *(pride)* de tener un poco de sangre indígena.
6. El gobierno de los Estados Unidos quiere devolverles *(to give back)* a los indígenas algunas de las tierras.

**E**n Europa, el año 1492 marca el fin de la Edad Media *(Middle Ages)* y el principio de la moderna. Pero para los indígenas de las Américas, este mismo año marcó el fin de su mundo.

En el holocausto indígena murieron más de 10 millones de personas a manos de los conquistadores españoles y las enfermedades que trajeron. Desde entonces, los descendientes de esta cultura invasora han desplazado a los indígenas de sus tierras, han instituido programas de exterminación y han establecido obvias preferencias hacia los inmigrantes europeos, quienes los siguen considerando como inferiores.

Pero en países como Ecuador, donde el 25% de la población es amerindia, ha habido cambios que han ayudado a que esta población reclame sus derechos. Un gran cambio empezó en 1992. Mientras el mundo celebraba el aniversario número 500 de la llegada de Cristóbal Colón a las Américas, los indígenas marcaron ese trágico año con protestas. La CONAIE (Confederación de nacionalidades indígenas de Ecuador) organizó una protesta en contra de la política económica del gobierno. Las negociaciones lograron que el gobierno les concediera *(granted)* a los indígenas 16.000 kilómetros cuadrados de tierra, la concesión más grande en la historia de Latinoamérica.

**Una indígena nativa de Ecuador**

En el 1996, CONAIE ayudó a organizar un nuevo partido político, el Pachakutik, que significa, "el que cambia el mundo". Con este partido político, el pueblo indígena tiene una voz en el Congreso nacional del país. Este nuevo poder indígena resultó en reformas a la constitución que intentan asegurar el derecho de mantener, desarrollar y fortificar la identidad espiritual, cultural, lingüística, social, política y económica de los indígenas ecuatorianos. Sin embargo, bajo la presión de la economía global, el gobierno ha violado muchos de los acuerdos y ha vendido tierras indígenas a compañías extranjeras. La CONAIE buscó la renuncia de los presidentes que no muestran consideración por las culturas de los pueblos indígenas ni por sus tierras.

Aunque ha habido mucho progreso, la discriminación y la explotación continúan. Mientras que la economía global siga presionando, la lucha y las protestas continuarán y la indignación global seguirá apoyando la lucha por los derechos indígenas.

## Comprensión

**7-10** **¿Comprendiste?** Contesta las preguntas para ver si has entendido el texto.

1. ¿Por qué es importante el año 1492? ¿Qué pasó en 1992?
2. ¿Cuál es el estimado de muertes a consecuencia de la llegada de los conquistadores?
3. ¿Qué ha pasado con las tierras y los derechos de los indígenas?
4. ¿Qué es la CONAIE y qué ha logrado?

## Entre culturas

 **7-11** **Perspectiva 1** ¿Cómo vemos a los ecuatorianos? Marca con una [X] tu opinión y con un(a) compañero(a) explica por qué piensas así.

1. _____ El gobierno debe devolverles sus tierras a los indígenas.
2. _____ El gobierno no puede devolverles *todas* las tierras a los indígenas.
3. _____ Los ecuatorianos deben dejar de discriminar a los indígenas.

**7-12** **Perspectiva 2** Lee lo que dicen algunos ecuatorianos de ascendencia europea y mixta. ¿Qué piensan? Luego contesta las preguntas al final desde tu propia perspectiva.

Algunos indígenas dicen:

- "Somos los verdaderos nativos de Ecuador. Esta tierra es nuestra."

Otros ecuatorianos dicen:

- "Si les damos tierras a los indígenas, no las trabajan porque no tienen dinero."
- "Ecuador necesita el dinero que se recibe de la venta de las tierras."

Preguntas:

1. ¿Debe el gobierno devolverles las tierras a los indígenas?
2. ¿Quién es nativo del país? ¿El que nace allí o sólo los indígenas? ¿A quién pertenece la tierra?

 **7-13** **Perspectiva 3** ¿Sabes cómo ven los ecuatorianos a los Estados Unidos? Con un(a) compañero(a) piensa en ese punto de vista y di si las oraciones son ciertas o falsas en tu opinión.

1. En los Estados Unidos se discrimina en contra de los indígenas también.
2. El gobierno de los Estados Unidos desplazó a los indígenas a reservaciones.
3. En los Estados Unidos los indígenas no tienen tanto poder político como en Ecuador.

## Extensión

**7-14** **La política en Ecuador** Busca en el Internet quién es el actual presidente de Ecuador y haz una lista de los últimos logros obtenidos por la CONAIE. Infórmale a la clase si el movimiento indígena ha mejorado o sigue igual.

**Repaso**

Review these structures and/or these forms in the **Índice de gramática conocida** at the end of the book: personal **a**, the present subjunctive.

## El subjuntivo en cláusulas adjetivales

- An adjectival clause is a subordinate clause that modifies or describes a preceding noun in the main clause. In Spanish, adjectival clauses (**cláusulas adjetivales**) are usually introduced by either **que** or **donde**.

> noun + **que** + adjectival clause/subordinate clause

Conozco a **un hombre que lucha por los derechos humanos.**
*I know **a man who fights for human rights.***

> noun + **donde** + adjectival clause/subordinate clause

Él vive en **un lugar donde no hay mucha seguridad.**
*He lives in **a place where there isn't a lot of security.***

- The subjunctive is used in adjectival clauses when the speaker:

  - has no knowledge or experience of someone or something with a particular attribute.

    Tomás quiere hablar con **una persona que sepa algo** del levantamiento popular.
    *Tomás wants to talk to **someone who knows something** about the popular uprising.*

    (SUBJUNCTIVE: The speaker is not identifying or does not know a specific person who knows something about the uprising.)

    Tengo **algunos amigos que han participado** en una protesta de solidaridad.
    *I have **some friends who have participated** in a solidarity protest.*

    (INDICATIVE: The speaker is referring to a specific group of friends who have participated in a protest.)

  - is questioning or is unsure of the existence of someone or something with a particular attribute.

    —¿Conoces a **alguien que proteste** contra la discriminación por edad?
    —*Do you know **someone who protests** against age discrimination?*

    (SUBJUNCTIVE: Questioning the existence; **alguien** does not refer to a specific person.)

    —Sí, yo conozco a **muchas personas que protestan** contra esa discriminación.
    —*Yes, I know **a lot of people who protest** against age discrimination.*

    (INDICATIVE: Affirming the existence; the speaker is referring to a specific group of people.)

■ is denying the existence of someone or something with a particular attribute.

—No hay **ningún grupo terrorista que sea** capaz de derrocar al gobierno.
—*There isn't **any terrorist group that is** capable of overthrowing the government.*
(SUBJUNCTIVE: The speaker is denying the existence of such a group.)

—Sí, pero hay **algunos que lograron parar** las elecciones.
—*Yes, but there are **some that managed to stop** the elections.*
(INDICATIVE: The speaker is affirming the existence of such groups.)

● The **a personal** is not used with nouns in main clauses that refer to hypothetical persons, that is, persons of whom the speaker has no knowledge or experience or whose existence is uncertain.

**una(a)** + noun + **que** + verb in the subjunctive
　↓　　　↓　　　↓　　↓

Busco **una persona que sepa** dónde fueron los grupos explotados.
*I'm looking for **someone who knows** where the exploited groups went.*
(SUBJUNCTIVE: The speaker has no knowledge of who this person might be.)

personal **a** + noun + **que** + verb in the indicative
　↓　　　↓　　　↓　　↓

Busco **a una persona que sabe** mucho sobre las leyes contra la opresión. Se llama Miguel.
*I'm looking for a person who knows a lot about laws against oppression. His name is Miguel.*
(INDICATIVE: The speaker has knowledge of a particular person with this attribute.)

● The **a personal** is used in the main clause before **alguien** and **nadie** whether their existence is certain or uncertain.

¿Puedo ayudar **al activista que fue amenazado?**
*Can I help **the activist who was threatened?***
(INDICATIVE: The speaker knows the particular person who was threatened.)

No conozco **a nadie que hable** más de sus problemas que mi vecina.
*I don't know **anyone who talks** more about her problems than my neighbor.*
(SUBJUNCTIVE: The speaker questions the existence of such a person.)

● A question with an adjectival clause whose verb is in the subjunctive generally expresses the speaker's uncertainty about someone or something. In the answers to such questions, the indicative is used if the person answering knows the information.

—¿Conoces **un abogado que trabaje** con las víctimas de discriminación?
—*Do you know **a lawyer who works** with victims of discrimination?*
(SUBJUNCTIVE: The speaker has no knowledge of who this person might be.)

—Sí, la esposa de mi primo **es** una abogada con mucha experiencia en este campo.
—*Yes, my cousin's wife **is** a lawyer with a lot of experience in this area.*
(INDICATIVE: The speaker has knowledge of a particular person with this attribute.)

## ¡A practicar!

**7-15** **Rafael Correa** Para saber qué piensan estos ecuatorianos sobre la política y su presidente, completa las oraciones con la respuesta correcta.

Rafael Correa

- Habla quechua, francés, inglés y español.
- MA en Bélgica
- Doctorado en los Estados Unidos

- Socialista
- Se opone a la intervención de los Estados Unidos.

1. **Pedro:** Pues, yo quiero un presidente que...
   - a. sea socialista.
   - b. es comunista.

2. **Aníbal:** Sí, y que se pueda comunicar muy bien. ¡Nosotros tenemos un presidente que...
   - a. hable quechua!
   - b. habla cuatro idiomas!

3. **Pedro:** Sí. Rafael Correa conoce muy bien los EEUU. ¿Conoces otro presidente que...
   - a. tenga un diploma de una universidad en los Estados Unidos?
   - b. estudió en Bélgica?

4. **Aníbal:** Yo no conozco a ningún presidente que...
   - a. se oponga a la política de los Estados Unidos.
   - b. se opone a los Estados Unidos.

5. **Pedro:** Rafael Correa estudió en Bélgica y los EEUU pero aquí no hay nadie que...
   - a. tenga una educación en Ecuador.
   - b. quiere estudiar en Sudamérica.

ANSWERS 7-16 1. trabaje 2. emigren, traigan 3. quiera 4. viven, sufren.

**7-16** **Japoneses en Perú** Para aprender sobre la inmigración japonesa en Perú, lee y decide entre el subjuntivo o el indicativo en las siguientes oraciones.

1. Ese año, en Perú no hay nadie que trabaje / trabaja en las plantaciones.
2. En 1899, el gobierno del Japón busca voluntarios que emigren / emigran y traigan / traen capital del extranjero.
3. Después de trabajar en Perú, no hay casi nadie que quiera / quiere regresar al Japón.
4. Actualmente hay muchos peruanos de ascendencia japonesa que vivan / viven en Lima y que sufran / sufren discriminación.

**7-17** **¿Por qué quiero ir a Bolivia?** Llena los espacios en blanco con la forma correcta del subjuntivo o el indicativo para saber por qué Bolivia es tan interesante.

¿Por qué ir a Bolivia? Es que busco un país que (1)_____esté_____ (estar) muy alto en las montañas, donde (2)_____haga_____ (hacer) frío y viento porque me encanta ese tipo de clima. Bolivia es un país cuya capital (3)_____está_____ (estar) a 4.100 metros de altura; ¡fascinante! Quiero ir a un país donde (4)_____pueda_____ (poder) observar animales exóticos. También me gustaría conocer a alguien que (5)_____hable_____ (hablar) quechua o aymara y así aprender unas palabras en estos idiomas. Hay también un sitio que (6)_____pienso_____ (pensar) visitar: se llama El valle de la luna. No hay otro paisaje que (7)_____sea_____ (ser) igual en este planeta. ¡Bolivia es increíble!

### ¡A conversar!

**7-18** **Una sociedad justa** ¿Qué necesitamos para tener una sociedad justa? Completa las siguientes frases con tu opinión.

Palabras útiles

defender   luchar   organizar   proteger   protestar   respetar   tolerar

**EJEMPLO**   Necesitamos líderes políticos que...

**Necesitamos líderes políticos que piensen en su pueblo y no en ellos mismos.**

1. Necesitamos un líder político que...
2. Necesitamos una población que...
3. Necesitamos un gobierno que...
4. Necesitamos una clase alta que...
5. Necesitamos unos activistas que...
6. Necesitamos estudiantes universitarios que...

**7-19** **¿Hay alguien aquí que...?** Levántate y pregúntales a tus compañeros lo siguiente, pero primero, cambia los verbos en paréntesis al subjuntivo.

¿Hay alguien aquí que...

1. _____sea_____ (ser) de ascendencia indígena?
2. _____pueda_____ (poder) hablar un idioma indígena de las Américas?
3. _____le guste_____ (gustarle) la política?
4. _____luche_____ (luchar) por alguna causa?
5. _____odie_____ (odiar) la política?
6. _____conozca_____ (conocer) a un líder de la comunidad?
7. _____quiera_____ (querer) algún día formar parte del gobierno?
8. _____se considere_____ (considerarse) un activista?
9. _____comprenda_____ (comprender) las demandas de los indígenas de las Américas?

**7-20** **Tu gobierno** En grupos, piensen en algunos problemas que tenemos con los líderes de nuestro país. Algunos problemas son: la explotación, la censura, la opresión, la discriminación, la falta de libertad.

**EJEMPLO**   presidente

**Necesitamos un presidente que piense en los pobres.**

1. presidente
2. senadores
3. gobernador
4. alcalde
5. presidente de la universidad
6. estudiantes
7. tu profesor(a)

### Repaso

Review these structures and/or these forms in the **Índice de gramática conocida** at the end of the book: conjunctions.

## El subjuntivo en cláusulas adverbiales

- An adverbial clause is a subordinate clause that modifies or describes a verb in the main clause by stating conditions of time, place, or manner. In Spanish, adverbial clauses (**cláusulas adverbiales**) are introduced by a conjunction such as **cuando** or **para que**.

> verb + **cuando** + adverbial clause (time)

**Van a investigar** las causas del maltrato **cuando encuentren a más testigos.**
*They **will investigate** the causes of mistreatment **when they find more witnesses.***

> verb + **para que** + adverbial clause (conditions)

Las autoridades **toman** medidas **para que los ciudadanos estén seguros.**
*The authorities **take** measures **in order that the citizens are safe.***

- Certain conjunctions always require the use of the subjunctive in the adverbial clause because they introduce future or uncertain actions.

### Atención

When there is no change in subject between the main and the adverbial clause, an infinitive is used immediately following **a condición de, a fin de, antes de, con tal de, en caso de, por miedo de, para,** and **sin.** The subjunctive, however, is always used after **a menos que** even when there is no change in subject from the main to the adverbial clause.
**¿Debemos ir para saber lo que pasó? Sí, debemos ir a menos que tengamos un compromiso esta tarde.**

| a condición (de) que | provided that | en caso (de) que | in case that |
| a fin (de) que | in order that | por miedo (a) que | for fear that |
| a menos que | unless | para que | in order that |
| antes (de) que | before | siempre que | as long as |
| con tal (de) que | provided that | sin que | without |

Típicamente se organizan protestas pacíficas **antes de que ocurran** actos de violencia.
*Typically peaceful protests are organized **before** acts of violence **occur.***

El obrero protesta **a fin de que** el gobierno **reconozca** condiciones insoportables.
*The worker protests **in order that** the government **recognizes** unbearable conditions.*

- If the subject of the main and adverbial clauses is the same, the **que** at the end of the conjunction is dropped and the infinitive is used instead of the subjunctive.

El gobierno impuso censura de prensa **antes de cerrar** las fronteras.
*The government censured the press **before closing** the borders.*

- With the following conjunctions, the subjunctive is used in the adverbial clause, if the action in the main clause expresses a future, anticipated, or pending action. If this is not the case, the indicative is used.

| en cuanto | as soon as | luego que | after |
| cuando | when | mientras (que) | while |
| después (de) que | after | para cuando | by the time that |
| hasta que | until | tan pronto como | as soon as |

With these conjunctions it is common to use two clauses, even if the subject is the same: **Aunque los soldados sean ciudadanos, tienen que defender los intereses del gobierno.** *Although the soldiers are citizens, they have to protect the interests of the government.*

El portavoz del movimiento fue detenido **en cuanto intentó** huir del país.
*The spokesperson of the movement was arrested as soon as he tried to flee the country.*
(INDICATIVE: The verb in the adverbial clause is in the indicative because the act of fleeing the country is not presented as a future, pending event in relation to the arrest.)

No van a organizar el levantamiento **hasta que tengan** el apoyo de la comunidad.
*They will not organize the uprising **until they have** the support of the community.*
(SUBJUNCTIVE: The verb in the adverbial clause is in the subjunctive because acquiring the support of the community is described as a future, pending event.)

- With the following conjunctions, the indicative is used if the speaker has knowledge of the action described. If the speaker has no knowledge of or has doubts about the action described, then the subjunctive is used in the adverbial clause.

| | | | |
|---|---|---|---|
| **a pesar (de) que** | *in spite of* | **de manera que** | *so that, in a way that* |
| **aun cuando** | *even when* | **de modo que** | *so that, in a way that* |
| **aunque** | *although* | **donde** | *where* |
| **como** | *as, how* | | |

Siempre lucho contra la opresión **aun cuando requiere mucho de mi tiempo y energía.**
*I always fight against oppression **even if it demands much of my time and energy.***
(INDICATIVE: The verb in the adverbial clause is in the indicative because the speaker is certain of this fact.)

La gente celebra la liberación del país **a pesar de que pueda haber** soldados en algunas regiones.
*The people celebrate the liberation of the country **in spite of the fact that there may be** soldiers in some regions.*
(SUBJUNCTIVE: The verb in the adverbial clause is in the subjunctive because the speaker suspects that soldiers may be in some regions, but he is not sure.)

- The indicative is always used after the following conjunctions because they convey experience or knowledge of the action described.

| | | | | | |
|---|---|---|---|---|---|
| **ahora que** | *now that* | **puesto que** | *since* | **ya que** | *since* |

Alberto recibe el privilegio de votar **ahora que tiene** los documentos necesarios.
*Alberto receives the privilege of voting **now that he has** the necessary documents.*

- The subjunctive is used in adverbial clauses after expressions ending in **-quiera** or other similar indefinite expressions.

| | | | |
|---|---|---|---|
| **cual(es)quiera** | *whichever, whatever* | **quien(es)quiera** | *whoever* |
| **cuandoquiera** | *whenever* | **por + (más)** *adjective* or *adverb* + **que** | *no matter how* |
| **dondequiera** | *wherever* | **mientras más... más** | *the more . . . the more* |

**Dondequiera que vayas,** habrá personas sometidas a leyes injustas.
*Wherever you go, there will be people subjected to unjust laws.*

# Estructura y uso II

## ¡A practicar!

**TEACHING TIP 7-21 Pachamama** is the goddess of Earth for the indigenous people of the Andean region. Her name is often used synonymously with Earth or "Mother Earth."

**ANSWERS 7-21** 1. tenga 2. se mantengan 3. haya 4. incorporar 5. son

**7-21** **Un cambio en la constitución** El gobierno ecuatoriano modificó la constitución. ¿Por qué? Decide si el verbo debe estar en el subjuntivo o el indicativo.

1. Los indígenas quieren el cambio para que la tierra o pachamama tiene / tenga derechos.
2. Mientras los recursos naturales se mantienen / se mantengan en las manos de la elite, el país no es de todos los ecuatorianos.
3. El cambio: "Siempre que hay / haya vida, pachamama tendrá el derecho a existir."
4. Se modificó la constitución a fin de incorporar / incorpore el punto de vista indígena.
5. Aunque estos ciertamente son / sean altos ideales, la historia nos dirá si tuvieron éxito.

**7-22** **El cultivo de la hoja de coca** Para aprender sobre los problemas que presenta el cultivo de esta hoja *(leaf)* en Bolivia, decide qué frase completa la oración.

1. Los países de Sudamérica ceden *(yield)* a los deseos de los EEUU por miedo a que...
   (a.) deje de dar préstamos *(loans)*.      b. para la ayuda económica.
2. Los indígenas se resisten al cambio ya que...
   (a.) el uso de la hoja de coca ha sido parte de la cultura por varios milenios.
   b. la hoja de coca no produzca mucho dinero.
3. El presidente de Bolivia quiere cambiar la opinión del mundo de manera que...
   (a.) la cocaína sea ilegal, no la hoja de coca.
   b. la cocaína es ilegal en todo el mundo.
4. Los Estados Unidos seguirá la ayuda económica a Bolivia a condición de que...
   (a.) dejen de cultivar la hoja de coca.      b. el cultivo es pequeño.

**TEACHING TIP 7-23** Remind students to rely on textual clues, such as direct and indirect object pronouns, to determine the correct subject for the verbs in this exercise.

**7-23** **Una llama habla** Llena los espacios en blanco con la forma correcta del subjuntivo o el indicativo para saber más sobre las llamas de Perú en los tiempos del Imperio Inca.

Las leyes me protegen dondequiera que (1) ____vaya____ (ir) puesto que (2) ____soy____ (ser) una llama Capac. Las llamas Capac sirven a la realeza *(royalty)* en cuanto (3) ____nacen____ (nacer) y hasta que no (4) ____puedan____ (poder) trabajar más. Bueno, tenemos nuestros derechos a menos que tú (5) ____seas____ (ser) viejo y macho y entonces, a pesar de (6) ____ser____ (ser) una llama Capac, te sacrifican a los dioses. Ser Capac tiene sus desventajas...

Si no eres Capac, eres Hacchac y te crían *(raise)* de modo que con tus servicios, los humanos (7) ____puedan____ (poder) transportar textiles y alimentos todos los días. Obviamente nosotros, las llamas, somos muy útiles y queremos leyes para que no nos (8) ____maten____ (matar) por más valiosa que (9) ____sea____ (ser) nuestra carne.

# Estructura y uso II

## ¡A conversar!

**7-24** **Problemas globales** Lee las siguientes oraciones y con un(a) compañero(a), decide si está de acuerdo o no.

1. Una persona puede hablar mal de cualquier grupo minoritario a menos que no sea verdad.

2. Mientras le demos ayuda económica a Bolivia, ellos deben reducir su cultivo de la hoja de coca.

3. Aunque miles de personas mueren en la guerra contra las drogas, debemos seguir con la lucha.

4. Debemos cerrar Machu Picchu a los turistas hasta que haya un plan para proteger el lugar para las generaciones futuras.

**7-25** **Casos de la vida real** Nuestra sociedad tiende a plantear demandas *(file lawsuits)*, algunas frívolas y otras no. ¿Cuál es tu opinión de los siguientes casos? Ten cuidado de usar la forma correcta del subjuntivo o el indicativo.

**EJEMPLO** Una señora va a una fiesta de *Halloween* y demanda a los organizadores porque las decoraciones y figuras le dieron mucho miedo.
**Tiene derecho a compensación a menos que no esté diciendo la verdad. Tiene derecho a compensación a pesar de que es ridículo.**

1. Un conductor no entendió bien lo que era un "cruise control"; dejó su vehículo de recreación (*RV*) en "cruise control" y se fue a lavar los platos. El vehículo chocó contra un árbol y el conductor planteó una demanda porque no explicaron bien qué era "cruise control".

2. Un hombre que perdió muchísimo dinero apostando le planteó una demanda al casino por permitirle apostar mientras estaba bebiendo alcohol.

3. La madre de un atleta planteó una demanda en contra de la escuela que eliminó a su hijo de un equipo. Dice que todos en la escuela deben ser tratados iguales y nadie debe ser excluido de los equipos atléticos.

4. Una mujer planteó una demanda en contra de un restaurante porque no le notificaron que el café estaba muy caliente y al derramárselo *(spill it)* en la falda accidentalmente, se quemó.

5. Una persona demandó a una empresa de comida rápida porque al comer su comida, subió muchísimo de peso.

**7-26** **La legalización del cultivo de coca** En la relación Bolivia-Estados Unidos hay fricción por este asunto. Compara tu opinión con la de un(a) compañero(a) de clase. ¿Debe Bolivia dejar el cultivo de la hoja de coca?

1. Aun cuando...

2. Por más tradicional que sea la hoja de coca...

3. A condición de...

4. Siempre que...

**ANSWERS 7-25** *Possible answers include:* 1. No tiene derecho a compensación aunque no sea muy inteligente. 2. Tiene derecho a compensación a menos que el casino esté insistiendo constantemente a que apueste. 3. Todos los estudiantes deben poder jugar siempre que no sea una competencia seria. 4. No tiene derecho a compensación porque cualquiera sabe que el café siempre se sirve caliente. 5. No tiene derecho a compensación a pesar de que haya subido de peso. Nadie obligó a la persona a comer allí.

**ANSWERS 7-26** *Possible answers include:* 1. Aun cuando algunos bolivianos dependen de ese cultivo, se debe eliminar. 2. Por más tradicional que sea la hoja de coca, la realidad es que el resultado es malo. 3. A condición de recibir ayuda económica, deben reducir o eliminar el cultivo. 4. Los bolivianos dejarán de cultivar coca siempre que los estadounidenses dejen de beber café.

# Teleguía Lima

LA CORTE DEL PUEBLO

## Ahora en ATV:
## La **corte** del pueblo:
## ¡El **juicio** ha comenzado!

En la **corte** del **juez** Franco la justicia se administra de forma rápida y **justa**. Aquí, todos disfrutan del derecho de resolver sus **disputas**, y hasta los **casos** más sencillos pueden convertirse en una batalla emocional. En este programa de la vida real, el honorable **juez** Manuel Franco escucha las **demandas** diarias de la gente en diversas situaciones y decide el **veredicto** de cada juicio. En su **corte** no hay **jurado**, ¡el juez Franco siempre tiene la última palabra!

Esta semana en La corte del pueblo…

### La borrachera
**El demandante**, Mario Ochoa, viene a **demandar** a su vecino, Carlos Álvarez, de **manejar ebrio** y chocar con su auto y **herir a** su muy querido perro, Pipo. Pide siete mil dólares por los **daños** a su auto y a Pipo. El Sr. Álvarez, el **demandado**, dice que no es **culpable** y no **hirió** a nadie. **Sospecha** que el Sr. Ochoa mismo estuvo manejando ebrio y así chocó su propio auto.

### El mentiroso
**La demandante**, Nieves Fernández, **acusa** a su ex novio, Raul Aguilar, de **cometer un delito**. **Alega** que la **estafó** de dos mil dólares antes de cortar con ella. **El demandado** rechaza **el cargo** y dice que su ex novia es una mentirosa y que el año pasado la policía la **detuvo** y la arrestó por **falsificar** documentos legales.

Ustedes están **condenados** al drama de lunes a viernes 20:00–20:30.

### Repaso

Review basic vocabulary related to crime and justice in the **Índice de palabras conocidas** at the end of the book.

### Lengua

Other Spanish words and phrases related to crime and justice are cognates with English: **administrar** *(to administer),* **las autoridades** *(the authorities),* **el (la) cómplice** *(accomplice),* **la evidencia, el fraude** *(fraud),* **(i)legal, interrogar** *(to interrogate),* **el testimonio, el terrorismo / el (la) terrorista, traficar / traficante** *(to traffic / trafficker).*

**TEACHING TIP** Episodes of *La corte del pueblo* and **Juez Franco** can be seen on Spanish television and online at sites such as Youtube.com. To present and practice vocabulary, show an episode in class and discuss the case using chapter vocabulary.

### Lengua

The term **el (la) acusado(a)** is used for a defendant in a criminal trial; **el (la) demandado(a)** is used in civil trials.

### Lengua

In many Spanish-speaking countries, the term **el tribunal** is used instead of **la corte,** and instead of saying **manejar ebrio,** some Spanish speakers will say **manejar o conducir bajo la influencia de alcohol.**

**TEACHING TIP** Point out irregularities in the different conjugations of the verbs **detener** and **herir.**

| | |
|---|---|
| la acusación / el (la) acusado(a) / acusar | *accusation / the accused / to accuse* |
| el asesino / el asesinato / asesinar | *murder / murderer / to murder* |
| el atraco / atracar | *hold-up, mugging / to hold up, mug* |
| el cargo | *charge* |
| el caso | *case* |
| la corte | *court* |
| los daños | *damages* |
| la demanda / presentar/plantear una demanda (contra) | *lawsuit / to file a lawsuit (against)* |
| el (la) demandado(a) | *defendant* |
| el (la) demandante | *plaintiff* |
| el (la) desaparecido(a) / desaparecer | *disappeared, missing (person) / to disappear* |
| la disputa | *dispute* |
| el (la) juez(a) | *judge* |
| el juicio | *trial* |
| el jurado | *jury* |
| la pandilla / el (la) pandillero(a) | *gang / gang member* |
| la pena de muerte / cadena perpetua | *death sentence / life sentence* |
| el plagio / plagiar | *plagiarism / to plagiarize* |
| el veredicto | *verdict* |
| alegar | *to allege* |
| castigar / el castigo | *to punish / punishment* |
| cometer un delito | *to commit a crime* |
| denunciar / la denuncia | *to report (a crime) / police report* |
| detener | *to stop, detain, arrest* |
| dispararle a alguien | *to shoot someone* |
| estafar | *to cheat, swindle* |
| falsificar | *to falsify* |
| herir (ie) a alguien | *to wound, hurt someone* |
| hostigar / el hostigamiento | *to harass / harassment* |
| jurar | *to testify, swear* |
| manejar ebrio | *to drive drunk* |
| ponerle una multa | *to give someone a ticket, fine* |
| secuestrar / el secuestro | *to kidnap / kidnapping* |
| sobornar / el soborno | *to bribe / bribe, bribery* |
| sospechar / el (la) sospechoso(a) | *to suspect / suspect* |
| estar condenado(a) a / condenar | *to be sentenced to / to convict, sentence* |
| estar preso(a) / meter preso(a) | *to be in prison / to put in prison* |
| (ser) culpable / tener la culpa | *(to be) guilty* |
| (ser) inocente | *(to be) innocent* |
| justo(a) | *fair* |

## ¡A practicar!

**7-27 La corte del pueblo** Lee el teleguía en la página 270 y luego determina si las siguientes oraciones son ciertas o falsas. Si son falsas, corrígelas.

1. Los juicios que preside el juez Franco son verdaderos.
2. El juez Franco consulta con un jurado para determinar el veredicto de los casos.
3. En el caso de *La borrachera*, Mario Ochoa demanda a Carlos Álvarez por secuestrar a su perro.
4. En el caso de *La borrachera*, el demandado alega que el demandante es el culpable.
5. En el caso de *El mentiroso*, el demandado acusa a la demandante de haber cometido un delito.
6. En el caso de *El mentiroso*, Nieves Fernández alega que su novio la hostigó y le causó daños emocionales.

**7-28 ¿Qué significa?** Escribe la palabra correcta de la lista al lado de su definición abajo. **¡OJO!** No vas a usar todas las palabras.

| | | |
|---|---|---|
| un asesinato | falsificar | una pandilla |
| un atraco | hostigar | la pena de muerte |
| los daños | el juicio | la cadena perpetua |
| una denuncia | jurar | el plagio |
| disparar | meter preso | secuestrar |
| estafar | una multa | sobornar |

1. Una condena a morir por el delito cometido.
2. Un grupo de personas que cometen delitos.
3. La acción de usar las ideas o palabras de otra persona sin reconocer su verdadero autor.
4. Retener a una persona por la fuerza y en contra de su propia voluntad.
5. Un tipo de castigo que consiste en pagar cierta cantidad de dinero por romper una ley.
6. Ofrecerle dinero a alguien para que haga un acto ilegal.
7. Poner a alguien en la cárcel.
8. Una acusación oficial que haces con la policía.
9. Afirmar en una corte que vas a decir la verdad.
10. Un robo llevado a cabo con una pistola u otra arma.

**7-29 En otras palabras** Toma turnos con tu compañero(a) y describe los siguientes términos de la lista usando tus propias palabras. La otra persona adivina qué palabra es.

1. el jurado
2. el demandante
3. manejar ebrio
4. un juicio

5. el juez
6. el cargo
7. inocente
8. una disputa

## ¡A conversar!

**7-30 Delitos deliciosos** Con un(a) compañero(a) vas a inventar las tramas *(plots)* para varios episodios de una nueva telenovela sobre el crimen y la justicia. Para hacerlo, tienen que formar oraciones lógicas con todas las palabras dadas. En cada caso es posible que tengan que conjugar los verbos y/o agregar otras palabras para que la oración tenga sentido. ¡Sean creativos(as)!

1. alegar / acusado / disparar / atraco / demandante / esposo
2. injusto / juez / meter preso / veredicto / sobornar / demandada
3. una estrella de cine / daños / cadena perpetua / denunciar / condenar / peluquero
4. desaparecer / pandilleros / perros / manejar ebrio / sospechoso / ponerle una multa

**7-31 El crimen y nuestra sociedad** ¿Cuáles son los crímenes más problemáticos en nuestra sociedad? Con otro(a) estudiante de clase, ordena la siguiente lista de los delitos más problemáticos a los menos problemáticos, justificando bien tus decisiones. Luego, determina si hay crímenes importantes que no están en la lista.

- el asesinato
- el crimen organizado
- el plagio
- manejar ebrio
- el atraco
- el tráfico de animales exóticos
- el tráfico de armas y drogas
- el secuestro de niños
- los sobornos políticos
- la falsificación de información por Internet
- ¿?

**7-32 ¿Crimen o justicia?** ¿Crees que las siguientes acciones son formas de conseguir justicia o son crímenes? ¿Depende? ¿De qué? Comenta tus opiniones con otros estudiantes de la clase.

1. Condenar a la pena de muerte a un asesino en serie
2. Las multas dadas por las cámaras en los semáforos
3. Expulsar *(Expel)* a un estudiante de la universidad por cometer plagio por primera vez
4. Detener a "personas de interés" por sospechar que son terroristas

**7-33 La corte del pueblo** Con un grupo de estudiantes dramaticen un juicio; los otros estudiantes harán de jurado y determinarán el veredicto (si es inocente o culpable el [la] acusado[a] o demandado[a]) y el castigo apropiado. ¡Sean creativos!

# Hacia otro tipo de justicia

Protesta enfrente de la corte en Sucre, Bolivia

## Anticipación

**7-34 El sistema de justicia en los Estados Unidos** ¿Cómo es nuestro sistema de justicia en los Estados Unidos? Con un(a) compañero(a), contesta las preguntas para dar tu opinión.

1. ¿Crees que nuestro sistema de justicia es justo? ¿Favorece a un grupo sobre otro?

2. ¿Qué tipos de sentencias hay? ¿Hay otras sentencias además de ir a prisión?

3. ¿Tienen los indígenas de los Estados Unidos su propio sistema de justicia? ¿Cómo es?

4. ¿Es aceptado por el gobierno de los Estados Unidos el sistema indígena?

**TEACHING TIP** You may want to remind students that Bolivia has two capital cities with La Paz as the seat of government and the administrative capital and Sucre as the constitutional and judicial capital and the seat of the Supreme Court.

Con un presidente de ascendencia aymara, Evo Morales, los bolivianos están muy cerca de ser el primer país sudamericano cuyo gobierno tiene como meta explícita que el sistema de justicia indígena sea tan importante como el sistema tradicional occidental.

Evo Morales, quien ganó la presidencia en el 2006, con el 67% del voto boliviano, ha elevado la esperanza de sus compatriotas aymaras, quechua, guaraní, mojeno y más de 50 otros grupos étnicos de tener un gobierno que los represente mejor. El presidente Morales, entre otros proyectos, quiere darle validez a la llamada "justicia comunitaria", ejercida *(practiced)* por siglos en las comunidades indígenas.

El presidente de Bolivia, Evo Morales

Los que están a favor de esta forma andina de justicia local, dicen que es un sistema justo y rápido que se centra en la restitución a la víctima en vez de en un castigo. Un ejemplo ilustra este sistema: En un bar un hombre mata a otro, la viuda pide que el acusado trabaje su tierra por diez años para así poder criar *(raise)* a sus hijos. Los líderes de la comunidad se reúnen y deciden si es justo o no lo que pide y se pasa la sentencia. Bajo el sistema de justicia occidental, el acusado, la viuda o los testigos *(witnesses)* tendrían que ir a Sucre y esperar meses. De ser encontrado culpable, una sentencia típica sería un término de tiempo en la cárcel que no le serviría a la viuda ni a sus hijos de nada.

Los que no están de acuerdo con la justicia comunitaria, principalmente los que tienen dinero y recursos, temen represalias *(retaliations)* y venganzas de la muchedumbre *(mob rule)*. Y, no toda justicia comunitaria es justa. Siendo un sistema tradicional, favorece a los hombres. El adulterio, por ejemplo, es una ofensa mucho más grave para la mujer que para el hombre.

¿Qué tipo de justicia adoptará Bolivia? La meta del presidente Evo Morales es modificar y codificar mejor la justicia comunitaria para que los dos sistemas de justicia existan uno al lado de otro con igual peso y validez. Quizás muy pronto nazca un nuevo tipo de justicia.

## Comprensión

**7-35** **¿Comprendiste?** Contesta las preguntas para ver si has entendido el texto.

1. ¿Quién es Evo Morales? ¿Cuál es su conexión étnica con los grupos indígenas?
2. ¿Qué es justicia comunitaria? ¿Cuáles son las ventajas y las desventajas?
3. ¿Cuál es la meta de Evo Morales?

## Entre culturas

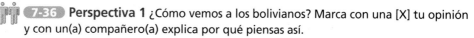

**7-36** **Perspectiva 1** ¿Cómo vemos a los bolivianos? Marca con una [X] tu opinión y con un(a) compañero(a) explica por qué piensas así.

1. _____ En la justicia comunitaria no hay representación legal para el acusado.
2. _____ La justicia comunitaria es más justa que las cortes.
3. _____ Es mejor tener un tipo de justicia solamente.
4. _____ La justicia comunitaria sirve bien a la comunidad local.

**7-37** **Perspectiva 2** Lee lo que dicen algunas personas. ¿Qué piensan los indígenas bolivianos y los otros bolivianos? Luego contesta las preguntas al final desde tu propia perspectiva.

Algunos indígenas bolivianos dicen:

- "Un aymara debe ser juzgado por otro aymara y no por otros en Sucre."
- "Nuestro sistema se enfoca no sólo en castigar sino también en dar restitución."

Otros bolivianos dicen:

- "En el sistema de justicia comunitaria no hay apelaciones y eso no es justo."
- "Un sistema judicial debe ser moderno y occidental como en otros países."

Preguntas:

1. ¿Qué pasa si un ciudadano que no pertenece a ningún grupo étnico, comete un delito en contra de un indígena? ¿Dónde se debe escuchar el caso? ¿Quién tiene jurisdicción?
2. ¿Debe el sistema judicial occidental también pensar en la víctima?

 **7-38** **Perspectiva 3** ¿Sabes cómo ven los bolivianos a los Estados Unidos? Con un(a) compañero(a) di si las oraciones son ciertas o falsas en tu opinión.

1. En los EEUU el gobierno tiene también dos sistemas judiciales diferentes.
2. El gobierno de los EEUU no ha aclarado la jurisdicción de cada sistema judicial.
3. En Bolivia tenemos un presidente de ascendencia indígena. En los EEUU, no.

## Extensión

**7-39** **El sistema judicial en otros países** Busca en el Internet a ver si hay otros tipos de justicia comunitaria en países como Ecuador y Perú. Infórmale a la clase si estos sistemas son aceptados por el gobierno y si ha habido problemas. Haz una lista de los delitos que puede resolver cada sistema.

## El presente perfecto

One way speakers of both Spanish and English talk about the past is to use the perfect tenses. The present perfect tense (**el tiempo presente del perfecto**) communicates the idea of *have/has done* something, describing an action that has started before the present moment and may even continue into the present.

- The present perfect is formed with the present tense of the verb **haber** + the past participle of a second verb.

| Present tense of *haber* | | Past participle |
|---|---|---|
| he | | |
| has | | jurado (-**ar** verb) |
| ha | + | proveído (-**er** verb) |
| hemos | | oprimido (-**ir** verb) |
| habéis | | |
| han | | |

- Regular past participles are formed by adding -**ado** to the stem of -**ar** verbs and -**ido** to the stem of -**er** and -**ir** verbs.

| Infinitive | Stem | Past participle |
|---|---|---|
| hablar | habl- | hablado |
| comer | com- | comido |
| dormer | dorm- | dormido |

La demandante **ha alegado** que el señor Otero entró en su casa varias veces.
*The plaintiff **has alleged** that Mr. Ortero entered her house several times.*

La policia **ha detenido** al sospechoso.
*The police **have arrested** the suspect.*

Afortunadamente los disparos no **han herido** a nadie.
*Fortunately, the gunshots **haven't hurt** anyone.*

- The present perfect tense is used as an alternative to the preterite or imperfect tenses when the speaker chooses to emphasize the fact that an action began at a time before the present, rather than to convey that the action took place at a specific time (the preterite) or occurred habitually (the imperfect).

El jurado **ha tomado** una decisión.
*The jury **has made** a decision.*
(EL PRESENTE PERFECTO: Emphasis on the decision being made before the present moment)

El jurado **tomó** una decisión ayer a las cuatro de la tarde.
*The jury **made** a decisión yesterday afternoon at four o'clock.*
(EL PRETÉRITO: Emphasis on the specific time of when the decision was made)

El jurado no **tomaba** decisiones los fines de semana.
*The jury would not make decisions during a weekend.*
(EL IMPERFECTO: Emphasis on repeated nature of the decision in the past)

- Past participles do not change form in the present perfect tense as they do when they are used as adjectives with **ser** and **estar**.

  Las puertas de la sala del tribunal **están cerradas.**
  **Han cerrado** las puertas de la sala del tribunal.

- **-Er** and **-ir** verbs whose stems end in **-a**, **-e**, or **-o** carry an accent on the **í** of their past participles to maintain proper stress.

| Infinitive | Stem | Past participle |
|---|---|---|
| creer | cre- | creído |
| leer | le- | leído |
| oír | o- | oído |
| reír | re- | reído |
| traer | tra- | traído |

La jueza siempre **ha creído** que él es inocente.
*The judge **has** always **believed** that he is innocent.*

- Several common verbs have irregular past participles.

| Infinitive | Past participle | Infinitive | Past participle |
|---|---|---|---|
| abrir | abierto | morir | muerto |
| decir | dicho | poner | puesto |
| escribir | escrito | ver | visto |
| hacer | hecho | volver | vuelto |

El policía le **ha puesto** una multa por haber manejado ebrio.
*The police **have fined** him for having driven drunk.*

El abogado **ha hecho** todo lo posible por el demandado.
*The lawyer **has done** everything possible for the defendant.*

Desafortunadamente el testigo del secuestro **ha muerto.**
*Unfortunately, the witness to the kidnapping **has died.***

- In the present perfect, the verb **haber** and the past participle cannot be separated by any other word, for example, **no, ya** *(already)*, or a pronoun.

  El juez **ya ha decidido** el caso.
  *The judge **has already decided** the case.*

  **No le han leído** los cargos al criminal.
  *They **haven't read** the charges to the criminal.*

## ¡A practicar!

**7-40** **Un caso para la justicia comunitaria** Llena los espacios en blanco con el presente perfecto para ver qué ha pasado en un caso tratado por la justicia comunitaria en Bolivia.

El caso

Un hombre le disparó a otro en un bar matándolo instantáneamente. Los líderes escucharon a los testigos y después de llegar a un veredicto de culpable, lo sentenciaron a diez años de trabajo en la finca *(farm)* de la viuda para que ésta pudiera criar a sus hijos. La viuda pensó que era justo.

1. ¿Qué ha pasado?

   Un hombre ___le ha disparado___ (dispararle) a otro.

2. ¿Cuál fue el resultado?

   ___Lo ha matado___ (matarlo).

3. ¿Qué hicieron los líderes de la comunidad?

   ___Han escuchado___ (escuchar) a los testigos.

4. ¿Cuál fue el veredicto?

   ___Han decidido___ (decidir) que era culpable.

5. ¿Cuál fue la sentencia?

   ___Lo han sentenciado___ (sentenciarlo) a trabajar para la viuda.

6. ¿Qué piensa la viuda sobre la sentencia?

   Piensa que ___ha sido justa___ (ser) justa.

**7-41** **Alberto Fujimori, el ex presidente de Perú** Lee la siguiente lista de lo que ha pasado con este controversial presidente. Usa el presente perfecto para indicar lo bueno y lo malo de lo que ha pasado en tu opinión.

- Negoció tratados de paz entre Ecuador y Chile.
- Disminuyó el poder de los grupos insurgentes.
- Ganó una elección de una forma ilegal en 2000.
- Forzó a las mujeres a esterilizarse.
- Sus seguidores secuestraron civiles *(civilians)*.
- Sobornó al partido de la oposición.
- Estafó al gobierno por más de un billón de dólares.
- Las cortes peruanas lo sentenciaron a 6 años de cárcel.
- Lo multaron por 400.000 soles ($135,000).
- Mejoró la economía de Perú grandemente.
- Redujo la pobreza y el hambre en Perú.

Lo bueno                                    Lo malo

_____          _____

_____          _____

_____          _____

_____          _____

_____          _____

**ANSWERS 7-41** Lo bueno: Ha negociado tratados de paz entre Ecuador y Chile. Ha disminuido el poder de los grupos insurgentes. Las cortes peruanas lo han sentenciado a 6 años de cárcel. Lo han multado por 400.000 soles ($135,000). Ha mejorado la economía de Perú grandemente. Ha reducido la pobreza y el hambre en Perú. Lo malo: Ha ganado una elección de una forma ilegal en 2000. Ha forzado esterilizaciones a las mujeres. Sus seguidores han secuestrado a civiles. Ha sobornado al partido de la oposición. Ha estafado al gobierno por más de un billón de dólares.

# ¡A conversar!

 **7-42** **¿Cuál ha sido tu experiencia?** Con un(a) compañero(a), comparte, compara y pregunta sobre las experiencias que han tenido con la justicia.

1. ¿Te han puesto una multa alguna vez? ¿Cuándo? ¿Por qué? ¿Te ha costado mucho dinero? ¿Se han enojado tus padres?

2. ¿Te han detenido o arrestado alguna vez? ¿Por qué? ¿Qué pasó después? ¿Te ha dado miedo?

3. ¿Te han demandado a ti o a tus padres alguna vez? ¿Por qué? ¿Qué pasó al final?

4. ¿Has estado en un juicio? ¿Te han pedido estar en un jurado? ¿Has dado alguna excusa para no servir de jurado?

5. ¿Te han atracado? ¿Dónde? ¿Qué se llevaron?

6. ¿Has sido víctima de hostigamiento? ¿Qué hiciste?

7. ¿Conoces a alguien que haya plagiado un trabajo escrito? ¿Cuál fue la consecuencia?

 **7-43** **Películas de acción** Las películas de acción siempre tienen escenas de asesinatos, robos y secuestros. Con un(a) compañero(a), recuerda algunas de estas escenas y explica qué ha pasado.

| | | |
|---|---|---|
| un atraco | un asesinato muy famoso | una sentencia injusta |
| un secuestro | un juicio espectacular | un veredicto erróneo |

**EJEMPLO** Recuerdo una película que se filmó en México con Dakota Fanning. El padre, Marc Anthony, ha arreglado su secuestro y Denzel Washington no ha podido salvarla.

**ANSWERS 7-44** *Answers will vary. Possible answers include:* **Caso 1:** Al acusado: ¿Ha secuestrado usted al perro? ¿Le ha hecho daño? ¿Lo ha llevado al veterinario? ¿Le ha hablado a la víctima sobre el problema con el perro? A la víctima: ¿Cómo sabe que ha sido su vecino el culpable? ¿Se han quejado los otros vecinos sobre el perro? ¿Qué ha hecho usted para resolver el problema del perro? **Caso 2:** Al acusado: ¿Le ha preguntado su historia médica? ¿Ha seguido un procedimiento común? ¿Le ha dado instrucciones a la víctima después de la operación? ¿Cuántas veces ha hecho este tipo de operación? ¿Cuáles han salido mal, cuáles bien? A la víctima: ¿Ha seguido las instrucciones del médico? ¿Cuántas veces ha tenido cirugía facial? ¿Le ha causado problemas antes? ¿Quién le ha dicho a usted que es fea? **Caso 3:** Al acusado: ¿Ha puesto letreros diciendo que no caminen sobre las tumbas? ¿Por qué alguien no la ha ayudado cuando se cayó? ¿Le ha pasado esto a alguna otra persona? A la víctima: ¿Por qué ha caminado sobre la tumba? ¿Ha usted saltado sobre la tumba? ¿Ha ido al hospital? ¿Cuánto le han cobrado por tratar su pie fracturado? ¿Ha ido a un psiquiatra? ¿Cuánto le han cobrado?

**7-44** **Justicia en la televisión** Con dos compañeros, dramaticen las siguientes situaciones a la Judge Judy. Un(a) estudiante es la famosa jueza y los otros dos son la víctima o el (la) acusado(a). Traten de incorporar el presente perfecto en sus preguntas y respuestas.

- **Caso 1:** El acusado se quejó varias veces de un perro que hacía mucho ruido. La víctima dijo que su perro desapareció por una semana y cuando lo encontró vio que no podía ladrar *(bark)* más. La víctima acusa al hombre de herir a su perro y también lo demanda por $10.000.

- **Caso 2:** La víctima reclama $100.000 para cubrir los daños físicos y emocionales causados por la cirugía experimental en la cara que le hizo el acusado, el Dr. Carlos Pérez. La víctima reclama que se ve más vieja y fea que antes.

- **Caso 3:** Una mujer que pesa 375, acusa el propietario de un cementerio donde se facturó el pie cuando caminaba sobre una tumba y su pie pasó por la tierra y a través la caja del muerto. Quedó atrapada por una hora sin ayuda de nadie. Demanda al cementerio por $50.000 por daños físicos y emocionales.

## ¡A REPASAR Y A AVANZAR!

**Repaso**

Before completing the activities on this page, review the following pages and refer to them as necessary to refresh your memory of the **Estructuras** addressed in **Capítulo 7.**
**El subjuntivo en cláusulas adjetivales,** pp. 262–263
**El subjuntivo en cláusulas adverbiales,** pp. 266–267
**El presente perfecto,** p. 278

**7-45** **Ecuador, Perú y Bolivia** Pensando en lo que has aprendido en este capítulo y lo que ya sabes, contesta las siguientes preguntas. Después, compara tus respuestas con las de un(a) compañero(a) de clase.

1. ¿Cuáles son las características más importantes de la geografía de Perú, Ecuador y Bolivia y qué impacto tienen en la vida de la gente?
2. ¿Qué sabes de la historia de la región? Puedes incluir información sobre la época precolombina, el período colonial y los siglos XIX, XX y XXI.
3. ¿Cómo es la política de la región?
4. Compara y contrasta la llamada "justicia comunitaria" practicada por algunas comunidades indígenas con el sistema de justicia en los Estados Unidos.

**TEACHING TIP 7-45** Monitor students' work in pairs and guide them to include relevant cultural information from the chapter as well as recently studied structures when appropriate.

**TEACHING TIP 7-46** Bring to class several photos of uprisings or protests from Ecuador, Peru, Bolivia, or other countries of the Spanish-speaking world. Provide a few sentences of information about a photo and ask students to complete some of the sentences from the activity or similar ones in response to the photo and the information.

**TEACHING TIP 7-47** Have students bring to class photos that show places they wish to visit and activities they wish to pursue. After they discuss their plans in groups, conduct a class discussion in which students show photos, explain their hopes for future trips, and comment on the plans of classmates.

**7-46** **Una manifestación** Escoge una foto de una manifestación, o si prefieres, usa una foto de las páginas 250, 254 o 258. Completa las siguientes frases para describir lo que piensan y lo que quieren los participantes.

1. Veo a una(s) persona(s) que...
2. No hay mucha gente que...
3. Buscan un líder que...
4. Necesitan encontrar personas que...
5. Prefieren líderes que...
6. No hay nadie que...

Trabjando en grupos, compartan sus fotos y sus descripciones de las ideas de los participantes. Concluyan ofreciendo sus propias opiniones.

**7-47** **Planes para un viaje** ¿Bajo qué circunstancias viajarás a la región andina algún día y qué harás allí? Por ejemplo, ¿irás aunque no tengas mucho dinero? Forma siete u ocho frases para explicar las actividades y las circunstancias, incluyendo elementos de las listas y recordando tener cuidado con el subjuntivo y el indicativo.

Actividades

| | | | | |
|---|---|---|---|---|
| aprender | conocer | hacer | participar | viajar |
| comprender | hablar | ir | poder | ver |

Circunstancias

| | | | | |
|---|---|---|---|---|
| a fin de que | a pesar (de) que | aunque | cuando | en cuanto |
| a menos que | antes (de) que | con tal (de) que | después (de) que | hasta que |

Trabaja con uno(a) o dos compañeros(as) de clase para compartir ideas sobre los viajes. Noten lo que tienen en común y lo que es único para cada persona.

**TEACHING TIP 7-48** Monitor students' conversations to be sure they are using the present perfect as demonstrated in the example.

**7-48** **Un delito** Identifica un crimen, un caso familiar o algo hipotético. Explica qué ha pasado y considera por qué la persona ha cometido el delito.

**EJEMPLO** Un hombre ha entrado en una tienda de comestibles y ha robado comida y dinero. En realidad es una situación triste porque el hombre ha perdido su trabajo y su mujer se ha enfermado y no puede trabajar. Tienen un bebé y él se ha visto obligado a robar para comprar las cosas necesarias. Creo que lo ha hecho como un acto de desesperación.

Trabaja con un(a) compañero(a) de clase para presentar y discutir las situaciones. Cada persona puede ofrecer su reacción a los casos presentados.

CD2, Track 4

**7-49** ¡A escuchar! A continuación vas a escuchar una entrevista de un profesor de historia que habla sobre la conexión entre los derechos humanos y la explotación del gas en Bolivia. Pon una X al lado de cada oración que escuches en la entrevista.

1. __X__ Hoy vamos a hablar sobre un libro.
2. _____ El tema del libro es la guerra entre Bolivia y Perú.
3. __X__ Bolivia tiene una reserva de gas muy grande.
4. _____ La mayoría de los bolivianos se benefician de la exportación de gas natural.
5. _____ Los bolivianos tienen mucha confianza en sus políticos.
6. __X__ La decisión sobre el gas fue la gota *(drop)* que colmó *(overfilled)* la copa.
7. _____ Sánchez Losada escribió un libro sobre la política boliviana.

**TEACHING TIP 7-50** Complete lyrics for Spanish songs can often be found through an Internet search of the song title plus the word "letra". Encourage students to listen to the complete song and to note what they believe the song to be about. In class, have students work in groups to share their ideas. Play the song for them with the lyrics displayed and then have a class discussion about the song and its cultural nuances. Encourage students to find connections between the song (or its writer and his/her country of origin) and the chapter's themes.

**7-50** Una canción El grupo Kjarkas, es un conjunto boliviano dedicado a la música andina. "Bolivia" es una de sus canciones más conocidas. En ella se pueden escuchar la mayoría de los instrumentos del folclor boliviano como: el charango, la guitarra, la wuangara, la quena, las zamponas, los toyos.

Ve a **www.cengage.com/spanish/rumbos** y escucha "Bolivia". Esta canción celebra el espíritu de libertad y de justicia de esta sociedad andina. Indica si las siguientes oraciones se mencionan o no en la letra *(lyrics)*.

1. Quiero pegar un grito de liberación.  (Sí)  No
2. Hay niños buscando la unidad.  Sí  (No)
3. En la falda de tus cerros haré mi hogar  (Sí)  No
4. Por el derecho al trabajo  Sí  (No)
5. Donde felices los niños irán a jugar  (Sí)  No

**TEACHING TIP 7-51** This activity will prepare students for the writing task found in **¡A escribir!**. You may wish to have them read **¡A escribir!** before completing this activity for more guidance on their research.

**7-51** El Internet En este capítulo aprendiste a hablar sobre los derechos humanos. Ve a **www.cengage.com/spanish/rumbos** y busca los sitios de la Red donde puedas obtener información sobre el tema de los derechos humanos en Sudamérica. Escoge un artículo sobre el tema para leerlo y resumirlo. Prepara una presentación corta sobre el tema para presentar en clase.

## ¡A LEER! Entre dos luces (selección)

### Sobre el autor

**César Bravo (1960– )** nació en Lima, Perú, en 1960. Recibió su formación teatral en el Teatro de la Universidad Católica. Actualmente él dirige y escribe teatro. Se dedica también a la enseñanza teatral. Es miembro de una nueva generación de dramaturgos peruanos que están renovando el teatro de Perú mediante la exploración de los temas de la justicia y los derechos humanos.

## Antes de leer

**7-52** **Invitación al texto** "Entre dos luces" ofrece un vistazo al mundo de los universitarios que se dedican a la lucha política por los cambios sociales. En la selección a continuación, el dramaturgo utiliza la oscuridad *(darkness)* escénica para comunicar el tema principal de la obra: el conflicto que existe entre la ignorancia y la comprensión. En la siguiente escena observamos el encuentro de dos universitarios. Una estudiante, Elizabeth, cree que tiene creencias políticas verdaderas, hasta que empieza a hablar con Hernán, el otro estudiante.

1. ¿Hablas de política con tus amigos? ¿Tienen ustedes opiniones similares? ¿En qué temas coinciden y en cuáles están en desacuerdo? ¿Podrías ser amigo(a) de una persona con una ideología opuesta a la tuya?

2. ¿Hay grupos o clubes estudiantiles políticos en tu campus? ¿Qué actividades organizan estos grupos? ¿Has participado o te gustaría participar en algún tipo de protesta con otros estudiantes? ¿Es aceptable una protesta violenta si es para luchar por una buena causa? ¿Por qué sí o por qué no?

3. En tu opinión, ¿es más eficaz el teatro en la comunicación de ideas políticas que las otras artes? ¿Por qué sí o por qué no?

## Estrategia de lectura Separar los hechos de las opiniones

In order to read a text critically, you must first learn to separate factual information from opinions. Factual information consists of objective truths that can be accepted on face value. For example, it is a fact that César Bravo is a Peruvian playwright. Opinions, on the other hand, are more subjective ideas that reflect biases, or only a partial understanding of an issue. They are ideas that are debatable and subject to interpretation. For example, it is an opinion that César Bravo writes politically subversive plays. Opinions will often depend on a single word or phrase that makes the assertion controversial. In this case, the word "subversive" opens up the claim to debate. Begin by skimming the text for sentences that are either objective statements of fact or subjective opinions. Divide these sentences into the two categories given below and then compare your selection with those of other classmates.

| Información objetiva | Opinión subjetiva |
|---|---|
| "Soy Elizabeth, amiga de Carlos." | "Dicen que era terrorista." |
| _____ | _____ |
| _____ | _____ |
| _____ | |

## "Entre dos luces" (selección)

# E

SCENA I

EL DEPARTAMENTO DE UN EDIFICIO A
OSCURAS. SUENA EL TIMBRE[1].

H.: ¿Quién es?

E.: ¿Hernán?

5 H.: Sí. ¿Quién es?

E.: Soy Elizabeth, amiga de Carlos. ¿Puedo pasar?
¿Puedo pasar?

H.: La puerta está abierta.

ELIZABETH SE QUEDA EN EL UMBRAL[2]. TODO

10 ESTÁ OSCURO.

E.: ¿No hay luz? No se ve nada.

H.: Si vas a entrar, cierra la puerta; si no, te
puedes ir.

SILENCIO. SE CIERRA LA PUERTA. OSCURIDAD

15 TOTAL.

H.: ¿Estás ahí?

E.: Sí.

H.: ¡Qué valiente! Si caminas cinco pasos de
frente, vas a encontrar un sillón.

20 . . .

E.: ¿Por qué está todo oscuro? ¿No te da miedo?

H.: Sí, a veces tengo miedo, pero no de la
oscuridad.

E.: ¿Sino?

25 H.: De otras cosas.

E.: ¿Cuáles?

H.: No sé. Pero no de la oscuridad. Bueno, depende de qué oscuridad hablemos.

. . .

30 E.: La oscuridad también sirve para esconder,
para ocultar.

H.: O para aclarar.

. . .

35 E.: El mes pasado hubo disturbios y murió un
estudiante, ¿no?

H.: Sí.

E.: En mi universidad hicimos una marcha de silencio, protestando por la represión policial; y
estamos organizando, con la ayuda de algunos
40 grupos de teatro, un pasacalle[3] en favor de la
paz.

H.: ¿Gandhi? ¿La no violencia?

. . .

E.: ¿Conocías al chico que murió?

45 H.: No.

E.: Era de Letras[4].

H.: Somos tantos.

E.: Dicen que era terrorista.

H.: ¿Terrorista?

50 E.: ¿No lo era?

H.: ¿Qué es ser un terrorista?

E.: No sé,... Sendero, Túpac Amaru[5].... No sé.

H.: No, no era.

E.: ¿Lo conocías? Se apellidaba Barrientos[6], una
55 amiga lo conocía... ¿Te sientes mal?

. . .

E.: ... ¿Me vas a contar qué te pasó en la universidad?... (SILENCIO) ¿Te llevaron a la Dincote[7]?

H.: No.

60 E.: ¿Entonces? ¿A la morgue?

H.: Al hospital.

E.: ¿Te hirieron[8]?

H.: Sí.

E.: ¿Dónde?

65 H.: En el pecho, pero fueron perdigones[9].

E.: ¿Cómo así? ¿Qué pasó?

H.: Saliendo de clases.

E.: No lo sabía.

H.: Mira, prefiero hablar de otras cosas.

70 . . .

---

[1]**Suena el timbre** *The doorbell rings*
[2]**umbral** entrada
[3]**pasacalle** procesión
[4]**Letras** *Liberal Arts*

[5]**Sendero, Túpac Amaru** grupos
peruanos de guerrilla
[6]**Se apellidaba Barrientos** *whose last
name was Barrientos*

[7]**Dincote** una cárcel de Lima
[8]**hirieron** *hurt*
[9]**perdigones** *pellets*

E.: ... ¿Qué opinas de Sendero?

H.: Es el Partido Comunista de Perú.

E.: ¿Y Túpac Amaru?

H.: Un movimiento burgués[10] bien intencionado,
75     que quiere hacer la Revolución Cubana aquí.

E.: ¿Y Sendero?

H.: La Revolución en Perú.

E.: ¡Cómo! ¿Matando gente inocente? ¿Sembrando terror[11] en la población?

80 ...

H.: No soy como tú.

E.: ¿Por qué? ¿No te gustan las fiestas? ¿No te gusta el licor, la música, las mujeres?

H.: No, no me gusta.

85 E.: ¿No te gustan las mujeres?

H.: No.

E.: ¿No te gusto?

H.: No me vas a engañar[12] con tu cara bonita.

E.: Lo que pasa es que no lo quieres reconocer
90     porque saldrías perdiendo.

H.: No tengo nada que perder.

E.: Claro que sí. Si aceptaras que te gusta, perderían tú y tu Partido Comunista y se descubrirían todos sus resentimientos[13].

95 H.: ¿Qué resentimientos?

E.: Sus resentimientos de no poder hacer lo que quieren hacer y de no tener lo que quisieran

tener. Lo sabes y no lo puedes negar, ¿verdad? ¿O no los tienes?

100 H.: Sí, los tengo. Porque gente como tú gobierna este país y se quiere adueñar de[14] su destino con palabras tan bonitas como Democracia y Libertad, a costa del trabajo "honrado y digno" que le dan a sus empleados; mientras
105     toman su Coca-Cola helada en las playas del sur, porque en la Costa Verde[15] hay muchos cholos[16]. Por eso mi resentimiento, porque tú tienes todo lo que quieres y los demás lo mendigamos[17]. Porque las posibilidades, las
110     relaciones y las invitaciones ya tienen dueño[18]. A mí no me vas a engañar con tus posturas de progresista dando vivas[19] a la izquierda.

...

ELIZABETH SE DIRIGE A LA PUERTA, LA ABRE
115 Y EN UN ARREBATO[20] PRENDE LA LUZ. AL VOLTEAR[21] SUFRE UN IMPACTO, DESCUBRE SENTADO A HERNAN CON UNA VENDA[22] EN LOS OJOS, QUE CONTIENE PEQUEÑAS MANCHAS[23] DE SANGRE Y QUE DEPRIMEN
120 SU FIGURA DE ESTUDIANTE. ELIZABETH SE CHORREA[24] POR EL MARCO[25] DE LA PUERTA Y QUEDA SENTADA EN EL SUELO.

H.: ¿Elizabeth?

E.: Perdóname.

---

[10]**burgués** clase media
[11]**sembrando terror** *instilling fear*
[12]**engañar** *to deceive*
[13]**resentimientos** *resentments*
[14]**adueñar de** *take ownership of*
[15]**Costa Verde** una playa de Lima

[16]**cholos** mestizos
[17]**lo mendigamos** *we beg for it*
[18]**tienen dueño** *have an owner*
[19]**dando vivas** *cheering*
[20]**arrebato** movimiento rápido
[21]**voltear** dar una vuelta

[22]**venda** *blindfold*
[23]**manchas** *stains*
[24]**se chorrea** *slides down*
[25]**marco** *the frame*

## Después de leer

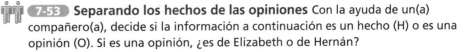

**(7-53) Separando los hechos de las opiniones** Con la ayuda de un(a) compañero(a), decide si la información a continuación es un hecho (H) o es una opinión (O). Si es una opinión, ¿es de Elizabeth o de Hernán?

1. La puerta está abierta.
2. El mes pasado hubo disturbios y murió un estudiante.
3. Los terroristas son los de Sendero o Túpac Amaru en Perú.
4. Túpac Amaru es un movimiento burgués bien intencionado, que quiere hacer la Revolución Cubana aquí.
5. Hay varios movimientos en contra de la política del gobierno en Perú.
6. Los que tienen control en el país quieren adueñarse de su destino con palabras tan bonitas como Democracia y Libertad, a costa del trabajo "honrado y digno" que le dan a sus empleados.
7. Gandhi insistió en las prácticas de la no violencia como una manera de resistir.
8. Túpac Amaru es un movimiento progresista.
9. Descubre sentado a Hernán con una venda en los ojos, que contiene pequeñas manchas de sangre.

**(7-54) Comprensión** En parejas o en grupos de tres, contesten las siguientes preguntas. Después compartan sus respuestas con la clase.

1. ¿Quiénes son los personajes de la selección? ¿En qué circunstancias los encontramos al principio de la obra?
2. ¿Por qué crees que Hernán prefiere la oscuridad?
3. ¿Cómo es la relación entre Hernán y Elizabeth? ¿Crees que son amigos? ¿Por qué?
4. ¿Cómo se llama el chico que murió? ¿Cómo murió?
5. ¿Cómo reaccionaron los estudiantes de la universidad de Elizabeth ante la muerte del chico?
6. Según Elizabeth, ¿era terrorista el chico que murió? ¿Y según Hernán?
7. ¿Con qué movimientos políticos se asocian Elizabeth y Hernán?
8. Hernán juzga a Elizabeth por su asociación política. ¿Qué opina él de la ideología del partido político de ella?

**(7-55) Expansión** En parejas o en grupos de tres, contesten las siguientes preguntas.

1. Explica lo que pasa al final de la escena. ¿Por qué le pide perdón Elizabeth a Hernán? ¿Piensas que ella va a cambiar su opinión política? ¿Por qué sí o por qué no?
2. Hernán y Elizabeth tienen puntos de vista y maneras de ser muy diferentes. ¿Con qué personaje te identificas más? ¿Por qué?
3. En tu opinión, ¿es apropiado el título "Entre dos luces"? ¿Crees que indica el tema de la obra o engaña al lector? ¿Por qué?

# Impresiones

**Functions:** Describing; Writing a news item
**Vocabulary:** Working conditions; Violence
**Grammar:** Conjunctions; Verbs: indicative, subjunctive with conjunctions

**TEACHING TIP** Encourage students to think about rights issues on campus, in local communities, in Bolivia, Ecuador, or Peru, or in other places in the Spanish-speaking world.

**TEACHING TIP** Language students often need clear guidelines about what constitutes plagiarism. Give them specific examples of what is acceptable as well as instructions for how you expect them to acknowledge their sources.

**TEACHING TIP** Make transparencies of different paragraphs from several different newspaper articles containing examples of both direct and indirect quotations for more practice. Encourage them to incorporate a variety of these verbs and phrases for reporting speech in their **reportaje**.

## ¡A ESCRIBIR! El reportaje

### El tema

El reportaje es un tipo de texto que puedes encontrar en un periódico o una revista, como *El Vocero* en la página 254. Con tu clase vas a crear otra edición de *El Vocero* para reportar sobre algunas de las luchas actuales por los derechos humanos. Vas a seleccionar un tema y escribir un reportaje.

### El contenido

Las funciones del reportaje incluyen: investigar, documentar e informar objetivamente. Selecciona tu tema y comienza tu investigación usando libros, otros periódicos, el Internet y entrevistas con las personas involucradas. Intenta contestar las siguientes preguntas: ¿Sobre qué es la lucha? ¿Cómo han sido violados los derechos humanos? ¿Quiénes luchan? ¿Qué han logrado hasta ahora? ¿Qué esperan lograr en el futuro? ¿Qué tiene que pasar para que lo logren? Toma buenos apuntes, señalando bien las fuentes de donde consigues la información.

---

## Estrategia de escritura Las citas y la documentación de las fuentes de información

**Q**uotes may be direct or indirect. A direct quote is always enclosed between **comillas** (" " or « »), and represents verbatim what a person said: **El piquetero dijo: "Sólo busco la justicia".** An indirect quote is a paraphrase of what someone said, so no quotation marks are used: **El piquetero dijo <u>que</u> buscaba la justicia.** Either type of citation can be introduced or followed by a variety of words that can add context and meaning to the quotation. For example:

**"Seguiremos la lucha el tiempo que sea necesario", <u>gritaba</u> el activista.**

**"¿Qué va a hacer el juez ahora?", <u>preguntó</u> la madre de la acusada.**

**Según <u>advierte</u> la portavoz de los activistas, va a ser una protesta larga.**

The verb **gritar** indicates that the words were not merely said, but shouted, while the verb **preguntar** highlights that this was a question, and finally, the verb **advertir** indicates that what was said was a warning.

Remember that you must document any source from which you borrow ideas or language; failure to do so is plagiarism, which is a serious offense. In some types of writing a bibliography is used, but in a good **reportaje**, sources are documented in the text itself. Here are two examples:

<u>Según la Declaración Universal de los Derechos Humanos,</u> ningún ser humano debe ser sometido a torturas.

<u>El periódico peruano, *El Excelsior*, informa que</u> hubo menos crimen urbano en Ecuador el año pasado.

## El primer borrador

Escribe tu primer borrador del reportaje siguiendo la siguiente estructura:

*La introducción:* Escribe un párrafo para presentar el tema que vas a tratar. Para captar el interés del lector, puedes usar una cita *(quote)* que resuma bien el tema.

*El cuerpo:* Organiza las respuestas a las preguntas que contestaste en tu investigación y úsalas para el cuerpo del escrito, recordando que cada párrafo debe tratar sólo una idea. No te olvides de documentar las fuentes *(sources)* de la información que presentas.

*El final:* El reportaje no suele tener una conclusión porque muchas veces el tema tratado no ha concluido. Sin embargo, el texto sí termina con unas oraciones que resumen el tono del texto. Al escribir tu final, ¿puedes incluir una cita que resuma bien tu reportaje?

*El título:* Escribe un título que capte el tono de tu reportaje.

Trata de incorporar cuanto vocabulario del capítulo que sea posible y también una variedad de estructuras gramaticales, como el subjuntivo, el futuro y el condicional, el presente perfecto y los pronombres de objeto directo e indirecto.

## Revisión en parejas

 Lee el reportaje de un(a) compañero(a) de clase y contesta las siguientes preguntas.

1. ¿Explica bien el tema que trata? ¿Lo puede explicar mejor?
2. ¿Te parece interesante el tema? ¿Puede hacerlo más interesante? ¿Cómo?
3. ¿Presenta el tema de forma objetiva o subjetiva? ¿Puede presentarlo de forma más objetiva? ¿Cómo?
4. ¿Incluye citas directas y/o indirectas? ¿Usa una variedad de verbos para presentar las citas?
5. ¿Documenta bien sus fuentes de información?
6. ¿Usa bien el vocabulario del capítulo? ¿Puede usar más?
7. ¿Ha usado frases que requieran el subjuntivo? ¿Ha utilizado bien el subjuntivo?
8. ¿Ha usado una variedad de estructuras gramaticales? ¿Las ha usado bien o notas algún error?

## Elaboración y redacción

Considera los comentarios de tu compañero(a) y luego haz los cambios necesarios. Revisa otra vez el vocabulario y gramática de tu reportaje. Trata de incluir más vocabulario del capítulo y mira si has usado una variedad de estructuras, como el subjuntivo en cláusulas adjetivales y adverbiales u otras formas verbales como el pasado, presente perfecto, condicional o el futuro. ¿Puedes usar pronombres para eliminar la repetición en tu biografía? Busca y corrige los errores comunes y por último, usa la función de *spell-check* para pulir *(polish)* la ortografía.

## ¡A VER! El caso Berenson

### Vocabulario útil

**MRTA** *Movimiento Revolucionario Túpac Amaru*

**cadena perpetua** *life sentence*

**sabiduría** *wisdom*

**obrar** *to behave*

**fallo** *sentence*

**excarcela** *release, set free*

## Antes de ver

**7-56** **Activismo social** Hay muchas personas que motivadas por ideales de justicia social se ven involucradas en acciones políticas que pueden resultar en diferentes tipos de castigos para estos idealistas. Con un(a) compañero(a) decidan si están de acuerdo o no con las siguientes oraciones.

1. Debemos guiarnos por los ideales sin temor a las consecuencias.  Sí  No
2. Una vida sin ideales no vale la pena vivirla.  Sí  No
3. La violencia en contra de la injusticia está justificada.  Sí  No
4. Hay que obedecer las leyes aunque a veces sean injustas.  Sí  No
5. La violencia en contra del Estado hay que castigarla con determinación.  Sí  No

## Mientras ves

**7-57** **¡Ve y escucha con cuidado!** Mira el segmento y marca con una equis [X] la palabra que escuches o veas.

| | |
|---|---|
| _____ armar | X  palacio de justicia |
| X  disputa internacional | _____ pena de muerte |
| X  infrahumana | X  perdedores |
| X  juicio | _____ periodista cubana |
| X  la acusaban | X  situación de hambre |
| X  la condenaron | X  terroristas |

## Después de ver

**7-58** **¿Qué recuerdas?** Contesta las siguientes preguntas.

1. ¿Quién es Lori Berenson?
2. ¿Qué condena recibió durante el primer juicio?
3. ¿Cómo caracteriza Berenson el MRTA?
4. ¿Qué pasó durante el segundo juicio en el año 2001?
5. ¿Quiénes son Alberto Fujimori y Alan García?

## Más allá del video

**7-59** **¿Qué está pasando con el caso Berenson?** Con un(a) compañero(a) busca información en los archivos de periódicos peruanos para enterarte *(inform yourself)* de los últimos acontecimientos *(events)* asociados con el caso de esta periodista. Prepara un resumen de los resultados de tu investigación para presentarlos en clase.

## Para hablar de la lucha por los derechos

| | |
|---|---|
| el bloqueo / bloquear | to blockade / blockade |
| la consigna | slogan |
| el derrocamiento / derrocar | overthrow / to overthrow |
| el (la) esclavo(a) / la esclavitud | slave / slavery |
| la explotación / explotar | exploitation / to exploit |
| la (des)igualdad | (in)equality |
| el levantamiento / levantar | uprising / to lift |
| la lucha / luchar contra (por) | struggle / to struggle against (for) |
| el maltrato / maltratar | mistreatment / to mistreat |
| la manifestación / el (la) manifestante | demonstration, protest / protester |
| la movilización / movilizar | mobilization / to mobilize |
| la opresión / oprimir | oppression / to oppress |
| la pancarta | (picket) sign |
| el paro / parar | stoppage / to stop |
| el (la) portavoz | spokesperson |
| la privacidad / privado(a) | privacy / private |
| el privilegio | privilege |
| la seguridad | security, safety |
| la solidaridad | solidarity |
| | |
| amenazar / la amenaza | to threaten / threat |
| censurar / la censura | to censure / censure |
| discriminar / la discriminación | to discriminate / discrimination |
| exigir / la exigencia | to demand / demand |
| liberar / la liberación / la libertad | to liberate / liberation / freedom |
| llamar la atención a | to call attention to |
| protestar / la protesta | to protest / protest |
| someter a / sometido(a) | to subject (someone) to / subjected |
| tener derecho a | to have a right to |
| tomar medidas | to take measures |
| violar / la violación | to violate / violation |
| | |
| insoportable | unbearable |
| pacífico(a) | peaceful |
| sangriento(a) | bloody |
| vencido / vencer | defeated / to defeat, overcome |

## Para hablar de los crímenes y la justicia

| | |
|---|---|
| la acusación / el (la) acusado(a) / acusar | accusation / the accused / to accuse |
| el asesino / el asesinato / asesinar | murder / murderer / to murder |
| el atraco / atracar | hold-up, mugging / to hold up, mug |
| el cargo | charge |
| el caso | case |
| la corte | court |
| los daños | damages |
| la demanda / presentar, plantear una demanda (contra) | lawsuit / to file a lawsuit (against) |
| el (la) demandado(a) | defendant |
| el (la) demandante | plaintiff |
| el (la) desaparecido(a) / desaparecer | disappeared, missing / to disappear |
| la disputa | dispute |
| el (la) juez(a) | judge |
| el juicio | trial |
| el jurado | jury |
| la pandilla / el (la) pandillero(a) | gang / gangster |
| la pena de muerte / cadena perpetua | death sentence / life sentence |
| el plagio / plagiar | plagiarism / to plagiarize |
| el veredicto | verdict |
| | |
| alegar | to allege |
| castigar / el castigo | to punish / punishment |
| cometer un delito | to commit a crime |
| denunciar / la denuncia | to report (a crime) / police report |
| detener | to stop, detain, arrest |
| dispararle a alguien | to shoot someone |
| estafar | to cheat, swindle |
| falsificar | to falsify |
| herir (ie) a alguien | to wound, hurt someone |
| hostigar / el hostigamiento | to harass / harassment |
| jurar | to testify, swear |
| manejar ebrio | to drive drunk |
| ponerle una multa | to give someone a ticket, fine |
| secuestrar / el secuestro | to kidnap / kidnapping |
| sobornar / el soborno | to bribe / bribe, bribery |
| sospechar / el (la) sospechoso(a) | to suspect / suspect |
| | |
| estar condenado(a) a / condenar | to be sentenced to / to convict, sentence |
| estar preso(a) / meter preso(a) | to be in prison / to put in prison |
| (ser) culpable / tener la culpa | (to be) guilty |
| (ser) inocente | (to be) innocent |
| justo(a) | fair |

Plaza Botero, Medellín, Colombia

# Las artes

## RUMBO A COLOMBIA Y VENEZUELA

### Metas comunicativas
- Hablar del arte y de las letras
- Describir la literatura
- Expresar tus reacciones a la literatura
- Escribir un poema

### Vocabulario
- La expresión artística
- El mundo de las letras

### Estructuras
- El imperfecto del subjuntivo
- Los pronombres relativos
- El pluscuamperfecto

### Perspectivas culturales
- La arquitectura venezolana de ayer y de hoy
- La poesía en Colombia

### Cultura y pensamiento crítico
- El arte y los artistas de Colombia y Venezuela
- La arquitectura en Caracas, Venezuela
- El escritor colombiano Gabriel García Márquez
- El Festival internacional de poesía en Medellín, Colombia
- El arquitecto venezolano Carlos Raúl Villanueva
- **Lectura:** *El insomne* de Eduardo Carranza
- **Video:** *Gente silla* en Colombia

### 👥 8-1 ¿Qué sabes de Colombia y Venezuela?

Lee la siguiente información sobre Colombia y Venezuela. Con un(a) compañero(a) determina si cada oración es cierta o falsa. Corrige las oraciones falsas.

1. Los escritores colombianos se han destacado en el mundo literario.
2. Rómulo Gallegos además de presidente fue pintor.
3. En Caracas se encuentran excelentes ejemplos de arquitectura moderna.
4. Fernando Botero es un importante novelista colombiano.
5. *Cien años de soledad* es una de las novelas más importantes de la lengua española.

ANSWERS 8-1 1. C 2. F – Fue presidente y novelista. 3. C 4. F – Botero es un pintor y escultor. 5. C

TEACHING TIP 8-1 Ask students if they know people or have family members who come from Colombia or Venezuela. Have them identify these people and encourage the class to ask questions to find out more about them.

### RECURSOS

▷ Video
🔊 Audio
**iLrn** iLrn
🎵 iTunes
🌐 www.cengage.com/spanish/rumbos

Santa Marta
Barranquilla
Mar Caribe
Cartagena
Amuay
Maracaibo
Barquesimeto
Isla de Margarita
La Guaira
Caracas
San Fernando
Puerto Cabello
Valencia
Ciudad Bolívar
Medellín
Magdalena
Salto Ángel
Catarata del Ángel
Buenaventura
Bogotá
Orinoco
VENEZUELA
Océano Atlántico
COLOMBIA
Océano Pacífico
Pasto
Cali
R. Amazonas
Leticia
SUDAMÉRICA

### Colombia y Venezuela

**1499** Se bautiza el área del lago de Maracaibo con el nombre de Venezuela.

**1538** Gonzalo Jiménez de Quezada funda la ciudad de Santa Fe de Bogotá, la capital actual de Colombia.

**1819–1830** Colombia y Venezuela declaran su independencia de España; se unen (join) a la República de la Gran Colombia (Colombia, Venezuela, Ecuador).

**1830** Fin de la República de la Gran Colombia; Venezuela y Colombia se convierten en naciones independientes.
**1918–1929** El petróleo (oil) se convierte en la exportación fundamental de Venezuela.

**1929** El escritor y político venezolano Rómulo Gallegos publica la novela Doña Bárbara.

| antes de 1500 | 1500 | 1600 | 1750 | 1830 | 1910 | 1930 |
|---|---|---|---|---|---|---|

**antes de 1500** Es la tierra de los iroquois, cherokee, sioux, chippewa, navajos, pueblo y más.

**1598** Juan de Oñate inicia la conquista de Nuevo México.

**1607** Inmigrantes de Inglaterra fundan Jamestown en Virginia.

**1749** Benjamín Franklin funda la Universidad de Pensilvania.

**1876** Mark Twain publica Las aventuras de Tom Sawyer.
**1917–1918** Primera Guerra Mundial

**1927** Se otorga (Is awarded) en Hollywood el primer Oscar.

### Los Estados Unidos (EEUU)

**8-2** **La geografía** Mira el mapa y contesta las siguientes preguntas.

1. ¿Qué río comparten Venezuela y Colombia?
2. ¿Cuál es el puerto sobre el río Amazonas?
3. ¿Cómo se llama la famosa catarata de Venezuela?
4. ¿Cuál es la capital de Colombia?
5. ¿Cómo se llama la isla turística venezolana en el Caribe?
6. ¿Qué país tiene costa en el Atlántico y el Pacífico?

**8-3** **Un poco de historia** Completa las oraciones con la información correcta de la cronología histórica *(time line)*.

1. El escritor venezolano Rómulo Gallegos publica su novela _____ a principios del siglo XX.
2. La Gran Colombia incluía, además de Colombia y Ecuador, a _____.
3. El cantante y compositor colombiano _____ ha sido reconocido con el Premio Grammy Latino.
4. Venezuela es uno de los fundadores de _____, organización que agrupa a países productores de petróleo.
5. Gonzalo Jiménez de Quezada fundó la ciudad de _____, hoy capital de Colombia.
6. Uno de los pintores y escultores más renombrados en el mundo es el colombiano _____.
7. Carlos Raúl Villanueva es un reconocido _____ venezolano responsable del diseño del campus principal de la Universidad Central de Venezuela.
8. El Premio Rómulo Gallegos reconoce las contribuciones de _____ en lengua española.

**Más perspectivas de. . .** www.cengage.com/spanish/rumbos
- Google™ Earth coordinates
- Video: Colombia y Venezuela

| | | | | | **2000** El campus principal de la |
|---|---|---|---|---|---|
| | | **1982** El escritor colombiano Gabriel García Márquez gana el Premio Nobel de Literatura. | **1994** Exhibición de esculturas del escultor y pintor colombiano Fernando Botero en Chicago | | Universidad Central de Venezuela, obra del arquitecto venezolano Carlos Raúl Villanueva, es declarado Patrimonio de la Humanidad *(World Heritage Cultural Site)* por la UNESCO. |
| **1960** Venezuela participa en la fundación de la Organización de Países Exportadores de Petróleo (OPEP). | **1964** Se crea en Venezuela el prestigioso Premio Internacional de Novela Rómulo Gallegos. | | | | |
| **1960** | **1965** | **1980** | **1990** | **2000** | **2010** |
| **1954** Ernest Hemingway gana el Premio Nobel de Literatura. | **1963** Primera exhibición de Arte Pop en el Museo Guggenheim de Nueva York; incluye obras *(works)* de Andy Warhol y Jasper Johns. | **1980** *Evita*, la comedia musical inspirada en la vida y muerte de la argentina Eva Perón, gana 7 premios Tony. | | **1993** La escritora estadounidense Toni Morrison gana el Premio Nobel de Literatura. | **2001–2008** El cantante y compositor colombiano Juanes gana 17 Premios Grammy Latinos. |

## ArteTour presenta Recorridos de Bellas Artes de Venezuela

### ¡Oportunidad única para **apreciar** y **experimentar** las artes a lo vivo en Venezuela!

**Estudie la arquitectura.**

la cúpula

el arco

la fachada

El Panteón Nacional

Panteón Nacional—lugar histórico donde reposan los restos de Simón Bolívar. Sus orígenes **datan del** siglo XVIII, pero hoy en día se considera una de las más importantes **muestras** de arquitectura neocolonial en Venezuela. Por dentro guarda los **murales** del gran artista venezolano, Tito Salas.

**Explore la diversidad de la artesanía.**

Alfarería

Talla de madera

La artesanía venezolana **data de** los primeros tiempos de nuestra historia y es la expresión **simbólica** de nuestros valores y tradiciones. Hasta hoy en día las piezas son siempre **elaboradas a mano** usando **técnicas** que se trasmiten oralmente de generación en generación.

**Aprenda de los grandes maestros venezolanos de la pintura.**

Paisaje de Caracas; **óleo** sobre **lienzo**

La pintura de Pedro Ángel González (1939– ) **rompió con la tradición** de su época con una expresión más libre en la que pintó los **paisajes** y la **naturaleza muerta**.

El tour incluye: hoteles, transporte, entradas a atracciones y un curso sobre las antiguas **técnicas** de la **talla** de **madera**. Museos de Caracas incluidos: Museo de Bellas Artes, Museo de Arte, **Contemporáneo**, Galería de Arte Nacional.

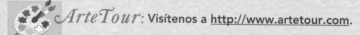

*ArteTour*: Visítenos a http://www.artetour.com.

### Repaso

Review basic vocabulary related to the arts in the **Índice de palabras conocidas** at the end of the book.

### Lengua

The word **arte** in the singular form is masculine and adjectives used with this word are masculine, as in **el arte contemporáneo.** However, when used in the plural, feminine gender agreement is required with adjectives. The term **las bellas artes** refers specifically to the fine arts.

### Lengua

Other words related to the arts are cognates with English words: **abstracto(a), la animación, colonial, la columna** (column)**, el cubismo, gótico** (gothic)**, digital, el impresionismo, la influencia / influir** (influence / to influence)**, manipular/la manipulación, moderno, la paleta** (palette)**, el surrealismo.**

| | |
|---|---|
| la acuarela / el (la) acuarelista | *watercolor / watercolor artist* |
| la alfarería | *pottery* |
| la arcilla | *clay* |
| el arco | *arch* |
| la artesanía | *arts and crafts* |
| la cúpula | *dome* |
| la fachada | *façade* |
| el lente gran angular/ telefoto | *wide angle lens / telephoto lens* |
| el lienzo | *canvas* |
| la madera | *wood* |
| el matiz / matizar | *shade, tint / to blend (colors)* |
| la muestra | *sample, copy* |
| el mural | *mural* |
| la naturaleza muerta | *still life* |
| el paisaje | *landscape* |
| la pieza | *piece (of work)* |
| el pincel | *paintbrush* |
| la torre | *tower* |
| el rollo de película (blanco y negro / en colores) | *roll of film (black and white / color)* |
| la talla / tallar | *carving, sculpture / to carve (wood)* |
| la técnica | *technique* |
| la vidriera de colores / el vidrio | *stained glass / glass* |
| | |
| apreciar | *to appreciate* |
| desafiar / desafiante | *to defy / challenging, defiant* |
| datar de | *to date from* |
| elaborar a mano / la elaboración | *to make by hand / development* |
| experimentar | *to try, to experience* |
| moldear | *to mold* |
| pintar al óleo / la pintura | *to do oil painting / paint, painting* |
| revelar | *to develop (film)* |
| romper con la tradición | *to break with tradition* |
| | |
| contemporáneo(a) | *contemporary* |
| creador(a) | *creative* |
| impresionante | *impressive* |
| simbólico(a) / el símbolo / simbolizar | *symbolic / symbol / to symbolize* |

## ¡A practicar!

**8-4** **Las artes de Venezuela** Lee el anuncio de Arte Tour en la página 296 y luego selecciona todas las frases que completen correctamente las siguientes oraciones.

1. Las muestras de artesanía...
   a. son hechas por una máquina tradicional de la cultura venezolana.
   ⓑ son símbolos de la cultura y tradiciones venezolanas.
   c. incluyen pintura en acuarela.

2. Durante el tour, uno puede...
   a. aprender a pintar naturaleza muerta.
   ⓑ observar la cúpula y la impresionante fachada del Panteón Nacional.
   ⓒ ver los murales de un famoso pintor venezolano.

3. Para trabajar en alfarería...
   ⓐ se moldea la arcilla.          c. se usa madera.
   b. se necesitan pinceles.

4. La pintura de Pedro Ángel González...
   ⓐ desafió las técnicas de pintura populares en su época.
   ⓑ usa diferentes matices del color verde.
   ⓒ se pintó al óleo.

**8-5** **Los museos de Caracas** ¿Qué museo te gustaría visitar? Para saberlo, rellena los espacios en blanco con las palabras apropiadas de la lista.

| | | | |
|---|---|---|---|
| apreciarás | desafía | lienzo | piezas |
| contemporáneo | elaboración | matices | pinceles |
| creadora | fachada | muestra | pinturas |
| datan | impresionantes | paisaje | rompió con |

El Museo de Bellas Artes cuenta con obras que (1) ____datan____ del antiguo Egipto hasta (2) ____pinturas____ cubistas. La colección permanente cuenta con arte (3) ____contemporáneo____ de Europa y Latinoamérica. En la sala de exposiciones temporales (4) ____apreciarás____ la obra del primer pintor moderno de Colombia, Alejandro Obregón. Este artista (5) ____rompió con____ las tradiciones de su momento y su obra (6) ____desafía____ toda forma de clasificación. Observarás los elegantes y dramáticos (7) ____matices____ de color que emplea Obregón en la (8) ____elaboración____ de su pintura. En la Galería de Arte Nacional encontrarás más de cuatro mil (9) ____piezas____ de arte. Verás las obras de los renovadores de la pintura venezolana, quienes atraparon en el (10) ____lienzo____ la belleza del (11) ____paisaje____ venezolano con sus (12) ____pinceles____. Aquí el edificio es también una obra de arte. Con su (13) ____fachada____ y sus columnas (14) ____impresionantes____, es una excelente (15) ____muestra____ de la capacidad (16) ____creadora____ del gran arquitecto Carlos Raúl Villanueva.

**8-6** **Asociaciones** Empareja los materiales y las técnicas con la(s) forma(s) de arte en la(s) que se utilizan.

   1. _____ Fotografía   2. _____ Pintura   3. _____ Arquitectura

a. revelar          c. el rollo de película          e. la acuarela
b. el paisaje       d. la torre de 10 pisos          f. el arco

## ¡A conversar!

**8-7** ¿**Eres artista?** Entrevista a tu compañero(a) sobre sus talentos artísticos y sus experiencias con el arte y decide si él o ella es artista.

1. ¿Eres muy creativo(a)? ¿Por qué piensas así?
2. ¿Sabes pintar? ¿Alguna vez has pintado con pinceles sobre lienzo? ¿Con qué otras técnicas has experimentado?
3. ¿Eres buen fotógrafo? ¿Tienes una cámara con un lente gran angular? ¿Prefieres los efectos que obtienes con un rollo de película o prefieres una cámara digital? ¿Por qué? ¿Sabes revelar rollos de película?
4. Si pintas o sacas fotos, ¿con qué tipo de imágenes prefieres trabajar? ¿retratos? ¿naturaleza muerta? ¿paisajes? ¿Por qué?
5. ¿Te gusta hacer artesanía? ¿Has experimentado con la alfarería? ¿Sabes tallar? ¿Sabes hacer otra cosa?

**8-8** **Veo, veo** ¿Se pueden ver muestras de las siguientes formas de arte cerca de tu comunidad? Conversa con tus compañeros(as) sobre las muestras y dónde se encuentran. ¿Comparten todos la misma opinión sobre la calidad de cada muestra?

1. una impresionante vidriera de colores
2. una cúpula grande
3. una escultura tallada en madera
4. pintura contemporánea
5. artesanía de Latinoamérica elaborada a mano
6. un mural que simboliza la cultura latinoamericana
7. arquitectura desafiante
8. una torre gótica

**8-9** **El arte que nos rodea** Tu universidad hará un catálogo en español de todas las obras de arte en el campus para los estudiantes internacionales de habla española. Trabaja con otros dos estudiantes para escribir una parte de este catálogo. Incluyan por lo menos seis piezas y para cada una incluyan la siguiente información.

- una descripción del tipo de arte que es y de cuándo data
- una descripción de los materiales y técnicas usadas en su elaboración
- una descripción de su valor estético *(aesthetic)* o utilidad

**8-10** **Artistas famosos** Con otros dos estudiantes, seleccionen uno de los siguientes artistas para investigar y presentar a la clase. Busquen información sobre el artista: el tipo de artista que es, las obras que ha producido, sus inspiraciones artísticas, el simbolismo de sus obras, etcétera. Traten de buscar fotos de sus obras para enseñarle a la clase.

1. Fernando Botero
2. Doris Salcedo
3. Alejandro Obregón

4. Jesús Rafael Soto
5. José Antonio Dávila
6. Débora Arango

# La arquitectura venezolana de ayer y de hoy

Palafitos, casas sobre columnas en las orillas del Lago Maracaibo en Venezuela

## Anticipación

**8-11** **¿Qué sabes de arquitectura?** ¿Cómo ha evolucionado la vivienda en los Estados Unidos desde los tiempos de los indígenas hasta hoy? Contesta las siguientes preguntas.

1. ¿Sabes de dónde viene el nombre "América"?
2. ¿Qué tipos de vivienda tenían los indígenas de los Estados Unidos?
3. ¿Qué estilos de arquitectura conoces?
4. ¿Qué tipo de arquitectura tiene tu universidad o la ciudad donde vives?
5. ¿Conoces algún arquitecto conocido en los Estados Unidos?

**ANSWERS 8-11** *Answers will vary. Possible answers include:* 1. Del explorador italiano Amérigo Vespucci. 2. tipi, wigwam, igloo, ramada, cliff dwellings 3. deconstructivista que favorece las curvas, modernista que favorece lo cuadrado e impersonal, barroco que favorece lo muy decorado y adornado, la arquitectura orgánica sin escuelas ni tendencias, la arquitectura colonial al estílo español 4. *Answers will vary.* 5. Frank Gehry (deconstructivista) diseñó el museo Guggenheim en Bilbao y el Disney Concert Hall en Los Ángeles; I.M. Pei (modernista) diseñó edificios en MIT, el edificio John Hancock en Boston, la biblioteca de JFK, la pirámide de Louvre; Frank Lloyd Wright (arquitectura orgánica) diseñó el Museo Guggenhiem en NY.

**D**espués de la llegada de Cristóbal Colón a Venezuela en 1498, aparece una nueva expedición comandada por Alonso de Ojeda y con él, un florentino, Amérigo Vespucci, de cuyo nombre se deriva el nombre "América". Mientras exploraban el lago Maracaibo, que es el lago más grande de Sudamérica, Vespucci observó que los indígenas del área vivían sobre el agua, en palafitos, que son casas sin paredes elevadas por columnas. Vespucci ve los palafitos y como le recuerdan a Venecia, en Italia, le da a esta área el nombre de "Venezziola" o pequeña Venecia. Es de allí que se origina el nombre de Venezuela.

Aula Magna de Caracas, Universidad Central de Venezuela, por el arquitecto Raúl Villanueva

Hoy en día, unos 20.000 indígenas de la tribu Warao, todavía viven en palafitos en las orillas *(shores)* del lago Maracaibo. La simplicidad del palafito es genial *(inspired)*: los palafitos no se ven afectados por las subidas y bajadas del nivel del agua; es posible pescar desde el balcón y la construcción sin paredes permite que las brisas refresquen la casa. El diseño del palafito se ha seguido imitando y construyendo por *Habitat for Humanity* en Bangladesh y otros sitios, debido a su resistencia a las fuerzas destructoras de los huracanes y a su resistencia a las inundaciones.

Carlos Raúl Villanueva, un arquitecto modernista venezolano de primera clase, seguramente apreciaba la arquitectura abierta y ligera de los palafitos. El estilo moderno de Villanueva enfatiza la función y la simplicidad pero con un toque artístico personal. De 1944 a 1970, Villanueva fue el arquitecto exclusivo de la Universidad Central de Caracas. El diseño de ésta sorprende al caminante con patios escondidos llenos de obras de arte, pasillos *(hallways)* que juegan con los rayos del sol y pasajes abiertos que permiten el paso de brisas, igual que ocurre con los palafitos. En total, Villanueva diseñó 40 de los edificios de la Universidad en un estilo coherente. En el año 2000, la UNESCO designó la Universidad Central de Caracas como Patrimonio de la Humanidad *(World Heritage Cultural Site)*.

El genio *(genius)* primitivo y el moderno, es una tradición de la arquitectura venezolana.

## Comprensión

**8-12** **¿Comprendiste?** Contesta las preguntas para ver si has entendido el texto.

1. ¿De dónde viene el nombre "Venezuela"?
2. ¿Cómo son los palafitos?
3. ¿Cuáles son las ventajas de este tipo de construcción?
4. ¿Qué arquitecto diseñó la Universidad Central de Caracas?
5. ¿Cuáles son sus características?

## Entre culturas

**8-13** **Perspectiva 1** ¿Cómo vemos a los venezolanos? Marca con una [X] tu opinión y con un(a) compañero(a) explica por qué piensas así.

1. _____ El palafito es una construcción ingeniosa.
2. _____ El palafito es perfecto para los pobres pero no para la clase media.
3. _____ Las ciudades venezolanas no son muy modernas.

**8-14** **Perspectiva 2** ¿Qué dicen algunos venezolanos? Lee lo que dicen y luego contesta las preguntas desde tu propia perspectiva.

Algunos venezolanos dicen:

● "Caracas es una ciudad moderna con muchos rascacielos *(skyscrapers)*."
● "En Venezuela también tenemos un poco de arquitectura colonial que es muy bonita y está bien conservada."

Preguntas:

1. ¿Te sorprende que haya muchos rascacielos en Caracas?
2. ¿Por qué crees que es una ciudad tan moderna?

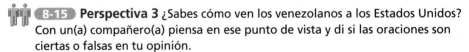

**8-15** **Perspectiva 3** ¿Sabes cómo ven los venezolanos a los Estados Unidos? Con un(a) compañero(a) piensa en ese punto de vista y di si las oraciones son ciertas o falsas en tu opinión.

1. En los Estados Unidos hay ciudades impresionantes.
2. En los Estados Unidos hay también mucha pobreza y edificios en malas condiciones al igual que en Caracas.

## Extensión

**8-16** **La Universidad Central de Caracas** Busca en el Internet imágenes sobre los edificios y estilo de arquitectura de la Universidad Central de Caracas. Infórmale a la clase si se parece a algún estilo que conoces en los Estados Unidos. ¿Dónde has visto algo similar? ¿Qué te ha gustado más? ¿Qué no te ha gustado? Haz una lista de los edificios o monumentos que tiene la universidad.

# Estructura y uso I

## El imperfecto del subjuntivo

**Repaso**

Review these structures and/ or these forms in the **Índice de gramática conocida** at the end of the book: the preterite and the imperfect subjunctive.

- The imperfect subjunctive is required in the same contexts as the present subjunctive. The only difference is that the verb in the main clause is in a past tense rather than in a present or future tense.

La acuarelista **quiere** que **haya** armonía entre los colores de sus cuadros.
La acuarelista **quería** que **hubiera** armonía entre los colores de sus cuadros.
*The watercolor artist **wanted** there to be harmony among the colors of her paintings.*

Es importante que los artistas **rompan** con la tradición de vez en cuando.
Era importante que los artistas **rompieran** con la tradición de vez en cuando.
*It was important that artists **broke** with tradition from time to time.*

**Atención**

To maintain the original stress of the word, the **nosotros** form of the imperfect subjunctive always carries an accent on the final **e** (for **-er** and **-ir** verbs) and the final **a** (for **-ar** verbs) of the verb stem: **rompiéramos, exigiéramos, apreciáramos.**

- To form the imperfect subjunctive of all verbs, drop the **-ron** ending from the third person plural form of the preterite and add the endings **-ra, -ras, -ra, -ramos, -rais, -ran.**

| Infinitive | 3rd person preterite (indicative) | Imperfect subjunctive |
|---|---|---|
| pintar → | pintaron → | pintaran (ellos) |
| comprender → | comprendieron → | comprendiéramos (nosotros) |
| concluir → | concluyeron → | concluyeras (tú) |

Nosotros esperábamos que los artistas **pintaran** un mural nuevo.
*We hoped that the artists **would paint** a new mural.*

En la tienda de artesanía, la dependienta habló despacio para que nosotros **comprendiéramos.**
*In the arts and crafts store, the clerk spoke slowly so that we **would understand.**

**Lengua**

In Spain, the imperfect subjunctive may be used with a second set of endings (**-se, -ses, -se, -semos, -seis, -sen**): **elaborase, vendiésemos, dibujasen.** You may also see these verb forms in literary texts.

- A verb that is irregular or has a stem change in the third-person plural form of the preterite will have the same irregularity or stem change in the imperfect subjunctive.

| Infinitive | 3rd person preterite (indicative) | Imperfect subjunctive |
|---|---|---|
| andar → | anduvieron → | anduviera (ella) |
| decir → | dijeron → | dijeras (tú) |
| dormir → | durmieron → | durmiéramos (nosotros) |
| estar → | estuvieron → | estuvieran (ustedes) |
| ir → | fueron → | fuera (yo) |
| leer → | leyeron → | leyeran (ellos) |
| poder → | pudieron → | pudiera (usted) |
| ser → | fueron → | fueras (tú) |
| tener → | tuvieron → | tuviéramos (nosotros) |

- The following are possible combinations of verb tenses in the main clause and the present or imperfect subjunctive in the subordinate clause.

| **Main clause verb forms** | **Present subjunctive** |
|---|---|
| PRESENT: El maestro nos **sugiere** | |
| PRESENT PERFECT: El maestro nos **ha sugerido** | que pintemos un mural. |
| FUTURE: El maestro nos **sugerirá** | |
| COMMAND: **Sugiera** | |

| **Main clause verb forms** | **Past subjunctive** |
|---|---|
| PRETERITE: El maestro nos sugirió | |
| IMPERFECT: El maestro nos sugería | que pintáramos un mural. |
| CONDITIONAL: El maestro nos sugeriría | |

- The imperfect subjunctive is used in hypothetical statements about contrary-to-fact present situations. In such statements, the imperfect subjunctive always appears in the **si** *(if)* clause. The conditional appears in the results clause, expressing what *would* happen if the premise in the **si** clause *were* factual.

  **Si tuviera** talento artístico, me **dedicaría** a la alfarería.
  *If I **had** artistic talent (but I don't), I **would dedicate** myself to pottery.*

  El fotógrafo **sacaría** más fotos si él **tuviera** más rollos de película.
  *The photographer **would take** more photos if he **had** more rolls of film.*

- The imperfect subjunctive is only used in a **si** *(if)* clause if it presents a situation that is hypothetical or contrary-to-fact. If the **si** clause presents a possibility that either might occur in the future or might have occurred in the past, then the indicative is used.

  **Indicative in *si* clause**
  Si ella **tiene** tiempo, va a ir a la exhibición de arte contemporáneo.
  *(It is possible that she will go.)*

  Si ella **fue** a la exhibición de arte contemporáneo ayer, no va a ir hoy.
  *(It is possible that she already went.)*

  **Subjunctive in *si* clause**
  Si ella **tuviera** tiempo, iría a la exhibición de arte contemporáneo.
  *(If she had time [and she does not], she would go.)*

  Yo revelaría mis propias fotografías si **tuviera** el equipo necesario.
  *I would develop my own photographs if **I had** the necessary equipment.*

- The imperfect subjunctive is also used after the expression **como si** *(as if)* to make hypothetical statements.

  Él habla **como si supiera** mucho sobre la técnica de pintar al óleo.
  *He talks **as if he knew** a lot about the technique of oil painting (but he doesn't).*

  La vidriera de colores brillaba **como si estuviera** viva.
  *The stained glass shone **as if it were** alive.*

### ¡A practicar!

**8-17** **Fernando Botero** ¿Cómo expresa su arte este famosísimo pintor y escultor colombiano? Encuentra la frase en la columna derecha que mejor complete la oración.

1. Fue interesante saber que Botero, de niño, nunca...
2. Cuando era pequeño, su madre no pensaba que...
3. Estudió arte en Francia y España, pero nadie esperaba que...
4. Ninguno de sus maestros insistió en que...
5. Muchas de sus figuras no tienen movimiento, como si...
6. Fue importante que...
7. Pintó imágenes inspiradas por Abu Ghraib porque quería que...
8. Decidió no vender sus pinturas de Abu Ghraib. Fue bueno que...

a. incluyera su punto de vista político en sus obras.
b. se convirtiera en un gran artista.
c. el arte fuera importante.
d. las donara.
e. iba a museos de arte.
f. el mundo no olvidara lo que pasó.
g. no tuvieran vida.
h. pintara figuras gruesas.

**8-18** **Un artista venezolano** Llena los espacios en blanco con la forma apropiada del verbo. Decide si necesitas el imperfecto del subjuntivo o el indicativo para saber sobre la vida de este artista venezolano.

A Carlos González Bogen le gustaba el arte desde niño. Mientras otros niños preferían jugar, él le pedía a su madre que (1) ___le comprara___ (comprarle) pinceles y lienzos. Esperaba a que todos (2) ___se fueran___ (irse) y se ponía a pintar. A los 14 años, cuando fue evidente que (3) ___iba a ser___ (ir a ser) un gran artista, le aconsejaron que (4) ___se fuera___ (irse) a estudiar a Francia. Allí, otros artistas venezolanos lo invitaron a que (5) ___fuera___ (hacerse) miembro del grupo "Los disidentes".

De regreso a Caracas, convenció a otros artistas que (6) ___lo ayudaran___ (ayudarlo) a fundar una galería de abstracción geométrica. Esperaba que (7) ___fuera___ (ser) un éxito y así lo fue. Más adelante lo invitaron a que (8) ___hiciera___ (hacer) una serie de viajes por todo el mundo y (9) ___creara___ (crear) obras que ahora se exhíben en Berlín y París. En Caracas le pidieron que (10) ___realizara___ (realizar) varios murales, esculturas y monumentos por los cuales recibió numerosos premios. No hay duda de que Bogen (11) ___fue___ (ser) uno de los artistas más destacados de Venezuela.

# Estructura y uso I

## ¡A conversar!

**8-19** **¿Qué pasaría si...?** Completa las siguientes frases para saber qué te pasaría en las siguientes situaciones hipotéticas.

1. Si fuera un buen fotógrafo...
2. Si pudiera pintar acuarelas...
3. Yo sería un muralista si...
4. Yo iría a un museo si...
5. Vendería mis pinturas si...
6. Pintaría todo el día si...
7. Si tuviera mucho dinero...
8. Si fuera un pintor famoso...
9. Tendría muchos admiradores si...
10. Si fuera Botero...

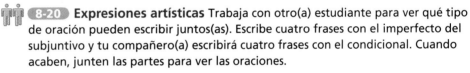

**8-20** **Expresiones artísticas** Trabaja con otro(a) estudiante para ver qué tipo de oración pueden escribir juntos(as). Escribe cuatro frases con el imperfecto del subjuntivo y tu compañero(a) escribirá cuatro frases con el condicional. Cuando acaben, junten las partes para ver las oraciones.

**EJEMPLO** (subjuntivo) **Si hubiera sombra...**
**Si tuviera arcilla...**
**Si fuera un(a) buen(a) artista...**

**EJEMPLO** (condicional) **...pintaría una montaña.**
**...sería un pintor impresionista.**
**...trabajaría con mármol.**

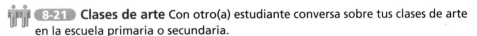

**8-21** **Clases de arte** Con otro(a) estudiante conversa sobre tus clases de arte en la escuela primaria o secundaria.

1. ¿Te pedía la maestra que dibujaras? ¿Podías dibujar bien?
2. ¿Qué te decía la maestra que (no) hicieras? ¿...que no jugaras con la pintura? ¿...que no te pintaras la cara? ¿...que te pusieras un delantal *(apron)*? ¿...que pintaras algo bonito? ¿...que llevaras tu trabajo a tu casa?
3. ¿Te importaba mucho que otros fueran mejor que tú? ¿Te daba vergüenza? ¿Te sentías orgulloso(a)?
4. ¿Esperabas que tus padres exhibieran tu trabajo? ¿Preferías esconderlo *(hide it)*?
5. ¿Te molestaba o te gustaba dibujar? ¿Por qué?

## Los pronombres relativos

- Relative pronouns are connecting words used to link together two sentences in which the same words or phrases are repeated. As a result, a single complete sentence with two clauses is formed.

  La fachada fue decorada por un artista. El artista vino de la capital.
  La fachada fue decorada por un artista **que** vino de la capital.
  *The façade was decorated by an artist **who** came from the capital.*

- In Spanish, **que** *(that, which, who)* is the most commonly used relative pronoun. It can be used as either a subject or an object and can refer to a person, place, or thing.

  La torre es una estructura **que** admiran los artistas.
  *The tower is a structure **that** artists admire.*

  Carlos es un artesano **que** trabaja con vidrio.
  *Carlos is an artisan **who** works with glass.*

- **Que** is used with the definite articles **el, la, los,** and **las** after the short prepositions **a, de, con,** and **en** to refer to places or things. The article agrees in number and gender with the person or thing it refers to. Note that the definite article may be omitted.

  ¿Has visto la cúpula **de (la) que** nos habló la guía?
  *Have you seen the dome **that** the guide spoke to us **about**?*

  El libro **en (el) que** estoy pensando es una colección de naturalezas muertas.
  *The book **that** I am thinking **of** is a collection of still lifes.*

- **Que** may be used in restrictive clauses or nonrestrictive clauses. A restrictive clause provides essential information to identify a specific referent (person, place or thing) among many. A nonrestrictive clause gives non-essential or incidental information about the referent, and is set off by commas.

  El mural **que ella pintó en la fachada** ganó un premio.
  *The mural **(that) she painted on the façade** won a prize.*

  Los murales de ella, **que son muy grandes,** contienen colores vibrantes.
  *Her murals, **which are very large,** contain vibrant colors.*

- The relative pronouns **quien** and **quienes** are used only in reference to people (especially in non-restrictive clauses) and mostly after short prepositions such as **a, de, con,** and **en.**

  La artista **con quien** hablaste anoche siempre intenta desafiar las convenciones.
  *The artist **with whom** you spoke last night always attempts to defy conventions.*

  La artista, **quien es muy amiga mía,** siempre intenta desafiar las convenciones.
  *The artist, **who is a very good friend of mine,** always attempts to defy conventions.*

## Atención

The use of the masculine form **el cual** (or **el que**) resolves the potential ambiguity between the closer antecedent **Carmen** and the more remote antecedent **el amigo,** clarifying that it is **el amigo,** not **Carmen,** who comes here every summer.

## Lengua

Remember that **lo que** may also be used to express *what* in the sense of *that which*: ***Lo que** más apreciamos de las acuarelas es la sencillez. **What** we appreciate most about watercolors is the simplicity.*

## Lengua

Remember that **de quién(es)**, not **cuyo(a, as, os)** is used to express *whose* when asking questions: *¿**De quién(es)** son aquellos pinceles? **Whose** paintbrushes are those?*

**TEACHING TIP** Point out to students that in this example sentence, **lo cual** refers to the entire idea that clay is a natural and abundant product.

- **Quien(es)** is also used to express *he (she) who, the one(s) who,* etc.

  Quien se dedique a pintar mucho terminará con un conjunto de obras impresionante.
  *He **who** devotes himself to painting a lot will end up with an impressive collection of work.*

- The relative pronouns **el (la) cual, los (las) cuales,** and **el (la, los, las) que** are used with longer prepositions.

  Esos artistas pintaron en los años de la dictadura, **bajo la cual (la que)** había poca libertad de expresión.
  *Those artists painted during the dictatorship **under which** there was little freedom of expression.*

- **El (la) cual, los (las) cuales,** and **el (la, los, las) que** are also used in the case of two antecedents to refer to the more remote of the two.

  El amigo de Carmen, **el cual (el que)** viene aquí todos los veranos, tiene su propio taller de madera.
  *Carmen's friend, **who** comes here every summer, has his own woodworking studio.*

- **El (la) cual, los (las) cuales,** and **el (la, los, las) que** are used to express *the one(s) that* and as alternatives to **quien(es)** to mean *he (she) who, those who.*

  Estos colores son buenos, pero **los que** utlizaste ayer en la naturaleza muerta eran mejores.
  *These colors are good, but **those that** you used yesterday in the still life were better.*

  **El que** se dedique a pintar mucho terminará con una obra impresionante.
  *He **who** devotes himself to painting a lot will end up with an impressive (body of) work.*

- The neuter relative pronouns **lo que** and **lo cual** are used to refer to an entire previously mentioned idea, action, or situation.

  La arcilla es un producto natural muy abundante, **lo cual (lo que)** nos facilita el trabajo.
  *Clay is a natural and very abundant product, **which** makes our work easier.*

- **Cuyo(a/os/as)** is used to express *whose.* As a relative adjective, it must agree in number and gender with the noun that it modifies.

  Los pintores contemporáneos, **cuyas** obras vemos en muchas partes de la ciudad, son mis favoritos.
  *The contemporary painters, **whose** works we see in many parts of the city, are my favorites.*

## ¡A practicar!

**8-22** **Refranes y comentarios sobre el arte** ¿Qué dicen los artistas sobre su arte, su talento y sobre los críticos? Lee la interpretación y decide si es correcta o incorrecta. Si la interpretación es incorrecta, corrígela.

1. Quien más mira, menos ve.

O sea, la persona que analiza mucho una pintura, no descubre su esencia. C / I

2. Trato de hacer concreto lo que es abstracto.

O sea, quiero darle forma a algo que no tiene forma. C / I

3. Siempre habla quien menos puede.

O sea, el crítico que no sabe de arte, es la persona que más habla. C / I

4. Todo depende del color del cristal con que se mire.

O sea, si no tienes un buen cristal, no podrás ver. C / I

5. El arte es lo que dejas salir.

O sea, el arte te permite salir. C / I

**8-23** **Alejandro Obregón** Para aprender sobre este artista colombiano, llena los espacios en blanco con los pronombres relativos correspondientes.

El artista colombiano Alejandro Obregón, (1) _____cuyo_____ nombre completo es Daniel Alberto Alejandro María de la Santísima Trinidad Obregón Roses, nació en España pero vivió casi toda su vida en Colombia. Obregón, (2) _____cuyas_____ obras son mundialmente famosas, es uno de los cinco artistas más conocidos de Colombia. En sus lienzos, (3) _____en los cuales_____ expresa la cultura colombiana, también representa el paisaje y la fauna del país. Los colores son muy importantes. Por ejemplo, el rojo es un color (4) _____con el cual_____ expresa sus composiciones geométricas con éxito. También los colores son un elemento (5) _____que_____ Obregón usa para experimentar con los temas de la amistad, la muerte y la pasión por la vida. Eugenio Barney, (6) _____quien/ que_____ es un historiador colombiano, clasifica las etapas de la obra de Obregón por los colores que usa.

**8-24** **Una artista venezolana** Para saber sobre la escultora venezolana, Gertrude Goldschmidt (Gego), une las dos oraciones usando pronombres relativos y forma una sola oración.

**EJEMPLO** Gego fue una escultora y artista venezolana. Nació en Alemania en 1912.
**Gego fue una escultora y artista venezolana que nació en Alemania en 1912.**

1. Salió de Alemania en 1939. En Alemania, los Nazis no permitieron que trabajara.

2. Una vez en Venezuela, trabajó como arquitecta y conoció a Ernst Gunz. Se casó con él.

3. Llegó a ser una gran artista abstracta. Desafió el arte popular de Venezuela a través del arte cinético.

4. Gego escribió una carta a sus colegas. En la carta explicaba que los estudiantes deben aprender el arte a través de la experiencia y la imaginación.

5. Gego fue una gran artista abstracta. Todavía se habla de ella con orgullo.

## ¡A conversar!

**8-25** **Opiniones** Expresa tu opinión sobre el arte completando las siguientes oraciones.

1. A mí me gustan las pinturas con las cuales...
2. El arte es una cosa que...
3. El pintar es una actividad cuyo...
4. Botero es un artista cuyas...
5. El negro es un color con el cual...
6. La fotografía es un medio por el cual...
7. El arte en las escuelas, sin el cual...
8. La plastilina (*play-dough*) es el primer medio con el cual...

**8-26** **Definiciones** Escoge una de las palabras del vocabulario de este capítulo y da una definición. Otro(a) estudiante debe adivinar qué es. La definición debe contener pronombres relativos.

**EJEMPLO** E1: Es una pared en la que se pintan cosas grandes.
E2: Es un mural.

**8-27** **Pinturas interesantes** Piensa en una pintura o fotografía muy conocida y descríbela para que otro(a) estudiante pueda adivinar cuál es. La descripción debe contener pronombres relativos.

**EJEMPLO** E1: Es una pintura con la cual el pintor se hace famoso y cuyo personaje (*character*) tiene una sonrisa misteriosa.
E2: *La Mona Lisa.*

**8-28** **Más sobre el arte** Pregúntale a tu compañero(a) sobre sus gustos en relación con el arte. Trata de incorporar una frase relativa en cada respuesta.

1. ¿Qué es lo que más te gusta y lo menos que te gusta de las pinturas abstractas?
2. Piensa en una fotografía o pintura con cuyo personaje te identificas más. ¿Por qué te identificas con este personaje?
3. ¿Te gusta la fotografía? ¿Qué es lo que más te gusta de la fotografía? ¿Qué es lo que menos te gusta?
4. ¿Qué trabajos de arte, de los que les diste a tus padres cuando eras niño(a), todavía conservan?
5. ¿Cuál de tus amigos, con los que jugabas de niño(a), resultó siendo un artista?
6. ¿Qué escultura o edificio, que hayas visto en persona, te ha impresionado más? ¿Por qué?

http://www.todolibro.com

## todolibro.com

**Buscar**
**Autor**
García Márquez

Novedades | **Recomendados** | Mi compra

### Hoy recomendamos a… Gabriel García Márquez

*Columnista y escritor* **renombrado** *cuyas obras* **reflejan** *una recreación* **mítica** *del mundo real, conocida como el* **realismo** *mágico. Su talento y* **prestigio** *literario lo llevó a ganar el* **premio Nobel** *de literatura en 1982.*

Libros del autor: 42 libros encontrados

*Cien años de soledad:* Edición conmemorativa
Fecha de **publicación**: 2007
**Publicada** por primera vez en 1967, *Cien años de soledad* es, sin duda, la **obra maestra** de este **legendario** escritor. Ha sido **traducida** a más de 35 idiomas y es quizás la novela más leída en castellano después del *Quijote*.
**Argumento:** García Márquez nos presenta una nueva **épica**, pero sin dioses. **Narra** la historia de seis generaciones de una familia **ficticia**, los Buendía, en el pueblo **mítico** de Macondo, un territorio **imaginario** donde los elementos mágicos invaden las historias y los **personajes** hasta volverse parte de **la vida cotidiana**. Se revelan **fantasías**, obsesiones, **tragedias**, adulterios y condenas y termina con un **desenlace inesperado**. En suma, es una gran **metáfora** de la historia de Latinoamérica.

Comprar

*El amor en los tiempos de cólera:* Edición conmemorativa
Fecha de **publicación**: 2008
Originalmente publicada en 1986, García Márquez demuestra su talento como **narrador** y su humor. Esta novela, que ha tenido mucho éxito entre **lectores** y críticos y hasta **inspiró** la película norteamericana *Love in the Time of Cholera*, confirmó a García Márquez como un escritor de **reconocimiento** mundial.
**Argumento:** Esta historia **transcurre** en un pueblo del Caribe. Con humor y su impecable estilo, García Márquez **narra** la historia de sus **protagonistas,** Fermina Daza y Florentino Ariza, y su amor frustrado.

Comprar

*Vivir para contarla*
Fecha de **publicación**: julio 2003
El **premio Nobel** colombiano ofrece el primer **tomo** de sus **memorias**. Nos habla de su infancia y juventud en Colombia, los años que moldearon su **imaginación**. A través de estas páginas García Márquez va descubriendo los **personajes** e historias que han poblado sus obras literarias.

Comprar

## Repaso

Review basic vocabulary related to literature in the **Índice de palabras conocidas** at the end of the book.

## Lengua

**Carácter** is somewhat of a false cognate in that it only means *personality*. **Personaje** is the Spanish word for a character in a story.

## Lengua

Other words and phrases related to literature that are cognates with English or English loan words include: **la (auto)biografía, clásico(a), la fábula** *(fable)*, **el héroe / la heroína** *(hero)*, **mágico, misterio** *(mystery)*, **prosa** *(prose)*, **la rima / rimar** *(rhyme / to rhyme)*, **el soneto** *(sonnet)*, **el tono** *(tone)*, **el verso.**

| | |
|---|---|
| el argumento | *plot* |
| el cuento de hadas | *fairy tale* |
| el desenlace | *ending* |
| la épica | *epic* |
| la fantasía / fantástico(a) | *fantasy / fantastic* |
| el género literario | *literary genre* |
| la ironía / irónico(a) | *irony / ironic* |
| el (la) lector(a) | *reader* |
| la leyenda / legendario(a) | *legend / legendary* |
| las memorias | *memoirs* |
| la metáfora | *metaphor* |
| el mito / la mitología / mítico(a) | *myth / mythology / mythical* |
| la narrativa / el narrador / narrar | *narrative / narrator / to narrate* |
| la novela rosa/policíaca | *romantic/detective novel* |
| la obra maestra | *masterpiece* |
| el (la) personaje | *character* |
| el Premio Nobel | *Nobel Prize, Nobel laureate* |
| el prestigio / prestigioso(a) | *prestige / prestigious* |
| el (la) protagonista | *protagonist* |
| el realismo / realista | *realism / realistic, realist* |
| el reconocimiento | *recognition* |
| el relato / relatar | *story / to tell, relate a story* |
| la sátira / satírica | *satire / satirical* |
| el símil | *simile* |
| el tomo | *volume* |
| la tradición oral | *oral tradition* |
| la tragedia | *tragedy* |
| la vida cotidiana | *everyday life* |
| inspirar / la inspiración | *to inspire / inspiration* |
| publicar / la publicación | *to publish / publication* |
| reflejar | *to reflect* |
| transcurrir | *to take place* |
| imaginario(a) / la imaginación / imaginar | *imaginary / imagination / to imagine* |
| inesperado(a) | *unexpected* |
| inolvidable | *unforgettable* |
| ficticio(a) / la ficción | *fictitious / fiction* |
| renombrado(a) | *renowned, famous* |
| traducido(a) / traducir | *translated / to translate* |

# Vocabulario II

## ¡A practicar!

**8-29** **Todolibro.com** Mira la página web de esta tienda en la página 312 y luego decide si las siguientes oraciones son ciertas o falsas. Si son falsas, corrígelas.

1. Gabriel García Márquez es un poeta renombrado.
2. Gabriel García Márquez encuentra su inspiración literaria en su juventud.
3. *Cien años de soledad* es una novela policíaca.
4. *Cien años de soledad* es una novela de varios tomos basada en *el Quijote*.
5. El argumento de *Cien años de soledad* trata de la vida cotidiana de sus protagonistas, la familia Buendía.
6. *El amor en los tiempos del cólera* se desarrolla en el Caribe.
7. *El amor en los tiempos del cólera* trata del amor entre sus personajes principales.
8. *El amor en los tiempos del cólera* son las memorias de García Márquez.

**8-30** **Gabriel García Márquez** Completa el siguiente trozo de la biografía de García Márquez con las palabras apropiadas de la lista. **¡OJO!** No todas las palabras se usan.

| | | | |
|---|---|---|---|
| épica | influyeron | Premio Nobel | sátira |
| género | mítico | publicó | tradición oral |
| imaginación | narrativa | reconocimiento | transcurre |
| inolvidable | obra maestra | se relata | |

El (1) ___Premio Nobel___ Gabriel García Márquez nació en 1928. Se crió en la costa colombiana en un ambiente de rumores y cuentos de la (2) ___tradición oral___ que (3) ___influyeron___ notablemente en su (4) ___narrativa___ posterior. A los veinticinco años (5) ___publicó___ su primera novela, *La hojarasca*. La acción de esta obra (6) ___transcurre___ en Macondo, el (7) ___mítico___ pueblo creado por la (8) ___imaginación___ de García Márquez. En 1967 sale *Cien años de soledad*, su (9) ___obra maestra___, en la que (10) ___se relata___ la historia (11) ___épica___ de los Buendía y el pueblo de Macondo. Por medio de esta (12) ___inolvidable___ obra, García Márquez se convierte en uno de los principales escritores del (13) ___género___ del realismo mágico y gana (14) ___reconocimiento___ mundial.

**8-31** **Las letras** Empareja el término literario con su definición.

1. __c__ la ironía
2. __d__ el símil
3. __g__ la novela policíaca
4. __h__ la novela rosa
5. __f__ el cuento de hadas
6. __e__ la sátira
7. __a__ las memorias
8. __b__ la metáfora

a. obra biográfica o autobiográfica que relata los sucesos de la vida de alguien
b. técnica literaria para expresar una realidad por medio de otra
c. lo contrario de lo que se dice o se cree
d. técnica literaria de comparar expresamente una cosa con otra
e. técnica literaria de poner en ridículo algo o a alguien
f. obra con personajes fantásticos cuya acción transcurre en un espacio imaginario
g. obra que relata la investigación de delitos o crímenes
h. obra que narra una historia de amor con un final feliz

## ¡A conversar!

**TEACHING TIP 8-32** Encourage students to follow up on their partner's responses. Point out that questions 7 and 8 use the hypothetical construction. Allow pairs 10 minutes to discuss and then call on pairs to share back. Make categories on the board for the genres mentioned and have the class vote on favorites.

**8-32** **¿Qué opinas?** Toma turnos con tu compañero(a) haciendo y respondiendo a las siguientes preguntas sobre la literatura. ¿Comparten los mismos gustos literarios y opiniones?

1. ¿A quién se considera como el (la) escritor(a) más prestigioso(a) de la literatura estadounidense? ¿Cuál es su obra maestra?
2. ¿Te gusta la sátira? ¿Qué obra piensas que demuestra bien la sátira?
3. ¿Qué libros has leído que contengan elementos fantásticos o míticos? ¿Cuál es tu favorito? ¿Por qué?
4. ¿Te gustan las novelas policíacas? ¿Quién es tu escritor(a) favorito(a) de este género?
5. ¿Te gustan las novelas rosa? ¿Quién es tu escritor(a) favorito(a) de este género?
6. ¿Te gustan las películas inspiradas por novelas? ¿Cuál es tu favorita?
7. Si pudieras leer las memorias de cualquier figura pública, ¿a quién escogerías? ¿Por qué?
8. Si tuvieras que seleccionar un suceso en tu vida para relatar en una novela, ¿cuál sería? ¿En qué género relatarías esta historia? ¿Por qué?

**TEACHING TIP 8-33** Circulate as students converse, asking questions and encouraging them to use as much theme-related vocabulary as possible. Allow students 6–8 minutes to share their information, then call on individuals to report to the class on what their partner said. Ask them if they would want to read the story based on their partner's description: **¿Leerías la historia si tuvieras la oportunidad?** Finally, ask in pairs to share some of the works mentioned with the class.

**8-33** **La mejor que he leído** Habla con otro(a) estudiante sobre la mejor historia que has leído. Dile el título, autor y género de la obra y cuéntale sobre el argumento, los personajes, el narrador y el desenlace. Dile por qué crees que es la mejor historia que has leído.

**TEACHING TIP 8-34** Ask students to read the fragment and think about the story that it suggests before coming to class. In class, put students in groups of 4–5 and have students share their ideas for 5–6 minutes. Then ask that they spend another 5–7 minutes constructing the story. Share back with the class and have the class vote on which group came up with the most interesting story.

**TEACHING TIP 8-34** The first fragment is from the ending of the story "Tramontana", and the second is from the beginning of "El avión de la bella durmiente", both of which are available online. After students have completed the activity, ask them to try to read the stories online and comment on how similar or different their ideas were from the actual story.

**8-34** **¿Cómo se cuenta un cuento?** Abajo tienen trozos de dos cuentos de Gabriel García Márquez. Basándose en la información que saquen de una selección, inventen un cuento. Antes de relatar la historia, hablen de los personajes, el argumento y el desenlace. Luego, tomen turnos para crear y narrar el cuento oralmente.

1. La mañana siguiente me despertó el teléfono. La voz ansiosa en el teléfono, que no alcancé a reconocer de inmediato, acabó por despertarme.

   —¿Te acuerdas del chico que se llevaron anoche para Cadaqués *(pueblo playero de España)*?

   No tuve que oír más. Sólo que no fue como me lo había imaginado, sino aún más dramático. El chico, despavorido *(asustado)* por la inminencia del regreso, aprovechó un descuido *(oversight)* de los suecos venáticos *(locos)* y se lanzó *(se echó)* al abismo *(abyss)* desde la camioneta en marcha, tratando de escapar de una muerte ineluctable *(inevitable)*.

2. "Esta es la mujer más bella que he visto en mi vida", pensé, cuando la vi pasar mientras yo hacía la cola para abordar el avión. Los pasajeros de la primera clase estaban ya en su sitio, y una azafata me condujo al mío. Me quedé sin aliento *(breath)*. En la poltrona *(seat)* vecina, la bella estaba tomando posesión de su espacio con el dominio de los viajeros expertos. Mientras lo hacía, el sobrecargo *(attendant)* nos llevó la champaña de bienvenida. Cogí una copa para ofrecérsela a ella, pero me arrepentí *(I changed my mind)* a tiempo. Pues sólo quiso un vaso de agua, y le pidió al sobrecargo, primero en un francés inaccesible y luego en un inglés apenas más fácil, que no la despertara por ningún motivo durante el vuelo. Su voz grave y tibia arrastraba *(had)* una tristeza oriental.

# La poesía en Colombia

El Festival de la Poesía
en Medellín, Colombia

## Anticipación

 **8-35** **La poesía en los Estados Unidos** ¿Qué sabes de la literatura y la poesía de los Estados Unidos? Con un(a) compañero(a), contesta las preguntas para dar tu opinión.

1. ¿Qué poetas de los Estados Unidos conoces?
2. ¿Has memorizado algún poema? ¿Cuál?
3. ¿Te gusta escuchar poemas? ¿Has escrito algún poema?
4. ¿Qué piensas de la poesía en general?
5. ¿Piensas que la poesía es popular en los Estados Unidos?

El mencionar literatura y Colombia en una misma frase nos hace pensar en Gabriel García Márquez, uno de los grandes escritores del siglo XX, famoso por la exageración de los personajes de su "realismo mágico", autor de novelas internacionalmente conocidas como *Cien años de soledad* y *El amor en tiempos del cólera,* periodista y ganador del Premio Nobel de Literatura en 1982. ¿Conoces su poesía? Pues, no es de sorprender porque nunca ha publicado poemas. Eso no quiere decir que la poesía no haya impactado su vida: "Cuando era niño me di cuenta de que lo que más me gustaba en la escuela era la poesía". Entonces le escribió poemas a su novia, con la cual ha estado casado por más de cincuenta años. A pesar de la influencia limitada de la poesía en uno de los más grandes novelistas del mundo, la poesía tuvo un fuerte papel de protesta pacífica y ofreció una tenue *(fragile)* esperanza en la ciudad más violenta de Colombia: Medellín.

El Festival internacional de poesía en Medellín fue fundado en 1991, en medio de un clima de violencia y muerte, como expresión de la capacidad movilizadora de la poesía para reconstituir el tejido *(fabric)* social herido por la violencia y proponer nuevas alternativas a la vida humana. La necesidad para tal retrospección vino de la violencia causada por la "guerra contra las drogas" cuando el número de muertes era diez veces más que en Chicago. Ahora los medellinenses atraen a poetas de más de 130 países para buscar su versión de la verdad escrita. Cientos de poetas reciben muchísima atención de los medios de comunicación y de los aficionados pidiendo autógrafos. En el Festival de 2008 un poeta de los EEUU describió la escena: "Fue lo más increíble que he visto en mi vida como poeta. Siempre pensé que la poesía no les interesaba a muchos, pero en Colombia descubrí que la poesía podía ser un instrumento de cambio, de poder, de unidad y de celebración y una alternativa para superar el mundo de la violencia." Otros describieron la ceremonia de clausura *(closing):* "Una fuerte lluvia cayó sobre una muchedumbre *(crowd)* de 7.000 personas que escuchaban poesía, primero en su lengua original y luego traducida al español. La emoción era palpable."

En cuanto a Medellín, desde el primer festival ha habido muchos cambios visibles con la construcción de escuelas y bibliotecas, pero se cree que otros cambios, como la reducción de la violencia, se han dado gracias a la poesía, que ayuda al pueblo a encontrar una voz de esperanza. Fue esta esperanza, encendida por palabras, que finalmente cambió la imagen de Medellín de ser "La capital mundial de los asesinatos" a ser nuevamente "La ciudad de la eterna primavera", nombre con que tradicionalmente se le conoce.

Gabriel García Márquez, ganador del Premio Nobel de literatura

## Comprensión

**8-36** **¿Comprendiste?** Contesta las preguntas para ver si has entendido el texto.

1. ¿Quién es el autor más renombrado de Colombia? ¿Por qué?
2. ¿Qué impacto tuvo la poesía en él?
3. ¿Cuántos años lleva celebrándose este Festival de Poesía Internacional?
4. ¿Cómo tratan a los poetas en Medellín?
5. ¿Qué impacto se dice que ha tenido este festival en la ciudad de Medellín?

## Entre culturas

**8-37** **Perspectiva 1** ¿Cómo vemos a los colombianos? Marca con una [X] tu opinión y con un(a) compañero(a) explica por qué piensas así.

1. _____ En Colombia hay mucha violencia.
2. _____ En Colombia hay tanta violencia como en los Estados Unidos.
3. _____ Me sorprende que les guste tanto la poesía.
4. _____ La poesía no puede combatir la violencia.

**8-38** **Perspectiva 2** ¿Qué dicen algunos colombianos? Lee lo que dicen y luego contesta las preguntas desde tu propia perspectiva.

Algunos colombianos dicen:

- "Estamos orgullosos de Gabriel García Márquez, ganador del Premio Nobel."
- "Este festival de poesía es internacionalmente conocido."
- "La literatura y la poesía son parte de los colombianos."
- "El realismo mágico nació en Colombia."

Pregunta:

1. ¿Crees que la poesía es más importante para las personas comunes en los Estados Unidos o para los colombianos?

**8-39** **Perspectiva 3** ¿Sabes cómo ven los colombianos a los Estados Unidos? Con un(a) compañero(a) di si las oraciones son ciertas o falsas en tu opinión.

1. La política del gobierno de los EEUU es una causa de la violencia en Medellín.
2. En los Estados Unidos la poesía no es muy popular.
3. Los Estados Unidos tienen poetas de alto calibre.

## Extensión

🌐 **8-40** **Poemas de Colombia** Busca en el Internet y escribe abajo un poema de un autor colombiano que te guste y recítalo en clase. Busca los poemas usando las palabras "poetas colombianos".

## El pluscuamperfecto

Like the present perfect, which you reviewed in Chapter 7, the past perfect is formed with the verb **haber** + the past participle of a second verb. While the present perfect communicates the idea of *have/has done* something, the past perfect or pluperfect (**el pluscuamperfecto**) communicates the idea of *had done* something, describing an action that had taken place before another point in time in the past.

- The past perfect is formed with the imperfect tense of the verb **haber** + the past participle of a second verb.

| Imperfect tense of *haber* | | Past participle |
|---|---|---|
| había | | |
| habías | | publicado (-**ar** verb) |
| había | + | leído (-**er** verb) |
| habíamos | | traducido (-**ir** verb) |
| habíais | | |
| habían | | |

Antes de escribir *El amor en los tiempos del cólera*, Gabriel García Márquéz **había publicado** su obra maestra de *Cien años de soledad*.
*Before writing* Love in the Time of Cholera, *Gabriel García Márquez **had published** his materpiece* One Hundred Years of Solitude.

A algunos lectores que ya **habían leído** *El amor en los tiempos de cólera*, la película no les gustó tanto.
*Some readers who **had already read*** Love in the Time of Cholera *didn't like the movie as much.*

Antes de ganar el Premio Nobel en 1982, mucho **había pasado** en la vida de García Márquez.
*Before winning the Nobel prize in 1982, a lot **had happened** in the life of García Márquez.*

- In the past perfect, as in the present perfect, the verb **haber** and the past participle cannot be separated by any other word, as the preceding two examples demonstrate.

- The past perfect tense is used specifically when the speaker chooses to emphasize the fact that an action had been going on prior to the beginning of another action in the past.

García Márquez se mudó a México en 1981. Antes de tomar esta decisión, él **había vivido** en Colombia, Venezuela, Cuba, los Estados Unidos, España y Francia.
*García Márquez moved to Mexico in 1981. Before making this decision, he **had lived** in Colombia, Venezuela, Cuba, the United States, Spain, and France.*

## ¡A practicar!

**TEACHING TIP 8-41** Check students' comprehension of the past perfect in this text by asking follow-up questions, such as "**¿Qué hizo primero: estudió filosofía o ciencias políticas?**" and "**Después de enseñar en la universidad, ¿qué hizo?**"

**8-41** **Laura Restrepo** Para saber más sobre esta escritora colombiana, llena los espacios en blanco usando la forma apropiada del pluscuamperfecto.

Laura Restrepo es una escritora colombiana nacida en Bogotá en 1950. Antes de estudiar ciencias políticas, (1)___había obtenido___ (obtener) un título de filosofía y literatura. Fue a España y Argentina pero antes (2) ___había enseñado___ (enseñar) en la universidad. A pesar de que en 1983 (3) ___había trabajado___ (trabajar) en una comisión para conseguir paz con un movimiento guerrillero, cuando llegó la paz tres años después, ya (4) ___se había ido___ (irse) a México. (5) ___Se había impuesto___ (imponerse) su propio exilio. Esto la inspiró en su carrera como escritora. En el año 2006, recibió el Premio Guggenheim. Pero antes ya (6) ___había recibido___ (recibir) el premio Alfaguara por su novela *Delirio*. Ahora se dedica completamente a la literatura.

**ANSWERS 8-42** 1. Antes de cumplir los 46 años (1930) ya había escrito *Doña Bárbara*. 2. Antes de 1932 ya lo habían elegido senador. 3. Antes de 1940 ya había asumido el puesto de ministro de Educación. 4. Antes de cumplir los 64 años ya había subido a la presidencia de Venezuela. 5. Menos de un año después, ya había sufrido un golpe de estado. 6. Antes de 1958 ya había recibido el Premio Nacional de Literatura.

**8-42** **Un escritor venezolano** Rómulo Gallegos es el escritor de más renombre en Venezuela. Lee los sucesos de su vida y di qué había pasado antes de cada fecha.

**EJEMPLO** Antes de la primera guerra mundial (1914)...
**Antes de la primera guerra mundial ya había nacido.**

- **1884** Nació en Caracas.
- **1929** Escribió *Doña Bárbara*.
- **1931** Lo eligieron senador.
- **1936** Asumió el puesto de Ministro de educación.
- **1947** Subió a la presidencia de Venezuela.
- **1948** Sufrió un golpe de estado *(coup)*.
- **1957** Recibió el Premio Nacional de Literatura.

1. Antes de cumplir los 46 años (1930)...
2. Antes de 1932...
3. Antes de 1940...
4. Antes de cumplir los 64 años (1948)...
5. Menos de un año después...
6. Antes de 1958...

## ¡A conversar!

**8-43** **Un(a) niño(a) prodigio** ¿Eras un(a) niño(a) prodigio? Usa el pluscuamperfecto para decir qué habías hecho a cierta edad. Contrasta tus logros con los de otros estudiantes.

**EJEMPLO** Antes de los dos años...
**Antes de los dos años ya había aprendido a caminar.**

1. Antes de los cinco años...
2. Antes de los diez años...
3. Antes de aprender a manejar un coche...
4. Antes de mi graduación de la secundaria...
5. Antes de ser aceptado(a) en esta universidad...

## Repaso

Before completing the activities on this page, review the following pages and refer to them as necessary to refresh your memory of the **Estructuras** addressed in **Capítulo 8.**
**El imperfecto del subjuntivo,** pp. 304–305
**Los pronombres relativos,** pp. 308–309
**El pluscuamperfecto,** p. 320

**TEACHING TIP** Have students review the information on the structures covered in the chapter before they begin the activities. All activities begin by having students create a short written product to prepare them for more in-depth discussion about chapter topics.

**TEACHING TIP 8-46** Encourage students to share back to the class and have a class discussion to compare similarities and differences among students' experiences.

**TEACHING TIP 8-47** Monitor students' conversations to be sure they use the imperfect subjunctive and conditional tenses correctly. Also pay attention to information that they share and use that to follow up with a full class discussion.

# ¡A REPASAR Y A AVANZAR!

 **8-44** **Colombia y Venezuela** Pensando en lo que has aprendido en este capítulo y lo que ya sabías, contesta las siguientes preguntas. Después, compara tus respuestas con las de un(a) compañero(a) de clase.

1. ¿Qué sabes de Colombia y Venezuela? Debes hablar de la geografía, la historia, la arquitectura, las artes plásticas, la literatura y/u otros aspectos de los países.
2. ¿Quiénes son unos artistas y escritores de la región cuyas obras conoces?
3. Antes de tomar esta clase, ¿habías visto arte de Colombia o Venezuela o habías leído literatura de la región? Explica tu respuesta.
4. Si pudieras visitar la región, ¿qué ejemplos de arquitectura te gustaría ver?

**8-45** **Las artes plásticas** Escoge fotos de dos obras de arte visual creadas por artistas colombianos y/o venezolanos. Para cada una, prepara la siguiente información:

● El título de la obra, el nombre del (de la) artista y el año o la época de su creación
● El tipo de obra que es y las técnicas o las herramientas *(tools)* usadas para crearla
● Unas tres o cuatro frases de descripción de la obra
● Un comentario personal, lo que piensas de la obra y por qué

Trabajando en grupos, compartan sus fotos y la información que han preparado. Comenten sobre todas las obras presentadas.

**8-46** **Antes de llegar a la universidad** Prepara información sobre lo que habías hecho y lo que no habías hecho antes de llegar a la universidad. Emplea un mínimo de cuatro de las expresiones a continuación y añade tanta información como sea posible. Trae a clase algo visual relacionado con una de las actividades. Puede ser algo que has creado, una foto de un lugar que has visitado, etcétera.

escribir literatura
estudiar arte o literatura
leer literatura en español
moldear arcilla
pintar al óleo

revelar fotos
sacar fotos
tallar madera o metal
ver arquitectura impresionante
visitar museos de arte

Trabaja con uno(a) o dos compañeros(as) de clase para discutir y comparar tus experiencias.

**8-47** **¿Qué tal si...?** Completa las siguientes frases para expresar tus deseos.

1. Si yo pintara al óleo muy bien...
2. Si tuviera talento para escribir literatura...
3. Si pudiera hablar con un(a) escritor(a) famoso(a)...
4. Si fuera a Colombia y Venezuela...

5. Me gustaría escribir una novela cuyos personajes...
6. Me encantaría hablar con un(a) artista que...
7. Visitaría muchos museos de arte si...
8. Viajaría a Colombia y Venezuela si...

 Conversa con un(a) compañero(a) de clase para compartir y discutir tus ideas.

**8-48** ¡A escuchar! A continuación vas a escuchar un mensaje grabado de información sobre el Instituto del Patrimonio Cultural de Venezuela. Determina si cada oración es cierta o falsa. Corrige las oraciones falsas.

CD2, Track 6

1. La colección del Museo de Bellas Artes cuenta con arte europeo.
2. El Museo de Bellas Artes tiene arte latinoamericano.
3. Alejandro Obregón es un pintor venezolano.
4. Obregón pintó naturaleza muerta y paisajes.
5. Hay más de diez mil obras de arte en la Galería de Arte Nacional.
6. Carlos Raúl Villanueva diseñó el edificio de la Galería de Arte Nacional.

**8-49** Una canción No es común que una novela inspire una canción de música popular. "Cien años de Macondo" representa una excepción. La letra de esta canción fue inspirada por la novela de Gabriel García Márquez y tiene muchos intérpretes.

iTunes

Ve a **www.cengage.com/spanish/rumbos** y escucha "Cien años de Macondo". Esta canción describe a algunos de los personajes y sucesos importantes de la novela ganadora del Premio Nobel. Indica si las siguientes oraciones se mencionan o no en la letra.

1. Y encadenado Macondo sueña con José Arcadio. (Sí) No
2. García Márquez vive en Macondo. Sí (No)
3. Eres epopeya (epic poem) del pueblo olvidado. (Sí) No
4. El mar Caribe baña tus costas. (Sí) No
5. Forjado en cien años de amor y de historia. (Sí) No

**8-50** El Internet En este capítulo aprendiste a hablar sobre expresiones artísticas. Ve a **www.cengage.com/spanish/rumbos** y busca los sitios de la Red donde puedas obtener información sobre museos y galerías de arte. Escoge un museo. Prepara una presentación corta sobre las metas de la institución y las obras, períodos y artistas de la colección permanente para presentar en clase.

## ¡A LEER! El insomne

### Sobre el poeta

**Eduardo Carranza (1913–1985)** nació en Apiay, Colombia, en 1913 y murió en 1985 a la edad de 72 años. Era el miembro más conocido de Piedra y Cielo, un grupo de poetas colombianos posvanguardistas. Su poesía muestra una preferencia por el modelo clásico del soneto. Sus poemas frecuentemente tratan de la patria, la muerte, el amor y el paisaje.

### Atención

En "El insomne", Eduardo Carranza emplea el modelo clásico del soneto —una composición poética muy controlada de 14 versos endecasílabos (de 11 sílabas) organizada en dos cuartetos (estrofa *[stanza]* de cuatro versos que riman ABBA) y dos tercetos (estrofa de tres versos de rima variable).

## Antes de leer

**8-51** **Invitación al texto** En "El insomne", el poeta se dedica al tema de un hombre mayor contemplando su vejez y su propia mortalidad durante una noche en que el poeta no puede dormir. Se encuentra con alguien en su casa cuya determinación es invencible.

1. ¿Has pasado alguna vez toda una noche despierto(a)? ¿Había algo que te preocupaba?

2. ¿Tienes miedo de envejecer? ¿Cómo te gustaría que fueran los últimos años de tu vida?

3. El tema de la muerte es común en la literatura de habla hispana. ¿Es también un tema recurrente en la literatura estadounidense? ¿Cuál es la actitud hacia la muerte en la cultura de este país?

## Estrategia de lectura Reconocer la función de una palabra como indicio de su significado

**Y**our knowledge of Spanish grammar and sentence structure can assist you in providing clues to the meaning of individual words within a text. As you know from reading the poem in **Capítulo 6,** the structure of poetic language is often distorted in order to achieve rhythmic or symbolic effects. First, restructure the words of a verse to provide a more conventional sequence of subject-verb-object. For example, the poem's third line is **"Callaban el rocío y la campana." El rocío** and **la campana** are nouns since they carry the articles **el** and **la,** respectively. The third-person imperfect verb ending of **callaban** identifies it as a verb. Because the verb ending is plural, **el rocío y la campana** probably function as the subject of the verb so the verse can be stated as **"El rocío y la campana callaban".** As you already know, the verb **callar** means *to be*

*quiet* and **campana** means *bell.* **Rocío,** the only word in the verse with which you may be unfamiliar, means *dew.*

The following lines from the poem can be approached in a similar fashion. Try to determine the meaning of each underlined word, identifying first whether it is a noun (**sustantivo**), verb (**verbo**), adjective (**adjetivo**), or adverb (**adverbio**). In some cases, you may want to restructure the sentence in a more conventional order. Use the dictionary only as a last resort.

1. Ni <u>el son</u> del tiempo en mi cabeza cana.

2. (<u>Deliraba</u> de estrellas la ventana.)

3. Sonó un reloj en la <u>desierta</u> casa.

4. <u>Nombrado</u> me sentí por vez primera.

# El insomne

A Alberto Warnier

**A** alguien oí subir por la escalera.
Eran —altas— las tres de la mañana.
Callaban el rocío y la campana.
... Sólo el tenue crujir de la madera.

5 No eran mis hijos. Mi hija no era.
Ni el son[1] del tiempo en mi cabeza cana.
(Deliraba de[2] estrellas la ventana.)
Tampoco el paso que mi sangre espera...

Sonó un reloj en la desierta casa.
10 Alguien dijo mi nombre y apellido.
Nombrado me sentí por vez primera.

No es de ángel o amigo lo que pasa
en esa voz de acento conocido...
... A alguien sentí subir por la escalera...

[1]**el son** *the sound*
[2]**Deliraba de** *Was delirious with*

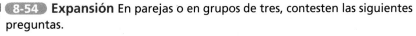

## Después de leer

👥 **8-52** **Reconociendo la función de una palabra como indicio de su significado** Con otro(a) estudiante, asegúrense de que han identificado todas las palabras problemáticas del texto. ¿Qué palabra les resultó más difícil y por qué?

**ANSWERS 8-53** 1. a las tres de la mañana 2. alguien subiendo la escalera 3. Tres de los cuatro versos de la estrofa empiezan con formas negativas. 4. Se refiere al pulso de su corazón (mi cabeza cana). 5. Sugiere que la figura que visita al poeta es un ser que conoce al hombre muy bien. 6. Porque no es ni de un ángel ni de un amigo.

👥 **8-53** **Comprensión** En parejas o en grupos de tres, contesten las siguientes preguntas. Después compartan sus respuestas con la clase.

1. ¿A qué hora se derarrolla la acción del poema?
2. ¿Qué acción se destaca en la primera estrofa?
3. En la segunda estrofa el poeta rechaza una serie de posibilidades que pueden explicar el ruido que ha escuchado. ¿Cómo contribuye la estructura de la estrofa al enfoque en lo negativo?
4. ¿Cómo se refiere el poeta a sí mismo en la línea 6 de la segunda estrofa?
5. ¿Cuál es el significado de que el poeta haya sido nombrado en la tercera estrofa?
6. En la última estrofa, ¿por qué tenemos la sensación de que la visita no será algo positivo para el poeta?

**ANSWERS 8-54** 1. Se refiere a la persona que sufre de insomnio. 2. Sugiere la llegada de algo inevitable, tal como la muerte. 3. *Answers will vary. Students might mention that the mysterious visitor is Death.*

👥 **8-54** **Expansión** En parejas o en grupos de tres, contesten las siguientes preguntas.

1. Tomando en cuenta que el insomnio se refiere al estado de no poder dormir, ¿cuál es el significado del título del poema, "El insomne"?
2. ¿Cuál es el efecto de repetir el primer verso del poema al final del poema? ¿Nos indica algo la repetición del verso sobre el tema del poema?
3. En tu opinión, ¿quién es la persona misteriosa que visita al poeta? Justifica tu respuesta.

# Impresiones

**TEACHING TIP** Remind students that the textbook's chapters offer some nice themes such as **la geografía (acantilados, una cordillera, un huracán), un pariente, un modo de transporte,** etc.

**TEACHING TIP** You may wish to first model a cinquain with the class. Decide on a topic, and put students in small groups to brainstorm descriptive nouns, verbs, adjectives, and adverbs. Then, call on groups to help create a class cinquain on the board.

**TEACHING TIP** You may wish to experiment with the syllable-based cinquain, in which the lines have 2, 4, 6, 8, and 2 syllables, respectively. Other variations, using words or syllables, include reverse cinquain (1, 4–5, 3–4, 2–1 words, or 2–8–6–4–2 syllables) and butterfly cinquain, which connects a standard with a reverse cinquain in 9 lines.

## ¡A ESCRIBIR! La expresión poética

### El tema

Habrá una exposición de arte poético en tu clase titulada "Pintando con palabras" y tú vas a contribuir con algunos poemas escritos en cinquain. Parecido al haiku, los poemas cinquain tienen cinco líneas que describen animales, personas, edificios, conceptos, etcétera. Aquí tienes un ejemplo:

Anochecer

Anochecer

resplandeciente, pacífico

iniciando gloriosamente la expiración

imparte con licencia su silencio armónico

serenidad

### El contenido

Piensa en dos o tres temas que te gustaría pintar con tus poemas. Puede ser cualquier cosa que puedas describir vivamente y con emoción. Para tu colección de poemas, quizás sería interesante seleccionar temas que se oponen, como día y noche.

Comienza con un tema y durante cinco minutos, apunta palabras y frases que lo describan precisa y vívidamente. Usa los cinco sentidos (cómo se ve, cómo suena, cómo huele, cómo se siente y a qué sabe *[tastes like]*). Luego piensa en tus reacciones al tema (cómo te hace sentir, pensar, hablar, etcétera). Trata de apuntar todas tus ideas en español y no te preocupes por la forma. Luego, busca en el libro o en un diccionario otras palabras y frases que te puedan ayudar con tu descripción. Cuando acabes con un tema, vuelve a hacer lo mismo para los otros.

## Estrategia de escritura La descripción y el lenguaje descriptivo

**G**ood descriptions create a clear, precise, and vivid image for the reader. One of the easiest ways to improve your descriptions is to incorporate more adjectives into your writing. In addition to adjectives you already know, remember that many nouns and verbs have related adjectival forms. For example, to describe someone who likes adventures (**aventuras**), you can use the adjective **aventurero(a),** or to describe a place where it rains a lot (**llueve mucho**), you can say it is **lluvioso.** Remember that the past participial forms of many verbs function as adjectives:**callar - callado; conocer - conocido,** but you can also find adjectival forms to replace verbs or nouns by looking up that verb or noun in the dictionary to see if an adjective form is listed within or next to its entry.

Descriptions can also be enhanced by the use of adverbs and adverbial phrases, that is, words and phrases that describe aspects of a verb such as time, place, and manner. Many adjectives can become adverbs by using the feminine adjectival form and adding **-mente** (**cuidadoso - cuidadosamente**), or by just adding **-mente** when the adjective does not have a feminine form (**frecuente - frecuentemente; fácil - fácilmente**).

## El primer borrador

Como puedes observar en el ejemplo, el poema cinquain consiste en cinco versos que no riman. A diferencia del soneto, donde el verso tiene una estructura silábica estricta, el verso del poema cinquain puede basarse en el número de palabras. Al escribir tu cinquain, sigue esta estructura:

*Primer verso:* Escribe una palabra que nombre el tema, por ejemplo, **Anochecer.** Normalmente es un sustantivo *(noun).*
*Segundo verso:* Describe el tema en dos palabras. Pueden ser dos adjetivos o un sustantivo y un adjetivo.
*Tercer verso:* Describe en tres o cuatro palabras una acción asociada con el tema. Pueden ser tres verbos o una frase verbal.
*Cuarto verso:* Describe en cuatro o cinco palabras una emoción que provoca el tema.
*Quinto verso:* Nombra el tema en una palabra, usando un sinónimo del sustantivo que usaste en el primer verso. Puedes usar un diccionario de sinónimos para ayudarte.
*El título:* Ponle un título que describa el contenido del poema.
Sigue la estrategia de escritura para mejorar la descripción en tus versos y no repitas ninguna palabra. Cuando acabes un poema, vuelve a escribir los otros.

## Revisión en parejas

 Lee los poemas de un(a) compañero(a) de clase y contesta las siguientes preguntas.

1. ¿Sigue la estructura del poema cinquain?
2. ¿Describe vívidamente su tema?
3. ¿Tiene el poema palabras comunes que puedan ser reemplazadas con palabras más precisas o descriptivas?
4. ¿Tiene un título apropiado?
5. ¿Tienes alguna recomendación para tu compañero(a)?

## Elaboración y redacción

**TEACHING TIP** Encourage students to prepare their poems for (anonymous) display, with images, colors, drawings, etc. to accompany the poems.

Considera los comentarios de tu compañero(a) y vuelve a pensar en el lenguaje que has usado. Trata de explorar más con el diccionario las posibilidades de mejorar la precisión de tus descripciones. Luego, haz una revisión de la gramática, enfocándote específicamente en la concordancia entre los sustantivos y los adjetivos. Corrige cualquier error y usa la función de *spell-check* para pulir *(polish)* la ortografía.

# ¡A VER! *GENTE SILLA* en Colombia

## Antes de ver

**TEACHING TIP** Allow students to watch the video segment at least two times. The first time suggest that they watch and listen but not try to take notes. After watching the video segment one time, have students read the questions in **Después de ver**. Then, as they watch the video a second time, have them write information related to the questions.

**8-55** **Expresión artística** El arte puede ayudarnos a ver lo insólito *(the unusual)* en lo ordinario. Con un(a) compañero(a) decidan si en su opinión están de acuerdo o no con las siguientes oraciones.

1. La función principal del arte es sorprender y entretener.     Sí    No

2. El arte nos debe ayudar a reflexionar sobre el mundo que nos rodea.     Sí    No

3. Los artistas nos deben ayudar a escapar de la monotonía de la vida diaria.     Sí    No

4. La expresión artística debe limitarse a ser exhibida en museos.     Sí    No

5. El artista latinoamericano tiene la obligación de crear arte de protesta social.     Sí    No

## Vocabulario útil

**colgando** *hanging*
**gente mayor** *older people*
**suelo** *ground*
**instalación** *installation (a type of artistic exhibition)*
**cotidiano** *everyday*
**performance** *an art form that combines visual art with dramatic performance*
**asombro** *amazement, astonishment*

## Mientras ves

**8-56** **¡Ve y escucha con cuidado!** Mira el segmento y marca con una equis [X] la palabra que escuches o veas.

| | |
|---|---|
| _X_ colgando de paredes | _X_ objeto cotidiano |
| _X_ descubrir el asombro | _____ pintores austeros |
| _X_ forzar | _____ poetas obvios |
| _____ imaginación | _____ una iglesia |
| _____ mesa | _____ un pincel |
| _____ mira hacia el cielo | _____ un puerto |

## Después de ver

**ANSWERS 8-57** 1. Encontraron a personas mayores sentadas en una silla a varios metros del suelo. 2. Es una artista alemana. 3. Porque usualmente es un sector olvidado de la sociedad. 4. Está acostumbrada a usar las calles de cualquier manera sin mirar hacia el cielo o a algo especial. 5. El objetivo principal era sorprender y hacernos mirar más allá de lo obvio.

**8-57** **¿Qué recuerdas?** Contesta las siguientes preguntas.

1. ¿Qué encontraron los habitantes de Bogotá esta mañana?
2. ¿Quién es Angie Hiesl?
3. ¿Por qué escogió Angie gente mayor para su obra de arte?
4. Según el hombre que entrevistaron ¿a qué está acostumbrada la gente?
5. ¿Cuál era el objetivo principal de la artista?

## Más allá del video

**8-58** **El arte como invitación a la reflexión** Identifica una obra de arte, una obra de teatro, una película o un *performance* que hayas visto y que de alguna manera te haya ayudado a reflexionar sobre lo cotidiano. Comparte tu reflexión con un(a) compañero(a).

## Para hablar del arte

| | |
|---|---|
| la acuarela / | *watercolor / watercolor* |
| el (la) acuarelista | *artist* |
| la alfarería | *pottery* |
| la arcilla | *clay* |
| el arco | *arch* |
| la artesanía | *arts and crafts* |
| la cúpula | *dome* |
| la fachada | *façade* |
| el lente gran angular / | *wide angle lens /* |
| telefoto | *telephoto lens* |
| el lienzo | *canvas* |
| la madera | *wood* |
| el matiz / matizar | *shade, tint / to blend (colors)* |
| la muestra | *sample, copy* |
| el mural | *mural* |
| la naturaleza muerta | *still life* |
| el paisaje | *landscape* |
| la pieza | *piece (of work)* |
| el pincel | *paintbrush* |
| la torre | *tower* |
| el rollo de película (blanco y | *roll of film (black and white /* |
| negro / en colores) | *color)* |
| la talla / tallar | *carving, sculpture / to carve* |
| la técnica | *technique* |
| la vidriera de colores / | *stained glass /* |
| el vidrio | *glass* |
| | |
| apreciar | *to appreciate* |
| datar de | *to date from* |
| desafiar / desafiante | *to defy / challenging, defiant* |
| elaborar a mano / | *to make by hand /* |
| la elaboración | *development* |
| experimentar | *to try, to experience* |
| moldear | *to mold* |
| pintar al óleo / | *to do oil painting / paint,* |
| la pintura | *painting* |
| revelar | *to develop (film)* |
| romper con la tradición | *to break with tradition* |
| | |
| contemporáneo(a) | *contemporary* |
| creador(a) | *creative* |
| impresionante | *impressive* |
| simbólico(a) / el símbolo / | *symbolic / symbol / to* |
| simbolizar | *symbolize* |

## Para hablar de las letras

| | |
|---|---|
| el argumento | *plot* |
| el cuento de hadas | *fairy tale* |
| el desenlace | *ending* |
| la épica | *epic* |
| la fantasía / fantástico(a) | *fantasy / fantastic* |
| el género literario | *literary genre* |
| la ironía / irónico(a) | *irony / ironic* |
| el (la) lector(a) | *reader* |
| la leyenda / legendario(a) | *legend / legendary* |
| las memorias | *memoirs* |
| la metáfora | *metaphor* |
| el mito / la mitología / | *myth / mythology / mythical* |
| mítico(a) | |
| la narrativa / el narrador / | *narrative / narrator /* |
| narrar | *to narrate* |
| la novela rosa / policíaca | *romantic novel / detective* |
| | *novel* |
| la obra maestra | *masterpiece* |
| el (la) personaje | *character* |
| el Premio Nobel | *Nobel Prize, Nobel laureate* |
| el prestigio / prestigioso(a) | *prestige / prestigious* |
| el (la) protagonista | *protagonist* |
| el realismo / realista | *realism / realistic, realist* |
| el reconocimiento | *recognition* |
| el relato / relatar | *story / to tell, relate a story* |
| la sátira / satírica | *satire / satirical* |
| el símil | *simile* |
| el tomo | *volume* |
| la tradición oral | *oral tradition* |
| la tragedia | *tragedy* |
| la vida cotidiana | *everyday life* |
| | |
| inspirar / la inspiración | *to inspire / inspiration* |
| publicar / la publicación | *to publish / publication* |
| reflejar | *to reflect* |
| transcurrir | *to take place* |
| imaginario(a) / | *imaginary / imagination /* |
| la imaginación / imaginar | *to imagine* |
| inesperado(a) | *unexpected* |
| inolvidable | *unforgettable* |
| ficticio(a) / la ficción | *fictitious / fiction* |
| renombrado(a) | *renowned, famous* |
| traducido(a) / traducir | *translated / to translate* |

La tecnología: ¿nos une o nos aísla?

# La tecnología

## 👥 9-1 ¿Qué sabes de Argentina y Uruguay?

**Lee la siguiente información sobre Argentina y Uruguay. Con un(a) compañero(a) determina si cada oración es cierta o falsa. Corrige las oraciones falsas.**

1. Argentina es una de las sociedades más modernas de Sudamérica.

2. Argentina tiene el observatorio astronómico más grande del mundo.

3. Uruguay tiene una de las tasas de alfabetismo *(literacy rates)* más bajas del continente.

4. Argentina tiene dos científicos que ganaron Premios Nobel de Medicina.

5. El sistema de comunicaciones de Uruguay es anticuado y obstaculiza el desarrollo social del país.

ANSWERS 9-1 1. C 2. C – El Observatorio Pierre Auger en Mendoza, Argentina, es el más grande y el único en el mundo diseñado para estudiar rayos cósmicos. 3. F – Uruguay tiene una de las tasas más altas de alfabetismo. 4. C – Bernardo Alberto Houssay recibió el Premio Nobel de Medicina en 1947 y César Milstein recibió el Premio Nobel de Medicina en 1984. 5. F – Es uno de los más modernos de la región y contribuye al desarrollo del país.

# RUMBO A ARGENTINA Y URUGUAY

SUDAMÉRICA

Océano Pacífico

Salta

Cataratas de Iguazú

Corrientes

R. Paraná

**ARGENTINA**

Mendoza

Córdoba

Santa Fe

Rosario

R. Uruguay

R. Negro

**Buenos Aires** ★

**URUGUAY**

Punta del Este

R. de la Plata

Bahía Blanca

**Montevideo**

San Carlos de Bariloche

Mar del Plata

Los Andes

Islas Malvinas

---

## Argentina y Uruguay

**1516** Los españoles llegan a Uruguay.

**1580** Los españoles llegan al área que actualmente es Buenos Aires, Argentina.

**1756** Los españoles fundan Montevideo, Uruguay.

**1816** Argentina declara su independencia de España.

**1828** Uruguay se convierte en una nación independiente.

**1855–1879** Inmigración importante de españoles e italianos a Uruguay

**1860–1930** Inmigración importante de españoles e italianos a Argentina

**1920** Se inicia una época de prosperidad económica en Argentina.

**1930** Tiene lugar en Uruguay la primera Copa Mundial de fútbol; Uruguay se enfrenta a Argentina en la final y gana el campeonato.

**1500**     **1700**     **1800**     **1850**     **1900**     **1930**

**1500** Varias culturas indígenas

**1776** Las trece colonias declaran su independencia de Inglaterra.

**1803** El presidente Thomas Jefferson autoriza la compra de Luisiana, que hasta entonces pertenecía a Francia; el territorio representa el 23% de la super-ficie *(surface area)* actual de los EEUU.

**1876** Alexander Graham Bell inventa el teléfono.

**1909** Se intro-duce al mercado el modelo T de la compañía Ford.

**1933** Se inventa la radio FM.

## Los Estados Unidos (EEUU)

**9-2** **La geografía** Mira el mapa y contesta las siguientes preguntas.

1. ¿A quién le pertencen las islas Malvinas o Falkland Islands?
2. ¿En qué país se encuentran las cataratas del Iguazú?
3. ¿Cerca de qué sistema montañoso se encuentra la ciudad de Mendoza?
4. ¿Cuál es el puerto del mar Atlántico más importante para el turismo uruguayo?
5. ¿Qué río atraviesa *(runs through)* Uruguay?
6. ¿Cómo se llama la capital de Uruguay?

**9-3** **Un poco de historia** Completa las oraciones con la información correcta de la cronología histórica.

1. La primera esposa de Juan Domingo Perón, _____, muere en 1952 en Buenos Aires.
2. La inmigración _____ y _____ juega un papel importante en el desarrollo social y cultural de Argentina y Uruguay.
3. César Milstein consolidó su fama al recibir _____ en 1984.
4. Durante los años setenta y ochenta _____ gobiernan Argentina y Uruguay.
5. La primera Copa Mundial de fútbol se juega en _____.
6. Argentina entra al siglo XXI sumergida en _____ que afectó a todos los ciudadanos.
7. En la década de los setenta _____, antiguo militar y presidente, regresa a Argentina.
8. El Premio Nobel de Medicina se le otorga al argentino _____ en 1947.

**Más perspectivas de. . .** www.cengage.com/spanish/rumbos
- **Google™ Earth coordinates**
- **Video: Argentina y Uruguay**

**1946–1955** Presidencia de Juan Perón en Argentina; muere su mujer Eva en 1952.

**1947** El argentino Bernardo Alberto Houssay recibe el Premio Nobel de Medicina.

**1973** Vuelve Juan Perón a la presidencia de Argentina.

**1973–1985** Dictadura militar en Uruguay

**1976–1983** Dictadura militar en Argentina

**1984** El argentino César Milstein recibe el Premio Nobel de Medicina.

**1999–2002** Crisis económica en Argentina

**2003** El uruguayo Rodolfo Gambini gana el Premio de la Academia de Ciencias del Tercer Mundo en física.

**2007** Hay casi un teléfono móvil por habitante en Argentina y Uruguay.

**1945**    **1970**    **1980**    **1990**    **2000**    **2010**

**1945** Fin de la Segunda Guerra Mundial; se produce la primera bomba atómica.

**1969** Neil A. Armstrong y Edwin Aldrin logran aterrizar *(to land)* en la Luna.

**1976** Se fabrica la primera computadora de la compañía Apple.

**1981** Se introduce en el mercado la primera computadora personal de la compañía IBM con MS-DOS.

**1987** La compañía Microsoft introduce Windows 1.0.

**1992** Se inaugura la Sociedad Internet que se dedica a promover el desarrollo abierto, la evolución y el uso del Internet para el bien de las personas de todo el mundo.

**2003** Desastre de la nave *(ship)* espacial Columbia al entrar en la atmósfera terrestre.

http://www.ciudadInternet.com.ar

 **Tu portal tecnológico en Argentina**

Cuenta de webmail | **Usuario** [ ] **Contraseña** [ ]

## Alta tecnología

 Microsoft Windows anuncia un nuevo **sistema operativo**.

 Autos **híbridos**: Desarrollan proyecto para **fabricar** autos de **hidrógeno** en la Patagonia.

## Compras

 IPOD **Reproductor** de MP3
Para escuchar tu colección de música **digitalizada**

 BlackBerry **asistente personal digital** (APD)
¡Con una **potencia inimaginable**: 624 mhz!

 **Auricular manos libres**

## Foros de debate y opinión

- ¿Cuál es el **invento** más **útil** de los últimos 100 años? [Participar]

   La **cerilla** (237 votos)

   La **pila** (343 votos)

   El **envase de burbuja** (12 votos)

- ¿Comprarías un auto **híbrido**? [Participar]
  Sí (300 votos)
  No (400 votos)

# Para hablar los inventos de ayer y de hoy

| | |
|---|---|
| la actualidad / actual | *present time / present, current* |
| la alta tecnología | *high tech* |
| la anestesia | *anesthesia* |
| el asistente personal digital (APD) | *Personal Digital Assistant (PDA)* |
| el auricular manos libres | *hands-free earpiece* |
| el auto híbrido / de hidrógeno | *hybrid/hydrogen car* |
| la banda ancha | *broadband* |
| la cerilla | *match* |
| la contraseña | *password* |
| el dispositivo | *device, gadget* |
| el envase de burbuja / envasar | *bubble wrap / to wrap* |
| el helicóptero | *helicopter* |
| la herramienta | *tool* |
| el invento / inventar / el (la) inventor(a) | *invention / to invent / inventor* |
| el marcapasos | *pacemaker* |
| la pila | *battery* |
| la píldora anticonceptiva | *birth control pill* |
| el reproductor de MP3/DVD | *MP3/DVD player* |
| la rueda | *wheel* |
| el sistema operativo | *operating system* |
| el transbordador espacial | *space shuttle* |
| el (la) usuario(a) | *user* |
| | |
| almacenar | *to store* |
| bajar | *to download* |
| digitalizar | *to digitize* |
| fabricar | *to produce, to manufacture* |
| intercambiar ficheros | *to exchange files, to file share* |
| patentar / la patente | *to patent / patent* |
| recargar / recargador | *to recharge / (battery) charger* |
| recuperar datos | *to recover data* |
| subir a la red | *to upload* |
| | |
| anticuado(a) | *old-fashioned, antiquated* |
| descabellado(a) | *crazy, crackpot* |
| eficaz / eficazmente | *efficient / efficiently* |
| (in)alámbrico / el alambre | *wire(less) / wire* |
| (in)dispensable | *(in)dispensable* |
| (in)imaginable | *(un)imaginable* |
| (in)útil / la (in)utilidad | *(useless) useful / (uselessness) usefulness* |
| novedoso(a) | *novel, new* |
| potente / la potencia | *powerful / power* |

## Repaso

Review basic vocabulary related to inventions, technological advancements, and computers in the **Índice de palabras conocidas** at the end of the book.

## Lengua

The English word *actual* is somewhat of a false cognate. In English it means *real*, which is translated into Spanish as **real**, or **verdadero.** The word *actually* is translated as **en realidad** or **de hecho.**

## Lengua

Often there is no Spanish equivalent for new technological devices created in non–Spanish-speaking countries, in which case an English name is used. In spoken Spanish, these words are pronounced according to the rules of Spanish pronunciation. Some examples include: **el DVD, el microchip, el Palm, el televisor plasma** y **la webcam.**

## Lengua

Other words related to technology and invention are cognates with English: **la aplicación, la batería** *(battery),* **la fibra óptica** *(fiber optics),* **interactivo(a),** **el láser, el microscopio, el procesador** *(processor),* **la realidad virtual, reparar** *(to repair),* **el robot, robótico(a).**

## ¡A practicar!

**9-4** **Los inventos de ayer y de hoy** Mira el portal de Ciudad Internet en la página 334 y luego decide si las siguientes oraciones son ciertas o falsas. Si son falsas, corrígelas.

1. Ciudad Internet les ofrece a sus usuarios una cuenta de correo electrónico.
2. No permitirán autos híbridos en la Patagonia.
3. Con Velocom tendrás acceso al Internet sin tener que conectar tu computadora al módem.
4. En la página de Ciudad Internet puedes comprar varios tipos de dispositivos electrónicos.
5. La compañía Data Express vende software para intercambiar ficheros digitales con tus amigos por Internet.
6. De la página de Ciudad Internet puedes bajar una copia anticuada del sistema operativo Windows.
7. Con el reproductor de música que se vende puedes escuchar música en formato digital.
8. Los usuarios de Ciudad Internet votaron el auricular manos libres como el invento más útil.

**9-5** **Feria de inventos** Lee el artículo sobre una feria de inventos en Montevideo y rellena los espacios en blanco con una palabra apropiada de la lista.

| | | | |
|---|---|---|---|
| actuales | descabellados | helicóptero | patente |
| almacenar | dispositivos | marcapasos | pilas recargables |
| bajar | envases | novedosos | usuarios |
| contraseña | fabricado | patentado | útiles |

El público podrá disfrutar cientos de innovaciones antiguas y (1) ____actuales____, todas argentinas o uruguayas. En la sala museo tenemos el invento argentino del primer (2) ____helicóptero____ que despegó de *(took off from)* la tierra, junto con el bolígrafo, el cual fue (3) ____patentado____ en Argentina en 1943. También hay una instalación sobre el (4) ____marcapasos____, cuyo primer implante exitoso ocurrió en Uruguay en 1960. Desde entonces, Uruguay lo ha (5) ____fabricado____ para todo el mercado latinoamericano.

Entre los inventos más (6) ____novedosos____ de Argentina tenemos el EMIUM. Es una botella de plástico que puede (7) ____almacenar____ todo tipo de producto. Las botellas se pueden conectar para construir (8) ____envases____ de todo tamaño que se pueden usar una y otra vez. Ha recibido una (9) ____patente____ en EEUU y dicen que este invento ecológico cambiará el mundo. Aparte de estos inventos (10) ____útiles____, también se encuentran algunos (11) ____dispositivos____ (12) ____descabellados____. Entre ellos, un calentador *(heater)* de calcetines con (13) ____pilas recargables____.

La página web de Ciudad Internet ofrece entradas gratuitas a la feria. Sus (14) ____usuarios____ tienen que entrar a su página y (15) ____bajar____ las entradas usando la (16) ____contraseña____ "Expo".

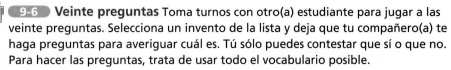

## ¡A conversar!

**TEACHING TIP 9-6** To encourage the use of new vocabulary words, display some of the adjectives and verbs from the vocabulary list on a transparency or the board. Allow 5–6 minutes for students to do 1–5 and then have students change roles for 6–10. Tell students not to do the words in order.

**9-6** **Veinte preguntas** Toma turnos con otro(a) estudiante para jugar a las veinte preguntas. Selecciona un invento de la lista y deja que tu compañero(a) te haga preguntas para averiguar cuál es. Tú sólo puedes contestar que sí o que no. Para hacer las preguntas, trata de usar todo el vocabulario posible.

**EJEMPLO** la rueda

E1: ¿Lo usas con la computadora?
E2: No.
E1: ¿Es algo anticuado?
E2: No.
E1: ¿Fue inventado recientemente?
E2: No.
E1: ¿Es una herramienta?
E2: No.

1. el helicóptero
2. un sistema operativo
3. la banda ancha
4. el marcapasos
5. el transbordador espacial

6. la anestesia
7. la píldora anticonceptiva
8. el reproductor de DVD
9. el envase de burbuja
10. software para intercambiar ficheros de música

**9-7** **Los más...** Con otros(as) dos estudiantes, trata de pensar en tres inventos o innovaciones que existen para cada categoría. Cada uno tiene que justificar bien sus ideas.

- Los inventos más útiles o eficaces
- Los inventos más novedosos
- Los inventos más descabellados
- Los inventos más anticuados

**TEACHING TIP 9-8** Call to students' attention that their responses will likely require conditional verb forms.

**9-8** **Si pudieran** Trabaja con otros(as) estudiantes y conversen sobre las cosas que inventarían, si pudieran, según las siguientes categorías. Describan qué sería, cómo funcionaría, etcétera.

1. Un dispositivo electrónico para ayudar a los estudiantes universitarios
2. Un electrodoméstico para facilitar el trabajo de la casa
3. Algo para mejorar o facilitar la transportación
4. Un sistema operativo para la computadora
5. Un dispositivo descabellado
6. Algo para mejorar el medioambiente

**TEACHING TIP 9-9** Have students do some preparation before class by visiting Google Earth and searching the Internet for geography and climate information on Isla Gorriti. Ask them to bring to class a ranked list of 8 items they might want to bring and justification for the ranking. In class, allow 10 minutes for group discussion and then invite groups to put their lists on the board and explain their decisions. Ask if the items are appropriate and discuss which group has the best chance of being the survivor.

**9-9** **El sobreviviente** Tú y tres estudiantes serán concursantes *(contestants)* en un programa de realidad. Irán a la isla de Gorriti en Uruguay en julio y competirán contra otro equipo para ver quiénes serán los sobrevivientes *(survivors)*. Cada miembro del equipo puede llevar consigo dos cosas, con tal de que todo el equipo esté de acuerdo con la selección. Conversen y discutan entre todos los miembros del equipo sobre las cosas más importantes para llevar.

## Los cacerolazos en el Internet

Cacerolazos, una forma ruidosa de protesta

### Anticipación

**9-10 Protestas y el medio noticioso** ¿Cómo protestamos en los Estados Unidos? Contesta las siguientes preguntas.

1. ¿Qué tipos de protestas hay en los Estados Unidos?
2. ¿En qué épocas hubo en los Estados Unidos una gran crisis económica?
3. ¿Hubo protestas? ¿Cómo eran?
4. ¿Participas en foros *(forums)* en el Internet?
5. ¿Puede nuestro gobierno influenciar los medios noticiosos?

**A**rgentina, con sus vastos terrenos y la agricultura que éstos pueden sustentar *(support)*, y con una población de un nivel alto de educación, era uno de los países más ricos del mundo a principios del siglo XX. Pero, varios problemas económicos y la guerra de las islas Malvinas *(Falkland Islands)* con Inglaterra, contribuyeron a que poco a poco el nivel de vida fuera bajando. En diciembre de 2001, los argentinos salieron a la calle a protestar cuando el gobierno instituyó la ley del "corralito" *(the little corral)* bajo la cual no se podía mandar dinero fuera del país. Esto hizo que muchos vieran cómo se evaporaba el valor de su dinero debido a la hiperinflación. Una forma de protesta que usan los argentinos son "las caceroladas" o "los cacerolazos", que empieza con un grupo de personas haciendo ruido pegándole a una cacerola *(pot)*, y al cual se van uniendo los vecinos hasta esparcirse *(spread)* por toda la ciudad. El resultado es un impresionante estruendo *(thunderous noise)* que los une en una potente voz de protesta.

El Internet provee otro medio de protesta virtual.

Los cacerolazos empezaron en Chile en los años 70. Los argentinos adoptaron la idea en 1991 durante otra protesta económica, pero en el año 2001, surgió una diferencia: la tecnología. Los medios noticiosos, influenciados en gran manera por el gobierno, montaron una campaña para suprimir *(suppress)* los cacerolazos, argumentando que estas protestas mostraban una mala imagen de Argentina al mundo. Esto hizo que muchas protestas se mudaran al Internet, lo cual le permitió a la oposición organizarse y programar los cacerolazos y los piquetes *(street protests)* con más efectividad. Debido en parte al poder e influencia de los cacerolazos, dos presidentes tuvieron que renunciar. Al notar tal poder político, los organizadores buscaron más formas de usar la tecnología para hacer las protestas más efectivas: el correo electrónico, listas de distribución y foros de discusión.

El Internet puede hacer que la voz del pueblo se oiga con mayor claridad, pero al igual que con otras tecnologías, es un arma de doble filo *(two-edged sword)*. Si las personas que protestan no tienen cuidado cuando dejan mensajes en los blogs, pueden dejar pistas *(tracks)* que el gobierno puede seguir. Es posible encontrar a los autores de los blogs buscando sus direcciones IP.

A pesar de estas desventajas, Argentina ha encontrado en el Internet otra forma de organizar cacerolazos para llamar la atención a su causa.

## Comprensión

**9-11** **¿Comprendiste?** Contesta las preguntas para ver si has entendido el texto.

1. ¿Cómo era Argentina a principios del siglo XX?
2. ¿Qué bajó el nivel de vida de los argentinos?
3. ¿Qué es el corralito?
4. ¿Qué son los cacerolazos?
5. ¿Por qué se mudaron los cacerolazos al Internet?
6. ¿Cuáles son las ventajas y desventajas de protestar en el Internet?

## Entre culturas

 **9-12** **Perspectiva 1** ¿Cómo vemos a los argentinos? Marca con una [X] tu opinión y con un(a) compañero(a) explica por qué piensas así.

1. _____ Argentina es un país pobre. ¿Cómo pueden organizarse por Internet?
2. _____ Los cacerolazos le dan una mala imagen a los argentinos.
3. _____ Los cacerolazos eran o son una forma de protesta creativa y efectiva.
4. _____ El gobierno tiene influencia sobre los medios noticiosos.

**9-13** **Perspectiva 2** ¿Qué dicen algunos argentinos? Lee lo que dicen y luego contesta la pregunta desde tu propia perspectiva.

Algunos argentinos dicen:

- "Los cacerolazos y los foros son un vehículo más de expresión."
- "En Argentina estamos al tanto *(up-to-date)* de la tecnología en el mundo."
- "En Argentina también se hacen marchas y demostraciones pacíficas."

Pregunta:

1. Si no hay una computadora en cada casa, ¿cómo pueden ser efectivos los cacerolazos por Internet?

 **9-14** **Perspectiva 3** ¿Sabes cómo ven los argentinos a los Estados Unidos? Con un(a) compañero(a) piensa en ese punto de vista y di si las oraciones son ciertas o falsas en tu opinión.

1. En los EEUU hay protestas reales y virtuales también.
2. En los EEUU los medios noticiosos pueden ser controlados por el gobierno también.
3. En los EEUU la situación económica es más estable.

## Extensión

**9-15** **¿Cuáles son las razones de las protestas ahora?** Escribe en un buscador de Internet la palabra "caceroladas" o "cacerolazos" y podrás encontrar varios lugares dedicados a la protesta. ¿Cuáles son las razones de las protestas ahora en Argentina? Haz una lista de los asuntos políticos y económicos más importantes ahora. Infórmale a la clase cuáles son y si son similares a algunos problemas en los Estados Unidos.

## El presente perfecto del subjuntivo

- The present perfect subjunctive is formed with the present subjunctive of the verb **haber** + the past participle of a second verb.

| Present subjunctive of *haber* | | Past participle |
|---|---|---|
| haya | | |
| hayas | | digitalizado (-**ar** verb) |
| haya | + | prendido (-**er** verb) |
| hayamos | | subido (-**ir** verb) |
| hayáis | | |
| hayan | | |

No creo que la misma companía **haya fabricado** todos los componentes de tu celular.
*I don't think that the same company **has manufactured** all of the parts of your cell phone.*

Es bueno que **hayan recargado** sus aparatos electrónicos antes del viaje.
*It's good that **you have recharged** your electronic devices before the trip.*

Espero que **hayan subido** las fotos a la red para la presentación de mañana.
*I hope they **have uploaded** the photos for tomorrow's presentation.*

- The present perfect subjunctive is used for the same reasons that require the use of the present subjunctive. The only difference in meaning is that the action in the subordinate clause *has been* completed *before* the time in the present conveyed by the verb in the main clause.

**Me alegro** de que **aproveches** los recursos digitalizados en la biblioteca.
***I'm glad** that **you are taking advantage** of the digital resources in the library.*

**Me alegro** de que **hayas aprovechado** los recursos digitalizados en la biblioteca.
***I'm glad** that **you have taken advantage** of the digital resources in the library.*

- You should use the present perfect subjunctive only in a context that specifically requires the subjunctive.

### Indicative

Los técnicos **han instalado** la conexión de banda ancha en el pueblo.
*The technicians **have installed** a broadband connection in the town.*

### Subjunctive in the subordinate clause

Es fantástico que los técnicos **hayan instalado** la conexión de banda ancha en el pueblo.
*It's fantastic that the technicians **have installed** a broadband connection in the town.*

## ¡A practicar!

**9-16** **¿Qué crees?** Lee lo siguiente y piensa si es posible o no. Decide si es verdad o mentira siguiendo el ejemplo.

**EJEMPLO** Un estudiante de la Universidad Nacional de Salta, Argentina, modificó el sistema operativo Linux y lo llamó Ututo.
**Dudo que el estudiante haya modificado el sistema operativo Linux y tampoco creo que lo haya llamado Ututo.** o
**Es posible que el estudiante haya modificado el sistema operativo Linux, pero no creo que lo haya llamado Ututo.**

1. Un grupo en Argentina llamado Che 80 desarrolló un nuevo sistema operativo Linux comunista.
2. Un uruguayo, Rafael Guarga, inventó un método que evita la congelación de las frutas durante el invierno.
3. Tres argentinos recibieron Premios Nobel en química y medicina.
4. Un uruguayo inventó un sistema potabilizador *(potable)* de agua que se usa en Cambodia y muchos países de Sudamérica.
5. El primer hispano que viajó en el transbordador espacial fue el Dr. Enrique Soto, ingeniero eléctrico argentino, nacido en Buenos Aires.
6. Un bisnieto de Leonardo Da Vinci, Andreas Da Vinci, emigró a Argentina e inventó el helicóptero.
7. Los uruguayos Lilian Zimet y Alberto Sternberg mejoraron la tecnología para hacer cajas de dientes *(dentures)*. Las hacían más rápidamente y tenían un aspecto más natural.
8. El uruguayo Carlos Caggiani introdujo un método para calentar una taza de líquido individual en 1963.

## ¡A conversar!

**9-17** **¿Es verdad o mentira?** Con un grupo de estudiantes, dile al grupo algo que has hecho. Puede ser verdad o mentira, pero de todas formas, ¡dilo en una forma convincente! Los demás estudiantes deben adivinar si lo has hecho o no.

**EJEMPLO** E1: He volado en un helicóptero.
E2: Dudo que hayas volado en un helicóptero. o
Es posible que hayas volado en un helicóptero.

**9-18** **¿Son absolutamente indispensables?** ¿Qué innovaciones crees que son indispensables? Pregúntales a tus compañeros(as) y espera sus reacciones. ¿Qué piensan ellos?

**EJEMPLO** El helicóptero
**No creo que sea indispensable que hayan inventado el helicóptero porque la vida puede seguir sin problemas sin él.**

| | | |
|---|---|---|
| 1. la anestesia | 3. el microondas | 5. la píldora anticonceptiva |
| 2. la cerilla | 4. la rueda | 6. la computadora |

## El futuro perfecto

In Chapters 7 and 8 you reviewed two perfect tenses, the present perfect (**he aprendido**) and the pluperfect (**había estudiado**), and in **Estructura I** of this chapter you reviewed the present perfect subjunctive (**haya comprado**). The future perfect is another perfect tense, and it conveys the idea of an action or condition that *will have been* completed *before* a time conveyed by the context of the sentence.

### El futuro perfecto

- The future perfect is formed with the future of the verb **haber** + the past participle of a second verb.

| Future of *haber* | | Past participle |
|---|---|---|
| habré | | |
| habrás | | recargado (-**ar** verb) |
| habrá | + | prendido (-**er** verb) |
| habremos | | subido (-**ir** verb) |
| habréis | | |
| habrán | | |

- The future perfect tense is used to indicate that an action or condition *will have been completed* before a moment in time in the future conveyed by the verb in the main clause or by the context of the sentence.

Para el año 2020, los ingenieros de autos van a implementar muchos cambios debido a los éxitos que **habrán tenido** con el nuevo sistema de hidrógeno.
*By 2020, automotive engineers are going to implement many changes due to the successes that **they will have had** with the new hydrogen system.*

En el futuro, los inconvenientes de tener un marcapasos se reducirán porque los científicos **habrán hecho** muchos avances de alta tecnología en el campo médico.
*In the future, the inconveniences of having a pacemaker will be reduced because scientists **will have made** many high tech advances in the medical field.*

- As with other future tenses, the future perfect can also be used to speculate about the present, conveying the idea of what *probably* has happened.

La tecnología inalámbrica ya **habrá revolucionado** todos los inventos.
*Wireless technology **has probably revolutionized all** inventions.*

"Necesito comprar una pila para mi teléfono celular pero no la encuentro en ningún sitio."
*I need to buy a battery for my cell phone, but I can't find one anywhere.*

"Habrán dejado de fabricarlas para un teléfono tan anticuado."
*They've probably stopped making them for such an antiquated phone.*

## ¡A practicar!

**9-19** **¿Qué pasará?** Imaginemos un buen futuro para el cono sur. Ya para el año 2030, ¿qué habrá pasado? Usa el futuro perfecto para predecir (*predict*) el futuro.

**EJEMPLO** Un argentino va a inventar algo muy novedoso para perder peso.
**Para el año 2030, un argentino ya habrá inventado algo muy novedoso para perder peso.**

1. Ese argentino se hará tan famoso y rico como Bill Gates.
2. Los argentinos venderán este invento y ganarán billones y billones de pesos.
3. El gobierno podrá pagar todas sus deudas (*debts*).
4. Se recuperará todo el dinero perdido.
5. Las caceroladas pasarán a la historia.
6. Los uruguayos encontrarán grandes yacimientos (*deposits*) de plata y petróleo.
7. El comercio traerá nueva prosperidad.
8. El Uruguay se convertirá en "la Suiza" de Sudamérica.

**9-20** **Elecciones electrónicas** Lo siguiente son planes para las próximas elecciones en Argentina y Uruguay. Usa el futuro perfecto para volver a escribir el párrafo indicando qué habrá pasado en las próximas elecciones si todo va de acuerdo a lo planeado.

**EJEMPLO** Medio millón de argentinos <u>votarán</u> electrónicamente en las próximas elecciones.
**Para las próximas elecciones, medio millón de argentinos <u>habrán votado</u> electrónicamente.**

Medio millón de argentinos (1) <u>votarán</u> electrónicamente en las próximas elecciones. Este sistema se (2) <u>usará</u> en Buenos Aires primero, pero Uruguay está estudiando el proceso y planea (3) <u>usarlo</u> para las próximas elecciones también. ¿Cuál es el propósito? (4) <u>Hacer</u> que el proceso sea más barato; (5) <u>simplificar</u> las elecciones; 6) <u>ahorrar</u> papel; (7) <u>lograr</u> más transparencia en el sistema y (8) <u>eliminar</u> un sistema anticuado.

## ¡A conversar!

**9-21** **Tu vida en el futuro** Imagina el futuro de otro(a) estudiante. Usando el futuro perfecto, predice (*predict*) qué habrá pasado para el año 2025.

**EJEMPLO** salir de la universidad
**Para el año 2035 ya habrás salido de la universidad. o**
**Para el año 2035, ¡todavía no habrás salido de la universidad!**

1. Ejercer una profesión. ¿Cuál?
2. Ponerte un marcapasos. ¿Por qué?
3. Comprar una casa inalámbrica. ¿Dónde?
4. Patentar algo importante. ¿Qué?
5. Tener hijos. ¿Cuántos? ¿Cómo?
6. Hacer algo descabellado. ¿Qué?
7. Usar autos económicos. ¿De qué tipo?

## CONGRESO LATINOAMERICANO DE BIOTECNOLOGÍA Y LA BIOÉTICA
### 4-5-6-SEPTIEMBRE 2011
RADISSON VICTORIA PLAZA HOTEL | MONTEVIDEO, URUGUAY

### PANELES

**4** DE SEPTIEMBRE

### La **clonación** y las **células madre**
10:00–12:00 Aplicaciones **terapéuticas**
- **Tratamientos** para Alzheimer y Parkinson
- Tratamientos para diabetes

15:00–17:00 El cultivo de las **células madre:** posibilidades y **cuestiones éticas**
- ¿de la **médula** humana de los adultos?
- ¿del **cordón umbilical** de los recién nacidos?
- ¿de los **embriones** humanos?

**5** DE SEPTIEMBRE

### La **manipulación genética**
10:00–12:00 **La clonación**
- Animales **clones** y el **transplante de órganos** en los humanos

15:00–17:00 Los alimentos y animales **transgénicos**
- ¿Peces con narices?: La modificación de los **genes** en los animales
- **Beneficios** y **riesgos** de comer productos transgénicos

18:00–19:30 Debate: ¿Se debe permitir, **prohibir** o limitar la investigación de la clonación humana?

**6** DE SEPTIEMBRE

### El Proyecto del **genoma humano**
10:00–12:00 ¿Posibles **remedios** para enfermedades **incurables**?
15:00–17:00 Cuestiones éticas:
- El **perfil genético** y la **confidencialidad** de la información
- La selección **genética** y el aborto

18:00–19:00 Foro abierto: La **terapia** genética

### Organizado por:
- La Asociación Uruguaya de Empresas de Biotecnología (AUDEBIO)
- La Universidad Católica de Uruguay
- La Federación Latinoamericana de Empresas de Biotecnología (FELAEB)

| | |
|---|---|
| el beneficio | *benefit* |
| la célula madre | *stem cell* |
| la clonación / el clon / clonar | *cloning / clone / to clone* |
| la confidencialidad | *confidentiality* |
| la controversia / controvertido(a) | *controversy / controversial* |
| el cordón umbilical | *umbilical cord* |
| la cuestión ética / ético(a) | *ethical question, issue / ethical* |
| la cura / (in)curable / curar | *cure / (in)curable / to cure* |
| los derechos de autor | *copyrights* |
| el embrión | *embryo* |
| el espionaje cibernético / el (la) espía / espiar | *cyber spying / spy / to spy* |
| el esteroide | *steroid* |
| la fertilización in vitro / la (in)fertilidad | *in vitro fertilization / (in)fertility* |
| el gen / el genoma humano | *gene / human genome* |
| la hormona sintética | *synthetic hormone* |
| el inconveniente | *drawback* |
| la manipulación genética | *genetic manipulation* |
| la médula | *marrow* |
| el perfil genético | *genetic profile* |
| la piratería / el (la) pirata / piratear | *piracy / pirate / to pirate* |
| la prevención / prevenir | *prevention / to prevent* |
| la prueba de ADN (ácido desoxirribonucleico) | *DNA test* |
| el remedio / remediar | *remedy / to remedy* |
| la repercusión | *repercussion* |
| el riesgo / arriesgar | *risk / to risk* |
| el robo de identidad | *identity theft* |
| la selección genética | *genetic selection* |
| el transplante de órganos / transplantar | *organ transplant / to transplant* |
| el tratamiento | *treatment* |
| detectar | *to detect* |
| implantar | *to implant* |
| prohibir | *to prohibit* |
| prolongar la vida | *to prolong life* |
| dañino(a) / dañar | *damaging / to damage* |
| terapéutico(a) / la terapia | *therapeutic / therapy* |
| transgénico(a) | *transgenic* |

## ¡A practicar!

**9-22** **Biolatina** Mira el anuncio sobre el congreso BioLatina en la página 346 y luego decide si las siguientes oraciones son ciertas o falsas. Si son falsas, corrígelas.

1. En el congreso hablarán sobre curas para enfermedades como el Alzheimer y el Parkinson.
2. Uno de los paneles explorará las cuestiones éticas que surgen con el uso de las células madre.
3. En el congreso se puede aprender sobre el transplante de órganos en los humanos.
4. Habrá un debate sobre la prueba de ADN.

**9-23** **La biotecnología en Argentina** Para aprender sobre los avances en biotecnología en Argentina, completa el siguiente párrafo con las palabras apropiadas de la lista.

| | | | |
|---|---|---|---|
| beneficios | cuestiones éticas | hormonas | prolongar |
| células | embriones | implantan | remedios |
| clonación | gen | incurables | repercusiones |
| controvertida | genéticamente | prohibir | tratamiento |

Biosidus es una empresa de biotecnología que ha logrado avances revolucionarios con la (1) ___clonación___ de animales. Hasta la fecha han producido varios animales (2) ___genéticamente___ modificados capaces *(capable)* de secretar *(secrete)* en su leche (3) ___hormonas___ y proteínas humanas importantes para el (4) ___tratamiento___ de varias enfermedades. ¿Cómo lo hacen? Empiezan con (5) ___células___ de una vaca e insertan en ellas un (6) ___gen___ humano. Luego, clonan esas células para obtener (7) ___embriones___, los cuales (8) ___implantan___ en otras vacas madres.

Pero la tecnología es (9) ___controvertida___, pues presenta muchas (10) ___cuestiones éticas___ y muchos temen las posibles (11) ___repercusiones___. Algunos activistas quieren (12) ___prohibir___ el uso de esta tecnología, pero Biosidus llama la atención a sus muchos (13) ___beneficios___. Están seguros de que la tecnología los ayuda a (14) ___prolongar___ la vida de muchos y hasta encontrar (15) ___remedios___ para algunas enfermedades (16) ___incurables___.

**9-24** **¿Qué es?** Trabaja con un(a) compañero(a) para emparejar cada término con su definición.

1. ___f___ cordón umbilical
2. ___c___ dañino
3. ___d___ esteroide
4. ___a___ médula
5. ___g___ riesgo
6. ___e___ prevenir
8. ___h___ inconveniente
9. ___b___ piratería

a. Se encuentra dentro de los huesos y produce células sanguíneas (de sangre).
b. El uso de Internet para copiar o distribuir ilegalmente software no autorizado.
c. Causa daño.
d. Es un tratamiento para la inflamación.
e. Tomar medidas para evitar un daño.
f. Le lleva oxígeno y alimentos al bebé durante el embarazo.
g. Es la posibilidad de que pase algo negativo.
h. Obstáculo que existe para hacer algo.

## ¡A conversar!

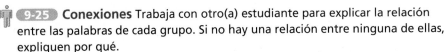

**9-25** **Conexiones** Trabaja con otro(a) estudiante para explicar la relación entre las palabras de cada grupo. Si no hay una relación entre ninguna de ellas, expliquen por qué.

**EJEMPLO** transplante, prolongar la vida, espionaje cibernético
Un transplante de un órgano es cuando toman un órgano de una persona o un animal y se lo ponen a otra persona. Un transplante es un tratamiento que puede prolongar la vida de una persona enferma. El espionaje cibernético es cuando una persona espía a otra por la computadora y el Internet. No hay una clara relación entre éste y el transplante y no puede prolongar la vida.

1. clonación, genes, prolongar la vida
2. prueba de ADN, espionaje, detectar
3. fertilización in vitro, implantar, cordón umbilical
4. médula, tratamiento, transplante
5. piratería, inconveniente, derechos de autor
6. esteroide, controversia, riesgo
7. hormonas sintéticas, repercusión, dañino
8. perfil genético, robo de identidad, terapia

**9-26** **Adelantos y cuestiones éticas** Para cada uno de los avances científicos y/o tecnológicos abajo explica todos los beneficios actuales y potenciales y todos los posibles riesgos que puedan presentar.

1. los animales transgénicos
2. los alimentos genéticamente manipulados
3. los esteroides sintéticos
4. el transplante de órganos

**9-27** **Películas de ciencia ficción** ¿Te gustan las películas de ciencia ficción? ¿Recuerdas alguna que trate de las repercusiones de alguna innovación tecnológica? Con los otros de tu grupo trata de generar una lista de varias de estas películas. Hablen del argumento de cada una y luego seleccionen la favorita del grupo para compartir con los otros grupos.

**9-28** **Cuestiones éticas** ¿Estarías a favor o en contra de las siguientes aplicaciones de la tecnología? Comenta cada situación con otros(as) dos estudiantes. ¿A qué conclusiones llegan?

1. La aplicación de la clonación terapéutica para generar células del hígado *(liver)* como tratamiento para alcohólicos que se han dañado el hígado
2. El uso del perfil genético para permitir que los padres seleccionen varias características de sus bebés (el sexo, el color del pelo, la probabilidad de enfermarse)
3. La creación de embriones para cultivar células madre, necesarias para salvar la vida de un bebé
4. El uso del Internet y aparatos electrónicos para espiar a un(a) hijo(a) que tiene problemas

## La tecnología como arma de doble filo

El cultivo de soya
en Argentina

### Anticipación

**9-29** **La agricultura en los EEUU** ¿Qué sabes de la agricultura en los EEUU? Contesta las preguntas.

1. ¿Que productos agrícolas se producen mayormente en los EEUU? ¿Y en tu región o estado?
2. ¿Sabes si algún producto del supermercado local está genéticamente modificado? ¿Crees que esto es bueno o malo?
3. ¿Por qué quieren los científicos modificar los productos?
4. ¿Que tipos de tecnología se usan en los EEUU para hacer la agricultura más eficiente?

**A**rgentina es tan famosa por su agricultura como por su tango. Aunque la ganadería *(cattle raising)*, el vino y el trigo *(wheat)* siguen siendo importantes, la soya se ha convertido en el cultivo principal.

La soya es una legumbre que se usa en casi todo: para alimentar animales, para hacer fertilizantes, lubricantes, pintura, jabón, plástico, tinta, tofu, sustitutos de carne, harina y aceite vegetal. Hay tanta demanda mundial para la soya que su precio se ha doblado desde el año 2000. Y Argentina con sus vastos terrenos ha aprovechado la oportunidad para producir mucha más soya. Dos tipos de tecnología han ayudado: la biotecnología y la tecnología de información. Estos dos factores triplicaron la producción de soya por hectárea *(2.47 acres)* e hizo de la soya el producto número uno que exporta Argentina.

Casi toda la soya argentina ha sido genéticamente modificada. Estas nuevas plantas no necesitan tanta agua ni tanto fertilizante como las originales. Pero, además de la genética, hay que cuidar las plantas con la mayor eficiencia para asegurar el mayor rendimiento *(yield)* y esto se consigue con una nueva técnica de cultivo: la "agricultura de precisión", la cual usa

La soya

tecnologías de información. El método de agricultura de precisión tiene cuatro partes: SPG, o sea, sistema de posicionamiento global; SIG, que quiere decir sistema de información geográfico; la Dosis variable de insumos *(VTR* en inglés); y monitores de rendimiento. Las metas principales de la agricultura de precisión son proveer la mejor cantidad de nutrientes a la planta para reducir el uso de herbicidas y pesticidas, y de esta manera reducir el costo del cultivo y así aumentar la ganancia del agricultor.

A pesar de todas estas ventajas, la agricultura de precisión trae también problemas. Uno es el costo; un sistema básico cuesta unos $30.000, una figura que está por encima del presupuesto *(budget)* del agricultor promedio *(average)*. Al igual que en los EEUU, muchas fincas *(farms)* en Argentina se han ido a la quiebra *(out of business)* porque no pueden competir con los agricultores a gran escala. Otro problema es que empobrece a las comunidades a su alrededor porque las máquinas reemplazan a las personas. En Argentina, el número de personas que trabajan en los campos se ha reducido en un 50%, lo cual aumenta la pobreza de la región.

Al final, los argentinos deben decidir entre los beneficios y los problemas de la agricultura moderna, porque hay dos caras de la moneda: la eficiencia de la tecnología y el efecto en los seres humanos.

## Comprensión

**9-30** **¿Comprendiste?** Contesta las preguntas para ver si has entendido el texto.

1. ¿Qué se cultiva y se cría *(raise)* en Argentina?
2. ¿Para que se usa la soya?
3. ¿Qué tipos de tecnología están usando los argentinos en el cultivo de la soya?
4. ¿Cuáles son la ventajas de usar esta tecnología? ¿Cuales son las desventajas?

## Entre culturas

 **9-31** **Perspectiva 1** ¿Cómo vemos a los argentinos? Marca con una [X] tu opinión y con un(a) compañero(a) explica por qué piensas así.

1. _____ La tecnología tiene un efecto negativo en Argentina.
2. _____ El gobierno debe ayudar a los agricultores de fincas pequeñas.
3. _____ Argentina es un país muy moderno a pesar de los problemas económicos.

**9-32** **Perspectiva 2** Lee lo que dicen algunos argentinos. ¿Qué piensan? Luego contesta las preguntas desde tu propia perspectiva.

Algunos argentinos dicen:

- "Nosotros estamos al tanto de los últimos avances de la tecnología."
- "Algunas veces la ganancia de unos pocos es más importante que la economía local."

Preguntas:

1. ¿Cuál es mejor, usar lo último en la tecnología para contribuir a la economía general o pensar en la economía local?
2. ¿Crees que es un problema de países como Argentina o crees que puede pasar en los Estados Unidos también?

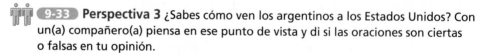 **9-33** **Perspectiva 3** ¿Sabes cómo ven los argentinos a los Estados Unidos? Con un(a) compañero(a) piensa en ese punto de vista y di si las oraciones son ciertas o falsas en tu opinión.

1. En los Estados Unidos se modifican algunos productos también aunque a la población general no le guste.
2. El uso de la tecnología en los Estados Unidos tiene los mismos efectos secundarios: el desempleo *(unemployment)*.
3. Sería bueno que el gobierno argentino ayudara a los agricultores con subsidios como pasa en los Estados Unidos.

## Extensión

**9-34** **La revolución verde** Busca en el Internet "la revolución verde" en Argentina. Haz una lista de tipos de nuevas tecnologías que se usan en la producción de vinos. Incluye también, qué tipos de variedades han desarrollado. ¿Qué tipos de corchos *(corks)* usan ahora? ¿Qué nuevos tipos de barriles? Infórmale a la clase sobre estas nuevas técnicas y averigua si en los EEUU hacen algo similar.

## El pluscuamperfecto del subjuntivo y el condicional perfecto

- The pluperfect subjunctive is formed with the imperfect subjunctive of the verb **haber** + the past participle of a second verb.

| Imperfect subjunctive of *haber* | | Past participle |
|---|---|---|
| hubiera | | |
| hubieras | | curado (-**ar** verb) |
| hubiera | + | prendido (-**er** verb) |
| hubiéramos | | prevenido (-**ir** verb) |
| hubiérais | | |
| hubieran | | |

- The pluperfect subjunctive is used in the same contexts as the imperfect subjunctive. The only difference in meaning is that the action in the subordinate clause *had been* completed *before* the time in the past conveyed by the verb in the main clause.

Hace diez años, **era** inimaginable que el espionaje cibernético **se convirtiera** en un problema tan complicado.
*Ten years ago, it **was** unimaginable that cyber spying **would become** such a complicated problem.*

Hace diez años, **era** inimaginable que el espionaje cibernético se **hubiera convertido** en un problema tan complicado.
*Ten years ago, it **was** unimaginable that cyber spying **had become** such a complicated problem.*

- The pluperfect subjunctive will be used only if the speaker wishes to convey that an action or condition *had been* completed *before* the time in the past indicated by the main verb (assuming, of course, that the structure of the sentence requires the use of the subjunctive in the first place).

El gobierno esperaba que los ciudadanos **hubieran considerado** la posibilidad del robo de identidad **antes** de poner todos sus datos personales en un formato electrónico.
*The government hoped that citizens **had considered** the possibility of identity theft **before** putting all of their personal information in an electronic format.*

- If the speaker intends to indicate that the action of the subordinate clause occurs either *simultaneously* or *after* the time indicated by the main verb, then either the present subjunctive or the imperfect subjunctive would be used.

El gobierno **espera** que los ciudadanos **consideren** la posibilidad del robo de identidad.
*The government **hopes** that citizens **consider** the possibility of identity theft.*

El gobierno **esperaba** que los ciudadanos **consideraran** la posibilidad del robo de identidad.
*The government **hoped** that citizens **would consider** the possibility of identity theft.*

## El condicional perfecto

- The conditional perfect is formed with the conditional of the verb **haber** + the past participle of a second verb.

| Conditional of *haber* | | Past participle |
|---|---|---|
| habría | | |
| habrías | | clonado (**-ar** verb) |
| habría | + | sometido (**-er** verb) |
| habríamos | | prohibido (**-ir** verb) |
| habríais | | |
| habrían | | |

- The conditional perfect is used to indicate that an action or condition *would have been* completed *before* a moment in the past, but *after* a time conveyed by the verb of the main clause or by the context of the sentence. The conditional perfect always expresses speculation and is always used with the pluperfect subjunctive in **si** clauses.

| Si | + | pluperfect subjunctive | + | conditional perfect |
|---|---|---|---|---|

**Si** el gobierno **no hubiera creído** en los posibles beneficios de la investigación de las células madre, **no habría permitido** la continuación de los experimentos.
*If the government **hadn't believed** in the possible benefits of stem cell research, it **would not have permitted** the continuation of the experiments.*

**Si** los científicos **no hubieran reducido** los riesgos del transplante de órganos, los médicos **no habrían tenido** tanto éxito con el procedimiento.
*If scientists **hadn't reduced** the risks of organ transplants, doctors **wouldn't have had** so much success with the procedure.*

- Remember that the imperfect or pluperfect subjunctive conveys a hypothetical situation or an idea contrary to the fact and is always linked to the **si** clause.

| Conditional perfect | + | **si** | + | pluperfect subjunctive |
|---|---|---|---|---|

En el pasado, la policía **habría resuelto** más crímenes **si hubiera existido** la prueba de ADN.
*In the past, the police **would have solved** more crimes **if** DNA testing **had existed**.*

- The conditional perfect is also used to express the idea of *probably* when speculating about ideas in the past.

Antes del estudio del perfil genético humano, los médicos **no habrían podido predecir** ciertos tipos de cáncer.
*Before the study of the human genetic profile, doctors **probably hadn't been able to predict** certain types of cancer.*

## ¡A practicar!

**9-35** **Hechos de la historia** Completa las oraciones usando el pluscuamperfecto del subjuntivo para imaginarte qué habría ocurrido dadas *(given)* otras circunstancias.

**EJEMPLO** Uruguay se independizó de Brasil en 1825.
**Si el Uruguay no se hubiera independizado de Brasil, los uruguayos habrían adoptado el portugués como idioma oficial.**

1. Los europeos llegaron a Uruguay y casi extinguieron a la población charrúa.
   Si _____, la población charrúa no se habría casi extinguido.

2. Uruguay utilizó la nueva invención de la refrigeración para exportar carne a Europa, lo cual ayudó grandemente la economía.
   Si _____, la economía no habría mejorado.

3. Argentina ganó su independencia de España en 1816.
   Si _____, los argentinos habrían sido todavía una colonia de España.

4. Juan Domingo Perón se casó con Eva Perón y ésta llegó a ser la primera dama de Argentina.
   Si _____, ella no habría sido la primera dama de Argentina.

5. Muchos inmigrantes a la Argentina llegaron de Italia y por eso los argentinos hablan español con un acento más o menos italiano.
   Si _____, los argentinos no habrían hablado español con un acento español.

**9-36** **Si lo hubiera sabido...** Algunas personas no tienen ni idea de lo que está pasando y cometen errores. Llena los espacios en blanco con el pluscuamperfecto del subjuntivo para ver ¡cómo es la vida de los que no son tan perfectos como nosotros!

1. Mi hermana fue a la Recoleta a ver la tumba de Juan Domingo Perón, pero la tumba no estaba allí. Ella esperaba que alguien se lo _____ (decir).

2. Buscó entonces la tumba de Evita Perón y la encontró pero no pudo sacar fotos porque no tenía pilas. No podía creer que las _____ (olvidar).

3. Un amigo trató de revisar su correo desde Buenos Aires, pero no pudo entrar a su cuenta porque se le olvidó la contraseña. Fue estúpido que no la _____ (memorizar).

4. Los argentinos son famosos por las deliciosas carnes que sirven y yo comí muchos cortes. Fue una suerte que _____ (decidir) no ser vegetariana la semana anterior.

5. Estuve en un hotel económico que no tenía banda ancha y no pude bajar algunos videos que me mandaron de los EEUU. Fue terrible que el hotel no _____ (tener) banda ancha.

6. Fui a las cataratas del Iguazú desde el lado argentino, pero me dijeron que se veían mejor del lado de Brasil. Fue una pena que no lo _____ (saber) antes de ir.

## ¡A conversar!

**9-37** **Si pudiera regresar en el tiempo** ¿De qué te arrepientes *(regret)*? ¿Qué habrías hecho o cambiado? Usando el pluscuamperfecto del subjuntivo, conversa con otro(a) estudiante sobre lo siguiente.

**EJEMPLO** ¿Perdiste algo en la computadora?
**Sí, perdí un documento de diez páginas y si hubiera guardado el documento, ¡no habría pasado eso!**

1. ¿Te prohibieron hacer algo? (Ej.: salir sola/o de noche, pasar mucho tiempo en los chats o jugando videojuegos)
2. ¿Rompiste algo muy caro? (Ej.: una herramienta, una computadora)
3. ¿Dijiste algo que no debiste?
4. ¿Te enojaste con alguien? (Ej.: tu amigo[a], tu novio[a])
5. ¿Se te olvidó algo importante? (Ej.: la contraseña, comprar baterías)
6. ¿Saliste mal en un examen?
7. ¿Te robaron la identidad?

**9-38** **Demandas imposibles** La sociedad algunas veces espera demasiado de los estudiantes. ¿Qué les piden sus padres? Con un(a) compañero(a) tomen turnos para hacerse preguntas usando el pluscuamperfecto del subjuntivo.

**EJEMPLO** ¿Recibiste una A en todas tus clases?
**¡Si hubiera estudiado 24 horas al día, quizás!**

1. ¿Terminaste tu tesis doctoral en un año?
2. ¿Inventaste algo que beneficie a la humanidad?
3. ¿Recibiste una A+ en la clase de español?
4. ¿Compraste un carro híbrido?
5. ¿Conseguiste un trabajo ya?
6. ¿Ahorraste dinero para comprar una casa?

**9-39** **Arrepentimientos** ¿De qué te arrepientes *(regret)*? Pregúntale a tu compañero(a) sobre sus sentimientos. Sigue el ejemplo para contestar las preguntas usando el pluscuamperfecto del subjuntivo.

**EJEMPLOS** familia / muerte
**Si tan sólo le hubiera dicho "te quiero" a mi abuelo antes de morir...**

estudios
**Si tan sólo hubiera estudiado más seriamente en la escuela secundaria...**

1. estudios
2. comprar algo
3. relaciones personales
4. vivienda *(housing)*
5. amigos
6. transporte
7. tecnología

## ¡A REPASAR Y A AVANZAR!

### Repaso

Before completing the activities on this page, review the following pages and refer to them as necessary to refresh your memory of the **Estructuras** addressed in **Capítulo 9.**

**El presente perfecto del subjuntivo,** p. 342

**El futuro perfecto,** p. 344

**El pluscuamperfecto del subjuntivo y el condicional perfecto,** pp. 354–355.

**TEACHING TIP 9-41** Brainstorm several technological advances with students, then allow them time to develop their reaction sentences. For each advancement, ask several students to share their opinions and invite reactions from others.

**9-40 Argentina y Uruguay** Pensando en lo que has aprendido en este capítulo y lo que ya sabes, contesta las siguientes preguntas. Después, compara tus respuestas con las de un(a) compañero(a) de clase.

1. ¿Qué sabes de la investigación científica en Argentina y Uruguay?
2. ¿Qué sabes de la disponibilidad y del uso de la tecnología en Argentina y Uruguay?
3. ¿Qué has aprendido sobre la historia de Argentina y Uruguay? ¿Te sorprendió algo? ¿Qué fue y por qué te sorprendió?
4. ¿Qué has aprendido sobre la geografía de Argentina y Uruguay? Si tuvieras la oportunidad de visitar estos países, ¿qué lugares visitarías? ¿Por qué? ¿Qué sabes de esos lugares?

**9-41 ¿Qué piensas?** Identifica al menos seis cosas que unas personas o unos grupos de personas han hecho en relación con la tecnología y para cada una expresa tu reacción empleando frases de la lista.

| | | | |
|---|---|---|---|
| Me alegro | Lamento | Es bueno | Es malo |
| Me gusta | Siento | Es cierto | Es molestoso |
| Espero | Me preocupo | Es increíble | Es triste |

**EJEMPLO** Es bueno que hayan creado maneras de hacer negocios electrónicamente pero me molesta que no hayan resuelto todos los problemas de seguridad.

Trabaja con con otros(as) dos o tres estudiantes para compartir y discutir sus ideas. Noten lo que tienen en común.

**TEACHING TIP 9-42** In group work you may allow students to comment on the photos and ideas presented by group members without limiting them to the use of the targeted verb tenses. Use of the structures studied in the chapter in preparation for the activity will serve as a helpful review, but conversation that is not guided solely by the mandate of specific tenses will allow students to develop conversational skills in a more natural context.

**9-42 Para el año 2020** Escoge varias fotos de Argentina y Uruguay y prepara oraciones para explicar lo que habrá pasado y lo que tú habrás hecho para el año 2020.

**EJEMPLO** Para el año 2020, habré viajado a Argentina y Uruguay y habré visitado lugares como Buenos Aires, las cataratas del Iguazú, Montevideo y Punta del Este. Las cataratas no habrán cambiado mucho pero la población de Buenos Aires habrá aumentado y también habrá crecido aún más el uso de tecnología en la ciudad.

Trabajando en grupos de tres o cuatro, túrnense para presentar sus fotos y la información que han preparado. Expresen sus reacciones a las fotos y la información presentadas por todos los miembros del grupo.

**9-43 ¿Qué habrías hecho?** Escoge fotos de tres o cuatro situaciones que presentan cuestiones éticas o decisiones difíciles y escribe información sobre lo que habrías hecho si te hubieras encontrado en esas situaciones. Unos temas posibles incluyen la clonación, el uso de la tecnología para espiar y el gasto de mucho dinero en el transbordador espacial en vez de ayudar a la gente desafortunada.

Trabajen en parejas o grupos de tres estudiantes para discutir todas las situaciones que han preparado. Escojan una situación para presentar a la clase. Expliquen si habrían hecho la misma cosa en esa situación o no y por qué sí o por qué no.

# Impresiones

**ANSWERS 9-44** 1. F – Se llama *¡Adelante!* 2. C 3. F – en la clonación 4. C 5. F – Se llama Pampa. 6. C 7. F – Reduce el costo en un 50%.

**9-44 ¡A escuchar!** A continuación vas a escuchar parte de un programa radial sobre ciencia y tecnología. Determina si cada oración es cierta o falsa. Corrige las oraciones falsas.

CD2, Track 8

1. El programa se llama *¡Apabullante!*
2. BioSidus es una empresa de biotecnología.
3. Esta compañía ha hecho avances espectaculares en el área de la cromatización *(to give color to something)*.
4. En el año 2002 lograron la primera clonación de una vaca en el continente.
5. La vaca clonada se llama Argentina.
6. La hormona de crecimiento humano que sacaron de la vaca clonada ayuda a niños que sufren de enanismo (baja estatura).
7. BioSidus reduce el costo del medicamento en un 5%.

**TEACHING TIP 9-45** Complete lyrics for Spanish songs can often be found through an Internet search of the song title plus the word "letra". Encourage students to listen to the complete song and to note what they believe the song to be about. In class, have students work in groups to share their ideas. Play the song for them with the lyrics displayed and then have a class discussion about the song and its cultural nuances. Encourage students to find connections between the song (or its writer and his/her country of origin) and the chapter's themes.

**9-45 Una canción** Atahualpa Yupanqui es quizá el más destacado y venerado cantor de tradición gaucha de Argentina. Su voz y estilo influyeron en centenares de artistas folclóricos latinoamericanos. Una de sus más conocidas canciones se titula "Los ejes de mi carreta".

iTunes

Atahualpa Yupanqui

Ve a **www.cengage.com/spanish/rumbos** y escucha "Los ejes de mi carreta" *(The axles of my cart)*. Esta canción describe la soledad y la nostalgia que produce el desamor. Indica si las siguientes oraciones se mencionan o no en la letra *(the lyrics)*.

| | Sí | No |
|---|---|---|
| 1. Porque no engraso *(oil)* los ejes me llaman atormentado. | Sí | (No) |
| 2. Sí, a mí me gusta que suenen *(make a musical sound)*. | (Sí) | No |
| 3. Es demasiado aburrido seguir y seguir la huella *(track)*. | (Sí) | No |
| 4. Viajar y viajar por las carreteras | Sí | (No) |
| 5. No necesito silencio, yo no tengo en quién pensar. | (Sí) | No |

**9-46 El Internet** En este capítulo aprendiste a hablar sobre inventos, tecnología y progreso. Ve a **www.cengage.com/spanish/rumbos** y busca en periódicos y revistas electrónicos información relacionada con los avances de la tecnología, la ciencia y las comunicaciones. Escoge un artículo corto sobre un tema de interés. Prepara una presentación ante la clase donde describas y expliques lo que has leído en la red.

## ¡A LEER! Zapping (selección)

### Sobre la autora

**Beatriz Sarlo** (1942– ) nació en Buenos Aires. Es profesora de literatura en la Universidad de Buenos Aires. Ha sido profesora también en las universidades de Columbia, Berkeley, Cambridge, Maryland y Minnesota. Realizó estudios críticos sobre grandes escritores argentinos como Sarmiento, Borges y Cortázar, entre otros. Ha participado constantemente en debates políticos y culturales en Argentina, incluso durante los años de dictadura militar. En sus libros, la autora combina muy bien el humor y el sarcasmo, mientras critica y cuestiona la realidad en la que vive.

## Antes de leer

**TEACHING TIP** The intentions of the author can be more easily recognized if the students understand the tone of the reading. Refer students back to **Capítulo 4** to review the characteristics of different tones in literature. Then, ask the students to identify the tone for this reading.

**9-47** **Invitación al texto** En este ensayo, Beatriz Sarlo se enfoca en un invento muy conocido por todos, del cual casi nunca pensamos: el control remoto. Su intención es analizar el fenómeno del cambio de canales como un reflejo de la mentalidad de la sociedad argentina actual, más específicamente, de los habitantes de Buenos Aires. Este fragmento es del libro *Escenas de la vida posmoderna*, en que se cuestiona la posición que tienen los artistas y los intelectuales en la sociedad argentina moderna, donde los avances tecnológicos parecen estar dominando las vidas de los ciudadanos.

1. Cuando miras televisión, ¿usas mucho el control remoto? ¿Cambias de canal durante los anuncios comerciales, o también durante un programa para ver si hay algo mejor? Si no tuvieras un control remoto, ¿mirarías menos la televisión? ¿Por qué sí o por qué no?

2. ¿Crees que antes de la invención del control remoto la gente ponía más atención a un programa? ¿Crees que ahora la atención de la gente está disminuyendo? ¿Por qué?

3. En tu opinión, ¿por qué se opondrían los artistas e intelectuales al fenómeno actual de la televisión y el uso del control remoto?

4. ¿Hay algún invento moderno que no sea necesario para vivir pero que sea indispensable para ti? ¿Qué comodidades te da este aparato?

## Estrategia de lectura Reconocer la función de un texto

If, as a reader, you are aware of the author's purpose in writing a piece of literature, you will have a better understanding of the author's message. Common functions of literary texts include reporting, analyzing, comparing, reviewing, criticizing, and defending. Often times you can deduce a text's function from its title. For example, the title of Beatriz Sarlo's text "La vida al ritmo del ringtone" suggests that the author will be primarily criticizing the use of cell phones.

Consider other titles of works you may be familiar with. Can you think of a title for each function mentioned? Are there additional functions that you could add? Are there instances when a title is deceiving? Finally, consider the title of Sarlo's book from which the segment "Zapping" was taken: *Escenas de la vida posmoderna: intelectuales, arte y videocultura en Argentina*. What functions might you attribute to readings from this book?

# Zapping (selección)

La imagen ha perdido toda intensidad. No produce asombro[1] ni intriga; no resulta[2] especialmente misteriosa ni especialmente transparente. Está allí sólo un momento, ocupando su tiempo a la
5 espera de que otra imagen la suceda[3]. La segunda imagen tampoco asombra ni intriga, ni resulta misteriosa ni demasiado transparente.

Está allí sólo una fracción de segundo, antes de ser reemplazada[4] por la tercera imagen, que tampoco
10 es asombrosa ni intrigante y resulta tan indiferente como la primera o la segunda. La tercera imagen persiste una fracción infinitesimal y se disuelve en el gris topo[5] de la pantalla. Ha actuado desde el control remoto. Cierra los ojos y trata de recordar la primera
15 imagen: ¿eran algunas personas bailando, mujeres blancas y hombres negros? ¿Había también mujeres negras y hombres blancos? Se acuerda nítidamente[6] de unos pelos largos y enrulados[7] que dos manos alborotaban[8] tirándolos desde la nuca[9] hasta cubrir
20 los pechos[10] de una mujer, presumiblemente la portadora de la cabellera[11]. ¿O esa era la segunda imagen: un plano más próximo[12] de dos o tres de los bailarines? ¿Era negra la mujer del pelo enrulado? Le había parecido muy morena, pero quizás no
25 fuera negra y sí fueran negras las manos (y entonces, quizás, fueran las manos de un hombre) que jugaban con el pelo. De la tercera imagen recordaba otras manos, un antebrazo con pulseras y la parte inferior de una cara de mujer. Ella estaba tomando algo, de
30 una lata[13]. Atrás, los demás seguían bailando. No pudo decidir si la mujer que bebía era la misma del pelo largo y enrulado; pero estaba seguro de que era una mujer y de que la lata era una lata de cerveza.

Accionó[14] el control remoto y la pantalla se iluminó
35 de nuevo.

Uno, dos, tres, cuatro, cinco, seis, siete, ocho, nueve, cincuenta y cuatro. Primer plano[15] de león avanzando entre plantas tropicales; primer plano de un óvalo naranja con letras negras sobre fondo de
40 una gasolinera; plano general[16] de una platea[17] de circo (aunque no parece verdaderamente un circo) llena de carteles[18] escritos a mano; primer plano de una mujer, tres cuartos perfil, muy maquillada, que dice "No quiero escucharte"; dos tipos recostados[19]
45 sobre el capó[20] de un coche de policía (son jóvenes y discuten); un trasero[21] de mujer, sin ropa, que se aleja[22] hacia el fondo; plano general de una calle, en un barrio que no es de acá; Libertad Lamarque[23] a punto de ponerse[24] a cantar (quizás no estuviera por
50 cantar sino por llorar porque un tipo se le acerca amenazador[25]); una señora simpática le hace fideos[26] a su familia, todos gritan, los chicos y el marido; un samurai, de rodillas, frente a otro samurai más gordo y sobre la tarima[27], al ras[28] de la pantalla, subtítulos
55 en español; otra señora apila ropa bien esponjosa[29] mientras su mamá (no sabe por qué, pero la más vieja debe ser la madre) observa; Tina Turner en tres posiciones diferentes en tres lugares diferentes de la pantalla; después Alaska[30], iluminada desde atrás
60 (pero se ve bien que es ella); una animadora bizca[31] sonríe y grita; el presidente de alguna de esas repúblicas nuevas de Europa le habla a una periodista en inglés; dos locutores[32] hablan como gallegos[33]; Greta Garbo baila con una media en un hotel
65 lujosísimo; Tom Cruise; James Stewart; Alberto Castillo[34]; [. . .] dos locutores, de acá, se miran y se

---

[1]**asombro** *awe*
[2]**resulta** *turns out*
[3]**la suceda** *follows it*
[4]**reemplazada** *replaced*
[5]**gris topo** *mole gray*
[6]**nítidamente** *clearly*
[7]**enrulados** rizados
[8]**alborotaban** agitaban
[9]**nuca** *back of the neck*
[10]**pechos** *breasts*
[11]**portadora de la cabellera** *owner of the head of hair*
[12]**un plano más próximo** *a closer shot*

[13]**lata** *can*
[14]**Accionó** *Activated*
[15]**Primer plano** *close-up*
[16]**plano general** *long shot*
[17]**platea** asientos
[18]**carteles** *posters*
[19]**tipos recostados** *men leaning*
[20]**capó** *hood*
[21]**trasero** *buttocks*
[22]**se aleja** *walks away*
[23]**Libertad Lamarque** artista argentina
[24]**a punto de ponerse** *about to start*

[25]**se le acerca amenazador** *approaches her threateningly*
[26]**fideos** un tipo de pasta
[27]**tarima** plataforma
[28]**al ras** *at the bottom of*
[29]**apila ropa bien esponjosa** *piles up soggy clothing*
[30]**Alaska** famosa cantante de la música Punk, popular en los años 80
[31]**animadora bizca** *cross-eyed host*
[32]**locutores** *announcers*
[33]**gallegos** españoles de Galicia
[34]**Alberto Castillo** actor argentino

ríen; actores blancos y negros en una favela[35] hablan portugués; dibujitos animados japoneses. Acciona el control remoto por última vez y la pantalla vuelve al
70  gris topo.

Demasiadas imágenes y un gadget relativamente sencillo, el control remoto, hacen posible el gran avance interactivo de las últimas décadas que no fue producto de un desarrollo tecnológico originado en las grandes
75  corporaciones electrónicas sino en los usuarios comunes y corrientes[36]. Se trata, claro está, del zapping.

El control remoto es una máquina sintáctica, una moviola[37] hogareña[38] de resultados imprevisibles e instantáneos, una base de poder simbólico que se
80  ejerce[39] según leyes que la televisión enseñó a sus espectadores. Primera ley: producir la mayor acumulación posible de imágenes de alto impacto por unidad de tiempo; y, paradójicamente, baja cantidad de información por unidad de tiempo o alta
85  cantidad de información indiferenciada (que ofrece, sin embargo, el "efecto de información"). Segunda ley: extraer todas las consecuencias del hecho de que la retrolectura[40] de los discursos visuales o sonoros, que se suceden en el tiempo, es imposible (excepto que
90  se grabe[41] un programa y se realicen las operaciones propias de los expertos en medios y no de los televidentes[42]). La televisión explota este rasgo[43] como una cualidad que le permite una enloquecida[44] repetición de imágenes: la velocidad del medio es
95  superior a la capacidad que tenemos de retener sus

contenidos. El medio es más veloz que lo que trasmite. En esa velocidad, muchas veces, compiten hasta anularse[45] los niveles de audio y video. Tercera ley: evitar la pausa y la retención temporaria del flujo[46] de
100  imágenes porque conspiran contra el tipo de atención más adecuada a la estética massmediática y afectan lo que se considera su mayor valor: la variada repetición de lo mismo. Cuarta ley: el montaje[47] ideal, aunque no siempre posible, combina planos muy breves[48]; las
105  cámaras deben moverse todo el tiempo para llenar la pantalla con imágenes diferentes y conjurar[49] el salto de canal.

En la atención a estas leyes reside el éxito de la televisión pero, también, la posibilidad estructural
110  del zapping. Los alarmados ejecutivos de los canales y las agencias publicitarias ven en el zapping un atentado[50] a la lealtad que los espectadores deberían seguir cultivando. Sin embargo, es sensato que acepten que, sin zapping, hoy nadie miraría televisión.
115  Lo que hace casi medio siglo era una atracción basada sobre la imagen se ha convertido en una atracción sustentada en la velocidad. La televisión fue desarrollando las posibilidades de corte y empalme[51] que le permitían sus tres cámaras, sin
120  sospechar que en un lugar de ese camino, por el que transitó desde los largos pianos generales fijos hasta la danza del switcher[52], tendría que tomar de su propia medicina: el control remoto es mucho más que un switcher para aficionados.

---

[35]**favela** *Brazilian slum*
[36]**comunes y corrientes** ordinarios
[37]**moviola** *device for editing film*
[38]**hogareña** doméstica
[39]**se ejerce** funciona
[40]**retrolectura** re-evaluación
[41]**grabe** *record*

[42]**televidentes** *viewers*
[43]**rasgo** aspecto
[44]**enloquecida** *crazy*
[45]**anularse** *canceling each other out*
[46]**flujo** *flow*
[47]**montaje** *montage*
[48]**planos muy breves** *very short shots*

[49]**conjurar** provocar
[50]**atentado** *assault*
[51]**empalme** *splice*
[52]**switcher** *device used by the director to switch cameras*

## Después de leer

 **9-48 Reconociendo la función del texto** Con la ayuda de un(a) compañero(a), vuelve a considerar la(s) función(es) que habías identificado para la lectura antes de leer. ¿Pensaron en la(s) misma(s) función(es)? Ahora, después de leer, ¿tenían razón? ¿Creen que el título del libro refleja bien la función del texto? ¿Cuáles son otras funciones de este fragmento que podrían añadir?

**ANSWERS 9-49** 1. Según el texto, el control remoto tiene beneficios para los televidentes y peligros para los agentes publicitarios. Sí, está presentado como un avance. 2. Le permite ver una gran cantidad de imágenes variadas y le da la posibilidad de mezclar y combinar imágenes en la forma que quiera. 3. Los televidentes pueden mirar un canal diferente, y pueden evitar los anuncios comerciales. 4. Crea el efecto de estar mirando la televisión mientras alguien cambia de canales constantemente. 5. No, no presta atención porque no puede recordar bien las imágenes y las confunde. 6. Porque con el zapping, los televidentes pueden actuar como directores, cortando y empalmando las imágenes. El control remoto actúa como el switcher.

 **9-49 Comprensión** En parejas o en grupos de tres, contesten las siguientes preguntas. Después compartan sus respuestas con la clase.

1. Según el texto, ¿el control remoto presenta más beneficios o peligros? ¿Está presentado como un avance de la tecnología?
2. ¿Qué beneficios presenta el zapping para los espectadores?
3. ¿Qué inconvenientes tiene el zapping para los ejecutivos de los canales de televisión?
4. Los primeros párrafos están escritos de una manera especial: Son frases cortas conectadas por punto y coma (;). ¿Qué efecto busca la autora con esta forma de escribir?
5. ¿La persona que está haciendo zapping en el texto pone atención a lo que ve en la televisión? ¿Cómo sabes esto?
6. ¿Por qué compara a los espectadores con los directores? ¿Qué tienen en común?

**ANSWERS 9-50** *Answers will vary.* 4. *Possible Answer:* Su intención es criticar y cuestionar la manera en que la tecnología ha cambiado la mentalidad de la gente.

**9-50 Expansión** En parejas o en grupos de tres, contesten las siguientes preguntas.

1. ¿Cuál es el significado del título en tu opinión? ¿Es "zapping" una palabra del español?
2. La autora dice que sin el zapping nadie miraría televisión. ¿Estás de acuerdo? ¿Por qué?
3. Este ensayo se basa en la sociedad argentina. ¿Crees que también podría aplicarse a la cultura de los Estados Unidos? ¿Qué similitudes hay entre lo que describe y lo que ocurre en la sociedad de este país?
4. En tu opinión, ¿cuál es la intención de la autora al escribir un segmento como "Zapping"? ¿Por qué?

## ¡A ESCRIBIR! El ensayo expositivo

### El tema

En este capítulo has considerado distintas perspectivas sobre los beneficios, los riesgos y los inconvenientes de diferentes avances científicos y tecnológicos. Ahora vas a compartir tus ideas sobre el tema en forma de un ensayo expositivo. Este tipo de ensayo es nada más que una exposición organizada de tu interpretación de algún tema concreto. Demuestra la reflexión crítica sobre el tema y es siempre original.

### El contenido

El ensayo expositivo comienza con el deseo del autor de decir algo sobre un tema específico. Nunca trata un hecho, sino sus reacciones y reflexiones sobre ese hecho. Para ayudarte a descubrir las reacciones y reflexiones que quieres compartir, toma cinco o diez minutos para hojear *(flip through)* el capítulo y tus apuntes para recordar los temas que has tratado. Algunos ejemplos son: los esteroides y los deportes, los alimentos genéticamente modificados y la salud, la industria de la música y la piratería. Después, trata de responder a por lo menos dos de las siguientes preguntas de dos partes:

a. ¿Qué tema te interesó más?          b. ¿Por qué?

a. ¿Qué tema te dio esperanza?          b. ¿Por qué?

a. ¿Qué tema te molestó o te enojó?          b. ¿Por qué?

a. ¿Qué tema te pareció ilógico?          b. ¿Por qué?

La respuesta a la parte *a* de cada pregunta te da solo un tema, pero es la parte *b* que te lleva a lo que va a ser el objetivo o **la tesis** de tu ensayo. Mira tus respuestas y selecciona la tesis que te parezca más original y/o interesante para elaborar. Trata de formular en una o dos oraciones esa tesis y escríbela en una hoja. Después, toma tiempo para apuntar todas las razones (con ejemplos específicos donde sea posible) por las que tienes esa opinión. Esas razones serán el cuerpo de tu ensayo.

### El primer borrador

Lee la Estrategia de escritura en la página 365 y luego sigue esta estructura para escribir tu primer borrador.

*La introducción:* Escribe un párrafo para presentar el tema y plantear tu tesis. Recuerda que el objetivo fundamental es captar el interés del lector para que siga leyendo tu trabajo escrito.

*El cuerpo:* El objetivo es guiar al lector por el camino que te llevó a tu tesis. Selecciona dos o tres de las razones más lógicas, interesantes o convincentes (de las que apuntaste en la sección anterior) que explican por qué tienes esa opinión. Organízalas en una manera lógica y desarrolla para cada una su propio párrafo.

*La conclusión:* Escribe un párrafo para resumir la información que presentaste en el ensayo y resaltar *(highlight)* tu tesis. No debes introducir información nueva.

*El título:* Ponle un título que resuma el tema de tu ensayo y que a la vez capture el interés del lector.

## Revisión en parejas

 Lee el reportaje de un(a) compañero(a) de clase y contesta las preguntas.

1. ¿Tiene una tesis específica? ¿Es una opinión y no un hecho? ¿Es interesante?
2. ¿Se desarrolla en cada párrafo del cuerpo un ejemplo distinto que explique o apoye la tesis? ¿Hay algo que no entiendas o que tenga que explicar más?
3. ¿Es lógico el desarrollo de las ideas? ¿Debe organizar los párrafos de otra manera?
4. ¿Tiene ejemplos de lenguaje informal u oral que deba quitar? ¿Tiene elementos narrativos que deba quitar?
5. ¿Resume la conclusión la información presentada en el ensayo?
6. ¿Tiene un buen título?
7. ¿Utiliza mucho vocabulario del tema? ¿Puede usar más?
8. ¿Utiliza una variedad de estructuras gramaticales? ¿Las ha usado bien o notas algún error?

## Elaboración y redacción

Considera los comentarios de tu compañero(a) y luego haz los cambios necesarios. Revisa otra vez el vocabulario y la gramática de tu ensayo. Trata de incluir más vocabulario del capítulo y mira si has usado una variedad de estructuras, como las oraciones hipotéticas con el pasado del subjuntivo y el condicional, y/o el futuro y condicional perfecto. ¿Puedes usar pronombres para eliminar la repetición en tu biografía? Busca y corrige los errores comunes y usa la función de *spell-check* para pulir *(polish)* la ortografía.

## Estrategia de escritura La exposición

hen writing an expository essay in an academic context, such as for a class assignment, it is important to attend to the purpose, the audience, and the formality of the language.

**Purpose:** This type of essay is not an anecdote or story, so you do not narrate or report. The essay must present your *informed* opinion about a specific topic, typically expressed in the form of a thesis statement, which is then analyzed and explained through the body of the essay. This essay also allows your instructor to evaluate your language, critical thinking, and perhaps research skills, so it must provide a good display of each.

**Audience:** Unlike e-mails and letters, the academic essay is typically not interactive. Therefore you do not directly address your reader, and you cannot assume that he or she shares specific knowledge with you. You should provide background information and specific details so that your reader can follow your exposition of your point of view.

**Formality:** A formal register of language is usually required. Sentences must be complete, precise, well-structured, and free from slang. Whereas in a personal letter you might write: **Bueno, pues, te cuento que los nuevos dispositivos son padrísimos y todos los van a comprar, ¿sabes?,** in more formal writing you would write: **Los nuevos dispositivos electrónicos son maravillosos y se venderán bien.**

# Impresiones

## ¡A VER! Asociación nacional de inventores

### Antes de ver

**TEACHING TIP** Allow students to watch the video segment at least two times. The first time suggest they watch and listen but not try to take notes. After watching it one time, have them read the questions in **Después de ver.** Then, as they watch the video a second time, have them write information related to the questions.

**9-51 El progreso** La creatividad y el ingenio humano casi no tienen límite. Siempre ha existido alguien que tiene una idea de cómo mejorar las cosas. Con un(a) compañero(a) decidan si en su opinión están de acuerdo o no con las siguientes oraciones.

1. La ética no debe ponerles obstáculos a las nuevas invenciones.    Sí   No
2. Se les deben dar patentes sólo a personas con títulos universitarios.    Sí   No
3. Sólo el estado debe financiar nuevas invenciones.    Sí   No
4. Se deben prohibir las invenciones bélicas *(warlike).*    Sí   No
5. La sociedad avanza gracias a los que inventan cosas prácticas.    Sí   No

### Vocabulario útil

**plantilla** *stencil*
**huellas digitales** *fingerprints*
**gestiones** *negotiations*
**dactilar** *digital (pertaining to fingerprints)*

### Mientras ves

**9-52 ¡Ve y escucha con cuidado!** Mira el segmento y marca con una equis [X] la palabra que escuches o veas.

| | |
|---|---|
| X champán | X ADN |
| ___ revolución digital | X imaginación |
| ___ novedoso | ___ informática |
| X digitales | X tinta |
| X beneficio | X utilidad |
| X dactilar | ___ ficheros |

### Después de ver

**ANSWERS 9-53** 1. Para protegerlo, para que no se rompa si se cae. 2. la plantilla para huellas digitales 3. Maral de Buenos Aires 4. La huella contiene ADN. 5. *Answers may vary. Possible answers include:* Por los usos que pueda tener para combatir el crimen al obtener más información sobre cada persona.

**9-53 ¿Qué recuerdas?** Contesta las siguientes preguntas.

1. ¿Para qué sirve el nuevo protector del control remoto?
2. ¿Cuál es uno de los inventos más novedosos?
3. ¿Qué compañía creó ese novedoso invento?
4. ¿Cuál es la característica más singular de ese invento?
5. ¿Por qué pueden estar la CIA y la DEA interesadas en este invento?

### Más allá del video

**9-54 Invenciones que amenazan nuestra sociedad** Con un(a) compañero(a) hagan una lista de los cinco avances tecnológicos que puedan representar un peligro para la humanidad. Escojan dos de ellos y expliquen a su compañero/a por qué estos inventos pueden ser peligrosos.

## Para hablar de los inventos de ayer y de hoy

| | |
|---|---|
| la actualidad / actual | *present time / present, current* |
| la alta tecnología | *high tech* |
| la anestesia | *anesthesia* |
| el asistente personal digital (APD) | *Personal Digital Assistant (PDA)* |
| el auricular manos libres | *hands-free earpiece* |
| el auto híbrido / de hidrógeno | *hybrid car / hydrogen car* |
| la banda ancha | *broad band* |
| la cerilla | *match* |
| la contraseña | *password* |
| el dispositivo | *device, gadget* |
| el envase de burbuja / envasar | *bubble wrap / to wrap* |
| el helicóptero | *helicopter* |
| la herramienta | *tool* |
| el invento / inventar / el (la) inventor(a) | *invention / to invent / inventor* |
| el marcapasos | *pacemaker* |
| la pila | *battery* |
| la píldora anticonceptiva | *birth control pill* |
| el reproductor de MP3/DVD | *MP3/DVD player* |
| la rueda | *wheel* |
| el sistema operativo | *operating system* |
| el transbordador espacial | *space shuttle* |
| el (la) usuario(a) | *user* |
| | |
| almacenar | *to store* |
| bajar | *to download* |
| digitalizar | *to digitize* |
| fabricar | *to produce, to manufacture* |
| intercambiar ficheros | *to exchange files, to file share* |
| patentar / la patente | *to patent / patent* |
| recargar / recargador | *to recharge / (battery) charger* |
| recuperar datos | *to recover data* |
| subir a la red | *to upload* |
| | |
| anticuado(a) | *old-fashioned, antiquated* |
| descabellado(a) | *crazy, crackpot* |
| eficaz / eficazmente | *efficient / efficiently* |
| (in)alámbrico / el alambre | *wire(less) / wire* |
| (in)dispensable | *(in)dispensable* |
| (in)imaginable | *(un)imaginable* |
| (in)útil / la (in)utilidad | *(useless) useful / (uselessness) usefulness* |
| novedoso(a) | *novel, new* |
| potente / la potencia | *powerful / power* |

## Para hablar de la ciencia y la ética

| | |
|---|---|
| el beneficio | *benefit* |
| la célula madre | *stem cell* |
| la clonación / el clon / clonar | *cloning / clone / to clone* |
| la confidencialidad | *confidentiality* |
| la controversia / controvertido(a) | *controversy / controversial* |
| el cordón umbilical | *umbilical cord* |
| la cuestión ética / ético(a) | *ethical question, issue / ethical* |
| la cura / (in)curable / curar | *cure / (in)curable / to cure* |
| los derechos de autor | *copyrights* |
| el embrión | *embryo* |
| el espionaje cibernético / el (la) espía / espiar | *cyber spying / spy / to spy* |
| el esteroide | *steroid* |
| la fertilización in vitro / la (in)fertilidad | *in vitro fertilization / (in)fertility* |
| el gen / el genoma humano | *gene / human genome* |
| la hormona sintética | *synthetic hormone* |
| el inconveniente | *drawback* |
| la manipulación genética | *genetic manipulation* |
| la médula | *marrow* |
| el perfil genético | *genetic profile* |
| la piratería / el (la) pirata / piratear | *piracy / pirate / to pirate* |
| la prevención / prevenir | *prevention / to prevent* |
| la prueba de ADN (ácido desoxirribonculeico) | *DNA test* |
| el remedio / remediar | *remedy / to remedy* |
| la repercusión | *repercussion* |
| el riesgo / arriesgar | *risk / to risk* |
| el robo de identidad | *identity theft* |
| la selección genética | *genetic selection* |
| el transplante de órganos / transplantar | *organ transplant / to transplant* |
| el tratamiento | *treatment* |
| | |
| detectar | *to detect* |
| implantar | *to implant* |
| prohibir | *to prohibit* |
| prolongar la vida | *to prolong life* |
| | |
| dañino(a) / dañar | *damaging / to damage* |
| terapéutico(a) / la terapia | *therapeutic / therapy* |
| transgénico(a) | *transgenic* |

La sobrevivencia del planeta requiere colaboración.

# La globalización

## RUMBO A CHILE Y PARAGUAY

### Metas comunicativas

- Describir los temas sociales y ambientales conectados con la globalización
- Analizar el impacto de la globalización en el medioambiente
- Elaborar y defender una opinión sobre temas sociales y ambientales
- Escribir un ensayo argumentativo

### Vocabulario

- Los desafíos sociales
- La ecología global

### Estructuras

- Los tiempos progresivos
- Repaso de tiempos verbales

### Perspectivas culturales

- Paraguay, un país bilingüe
- Todos cooperan contra la contaminación

### Cultura y pensamiento crítico

- La migración
- El bilingüismo y el guaraní
- Los cartoneros y el reciclaje
- **Lectura:** *Un tal Lucas* de Luis Sepúlveda
- **Video:** La contaminación en Santiago

SUDAMÉRICA

Océano Pacífico

PARAGUAY
Asunción ★

CHILE

Santiago ★

### 10-1 ¿Qué sabes de Chile y Paraguay?

Lee las siguientes ideas sobre Chile y Paraguay. Con un(a) compañero(a) determina si cada oración es cierta o falsa. Corrige las oraciones falsas.

1. Chile tiene una gran diversidad de climas y regiones geográficas.

2. Paraguay, al igual que Bolivia, no tiene acceso al mar.

3. Paraguay tiene una economía altamente industrializada.

4. Chile es uno de los países del continente más integrados en la economía mundial.

5. Chile es el país sudamericano con el más alto grado de bilingüismo.

**ANSWERS 10-1** 1. C 2. C 3. F – La economía de Paraguay está en proceso de desarrollo. 4. C. 5. F – Paraguay es el país sudamericano con más alto grado de bilingüismo.

**RECURSOS**

- 🔊 Audio
- ▶ Video
- 🌐 **www.cengage.com/spanish/rumbos**
- **iLrn** iLrn
- 🎧 iTunes

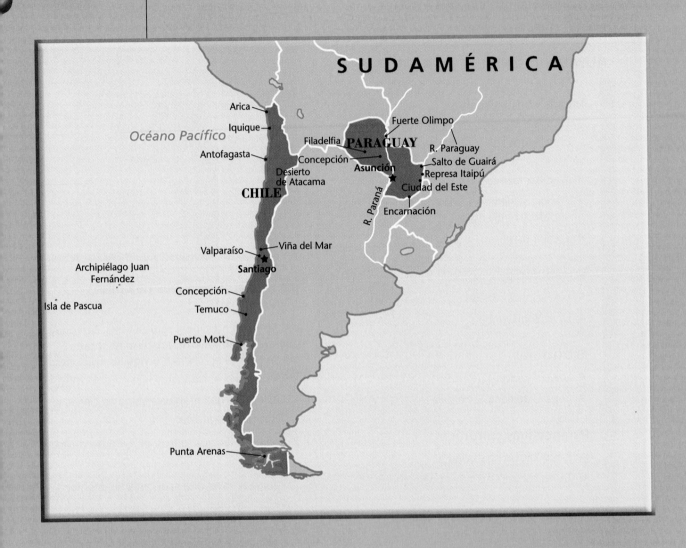

**Chile y Paraguay**

**antes de 1535**
Varias culturas indígenas, incluyendo los incas en Chile y los guaraníes en Paraguay

**1535–1537** Los españoles inician la colonización de Paraguay; fundan la ciudad de Asunción (1537).

**1541–1550** El español Pedro de Valdivia funda tres ciudades chilenas: Santiago (1541), Valparaíso (1544) y Concepción (1550).
**1813** Paraguay proclama su independencia de España.

**1818** Chile gana su independencia de España.
**1865–1870** Guerra de la Triple Alianza (Uruguay, Argentina y Brasil luchan contra Paraguay); Paraguay pierde casi dos terceras (two thirds) partes de su población y gran parte de su territorio.

**1879–1883** Guerra del Pacífico; Chile lucha contra Bolivia y Perú.
**1932–1935** Guerra entre Paraguay y Bolivia; Paraguay gana territorio importante de Bolivia.

| antes de 1535 | 1535 | 1800 | 1860 | 1880 | 1930 |
|---|---|---|---|---|---|

**antes de 1535**
Varias culturas indígenas

**1539–1543** El conquistador español Hernando de Soto explora gran parte de los EEUU y "descubre" el río Misisipí.

**1791** Se agrega la Declaración de Derechos a la Constitución de los Estados Unidos.

**1860** Abraham Lincoln es elegido presidente.
**1886** El presidente Grover Cleveland inaugura la Estatua de la Libertad en Nueva York.

**1933** Crisis económica; Franklin D. Roosevelt es elegido presidente.

**Los Estados Unidos (EEUU)**

**10-2** **La geografía** Mira el mapa y contesta las siguientes preguntas.

1. ¿Dónde se encuentra uno de los desiertos más secos del mundo?
2. ¿Qué puerto chileno está más cerca de la capital chilena?
3. ¿Cuál es el río que divide a Paraguay en dos?
4. ¿Cuál es la capital de Paraguay?
5. ¿Cómo se llama la isla de influencia polinesia *(polynesian)* en el Pacífico?
6. ¿Dónde se encuentra la represa *(dam)* Itaipú?

**10-3** **Un poco de historia** Completa las oraciones con la información correcta de la cronología histórica.

1. La dictadura militar de _____ va de 1973 a 1990.
2. Pedro Valdivia funda _____, _____, _____: tres de las ciudades más importantes de Chile.
3. La poeta chilena _____ gana el Premio Nobel de Literatura en 1945.
4. El general _____ fue uno de los dictadores paraguayos más famosos del siglo XX.
5. En la Guerra del Pacífico se enfrentan Chile contra _____.
6. En el año 2003 Estados Unidos y _____ firman el Tratado de Libre Comercio.
7. En 1973 el pueblo chileno elige a _____ como presidente de la república.
8. Uruguay, Argentina y Brasil luchan contra Paraguay en la _____.

**Más perspectivas de...** www.cengage.com/spanish/rumbos
- Google™ Earth coordinates
- Video: Chile y Paraguay

---

**1945** La poeta chilena Gabriela Mistral recibe el Premio Nobel de Literatura.

**1954–1989** Dictadura militar del general Alfredo Stroessner en Paraguay

**1971** El escritor chileno Pablo Neruda recibe el Premio Nobel de Literatura.

**1973** Salvador Allende, es elegido presidente de Chile; golpe *(coup)* militar apoyado por *(supported by)* los EEUU; Allende muere.

**1973–1990** Dictadura militar del general Augusto Pinochet en Chile

**1984** Se inaugura la represa Itaipú en la frontera entre Paraguay y Brasil; es la represa hidroeléctrica más grande del mundo.

**2003** Tratado de Libre Comercio *(Free Trade Agreement)* entre Chile y los EEUU

**2006** Stroessner muere en Brasil; Pinochet muere en Chile; Michelle Bachelet se convierte en la primera presidenta de Chile.

**1940** | **1950** | **1970** | **1980** | **2000** | **2010**

**1941** (7 de diciembre) El ataque sorpresa a Pearl Harbor en la isla de Oahu, Hawai, por parte de Japón; empieza la Segunda Guerra Mundial.

**1954** La Corte Suprema declara ilegal la segregación racial en las escuelas públicas.

**1970** Se celebra por primera vez el Día de la Tierra.

**1973** Se aprueba una ley que protege a los animales en peligro de extinción.

**1989** El derrame *(spill)* de petróleo del buque *(tanker)* Exxon Valdez, el más grande de la historia de los EEUU, en Prince William Sound, Alaska

**2001** Los EEUU se retiran del Protocolo de Kyoto.

**2008** Crisis económica estadounidense y global

Mujeres que superan las **barreras** al mercado laboral

# La hora chilena

**SUPLEMENTO ESPECIAL:** *Los desafíos sociales de la globalización*

## Las migraciones

*En los últimos años el **ingreso** de inmigrantes al país ha crecido bastante. Casi la mitad de estos nuevos inmigrantes son nuestros vecinos argentinos y peruanos que **emigran** de sus países con la **esperanza** de encontrar trabajo y una vida mejor.*

### ¿Fronteras abiertas o **restringidas**?

La época global nos obliga a desarrollar una **política migratoria** moderna para manejar el movimiento de personas. Pero eso no es una tarea fácil. **Atraer** a los extranjeros a trabajar e **invertir** en nuestro país puede resultar **ventajoso**, pero permitir el tránsito libre puede resultar costoso. Sin embargo, **restringir** estrictamente el acceso al país puede **conllevar** un aumento en la inmigración **indocumentada** y el **tráfico de personas** a través de las fronteras. [Véase p. 3]

### Los costos de la emigración

Como la inmigración, el **desplazamiento** de personas fuera de su país también tiene sus inconvenientes. Toda la **inversión** del Estado en formar y educar a un joven se pierde cuando **emigra**, pues la **mano de obra** pierde su talento. Este fenómeno se llama la **fuga de cerebros**, y debe ser una consideración importante para el desarrollo de una **política migratoria**. Sin embargo, la emigración tiene un punto a favor que es el dinero que el **emigrante** le envía a su familia que se **queda atrás**. Según el Banco Interamericano de Desarrollo, durante los próximos 10 años estas **remesas** hacia los países latinoamericanos sumarán el equivalente de 300 millones de dólares. [Véase p. 2]

- El empleo en la economía global: ¿Se pueden **disminuir** los salarios debido a la competencia con mercados de bajos salarios?

- La nueva economía y la **brecha** entre los ricos y los pobres

- ¿Globalización = **colonización**? Las **inquietudes** de los chilenos sobre los efectos de la globalización en nuestra **identidad cultural**

- Las comunidades indígenas: ¿Más oportunidades para participar en la **toma de decisiones** del país?

- Protección de la **diversidad lingüística** en Chile: las lenguas indígenas y la educación **bilingüe**

## Lengua

The word **política** can mean *politics*, but when referring to a governmental or managerial plan or course of action, it means *policy*. The Spanish word **póliza** refers specifically to an insurance policy.

## Lengua

Other words and phrases related to social challenges that are cognates with English words include: **deportar** *(to deport),* **la dominación/dominar** *(domination/to dominate),* **estimular** *(to stimulate),* **la legislación, la legalización, la modernización, el racismo, el tratado** *(treaty),* **vulnerable, la xenofobia.**

| | |
|---|---|
| la amnistía | *amnesty* |
| el abuso / abusar | *abuse / to abuse* |
| la barrera | *barrier, obstacle* |
| la brecha | *gap, breach* |
| la colonización / colonizar | *colonization / to colonize* |
| el convenio | *agreement, treaty* |
| el desafío | *challenge* |
| el desempleo / el subempleo | *unemployment / underemployment* |
| el desplazamiento / desplazar(se) | *displacement, journey / to travel* |
| la diversidad lingüística | *linguistic diversity* |
| la esperanza | *hope* |
| la fuga de cerebros / fugarse | *brain drain / to flee, to escape* |
| la homogeneización / homogeneizar | *homogenization / to homogenize* |
| la identidad cultural | *cultural identity* |
| el ingreso de inmigrantes / ingresar | *entrance of immigrants / to enter* |
| la inquietud / inquieto(a) / inquietar | *anxiety, worry / anxious, worried / to cause anxiety* |
| la inversión / invertir | *investment / to invest* |
| la toma de decisiones | *decision making* |
| la lengua materna | *mother tongue* |
| la mano de obra | *workforce, labor* |
| el menosprecio / menospreciar | *lack of appreciation, scorn / to undervalue, to scorn* |
| el monolingüismo / bilingüismo / bilingüe | *monolingualism / bilingualism / bilingual* |
| la política migratoria | *immigration policy* |
| la redada | *raid* |
| la remesa | *remittance* |
| el tráfico de personas | *trafficking of people* |
| atraer | *to attract* |
| conllevar | *to entail, to involve* |
| disminuir | *to decrease, to diminish* |
| excluir / la exclusión | *to exclude / exclusion* |
| emigrar / el emigrante | *to emigrate / emigrant* |
| fortalecer / el fortalecimiento | *to strengthen / strengthening* |
| imponer / la imposición | *to impose / imposition* |
| quedarse atrás | *to be left behind* |
| restringir / la restricción | *to restrict / restriction* |
| cooperativo(a) / la cooperación | *cooperative / cooperation* |
| (des)ventajoso(a) | *(dis)advantageous* |
| indocumentado(a) | *undocumented* |
| (in)tolerante / la (in)tolerancia | *(in)tolerant / (in)tolerance* |

## ¡A practicar!

**10-4** **La hora chilena** Lee el suplemento en la página 372 y luego selecciona las mejores respuestas para las siguientes preguntas.

1. ¿Qué temas no se tratan en el suplemento?
   a. La exclusión de mujeres de la mano de obra.
   b. La reducción de salarios en el mercado global.
   c. La amnistía para los inmigrantes indocumentados.

2. Según el suplemento, ¿cuáles de estos desafíos afectan a las comunidades indígenas?
   a. Las redadas.
   b. La protección de su lengua nativa.
   c. El fortalecimiento de su poder político.

3. ¿Cómo puede resultar desventajoso restringir estrictamente el ingreso de inmigrantes al país?
   a. El país puede sufrir una fuga de cerebros.
   b. Puede crecer el número de inmigrantes indocumentados que entran al país.
   c. Puede disminuir la tolerancia hacia la diversidad lingüística.

4. ¿Cuáles de las siguientes oraciones son correctas, según el suplemento?
   a. Las remesas enviadas a países latinos disminuirán bastante en los próximos años.
   b. La globalización conlleva la homogeneización de ciertas culturas.
   c. Hoy en día muchos argentinos y peruanos que inmigran hacia Chile se desplazan desde Argentina y Perú.

**ANSWERS 10-5** 1. la amnistía 2. imponer 3. invertir 4. las remesas 5. la homogeneización 6. la redada

**TEACHING TIP 10-5** Turn this into a listening activity by having students look at their vocabulary page while you read these definitions to them. Or have students take turns reading the definitions while the other looks at the vocabulary page to find the correct word.

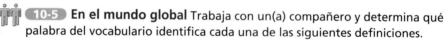

**10-5** **En el mundo global** Trabaja con un(a) compañero y determina qué palabra del vocabulario identifica cada una de las siguientes definiciones.

1. el perdón que se le ofrece a alguien por no haber cumplido con una ley u obligación
2. exigir que alguien acepte o cumpla con cierta condición
3. emplear una cantidad de dinero en un proyecto
4. el dinero que los inmigrantes en un país les envían a sus familiares en su país de origen
5. la eliminación de la diversidad
6. una operación en la que la policía toma por sorpresa a un grupo particular y lo detiene

**ANSWERS 10-6** 1. menosprecio, barreras 2. brecha 3. excluidos, toma de decisiones 4. convenios

**TEACHING TIP 10-6** Encourage students to discuss each statement and to propose alternatives where they disagree with them.

**10-6** **La globalización** Con otro(a) estudiante, trata de completar los siguientes comentarios sobre los desafíos sociales de la globalización con una palabra apropiada de tu lista de vocabulario. Luego, decidan si están de acuerdo o no con estos comentarios.

1. El _____ hacia las mujeres es una de las _____ que las mujeres tienen que superar en el mercado laboral.
2. La globalización disminuirá la _____ entre los ricos y los pobres.
3. Los indígenas jamás han quedado _____ de la _____ en sus países.
4. Algunos ejemplos de _____ internacionales son NAFTA y CAFTA.

## ¡A conversar!

**10-7** **Desafíos actuales** ¿Cuáles de los desafíos sociales de la lista se aplican a los Estados Unidos en este momento? ¿Por qué son desafíos? ¿Qué se ha hecho hasta ahora para superar estos desafíos? ¿Qué se debe hacer en el futuro?

1. la intolerancia hacia el ingreso de inmigrantes al país
2. la exclusión de las mujeres de los altos rangos del mercado laboral
3. el subempleo y el desempleo
4. la participación de las minorías en la toma de decisiones del gobierno
5. la diversidad lingüística
6. la brecha entre los ricos y los pobres
7. la homogeneización de la cultura
8. la inversión en la educación

**10-8** **Opiniones** A continuación hay varios argumentos con respecto al tema de la migración. Para cada uno, trata de pensar en por lo menos un ejemplo que lo apoye y en un ejemplo que lo invalide.

1. En el contexto de la globalización, la migración es fundamental para el desarrollo de un país.
2. Una política de fronteras cerradas disminuye el ingreso de inmigrantes indocumentados.
3. Una política de fronteras abiertas hace un país vulnerable al terrorismo.
4. La migración siempre será más ventajosa para algunos sectores y más desventajosa para otros.
5. Las migraciones aumentan los recursos del un país en cuanto a su mano de obra.
6. La inmigración es negativa puesto que el país receptor puede perder dinero con las remesas que se envían al extranjero.
7. Todos, menos la gente indígena, somos inmigrantes y por eso no se deben imponer restricciones a la inmigración.
8. La emigración tiene un impacto negativo en la economía de un país.

**10-9** **¿Qué sabes de la globalización?** Haz una investigación por Internet sobre el estado de la globalización en Chile, Paraguay y en Latinoamérica en general. Luego, presenta a la clase lo que aprendiste con respecto a las siguientes categorías.

1. Los convenios internacionales
2. La mano de obra
3. La fuga de cerebros
4. La salud
5. Las fronteras y la migración
6. La brecha entre los ricos y los pobres
7. Las inversiones en el país
8. La diversidad lingüística y la identidad cultural

### Atención

For best results, use a search engine and enter the terms **globalización y** followed by a term from Activity 10-9, for example, **globalización y los convenios internacionales.** You can also add specific country names (Chile, Paraguay, etc.) to refine your search.

## Paraguay, un país bilingüe

En Paraguay la educación es bilingüe.

### Anticipación

**10-10** **Los idiomas en los EEUU** ¿Cuál es la actitud en los EEUU hacia las diferentes lenguas que se hablan en el país y el aprendizaje de otras? Contesta las preguntas.

1. ¿Qué idiomas se hablan en los Estados Unidos además del inglés? ¿Dónde?
2. ¿Tenemos un idioma oficial?
3. ¿Crees que algún día adoptaremos otro idioma oficialmente? ¿Por qué crees esto?
4. ¿Cuál es la actitud del gobierno de los EEUU en cuanto a las lenguas indígenas?

Paraguay, al igual que muchos países sudamericanos, cuenta con grupos indígenas que conservan su lengua nativa, pero estas lenguas son habladas mayormente por sus grupos étnicos. O sea, sólo los indígenas hablan su lengua. ¡La gran diferencia en Paraguay es que la mayor parte de la población, sean indígenas o no, hablan una lengua indígena!

El guaraní, que es hablado por más del 94% de la población, junto con el español, son los idiomas oficiales de Paraguay. ¿Cómo llegaron los paraguayos a adoptar el guaraní? Cuando llegaron los españoles en el siglo XVI, empezaron a tener hijos con las mujeres guaraníes y éstos siguieron hablando el idioma guaraní de su madre. De esta manera, el guaraní comenzó a cobrar *(gain)* tanta importancia que los misioneros jesuitas decidieron adoptar el guaraní para enseñar la fe católica. Se desarrolló un alfabeto (era una lengua oral); surgieron diccionarios, textos de gramática y libros religiosos en guaraní.

Varios líderes políticos intentaron a través de los años, por motivos raciales y sociales, eliminar o destruir el guaraní, pero varias guerras (en contra de Bolivia, Argentina y Brasil) ayudaron a que el idioma guaraní llegara a ser motivo de orgullo *(pride)* nacional. Durante las guerras, el guaraní fue utilizado por la prensa y en comunicaciones militares. El guaraní se impuso como un factor de unión y consuelo *(solace)* en el país. En 1992, el gobierno paraguayo reconoció oficialmente la importancia del guaraní y lo declaró idioma oficial al mismo nivel que el español. Hoy en día, la Constitución de Paraguay y los libros de texto en las escuelas están escritos en ambas lenguas.

Un efecto natural de la convivencia tan cercana de dos lenguas es la mezcla de las dos. Al igual que en la frontera entre los EEUU y México, donde se habla "Spanglish", en Paraguay se habla Jopará. Los paraguayos más jóvenes y urbanos hablan más que todo español, con palabras y estructuras guaraníes y los habitantes rurales hacen lo opuesto.

Los paraguayos se sienten muy cómodos con esta situación y se enorgullecen de que el Jopará esté formando parte de la identidad nacional. O sea, que no son "españoles" ni "guaraníes" sino paraguayos y el jopará no es sino su forma de hablar, el resultado de dos lenguas en contacto diario que han coexistido por cuatro siglos.

El noventa y cuatro por ciento de la población entiende los dos idiomas.

## Comprensión

**10-11** **¿Comprendiste?** Contesta las preguntas para ver si has entendido el texto.

1. ¿Qué hay de especial sobre la situación de Paraguay? ¿Quiénes hablan guaraní?
2. ¿Cuáles son los idiomas oficiales del país? ¿Qué porcentaje habla guaraní?
3. ¿Quiénes desarrollaron un alfabeto y reglas gramaticales para la lengua guaraní?
4. ¿Qué significado tiene esta lengua para los paraguayos?
5. ¿Cómo se llama la combinación del guaraní y el español?

## Entre culturas

**10-12** **Perspectiva 1** ¿Cómo vemos a los paraguayos? Marca con una [X] tu opinión y con un(a) compañero(a) explica por qué piensas así.

1. _____ En Paraguay hay más gasto porque se tiene que traducir todo a dos idiomas.
2. _____ El tener un sólo idioma unifica el país.
3. _____ Me sorprende que un idioma indígena sea tan dominante.
4. _____ Ser bilingüe siempre es mejor que ser monolingüe.
5. _____ Tengo miedo de que el inglés se combine con otro idioma, como sucedió con el jopará.

**10-13** **Perspectiva 2** Lee lo que dicen algunos paraguayos. ¿Qué piensan? Luego contesta la pregunta al final desde tu propia perspectiva.

Algunos paraguayos dicen:

- "Nosotros somos bilingües."
- "El guaraní nos hace diferentes a otros países. Es parte de nuestra identidad."
- "Hay un orgullo nacional conectado al guaraní; nos identifica."

Pregunta:

1. ¿Vale la pena *(Is it worth the trouble)* aprender un idioma que no se habla fuera de Paraguay?

**10-14** **Perspectiva 3** ¿Sabes cómo ven los paraguayos a los Estados Unidos? Con un(a) compañero(a) piensa en ese punto de vista y di si las oraciones son ciertas o falsas en tu opinión.

1. La votación que se llevó a cabo en algunos lugares de los Estados Unidos para decidir sobre *"English only"* fue algo ofensivo para muchos hispanohablantes.
2. El ser monolingüe puede equivaler a ser paranoico y/o arrogante.
3. El ser monolingüe aumenta la eficiencia y une al país.

## Extensión

**10-15** **El idioma guaraní** Busca en el Internet un texto en guaraní o en jopará, escribiendo la palabra "guaraní" y "jopará." ¿Hay palabras similares al español? Los padres jesuitas la consideraban muy elegante. ¿Cómo te parece a ti? Escribe en el espacio abajo las palabras para contar del uno al cinco o un pequeño poema en guaraní para recitarlo en la clase.

**Repaso**

Review these structures and/or these forms in the **Índice de gramática conocida** at the end of the book: present participles.

## Los tiempos progresivos

To describe actions in progress, Spanish speakers may use one of the many forms of the progressive. The progressive tenses are formed with the verb **estar**—and less frequently with the verbs **seguir, continuar, ir, venir,** and **andar**— plus the present participle (**el participio presente**) of a second verb.

El nuevo Presidente **está contemplando darles** amnistía a algunos prisioneros políticos.
*The new president is contemplating amnesty for some political prisoners.*

● There are five indicative progressive tenses and two subjunctive conjugations.

| Indicativo | | Subjuntivo | |
|---|---|---|---|
| **Presente** | están colonizando | **Presente** | estén ingresando |
| **Futuro** | estarán disminuyendo | **Imperfecto** | estuvieran invirtiendo |
| **Imperfecto** | estaban conllevando | | |
| **Condicional** | estarían imponiendo | | |
| **Perfecto** | han estado buscando | | |

● The progressive tense is used in Spanish:

  ■ to indicate an action in progress at the moment of speaking.

   El desempleo **está aumentando** en algunos sectores de la sociedad.
   *Unemployment is increasing in some sectors of society.*

  ■ to indicate an action or condition that is considered unusual or a departure from the norm.

   Por primera vez, el gobierno **estaba intentando** controlar el ingreso de inmigrantes.
   *For the first time the government was trying to control the entrance of immigrants.*

  ■ to add emotional impact to a statement or conjecture.

   ¡Por fin **estamos celebrando** la diversidad lingüística de nuestro país!
   *Finally we are celebrating the linguistic diversity of our country!*

   ¿Y qué **estaría pensando** nuestro Presidente cuando aprobó los cortes a los programas bilingües?
   *And what was our president probably thinking when he approved the cuts to bilingual programs?*

  ■ with the verbs **seguir, continuar,** and **venir** to mean to *continue doing something.*

   Los políticos **siguen disputando** sobre la importancia de las remesas de los ciudadanos que viven en el extranjero.
   *Politicians continue to dispute the importance of remittances from citizens living abroad.*

■ with the verb ir to indicate progress toward a goal.

Los miembros del comité **iban fortaleciendo** la importancia de las lenguas maternas en las escuelas primarias.
*The members of the committee **were strengthening** the importance of mother tongue languages in the primary schools.*

■ with the verb **andar** to convey an action in progress that is haphazard or disorganized.

Los inmigrantes indocumentados **andan buscando** trabajo donde puedan.
*Undocumented immigrants **are looking for** work wherever they can.*

● The progressive tense in Spanish is not as commonly used as the progressive in English. The progressive is *not* used:

■ to indicate future or anticipated action.

El mes que viene **ponemos/pondremos en marcha** los nuevos programas.
*Next month **we will be putting into action** the new programs.*

El Presidente dijo que el gobierno **iba a considerar** el creciente problema del tráfico de personas.
*The president said that the government **would be considering** the growing problem of people trafficking.*

■ with the verbs **ser, poder,** and **tener.**

El país **tiene** problemas serios de xenofobia en este momento.
*The country **is having** serious problems with xenophobia at this time.*

● The subjunctive forms of the progressive are used in the same contexts as other subjunctive tenses.

Es bueno que la mano de obra **esté diversificándose.**
*It's good that the workforce **is diversifying.***

● Unlike in English, the present participle in Spanish cannot be used as a noun. The only verb form that can assume this function is the infinitive.

**(El) Estudiar** la política migratoria es cada vez más importante.
***Studying** migration policies is increasingly important.*

Antes de **comenzar** la reunión, los miembros del comité tenían opiniones muy fuertes sobre la colonización.
*Before **beginning** the meeting, the members of the committee had strong opinions about colonization.*

## ¡A practicar!

**10-16** **¿Qué estaba pasando en estos dos países?** Llena los dos espacios en blanco con la forma correcta del verbo en progresivo. (Puedes usar **estar, continuar, seguir** o **andar**.)

1. Cerca de 1620 los españoles en Paraguay _____ _____ (convertir) a los indígenas al catolicismo.

   En los EEUU, los ingleses _____ _____ (sobrevivir) con muchas dificultades.

2. Cerca de 1800, la mayoría de la población paraguaya _____ _____ (hablar) dos idiomas.

   En los EEUU, Lewis y Clark _____ _____ (explorar) el centro y el oeste del continente norteamericano.

3. De 1830 a 1840, el gobierno paraguayo _____ _____ (tratar) de homogeneizar la cultura eliminando el guaraní.

   En esos años, el presidente Andrew Jackson _____ _____ (remover) a miles de indígenas de sus tierras.

4. Fue interesante que el gobierno _____ _____ (usar) la lengua guaraní en sus guerras.

   En los EEUU fue increíble que en la Segunda Guerra Mundial el gobierno _____ _____ (desarrollar) un código basado en la lengua de los navajos.

5. Ahora en Paraguay _____ _____ (enseñar) el guaraní en las escuelas.

   Ahora en los EEUU, el gobierno _____ _____ (permitir) que se enseñen las lenguas indígenas.

 **10-17** **¿Qué estará pasando?** Con un(a) compañero(a), mira el dibujo y usando el progresivo, di lo que posiblemente esté pasando.

**EJEMPLO**  E1: ¿Qué estará pasando?

E2: **No sé, estarán peleando por dinero.** ¿Qué crees tú?

1.

2.

3.

4.

## ¡A conversar!

**10-18** **En la oficina de desempleo** Con un(a) compañero(a), mira el dibujo y usando formas progresivas, describe lo que está pasando en esta oficina de desempleo.

Roberto

Javier
Sofía

1. Los tres, Roberto, Sofía y Javier _____
2. El dependiente y Javier _____
3. El dependiente _____
4. Es posible que Javier _____
5. Roberto _____
6. Sofía _____ porque _____
7. Es probable que Sofía _____

**10-19** **Antes y ahora** Usando una forma del progresivo, discute con otro(a) estudiante qué estaba pasando antes y qué se está haciendo ahora en las siguientes situaciones. ¿Están mejorando o empeorando *(worsening)* las cosas?

**EJEMPLO** Antes muchos chilenos emigraban hacia otros países y ahora...
**Chile está recibiendo inmigrantes.**

1. Antes se menospreciaban las culturas minoritarias en el mundo y ahora...
2. El bilingüismo no era importante en los EEUU pero ahora...
3. En California se hablaba español en el siglo XIX y ahora...
4. En Paraguay no se aceptaba el guaraní pero ahora...
5. La frontera México–EEUU es porosa *(porous)*. ¿Qué está haciendo el gobierno ahora?
6. Muchos cubanos entran a EEUU por mar. ¿A quiénes están aceptando ahora?

**10-20** **Migraciones y fronteras** Con otro(a) estudiante discute las siguientes preguntas sobre los problemas de fronteras y aculturación. Trata de usar el progresivo en tus respuestas.

1. ¿Qué actitud tenían los Estados Unidos hacia la inmigración en los años 1700–1800? ¿Qué está pasando en la frontera México–EEEUU ahora? ¿Tuvo México la misma situación con emigrantes de los EEUU alguna vez? ¿Qué estaba pasando en esos años? ¿Qué crees que pasará en 20 años?
2. ¿Sabes qué cambios están ocurriendo en las fronteras de Chile o en las de Paraguay? ¿Adónde están viniendo y hacia dónde están yendo las personas?
3. ¿Crees que la actitud hacia los inmigrantes esté cambiando? ¿Qué problemas se les achaca *(blames)* a ellos?
4. ¿Puedes imaginarte cómo sería tu vida si tuvieras que emigrar a Paraguay, por ejemplo? ¿Qué estarías haciendo el primer año? ¿Qué lenguas estarían aprendiendo tus hijos?

http://www.econciencia.com

## Econciencia
### La conciencia ecológica para la aldea global

**Portada**   **¿Quiénes somos?**   **Sitios de interés**   **Noticias**   **Contáctanos**

**El Planeta Tierra:
¡Toma conciencia!**

El Día de la **Tierra**
22 de abril

### El poder hidroeléctrico: **¿Una energía verde?**

*La Itaipú Binacional: Su **represa** y **embalse** de agua forman parte de la central hidroeléctrica más grande y potente del mundo.*

La central hidroeléctrica Itaipú produce un 95% de la energía eléctrica **consumida** en Paraguay y el 24% de la demanda brasileña. Aunque el agua no es **inagotable**, la energía hidroeléctrica sí es un **recurso renovable**. Pero puede tener un **impacto devastador** en el medio ambiente. Todavía no tenemos evidencia **irrefutable**, pero algunos estudios indican que las **represas** crean riesgos para los **ecosistemas** acuáticos y las emisiones de la producción hidroeléctrica puede contribuir al **calentamiento global**.

### ¿Cómo hacer el **abono orgánico**?

El **abono orgánico** es el ciclo natural de las plantas que viven, mueren y **se descomponen** para alimentar otras plantas. Aprende a usar tus **deshechos orgánicos** como el corazón de una manzana, hojas de árboles, etc. para hacer tu propio abono.

*Laguna Chaco Lodge — Este **humedal** en Paraguay es un área de impresionante **biodiversidad** y es de importancia mundial.*

### Día mundial de los **Humedales**

2 de febrero

Son zonas de inundación natural de ríos de fundamental importancia para la **regulación** de flujos de agua y para nuestra protección contra **el efecto invernadero**. Con el Día Mundial el gobierno espera **concienciar** a la gente sobre el valor ambiental de los **humedales**.

**ESPECIAL** La globalización y el **desarrollo sostenible** en Latinoamérica: ¿Cómo conservar nuestros recursos naturales? **[Leer más]**

## Repaso

Review basic vocabulary related to the environment, conservation, and animals in the **Índice de palabras conocidas** at the end of the book.

## Lengua

In Spanish, the word **sustentable** is also used as a variant of **sostenible**.

## Lengua

Other words and phrases related to global ecology that are cognates with English words include: **la atmósfera, las capas polares, la consecuencia, la erosión, frágil, el generador, el hábitat, hidráulico(a), el metano** (methane), **nuclear, la polución, radioactivo(a), solar.**

| | |
|---|---|
| el abono orgánico | compost |
| el agotamiento / agotar | depletion / to deplete |
| el agua dulce | fresh water |
| la biodiversidad | biodiversity |
| la cacería / cazar | hunting / to hunt |
| el calentamiento global | global warming |
| la capa de ozono | ozone layer |
| la conciencia / concienciar (de) / tomar conciencia | conscious / to make aware (of) / to become aware |
| el derrame / derramar | spill / to spill |
| el desarrollo sostenible | sustainable development |
| los desechos / desechar | waste / to throw out |
| el deterioro / deteriorar | deterioration / to deteriorate |
| el ecosistema | ecosystem |
| el efecto invernadero | greenhouse effect |
| el embalse | reservoir |
| el humedal | wetland |
| el impacto | impact |
| el incentivo / incentivar | incentive / to motivate, to encourage |
| el planeta Tierra | Planet Earth |
| el poder hidroeléctrico | hydroelectric power |
| el recurso renovable | renewable resource |
| la regulación / regular | regulation / to regulate |
| la represa | dam |
| la restauración / restaurar | restoration / to restore |
| la sobrepesca | overfishing |
| carecer / la carencia | to lack / lack |
| consumir / el consumo | to consume / consumption |
| descomponerse | to decompose, to break down |
| desgastar(se) / el desgaste | to wear out, to get worn out / wear and tear |
| malgastar | to waste |
| reparar | to repair |
| reutilizar | to reuse |
| ambiental | environmental |
| devastador(a) | devastating |
| (in)significante | (in)significant |
| (ir)refutable | (ir)refutable |
| tóxico(a) | toxic |

## ¡A practicar!

**10-21** **Ecoconciencia** Lee la página web de Ecoconciencia en la página 384 y luego decide si las siguientes oraciones son ciertas o falsas. Si son falsas, corrígelas.

1. La página menciona dos días dedicados a concienciar al público sobre la protección del medioambiente.
2. La producción de energía de la represa de Itaipú es insignificante para los países de Paraguay y Brasil.
3. La energía hidroeléctrica es inagotable.
4. Es posible que la energía hidroeléctrica contribuya al calentamiento global.
5. La represa de Itaipú es más grande que la represa Grand Coulee en Washington.
6. Se puede hacer el abono orgánico con los desechos comunes de la cocina.
7. Los humedales causan el efecto invernadero.
8. Los humedales protegen una variedad de animales y plantas.
9. Paraguay carece de humedales.
10. El desarrollo sostenible busca evitar el deterioro y el desgaste de los recursos naturales.

**10-22** **Chile, Paraguay y la ecología** ¿Cuánto sabes de la ecología de estos países? Rellena los espacios en blanco con las palabras apropiadas de la lista. Luego, con un(a) compañero(a), determina si las oraciones son ciertas o falsas. Si son falsas, ¿pueden corregirlas?

| | | | |
|---|---|---|---|
| agotamiento | derrames | efecto invernadero | irrefutable |
| agua dulce | desgaste | embalse | sobrepesca |
| capa | devastadores | humedal | sostenibles |

1. El cambio climático y el _____ de la _____ de ozono está afectando fuertemente la zona extrema del sur de Chile.
2. El Pantanal, ubicado entre Paraguay, Bolivia y Brasil, es el _____ de _____ más grande en el mundo.
3. El país de Chile contribuye más del 10% de las emisiones de gases con _____ a nivel mundial.
4. Los peores _____ de petróleo en el mundo han ocurrido en las costas de Sudamérica.
5. La _____ tuvo efectos _____ en las poblaciones de merluza (*Chilean sea bass*), lo cual causó que los chilenos buscaran prácticas de pesca más _____.
6. Es _____ el hecho de que en Paraguay hay una gran preocupación por el _____ de los ecosistemas de sus costas.

**10-23** **Recurso, amenaza o estrategia** Clasifica los siguientes términos, indicando cuáles se pueden considerar **recursos**, **amenazas al medioambiente**, o **estrategias de restauración / conservación**.

a. el agua dulce
b. los desechos tóxicos
c. incentivar el reciclaje
d. el abono orgánico

e. reparar y reutilizar las cosas
f. el consumo de pescado

g. concienciar al público
h. la biodiversidad
i. malgastar la electricidad

## ¡A conversar!

**10-24** **¿Vives verde?** Conversa con tu compañero(a) sobre las medidas que ustedes toman (o no toman) para evitar el deterioro del medioambiente. Mencionen si han cambiado sus prácticas para ser más "verdes." Al final, determinen si ustedes son "verdes" o no.

1. ¿Cómo eliminas los desechos orgánicos donde vives? ¿Tienes un abono orgánico?
2. ¿Malgastas la electricidad? ¿Cómo? ¿Cómo podrías evitar malgastarla?
3. ¿Reparas y reutilizas muchas cosas o siempre compras cosas nuevas? ¿Qué reparas y reutilizas con frecuencia? ¿Qué cosas no reutilizarías nunca?
4. ¿Has comido alguna vez un pescado que está en la "lista roja" de peces amenazados o sobrepescados? ¿Comerías un pescado si supieras que estaba en la lista? ¿Sabes qué peces están en esa lista actualmente?
5. ¿Usas muchos productos que agotan la capa de ozono? ¿Cuáles son?

**10-25** **En las Américas** Con un grupo de compañeros(as), traten de identificar algunos importantes recursos o proyectos que caigan *(fall)* dentro de las siguientes categorías, primero en los EEUU y luego en Latinoamérica. ¿Cuántos pueden nombrar?

1. grandes reservas de agua dulce
2. grandes represas y centros de producción de energía hidroeléctrica
3. humedales y proyectos para evitar su deterioro
4. incentivos para reducir el consumo de recursos no renovables
5. efectos del calentamiento global
6. campañas para concienciar al público de los peligros de los gases de efecto invernadero

**10-26** **Los desafíos ambientales de la globalización** Con otros(as) dos estudiantes, trata de contestar las siguientes preguntas. Luego, busca información por Internet para elaborar, confirmar o cambiar tus respuestas.

1. En la economía global el crecimiento económico está íntimamente conectado con los conceptos de producción, consumo y competitividad. ¿Qué desafíos ambientales surgen a raíz de este hecho? ¿Creen que puede ocasionar más problemas o menos problemas para los países de Latinoamérica que para los EEUU?
2. ¿Qué significa "desarrollo sostenible"? ¿Por qué es un concepto tan importante en esta época de la globalización?
3. El transporte de personas, animales, plantas y artículos es mucho más fácil en el mundo globalizado. ¿Qué impacto ambiental puede tener este tipo de transporte globalizado?
4. La protección del medioambiente es un deber global y por lo tanto se requieren políticas ambientales globales. ¿Qué desafíos creen que hay en desarrollar estas políticas?

# Todos cooperan contra la contaminación

Un cartonero en
Santiago de Chile

## Anticipación

 **10-27** **La contaminación en los Estados Unidos** ¿Qué problemas ambientales tenemos aquí en los Estados Unidos? Con un(a) compañero(a), contesta las preguntas para dar tu opinión.

1. ¿Cuánto contamina los Estados Unidos comparado con el resto del mundo?
2. ¿Por qué los Estados Unidos rechazó *(reject)* el Convenio de Kyoto?
3. ¿Cómo es el nivel de contaminación donde vives?
4. ¿En qué ciudades de los Estados Unidos hay mucha contaminación?

C hile ocupa el tercer lugar en el mundo en el reciclaje de basura y en 1998 firmó el Convenio de Kyoto. ¿Cómo ha llegado este país a desarrollar tal conciencia ambiental?

La contaminación en Santiago, la capital, es palpable debido principalmente al aumento de la población, la transportación y su situación geográfica. Desde los años setenta al presente, la población de Santiago se ha triplicado, y esto ha resultado en un aumento en la demanda de transportación y la producción de desperdicios. La localización no ayuda; Santiago está en un valle, a los pies de los Andes que funcionan como una pared que atrapa el aire contaminado. Muchos días durante el año, las imponentes montañas de los Andes casi no se pueden ver.

Publicidad en la estación del Metro en Santiago

Pero hay esperanza; los santiaguinos han desarrollado una conciencia ambiental que poco a poco empieza a mejorar el ambiente. Una de estas mejoras es el aumento en el reciclaje con el servicio de los cartoneros (*cardboardmen*), como los llaman en Chile. Ellos aportan un gran servicio rescatando (*rescuing*) la basura como recurso y potencial valioso. Su tarea es rescatar de los residuos, el papel, el plástico, el vidrio (*glass*) y metales que después venderán a empresas recicladoras. No es una ocupación muy bien vista (*well received*), pero para muchos es "más digna que salir a robar." Reciclan tanto, que el gobierno ha reconocido sus servicios como una contribución social y ambiental. En algunas ciudades se les da estatus oficial llamándolos "recolectores independientes." Los cartoneros con su trabajo ayudan a aliviar (*alleviate*) la contaminación que sufre Santiago.

El gobierno chileno reconoce el gran problema de la contaminación y desde 1990 ha estado reemplazando autobuses viejos con nuevos. Sigue planeando más rutas para el Metro, que es uno de los mejores, más eficientes y limpios del mundo, para reducir el uso de los automóviles. Por ley, todos los autos nuevos deben usar gasolina sin plomo y también ha añadido 600 km de ciclo-rutas (*bike paths*). En 1990 no tenían ninguna.

Pero no es sólo la lucha del gobierno, la iniciativa viene también de los estudiantes universitarios. En la Universidad Católica de Chile, los estudiantes han recaudado fondos para instalar recipientes para reciclar papel, vidrio y aluminio. Los estudiantes trabajan en puestos de información en el Metro donde proveen información y sugerencias.

Hoy, la contaminación todavía es obvia en Santiago, pero con el esfuerzo del gobierno y sus ciudadanos, va en camino a limpiar el aire.

## Comprensión

**10-28** **¿Comprendiste?** Contesta las preguntas para ver si has entendido el texto.

1. ¿Cómo va el reciclaje en Chile comparado con el resto del mundo?
2. ¿Por qué hay tanta contaminación en Chile?
3. ¿Qué hacen los cartoneros?
4. ¿Qué medidas ha tomado el gobierno para reducir la contaminación?
5. ¿Qué hacen algunos estudiantes para combatir la contaminación?

## Entre culturas

 **10-29** **Perspectiva 1** ¿Cómo vemos a los chilenos? Marca con una [X] tu opinión y con un(a) compañero(a) explica por qué piensas así.

1. _____ Los cartoneros trabajan para sobrevivir, no para ayudar al planeta.
2. _____ El gobierno debe encargarse del reciclaje, no los cartoneros.
3. _____ Los cartoneros le sirven muy bien al país.
4. _____ Las ciclo-rutas son una buena idea, pero pocos las van a usar.

**10-30** **Perspectiva 2** Lee lo que dicen algunos chilenos. ¿Qué piensan? Luego contesta la pregunta al final desde tu propia perspectiva.

Algunos chilenos dicen:

- "Estamos muy orgullosos de nuestro Metro."
- "Tenemos un buen sistema de reciclaje con los cartoneros."
- "La profesión de cartonero es para los pobres, pero es algo digno."
- "Hemos firmado el acuerdo de Kyoto que confirma nuestra visión mundial."

Pregunta:

1. ¿Cómo afectará la economía de Chile el acuerdo de Kyoto?

 **10-31** **Perspectiva 3** ¿Sabes cómo ven los chilenos a los Estados Unidos? Con un(a) compañero(a) di si las oraciones son ciertas o falsas en tu opinión.

1. Los chilenos (y el resto del mundo) están enojados con los Estados Unidos por no firmar el acuerdo de Kyoto.
2. Los Estados Unidos también tienen problemas de contaminación.
3. Los chilenos piensan que su sistema de reciclaje es mejor.

## Extensión

**10-32** **Los cartoneros en Chile** Busca en el Internet con las palabras "cartoneros" y "Chile" para buscar información sobre la vida de estos trabajadores. Haz una lista de las ventajas y las desventajas de este trabajo para el cartonero. ¿Y cuáles son las ventajas para la sociedad?

## Repaso de los tiempos verbales

- In your review of Spanish grammar, you have studied five simple (as opposed to compound) indicative verb forms: present, imperfect, preterite, future, and conditional. Of these five, four have commonly used equivalents in the compound tenses of both the perfect and the progressive: present perfect, pluperfect, future perfect, and conditional perfect; present progressive, imperfect progressive, future progressive, and conditional progressive.

- You have also reviewed two subjunctive tenses, present and past, along with their corresponding perfect and progressive forms. The imperative forms do not display tense and depend on affirmative versus negative meaning, and the nature of the subject: formal versus informal and singular versus plural.

- The following charts summarize the tenses reviewed in this book with representative conjugations of -ar, -er, and -ir verbs showcasing the third-person plural forms.

### Simple Tenses

| | | Indicative | Subjunctive | Imperative Affirm. | Neg. |
|---|---|---|---|---|---|
| | Present | hablan | hablen | (tú) habla | no hables |
| | Imperfect | hablaban | hablaran | (Ud.) hable | no hable |
| -ar | Preterite | hablaron | | (Uds.) hablen | no hablen |
| | Future | hablarán | | (nosotros) hablemos | no hablemos |
| | Conditional | hablarían | | (vosotros) hablad | no habléis |

### Simple Tenses

| | | Indicative | Subjunctive | Imperative Affirm. | Neg. |
|---|---|---|---|---|---|
| | Present | comen | coman | (tú) come | no comas |
| | Imperfect | comían | comieran | (Ud.) coma | no coma |
| -er | Preterite | comieron | | (Uds.) coman | no coman |
| | Future | comerán | (nosotros) comamos | no comamos | |
| | Conditional | comerían | (vosotros) comed | no comáis | |

### Simple Tenses

| | | Indicative | Subjunctive | Imperative Affirm. | Neg. |
|---|---|---|---|---|---|
| | Present | viven | vivan | (tú) vive | no vivas |
| | Imperfect | vivían | vivieran | (Ud.) viva | no viva |
| -ir | Preterite | vivieron | (Uds.) vivan | | no vivan |
| | Future | vivirán | (nosotros) vivamos | | no vivamos |
| | Conditional | vivirían | (vosotros) vivid | | no viváis |

## Compound Tenses

### Perfect verb forms: **haber** + *past participle*

|  | Indicative | | Past Participle |
|---|---|---|---|
| Present | han | | hablado |
| Pluperfect | habían | + | comido |
| Future | habrán | | vivido |
| Conditional | habrían | | |

|  | Subjunctive | | Past Participle |
|---|---|---|---|
| Present | hayan | | hablado |
| Pluperfect | hubieran | + | comido |
|  |  |  | vivido |

Los políticos **han impuesto** nuevas restricciones para restaurar los humedales
*Politicians **have imposed new** restrictions in order to restore wetlands.*

Si **no hubieran tenido** tantos desacuerdos con negocios locales, **habrían podido
actuar** más rápido.
*If **they hadn't had** so many disagreements with local businesses, **they would
have been able** to act faster.*

Para la semana que viene, el gobierno ya **habrá decidido** cómo va a regular la
sobrepesca.
*By next week, the government **will have decided** how it will regulate overfishing.*

## Compound Tenses

### Progressive verb forms: **estar** + *present participle*

|  | Indicative | | Present Participle |
|---|---|---|---|
| Present | están | | hablando |
| Pluperfect | estaban | + | comiendo |
| Future | estarán | | viviendo |
| Conditional | estarían | | |

|  | Subjunctive | | Present Participle |
|---|---|---|---|
| Present | estén | | hablando |
| Pluperfect | estuvieran | + | comiendo |
|  |  |  | viviendo |

**¡Estamos hablando** de la única esperanza para el futuro de nuestro país!
*We **are talking** about the only hope for the future of our country!*

Cuando llegaron las autoridades, **estaban controlando** el derrame tóxico.
*When the authorities arrived, they were controlling the toxic spill.*

A partir de mayo, **estaremos discutiendo** el tratamiento del agua dulce en la región.
*Beginning in May, we **will be discussing** the treatment of fresh water in the region.*

## ¡A practicar!

**10-33** **La leyenda de la yerba mate** Esta leyenda guaraní nos explica el origen de la planta llamada yerba mate. Llena los espacios en blanco con la forma apropiada del verbo en paréntesis.

Cuenta la leyenda, que hace mucho, mucho tiempo, los dioses y diosas (1) ___acostumbraban___ (acostumbrar) bajar del cielo y disfrutar de las tierras, la flora y la fauna de los indios guaraníes. Uno de estos (2) ___era___ (ser) la diosa luna que (3) ___caminaba___ (caminar) por los bosques con mucha frecuencia. Para que nadie la (4) ___reconociera___ (reconocer), tomaba la forma de una india guaraní.

Una tarde (5) ___se sentía___ (sentirse) tan feliz (6) ___recogiendo___ (recoger) flores que no se dio cuenta de que llegaba la noche y de repente (7) ___apareció___ (aparecer) un tigre grandísimo. El tigre (8) ___saltó___ (saltar) para devorarla pero no llegó a tocarla porque un indígena guaraní (9) ya ___había lanzado___ (lanzar) una flecha y (10) ya ___había matado___ (matar) al tigre. La diosa inmediatamente (11) ___tomó___ (tomar) su forma celeste y (12) ___subió___ (subir) al cielo.

Por la noche, desde el cielo le (13) ___dijo___ (decir) la diosa luna al indígena: "Por salvar mi vida (14) ___te daré / te doy___ (darte) una recompensa a ti y a todo tu pueblo. Es una planta muy valiosa. ¡(15) ___Cuídala___ (cuidarla) bien! ¡Con ella (16) ___podrás / puedes___ (poder) preparar un té que (17) ___te servirá / te sirve___ (servirte) de alimento y también (18) ___te calmará / te calma___ (calmarte) la sed!"

De ahí en adelante (19) ___fue___ (ser) la bebida favorita del pueblo guaraní.

**10-34** **El Bosque Atlántico** Este bosque tiene muchos animales en peligro de extinción. Poniendo atención a los tiempos verbales, lee las oraciones siguientes sobre los problemas del Bosque Atlántico y ponlas en un orden lógico (del uno al ocho). Luego en las columnas de abajo, identifica el tiempo verbal del verbo subrayado.

a. ___5___ Ahora sólo <u>queda</u> el 10% del bosque.

b. ___4___ El bosque se <u>ha ido</u> reduciendo a través de los años.

c. ___7___ Si no se detiene la deforestación, muchas especies <u>desaparecerán.</u>

d. ___1___ Antes de 1942, los animales nunca <u>habían estado</u> en peligro de extinción.

e. ___8___ Esperamos que en menos de diez años <u>hayamos salvado</u> lo que <u>queda</u> del bosque.

f. ___2___ El problema empezó cuando <u>plantaron</u> caña de azúcar y café.

g. ___6___ Los ecólogos <u>están tratando</u> de salvar lo que queda.

h. ___3___ No les importó lo que les <u>pudiera</u> pasar a los animales.

a. ___presente del indicativo___     e. ___presente perfecto del subjuntivo___

b. ___presente perfecto___     f. ___pretérito___

c. ___futuro___     g. ___presente del progresivo___

d. ___pluscuamperfecto___     h. ___imperfecto del subjuntivo___

## ¡A conversar!

**10-35** **La extinción de los selknams** Lee su historia en esta lista de datos escrita en el presente y nárrasela a otro(a) estudiante en el pasado usando tus propias palabras. Juntos deben contestar y discutir las preguntas que siguen.

Datos:

Los selknams viven en la Patagonia chilena.

Es su tierra por 120 siglos *(centuries)*.

Cazan guanacos (animales como llamas).

Es un pueblo confiado y bondadoso.

En 1878 llegan los chilenos y los argentinos a apoderarse *(take over)* de su territorio.

Pronto empieza la "caza humana" de los selknams.

Matan, secuestran y violan a la población.

Ni el gobierno chileno ni el argentino hace nada para protegerlos.

Los recién llegados toman sus tierras para criar ovejas *(sheep)*.

Impactan demasiado su ambiente.

En 1920 sólo quedan 300 selknams, 84 en 1931 y 2 adultos en 1980.

En la actualidad el pueblo Selknam está completamente extinguido.

Preguntas:

1. ¿Habían oído antes de los selknams?
2. ¿Saben de otros grupos indígenas que hayan desaparecido?
3. ¿Qué hubiera prevenido la extinción de los selknams?
4. ¿Por qué crees que el gobierno no los protegió?
5. ¿Crees que la extinción de algunos grupos es inevitable? ¿Crees que es parte de la vida?

**10-36** **¿Qué recomiendas?** Aquí hay una lista de problemas ecológicos. Con otro(a) estudiante di: 1) cuál es tu opinión y 2) qué soluciones recomiendas. Escoge el tema con el cual estés más familiarizado(a).

**EJEMPLO** la cacería

Pienso que la cacería es buena para controlar la población de una especie, pero muchas veces es dañina. Si quieres cazar, consigue una licencia, compra el equipo más caro (a veces es el mejor) y ¡toma precauciones!

1. el calentamiento global
2. la expansión ganadera
3. el reciclaje
4. regular la población
5. los materiales radioactivos
6. la pesca

**10-37** **Un mundo ideal** Con otro(a) estudiante habla sobre el tema con el cual estés más familiarizado(a). Explica: 1) qué es, 2) qué pasaría si lo hiciéramos, 3) cuál sería el efecto en el futuro y 4) ¿lo harías tú?

1. usar recursos renovables
2. vivir sin coche
3. tener un coche híbrido
4. proveer hábitats para especies amenazadas
5. usar abono orgánico
6. ser vegetariano

# Impresiones

## ¡A REPASAR Y A AVANZAR!

### Repaso

Before completing the activities on this page, review the following pages and refer to them as necessary to refresh your memory of the **Estructuras** addressed in **Capítulo 10**.

**Los tiempos progresivos** pp. 380–381.

**Repaso de tiempos verbales** pp. 392–393.

**TEACHING TIP 10-38** Encourage students to note similarities and differences in global social and environmental challenges that face Chile and Paraguay and those that face the U.S. Help students see both similarities and differences in the challenges that exist and how the nations address them.

**10-38** **Chile y Paraguay** Pensando en lo que has aprendido en este capítulo y lo que ya sabes, contesta las siguientes preguntas. Después, compara tus respuestas con las de un(a) compañero(a) de clase.

1. ¿Cuáles son unos aspectos importantes de la geografía de Chile y Paraguay y qué efecto tienen en la ecología de la región y la vida de su gente?
2. ¿Qué sabes de la diversidad lingüística en Paraguay?
3. ¿Qué has aprendido sobre la represa Itaipú?
4. Compara las actividades del reciclaje en Chile con las actividades en partes de los Estados Unidos que conoces. ¿Tienen mucho en común o no?

**10-39** **¿Qué están haciendo?** Escoge unas tres o cuatro fotos de personas en Chile, Paraguay u otras partes de Latinoamérica que estén participando en una variedad de actividades. Para cada foto, contesta por lo menos tres de las preguntas a continuación.

- ¿Qué están haciendo?
- ¿Qué esperan otras personas que estén haciendo?
- ¿Qué estaban haciendo antes?
- ¿Qué estarán haciendo más tarde?
- ¿Qué estarían haciendo en otras circunstancias?

Trabajando en grupos, muestren sus fotos y compartan la información que han preparado. Para extender la discusión, cada estudiante debe comentar sobre las fotos y la información presentadas por los otros miembros del grupo.

**TEACHING TIP 10-40** Monitor the conversations to see that various verb tenses are being used and are being used appropriately. Ask questions to prompt students to include tenses that they may not be addressing in their discussions. After each group has presented one photograph and accompanying information, lead a discussion of what students believe to be the one, two, or three greatest challenges that we face today.

**10-40** **Los desafíos de la globalización** Escoge dos o tres fotos que presenten situaciones relacionadas con la globalización. Considera categorías como la protección del medioambiente, la inmigración, la economía y otras que te interesen. Para cada foto, considera el pasado, el presente y el futuro, para compartir información sobre el tema. Puedes usar las siguientes preguntas como una guía:

- ¿Cómo se creó este problema?
- ¿Cómo es la situación ahora?
- ¿Qué pasará en el futuro?

Trabaja con uno o dos compañeros(as) de clase para compartir la información que han preparado y comentar sobre todos los temas representados. Escoge una foto del grupo para mostrar y explicar a la clase.

**TEACHING TIP 10-41** Monitor students' conversations and pose questions about their descriptions. Ask one member of a pair if he or she agrees with the other one and why or why not.

**10-41** **Mi mundo perfecto** Piensa en un mundo perfecto y prepara unas siete u ocho oraciones para expresar tus ideas. Incluye respuestas a las siguientes preguntas:

- ¿Qué existe y qué no existe en tu mundo perfecto? ¿Por qué?
- ¿Qué hace y qué no hace la gente y en qué circunstancias?
- ¿En qué se parece al mundo de hoy y en qué se diferencia?
- ¿Qué puedes hacer para mejorar nuestro mundo?

Trabaja con un(a) compañero(a) de clase para discutir las ideas sobre un mundo perfecto. Comenta sobre las semejanzas y las diferencias de las descripciones.

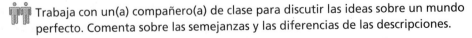

**10-42** **¡A escuchar!** A continuación vas a escuchar una descripción de la Central Itaipú. Determina si cada frase es cierta o falsa. Corrige las frases falsas.

CD2, Track 10

1. La Central Hidroeléctrica de Itaipú es considerada una maravilla del mundo moderno.
2. Está localizada en el río Paraguay.
3. Se empezó a construir en 2008.
4. Muchos animales fueron rescatados durante la creación del Lago Itaipú.
5. Casi 95% de la energía que se consume en Brasil la produce la Central.
6. La Central ha tratado de contribuir a la preservación de la biodiversidad y a la riqueza natural de la región.
7. La empresa estudia los procesos de erosión en las costas del lago.

iTunes

**10-43** **Una canción** Manu Chao es un representante de la música moderna que no respeta fronteras ni estilos musicales. "Clandestino" trata uno de los temas de actualidad a nivel internacional. La globalización ha hecho posible no sólo el movimiento de productos, servicios y capitales sino también de personas. La letra de esta canción narra la realidad de nuestro siglo para miles de personas.

Manu Chao

Ve a **www.cengage.com/spanish/rumbos** y escucha "Clandestino." Esta canción describe las dificultades del inmigrante indocumentado. Indica si las siguientes oraciones se mencionan o no en la letra.

| | Sí | No |
|---|---|---|
| 1. Sola va mi condena. | (Sí) | No |
| 2. Me dicen el clandestino. | (Sí) | No |
| 3. Vivo en una gran ciudad. | Sí | (No) |
| 4. Mi destino es trabajar. | Sí | (No) |
| 5. Solo voy con mis penas. | (Sí) | No |

**10-44** **El Internet** En este capítulo aprendiste a describir y analizar el proceso de la globalización y su impacto en particular sobre el medioambiente. Ve a **www.cengage.com/spanish/rumbos** y busca los sitios oficiales de los gobiernos de Chile y Paraguay que traten sobre el tema del medioambiente. Prepara una presentación corta. Asegúrate de incluir el nombre de la institución, el objetivo o meta de la misma, a qué público va dirigido el sitio y cuáles son los temas más importantes que se tratan.

## ¡A LEER! Un tal Lucas

### Sobre el autor

**Luis Sepúlveda (1949– )** nació en Ovalle. En 1978 participó como periodista en la investigación que la UNESCO llevó a cabo en la Amazonia ecuatoriana. De 1982 a 1987 trabajó a bordo de un barco de Greenpeace, y más tarde actuó como coordinador de esa organización. Sus experiencias con Greenpeace están detalladas en el libro *Mundo del fin del mundo*. La preocupación por el medioambiente es notable en sus libros. Algunos de los temas en sus obras son: la deforestación de bosques y selvas, la caza de ballenas *(whales)* en el sur de Chile y los derrames de petróleo en el océano.

## Antes de leer

**10-45** **Invitación al texto** En este cuento de Luis Sepúlveda vas a conocer a un joven argentino llamado Lucas. Cansado de los problemas en la ciudad, se muda con sus amigos a un pueblo de la Patagonia, donde descubre un modo de vida completamente distinto. Allí, ve directamente el impacto devastador de la tala *(cutting down of trees)* en esa región, y decide actuar. La descripción vívida que da el escritor, ayuda al lector a transportarse a la Patagonia argentina y a ponerse en el lugar de Lucas. Esta inspiradora historia, del libro *Historias marginales*, no es ficción, sino que está basada en hechos y personajes reales.

1. En el primer párrafo del cuento el autor usa la palabra "locos" para describir a las personas que no piensan solamente en el dinero. ¿Por qué crees que el autor selecciona esta palabra?
2. En tu opinión, ¿es posible el crecimiento económico sin deteriorar el medioambiente? ¿Crees que es inevitable que el progreso tenga un efecto devastador en el ecosistema? ¿Por qué?

### Estrategia de lectura Reconocer palabras conectivas

**C**onnecting words establish relationships between ideas. While some words establish a relationship between sentences, others function within a sentence, such as the Spanish conjunctions **porque, aunque,** or **tal como.** The choice of subordination can radically change the overall meaning of the sentence because every connecting word has a specific function. For example, the conjunction **porque** indicates a causal relationship, while **aunque** indicates a contrast to an action or condition.

- The cause of an action or condition: **a causa de (que); porque**
- The motive of an action: **para que; con tal (de) que**
- The effect of an action or condition: **así (que); por eso; de modo que**
- Temporal sequence: **ya; antes; cuando; mientras; después**
- A contrast to an action or condition: **aunque; sin embargo; pero**
- A similarity to an action or condition: **así como; igual que; tal como**
- Additional or exemplary information: **además; por ejemplo; también**

# Un tal Lucas

La Patagonia argentina empieza a cobrar[1] un intenso y creciente color verde a medida que[2] uno se acerca a la cordillera de Los Andes, como si el follaje de los árboles que han sobrevivido a la
5 voracidad de las madereras[3] quisiera decirnos que la vida es posible pese a todo[4], porque siempre habrá algún —o muchos— locos capaces de ver más allá de las narices del lucro[5].

Uno de ellos es Lucas, o un tal[6] Lucas, como,
10 parodiando a Cortázar[7], lo llaman los lugareños[8] de las proximidades del lago Epuyén.

Durante los años 1976 y 1977, huyendo[9] del horror desatado[10] por los militares argentinos contra todo aquel que pensara, o se viera diferente del
15 modelo establecido según las necesidades de la patria que los mismos militares se inventaron, Lucas y un grupo de chicas y chicos buscaron refugio en la lejana Patagonia.

Eran gentes de la ciudad, estudiantes, artistas,
20 muchos de ellos no habían visto jamás una herramienta de labranza[11], pero llegaron allá cargando sus libros, discos, símbolos, con la sola idea de atreverse[12] a formular y practicar un modelo de vida alternativo, diferente, en un país en donde el miedo y la barbarie[13]
25 lo uniformizaba todo.

El primer invierno, como todos los inviernos patagónicos, fue duro, largo y cruel. Los esfuerzos por cultivar unas huertas[14] no les permitieron hacer acopio[15] suficiente de leña[16], y tampoco alcanzaron
30 a calafatear[17] debidamente los ensambles de los troncos[18] de las cabañas que levantaron. El viento gélido[19] se colaba[20] por todas partes. Era un puñal[21] de hielo que hacía más cortos aún los días australes[22].

Los pioneros, los chicos de la ciudad, se
35 enfrentaban a un enemigo desconocido e imprevisible, y lo hacían de la única manera que conocían; discutiendo colectivamente para arribar[23] a una solución. Pero las palabras bienintencionadas no detenían al viento y el frío mordía los huesos[24] sin
40 clemencia.

Un día, ya con las provisiones de leña casi agotadas, unos hombres de ademanes[25] lentos se presentaron en las mal construidas cabañas y, sin grandes palabras, descargaron la leña que llevaban
45 a lomo de mulas, encendieron las salamandras[26] y se entregaron a reparar los muros[27].

Lucas recuerda que les dio las gracias y les preguntó por qué hacían todo eso.

—Porque hace frío. ¿Por qué va a ser? —respondió
50 uno de los salvadores[28].

Ése fue el primer contacto con el paisanaje[29] de la Patagonia. Luego vinieron otros, y otros, y en cada uno de ellos los chicos de la ciudad fueron aprendiendo los secretos de aquella región bella y
55 violentamente frágil.

Así pasaron los primeros años. Las cabañas levantadas junto al lago Epuyén se tornaron sólidas y acogedoras[30], las tierras circundantes[31] se transformaron en huertas, puentes colgantes[32]
60 permitieron cruzar los arroyos y, según las lecciones de los paisanos, cada uno de ellos se transformó en un cuidador de los bosques que nacen a los bordes del lago, y se prolongan subiendo y bajando montes.

En 1985, con la riqueza forestal de la Patagonia
65 chilena exterminada por las compañías madereras japonesas, la Patagonia argentina conoció también los

---

[1]**cobrar** *acquire*
[2]**a medida que** *as*
[3]**madereras** *logging company*
[4]**pese a todo** *in spite of everything*
[5]**del lucro** *of wealth*
[6]**un tal** *somebody by the name of*
[7]**Cortázar** escritor argentino famoso que escribió un libro llamado "Un tal Lucas"
[8]**lugareños** locales
[9]**huyendo** escapando
[10]**desatado** *unleashed*
[11]**labranza** cultivo

[12]**atreverse** tener la audacia
[13]**barbarie** *savagery*
[14]**huertas** jardín de vegetales
[15]**acopio** *stock*
[16]**leña** madera para quemar
[17]**calafatear** *caulk, plug*
[18]**ensambles de los troncos** *joints in the logs*
[19]**gélido** muy frío
[20]**se colaba** se metía
[21]**puñal** *dagger*
[22]**australes** del sur

[23]**arribar** llegar
[24]**mordía los huesos** *bit the bones*
[25]**ademanes** gestos
[26]**salamandras** *heat radiator*
[27]**muros** paredes
[28]**salvadoras** *rescuers*
[29]**paisanaje** *the manner in which local people treat each other*
[30]**acogedoras** *cozy*
[31]**circundantes** *surrounding*
[32]**colgantes** *hanging*

horrores del progreso neoliberal[33]: las motosierras[34] empezaron a talar alerces, robles, encinas, castaños[35], árboles de trescientos o más años y arbustos que
70 apenas se elevaban a un metro del suelo. Todo iba a dar a las fauces[36] de las picadoras[37] que convertían la madera en astillas[38], en serrín[39] fácil de transportar a Japón. El desierto creado en Chile se extendía hacia la Patagonia argentina.

75 Los modelos económicos chileno y argentino son la gran victoria de las dictaduras. Las sociedades crecidas en el miedo aceptan como legítimo todo aquello que proviene de la fuerza, sea de las armas o del capital. Junto al lago Epuyén, nada ni nadie
80 parecía capaz de oponerse al siniestro rumor de las motosierras. Pero Lucas Chiappe, un tal Lucas, dijo no, y se encargó de hablar en nombre del bosque con los paisanos que viven al sur del paralelo 42.

—¿Por qué quieres salvar el bosque? —le preguntó
85 algún paisano.

—Porque hay que hacerlo. ¿Por qué va a ser? —respondió Lucas.

Y así, contra viento y marea[40], desafiando y sufriendo amenazas, golpes, encarcelamientos[41],
90 difamaciones, nació el proyecto <<Lemú>>, que en lengua mapuche significa bosque.

En Buenos Aires los llaman: "Esos hippies de mierda que se oponen al progreso," pero junto al lago Epuyén los paisanos los apoyan, porque una
95 elemental sabiduría[42] les indica que la defensa de la tierra es la defensa de los seres humanos que habitan el mundo austral.

Cada árbol salvado, cada árbol plantado, cada semilla[43] cuidada en los almácigos[44] es un segundo
100 preservado del tiempo sin edad de la Patagonia. Mañana, tal vez el proyecto Lemú sea un gran corredor forestal de casi mil quinientos kilómetros de longitud. Mañana, tal vez los astronautas puedan ver una larga y hermosa línea verde junto a la cordillera
105 de Los Andes australes.

Tal vez alguien les diga que eso lo empezó Lucas Chiappe, un tal Lucas, paisano de Epuyén, allá en la Patagonia.

---

[33]**neoliberal** *political term used to refer to capitalist philosophies relating to globalization and trade between developed and developing countries*
[34]**motosierras** *chainsaws*
[35]**alerces, robles, encinas, castaños** nombres de árboles de la Patagonia

[36]**fauces** bocas
[37]**picadoras** *cutting machines*
[38]**astillas** pedazos pequeños de madera
[39]**serrín** polvo de madera
[40]**contra viento y marea** *come hell or high water*
[41]**encarcelamientos** *detentions*

[42]**sabiduría** *wisdom*
[43]**semilla** *seed*
[44]**almácigos** *nursery*

## Después de leer

**10-46** **Reconociendo palabras conectivas** Con la ayuda de un(a) compañero(a), identifica las palabras conectivas que usa el autor y la función de cada una. ¿Parece favorecer el autor ciertas categorías más que otras? ¿Hay otras palabras conectivas que el autor pudo haber usado con el mismo efecto?

| Palabra conectiva | Función |
|---|---|
| _____ | _____ |
| _____ | _____ |
| _____ | _____ |
| _____ | _____ |
| _____ | _____ |

**10-47** **Comprensión** En parejas o en grupos de tres, contesten las siguientes preguntas. Después compartan sus respuestas con la clase.

1. ¿Por qué decidieron Lucas y sus compañeros mudarse a la Patagonia? ¿Tenían la preparación necesaria para hacerlo? ¿Por qué sí o por qué no?

2. En el quinto párrafo el escritor dice que "los chicos de la ciudad se enfrentaban a un enemigo desconocido e imprevisible." ¿Quién o qué es este enemigo?

3. ¿Quiénes ayudan a Lucas y a sus compañeros durante sus primeros años?

4. ¿Cambia la personalidad del protagonista a lo largo del cuento? Compara cómo es Lucas cuando llega a Epuyén y cómo es después de vivir allí por casi diez años.

5. ¿Por qué crees que el autor describe la región como "frágil"?

6. ¿Cómo es la relación entre las personas de Epuyén y la naturaleza?

7. Según el texto, ¿cuál es la causa del problema de la tala en Chile y Argentina?

8. En este cuento, ¿cuál es la posición del gobierno argentino frente al problema de la tala?

9. Según el texto, ¿cuál es la relación entre la preservación de un árbol y "el tiempo sin edad" de la Patagonia?

10. ¿Qué podrán ver los astronautas en el futuro como un indicio del éxito del proyecto de Lucas?

**10-48** **Expansión** En parejas o en grupos de tres, contesten las siguientes preguntas.

1. Aunque el autor no lo dice explícitamente, ¿puedes describir en qué consiste el proyecto Lemú?

2. ¿Qué espera el narrador que ocurra en el futuro gracias al proyecto Lemú?

3. ¿Por qué crees que el autor insiste en llamar al protagonista con las palabras "un tal" delante del nombre? ¿Qué efecto busca el autor? ¿Qué quiere demostrar con esto?

4. Si vivieras en un lugar como Epuyén y en una situación política como la de Chile y Argentina en 1985, ¿reaccionarías de la misma manera que Lucas? ¿Dedicarías tu tiempo y pondrías tu vida en riesgo para salvar el bosque?

5. ¿Crees que el proyecto Lemú es un poco ambicioso? ¿Por qué?

## ¡A ESCRIBIR! El ensayo argumentativo

### Atajo

**Functions:** Asserting and insisting; Expressing an opinion; Making transitions
**Vocabulary:** Animals; Languages; Plants; Violence
**Grammar:** Accents; Relatives; Verbs

### El tema

En este capítulo has explorado varios temas controvertidos relacionados con los desafíos sociales o ambientales de la globalización. Ahora vas a escribir un ensayo argumentativo sobre uno de estos temas.

### El contenido

En el ensayo argumentativo presentas y defiendes tu opinión sobre algún tema controvertido con el objetivo explícito de convencer al lector de tu punto de vista. Para escribir este ensayo, tienes que seleccionar un tema específico para el cual existen opiniones contrarias y un punto de vista que puedas defender. Repasa el capítulo y tus apuntes para recordar los temas que se han tratado. Haz una lista de dos debates que puedan resultar interesantes y luego, apunta los argumentos a favor y en contra de cada uno. Selecciona lo que te parezca el mejor tema y escribe tu tesis, o sea, la opinión que vas a defender. Recuerda que la tesis es una opinión *informada* sobre un tema controvertido. Considera estos ejemplos:

*Ejemplo 1:* Hay muchos desafíos ambientales hoy día.
*Ejemplo 2:* La cacería regulada protege los animales en peligro de extinción.

El ejemplo 1 no es una buena tesis; no presenta una opinión sino un hecho irrefutable. El ejemplo 2, en cambio, presenta una perspectiva debatible que probablemente desafía las opiniones de otros.

Después de decidir cuál es tu tesis, selecciona los mejores argumentos para convencer a tus lectores. A veces los argumentos más convincentes son los que refutan algunos contraargumentos *(counterarguments)*.

### El primer borrador

Escribe tu primer borrador del ensayo siguiendo esta estructura:

*La introducción:* Un párrafo para presentar el tema y tu tesis. Incluye información específica que demuestre la importancia del tema y también la naturaleza del debate.

*El cuerpo:* Elabora tus argumentos y tu refutación a algunos contraargumentos. Cada párrafo debe tratar un aspecto distinto de tu tesis.

*La conclusión:* Resume el ensayo y conecta tus argumentos para que quede clara la validez de tu tesis.

*El título:* Resume el tema del ensayo y a la vez capta el interés del lector. No te olvides de leer la **Estrategia de escritura** para ayudarte con este borrador.

## Revisión en parejas

 Lee el ensayo de un(a) compañero(a) de clase y contesta las preguntas.

1. ¿Trata un tema de debate sobre los desafíos de la globalización? ¿Presenta la tesis una opinión debatible?
2. ¿Presenta datos y ejemplos específicos, objetivos y convincentes que apoyen la tesis?
3. ¿Refuta algunos de los argumentos en contra de su punto de vista?
4. ¿Usa un lenguaje objetivo? ¿Usa conectores para lograr más coherencia entre los argumentos y párrafos?
5. En la conclusión, ¿resume los argumentos presentados para sacar la conclusión presentada en la tesis? ¿Te ha convencido de su punto de vista? ¿Por qué sí o por qué no?
6. ¿Captura tu interés el título?
7. ¿Utiliza mucho vocabulario del tema? ¿Puede usar más?
8. ¿Utiliza una variedad de estructuras gramaticales? ¿Las ha usado bien o notas algún error?

## Elaboración y redacción

Considera los comentarios de tu compañero(a) y haz los cambios necesarios. Revisa otra vez el vocabulario y la gramática de tu ensayo. Trata de incluir más vocabulario del capítulo y mira si has usado una variedad de tiempos verbales y estructuras como las frases relativas y los pronombres de objeto directo e indirecto. Busca y corrige los errores comunes y usa la función de *spell-check* para pulir *(polish)* la ortografía.

---

## Estrategia de escritura La argumentación

**E**ffective argumentation will convince readers of a particular viewpoint if its arguments are logical and based in fact, rather than conjecture or popular opinion. The intelligent reader is not convinced by unsupported claims, so if you are not an expert on the topic you are writing about, you must provide objective information (facts, data, expert opinions, etc.) that will prove convincing. To do this, you must scrutinize your sources of information to make sure that they are relevant, up to date, and as objective as possible. Be particularly careful of information you find on web pages. Anyone with access to a computer can publish his or her opinion on a topic; this does not make him/her an expert!

Another key to successful argumentation is to use persuasive language and present your arguments coherently. Avoid phrases such as **en mi opinión, yo creo, desde mi punto de vista,** as they weaken your argument by limiting your opinion to yourself alone.

You should also use key connector phrases to introduce or highlight your arguments and counterarguments. Following are several suggestions:

**a pesar de** *in spite of*
**además** *furthermore, moreover*

**aunque** *although*
**de ahí que** *hence, therefore*

**no obstante** *nevertheless*
**sin embargo** *nevertheless*

## ¡A VER! La contaminación en Santiago

### Antes de ver

**TEACHING TIP** Allow students to watch the video segment at least two times. The first time suggest they watch and listen but not try to take notes. After watching it one time, have them read the questions in **Después de ver**. Then, as they watch the video a second time, have them write information related to the questions.

**10-49** **La contaminación en Santiago** El problema de la contaminación ambiental es un problema que afecta a la mayoría de las grandes ciudades del mundo. Con un(a) compañero(a) decidan si en su opinión están de acuerdo o no con las siguientes oraciones.

1. El desarrollo económico es tan importante como la protección del ambiente.　　Sí　No
2. Se deben pasar leyes que obliguen a producir autos eléctricos.　　Sí　No
3. Se debe prohibir el tránsito de autos privados durante las horas pico.　　Sí　No
4. Se debe enseñar la protección al medioambiente en las escuelas.　　Sí　No
5. La comunidad científica exagera la crisis del medioambiente　　Sí　No

### Vocabulario útil

**rodea** *surround*
**picos** *peaks*
**cuenca** *valley*
**cadenas de montañas** *mountain chains*
**encerramiento** *enclosure*
**contraer** *to contract (a disease)*
**portadores** *carriers (of a disease)*

### Mientras ves

**10-50** **¡Ve y escucha con cuidado!** Mira el segmento y marca con una equis [X] la palabra que escuches o veas.

| | | |
|---|---|---|
| _____ hombres de negocios | | _____ conservación y uso |
| ___X___ los picos | | ___X___ encerramiento |
| ___X___ esmog | | _____ lagos y ríos |
| _____ otoño | | _____ enfermedades contagiosas |
| ___X___ cordillera de los Andes | | ___X___ se escurran |
| _____ investigación y desarrollo | | ___X___ problemas respiratorios |

### Después de ver

**ANSWERS 10-51** 1. por la alta contaminación del aire 2. en el invierno 3. las fábricas y el tráfico de autos 4. cáncer y enfermedades respiratorias 5. los niños, las mujeres embarazadas, los ancianos y personas con problemas respiratorios

**10-51** **¿Qué recuerdas?** Contesta las siguientes preguntas.

1. ¿Por qué no se pueden ver los picos de los Andes?
2. ¿En qué estación del año hay más contaminación?
3. Además de la situación geográfica ¿qué otras causas hay para la alta contaminación?
4. ¿Qué enfermedades pueden causar este tipo de contaminación?
5. ¿Qué sector de la población es más susceptible?

### Más allá del video

**10-52** **¿Qué podemos hacer para luchar contra la contaminación?** Con un(a) compañero(a) hagan una lista de diez cosas que cada ciudadano puede hacer para reducir el impacto de los humanos sobre el medioambiente. Escojan cinco de ellas y explícale a tu compañero(a) las consecuencias de cada una de esas recomendaciones.

## Para hablar de los desafíos sociales de la globalización

| | |
|---|---|
| el abuso / abusar | *abuse / to abuse* |
| la amnistía | *amnesty* |
| la barrera | *barrier, obstacle* |
| la brecha | *gap, breach* |
| la colonización / colonizar | *colonization / to colonize* |
| el convenio | *agreement, treaty* |
| el desafío | *challenge* |
| el desempleo / el subempleo | *unemployment / underemployment* |
| el desplazamiento / desplazar(se) | *to move, shift / to travel* |
| la diversidad lingüística | *linguistic diversity* |
| la esperanza | *hope* |
| la fuga de cerebros / fugar | *brain drain / to flee, to escape* |
| la homogeneización / homogeneizar | *homogenization / to homogenize* |
| la identidad cultural | *cultural identity* |
| el ingreso de inmigrantes / ingresar | *entrance of immigrants / to enter* |
| la inquietud / inquieto(a) / inquietar | *anxiety, worry / anxious, worried / to cause anxiety* |
| la inversión / invertir | *investment / to invest* |
| la lengua materna | *mother tongue* |
| la mano de obra | *workforce, labor* |
| el menosprecio / menospreciar | *lack of appreciation, scorn / to undervalue, to scorn* |
| el monolingüismo / bilingüismo / bilingüe | *monolingualism / bilingualism / bilingual* |
| la política migratoria | *immigration policy* |
| la redada | *raid* |
| la remesa | *remittance* |
| la toma de decisiones | *decision making* |
| el tráfico de personas | *trafficking of people* |
| | |
| atraer | *to attract* |
| conllevar | *to entail, to involve* |
| disminuir | *to decrease, to diminish* |
| excluir / la exclusión | *to exclude / exclusion* |
| emigrar / el emigrante | *to emigrate / emigrant* |
| fortalecer / el fortalecimiento | *to strengthen / strengthening* |
| imponer / la imposición | *to impose / imposition* |
| quedarse atrás | *to be left behind* |
| restringir / la restricción | *to restrict / restriction* |
| | |
| cooperativo(a) / la cooperación | *cooperative / cooperation* |
| (des)ventajoso(a) | *(dis)advantageous* |
| indocumentado(a) | *undocumented* |
| (in)tolerante / la (in)tolerancia | *(in)tolerant / (in)tolerance* |

## Para hablar de la ecología global

| | |
|---|---|
| el abono orgánico | *compost* |
| el agotamiento / agotar | *depletion / to deplete* |
| el agua dulce | *fresh water* |
| la biodiversidad | *biodiversity* |
| la cacería / cazar | *hunting / to hunt* |
| el calentamiento global | *global warming* |
| la capa de ozono | *ozone layer* |
| la conciencia / concienciar / tomar conciencia (de) | *conscience / to make aware / to become aware (of)* |
| el derrame / derramar | *spill / to spill* |
| el desarrollo sostenible | *sustainable development* |
| los desechos / desechar | *waste / to throw out* |
| el deterioro / deteriorar | *deterioration / to deteriorate* |
| el ecosistema | *ecosystem* |
| el efecto invernadero | *greenhouse effect* |
| el embalse | *reservoir* |
| el humedal | *wetland* |
| el impacto | *impact* |
| el incentivo / incentivar | *incentive / to motivate, to encourage* |
| el planeta Tierra | *Planet Earth* |
| el poder hidroeléctrico | *hydroelectric power* |
| el recurso renovable | *renewable resource* |
| la regulación / regular | *regulation / to regulate* |
| la represa | *dam* |
| la restauración / restaurar | *restoration / to restore* |
| la sobrepesca | *overfishing* |
| | |
| carecer / la carencia | *to lack / lack* |
| consumir / el consumo | *to consume / consumption* |
| descomponerse | *to decompose, to break down* |
| desgastar(se) / el desgaste | *to wear out, to get worn out / wear and tear* |
| malgastar | *to waste* |
| reparar | *to repair* |
| reutilizar | *to reuse* |
| | |
| ambiental | *environmental* |
| devastador(a) | *devastating* |
| (in)significante | *(in)significant* |
| (ir)refutable | *(ir)refutable* |
| tóxico(a) | *toxic* |

# Apéndices

# Índice de palabras conocidas

## Capítulo 1

### Cómo saludar — *How to greet someone*

| | |
|---|---|
| Buenos días. | *Good morning.* |
| Buenas tardes. | *Good afternoon.* |
| Buenas noches. | *Good evening.* |
| ¡Hola! | *Hi!* (informal) |
| ¿Qué tal? | *What's up?* (informal) |
| ¿Qué hay? | *What's new?* (informal) |
| ¿Cómo estás? | *How are you?* (informal) |
| ¿Cómo está usted? | *How are you?* (formal) |

### Cómo contestar — *How to respond*

| | |
|---|---|
| Bastante bien. | *Rather well.* |
| Más o menos. | *So-so.* |
| (Muy) bien. | *(Very) well.* |
| Bien, gracias. | *Fine, thanks.* |
| Me llamo… | *My name is . . .* |

### Presentaciones — *Introductions*

| | |
|---|---|
| ¿Cómo se llama usted? | *What's your name?* (formal) |
| ¿Cómo te llamas? | *What's your name?* (informal) |
| ¿Cuál es tu nombre? | *What's your name?* (informal) |
| El gusto es mío. | *The pleasure is mine.* |
| Encantado(a). | *Nice to meet you.* |
| Mucho gusto. | *Nice to meet you.* |
| Soy de… | *I'm from . . .* |

### Cómo despedirse — *How to say good-bye*

| | |
|---|---|
| Adiós. | *Good-bye.* |
| Buenas noches. | *Good night.* |
| Chau. / Chao. | *Bye.* (informal) |
| Hasta luego. | *See you later.* |
| Hasta mañana. | *See you tomorrow.* |
| Hasta pronto. | *See you soon.* |

### Cómo pedir información — *How to ask for information*

| | |
|---|---|
| ¿Cuál es tu nombre? | *What's your name?* (informal) |
| ¿Cuál es tu número de teléfono? | *What's your telephone number?* (informal) |
| ¿De dónde es usted? | *Where are you from?* (formal) |
| ¿De dónde eres tú? | *Where are you from?* (informal) |
| ¿Cómo te llamas? | *What is your name?* (informal) |
| Nos vemos. | *See you later.* |

### La geografía — *Geography*

| | |
|---|---|
| el arroyo | *creek* |
| el bosque | *forest* |
| el (la) campesino(a) | *farm worker, peasant* |
| la catarata | *waterfall* |
| la colina | *hill* |
| la costa | *coast* |
| el lago | *lake* |
| el mar | *sea* |
| el océano | *ocean* |
| el río | *river* |
| la selva | *jungle* |
| la tierra | *land, earth* |
| bello(a) | *beautiful* |
| denso(a) | *dense* |
| tranquilo(a) | *tranquil, peaceful* |

### Las estaciones — *Seasons*

| | |
|---|---|
| la primavera | *spring* |
| el verano | *summer* |
| el otoño | *fall* |
| el invierno | *winter* |

### El clima — *Weather*

| | |
|---|---|
| la lluvia | *rain* |
| la nieve | *snow* |
| Está despejado. | *It's clear.* |
| Está nublado. | *It's cloudy.* |
| Hace buen tiempo. | *It's nice out.* |
| Hace calor. | *It's hot.* |
| Hace fresco. | *It's cool.* |
| Hace frío. | *It's cold.* |
| Hace sol. | *It's sunny.* |

### Preposiciones de lugar — *Prepositions of place*

| | |
|---|---|
| a la derecha de | *to the right of* |
| a la izquierda de | *to the left of* |
| al lado de | *next to* |
| cerca de | *near* |
| delante de | *in front of* |
| derecho | *straight* |
| detrás de | *behind* |
| enfrente de | *facing, across from* |

| | | | |
|---|---|---|---|
| entre | *between* | | |
| hacia | *toward* | | |
| lejos de | *far from* | | |

| | |
|---|---|
| el este | *east* |
| el norte | *north* |
| el oeste | *west* |
| el sur | *south* |

## Adverbios de lugar — *Adverbs of place*

| | |
|---|---|
| cerca | *near* |
| demasiado | *too much* |
| hasta | *up to, until* |
| lejos | *far (away)* |

## Las nacionalidades — *nationalities*

| | |
|---|---|
| árabe | *Arab* |
| alemán(-a) | *German* |
| argentino(a) | *Argentine* |
| boliviano(a) | *Bolivian* |
| brasileño(a) | *Brazilian* |
| canadiense | *Canadian* |
| chileno(a) | *Chilean* |
| chino(a) | *Chinese* |
| colombiano(a) | *Colombian* |
| coreano(a) | *Korean* |
| costarricense | *Costa Rican* |
| cubano(a) | *Cuban* |
| dominicano(a) | *Dominican (from the Dominican Republic)* |
| egipcio(a) | *Egyptian* |
| español(-a) | *Spanish* |
| estadounidense | *from the United States* |
| francés(-a) | *French* |
| guatemalteco(a) | *Guatemalan* |
| haitiano(a) | *Haitian* |
| hondureño(a) | *Honduran* |
| indio(a) | *Indian* |
| inglés(-a) | *English* |
| italiano(a) | *Italian* |
| japonés(-a) | *Japanese* |
| mexicano(a) | *Mexican* |
| nicaragüense | *Nicaraguan* |
| norteamericano(a) | *North American* |
| panameño(a) | *Panamanian* |
| paraguayo(a) | *Paraguayan* |
| peruano(a) | *Peruvian* |
| puertorriqueño(a) | *Puerto Rican* |
| ruso(a) | *Russian* |
| salvadoreño(a) | *Salvadoran* |
| uruguayo(a) | *Uruguayan* |
| venezolano(a) | *Venezuelan* |

## Los festivales — *Festivals*

| | |
|---|---|
| los cohetes | *rockets* |
| el día feriado | *holiday* |
| el disfraz | *costume* |
| la máscara | *mask* |
| la procesión | *parade* |
| celebrar | *to celebrate* |
| disfrazarse | *to wear a costume* |
| gritar | *to shout* |
| pasarlo bien (mal) | *to have a good (bad) time* |
| recordar (ue) | *to remember* |
| reunirse con | *to get together with* |

# Capítulo 2

## Las relaciones familiares — *Family relationships*

| | |
|---|---|
| el (la) abuelo(a) | *grandmother / grandfather* |
| el (la) cuñado(a) | *brother-in-law /sister-in-law* |
| el (la) esposo(a) | *husband / wife* |
| el (la) hermano(a) | *brother / sister* |
| el (la) hijo(a) | *son / daughter* |
| la madre (mamá) | *mother* |
| el (la) nieto(a) | *grandson / granddaughter* |
| la nuera | *daugther-in-law* |
| el padre (papá) | *father* |
| la pareja | *couple* |
| el (la) primo(a) | *cousin* |
| el (la) sobrino(a) | *nephew / niece* |
| el (la) suegro(a) | *father-in-law / mother-in-law* |
| el (la) tío(a) | *uncle / aunt* |
| el yerno | *son-in-law* |
| las mascotas | *house pets* |
| el gato | *cat* |
| el pájaro | *bird* |
| el perro | *dog* |
| el pez | *fish* |
| el amor | *love* |
| el cariño | *affection* |
| la cita | *date (social)* |
| el compromiso | *engagement* |
| el divorcio | *divorce* |
| la separación | *separation* |
| la vida | *life* |
| casado(a) | *married* |
| soltero(a) | *single* |
| abrazar(se) | *to hug (each other)* |
| amar | *to love* |
| besar(se) | *to kiss (each other)* |

| | |
|---|---|
| casarse (con) | *to get married (to), to marry* |
| darse la mano | *to shake hands* |
| divorciarse (de) | *to get divorced (from)* |
| enamorarse (de) | *to fall in love (with)* |
| llevarse bien (mal) (con) | *to get along well (poorly) (with)* |
| querer | *to love* |
| romper (con) | *to break up (with)* |
| salir (con) | *to go out (with)* |
| separarse (de) | *to separate (from)* |

### Las celebraciones familiares / *Family celebrations*

| | |
|---|---|
| el anfitrión | *host* |
| la anfitriona | *hostess* |
| el banquete | *banquet* |
| la boda | *wedding* |
| el cumpleaños | *birthday* |
| la fiesta (de sorpresa) | *(surprise) party* |
| la flor | *flower* |
| los invitados | *guests* |
| la luna de miel | *honeymoon* |
| el matrimonio | *marriage* |
| la novia | *bride* |
| el noviazgo | *courtship* |
| el novio | *groom* |
| la orquesta | *band* |
| el pastel | *cake* |
| el ramo | *bouquet* |
| la recepción | *reception* |
| los recién casados | *newlyweds* |
| los regalos | *gifts* |
| las velas | *candles* |

| | |
|---|---|
| celebrar | *to celebrate* |
| cumplir años | *to have a birthday* |
| dar (hacer) una fiesta | *to give a party* |
| hacer un brindis | *to make a toast* |
| llorar | *to cry* |
| olvidar | *to forget* |
| pasarlo bien (mal) | *to have a good (bad) time* |
| ponerse + *adjective* | *to become, to get* + adjective |
| reaccionar | *to react* |
| recordar (ue) | *to remember* |
| reunirse con | *to get together with* |

## Capítulo 3

### La gente / *People*

| | |
|---|---|
| el (la) compañero(a) de clase | *classmate* |
| el (la) compañero(a) de cuarto/ de casa | *roommate / housemate* |

### Cursos y especializaciones / *Courses and majors*

| | |
|---|---|
| la administración de empresas | *business administration* |
| el arte | *art* |
| la biología | *biology* |
| la ciencia | *science* |
| la computación | *computer science* |
| el derecho | *law* |
| la economía | *economics* |
| la educación | *education* |
| la física | *physics* |
| la geografía | *geography* |
| la historia | *history* |
| la ingeniería | *engineering* |
| el inglés | *English* |
| la literatura | *literature* |
| las matemáticas | *math* |
| la medicina | *medicine* |
| la música | *music* |
| el periodismo | *journalism* |
| la pintura | *painting* |
| la química | *chemistry* |
| la sicología | *psychology* |
| la sociología | *sociology* |

### Edificios universitarios / *University buildings*

| | |
|---|---|
| el apartamento | *apartment* |
| la biblioteca | *library* |
| la cafetería | *cafeteria* |
| el campus | *campus* |
| el centro estudiantil | *student center* |
| el cuarto | *room* |
| el edificio | *building* |
| la escuela | *school* |
| el gimnasio | *gymnasium* |
| la librería | *bookstore* |
| la oficina | *office* |
| la residencia | *dormitory* |
| la sala de clase | *classroom* |
| la universidad | *university* |

| | |
|---|---|
| enseñar | *to teach* |
| entrar | *to enter* |
| estudiar | *to study* |
| practicar | *to practice* |
| tomar clases (exámenes) | *to take classes (tests)* |

### Lugares en el pueblo / *Places in town*

| | |
|---|---|
| el banco | *bank* |
| el café | *cafe* |
| la calle | *street* |
| el centro | *downtown* |

| el centro comercial | mall |
| el cine | movie theater |
| la iglesia | church |
| el mercado (al aire libre) | (outdoor) market |
| el museo | museum |
| la oficina de correos | post office |
| el parque | park |
| la piscina | pool |
| la plaza | plaza |
| el restaurante | restaurant |
| el supermercado | supermarket |
| la tienda | store |

## Los viajes — Trips, Travels

| la aduana | customs |
| el aeropuerto | airport |
| la agencia de viajes | travel agency |
| el (la) agente de viajes | travel agent |
| el asiento | seat |
| el (la) asistente de vuelo | flight attendant |
| el avión | plane |
| el barco | ship, boat |
| el boleto (billete) de ida | one-way ticket |
| el boleto (billete) de ida y vuelta | round-trip ticket |
| el camión | truck |
| el control de seguridad | security |
| el crucero | cruise |
| el equipaje (de mano) | (carry-on) baggage, luggage |
| el horario | schedule |
| la inmigración | passport control/immigration |
| la llegada | arrival |
| la maleta | suitcase |
| el (la) pasajero(a) | passenger |
| el pasaporte | passport |
| el pasillo | aisle |
| la puerta | gate |
| la salida | departure |
| la ventanilla | window |
| el viaje | trip |
| el vuelo (sin escala) | (nonstop) flight |

| el aire acondicionado | air-conditioning |
| el ascensor | elevator |
| la cama sencilla (doble) | single (double) bed |
| el cuarto | room |
| el hotel de cuatro estrellas | four-star hotel |
| la llave | key |
| la recepción | front desk |
| el (la) recepcionista | receptionist |
| la reserva | reservation |

| abordar | to board |
| bajar(se) (de) | to get off |
| facturar el equipaje | to check the luggage |
| hacer escala (en) | to make a stop (on a flight) (in) |
| hacer la(s) maleta(s) | to pack one's suitcase(s) |
| ir en avión | to go by plane |
| pasar (por) | to go through |
| quedarse | to stay |
| quejarse de | to complain about |
| recoger | to pick up, to claim |
| registrarse | to register |
| viajar | to travel |

| arreglado(a) | neat, tidy |
| cómodo(a) | comfortable |
| limpio(a) | clean |
| privado(a) | private |
| sucio(a) | dirty |

| ¡Bienvenido(a)! | Welcome! |
| ¡Buen viaje! | Have a nice trip! |
| Perdón. | Excuse me. |

# Capítulo 4

## Deportes y pasatiempos — Sports and pastimes

| el baloncesto | basketball |
| el béisbol | baseball |
| el campo de fútbol (de golf) | football field (golf course) |
| el ciclismo | cycling |
| el fútbol (americano) | soccer (football) |
| el golf | golf |
| la natación | swimming |
| el partido | game |
| el vólibol | volleyball |

| acampar | to camp |
| andar en bicicleta | to ride a bike |
| bailar | to dance |
| broncearse / tomar el sol | to get a suntan |
| bucear | to scuba dive |
| caminar por las montañas | to hike, walk in the mountains |
| correr | to run |
| correr las olas | to surf |
| dar un paseo | to go on a walk |
| esquiar (en el agua) | to (water) ski |
| ganar | to win |
| hacer esnórquel | to snorkel |
| hacer un picnic | to go on a picnic |
| hacer planes | to make plans |
| hacer ejercicio | to exercise |
| hacer una parrillada | to have a barbeque |

| | | | |
|---|---|---|---|
| ir | to go | el pavo | turkey |
| a un bar | to a bar | el pescado | fish |
| a un club | to a club | el pollo (asado) | (roast) chicken |
| a un concierto | to a concert | | |
| a una discoteca | to a disco, dance club | **Las frutas y los vegetales** | **Fruits and vegetables** |
| a una fiesta | to a party | el ajo | garlic |
| al cine | to the movies | la banana | banana |
| de compras | shopping | la cebolla | onion |
| jugar (ue) al tenis | to play tennis | el champiñón | mushroom |
| levantar pesas | to lift weights | la lechuga | lettuce |
| mirar la tele | to watch television | la manzana | apple |
| montar a caballo | to go horseback riding | la naranja | orange |
| nadar | to swim | las papas (fritas) | (french fried) potatoes |
| pasear en canoa (velero) | to go canoeing (sailing) | el tomate | tomato |
| patinar (en línea) | to (in-line) skate | las verduras | vegetables |
| pescar | to fish | | |
| sacar fotos | to take pictures | **Otras comidas** | **Other foods** |
| tocar la guitarra | to play the guitar | el arroz | rice |
| tomar el sol | to sunbathe | la ensalada | salad |
| visitar un museo | to visit a museum | el huevo duro | hard-boiled egg |
| | | el pan (tostado) | bread (toast) |
| **Las comidas** | **Meals** | el queso | cheese |
| el almuerzo | lunch | la salsa | sauce |
| la cena | dinner, supper | el sándwich | sandwich |
| el desayuno | breakfast | la sopa | soup |
| | | | |
| almorzar (ue) | to have (eat) lunch | **Los condimentos** | **Condiments** |
| cenar | to have (eat) supper (dinner) | el aceite | oil |
| desayunar | to have (eat) breakfast | el azúcar | sugar |
| | | la mantequilla | butter |
| **Las bebidas** | **Beverages** | la pimienta | pepper |
| el agua (f.) mineral | mineral water | la sal | salt |
| con gas | carbonated | el vinagre | vinegar |
| sin gas | noncarbonated | | |
| el café | coffee | **Los postres** | **Desserts** |
| la cerveza | beer | el flan (casero) | (homemade) caramel custard |
| el jugo de fruta | fruit juice | el helado | ice cream |
| la leche | milk | el pastel | cake |
| el refresco | soft drink | | |
| el té (helado) | (iced) tea | **El restaurante** | **The restaurant** |
| el vino (blanco, tinto) | (white, red) wine | el (la) camarero(a) | waiter, waitress |
| | | la cuenta | check, bill |
| **Los platos principales** | **Main dishes** | la especialidad de la casa | house specialty |
| el bistec | steak | el menú | menu |
| los calamares (fritos) | (fried) squid | | |
| los camarones | shrimp | caliente | hot (temperature) |
| la carne (de res) | meat (beef) | fresco(a) | fresh |
| la chuleta (de cerdo) | (pork) chop | ligero(a) | light (e.g., meal, food) |
| la hamburguesa | hamburger | pesado(a) | heavy (e.g., meal, food) |
| el jamón | ham | rico(a) | delicious |
| la langosta | lobster | | |
| los mariscos | shellfish, seafood | añadir | to add |
| | | cocinar | to cook |

| | |
|---|---|
| desear | *to wish, to want* |
| pedir (i) | *to order (food)* |
| picar | *to eat appetizers* |
| preparar | *to prepare* |
| recomendar (ie) | *to recommend* |
| | |
| ¡Buen provecho! | *Enjoy your meal!* |
| ¡Cómo no! | *Of course!* |
| dejar una (buena) propina | *to leave a (good) tip* |
| Estoy a dieta. | *I'm on a diet.* |
| Estoy satisfecho(a). | *I'm satisfied. I'm full.* |
| La cuenta, por favor. | *The check, please.* |
| No puedo más. | *I can't (eat) any more.* |
| ¿Qué desean (quieren) comer (beber)? | *What would you like to eat (drink)?* |
| ¡Salud! | *Cheers!* |
| Te invito. | *It's on me (my treat).* |
| Yo quisiera… | *I would like . . .* |

# Capítulo 5

## Las partes del cuerpo — *Parts of the body*

| | |
|---|---|
| la boca | *mouth* |
| los brazos | *arms* |
| el cabello | *hair* |
| la cabeza | *head* |
| la cara | *face* |
| los codos | *elbows* |
| el corazón | *heart* |
| el cuello | *neck* |
| los dedos | *fingers* |
| los dedos de los pies | *toes* |
| los dientes | *teeth* |
| la espalda | *back* |
| el estómago | *stomach* |
| la garganta | *throat* |
| las manos | *hands* |
| la nariz | *nose* |
| el oído | *inner ear* |
| los ojos | *eyes* |
| las orejas | *(outer) ears* |
| el pelo | *hair* |
| la piel | *skin* |
| las piernas | *legs* |
| los pies | *feet* |
| los pulmones | *lungs* |
| las rodillas | *knees* |
| los tobillos | *ankles* |

## La apariencia física — *Physical appearance*

| | |
|---|---|
| alto(a) | *tall* |
| bajo(a) | *short (height)* |
| bonito(a) | *pretty* |
| delgado(a) | *thin* |
| feo(a) | *ugly* |
| gordo(a) | *fat* |
| grande | *big* |
| guapo(a) | *good-looking* |
| joven | *young* |
| moreno(a) | *brunette* |
| pequeño(a) | *small* |
| rubio(a) | *blond(e)* |
| viejo(a) | *old* |

## El carácter y la personalidad — *Character and personality*

| | |
|---|---|
| amable | *friendly* |
| antipático(a) | *unpleasant* |
| artístico(a) | *artistic* |
| atlético(a) | *athletic* |
| bueno(a) | *good* |
| extrovertido(a) | *outgoing* |
| generoso(a) | *generous* |
| honesto(a) | *honest* |
| intelectual | *intellectual* |
| inteligente | *intelligent* |
| irresponsable | *irresponsible* |
| listo(a) | *smart, ready* |
| malo(a) | *bad* |
| nuevo(a) | *new* |
| paciente | *patient* |
| perezoso(a) | *lazy* |
| pobre | *poor* |
| responsable | *responsible* |
| rico(a) | *rich* |
| simpático(a) | *nice* |
| sincero(a) | *sincere* |
| tacaño(a) | *stingy* |
| tímido(a) | *shy* |
| tonto(a) | *silly, foolish* |
| trabajador(a) | *hard-working* |

## La ropa y la moda — *Clothing and fashion*

| | |
|---|---|
| el abrigo | *overcoat* |
| el anillo | *ring* |
| los aretes | *earrings* |
| la blusa | *blouse* |
| la bolsa | *purse, bag* |
| las botas | *boots* |
| la bufanda | *scarf* |
| los calcetines | *socks* |
| la camisa | *shirt* |
| la camiseta | *T-shirt* |

| | |
|---|---|
| la cartera | *wallet* |
| el chaleco | *vest* |
| la chaqueta | *jacket* |
| el cinturón | *belt* |
| el collar | *necklace* |
| la corbata | *necktie* |
| la falda | *skirt* |
| las gafas de sol | *sunglasses* |
| la gorra de béisbol | *baseball cap* |
| los guantes | *gloves* |
| el impermeable | *raincoat* |
| los jeans | *blue jeans* |
| las medias | *stockings* |
| los pantalones (cortos) | *pants (shorts)* |
| el paraguas | *umbrella* |
| la pulsera | *bracelet* |
| el reloj | *watch* |
| las sandalias | *sandals* |
| el sombrero | *hat* |
| el suéter | *sweater* |
| el traje | *suit* |
| el traje de baño | *swimsuit* |
| el vestido | *dress* |
| | |
| de (a) cuadros | *plaid* |
| de (a) lunares | *polka-dotted* |
| de (a) rayas | *striped* |
| es de… | *it's made of . . .* |
| algodón | *cotton* |
| cuero | *leather* |
| lana | *wool* |
| seda | *silk* |
| | |
| hacer juego con | *to match* |
| llevar | *to wear, to carry* |
| mostrar (ue) | *to show* |
| ponerse | *to put on* |
| probarse (ue) | *to try on* |
| quedarle (a uno) | *to fit (someone)* |
| rebajar | *to reduce (in price)* |
| usar | *to wear, to use* |

# Capítulo 6

### Las profesiones — *Professions*

| | |
|---|---|
| el (la) abogado(a) | *lawyer* |
| el (la) arquitecto(a) | *architect* |
| el (la) banquero(a) | *banker* |
| el (la) carpintero(a) | *carpenter* |
| el (la) cocinero(a) | *cook, chef* |
| el (la) contador(a) | *accountant* |
| el (la) dentista | *dentist* |

| | |
|---|---|
| el (la) empleado(a) | *employee* |
| el (la) fotógrafo(a) | *photographer* |
| el (la) gerente | *manager* |
| el hombre (la mujer) de negocios | *businessperson* |
| el (la) ingeniero(a) | *engineer* |
| el (la) jefe | *boss* |
| el (la) maestro(a) | *teacher* |
| el (la) obrero(a) | *worker, laborer* |
| el (la) peluquero(a) | *hairstylist* |
| el (la) periodista | *journalist* |
| el (la) plomero(a) | *plumber* |
| el (la) policía | *police officer* |
| el (la) programador(a) | *programmer* |
| el (la) siquiatra | *psychiatrist* |
| el (la) traductor(a) | *translator* |
| el (la) veterinario | *veterinarian* |

### El trabajo y la oficina — *Work and the office*

| | |
|---|---|
| los beneficios | *benefits* |
| el (la) candidato(a) | *candidate, applicant* |
| el currículum | *resumé* |
| la empresa | *corporation, business* |
| la entrevista | *interview* |
| el informe | *report* |
| el proyecto | *project* |
| el puesto | *job, position* |
| la reunión | *meeting* |
| la sala de conferencias | *conference room* |
| el salario/el sueldo | *salary* |
| la solicitud | *application (form)* |
| | |
| de tiempo completo | *full-time* |
| de tiempo parcial | *part-time* |
| | |
| contratar | *to hire* |
| dejar | *to quit* |
| despedir (i) | *to fire* |
| entrevistar | *to interview* |
| jubilarse | *to retire* |
| llenar | *to fill out (a form)* |
| pedir un aumento | *to ask for a raise* |
| renunciar | *to resign* |
| reunirse | *to meet* |
| solicitar un puesto | *to apply for a job* |

### El compromiso social — *Civic engagement*

| | |
|---|---|
| el (an)alfabetismo | *(il)literacy* |
| la campaña | *campaign* |
| el (la) candidato(a) | *candidate* |
| el (la) ciudadano(a) | *citizen* |
| el congreso | *congress* |

| el deber | duty | discutir | to discuss |
|---|---|---|---|
| el (des)empleo | (un)employment | elegir (i) | to elect |
| la drogadicción | drug addiction | firmar | to sign |
| la educación | education | gobernar (ie) | to govern |
| las elecciones | elections | investigar | to investigate |
| el gobierno | government | oponer | to oppose |
| la ley | law | | |
| la paz | peace | | |
| el voto | vote | | |

**El crimen y la justicia** — *Crime and justice*

| aumentar | to increase | el abuso | abuse |
|---|---|---|---|
| eliminar | to eliminate | el arma | weapon, arm |
| mejorar | to improve | la cárcel | jail |
| reducir | to reduce | el crimen | crime |
| votar | to vote | el (la) ladrón(a) | thief, crook |
| | | el peligro | danger |
| | | la policía | police force |
| | | el (la) policía | police officer |
| | | el (la) prisionero(a) | prisoner |

# Capítulo 7

| | | el robo | robbery |
|---|---|---|---|
| **Los derechos** | **Rights** | la sentencia | sentence (judicial) |
| la corrupción | corruption | el terrorismo | terrorism |
| la defensa | defense | el (la) terrorista | terrorist |
| el debate | debate | el (la) testigo(a) | witness |
| la democracia | democracy | peligroso(a) | dangerous |
| los derechos civiles (humanos) | civil (human) rights | | |
| el (la) dictador(a) | dictator | arrestar | to arrest |
| la dictadura | dictatorship | matar | to kill |
| el discurso | speech | obedecer | to obey |
| el ejército | army | robar | to rob |
| la guerra | war | | |
| la huelga | strike | | |

| los impuestos | taxes |
|---|---|
| la inflación | inflation |

# Capítulo 8

| la inmigración | immigration | **Las artes** | **The arts** |
|---|---|---|---|
| el partido político | political party | el actor | actor |
| el poder | power | la actriz | actress |
| la política internacional | international policy | el (la) arquitecto(a) | architect |
| el (la) político | politician | la arquitectura | architecture |
| la prensa | the press | el artista | artist |
| el (la) presidente | president | el bailarín | dancer |
| la reforma | reform | la bailarina | dancer |
| el (la) soldado(a) | soldier | el ballet | ballet |
| | | la canción | song |
| conservador(a) | conservative | el (la) cantante | singer |
| demócrata | democratic | la comedia | comedy |
| liberal | liberal | el (la) compositor(a) | composer |
| republicano(a) | republican | el concierto | concert |
| | | el cuadro | painting |
| apoyar | to support | la danza | dance |
| aprobar (ue) | to approve, to pass | el dibujo animado | cartoon |
| defender (ie) | to defend | el (la) director(a) | director |
| | | el documental | documentary |

| | | | |
|---|---|---|---|
| el (la) dramaturgo(a) | *playwright* | el celular | *cell phone* |
| el edificio | *building* | el contestador automático | *answering machine* |
| el (la) escultor(a) | *sculptor* | el control remoto | *remote control* |
| la escultura | *sculpture* | el disco compacto | *compact disc (CD)* |
| la fotografía | *photography* | el equipo | *equipment* |
| el (la) fotógrafo(a) | *photographer* | el estéreo | *stereo* |
| la música | *music* | el fax | *fax machine* |
| el (la) músico(a) | *musician* | la fotocopiadora | *photocopier* |
| la obra (de arte) | *work (of art)* | el mensaje de texto | *text message* |
| la ópera | *opera* | el reproductor de DVD (MP3) | *DVD (MP3) player* |
| el papel | *role* | el satélite | *satellite* |
| la película | *movie, film* | el teléfono (celular) | *(cellular) phone* |
| clásica | *classic* | la videocámara | *video camera* |
| de acción | *action* | el videocasete | *videotape* |
| de arte | *art* | | |
| de ciencia ficción | *science fiction* | apagar | *to turn off* |
| de horror | *horror* | (des)conectar | *to (dis)connect* |
| de intriga (misterio) | *mystery* | (des)enchufar | *to plug in (to unplug)* |
| del oeste | *western* | funcionar | *to function, (to work)* |
| extranjera | *foreign* | grabar | *to record* |
| romántica | *romantic* | prender | *to turn on* |
| el (la) pintor(a) | *painter* | | |
| la pintura | *painting* | **La computadora** | **The computer** |
| el retrato | *portrait* | los altavoces | *speakers* |
| | | el archivo | *file* |
| edificar | *to build, construct* | el ciberespacio | *cyberspace* |
| | | la computadora portátil | *laptop computer* |
| | | la conexión | *connection* |
| **Las letras** | **Letters** | el correo electrónico | *e-mail* |
| el (la) autor(a) | *author* | el disco duro | *hard drive* |
| la biblioteca | *library* | el disquete | *diskette* |
| el drama | *drama, play* | el escáner | *scanner* |
| el (la) escritor(a) | *writer* | la impresora | *printer* |
| el (la) poeta | *poet* | el Internet | *Internet* |
| la librería | *bookstore* | el mensaje | *message* |
| el libro | *book* | la página web | *web page* |
| la literatura | *literature* | la pantalla | *screen* |
| la poesía | *poetry* | el programa (de CD-ROM) | *(CD-ROM) program* |
| el teatro | *theater* | el ratón | *mouse* |
| | | el salón (la sala) de charla | *chat room* |
| aburrir | *to bore* | el teclado | *keyboard* |
| dejar | *to leave, to let, to allow* | | |
| molestar | *to bother* | abrir un documento | *to open a document* |
| | | (un programa) | *(program)* |
| | | archivar | *to save* |
| | | estar conectado(a) | *to be connected (online)* |

# Capítulo 9

| | | | |
|---|---|---|---|
| | | estar en línea | *to be online* |
| **Los inventos electrónicos** | **Electronic inventions** | guardar | *to save* |
| la alarma | *alarm* | hacer click (sobre) | *to click (on)* |
| la antena parabólica | *satellite dish* | imprimir | *to print* |
| el aparato electrónico | *electronic device* | navegar la red | *to surf the Net* |
| la cámara (digital) | *(digital) camera* | | |

| | | | |
|---|---|---|---|
| programar | to program | la ecología | ecology |
| salir del programa | to quit the program | la energía (solar) | (solar) energy |
| teletrabajar | to telecommute | la escasez | lack, shortage |
| | | la explotación | exploitation, development |

## Capítulo 10

| | | | |
|---|---|---|---|
| | | el guardaparques | park ranger |
| | | el medio ambiente | environment |
| **El medio ambiente** | **The environment** | la naturaleza | nature |
| el (la) agricultor(a) | farmer | el (la) naturalista | naturalist |
| el arroyo | stream | el petróleo | petroleum |
| la basura | trash | los recursos naturales | natural resources |
| el bosque | forest | el refugio natural | wildlife refuge |
| la carretera | highway | | |
| la catarata | waterfall | contaminado(a) | polluted |
| el (la) campesino(a) | farm worker, peasant | destruido(a) | destroyed |
| la colina | hill | puro(a) | pure |
| la fábrica | factory | | |
| la finca | farm | acabar | to run out |
| la metrópolis | metropolis | conservar | to conserve |
| el rascacielos | skyscraper | construir | to construct |
| el ruido | noise | contaminar | to pollute |
| la selva | jungle | desarrollar | to develop |
| la sobrepoblación | overpopulation | destruir | to destroy |
| la tierra | land, earth | estar en peligro de | to be in danger of |
| el tráfico | traffic | extinción | extinction |
| el transporte público | public transportation | explotar | to exploit |
| | | proteger | to protect |
| acelerado(a) | accelerated | reciclar | to recycle |
| bello(a) | beautiful | recoger | to pick up |
| denso(a) | dense | reforestar | to reforest |
| tranquilo(a) | tranquil, peaceful | resolver (ue) | to solve, resolve |
| | | | |
| cultivar | to cultivate | **Los animales** | **Animals** |
| llevar una vida tranquila | to lead a peaceful life | el ave | bird |
| regar (ie) | to irrigate, to water | el caballo | horse |
| sembrar | to plant | la culebra | snake |
| | | el elefante | elephant |
| | | las especies | species |
| **La conservación** | **Conservation and** | el gorila | gorilla |
| **y la explotación** | **development** | el león | lion |
| el aire | air | el lobo | wolf |
| la capa de ozono | ozone layer | el mono | monkey |
| la contaminación | pollution | el oso | bear |
| el desarrollo | development | el tigre | tiger |
| el desperdicio | waste | la vaca | cow |
| la destrucción | destruction | | |

# Índice de gramática conocida

For review practice of the grammar points in this index, go to www.cengage.com/spanish/rumbos and access iLearn where you will find exercises with feedback and autoscoring.

## Subject pronouns

| Singular | | | Plural | | |
|---|---|---|---|---|---|
| 1st person | **yo** | *I* | **nosotros/nosotras** | *we* |
| 2nd person | **tú** | *you* (informal) | **vosotros/vosotras** | *you* (informal) |
| | **usted** | *you* (formal) | **ustedes** | *you* (formal) |
| 3rd person | **él** | *he* | **ellos/ellas** | *they* |
| | **ella** | *she* | | |

## The present tense

### Present indicative of regular verbs

- To form the present tense of Spanish verbs ending in **-ar,** drop the **-ar** infinitive ending and add the appropriate personal ending to the verb stem.

| **hablar** *(to speak)* | | |
|---|---|---|
| yo | habl**o** | *I speak* |
| tú | habl**as** | *you* (informal) *speak* |
| Ud., él/ella | habl**a** | *you* (formal) *speak, he/she speaks* |
| nosotros(as) | habl**amos** | *we speak* |
| vosotros(as) | habl**áis** | *you* (informal) *speak* |
| Uds., ellos/ellas | habl**an** | *you* (formal) *speak, they speak* |

- To form the present tense of Spanish infinitives ending in **-er** and **-ir,** drop the infinitive endings and add the appropriate personal ending to the verb stems.

| **comer** | | |
|---|---|---|
| yo | com**o** | *I eat* |
| tú | com**es** | *you* (informal) *eat* |
| Ud., él/ella | com**e** | *you* (formal) *eat; he/she eats* |
| nosotros(as) | com**emos** | *we eat* |
| vosotros(as) | com**éis** | *you* (informal) *eat* |
| Uds., ellos/ellas | com**en** | *you* (formal) *eat, they eat* |

| **vivir** | | |
|---|---|---|
| yo | viv**o** | *I live* |
| tú | viv**es** | *you* (informal) *live* |
| Ud., él/ella | viv**e** | *you* (formal) *live, he/she lives* |
| nosotros(as) | viv**imos** | *we live* |
| vosotros(as) | viv**ís** | *you* (informal) *live* |
| Uds., ellos/ellas | viv**en** | *you* (formal) *live, they live* |

## Present indicative of verbs with spelling changes

| i → y, before a, e, o construir | | gu → g, before o seguir (e > i) | |
|---|---|---|---|
| **construyo** | construimos | **sigo** | seguimos |
| **construyes** | construís | sigues | seguís |
| **construye** | **construyen** | sigue | siguen |

## Present indicative of stem-changing verbs: e > ie

| Infinitive | comenzar (ie) (to begin) | pensar (ie) (to think) | querer (ie) (to want, to love) | preferir (ie) (to prefer) |
|---|---|---|---|---|
| **Stem** | comienz- | piens- | quier- | prefier- |
| yo | comienzo | pienso | quiero | prefiero |
| tú | comienzas | piensas | quieres | prefieres |
| Ud., él/ella | comienza | piensa | quiere | prefiere |
| nosotros(as) | comenzamos | pensamos | queremos | preferimos |
| vosotros(as) | comenzáis | pensáis | queréis | preferís |
| Uds., ellos/ellas | comienzan | piensan | quieren | prefieren |

- Two **e > ie** stem-changing verbs also have irregular **yo** forms.

| Infinitive | tener (ie) (to have) | venir (ie) (to come) |
|---|---|---|
| **Stem** | tien- | vien- |
| yo | tengo | vengo |
| tú | tienes | vienes |
| Ud., él/ella | tiene | viene |
| nostros(as) | tenemos | venimos |
| vosotros(as) | tenéis | venís |
| Uds., ellos/ellas | tienen | vienen |

- Other frequently used **e > ie** stem-changing verbs are as follows:

  **cerrar** (ie) *to close*  
  **empezar** (ie) *to begin*  

  **entender** (ie) *to understand*  
  **perder** (ie) *to lose, to miss (a function)*

## Present indicative of stem-changing verbs: o > ue and u > ue

| Infinitive | jugar (ue) (to play) | almorzar (ue) (to have lunch) | poder (ue) (to be able) | volver (ue) (to return) | dormir (ue) (to sleep) |
|---|---|---|---|---|---|
| **Stem** | jueg- | almuerz- | pued- | vuelv- | duerm- |
| | juego | almuerzo | puedo | vuelvo | duermo |
| | juegas | almuerzas | puedes | vuelves | duermes |
| | juega | almuerza | puede | vuelve | duerme |
| | jugamos | almorzamos | podemos | volvemos | dormimos |
| | jugáis | almorzáis | podéis | volvéis | dormís |
| | juegan | almuerzan | pueden | vuelven | duermen |

- **Jugar** is the only **u > ue** stem-changing verb in Spanish.

## Present indicative of stem-changing verbs: e > i

| Infinitive | servir (i) (to serve) | pedir (i) (to ask for) | decir (i) (to say) |
|---|---|---|---|
| Stem | sirv- | pid- | dic- |
| | sirvo | pido | digo |
| | sirves | pides | dices |
| | sirve | pide | dice |
| | servimos | pedimos | decimos |
| | servís | pedís | decís |
| | sirven | piden | dicen |

- Note that the **yo** form of **decir** is irregular.

## Present indicative of irregular verbs

### Verbs with irregular **yo** forms

- Like **decir,** several Spanish verbs have irregular **yo** forms in the present tense.

| Infinitive | | yo form | |
|---|---|---|---|
| conocer | to know, to meet | conozco | **Conozco** a Carlos Suárez. |
| dar | to give | doy | **Doy** una fiesta el viernes. |
| estar | to be (location and health) | estoy | **Estoy** en la discoteca. |
| hacer | to do, to make | hago | **Hago** mucho ejercicio. |
| poner | to put (on) | pongo | **Pongo** música rock en casa. |
| saber | to know (how) | sé | **Sé** jugar bien al béisbol. |
| salir | to leave, to go out | salgo | **Salgo** todos los sábados. |
| traer | to bring | traigo | **Traigo** regalos a la fiesta. |
| ver | to see | veo | **Veo** a mi profesora en la tienda. |

- The other present-tense forms of verbs with irregular **yo** forms are regular with the exception of **ver,** whose **vosotros(as)** form does not carry an accent on the **-e** as other **-er** verbs do.

| Infinitive | hacer | saber | conocer | dar |
|---|---|---|---|---|
| yo | hago | sé | conozco | doy |
| tú | haces | sabes | conoces | das |
| Ud., él/ella | hace | sabe | conoce | da |
| nosotros(as) | hacemos | sabemos | conocemos | damos |
| vosotros(as) | hacéis | sabéis | conocéis | dais |
| Uds., ellos/ellas | hacen | saben | conocen | dan |

| Infinitive | traer | ver | poner | salir |
|---|---|---|---|---|
| yo | traigo | veo | pongo | salgo |
| tú | traes | ves | pones | sales |
| Ud., él/ella | trae | ve | pone | sale |
| nosotros(as) | traemos | vemos | ponemos | salimos |
| vosotros(as) | traéis | veis | ponéis | salís |
| Uds., ellos/ellas | traen | ven | ponen | salen |

Other irregular verbs

| Infinitive | estar | oír | ir | haber | reír | ser |
|---|---|---|---|---|---|---|
| yo | estoy | oigo | voy | he | río | soy |
| tú | estás | oyes | vas | has | ríes | eres |
| Ud., él/ella | está | oye | va | ha | ríe | es |
| nosotros(as) | estamos | oímos | vamos | hemos | reímos | somos |
| vosotros(as) | estais | oías | vais | habéis | reís | sois |
| Uds., ellos/ellas | están | oyen | van | han | ríen | son |

# Definite and Indefinite Articles

## Uses of definite articles

- The definite articles **el, la, los, las** mean *the*. They are used in Spanish…

    1. with nouns that are used in a general or abstract sense, or with non-count nouns.
       **El** entusiasmo siempre abunda en las fiestas patrias.
       Y **la** música tiene un papel importante.

    2. with certain countries, cities and geographic regions such as **Los Ángeles, Las Antillas, El Salvador, Los Estados Unidos, La Gran Bretaña, La Habana,** and **La República Dominicana.** However, the definite article is optional with the following countries: **(el) Brasil, (el) Canadá, (la) China, (el) Ecuador, (el) Paraguay, (el) Perú,** and **(el) Uruguay.**

    3. with geographic names or other proper nouns modified by an adjective.
       Hay mucha arquitectura bonita en **el** San Diego antiguo.
       Nos encanta **la** amable población de San Diego.

    4. with reflexive verbs followed by parts of the body and articles of clothing.
       Me lavo **la** cara y me pongo **el** vestido para el desfile.

    5. with titles, except **don/doña,** when talking about a person. However, definite articles are omitted when talking directly to the person.
       Quiero hablar con **el** profesor.
       —Profesor, ¿puedo hablar con usted?

    6. with names of languages, except when following the verb **hablar,** or the prepositions **de** or **en.** Definite articles are frequently omitted after the verbs **aprender, comprender, enseñar, entender, escribir, estudiar, leer,** and **saber.** However, they are used with those verbs *if* a modifying word or phrase describes the language.
       Quiero aprender inglés.
       Se habla **el** español puro en muchos lugares en el país.

    7. with days of the week to mean *on* and with times of day and dates. However, when seasons and days of the week (as proper nouns) are discussed as specific dates or periods, they require the definite article, for example, **la próxima primavera** or **el viernes pasado.**
       **El** viernes, **el** cuatro de julio, vamos a ver los fuegos artificiales.
       *On Friday, **the** fourth of July, we are going to see the fireworks.*
       Salimos a **las** ocho de **la** mañana.
       *We are leaving at eight o'clock in **the** morning.*

    8. with units of weight, quantity, or frequency.
       Bailamos merengue dos veces a **la** semana.
       Las bebidas cuestan $5 **la** botella.

9. with names of meals.

¿A qué hora es **el** almuerzo?
*What time is lunch?*

10. with names of sports and games.

Practico **el** fútbol.

## Uses of indefinite articles

- In Spanish, the indefinite articles *(a, an, some)* are **un, una, unos,** and **unas.** As in English, the use of the indefinite article communicates that a noun is not known to the listener or reader. Once the noun has been introduced, the definite article is used.

—Hay **un** artículo interesante sobre la Calle Ocho.
—¿Quieres leer **el** artículo ahora mismo?

- The indefinite article is not used as frequently in Spanish as it is in English. Although the indefinite article may mean *some* or *a few,* it is less specific than **algunos(as).** When the idea of *some* is emphasized, **algunos** or **algunas** is used.

Tengo **algunos** amigos que inmigraron de Cuba.
I have *some* friends who immigrated from Cuba.

- Indefinite articles are *not* used…

1. before the words **cien(to), cierto, mil, otro, medio,** and after **qué** and **tal.**

Esta banda va a tocar **cien** canciones.
Quiero escuchar **otra** banda.
Podemos ganar **mil** dólares en el certamen.
¡**Qué** día tan fantástico!

2. after the verbs **ser** and **hacerse** *(to become)* with professions, religions, nationality, or political affiliation, unless the nouns following these verbs are modified.

**Unmodified:** Él es profesor de estudios caribeños.
**Modified:** Sí, y es **un** profesor excelente.

3. after the prepositions **sin** and **con,** unless the following noun is modified by an adjective, or unless it carries the meaning of *one.*

**Unmodified:** Llegamos sin problema a la celebración del Día de la raza.
**Modified:** Pero volvimos con **un** dolor de cabeza terrible después de escuchar tanta música.
**Meaning *one:*** Y yo volví sin **un** centavo en los bolsillos. Gasté todo mi dinero en la comida tan buena.

# Gender of articles and nouns

## Gender of articles

- Both definite articles (**el, la, los, las**) and indefinite articles (**un, una, unos, unas**) agree in number and in gender with the nouns that they modify. When preceding feminine singular nouns that begin with a stressed **a** or **ha,** the masculine singular form of the article is used.

| | | |
|---|---|---|
| **el** agua | *but* | **las** aguas *(the waters)* |
| **el** hacha | *but* | **las** hachas *(the axes, hatchets)* |
| **un** alma | *but* | **unas** almas *(some souls)* |
| **un** hada | *but* | **unas** hadas *(some fairies)* |

## Gender of nouns

- In Spanish, nouns that refer to males and most nouns ending in **-o** are masculine. Nouns that refer to females and most nouns ending in **-a** are feminine. Definite and indefinite articles must match the gender (masculine or feminine) of the nouns to which they refer.

| Masculine | Feminine |
|---|---|
| **el/un** amigo | **la/una** amiga |
| **el/un** escritorio | **la/una** biblioteca |

- Most nouns ending in **-l** or **-r** are masculine, and most nouns ending in **-d** or **-ión** are feminine.

| Masculine | Feminine |
|---|---|
| **el/un** papel | **la/una** universidad |
| **el/un** borrador | **la/una** lección |

- Some nouns do not conform to the preceding rules. One way to remember the gender of these nouns is to learn the definite articles and the nouns together, for example, **la clase, el día** *(day),* and **la mano** *(hand).*

- Nouns that are of Greek origin ending in **-ma, -pa** and **-ta** are masculine.

| | | | |
|---|---|---|---|
| **el** problema | **el** mapa | **el** sistema | **el** diagrama |

## Plural of nouns

- In Spanish, all nouns are either singular or plural. Definite and indefinite articles (**el, la, los, las; un, una, unos, unas**) must match the number (singular or plural) of the nouns to which they refer.

- To make Spanish nouns plural, add **-s** to nouns ending in a vowel, and **-es** to nouns ending in a consonant.

| Singular | Plural | Singular | Plural |
|---|---|---|---|
| **el** amig**o** | **los** amig**os** | **una** clase | **unas** clases |
| **la** amig**a** | **las** amig**as** | **un** professor | **unos** profesores |
| | | **una** universidad | **unas** universidade**s** |

- For nouns ending in **-án, -és, or -ión,** drop the accent mark before adding **-es.**

| | |
|---|---|
| **el/un** alem**án** | **los/unos** aleman**es** |
| **el/un** japon**és** | **los/unos** japones**es** |
| **la/una** lecci**ón** | **las/unas** leccion**es** |

- For nouns ending in **-z,** drop the **-z,** then add **-ces.**

| | |
|---|---|
| **el/un** lápi**z** | **los/unos** lápi**ces** |

- Native Spanish speakers do not consider nouns as being male or female (except when referring to people or animals). Therefore, the terms *masculine* and *feminine* are simply labels for classifying nouns.

# The preterite tense

## Preterite of regular verbs

- To form the preterite of all regular verbs, drop the infinitive ending (**-ar, -er, -ir**) and add the preterite endings to the verb stem. Note that regular **-er** and **-ir** verbs have identical endings in the preterite.

| Infinitive | hablar | comer | vivir |
|---|---|---|---|
| yo | habl**é** | com**í** | viv**í** |
| tú | habl**aste** | com**iste** | viv**iste** |
| Ud., él/ella | habl**ó** | com**ió** | viv**ió** |
| nosotros(as) | habl**amos** | com**imos** | viv**imos** |
| vosotros(as) | habl**asteis** | com**isteis** | viv**isteis** |
| Uds., ellos/ellas | habl**aron** | com**ieron** | viv**ieron** |

## Preterite of stem-changing verbs

- **-Ar** and **-er** verbs that have stem changes in the present tense have no stem change in the preterite. As with regular verbs, simply drop the infinitive ending (**-ar, -er**) and add the preterite endings to the verb stem.

> **pensar:** pensé, pensaste, pensó, pensamos, pensasteis, pensaron
> **volver:** volví, volviste, volvió, volvimos, volvisteis, volvieron

- **-Ir** stem-changing verbs have a stem change only in the **usted/él/ella** and **ustedes/ellos/ellas** forms of the preterite.

| Infinitive | servir | dormir |
| --- | --- | --- |
| yo | serví | dormí |
| tú | serviste | dormiste |
| Ud., él/ella | sirvió | durmió |
| nosotros(as) | servimos | dormimos |
| vosotros(as) | servisteis | dormisteis |
| Uds., ellos/ellas | sirvieron | durmieron |

## Preterite of verbs with spelling changes

- Verbs ending in **-car, -gar,** and **-zar** have a spelling change only in the **yo** form of the preterite.

| *c* changes to *qu* | *g* changes to *gu* | *z* changes to *c* |
| --- | --- | --- |
| tocar → toqué | llegar → llegué | comenzar → comencé |

- In **-ir** and **-er** verbs that have a vowel *before* the infinitive ending, the **i** between the two vowels changes to **y** in the **usted/él/ella** and **ustedes/ellos/ellas** forms of the preterite.

| Infinitive | caer | creer | leer | oír |
| --- | --- | --- | --- | --- |
| Ud., él/ella | cayó | creyó | leyó | oyó |
| Uds., ellos/ellas | cayeron | creyeron | leyeron | oyeron |

- The **tú, nosotros(as),** and **vosotros(as)** forms of **-ir** and **-er** verbs that have a vowel before the infinitive endings also require an accent mark on the **i** of the preterite ending.

| Infinitive | caer | creer | leer | oír |
| --- | --- | --- | --- | --- |
| tú | caíste | creíste | leíste | oíste |
| nosotros(as) | caímos | creímos | leímos | oímos |
| vosotros(as) | caísteis | creísteis | leísteis | oísteis |

- Verbs that end in **-uir** change **i** to **y** in the **usted/él/ella** and **ustedes/ellos/ellas** forms of the preterite.

> **construir:** construí, construiste, construyó, construimos, construisteis, construyeron

## Preterite of irregular verbs

- Some Spanish verbs have irregular verb stems in the preterite. Note that their preterite endings do not carry any accent marks.

| | |
|---|---|
| **dar:** | di, diste, dio, dimos, disteis, dieron |
| **hacer:** | hice, hiciste, hizo[1], hicimos, hicisteis, hicieron |
| **ir:** | fui, fuiste, fue, fuimos, fuisteis, fueron |
| **poder:** | pude, pudiste, pudo, pudimos, pudisteis, pudieron |
| **poner:** | puse, pusiste, puso, pusimos, pusisteis, pusieron |
| **saber:** | supe, supiste, supo, supimos, supisteis, supieron |
| **querer:** | quise, quisiste, quiso, quisimos, quisisteis, quisieron |
| **venir:** | vine, viniste, vino, vinimos, vinisteis, vinieron |
| **estar:** | estuve, estuviste, estuvo, estuvimos, estuvisteis, estuvieron[2] |
| **tener:** | tuve, tuviste, tuvo, tuvimos, tuvisteis, tuvieron |
| **decir:** | dije, dijiste, dijo, dijimos, dijisteis, dijeron[3] |
| **traer:** | traje, trajiste, trajo, trajimos, trajisteis, trajeron |
| **ser:** | fui, fuiste, fue, fuimos, fuisteis, fueron |

[1]Note the spelling change from **c** to **z** in the **usted/él/ella** form of **hacer**.
[2]In the preterite, **andar** follows the same pattern as **estar: anduve, anduviste, anduvo, anduvimos, anduvisteis, anduvieron.**
[3]Note that the preterite stems of **decir** and **traer** end in **-j** and that the **i** in the **ustedes/ellos/ellas** form is dropped so that those forms become **dijeron** and **trajeron,** respectively.

- Note that the preterite forms for **ir** and **ser** are identical. Context clarifies their meaning in a sentence.
- Note that **poder, poner, estar, querir, saber, tener,** and **venir** share the same preterite endings: **-e, -iste, -o, -imos -isteis, -ieron.**

# The imperfect tense

## Imperfect of regular verbs

- To form the imperfect of regular verbs, drop the infinitive ending (**-ar, -er, -ir**) and add the imperfect endings to the verb stem. Note that regular **-er** and **-ir** verbs have identical endings in the imperfect.

| Infinitive | **hablar** | **comer** | **vivir** |
|---|---|---|---|
| yo | hablaba | comía | vivía |
| tú | hablabas | comías | vivías |
| Ud., él/ella | hablaba | comía | vivía |
| nosotros(as) | hablábamos | comíamos | vivíamos |
| vosotros(as) | hablabais | comíais | vivíais |
| Uds., ellos/ellas | hablaban | comían | vivían |

## Imperfect of irregular verbs

- Only three Spanish verbs are irregular in the imperfect:

| Infinitive | **ir** | **ser** | **ver** |
|---|---|---|---|
| yo | iba | era | veía |
| tú | ibas | eras | veías |
| Ud., él/ella | iba | era | veía |
| nosotros(as) | íbamos | éramos | veíamos |
| vosotros(as) | ibais | erais | veíais |
| Uds., ellos/ellas | iban | eran | veían |

- The imperfect of hay is **había.**

## Saber and *conocer*

- Use the verb **saber** to express knowing something (information) or knowing how to do something.

—¿**Sabes** jugar al tenis?      —***Do you know how*** to play tennis?

—No, pero **sé** jugar al golf.      —No, but ***I know how*** to play golf.

—¿**Sabes** qué? ¡Me gusta el golf!      —***Do you know*** what? I like golf!

- Use the verb **conocer** to express being acquainted with a person, place, or thing. Remember that Spanish speakers use the preposition **a**, known as the personal **a,** immediately before a direct object that refers to a specific person or persons.

—¿**Conoces** Bogotá?      —***Do you know*** Bogota?

—No, pero **conozco** Cali.      —No, but ***I know*** Cali.

—¿Quieres **conocer** a mi amiga?      —Do you want ***to meet*** my friend?

—Ya **conozco** a tu amiga Luisa.      —I already ***know*** your friend Luisa.

## Common verbs with prepositions

- Many verbs are commonly followed by certain prepositions.

| | | | |
|---|---|---|---|
| **acabar de** | *to have just* | **llevar a** | *to lead to, to take someone to* |
| **ayudar a (algo)** | *to help to* | **mandar a** | *to send to, to send someone to* |
| **comenzar a** | *to begin to* | **obligar a (algo)** | *to oblige to, to force or to compel someone to do something* |
| **consistir en** | *to consist of* | | |
| **contribuir a (algo)** | *to contribute to* | | |
| **cuidar de** | *to take care of* | **pasar a** | *to go on to* |
| **dejar de** | *to stop doing something* | **pensar de** | *to have an opinion about* |
| **depender de** | *to depend on* | **pensar en** | *to think about (someone)* |
| **dudar en** | *to hesitate over* | **presumir de** | *to boast about* |
| **empezar a** | *to begin to* | **quedar en** | *to agree to* (informal) |
| **enseñar a** | *to show how to, to teach to* | **soñar con** | *to dream about* |
| | | **terminar de** | *to finish* |
| **insistir en** | *to insist on* | **tratar de** | *to try to* |
| **invitar a** | *to invite to* | **volver a (hacer)** | *to (do) again* |

## Reflexive verbs

### Conjugating reflexive constructions

- Reflexive verbs are identified by the pronoun **-se** attached to the end of the infinitive form of the verb. To conjugate these verbs, use a reflexive pronoun (for example, **me**) with its corresponding verb form (for example, **levanto**) as called for by the subject of the verb (for example, **yo**).

| The present indicative of *levantarse* (to get up) | | |
|---|---|---|
| yo | **me** levant**o** | *I get up* |
| tú | **te** levant**as** | *you* (informal) *get up* |
| Ud., él/ella | **se** levant**a** | *you* (formal) *get up, he/she gets up* |
| nosotros(as) | **nos** levant**amos** | *we get up* |
| vosotros(as) | **os** levant**áis** | *you* (informal) *get up* |
| Uds., ellos/ellas | **se** levant**an** | *you* (formal and informal) *get up, they get up* |

## Common reflexive verbs

| | | | |
|---|---|---|---|
| aburrirse | to get bored | enfermarse | to get sick |
| acostarse | to go to bed | enojarse | to get angry |
| afeitarse | to shave oneself | lastimarse | to hurt oneself |
| alegrarse | to be happy | lavarse | to wash oneself / to wash up |
| animarse | to cheer (oneself) up | levantarse | to get up |
| arreglarse | to get oneself ready | maquillarse | to make (oneself) up |
| asustarse | to get scared | peinarse | to comb (one's own) hair |
| bañarse | to bathe oneself, to take a bath | pintarse | to make (oneself) up |
| calmarse | to calm (oneself) down | ponerse | to put on (clothes) |
| caerse | to fall (down) | preocuparse | to worry |
| cansarse | to get tired | probarse | to try on |
| cepillarse | to brush (hair, teeth) | quebrarse | to break (one's own arm, leg, etc.) |
| cortarse | to cut one's self / one's own (hair, nails, etc.) | quedarse | to stay, remain |
| | | quemarse | to burn oneself / to get burned |
| decidirse | to make up one's mind | quitarse | to take off (clothes) |
| despedirse | to say good-bye to | romperse | to tear (clothes), to break (arm, leg) |
| despertarse | to wake (oneself) up | sentarse | to sit down |
| divertirse | to have a good time | sorprenderse | to be surprised / to get surprised |
| dormirse | to fall asleep | vestirse | to get dressed |
| ducharse | to take a shower | | |

# Superlative adjectives

- To indicate the highest degree of a quality, use the absolute superlative of adjectives or adverbs. These constructions express the ideas of *extremely, very,* or *super.*
- If the adjective or adverb ends in a vowel, drop the vowel and add the suffix **-ísimo(a), (os), (as)**.

| | | | | |
|---|---|---|---|---|
| bueno | → | buen**ísimo** | viejo → viej**ísimos** | |
| mucha | → | much**ísima** | caras → car**ísimas** | |

- There are several common spelling changes for adjectives not ending in **-o** or **-a.**

| | | | |
|---|---|---|---|
| **written accent is dropped:** | difícil | → | dificil**ísimo** |
| **-ble** becomes **–bil:** | sensible | → | sensi**bilísmo** |
| **c** becomes **qu:** | poco | → | po**quísimo** |
| **g** becomes **gu:** | largo | → | lar**guísimo** |
| **gu** becomes **qu:** | antiguo | → | anti**quísimo** |
| **z** becomes **c:** | feliz | → | feli**císimo** |

- If an adjective or adverb ends in **-n** or **-r,** add the suffix **-císimo(a), (os), (as).**

| | | | |
|---|---|---|---|
| joven | → jovencísimo | trabajador | → trabajadorcísimo |

# The present subjunctive

## Present subjunctive of regular verbs

- To form the present subjunctive of regular verbs, drop the **-o** from the present indicative first-person (**yo**) form and add the present subjunctive endings.

| Infinitive | hablar | comer | escribir |
|---|---|---|---|
| yo | hable | coma | escriba |
| tú | hables | comas | escribas |
| Ud., él/ella | hable | coma | escriba |
| nosotros(as) | hablemos | comamos | escribamos |
| vosotros(as) | habléis | comais | escribais |
| Uds., ellos/ellas | hablen | coman | escriban |

## Present subjunctive of irregular verbs

- The following five verbs have irregular forms in the present subjunctive. Their stems are not based on the **yo** form of the present indicative.

| | |
|---|---|
| **dar:** | dé, des, dé, demos, deis, den |
| **estar:** | esté, estés, esté, estemos, estéis, estén |
| **ir:** | vaya, vayas, vaya, vayáis, vayan |
| **saber:** | sepa, sepas, sepa, sepamos, sepáis, sepan |
| **ser:** | sea, seas, sea, seamos, seáis, sean |

- Verbs with irregular **yo** forms in the present indicative have irregular yo forms in the present subjunctive.

| Infinitive | Present indicative *yo* form | Present subjunctive *yo* form |
|---|---|---|
| conocer | **conozco** | **conozca** |
| decir | **digo** | **diga** |
| hacer | **hago** | **haga** |
| oír | **oigo** | **oiga** |
| poner | **pongo** | **ponga** |
| salir | **salgo** | **salga** |
| seguir | **sigo** | **siga** |
| tener | **tengo** | **tenga** |
| traer | **traigo** | **traiga** |
| venir | **vengo** | **venga** |
| ver | **veo** | **vea** |

## Present subjunctive of stem-changing verbs

- **-Ar** and **-er** stem-changing verbs have the same stem changes in the present indicative and the present subjunctive. Pay special attention to the **nosotros** and **vosotros** forms.

| pensar (e > ie) | | poder (o > ue) | |
|---|---|---|---|
| **Present indicative** | **Present subjunctive** | **Present indicative** | **Present subjunctive** |
| pienso | piense | puedo | pueda |
| piensas | pienses | puedes | puedas |
| piensa | piense | puede | pueda |
| pensamos | pensemos | podemos | podamos |
| pensáis | penséis | podéis | podáis |
| piensan | piensen | pueden | puedan |

- **-Ir** stem-changing verbs that end in **-ir** have the same stem changes in the present indicative and in the present subjunctive. However, the **nosotros** and **vosotros** forms also have a stem change in the present subjunctive.

| divertirse (e > ie) | | dormir (o > ue) | |
|---|---|---|---|
| **Present indicative** | **Present subjunctive** | **Present indicative** | **Present subjunctive** |
| me divierto | me divierta | duermo | duerma |
| te diviertes | te diviertas | duermes | duermas |
| se divierte | se divierta | duerme | duerma |
| nos divertimos | nos divirtamos | dormimos | durmamos |
| os divertís | os divirtáis | dormís | durmáis |
| se divierten | se diviertan | duermen | duerman |

| pedir (e > i) | | servir (e > i) | |
|---|---|---|---|
| **Present indicative** | **Present subjunctive** | **Present indicative** | **Present subjunctive** |
| pido | pida | sirvo | sirva |
| pides | pidas | sirves | sirvas |
| pide | pida | sirve | sirva |
| pedimos | pidamos | servimos | sirvamos |
| pedís | pidáis | servís | sirváis |
| piden | pidan | sirven | sirvan |

## Present subjunctive of verbs with spelling changes

- The stem of verbs that end in **-car, -gar,** and **-zar** have a spelling change to maintain pronunciation.

| sacar (c > qu) | llegar (g > gu) | comenzar (z > c) |
|---|---|---|
| saque | llegue | comience |
| saques | llegues | comiences |
| saque | llegue | comience |
| saquemos | lleguemos | comencemos |
| saquéis | lleguéis | comencéis |
| saquen | lleguen | comiencen |

# Past participles

- Regular past participles are formed by adding **-ado** to the stem of **-ar** verbs and **-ido** to the stem of **-er** and **-ir** verbs.

| Infinitive | Stem | Past participle |
|---|---|---|
| hablar | habl- | habl**ado** (*spoken*) |
| comer | com- | com**ido** (*eaten*) |
| dormir | dorm- | dorm**ido** (*slept*) |

- **-Er** and **-ir** verbs whose stems end in **-a, -e,** or **-o** carry an accent on the **í** of their past participles to maintain proper stress.

| Infinitive | Stem | Past participle |
|---|---|---|
| creer | cre- | cre**í**do (*believed*) |
| leer | le- | le**í**do (*read*) |
| oir | oi- | o**í**do (*heard*) |
| reír | re- | re**í**do (*laughed*) |
| traer | tra- | tra**í**do (*brought*) |

- Several common verbs have irregular past participles.

| Infinitive | Past participle | Infinitive | Past participle |
|---|---|---|---|
| abrir | **abierto** (*opened*) | morir | **muerto** (*died*) |
| decir | **dicho** (*said*) | poner | **puesto** (*put, placed*) |
| escribir | **escrito** (*wrote*) | ver | **visto** (*seen*) |
| hacer | **hecho** (*done, made*) | volver | **vuelto** (*returned*) |

# Direct object pronouns

## Forms

| Singular | | Plural | |
|---|---|---|---|
| **me** | *me* | **nos** | *us* |
| **te** | *you* (informal) | **os** | *you* (informal) |
| **lo** | *him, you* (formal), *it* (masculine) | **los** | *you* (formal), *them* (masculine) |
| **la** | *her, you* (formal), *it* (feminine) | **las** | *you* (formal), *them* (feminine) |

## Placement

- Direct object pronouns are placed immediately in front of the conjugated verb.

—¿Cambiaste **los pantalones,** Alicia?  —¿**Me** llamaste, Jaimito?
—Sí, **los** cambié ayer.  —No, Pablo. No **te** llamé.

- With infinitive constructions, direct object pronouns may be either attached to the infinitive or placed before the conjugated verb.

**Lo voy** a comprar mañana.  *or*  Voy a **comprarlo** mañana.

- Direct object pronouns are either attached to present participles or placed before the conjugated verb. A written accent is needed to mark the stressed vowel of a present participle when the direct object pronoun is attached.

   **Lo estoy comprando** ahora.     *or*     Estoy **comprándolo** ahora.

- With reflexive verbs in the infinitive form, the direct object pronoun is placed after the reflexive pronoun at the end of the verb. A written accent is needed to mark the stressed vowel of the infinitive when the direct object pronoun is attached.

   Voy a **probarme** el suéter.     →     Voy a **probármelo.**

- Direct object pronouns are attached to affirmative commands, but are placed before negative commands.

   **¡Cómpralo** ahora!     *but*     No **lo compres** ahora.

## Indirect object pronouns

### Forms

| Singular | Plural |
|---|---|
| **me** *to (for) me* | **nos** *to (for) us* |
| **te** *to (for) you* (informal) | **os** *to (for) you* (informal) |
| **le** *to (for) you* (formal), *him, her* | **les** *to (for) you* (formal), *them* |

### Placement

- Indirect object pronouns are placed immediately in front of the conjugated verb.

   Yo **les** explico ahora cómo ser menos quisquillosos.     No **me** presentaste a tu amigo.

- With infinitive constructions, indirect object pronouns may be either attached to the infinitive or placed before the conjugated verb.

   **Le voy** a dar aquellos aretes a mi novia.     *or*     Voy a **darle** aquellos aretes a mi novia.

- Indirect object pronouns are either attached to present participles or placed before the conjugated verb. A written accent is needed to mark the stressed vowel of a present participle when the indirect object pronoun is attached.

   **Le estoy dando** los aretes ahora.     *or*     Estoy **dándole** los aretes ahora.

- Indirect object pronouns are attached to affirmative commands, but are placed before negative commands.

   **¡Dale** los aretes ahora!     *but*     No **le des** los aretes ahora.

### Verbs commonly used with indirect object pronouns

| | | | |
|---|---|---|---|
| dar | *to give* | prestar | *to lend* |
| decir | *to say* | presentar | *to introduce* |
| contestar | *to answer* | prometer | *to promise* |
| escribir | *to write* | quitar | *to remove* |
| explicar | *to explain* | recomendar (ie) | *to recommend* |
| mandar | *to send* | regalar | *to give (as a gift)* |
| pedir | *to request (e.g., a favor information, etc.)* | servir (ie) | *to serve* |
| | | sugerir (ie) | *to suggest* |
| preguntar | *to ask a question* | | |

# Double object pronouns

- When direct and indirect object pronouns are used together in sentences, indirect object pronouns always come *before* direct object pronouns.

| Indirect pronouns | Direct pronouns |
|---|---|
| me | |
| te | lo |
| le (se) | → la |
| nos | los |
| os | las |
| les | (se) |

- When **le** and **les** are used with **lo, la, los,** or **las,** they change to **se.**

| | | |
|---|---|---|
| José compra una bufanda a María Luisa. | → | José **se la** compra. |
| La profesora explica los problemas a los estudiantes. | → | La profesora **se los** explica. |

- Double object pronouns may be placed before conjugated verbs or attached to infinitives or present participles, but they always come before negative commands. Pronouns must be attached to affirmative commands. And, remember that when two pronouns are attached to an infinitive, a present participle or an affirmative command, an accent mark is written over the stressed vowel.

Francisco quiere **comprarle un sombrero** a Susana.

| | | |
|---|---|---|
| **Se lo** va a comprar hoy. | *or* | Va a **comprárselo** hoy. |
| **Se lo** está comprando ahora. | *or* | Está **comprándoselo** ahora. |
| Pepa, no **se lo compres** allí. | *or* | Pepa, **cómpraselo** allí. |

# Pronouns as objects of prepositions

- Prepositions are followed by prepositional pronouns which serve as their objects. Prepositional pronouns are the same as subject pronouns, except for **mí**, **ti**, and **sí**.

| Subject pronouns | Prepositional pronouns |
|---|---|
| yo | **mí** *me, myself* |
| tú | **ti** *you, yourself* |
| usted | **usted** *you, yourself* |
| él | **él** *him, it* |
| ella | **ella** *her, it* |
| | **sí** *himself, herself, itself* |
| nosotros(as) | **nosotros(as)** *us, ourselves* |
| vosotros(as) | **vosotros(as)** *you, yourselves* |
| ellos(as) | **ellos(as)** *them* |
| | **sí** *themselves* |

| | |
|---|---|
| María habla **de mí.** | Mercedes compró un anillo **para ella.** |
| *Maria is talking **about me.*** | *Mercedes bought a ring **for her.*** |

- The prepositional pronoun **sí** is used when a third-person subject refers to *himself, herself, itself,* or *themselves.* The adjective **mismo(a)(os)(as)** is frequently added to clarify the subject.

Elena y su esposo Pedro se las regalaron a **sí mismos.**
Elena and her husband Peter gave them to *themselves.*

- When **mí** and **ti** are used with the preposition **con,** they combine to form **conmigo** and **contigo,** respectively.

¿Por qué no vienes **conmigo?**     No voy **contigo,** voy con ellos.
*Why don't you come **with me?***     *I'm not going **with you,** I'm going with them.*

- When you want to express *with him, with her, with you (formal), with them,* and *with you all (formal),* " there are two possibilities. If the pronoun is referring to the subject of the sentence, use **consigo.** If the pronoun does not refer to the subject of the sentence, use **con** plus the appropriate pronoun.

El profesor Millán siempre lleva su teléfono celular **consigo.**
*Professor Millán always has his cell phone **with him.***

La novia de Luis se llama Ana. Luis siempre sueña **con ella.**
*Luis' girlfriend's name is Ana. Luis always dreams **about her.***

- The construction **a** + prepositional pronoun is often used to provide clarity or emphasis.

**A mí** me gustan los conciertos de rock.        Le dio los boletos **a él.**

- Six prepositions are followed by subject pronouns rather than object pronouns.

| | | | | | |
|---|---|---|---|---|---|
| **entre** | *between* | **incluso** | *including* | **según** | *according to* |
| **excepto** | *except* | **menos** | *except* | **salvo** | *except* |

**Entre tú y yo**, este vestido es muy feo.
***Between you and me,** this dress is very ugly.*

## The future

### The future of regular verbs

- To form the future tense of regular verbs, add the future endings (**é, ás, á, emos, éis, án**) to the infinitive.

| Infinitive | viajar | volver | vivir | irse |
|---|---|---|---|---|
| yo | viajar**é** | volver**é** | vivir**é** | me ir**é** |
| tú | viajar**ás** | volver**ás** | vivir**ás** | te ir**ás** |
| Ud., él/ella | viajar**á** | volver**á** | vivir**á** | se ir**á** |
| nosotros(as) | viajar**emos** | volver**emos** | vivir**emos** | nos ir**emos** |
| vosotros(as) | viajar**éis** | volver**éis** | vivir**éis** | os ir**éis** |
| Uds., ellos/ellas | viajar**án** | volver**án** | vivir**án** | se ir**án** |

### The future of irregular verbs

- To form the future tense of irregular verbs, add the future endings (**é, ás, á, emos, éis, án**) to the irregular stem.

| Infinitive | Stem | Future forms |
|---|---|---|
| decir | **dir-** | diré, dirás, dirá, diremos, diréis, dirán |
| hacer | **har-** | haré, harás, hará, haremos, haréis, harán |
| poder | **podr-** | podré, podrás, podrá, podremos, podréis, podrán |
| poner | **pondr-** | pondré, pondrás, pondrá, pondremos, pondréis, pondrán |
| querer | **querr-** | querré, querrás, querrá, querremos, querréis, querrán |
| saber | **sabr-** | sabré, sabrás, sabrá, sabremos, sabréis, sabrán |
| salir | **saldr-** | saldré, saldrás, saldrá, saldremos, saldréis, saldrán |
| tener | **tendr-** | tendré, tendrás, tendrá, tendremos, tendréis, tendrán |
| venir | **vendr-** | vendré, vendrás, vendrá, vendremos, vendréis, vendrán |

- The future of **hay** is **habrá** *(there will be).*

# The conditional

## The conditional of regular verbs

- To form the conditional of regular verbs, add the conditional endings (**ía, ías, ía, íamos, íais, ían**) to the infinitive.

| Infinitive | viajar | volver | vivir | irse |
|---|---|---|---|---|
| yo | viajaría | volvería | viviría | me iría |
| tú | viajarías | volverías | vivirías | te irías |
| Ud., él/ella | viajaría | volvería | viviría | se iría |
| nosotros(as) | viajaríamos | volveríamos | viviríamos | nos iríamos |
| vosotros(as) | viajaríais | volveríais | viviríais | os iríais |
| Uds., ellos/ellas | viajarían | volverían | vivirían | se irían |

## The conditional of irregular verbs

- To form the conditional of irregular verbs, add the conditional endings (**ía, ías, ía, íamos, íais, ían**) to the irregular stem. These are the same stems used to form the future of irregular verbs.

| Infinitive | Stem | Future forms |
|---|---|---|
| decir | **dir-** | diría, dirías, diría, diríamos, diríais, dirían |
| hacer | **har-** | haría, harías, haría, haríamos, haríais, harían |
| poder | **podr-** | podría, podrías, podría, podríamos, podríais, podrían |
| poner | **pondr-** | pondría, pondrías, pondría, pondríamos, pondríais, pondrían |
| querer | **querr-** | querría, querrías, querría, querríamos, querríais, querrían |
| saber | **sabr-** | sabría, sabrías, sabría, sabríamos, sabríais, sabrían |
| salir | **saldr-** | saldría, saldrías, saldría, saldríamos, saldríais, saldrían |
| tener | **tendr-** | tendría, tendrías, tendría, tendríamos, tendríais, tendrían |
| venir | **vendr-** | vendría, vendrías, vendría, vendríamos, vendríais, vendrían |

- The conditional of **hay** is **habría** (*there would be*).

# Imperfect subjunctive

For all Spanish verbs, drop the **-ron** ending from the **Uds./ellos/ellas** form of the preterite tense, then add the personal endings shown in boldface below. Any irregularities in the third-person plural of the preterite will be maintained in the imperfect subjunctive (as demonstrated below with the verbs **venir** and **irse**).

| | hablar | venir | irse |
|---|---|---|---|
| **Uds./ellos/ellas** | **hablaron** | **vinieron** | **se fueron** |
| | habla**ra** | vinie**ra** | me fue**ra** |
| | habla**ras** | vinie**ras** | te fue**ras** |
| | habla**ra** | vinie**ra** | se fue**ra** |
| | hablá**ramos** | vinié**ramos** | nos fué**ramos** |
| | habla**rais** | vinie**rais** | os fue**rais** |
| | habla**ran** | vinie**ran** | se fue**ran** |

- The **nosotros(as)** form always has an accent mark because it is the only form in which the stress falls on the third-from-the-last syllable.
- The past subjunctive has alternate forms that use **-se** instead of **-ra** endings. For example: **hablase, hablases, hablase, hablásemos, hablaseis, hablasen** and **fuese, fueses, fuese, fuésemos, fueseis, fuesen**. These forms are sometimes used in Spain and in literary works or legal documents.

# Personal *a*

- The preposition **a** precedes before the name of a person or a pet when that person or pet is the direct object of the sentence.

Voy a visitar **a Enrique.**
*I'm going to visit Enrique.*

Carmen busca **a su perro** Diablo.
*Carmen is looking for her dog Diablo.*

# Conjunctions

- Conjunctions provide links between similar words or groups of words, such as nouns and verbs.

| Common conjunctions | |
|---|---|
| **entonces** | *so, then* |
| **ni... ni** | *neither . . . nor* |
| **o** | *or* |
| **pero** | *but* |
| **sea... sea** | *either . . . or* |
| **y** | *and* |

# Time expressions with *hace... que* and *llevar*

## Hace... que

- The verb construction **hace** + period of time + **que** is used to talk about how long an event or condition has been taking place or how long it has been since an event or condition took place. To indicate how long something has been happening, Spanish speakers use the construction **hace** + period of time + **que** + present tense.

**Hace cuatro años que vivo** en El Salvador.
*I've been living in El Salvador for four years.*

**Hace seis meses que estudian** en la universidad
*They have been studying at the university for six months.*

- To express how long ago an action or state occurred, Spanish speakers use the verb form **hace** + period of time + **que** + preterite tense.

**Hace un año que nos mudamos** de Colombia.
*We moved from Colombia a year ago.*

**Hace dos semanas que hablé** con Ricardo.
*I talked to Ricardo two weeks ago.*

- The question **¿Cuánto tiempo hace que...?** can be used to ask about either 1) a period of time that continues into the present or 2) the amount of time since an event took place. The only feature that distinguishes the first scenario from the second is the choice of the present tense versus the past tense.

| | |
|---|---|
| **Present tense:** | **¿Cuánto tiempo hace que estudias** medicina? |
| | *How long have you been studying medicine?* |
| | (You continue to study or be a student.) |
| **Preterite tense:** | **¿Cuánto tiempo hace que estudiaste** medicina? |
| | *How long has it been since you studied medicine?* |
| | (You are no longer studying or no longer a student.) |

#### Llevar

- Spanish speakers use the verb **llevar** *(to carry)* to indicate how long someone has been experiencing a condition.
  Carolina **lleva tres días** en cama.         *Carolina **has been in bed three days.***

- **Llevar** is also used to indicate how long someone has been living in a certain place
  Nosotros **llevamos dos años** en Bolivia.         *We've **been living** in Bolivia **for two years.***

## Acabar de

- The construction **acabar de** + infinitive expresses the idea *to have just done something.*
  Juan Carlos **acaba de ver** a tres pacientes.         *Juan Carlos **has just seen** three patients.*
  **Acabo de limpiar** la casa.         *I **have just cleaned** the house.*

## Present participles

- To form the present participle of regular Spanish verbs ending in **-ar,** drop the **-ar** infinitive ending and add **-ando.** For regular **-er** and **-ir** verbs, drop the infinitive ending (**-er, -ir**) and add **-iendo.**

| Infinitive | Stem | Present participle |
|---|---|---|
| estudiar | estudi- | estud**iando** *studying* |
| comer | com- | com**iendo** *eating* |
| escribi | escrib- | escrib**iendo** *writing* |

- **Ir** and **poder** have irregular present participles, **yendo** and **pudiendo,** and they are used infrequently.
- **Ir**-stem changing verbs that change **o > u** or **e > i** in the third person singular and plural forms of the preterite have the same change in their present participles.

| Infinitive | Present participle |
|---|---|
| dormir | du**rmiendo** *sleeping* |
| pedir | p**idiendo** *asking* |
| servir | s**irviendo** *serving* |

- If the stem of an **-er** or **-ir** verb ends in a vowel, the **i** of the present participle ending (**-iendo**) changes to **y.**

| Infinitive | Present participle |
|---|---|
| caer | ca**yendo** *falling* |
| construir | constru**yendo** *building* |
| leer | le**yendo** *reading* |
| oír | o**yendo** *hearing* |

- The present participle of **reír** is **riendo** *(laughing).*

# References in the Repaso notes to Índice de palabras conocidas and Índice de gramática conocida

# Grammar Guide

**ACTIVE VOICE** *(La voz activa)* In a sentence in the active voice, the subject performs the action of the verb. In the following sentence, Juan is the performer of the verb **cantar.** (See also **Passive voice.**)

| subject | verb | direct object |
|---------|------|---------------|
| **Juan** | **cantó** | **la canción.** |
| *Juan* | *sang* | *the song.* |

**ADJECTIVES** *(Los adjetivos)* are words that modify or describe nouns or pronouns and agree in number and generally in gender with the nouns they modify.

| | |
|---|---|
| Las casas **azules** son **bonitas.** | *The blue houses are **pretty.*** |
| Esas mujeres **mexicanas** son mis amigas **nuevas.** | *Those **Mexican** women are my **new** friends.* |
| Es un libro **interesante** y **divertido.** | *It's an **interesting** and **fun** book.* |

- **Demonstrative adjectives** *(Los adjetivos demostrativos)* point out persons, places, or things relative to the position of the speaker. They always agree in number and gender with the noun they modify. The forms are: **este, esta, estos, estas / ese, esa, esos, esas / aquel, aquella, aquellos, aquellas.** There are also neuter forms that refer to generic ideas or things, and hence have no gender: **esto, eso, aquello.**

| | |
|---|---|
| **Este** libro es fácil. | ***This** book is easy.* |
| **Esos** libros son difíciles. | ***Those** books are hard.* |
| **Aquellos** libros son pesados. | ***Those** books **(over there)** are boring.* |

Demonstratives may also function as pronouns, replacing the noun but still agreeing with it in number and gender. Demonstrative pronouns carry an accent mark over the syllable that would be naturally stressed, while this is now considered optional.

| | |
|---|---|
| —Me gustan esas blusas verdes. | *I like those green blouses.* |
| —¿Cuáles, **éstas?** | *Which ones, **these?*** |
| —No. Me gustan **ésas.** | *No. I like **those.*** |

- **Unstressed possessive adjectives** *(Los adjetivos posesivos no acentuados)* express ownership and always precede the noun that they modify. Possessive adjectives must agree in number and, in the cases of **nostros(as)** and **vosotros(as),** the gender of the nouns they modify. The forms are: **mi, mis / tu, tus / su, sus / nuestro(a), nuestros(as) / vuestro(a), vuestros(as) / su, sus.**

| | |
|---|---|
| La señora Elman es **mi** profesora. | *Mrs. Elman is **my** professor.* |
| Debemos llevar **nuestros** libros a clase. | *We should take **our** books to class.* |

- **Stressed possessive adjectives** *(Los adjetivos posesivos acentuados)* also express ownership. They are used for emphasis, follow the nouns they modify, and always agree in number and in gender with them. These adjectives may also function as pronouns. The forms are: **mío(a)(os)(as), tuyo(a)(os)(as), suyo(a)(os)(as), nuestro(a)(os)(as), vuestro(a)(os)(as), suyo(a)(os)(as).** Unless they are directly preceded by the verb **ser,** stressed possessives must be preceded by the definite article.

| | |
|---|---|
| Dame **el tuyo; el nuestro** no funciona. | *Give me **yours; ours** doesn't work.* |
| Ese perro pequeño es **mío.** | *That little dog is **mine.*** |

**ADVERBS** *(Los adverbios)* are words that modify verbs, adjectives, or other adverbs and, unlike adjectives, do not have gender or number. There are different classes of adverbs.

| | | |
|---|---|---|
| **Adverb of manner:** | Practicamos **diariamente.** | *We practice **daily.*** |
| **Adverb of time:** | Ellos van a salir **pronto.** | *They will leave **soon.*** |
| **Adverb of place:** | Lucía está **afuera.** | *Lucía is **outside.*** |
| **Adverb of negation:** | No quiero ir **tampoco.** | *I don't want to go **either.*** |
| **Adverb of quantity:** | Paco habla **demasiado.** | *Paco talks **too much.*** |

**AGREEMENT** *(La concordancia)* refers to the correspondence between parts of speech in terms of number, gender, and person. Subjects agree with their verbs; articles and adjectives agree with the nouns they modify, etc.

| | | |
|---|---|---|
| **Number:** | Tod**as** las lengu**as** son interesant**es**. | *All languages are interesting.* |
| **Gender:** | **Ella** es bonit**a**. | *She is pretty.* |
| **Person:** | **Nosotros somos** de España. | *We are from Spain.* |

**ARTICLES** *(Los artículos)* precede nouns and indicate whether they are definite or indefinite persons, places, or things.

- **Definite articles** *(Los artículos definidos)* refer to particular members of a group and are the equivalent of *the* in English. The definite articles are: **el, la, los, las.**

  | | |
  |---|---|
  | **El** hombre guapo es mi padre. | *The handsome man is my father.* |
  | **Las** mujeres de esta clase son inteligentes. | *The women in this class are intelligent.* |

- **Indefinite articles** *(Los artículos indefinidos)* refer to any unspecified member(s) of a group and are the equivalent of *a(n)* and *some* in English. The indefinite articles are **un, una, unos, unas.**

  | | |
  |---|---|
  | **Un** hombre vino a nuestra casa anoche. | *A man came to our house last night.* |
  | **Unas** niñas jugaban en el parque. | *Some girls were playing in the park.* |

**CLAUSES** *(Las cláusulas)* are subject and verb combinations. For a sentence to be complete, it must have at least one main clause.

- **Main clauses** *(las cláusulas principales)* communicate a complete idea or thought. They are also called **independent clauses** in English.

  | | |
  |---|---|
  | Mi hermana va al hospital. | *My sister is going to the hospital.* |

- **Subordinate clauses** *(Las cláusulas subordinadas)* depend upon a main clause for their meaning to be complete. They are also called **dependent clauses** in English. In the following sentence, the subordinate clause, *provided that it's not raining,* is not a complete idea without the information supplied by the main clause, *my sister is going to the hospital.*

  | **main clause** | **subordinate clause** |
  |---|---|
  | ↓ | ↓ |
  | Mi hermana va al hospital | con tal que no llueva. |

  *My sister is going to the hospital provided that it's not raining.*

**COMMANDS** *(Los mandatos)* (See **Imperatives.**)

**COMPARISONS** *(Las formas comparativas)* are statements that describe one person, place, or thing relative to another in terms of quantity, quality, or manner. (See also **Superlatives.**)

- **Comparisons of equality** *(Las formas comparativas de igualdad)* demonstrate an equal share of a quantity or degree of a particular characteristic. These statements use a form of **tan(to)(ta)(s)** and **como.**

  | | |
  |---|---|
  | Ella tiene **tanto** dinero **como** Elena. | *She has **as much** money **as** Elena.* |
  | Fernando trabaja **tanto como** Felipe. | *Fernando works **as much as** Felipe.* |
  | Jim baila **tan** bien **como** Anne. | *Jim dances **as well as** Anne.* |

- **Comparisons of inequality** *(Las formas comparativas de desigualdad)* indicate a difference in quantity, quality, or manner between the compared subjects. These statements use **más/menos . . . que** or comparative adjectives such as **mejor/peor, mayor/menor.**

  | | |
  |---|---|
  | España tiene **más** playas **que** México. | *Spain has **more** beaches **than** Mexico.* |
  | Tú hablas español **mejor que** yo. | *You speak Spanish **better than** I.* |

**CONJUGATIONS** *(Las conjugaciones)* represent the inflected form of the verb as it is used with a particular subject or person.

| | | |
|---|---|---|
| 1st person singular: | **Yo bailo** los sábados. | *I dance on Saturdays.* |
| 2nd person singular: | **Tú bailas** los sábados. | *You dance on Saturdays.* |
| 3rd person singular: | **Ella baila** los sábados. | *She dances on Saturdays.* |

| | | |
|---|---|---|
| **1<sup>st</sup> person plural:** | **Nosotros bailamos** los sábados. | *We dance on Saturdays.* |
| **2<sup>nd</sup> person plural:** | **Vosotros bailáis** los sábados. | *You dance on Saturdays.* |
| **3<sup>rd</sup> person plural:** | **Ellos bailan** los sábados. | *They dance on Saturdays.* |

**CONJUNCTIONS *(Las conjunciones)*** are linking words that join two independent clauses together.

Fuimos al centro **y** mis amigos compraron muchas cosas.
*We went downtown **and** my friends bought a lot of things.*

Yo quiero ir a la fiesta, **pero** tengo que estudiar.
*I want to go to the party, **but** I have to study.*

**CONTRACTIONS *(Las contracciones)*** are limited in Spanish to preposition/article combinations, such as **de + el = del** and **a + el = al**, or preposition/pronoun combinations such as **con + mí = conmigo** and **con + ti = contigo**. (See also **Indirect objects, Personal a, Pronouns.**)

**DIRECT OBJECTS *(Los objetos directos)*** in sentences are the direct recipients of the action of the verb. Direct objects answer the questions *What?* or *Whom?*

| | |
|---|---|
| ¿Qué hizo? | *What did she do?* |
| Ella hizo **la tarea.** | *She did **her homework.*** |
| Y luego llamó a **su amiga.** | *And then called **her friend.*** |

**EXCLAMATIVE WORDS *(Las palabras exclamativas)*** communicate surprise or strong emotion. Like interrogative words, exclamatives also carry accents. (See also **Interrogatives.**)

| | |
|---|---|
| ¡**Qué** sorpresa! | ***What** a surprise!* |
| ¡**Cómo** canta Miguel! | ***How well** Miguel sings!* |

**GENDER *(El género)*** is a grammatical feature of Romance languages that classifies words as either masculine or feminine. The gender of the word is sometimes used to distinguish meaning. It is important to memorize the gender of nouns when you learn nouns.

**la papa** = *the potato,* but **el Papa** = *the Pope*
**la policía** = *the police force,* but **el policía** = *the policeman*

**GERUNDS *(Los gerundios)*** are the Spanish equivalent of the *-ing* verb form in English. Regular gerunds are created by replacing the –**ar** infinitive endings with -**ando** and the -**er** and –**ir** infinitive endings with -**iendo**. Gerunds are often used with the verb **estar** to form the present progressive tense. The present progressive tense places emphasis on the continuing or progressive nature of an action. (See also **Present participle.**)

Miguel **está cantando** en la ducha.          *Miguel **is singing** in the shower.*

**IDIOMATIC EXPRESSIONS *(Las frases idiomáticas)*** are phrases in Spanish that do not have a literal English equivalent.

**Hace mucho frío.**          *It is very cold. (Literally, It makes a lot of cold.)*

**IMPERATIVES *(Los imperativos)*** represent the mood used to express requests or commands. It is more direct than the subjunctive mood. Imperatives are commonly called commands and fall into two categories: affirmative and negative. Formal commands are used with persons you address as **usted**. Informal commands are used with persons you address as **tú**. (See also **Mood.**)

| | | |
|---|---|---|
| **Informal, affirmative:** | **Habla** conmigo. | ***Talk** to me.* |
| **Informal, negative:** | **No** me **hables.** | ***Don't talk** to me.* |
| **Formal, singular, affirmative:** | **Hable** con la policía. | ***Talk** to the police.* |
| **Formal, singular, negative:** | **No hable** con la policía. | ***Don't talk** to the police.* |
| **Formal, plural, affirmative:** | **Hablen** con la policía. | ***Talk** to the police.* |
| **Formal, plural, negative:** | **No hablen** con la policía. | ***Don't talk** to the police.* |

**IMPERFECT (El imperfecto)** The imperfect tense is used to make statements about the past when the speaker wants to convey the idea of 1) habitual or repeated action, 2) two actions in progress simultaneously, or 3) an event that was in progress when another action interrupted. The imperfect tense is also used to emphasize the ongoing nature of the middle of the event, as opposed to its beginning or end. Age and clock time are always expressed using the imperfect. (See also **Preterite.**)

Cuando María era joven, ella cantaba en el coro.
*When María **was** young, **she used to sing** in the choir.*

Aquel día llovía mucho y el cielo estaba oscuro.
*That day **it was raining** a lot and the sky **was** dark.*

Juan dormía cuando sonó el teléfono.
*Juan **was sleeping** when the phone **rang.***

**IMPERSONAL EXPRESSIONS (Las expresiones impersonales)** are statements that contain the impersonal subjects of *it* or *one*. (See also **Passive voice.**)

| | |
|---|---|
| **Es necesario** estudiar. | **It is necessary** to study. |
| **Se necesita** estudiar. | **One needs to** study. |

**INDEFINITE WORDS (Las palabras indefinidas)** are articles, adjectives, nouns or pronouns that refer to unspecified members of a group. (See also **Articles.**)

| | | |
|---|---|---|
| **Indefinite article:** | **Un** hombre vino. | ***A** man came.* |
| **Indefinite noun:** | **Alguien** vino. | ***Someone** came.* |
| **Indefinite adjective:** | **Algunas** personas vinieron. | ***Some** people came.* |
| **Indefinite pronoun:** | **Algunas** vinieron. | ***Some** came.* |

**INDICATIVE (El indicativo)** The indicative is a mood, not a tense. It is used to express ideas that are considered factual or certain and, therefore, not subject to speculation or doubt. (See also **Mood.**)

| | | |
|---|---|---|
| **Present indicative:** | Josefina **es** española. | *Josefina **is** Spanish.* |

**INDIRECT OBJECTS (Los objetos indirectos)** are the indirect recipients of an action in a sentence and answer the questions *To whom?* or *For whom?* In Spanish, it is common to include an indirect object pronoun along with the indirect object. (See also **Direct objects, Pronouns.**)

| | |
|---|---|
| Yo **le** di el libro **a Sofía.** | *I gave the book **to Sofía.*** |
| Sofía **les** guardó el libro **para sus padres.** | *Sofía kept the book **for her parents.*** |

**INFINITIVE (Los infinitivos)** are verb forms that are uninflected or not conjugated according to a specific person. In English, infinitives are preceded by *to: to talk, to eat, to live.* Infinitives in Spanish end in -**ar** (for example, **hablar**), -**er** (for example, **comer**), and -**ir** (for example, **vivir**).

**INTERROGATIVES (Las formas interrogativas)** are used to ask questions. They carry accent marks to distinguish them from other uses. Basic interrogative words include: **quién(es), qué, cómo, cuánto(a)(s), cuándo, por qué,** and **dónde.** (See also **Exclamative words.**)

| | |
|---|---|
| ¿**Qué** quieres? | ***What** do you want?* |
| ¿**Cuándo** llegó ella? | ***When** did she arrive?* |
| ¿De **dónde** eres? | ***Where** are you from?* |

**MOOD (El modo)** is like the word *mode,* meaning *manner* or *way.* It indicates the way in which the speaker views an action, or his/her attitude toward the action. Besides the imperative mood, which is simply giving commands, you learn two basic moods in Spanish: the subjunctive and the indicative. Basically, the subjunctive mood communicates an attitude of uncertainty or negation toward the action, while the indicative indicates that the action is certain or factual. Within each of these moods, there are many tenses. Hence, the present indicative and the present subjunctive, the present perfect indicative and the present perfect subjunctive, etc. (See also **Indicative, Imperative, Subjunctive.**)

- **Indicative mood** *(El indicativo)* implies that what is stated or questioned is regarded as true.

| | |
|---|---|
| Yo **quiero** ir a la fiesta. | *I **want** to go to the party.* |
| **Quieres** ir conmigo? | ***Do you want** to go with me?* |

- **Subjunctive mood** *(El subjuntivo)* indicates a recommendation, a statement of doubt or negation, or a hypothetical situation.

| | |
|---|---|
| Yo recomiendo que tú **vayas** a la fiesta. | *I recommend **that you go** to the party.* |
| Dudo que **vayas** a la fiesta. | *I doubt **that you'll go** to the party.* |
| No creo que **vayas** a la fiesta. | *I don't believe **that you'll go** to the party.* |
| Si **fueras** a la fiesta, te divertirías. | *If **you were to go** to the party, you would have a good time.* |

- **Imperative mood** *(El imperativo)* is used to make a command or request.

| | |
|---|---|
| ¡**Ven** conmigo a la fiesta! | ***Come** with me to the party!* |

**NEGATION** *(La negación)* takes place when a negative word, such as **no,** is placed before an affirmative sentence. In Spanish, double negatives are common.

| | | |
|---|---|---|
| **Affirmative:** | Yolando va a cantar esta noche. | *Yolando will sing tonight.* |
| **Negative:** | Yolando **no** va a cantar esta noche. | *Yolanda will **not** sing tonight.* |
| **Affirmative:** | Ramón quiere algo. | *Ramón wants something.* |
| **Negative:** | Ramón **no** quiere **nada.** | *Ramón **doesn't** want **anything.*** |

**NOUNS** *(Los sustantivos)* are persons, places, things, or ideas. Names of people, countries, and cities are proper nouns and are capitalized.

| | | |
|---|---|---|
| **Person:** | Alberto | *Albert* |
| **Place:** | el pueblo | *town* |
| **Thing:** | el diccionario | *dictionary* |

**ORTHOGRAPHY** *(La ortografía)* refers to the spelling of a word or anything related to spelling such as accentuation.

**PASSIVE VOICE** *(La voz pasiva),* as compared to active voice *(la voz activa),* places emphasis on the action of the sentence rather than the agent of the action (the person or thing that is indirectly responsible for committing the action). The passive **se** is used when the performer of the action (agent) is not specified or is unimportant to the meaning of the sentence. (See also **Active voice.**)

| | | |
|---|---|---|
| **Active voice:** | Luis vende los coches. | *Luis sells the cars.* |
| **Passive voice:** | Los coches **son vendidos por** Luis. | *The cars **are sold by** Luis.* |
| **Passive voice:** | **Se venden** los coches. | *The cars **are sold.*** |

**PAST PARTICIPLES** *(Los participios pasados)* are verb forms used in compound tenses such as the present perfect. Regular past participles are formed by dropping the **-ar** or **-er/-ir** from the infinitive and adding **-ado** or **-ido.** Past participles are the equivalent of verbs ending in *-ed* in English. They may also be used as adjectives, in which case they agree in number and gender with the nouns they modify. Irregular past participles include: **cubierto, dicho, escrito, hecho, muerto, puesto, roto,** and **vuelto.**

| | |
|---|---|
| Marta ha **subido** la montaña. | *Marta has **climbed** the mountain.* |
| Hemos **hablado** mucho por teléfono. | *We have **talked** a lot on the phone.* |
| La novela **publicada** en 1995 es su mejor novela. | *The novel **published** in 1995 is her best novel.* |

**PERFECT TENSES** *(Los tiempos perfectos)* communicate the idea that an action has taken place before now (present perfect) or before a moment in the past (past perfect). The perfect tenses are compound tenses consisting of the verb **haber** plus the past participle of a second verb.

| **Present perfect indicative** | **Past perfect indicative** |
|---|---|
| Yo **he comido.** | Yo **había comi**do antes de la fiesta. |
| *I have eaten.* | *I had eaten before the party.* |

**Present perfect subjunctive**
Yo espero que **hayas comido.**
*I hope that **you have eaten.***

**Past perfect subjunctive**
Yo esperaba que **hubieras comido.**
*I hoped that **you had eaten.***

**PERSON *(La persona)*** refers to changes in the subject pronouns that indicate if one is speaking (first person), if one is spoken to (second person), or if one is spoken about (third person).

| | | |
|---|---|---|
| **1ˢᵗ person singular:** | Yo hablo | *I speak* |
| **2ⁿᵈ person singular:** | Tú hablas | *You speak* |
| **3ʳᵈ person singular:** | Ud./Él/Ella habla | *You/He/She speaks* |
| **1ˢᵗ person plural:** | Nosotros(as) hablamos | *We speak* |
| **2ⁿᵈ person plural:** | Vosotros(as) habláis | *You speak* |
| **3ʳᵈ person plural:** | Uds./Ellos/Ellas hablan | *They speak* |

**PREPOSITIONS *(Las preposiciones)*** are linking words that indicate spatial or temporal relations between two words.

Ella nadaba **en** la piscina.  *She was swimming **in** the pool.*
Yo llamé **antes de** las nueve.  *I called **before** nine o'clock.*
El libro es **para** ti.  *The book is **for** you.*
Voy **a** la oficina.  *I'm going **to** the office.*
Jorge es **de** Paraguay.  *Jorge is **from** Paraguay.*

**PRESENT PARTICIPLE (See Gerunds.)**

**PRETERITE *(El pretérito)*** The preterite tense, in contrast to the imperfect tense, is used to talk about past events with specific emphasis on the beginning or the end of the action, or emphasis on the completed nature of the action as a whole.

Anoche yo **empecé** a estudiar a las once y **terminé** a la una.
*Last night **I began** to study at eleven o'clock and **finished** at one o'clock.*

Esta mañana **me desperté** a las siete, **desayuné, me duché** y **vine** al campus para las ocho.
*This morning **I woke up** at seven, **I ate** breakfast, **I showered,** and **I came** to campus by eight.*

**PERSONAL A *(La a personal)*** The personal **a** refers to the placement of the preposition a before the name of a person when that person is the direct object of the sentence.

Voy a llamar **a** María.  *I'm going to call María.*

**PRONOUNS *(Los pronombres)*** are words that substitute for nouns in a sentence.

**Demonstrative:** points out a specific person, place, or thing
Yo quiero **éste.**  *I want **this one.***

**Interrogative:** used to ask questions
¿**Quién** es tu amigo?  ***Who** is your friend?*

**Direct object:** replaces the direct object of the sentence
Yo voy a llamar**la.**  *I'm going to call **her.***

**Indirect object:** replaces the indirect object of the sentence
Ella va a dar**le** el reloj.  *She is going to give **him** the watch.*

**Reflexive:** used with reflexive verbs to show that the agent of the action is also the recipient
Juan **se** baña por la mañana.  *Juan bathes **himself** in the morning.*

**Relative:** used to introduce a clause that describes a noun
Es la mujer **que** conozco.  *She is the woman **that** I know.*

**Subject:** replaces the noun that performs the action or state of a verb
**Nosotros** somos listos.  *We are clever.*

**SUBJECTS (Los sujetos)** are the persons, places, or things that perform the action or state of being of a verb. The conjugated verb always agrees with its subject. (See also **Active voice**.)

**Carlos** siempre baila solo.
**Carlos** always dances alone.

**Colorado y California** son mis estados preferidos.
**Colorado and California** are my favorite states.

**La cafetera** produce el café.
**The coffee pot** makes the coffee.

**SUBJUNCTIVE (El subjuntivo)** The subjunctive mood is used to express speculative, doubtful, or hypothetical situations. It also communicates a degree of subjectivity or influence of the main clause over the subordinate clause. (See also **Mood, Indicative**.)

No creo que **tengas** razón.
I don't think that **you're** right.

Quiero que **estudies** más.
I want **you to study** more.

Si yo **fuera** el jefe, pagaría más a mis empleados.
If **I were** the boss, I would pay my employees more.

**SUPERLATIVE STATEMENTS (Las frases superlativas)** are formed by adjectives or adverbs to make comparisons among three or more members of a group. To form superlatives, add a definite article (**el, la, los, las**) before the comparative form. (See also **Comparisons**.)

Juan es **el más alto** de los tres.
Juan is **the tallest** of the three.

Este coche es **el más rápido** de todos.
This car is **the fastest** of them all.

**TENSES (Los tiempos)** refer to the manner in which time is expressed through verbs.

| | | |
|---|---|---|
| **Present tense:** | Yo estudio. | *I study.* |
| **Present progressive:** | Yo estoy estudiando. | *I am studying.* |
| **Present perfect:** | Yo he estudiado. | *I have studied.* |
| **Past perfect:** | Yo había estudiado. | *I had studied.* |
| **Preterite:** | Yo estudié. | *I studied.* |
| **Imperfect:** | Yo estudiaba. | *I was studying.* |
| **Future:** | Yo estudiaré. | *I will study.* |

**VERBS (Los verbos)** are the words in a sentence that communicate an action or state of being.

María **es** mi amiga y ella **lee** muchas novelas.
*María **is** my friend and she **reads** a lot of novels.*

- **Auxiliary Verbs (Los verbos auxiliares)**, also called *helping verbs,* are verbs such as **estar** and **haber** that are used to form the present progressive and the present perfect, respectively.

  **Estamos** estudiando mucho para el examen mañana.
  *We **are** studying a lot for the exam tomorrow.*

  Helen **ha** trabajado mucho en este proyecto.
  *Helen **has** worked a lot on this project.*

- **Reflexive Verbs (Los verbos reflexivos)** use reflexive pronouns to indicate that the person initiating the action is also the recipient of the action.

  Yo **me afeito** por la mañana.
  *I **shave (myself)** in the morning.*

- **Stem-Changing Verbs (Los verbos con cambios de raíz)** undergo a change in the main part of the verb when conjugated. There are three types of stem-changing verbs: **o** to **ue**, **e** to **ie** and **e** to **i**. The verb **jugar** is the only **u** to **ue** stem-changing verb in Spanish.

  **dormir (o > ue):** Yo **duermo** en el parque.
  *I **sleep** in the park.*

  **empezar (e > ie):** Ella siempre **empieza** su trabajo temprano.
  *She always **starts** her work early.*

  **pedir (e > i):** ¿Por qué no **pides** ayuda?
  *Why don't you **ask** for help?*

# Verb conjugations

## Los verbos regulares

| Infinitive | Present Indicative | Imperfect | Preterite | Future | Conditional | Present Subjunctive | Past Subjunctive | Commands |
|---|---|---|---|---|---|---|---|---|
| hablar<br>to speak | hablo<br>hablas<br>habla<br>hablamos<br>habláis<br>hablan | hablaba<br>hablabas<br>hablaba<br>hablábamos<br>hablabais<br>hablaban | hablé<br>hablaste<br>habló<br>hablamos<br>hablasteis<br>hablaron | hablaré<br>hablarás<br>hablará<br>hablaremos<br>hablaréis<br>hablarán | hablaría<br>hablarías<br>hablaría<br>hablaríamos<br>hablaríais<br>hablarían | hable<br>hables<br>hable<br>hablemos<br>habléis<br>hablen | hablara<br>hablásteis<br>hablara<br>habláramos<br>hablaras<br>hablaran | habla (no hables)<br>hable<br>hablad (no habléis)<br>hablen |
| aprender<br>to learn | aprendo<br>aprendes<br>aprende<br>aprendemos<br>aprendéis<br>aprenden | aprendía<br>aprendías<br>aprendía<br>aprendíamos<br>aprendíais<br>aprendían | aprendí<br>aprendiste<br>aprendió<br>aprendimos<br>aprendisteis<br>aprendieron | aprenderé<br>aprenderás<br>aprenderá<br>aprenderemos<br>aprenderéis<br>aprenderán | aprendería<br>aprenderías<br>aprendería<br>aprenderíamos<br>aprenderíais<br>aprenderían | aprenda<br>aprendas<br>aprenda<br>aprendamos<br>aprendáis<br>aprendan | aprendiera<br>aprendieras<br>aprendiera<br>aprendiéramos<br>aprendierais<br>aprendieran | aprende (no aprendas)<br>aprenda<br>aprended (no aprendáis)<br>aprendan |
| vivir<br>to live | vivo<br>vives<br>vive<br>vivimos<br>vivís<br>viven | vivía<br>vivías<br>vivía<br>vivíamos<br>vivíais<br>vivían | viví<br>viviste<br>vivió<br>vivimos<br>vivisteis<br>vivieron | viviré<br>vivirás<br>vivirá<br>viviremos<br>viviréis<br>vivirán | viviría<br>vivirías<br>viviría<br>viviríamos<br>viviríais<br>vivirían | viva<br>vivas<br>viva<br>vivamos<br>viváis<br>vivan | viviera<br>vivieras<br>viviera<br>viviéramos<br>vivierais<br>vivieran | vive (no vivas)<br>viva<br>vivid (no viváis)<br>vivan |

## Compound tenses

| | | | | |
|---|---|---|---|---|
| **Present progressive** | estoy<br>estás<br>está | estamos<br>estáis<br>están | hablando | aprendiendo | viviendo |
| **Present perfect indicative** | he<br>has<br>ha | hemos<br>habéis<br>han | hablado | aprendido | vivido |
| **Present perfect subjunctive** | haya<br>hayas<br>haya | hayamos<br>hayáis<br>hayan | hablado | aprendido | vivido |
| **Past perfect indicative** | había<br>habías<br>había | habíamos<br>habíais<br>había | hablado | aprendido | vivido |

# Los verbos con cambios en la raíz

| Infinitive / Present Participle / Past Participle | Present Indicative | Imperfect | Preterite | Future | Conditional | Present Subjunctive | Past Subjunctive | Commands |
|---|---|---|---|---|---|---|---|---|
| pensar<br>*to think*<br>e → ie<br>pensando<br>pensado | pienso<br>piensas<br>piensa<br>pensamos<br>pensáis<br>piensan | pensaba<br>pensabas<br>pensaba<br>pensábamos<br>pensabais<br>pensaban | pensé<br>pensaste<br>pensó<br>pensamos<br>pensasteis<br>pensaron | pensaré<br>pensarás<br>pensará<br>pensaremos<br>pensaréis<br>pensarán | pensaría<br>pensarías<br>pensaría<br>pensaríamos<br>pensaríais<br>pensarían | piense<br>pienses<br>piense<br>pensemos<br>penséis<br>piensen | pensara<br>pensaras<br>pensara<br>pensáramos<br>pensarais<br>pensaran | piensa (no pienses)<br>piense<br>pensad (no penséis)<br>piensen |
| acostarse<br>*to go to bed*<br>o → ue<br>acostándose<br>acostado | me acuesto<br>te acuestas<br>se acuesta<br>nos acostamos<br>os acostáis<br>se acuestan | me acostaba<br>te acostabas<br>se acostaba<br>nos acostábamos<br>os acostabais<br>se acostaban | me acosté<br>te acostaste<br>se acostó<br>nos acostamos<br>os acostasteis<br>se acostaron | me acostaré<br>te acostarás<br>se acostará<br>nos acostaremos<br>os acostaréis<br>se acostarán | me acostaría<br>te acostarías<br>se acostaría<br>nos acostaríamos<br>os acostaríais<br>se acostarían | me acueste<br>te acuestes<br>se acueste<br>nos acostemos<br>os acostéis<br>se acuesten | me acostara<br>te acostaras<br>se acostara<br>nos acostáramos<br>os acostarais<br>se acostaran | acuéstate (no te acuestes)<br>acuéstese<br>acostaos (no os acostéis)<br>acuéstense |
| sentir<br>*to feel*<br>e → ie, i<br>sintiendo<br>sentido | siento<br>sientes<br>siente<br>sentimos<br>sentís<br>sienten | sentía<br>sentías<br>sentía<br>sentíamos<br>sentíais<br>sentían | sentí<br>sentiste<br>sintió<br>sentimos<br>sentisteis<br>sintieron | sentiré<br>sentirás<br>sentirá<br>sentiremos<br>sentiréis<br>sentirán | sentiría<br>sentirías<br>sentiría<br>sentiríamos<br>sentiríais<br>sentirían | sienta<br>sientas<br>sienta<br>sintamos<br>sintáis<br>sientan | sintiera<br>sintieras<br>sintiera<br>sintiéramos<br>sintierais<br>sintieran | siente (no sientas)<br>sienta<br>sentid (no sintáis)<br>sientan |
| pedir<br>*to ask for*<br>e → i, i<br>pidiendo<br>pedido | pido<br>pides<br>pide<br>pedimos<br>pedís<br>piden | pedía<br>pedías<br>pedía<br>pedíamos<br>pedíais<br>pedían | pedí<br>pediste<br>pidió<br>pedimos<br>pedisteis<br>pidieron | pediré<br>pedirás<br>pedirá<br>pediremos<br>pediréis<br>pedirán | pediría<br>pedirías<br>pediría<br>pediríamos<br>pediríais<br>pedirían | pida<br>pidas<br>pida<br>pidamos<br>pidáis<br>pidan | pidiera<br>pidieras<br>pidiera<br>pidiéramos<br>pidierais<br>pidieran | pide (no pidas)<br>pida<br>pedid (no pidáis)<br>pidan |
| dormir<br>*to sleep*<br>o → ue, u<br>durmiendo<br>dormido | duermo<br>duermes<br>duerme<br>dormimos<br>dormís<br>duermen | dormía<br>dormías<br>dormía<br>dormíamos<br>dormíais<br>dormían | dormí<br>dormiste<br>durmió<br>dormimos<br>dormisteis<br>durmieron | dormiré<br>dormirás<br>dormirá<br>dormiremos<br>dormiréis<br>dormirán | dormiría<br>dormirías<br>dormiría<br>dormiríamos<br>dormiríais<br>dormirían | duerma<br>duermas<br>duerma<br>durmamos<br>durmáis<br>duerman | durmiera<br>durmieras<br>durmiera<br>durmiéramos<br>durmierais<br>durmieran | duerme (no duermas)<br>duerma<br>dormid (no durmáis)<br>duerman |

# Los verbos con cambios de ortografía

## comenzar (e → ie), z → c before e — *to begin*
Present Participle: comenzando · Past Participle: comenzado

| Present Indicative | Imperfect | Preterite | Future | Conditional | Present Subjunctive | Past Subjunctive | Commands |
|---|---|---|---|---|---|---|---|
| comienzo | comenzaba | comencé | comenzaré | comenzaría | comience | comenzara | |
| comienzas | comenzabas | comenzaste | comenzarás | comenzarías | comiences | comenzaras | comienza (no comiences) |
| comienza | comenzaba | comenzó | comenzará | comenzaría | comience | comenzara | comience |
| comenzamos | comenzábamos | comenzamos | comenzaremos | comenzaríamos | comencemos | comenzáramos | |
| comenzáis | comenzabais | comenzasteis | comenzaréis | comenzaríais | comencéis | comenzarais | comenzad (no comencéis) |
| comienzan | comenzaban | comenzaron | comenzarán | comenzarían | comiencen | comenzaran | comiencen |

## conocer, c → zc before a, o — *to know*
Present Participle: conociendo · Past Participle: conocido

| Present Indicative | Imperfect | Preterite | Future | Conditional | Present Subjunctive | Past Subjunctive | Commands |
|---|---|---|---|---|---|---|---|
| conozco | conocía | conocí | conoceré | conocería | conozca | conociera | |
| conoces | conocías | conociste | conocerás | conocerías | conozcas | conocieras | conoce (no conozcas) |
| conoce | conocía | conoció | conocerá | conocería | conozca | conociera | conozca |
| conocemos | conocíamos | conocimos | conoceremos | conoceríamos | conozcamos | conociéramos | |
| conocéis | conocíais | conocisteis | conoceréis | conoceríais | conozcáis | conocierais | conoced (no conozcáis) |
| conocen | conocían | conocieron | conocerán | conocerían | conozcan | conocieran | conozcan |

## construir, i → y, y inserted before a, e, o — *to build*
Present Participle: construyendo · Past Participle: construido

| Present Indicative | Imperfect | Preterite | Future | Conditional | Present Subjunctive | Past Subjunctive | Commands |
|---|---|---|---|---|---|---|---|
| construyo | construía | construí | construiré | construiría | construya | construyera | |
| construyes | construías | construiste | construirás | construirías | construyas | construyeras | construye (no construyas) |
| construye | construía | construyó | construirá | construiría | construya | construyera | construya |
| construimos | construíamos | construimos | construiremos | construiríamos | construyamos | construyéramos | |
| construís | construíais | construisteis | construiréis | construiríais | construyáis | construyerais | construid (no construyáis) |
| construyen | construían | construyeron | construirán | construirían | construyan | construyeran | construyan |

## leer, i → y; stressed i → í — *to read*
Present Participle: leyendo · Past Participle: leído

| Present Indicative | Imperfect | Preterite | Future | Conditional | Present Subjunctive | Past Subjunctive | Commands |
|---|---|---|---|---|---|---|---|
| leo | leía | leí | leeré | leería | lea | leyera | |
| lees | leías | leíste | leerás | leerías | leas | leyeras | lee (no leas) |
| lee | leía | leyó | leerá | leería | lea | leyera | lea |
| leemos | leíamos | leímos | leeremos | leeríamos | leamos | leyéramos | |
| leéis | leíais | leísteis | leeréis | leeríais | leáis | leyerais | leed (no leáis) |
| leen | leían | leyeron | leerán | leerían | lean | leyeran | lean |

# Los verbos con cambios de ortografía *(continued)*

| Infinitive / Present Participle / Past Participle | Present Indicative | Imperfect | Preterite | Future | Conditional | Present Subjunctive | Past Subjunctive | Commands |
|---|---|---|---|---|---|---|---|---|
| **pagar** *to pay* **g → gu before e** pagando pagado | pago pagas paga pagamos pagáis pagan | pagaba pagabas pagaba pagábamos pagabais pagaban | **pagué** pagaste pagó pagamos pagasteis pagaron | pagaré pagarás pagará pagaremos pagaréis pagarán | pagaría pagarías pagaría pagaríamos pagaríais pagarían | **pague** **pagues** **pague** **paguemos** **paguéis** **paguen** | pagara pagaras pagara pagáramos pagarais pagaran | paga (no **pagues**) **pague** pagad (no **paguéis**) **paguen** |
| **seguir** (e → i, i) *to follow* **gu → g before a, o** siguiendo seguido | **sigo** sigues sigue seguimos seguís siguen | seguía seguías seguía seguíamos seguíais seguían | seguí seguiste siguió seguimos seguisteis siguieron | seguiré seguirás seguirá seguiremos seguiréis seguirán | seguiría seguirías seguiría seguiríamos seguiríais seguirían | **siga** **sigas** **siga** **sigamos** **sigáis** **sigan** | siguiera siguieras siguiera siguiéramos siguierais siguieran | sigue (no **sigas**) **siga** seguid (no **sigáis**) **sigan** |
| **tocar** *to play, to touch* **c → qu before e** tocando tocado | toco tocas toca tocamos tocáis tocan | tocaba tocabas tocaba tocábamos tocabais tocaban | **toqué** tocaste tocó tocamos tocasteis tocaron | tocaré tocará tocarás tocaremos tocaréis tocarán | tocaría tocarías tocaría tocaríamos tocaríais tocarían | **toque** **toques** **toque** **toquemos** **toquéis** **toquen** | tocara tocaras tocara tocáramos tocarais tocaran | toca (no **toques**) **toque** tocad (no **toquéis**) **toquen** |

D-4      Verb conjugations

# Los verbos irregulares

| Infinitive / Present Participle / Past Participle | Present Indicative | Imperfect | Preterite | Future | Conditional | Present Subjunctive | Past Subjunctive | Commands |
|---|---|---|---|---|---|---|---|---|
| andar *to walk* andando andado | ando andas anda andamos andáis andan | andaba andabas andaba andábamos andabais andaban | anduve anduviste anduvo anduvimos anduvisteis anduvieron | andaré andarás andará andaremos andaréis andarán | andaría andarías andaría andaríamos andaríais andarían | ande andes ande andemos andéis anden | anduviera anduvieras anduviera anduviéramos anduvierais anduvieran | anda (no andes) ande andad (no andéis) anden |
| *caer *to fall* cayendo caído | caigo caes cae caemos caéis caen | caía caías caía caíamos caíais caían | caí caíste cayó caímos caísteis cayeron | caeré caerás caerá caeremos caeréis caerán | caería caerías caería caeríamos caeríais caerían | caiga caigas caiga caigamos caigáis caigan | cayera cayeras cayera cayéramos cayerais cayeran | cae (no caigas) caiga caed (no caigáis) caigan |
| *dar *to give* dando dado | doy das da damos dais dan | daba dabas daba dábamos dabais daban | di diste dio dimos disteis dieron | daré darás dará daremos daréis darán | daría darías daría daríamos daríais darían | dé des dé demos deis den | diera dieras diera diéramos dierais dieran | da (no des) dé dad (no deis) den |
| *decir *to say, tell* diciendo dicho | digo dices dice decimos decís dicen | decía decías decía decíamos decíais decían | dije dijiste dijo dijimos dijisteis dijeron | diré dirás dirá diremos diréis dirán | diría dirías diría diríamos diríais dirían | diga digas diga digamos digáis digan | dijera dijeras dijera dijéramos dijerais dijeran | di (no digas) diga decid (no digáis) digan |
| *estar *to be* estando estado | estoy estás está estamos estáis están | estaba estabas estaba estábamos estabais estaban | estuve estuviste estuvo estuvimos estuvisteis estuvieron | estaré estarás estará estaremos estaréis estarán | estaría estarías estaría estaríamos estaríais estarían | esté estés esté estemos estéis estén | estuviera estuvieras estuviera estuviéramos estuvierais estuvieran | está (no estés) esté estad (no estéis) estén |

# Los verbos irregulares (continued)

| Infinitive / Present Participle / Past Participle | Present Indicative | Imperfect | Preterite | Future | Conditional | Present Subjunctive | Past Subjunctive | Commands |
|---|---|---|---|---|---|---|---|---|
| haber *to have* habiendo habido | he has ha [hay] hemos habéis han | había habías había habíamos habíais habían | hube hubiste hubo hubimos hubisteis hubieron | habré habrás habrá habremos habréis habrán | habría habrías habría habríamos habríais habrían | haya hayas haya hayamos hayáis hayan | hubiera hubieras hubiera hubiéramos hubierais hubieran | |
| *hacer *to make, to do* haciendo hecho | hago haces hace hacemos hacéis hacen | hacía hacías hacía hacíamos hacíais hacían | hice hiciste hizo hicimos hicisteis hicieron | haré harás hará haremos haréis harán | haría harías haría haríamos haríais harían | haga hagas haga hagamos hagáis hagan | hiciera hicieras hiciera hiciéramos hicierais hicieran | haz (no hagas) haga haced (no hagáis) hagan |
| ir *to go* yendo ido | voy vas va vamos vais van | iba ibas iba íbamos ibais iban | fui fuiste fue fuimos fuisteis fueron | iré irás irá iremos iréis irán | iría irías iría iríamos iríais irían | vaya vayas vaya vayamos vayáis vayan | fuera fueras fuera fuéramos fuerais fueran | ve (no vayas) vaya id (no vayáis) vayan |
| *oír *to hear* oyendo oído | oigo oyes oye oímos oís oyen | oía oías oía oíamos oíais oían | oí oíste oyó oímos oísteis oyeron | oiré oirás oirá oiremos oiréis oirán | oiría oirías oiría oiríamos oiríais oirían | oiga oigas oiga oigamos oigáis oigan | oyera oyeras oyera oyéramos oyerais oyeran | oye (no oigas) oiga oíd (no oigáis) oigan |

# Los verbos irregulares *(continued)*

| Infinitive / Present Participle / Past Participle | Present Indicative | Imperfect | Preterite | Future | Conditional | Present Subjunctive | Past Subjunctive | Commands |
|---|---|---|---|---|---|---|---|---|
| poder (o → ue) can, to be able **pudiendo** podido | puedo / puedes / puede / podemos / podéis / pueden | podía / podías / podía / podíamos / podíais / podían | pude / pudiste / pudo / pudimos / pudisteis / pudieron | podré / podrás / podrá / podremos / podréis / podrán | podría / podrías / podría / podríamos / podríais / podrían | pueda / puedas / pueda / podamos / podáis / puedan | pudiera / pudieras / pudiera / pudiéramos / pudierais / pudieran | |
| *poner to place, to put poniendo **puesto** | pongo / pones / pone / ponemos / ponéis / ponen | ponía / ponías / ponía / poníamos / poníais / ponían | puse / pusiste / puso / pusimos / pusisteis / pusieron | pondré / pondrás / pondrá / pondremos / pondréis / pondrán | pondría / pondrías / pondría / pondríamos / pondríais / pondrían | ponga / pongas / ponga / pongamos / pongáis / pongan | pusiera / pusieras / pusiera / pusiéramos / pusierais / pusieran | pon (no pongas) / ponga / poned (no pongáis) / pongan |
| querer (e → ie) to want, to wish queriendo querido | quiero / quieres / quiere / queremos / queréis / quieren | quería / querías / quería / queríamos / queríais / querían | quise / quisiste / quiso / quisimos / quisisteis / quisieron | querré / querrás / querrá / querremos / querréis / querrán | querría / querrías / querría / querríamos / querríais / querrían | quiera / quieras / quiera / queramos / queráis / quieran | quisiera / quisieras / quisiera / quisiéramos / quisierais / quisieran | quiere (no quieras) / quiera / quered (no queráis) / quieran |
| reír (e → i) to laugh **riendo** **reído** | río / ríes / ríe / reímos / reís / ríen | reía / reías / reía / reíamos / reíais / reían | reí / reíste / rió / reímos / reísteis / rieron | reiré / reirás / reirá / reiremos / reiréis / reirán | reiría / reirías / reiría / reiríamos / reiríais / reirían | ría / rías / ría / riamos / riáis / rían | riera / rieras / riera / riéramos / rierais / rieran | ríe (no rías) / ría / reíd (no riáis) / rían |

# Los verbos irregulares (continued)

| Infinitive / Present Participle / Past Participle | Present Indicative | Imperfect | Preterite | Future | Conditional | Present Subjunctive | Past Subjunctive | Commands |
|---|---|---|---|---|---|---|---|---|
| *saber<br>to know<br>sabiendo<br>sabido | sé<br>sabes<br>sabe<br>sabemos<br>sabéis<br>saben | sabía<br>sabías<br>sabía<br>sabíamos<br>sabíais<br>sabían | supe<br>supiste<br>supo<br>supimos<br>supisteis<br>supieron | sabré<br>sabrás<br>sabrá<br>sabremos<br>sabréis<br>sabrán | sabría<br>sabrías<br>sabría<br>sabríamos<br>sabríais<br>sabrían | sepa<br>sepas<br>sepa<br>sepamos<br>sepáis<br>sepan | supiera<br>supieras<br>supiera<br>supiéramos<br>supierais<br>supieran | sabe (no sepas)<br>sepa<br>sabed (no sepáis)<br>sepan |
| *salir<br>to go out<br>saliendo<br>salido | salgo<br>sales<br>sale<br>salimos<br>salís<br>salen | salía<br>salías<br>salía<br>salíamos<br>salíais<br>salían | salí<br>saliste<br>salió<br>salimos<br>salisteis<br>salieron | saldré<br>saldrás<br>saldrá<br>saldremos<br>saldréis<br>saldrán | saldría<br>saldrías<br>saldría<br>saldríamos<br>saldríais<br>saldrían | salga<br>salgas<br>salga<br>salgamos<br>salgáis<br>salgan | saliera<br>salieras<br>saliera<br>saliéramos<br>salierais<br>salieran | sal (no salgas)<br>salga<br>salid (no salgáis)<br>salgan |
| ser<br>to be<br>siendo<br>sido | soy<br>eres<br>es<br>somos<br>sois<br>son | era<br>eras<br>era<br>éramos<br>erais<br>eran | fui<br>fuiste<br>fue<br>fuimos<br>fuisteis<br>fueron | seré<br>serás<br>será<br>seremos<br>seréis<br>serán | sería<br>serías<br>sería<br>seríamos<br>seríais<br>serían | sea<br>seas<br>sea<br>seamos<br>seáis<br>sean | fuera<br>fueras<br>fuera<br>fuéramos<br>fuerais<br>fueran | sé (no seas)<br>sea<br>sed (no seáis)<br>sean |
| *tener<br>to have<br>teniendo<br>tenido | tengo<br>tienes<br>tiene<br>tenemos<br>tenéis<br>tienen | tenía<br>tenías<br>tenía<br>teníamos<br>teníais<br>tenían | tuve<br>tuviste<br>tuvo<br>tuvimos<br>tuvisteis<br>tuvieron | tendré<br>tendrás<br>tendrá<br>tendremos<br>tendréis<br>tendrán | tendría<br>tendrías<br>tendría<br>tendríamos<br>tendríais<br>tendrían | tenga<br>tengas<br>tenga<br>tengamos<br>tengáis<br>tengan | tuviera<br>tuvieras<br>tuviera<br>tuviéramos<br>tuvierais<br>tuvieran | ten (no tengas)<br>tenga<br>tened (no tengáis)<br>tengan |

# Los verbos irregulares *(continued)*

| Infinitive / Present Participle / Past Participle | Present Indicative | Imperfect | Preterite | Future | Conditional | Present Subjunctive | Past Subjunctive | Commands |
|---|---|---|---|---|---|---|---|---|
| *traer to bring* trayendo traído | traigo traes trae traemos traéis traen | traía traías traía traíamos traíais traían | traje trajiste trajo trajimos trajisteis trajeron | traeré traerás traerá traeremos traeréis traerán | traería traerías traería traeríamos traeríais traerían | traiga traigas traiga traigamos traigáis traigan | trajera trajeras trajera trajéramos trajerais trajeran | trae (no traigas) traiga traed (no traigáis) traigan |
| *venir to come* viniendo venido | vengo vienes viene venimos venís vienen | venía venías venía veníamos veníais venían | vine viniste vino vinimos vinisteis vinieron | vendré vendrás vendrá vendremos vendréis vendrán | vendría vendrías vendría vendríamos vendríais vendrían | venga vengas venga vengamos vengáis vengan | viniera vinieras viniera viniéramos vinierais vinieran | ven (no vengas) venga venid (no vengáis) vengan |
| ver *to see* viendo visto | veo ves ve vemos veis ven | veía veías veía veíamos veíais veían | vi viste vio vimos visteis vieron | veré verás verá veremos veréis verán | vería verías vería veríamos veríais verían | vea veas vea veamos veáis vean | viera vieras viera viéramos vierais vieran | ve (no veas) vea ved (no veáis) vean |

*Verbs with irregular *yo* forms in the present indicative

# Glosario español-inglés

This Spanish-English Gossary includes all the words and expressions that appear in the text except verb forms, regular superlatives and diminutives, and most adverbs ending in **-mente.** Only meanings used in the text are given. Gender of nouns is indicated except for masculine nouns ending in **-o** and feminine nouns ending in **-a.** Feminine forms of adjectives are shown except for regular adjectives with masculine forms ending in **-o.** Verbs appear in the infinitive form. Stem changes and spelling changes are indicated in parentheses, e.g., **divertirse (ie, i); buscar (qu).** The number following each entry indicates the chapter in which the word with that particular meaning first appears. The following abbreviations are used:

*adj.* adjective
*adv.* adverb
*conj.* conjunction
*m.* masculine
*f.* feminine
*pl.* plural
*prep.* preposition

## A

**a** *prep.* at, to
   **a fin (de) que** *conj.* in order that, 7
   **a lo mejor** *adv.* quizás, 4
   **a medida que** *adv.* as, 10
   **a menudo** *adv.* often, 2
**abanico** fan, 4
**abono orgánico** compost, 10
**abordar** to board, get on, 3
**abrasar** *quemar,* 5
**abrigo** overcoat, 5
**abotonar** to button, 5
**abundar** to abound, 1
**aburrido** *adj.* boring; bored, 1
**abusar** to abuse, 10
**abuso** abuse, 10
**acabar** *terminar,* 4
**acantilado** cliff, 1
**acarrear** *llevar,* 1
**accionar** to activate, 9
**acera** sidewalk, 4; 5
**acercarse amenazador** to approach threateningly, 9
**acero** steel, 6
**acogedora** *adj.* cozy, 10
**acoger (j)** to welcome, 1
**acopio** stock, 10
**acoplar(se)** to fit in, 3
**acordar (ue)** to agree, 3
   **acordarse de** to remember, 3
**activo** *adj.* active, 4
**actual** *adj.* present, current, 9

**actualidad** *f.* present time, 9
**acuarela** watercolor, 8
**acuarelista** *m./f.* watercolor artist, 8
**acusación** *f.* accusation, 7
**acusado(a)** accused, 7
**acusar** to accuse, 7
**adelantado: por adelantado** *adj.* in advance, 3
**adelgazar** to lose weight, 5
**ademán** *m.* gesto, 10
**adivinar** to guess, 1
**administración** *f.* **de empresas** business administration, 6
**adobar** to marinate, 4
**adobo** marinade, 4
**adoptar** to adopt, 2
**adoptivo(a)** *adj.* adopted, 2
**adorno** ornament, decoration, 2
**adueñar de** to take ownership of, 7
**advertir(se) (ie)** to warn (someone), 1
**afecto** affection, fondness, 2
**aficionado(a)** fan (sports, music), 4
**agobiado** *adj.* overwhelmed, worn down by something, 2
**agotamiento** depletion, 10
**agotar** to deplete, 10
**agradecer (zc)** to thank, 2
**agregar (gu)** to add, 4
**agridulce** *adj.* sweet and sour, bittersweet, 4
**agrio** *adj.* bitter, sour, 4

**agua: agua dulce** fresh water, 10
   **agua** *m.* **potable** drinkable water, 6
**aguacero** downpour, 2
**agujereado** *adj.* full of holes, 1
**agujero** piercing, 5
**ahogar (gu) (su temor)** to drown (one's fear), 6
**ahora: por ahora** *adv.* for now, 3
**ajedrez** *m.* chess, 4
**ajeno** *adj.* distant from, 2
**ajustado** *adv.* tightly, 5
**al ras** at the bottom of, 9
**alambre** *m.* wire, 9
**alámbrico** *adj.* wired, 9
**Alaska** *famosa cantante de la música Punk, popular en los años 80,* 9
**Alberto Castillo** *actor Argentino,* 9
**alborotar** *agitar,* 9
**alcanzar** to reach, achieve, 6
**alejarse** to be taken away, 6; to walk away, 9
**alerces, robles, encinas, castaños** *nombres de árboles de la Patagonia,* 10
**alfarería** pottery, 8
**algo** something, 3
**algún, alguno** *adj.* some, 3
**alguna vez** *adv.* sometime, ever, 3
**alguno(a)** someone, 3
**aliento** breath, 6
**alimenticio** *adj.* food, nutritional, 4
**alivio** relief, 2

**almacenar** to store, 9
**almácigo** nursery, 10
**alojamiento** lodging, 3
**alojarse** to stay, lodge, 3
**alternativo** *adj.* alternative, 2
**altiplano** high plateau, 1
**altruismo** altruism, 6
**altruista** *m./f.* altruist, 6
**altura** height, altitude, 1
**amanecer** *m.* sunrise, 1
**ambiental** *adj.* environmental, 10
**amenaza** threat, 7
**amenazar** to threaten, 7
**americana** mens' blazer, 5
**amigo(a) por correspondencia** pen pal, 2
**aminorar** to mitigate, 2
**amnistía** amnesty, 10
**amor propio** pride, self respect, 5
**ancho** *adj.* wide, 2
**andén** *m.* platform, 3
**anestesia** anesthesia, 9
**anglo(hispano)hablante** *m./f.* English (Spanish) speaker, 1
**anhelante** *adj. con deseo,* 5
**animadora bizca** cross-eyed host(ess), 9
**aniversario** *m.* **de bodas** wedding anniversary, 2
**anoche** *adv.* last night, 2
**antepasado(a)** ancestor, 1
**antes (de) que** *conj.* before, 7
**anticuado** *adj.* old-fashioned, antiquated, 9
**antiguo** *adj.* old, 1
**anularse** to cancel each other out, 9
**aparcero** sharecropper, 1
**apariencia física** physical appearance, 5
**apasionado** *adj.* passionate, 5
**apearse** *bajarse,* 1
**apellidarse: se apellidaba Barrientos** whose last name was Barrientos, 7
**apenas** *adv.* barely, 1
**apestado: se repelieron entre sí, como apestados** they repelled one another, as if suffering from the plague, 5
**apilar: apila ropa bien esponjosa** piles up soggy clothing, 9
**aporte** *m.* contribution, 1
**apostar (ue)** to bet, gamble, 4
**apoyar** to support, 7

**apreciar** to appreciate, 8
**apresurarse** to hurry, 1
**apuntar** to aim, 4
**araucaria enana** dwarf evergreen, 6
**arcilla** clay, 8
**arco** arch, 8
**argumento** plot, 8
**arrasar** to devastate, 6
**arrebato** *movimiento rápido,* 7
**arrepentirse (ie)** to regret, 2; 9; to repent, 3
**arribar** *llegar,* 10
**arriesgar (ue)** to risk, 9
**arrimarse** *acercarse,* 5
**arroz con melao** rice and honey, 4
**arruga** wrinkle, 5
**arte** *m.* art, 8
**artesanía** arts and crafts, handicrafts, 8
**asar** to roast, 4
**asar a la parrilla** to broil, grill, 4
**ascendencia** heritage; nationality, 1
**aseada** *adj. limpia, ordenada,* 4
**asesinar** to murder, 7
**asesinato** murder, 7
**asesino(a)** murderer, 7
**asesor(a)** advisor, 3
    **asesor(a) financiero** financial consultant, advisor, 6
**así como así** just like that, 2
**asilo** convalescent home, 2
**asimilarse** to assimilate, 1
**asistencia financiera** financial aid, 3
**asistente personal digital (APD)** *m.* Personal Digital Assistant (PDA), 9
**asomarse** to appear, 6
**asombro** awe, 9
**astilla** *pedazo pequeño de madera,* 10
**atado** *adj.:* **le dejaron atado** left him tied, 5
**atención** *f.* **al cliente** customer service, 6
**atentado** assault, 9
**atiborrado (de)** *adj. lleno (de),* 2
**atinar** *poder,* 2
**atletismo** track and field, 4
**atracar (qu)** to hold-up, mug, 7
**atraco** hold-up, mugging, 7
**atractivo** attraction, 1
**atraer (ig)** to attract, 10
**atreverse** *tener la audacia,* 10
**atrevido** *adj.* daring, risqué, 5
**atributo** attribute, 6

**atuendo** outfit, 5
**atusarse (los bigotes)** to smooth his whiskers, 4
**audaz** *adj.* daring, bold, 5
**aumentar** to gain, 5
**auricular manos libres** *m.* hands-free earpiece, 9
**austral** *adj. del sur,* 10
**auto híbrido / de hidrógeno** hybrid/ hydrogen car, 9
**autoestima** self-esteem, 5
**autoridad** *f.* authority, 7
**aventura** adventure, 8
**ayer** *adv.* yesterday, 2
**azar: al azar** *adv.* at random, 3

# B

**babear** to drool, 6
**bahía** bay, 1
**bajar** to download, 9
**balaustre** *m.* banister, 4
**banda ancha** broadband, 9
**bandeja: en bandeja** on a tray, 5
**banquillo** stool, 4
**barajas** *pl.* deck of cards, 4
**barajar** to shuffle, 4
**barbarie** *f.* savagery, 10
**barrer** to sweep, 4
**barrera** barrier, obstacle, 10
**barriada** *sector del pueblo,* 5
**base de datos** *f.* database, 6
**batido** *adj.* whipped, 4
**batir** to whip, 4
**bautismo** baptism, 2
**beca** scholarship, 3
**bendecir (ig) (la mesa)** to bless (the table), 2
**bendición** *f.* blessing, 2
**beneficio** benefit, 9
**bienestar** *m.* well-being, 6
**bilingüe** *adj.* bilingual, 10
**bilingüismo** bilingualism, 10
**biodiversidad** *f.* biodiversity, 10
**bisabuelo(a)** great-grandfather (great-grandmother), 2
**blanco** target, 4
**bloquear** to blockade, 7
**bloqueo** blockade, 7
**bobo** *adj.* silly, 4
**bochorno** *adj.* sultry, 2
**boda: noche de bodas** wedding night, 4
**bolera** bowling alley, 4

**boliche** *m.* bowling, 4

**bolsa de trabajo** job listings, 6

**bolsillo** pocket, 3; 5

**bono** bonus, 6

**boricua** *m./f.* Puerto Rican, 1

**bosque** *m.* forest, 6

**botón** button, 5

**bracero** *trabajador migratorio,* 1

**brecha** gap, breach, 10

**brincar** *saltar,* 1

**brío: con más brío** *adv.* with more force, 4

**bueno** *adj.* good, 1

  **buen genio** good temper, 5

  **buena presencia** good appearance, 6

**burgués** *adj. clase media,* 7

**burlarse** to make fun of, 2

**buscador** *m.* search engine, 9

**búsqueda de trabajo** job search, 6

## C

**cabrito** kid, young goat, 4

**cacería** hunting, 10

**cacerola** pot, 9

**cadena perpetua** life sentence, 7

**cadera** hip, 5

**caer bien** to like a person, 5

  **caer mal** to dislike a person, 5

**caja** *f.* **de carton** cardboard box, 1

**cajón** *m.* drawer, 1

**calafatear** to caulk, plug, 10

**calamitoso** *adj. desastroso,* 5

**calentamiento global** global warming, 10

**calidad** *f.* **de vida** quality of life, 6

**calvo** *adj.* bald, 5

**calzado** footwear, 5

**cambio** loose change, 3

**camión** *m. autobús,* 1

**campeón(a)** champion, 4

**campeonato** championship, 4

**canela** cinnamon, 4

**candela** cistern, 3

**candelabro** candelabra, 2

**canilla** shin, 5

**capa** *f.* **de ozono** ozone layer, 10

**capa** *f.* **social** social class, 1

**capacitación** *f.* training, 6

**capacitar** to train, 6

**capó** hood, 9

**capota** hood of a car, 1

**caprichoso** *adj.* capricious, impulsive, 5

**captar** to capture, 5

**capucha** hood, 5

**carácter** *m.* character, 5

**carecer (zc)** to lack, 10

**carencia** lack, 10

**cargo** charge, 7

**caridad** *f.* charity, 6

**cariñoso** *adj.* affectionate, loving, 5

**carrera** race, 4

**carta** card, 4

  **carta de presentación** cover letter, letter of introduction, 6

**cartel** *m.* poster, 9

**caso** case, 7

**castañetear los dientes** to chatter one's teeth, 2

**castigar (gu)** to punish, 2; 7

**castigo** punishment, 7

**catedral** *f.* cathedral, 3

**cazadora** jacket (waist length), 5

**cazar** to hunt, 10

**ceja: gruesas cejas** *pl.* thick eyebrows, 3

  **cejas pobladas** *pl.* thick eyebrows, 5

**celebración** *f.* celebration, 1

**célula madre** stem cell, 9

**ceniza** ash, 6

**censura** censure, 7

**censurar** to censure, 7

**centauro** half-horse, half-man mythical creature, 6

**cercano** *adj.* close, 2

**ceremonia** ceremony, 2

**cerilla** match, 9

**cerro** hill, 1

**certamen** *m.* contest, 1

**chacmol** Chac-Mool, the Maya-Toltec god of rain, thunder, and lightning and the inventor of agriculture; he was appeased by frequent sacrifices, 6

**chancla** flip-flop, beach sandal, 5

**chaqueta** jacket, 5

  **chaqueta con puños abotonados** jacket with buttoned cuffs, 5

**chavito** *centavo,* 4

**chavo** *m. dulce* a penny's worth of candy, 4

**chicano** Chicano, 1

**chicharrón** *m.* pork rind, 4

**chillido** *adj.* screeching, 6

**chiquitita** *adj.:* **desde chiquitita** *desde muy pequeña,* 5

**chiste** *m.* joke, 5

**chocita** shack, 1

**chofer** *m.* driver, 3

**cholo** *m. mestizo,* 7

**choque** *m.* **cultural** culture shock, 3

**chorrearse** to slide down, 7

**choza** shack, 1

**chubasco** heavy rain shower, 1

**cicatriz** *f.* scar, 5

**científico(a)** scientist, 6

**cinta** ribbon, 4

**cintura: delgado de cintura** *adj.* thin-waisted, 5

**circundante** *adj.* surrounding, 5; 10

**clara** egg white, 4

**clima** *m.* climate, 1

**clon** *m.* clone, 9

**clonación** *f.* cloning, 9

**clonar** to clone, 9

**cobertura total** complete coverage, 3

**cobrar** to acquire, 10

**cocina** cooking, cuisine, 4

**colaboración** *f.* collaboration, 6

**colaborar** to collaborate, 6

**colarse** *meterse,* 10

**colchón** *m.* mattress, 1

**colegiatura** tuition, 3

**colgante** *adj.* hanging, 10

**colocar (qu)** to hang, to place, 2

**colonización** *f.* colonization, 10

**colonizar** to colonize, 10

**combatir** to combat, fight against, 6

**cometer un delito** to commit a crime, 7

**comisión** *f.* commission, 6

**como** *adv.* like; as, 3

**compartir** to share, 1

**competir (i)** to compete, 4

**complementar(se)** to accessorize, 5

**complemento** accessory, 5

**comprometerse a** to commit oneself to, 6

**compromiso** commitment, 6

**común y corriente** *ordinario,* 9

**comunicación** *f.* **franca** frank/open communication, 2

**comunión: primera comunión** *f.* first communion, 2

**con tal (de) que** *conj.* provided that, 7

**conciencia** conscience, 10

**concienciar (de)** to make aware (of), 10
**condado** county, 1
**condena** conviction, sentence, 7
**condenar** to convict, sentence, 7
**confidencialidad** *f.* confidentiality, 9
**conflicto armado** armed conflict, war, 6
**conjurar** *provocar,* 9
**conllevar** to entail, involve, 10
**conmemorar** to commemorate, 2
**consentir (ie) en** to agree to, 2
**conservador** *adj.* conservative, 5
**consigna** slogan, 7
**construir (y)** to construct, 6
**consumir** to consume, 10
**consumo** consumption, 10
**contar (ue) con** to count on, 2
    **contar (ue) chistes** to tell jokes, 2
**contemporáneo** *adj.* contemporary, 8
**contra viento y marea** come hell or high water, 10
**contraseña** password, 9
**controversia** controversy, 9
**controvertido** *adj.* controversial, 9
**convenio** agreement, treaty, 10
**convivir** to live together, 2
**cooperación** *f.* cooperation, 10
**cooperativo** *adj.* cooperative, 10
**cordillera** mountain chain, 1
**cordón** *m.* **umbilical** umbilical cord, 9
**corredor(a) de bolsa** stockbroker, 6
**corrillo** clique, 5
**cortar** to cut, 4
**Cortázar** *escritor argentino famoso que escribió un libro llamado "Un tal Lucas",* 10
**corte** *f.* court, 7
**cosecha** crop, 1
**Costa Verde** *una playa de Lima,* 7
**creador(a)** *adj.* creative, 8
**creencia** belief, 7
**cresta** comb of a rooster, 4
**crianza** *respeto,* 4
**criar** to raise, 2
**crimen** *m.* crime, 7
**crío** *niño,* 5
**crisis** *f.* crisis, 2
**crisol** *m.* melting pot, 1
**crucero** cruise, 3
**crucigrama** *m.* crossword puzzle, 4
**crudo** *adj.* raw, primitive, 5
**cual(es)quiera** whoever, whatever, 7

**cuando** *conj.* when, 2
**cuandoquiera** *conj.* whenever, 7
**cuaresma** Lent, 2
**cuatro** guitar-like Puerto Rican instrument, 4
**cubierto** *adj.* covered, 4
**cubrir** to cover, 4
**cucharada** tablespoon, 4
**cucharadita** teaspoon, 4
**cuellicorto** *adj. con un cuello corto,* 5
**cuenca** eye socket, 3
**cuento de hadas** fairy tale, 8
**culpable** *adj.* guilty, 7
**cumplido** compliment, 5
**cuna** crib, 2
    **desde la cuna** from birth (lit., from the cradle), 5
**cúpula** dome, 8
**cura** *m.* priest, 2; *f.* cure, 9
**curable** *adj.* curable, 9
**curar** to cure, 9
**cursar** to take courses; to deal with a process, 3
**cuscatleca** Salvadorian, 6

## D

**damas** *pl.* checkers, 4
**dañar** to damage, 9
**dañino** *adj.* damaging, 9
**daño** damage, 7
**dar** to give
    **dar el pésame** to offer condolences, 2
    **dar un aventón** to give a ride, 3
    **dar vivas** to cheer, 7
    **darse cuenta de** to realize, 3
    **darse de alta/baja** to add/drop, 3
**dardo** dart, 4
**datar de** to date from, 8
**decorar** to decorate, 2
**defensor(a)** defender, 7
**defraudar** to defraud, 7
**degustar** to taste, sample, 1
**dejar** to leave (something), 1
    **dejar andando el motor** leave the motor on, 1
    **dejar de respirar** to stop breathing, 6
    **dejara mis regalos empacando** left my gifts to be wrapped, 2
**delantal** *m.* apron, 4
**delirar: deliraba de** was delirious with, 8

**delito: cometer un delito** to commit a crime, 7
**demanda** lawsuit, 7
    **presentar una demanda (contra)** to file a lawsuit (against), 7
**demandado(a)** defendant, 7
**demandante** *m./f.* plaintiff, 7
**denuncia** police report, 7
**denunciar** to report (a crime), 7
**departamento** apartment, 3
**deporte espectáculo** spectator sport, 4
    **deporte extremo** extreme sport, 4
**derecho de autor** copyright, 9
**derramar** to spill, 10
**derrame** *m.* spill, 10
**derretido** *adj.* melted, 4
**derretir (i)** to melt, 4
**derrocamiento** overthrow, 7
**derrocar (qu)** to overthrow, 7
**derrumbarse** to crumble, 6
**desafiante** *adj.* challenging, defiant, 8
**desafiar** to defy, 8
**desafío** challenge, 10
**desaparecer (zc)** to disappear, 7
**desaparecido(a)** missing person, 7
**desarrollo: desarrollo sostenible** sustainable development, 6; 10
    **en vías de desarrollo** developing, 6
**desasosiego** *ansiedad,* 2
**desastre** *m.* **(natural)** (natural) disaster, 6
**desatado** *adj.* unleashed, 10
**desatar** to untie, 5
**desazón** *ansiedad,* 2
**desbaratar** to fall apart, 5
**descabellado** *adj.* crazy, crackpot, 9
**descartar** to discard, throw out, 2; 4
**descomponerse** to decompose, break down, 10
**descomunal** *adj. grande,* 5
**desconcertado** *adj. sorprendido,* 3
**describir** to describe, 1
**descuento** discount, 3
**desechar** to throw out, 10
**deshecho** waste, remains, 10
**desempleo** unemployment, 10
**desenlace** *m.* ending, 8
**desgajar** to rip, tear off, 2
**desgastar(se)** to wear out (get worn out), 10
**desgaste** *m.* wear and tear, 10
**desierto** desert, 1
**desigualdad** *f.* inequality, 7

**deslizarse (de las manos)** to slip (from one's hands), 1

**desnivelado** *adj.* **: lo que le mantenía desnivelado** which kept him unbalanced, 5

**desnudez** *f.* nudity, 5

**desnutrición** *f.* malnutrition, 6

**desolador(a)** *adj.* bleak, 5

**despedir (i)** to fire, 3

**despedirse (i) de** to say good-bye, 3

**despejado** *adj.* clear (skies), 1

**desplazamiento** displacement, removal, 10

**desplazar** to transfer, 7

**desplazar(se)** to travel, 10

**despreocupado** *adj.* carefree, 5

**después (de) que** *prep.* after, 7

**destacar(se) (qu)** to distinguish (oneself), to stand out, 1

**desternillarse de risa** to erupt in laughter, 5

**destino** destination, 3

**destreza** skill, 6

**desventajoso** *adj.* disadvantageous, 10

**desviar** to redirect, 6

**detectar** to detect, 9

**detener (ie)** to stop, detain, arrest, 7

**detener(se) (ie)** to pause, 1

**deteriorar** to deteriorate, 10

**deterioro** deterioration, 10

**devastador** *adj.* devastating, 6; 10

**dicho** saying, 4

**diente** *m.* **de ajo** clove of garlic, 4

**digitalizar** to digitize, 9

**dignidad** *f.* dignity, 7

**Dincote** *f. una cárcel de Lima,* 7

**diosa** goddess, 5

**disciplina** discipline, 2

**discriminación** *f.* discrimination, 7

**discriminar** to discriminate, 7

**diseñador(a)** designer, 5

**diseñador(a) gráfico** graphic designer, 6

**diseñar** to design, 6

**diseño** design, 5

**disfrutar** to enjoy, 1

**disimular: disimular el desaire** to hide the rejection, 4

**disminuir (y)** to lower, 9; to decrease, diminish, 10

**dispararle a alguien** to shoot someone, 7

**dispensable** *adj.* dispensable, 9

**disponibilidad** *f.* availability, 3

**disponible** *adj.* available, 3

**dispositivo** device, gadget, 9

**dispuesto: estar dispuesto(a) a** to be prepared to, capable of, 6

**disputa** dispute, 7

**disputar** to dispute, 10

**diversidad** *f.* **lingüística** linguistic diversity, 10

**dominación** *f.* domination, 10

**dominar** to dominate, 10

**dominio (de)** mastery (of), 6

**dondequiera** *adv.* wherever, 7

**dormir (ue)** to sleep, 3

**dormirse (ue)** to fall asleep, 3

**duradero** *adj.* lasting, 2

**durante** *prep.* during, 2

# E

**echar** to throw, 5

**echar(le) sal** to add salt (to something), 4

**echar una mano** to lend a hand, 6

**ecosistema** *m.* ecosystem, 10

**edad** *f.* age, 6

**educado** *adj.* well-mannered, polite, 5

**educar (qu)** to educate; to teach manners to, 2

**efecto invernadero** greenhouse effect, 10

**eficaz** *adj.* efficient, 9

**eficazmente** *adv.* efficiently, 9

**egoísta** *adj.* selfish, 5

**egresado(a)** graduate, 3

**ejecutivo(a) de ventas** sales executive, 6

**ejercerse (z)** *funcionar,* 9

**ejército** army, 3

**elaboración** *f.* development, 8

**elaborar a mano** to make by hand, 8

**elegir (i)** to choose, 3

**embalse** *m.* reservoir, 10

**emborracharse** to get drunk, 2

**embrión** *m.* embryo, 9

**emigrante** *m./f.* emigrant, 10

**emigrar** to emigrate, 10

**empalme** *m.* splice, 9

**empapar de sudor** to drench with sweat, 1

**empolvarse** to powder one's face, 4

**emprendedora** *adj.* enterprising, 6

**empresario(a)** entrepreneur, 6

**en** *prep.* in

**en caso (de) que** *conj.* in case that, 7

**en cuanto** *adv.* as soon as, 4; 7

**encaje** *m.* lace, 5

**encantadora** *adj.* charming, 1

**encantar** to delight, to love, 5

**encarcelamiento** detention, 10

**encargarse (gu) de** to be in charge of, 6

**enfermedad** *f.* disease, 6

**enfermo** sick person; *adj.* ill, 1

**enfrentarse (a los retos)** to confront (challenges), 3

**enfriar** to cool, 4

**engalanarse** *vestirse elegantemente,* 4

**engañar** to deceive, 7

**engordar** to gain weight, 5

**enloquecido** *adj.* crazy, 9

**enriquecer (zc)** to enrich, 3

**enrulado** *adj. rizado,* 9

**ensabanar** *cubrir,* 1

**ensaimada** common Spanish breakfast pastry similar in shape to a breakfast roll, 5

**ensamble del tronco** joint in a log, 10

**esclavitud** *f.* slavery, 7

**esclavo(a)** slave, 7

**esperanza** hope, 10

**enseñar clases** to teach classes, 6

**ensimismado** *adj.* self-absorbed, 5

**ensombrecer (zc)** to darken, 6

**enterarse de** *saber,* 5

**entretenido** *adj.* entertaining, 1

**entorno** surroundings, 3

**entre** *prep.* between, 3

**entregar: entregándole el libro** handing over the book to him, 3

**entretener(se) (ie)** to entertain (oneself), 4

**entusiasmo** enthusiasm, 1

**envasar** to package, 6; 9

**envase** *m.* container, 6

**envase** *m.* **de burbuja** bubble wrap, 9

**enviar** to send, 6

**envolver (ue) regalos** to wrap presents, 2

**épica** epic, 8

**escalada en rocas** rock climbing, 4

**escalar** to climb, 4

**escenario** stage, 1; scenery, 7

**escéptico** *adj. dudoso,* 3

**escoger** to pick, 2; to select, 6

**escombros** *pl.* debris, 6
**esconder** to hide, 8
**escondite** *m.* hiding place, 1
**escurrir** to drain, 4
**esférica** *adj.* spherical, 5
**esmirriado** *adj. flaco, delgado*, 5
**espantoso** *adj.* horrible, 5
**esparcir (z)** to spread, 9
**espectáculo** show, 1
**espía** *m./f.* spy, 9
**espiar** to spy, 9
**espionaje** *m.* **cibernético** cyber spying, 9
**esquina** street corner, 5
**estable** *adj.* stable, 2
**establecer(se) (zc)** to establish (oneself), 1
**estafa** fraud, swindle, 7
**estafar** to cheat, swindle, 7
**estampado** print, 5
**estancia** stay, period of time, 3
**estar** to be
   **estar condenado a** to be sentenced to, 7
   **estar de luto** to be in mourning, 2
   **estar de sobremesa** to be at the table for table talk, 2
   **estar en boga** to be in vogue, 5
   **estar en el borde** to be on the edge, 1
   **estar en las afueras** to be on the outskirts, 1
   **estar preso(a)** to be in prison, 7
   **estar situado(a)** to be situated, 1
   **no estar para** to not be in the mood for, 3
**esternón** *m.* sternum, 5
**esteroide** *m.* steroid, 9
**estético** *adj.* aesthetic, 8
**estipendio** stipend, 6
**estirón** *m.* **puberal** growth spurt, 5
**estrategia** strategy, 4
**estupor** *m.*: **rostro borrado por un expresión de perpetuo estupor** (her) face always showed a look of stupor, 5
**ético** *adj.* ethical, 9
   **cuestión** *f.* **ética** ethical question, issue, 9
**etnia** ethnicity, 1
   **grupo** *m.* **étnico** ethnic group, 1
**evadirse** to avoid, 2
**excluir** to exclude, 10

**exclusión** *f.* exclusion, 10
**exigencia** demand, 7
**exigiendo** *adj.* demanding, 6
**exigir** to demand, 6; 7
**éxito** success, 6
**experiencia previa** previous experience, 6
**experimentar** to try; to experience, 8
**explorar cuevas** to explore caves, 4
**explotación** *f.* exploitation, 7
**explotar** to exploit, 7
**exposición** *f.* exposition, 4
**expresión** *f.* expression, 7
**exquisito** *adj.* exquisite, 1
**extendido** *adj.* extended, 2
**extrañar (a los amigos)** to miss (friends), 3
**extraviado** *adj. perdido*, 6

## F

**fabricar** to produce, to manufacture, 9
**facciones delicadas** *pl.* delicate, small facial features, 5
   **facciones grandes** *pl.* large facial features, 5
**fachada** façade, 8
**falsificar (qu)** to falsify, 7
**faltar (le a alguien)** to be lacking (to someone), 5
**fantasía** fantasy, 8
**fantástico** *adj.* fantastic, 8
**farola** lamp post, 5
**fascinar** to absolutely love, to adore, 5
**fauces** *f.pl. bocas*, 10
**favela** Brazilian slum, 9
**favorecer (zc)** to favor, 2
**febril** *adj. con fiebre*, 2
**fecha** *f.* **límite** deadline, 3
**fertilidad** *f.* fertility, 9
**fertilización** *f.* **in vitro** in vitro fertilization, 9
**festejar** to celebrate, 1
**festivo** *adj.* festive, 1
**ficción** *f.* fiction, 8
**ficticio** *adj.* fictitious, 8
**fidelidad** *f.* faithfulness, 2
**fideos** *pl.* noodles, 1; *un tipo de pasta*, 9
**fiel** *adj.* faithful, 2
   **fieles** *pl.* congregation, 6
**fiesta patronal** saint's day party, 4
**fijarse** to notice, 2
   **fijarse en** *prestar atención a*, 5
**flagrante** *adj. evidente*, 2

**flanco** flank, 6
**flujo** flow, 9
**fogata** bonfire, 2
**fogón** *m.* wood fire, 4
**follaje** *m.* foliage, 6
**folleto** brochure, 3
**fornido** *adj. robusto*, 1
**foro de debate** debate forum (online forum), 9
**fortalecer (zc)** to strengthen, 10
**fortalecimiento** strengthening, 10
**fracasar** to fail, 2
**fracaso** failure, 2
**franela** flannel, 5
**fraude** *m.* fraud, 7
**freír (i)** to fry, 4
**fresco** *adj.* fresh, 5
**frito** *adj.* fried, 4
**fuego** fire
   **fuegos artificiales** *pl.* fireworks, 1
   **a fuego bajo/medio/alto** on low/ medium/high heat, 4
**fuga de cerebros** brain drain, 10
**fugar (gu)** to flee, escape, 10
**funeral** *m.* funeral, 2

## G

**gallego** *españoles de Galicia*, 9
**ganadería** cattle raising, 9
**garantía** guarantee, 3
**gargantilla** short necklace, choker, 5
**gastar bromas** to play a joke, 2
**gasto** expense, 3
**gélido** *adj. muy frío*, 10
**gen** *m.* gene, 9
**generación** *f.* generation, 2
**género literario** literary genre, 8
**gente** *f.* people, 6
   **gente** *f.* **desamparada** homeless people, 6
   **gente** *f.* **discapacitada** disabled people, 6
**geografía** geography, 1
**gerente** *m./f.* manager, 6
**genoma** *m.* **humano** human genome, 9
**globalización** *f.* globalization, 10
**globo** balloon, 2
**goloso** *adj.* gluttonous, greedy, 4
**gomina** hair grease, 5
**gorra** cap (with visor), 5
**gorro** cap (no visor), 5
**gota** *f.* **de sudor** drop of sweat, 3

**grabar** to record, 9
**gracioso** *adj.* funny, 2
**graduación** *f.* graduation, 2
**grandona** *adj. muy grande,* 5
**granja** farm, 2
**gratificante** *adj.* gratifying, 6
**gris topo** mole gray, 9
**grito** yell, 6
**guagua** bus *(Caribbean),* 4
**guayaba** guava fruit, 4
**guerrero** warrior, 6
**guerrillero** guerilla (member of a movement), 6
**guirnalda** garland, 2
**gusto: a gusto** to taste, 4

# H
**haber** to have (auxiliary verb), 9
**habichuela** bean, 4
**hablar** to speak, 1
**hacer** to do, to make
    **hacer bromas** to play a joke, 2
    **hacer dedo** to hitchhike, 3
    **hacerse** to become (after much effort), 5
    **hacerse un nudo en la garganta** to feel a lump in the throat, 1
**harina** flour, 1
**hasta que** *adv.* until, 7
**heladera** freezer, 6
**helicóptero** helicopter, 9
**herir (ie) a alguien** to wound, hurt someone, 7
**herramienta** tool, 3; 9
**hervido** *adj.* boiled, 4
**hervir (ie)** to boil, 4
**héte aquí que** as it turns out, 4
**higiene** *f.* hygiene, 6
**hijastro(a)** stepson (stepdaughter), 2
**hijo(a) único(a)** only child, 2
**hinchado** *adj.* swollen, 2
**hipo** hiccup; sob, 5
**historial** *m.* **académico** academic transcript, 3
**hogareña** *adj. doméstica,* 9
**holgado** *adv.* loosely, 5
**homogeneización** *f.* homogenization, 10
**homogeneizar** to homogenize, 10
**hormona sintética** synthetic hormone, 9
**hospedaje** *m.* lodging, 3
**hospedarse** to stay, lodge, 3

**hostal** *m.* hostel, 3
**hostigamiento** harassment, 7
**hostigar (gu)** to harass, 5; 7
**hoy** *adv.* today, 9
**hueco** *adj.* hollow, 2
**huérfano(a)** orphan, 2; 6
**huerta** *jardín de vegetales,* 10
**huir (y)** to flee, 6; *escapar,* 10
**humeante** *adj.* steaming, 6
**humedal** *m.* wetland, 10
**húmedo** *adj.* humid, 1
**hundido** *adj.* sunken, 5; 6
**hundirse** to sink, 6
**huracán** *m.* hurricane, 1
**husmear** *investigar,* 4

# I
**icono** icon, 1
**identidad** *f.* **cultural** cultural identity, 10
**igualdad** *f.* equality, 7
**imagen** *f.* image, 5
**imaginable** *adj.* imaginable, 9
**imaginación** *f.* imagination, 8
**imaginar** to imagine, 8
**imaginario** *adj.* imaginary, 8
**impactante** *adj.* striking, powerful, 5
**impacto** impact, 5; 10
**ímpetu** *m. energía,* 4
**implantar** to implant, 9
**implementar** to implement, 6
**imponer (g)** to impose, 10
**importar** to matter to; to be important to, 5
**imposición** *f.* imposition, 10
**imprescindible** *adj.* indispensable, 5
**impresionante** *adj.* impressive, 8
    **impresionante estruendo** thunderous noise, 9
**impuesto** tax, 3
**inacabado** *adj.* unfinished, 5
**inalámbrico** *adj.* wireless, 9
**incentivar** to motivate, encourage, 10
**incentivo** incentive, 10
**inconveniente** *m.* drawback, 9
**incurable** *adj.* incurable, 9
**independizarse** to become independent, 2
**indígena** *adj.* indigenous, 1
**indispensable** *adj.* indispensable, 9
**indocumentado** *adj.* undocumented, 10
**inesperado** *adj.* unexpected, 8

**infertilidad** *f.* infertility, 9
**infidelidad** *f.* unfaithfulness, 2
**infiel** *adj.* unfaithful, 2
**influencia** influence, 8
**influir (y)** to influence, 1
**ingresar** to enter, 10
**ingreso de inmigrantes** entrance of immigrants, 10
**iniciativa** initiative, 6
**inicio: al inicio de** at the beginning of, 3
**inimaginable** *adj.* unimaginable, 9
**inmigrar** to immigrate, 1
**inmutar(se)** *cambiar de actitud,* 2
**innovador** *adj.* innovative, 5
**inocente** *adj.* innocent, 7
**inolvidable** *adj.* unforgettable, 8
**inquietar** to cause anxiety, 10
**inquieto** *adj.* anxious, worried, 10
**inquietud** *f.* anxiety, worry, 10
**inscribirse** to enroll, 3
**inscripción** *f.* registration, 3
**inseguro** *adj.* **de sí mismo** insecure about oneself, 5
**insignificante** *adj.* insignificant, 10
**insoportable** *adj.* unbearable, 7
**inspiración** *f.* inspiration, 8
**inspirar** to inspire, 8
**integrarse** to integrate oneself (into a country), 3
**intempestivo tuteo** *inapropiado uso del tú,* 3
**intercambiar ficheros** to exchange files, to fileshare, 9
**intercambio** exchange 3
**interesar** to be of interest to, 5
**interrogar (gu)** to interrogate, 7
**intimidad** *f.* intimacy, privacy, 2
**íntimo** *adj.* intimate, 2
**intolerancia** intolerance, 10
**intolerante** *adj.* intolerant, 10
**inundación** *f.* flood, 6
**inútil** *adj.* useless, 9
**inutilidad** *f.* uselessness, 9
**inventar** to invent, 9
**invento** invention, 9
**inventor(a)** inventor, 9
**inversión** *f.* investment, 10
    **fondo de inversión** investment fund, 6
**invertir (ie)** to invest, 10
**involucrarse (en actividades)** to get involved (in activities), 3

**ir** to go, 3
    **irse** to leave, go away, 3
**ira** *rabia*, 3
**ironía** irony, 8
**irónico** *adj.* ironic, 8
**irrefutable** *adj.* irrefutable, 10
**isla** *f.* **tropical** tropical island, 1
**itinerario** itinerary, 3
**Izalco** a still-active volcano in El Salvador, 6

## J

**jacinto** hyacinth, 6
**jactarse** to boast, 3
**Jánuca** Chanukah, 2
**jengibre** *m.* ginger, 4
**jersey** *m.* pullover sweater, 5
**juego de mesa** board game, 4
**juez** *m./f.* judge, 7
**juguetón** *adj.* playful, 5
**juicio** trial, 7
**jurado** jury, 7
**jurar** to testify, swear, 7
**justo** *adj.* fair, 7
**juzgar (gu)** to judge, 6

## L

**labranza** *cultivo*, 10
**labrarse** to build oneself, 3
**lacónico** *adj. breve*, 3
**lado** *lugar*, 9
**ladrar** to bark, 2
**lata** can, 9
    **de lata** canned, 4
**látigo** whip, 6
**lazo** bow, 4
**lazos** *m. pl.* **familiares** family ties, 2
**lector(a)** reader, 8
**leer: dejar de leer** to stop reading, 3
    **cómo leerá** how is he even able to read, 3
**legalización** *f.* legalization, 10
**legendario** *adj.* legendary, 8
**lejano** *adj.* distant, 2
**leña** *madera para quemar*, 10
**lengua materna** mother tongue, 10
**lente** *m.* **gran angular / telefoto** wide-angle/telephoto lens, 8
**Letras** *pl.* Liberal Arts, 7
**letrero** sign, 3
**levantamiento** uprising, 7
**levantar** to lift, 7

**leyenda** legend, 8
**liberación** *f.* liberation, 7
**liberar** to liberate, 7
**libertad** *f.* freedom, 7
**Libertad Lamarque** artista argentina, 9
**libra** pound, 4
**licenciatura** undergraduate degree, 3
**lienzo** canvas, 8
**liga** league, 4
**limitarse** to limit (oneself), 3
**línea camionera (aérea)** bus (air)line, 3
**linterna** flashlight, 6
**listo** *adj.* clever; ready, 1
**llamar la atención** to call attention to, 7
**llamativo** *adj.* showy, flashy, 5
**llegar (ue) a casa** to return home, 1
**llevar: llevar a cabo** to carry out, 7
    **llevar la estrella negra en la cabeza** to be born under a bad sign, 5
**lloroso** *adj.* teary-eyed, 5
**llover (ue)** to rain, 1
**loco** *adj.* insane; crazy, foolish, 1
**locutor** announcer, 9
**lograr el golpe** to get a strike (bowling), 4
**logro** achievement, 1
**lucha** struggle, 7
**luchar** to fight
    **luchar contra (por)** to struggle against (for), 7
    **luchar por los derechos** to fight for one's rights, 7
**lucir (zc)** to look (like), 2
    **lucir (zc) un estilo** to show off a style, 5
**lucro: del lucro** of wealth, 10
**luego que** *adv.* after, 7
**lugareño** *adj. local*, 10

## M

**machacado** *adj.* mashed, 4
**machacar (qu)** to crush; to mash, 4
**madera** wood, 8
**maderera** logging company, 10
**madurar** to mature, 3
**maduro** *adj.* ripe, 4
**magullado** *adj. con dolor*, 1
**mal genio** bad temper, 5

**maleducado** *adj.* bad-mannered, impolite, 5
**malentendido** misunderstanding, 2
**malgastar** to waste, 10
**malo** *adj.* bad; ill, 1
    **de mala gana** *con mal humor*, 3
    **malo presagio** bad omen, 2
**maltratar** to mistreat, 7
**maltrato** mistreatment, 7
**mancha** stain, 7
**manejar ebrio** to drive drunk, 7
**manguera** hose, 1
**manifestación** *f.* demonstration, protest, 7
**manifestante** *m./f.* protester, 7
**manipulación** *f.* **genética** genetic manipulation, 9
**manipular** to manipulate, 8
**manjar** *m. comida muy rica*, 4
**mano** *f.* **de obra** workforce, labor, 10
**mansedumbre** *f. estado calmado*, 5
**mar** *m.* **Mediterráneo/Caribe** Mediterranean/Caribbean Sea, 1
**marca** brand, 5
**marcapasos** *m.* pacemaker, 9
**marcha** march, 7
**marchar** to march, 7
**marco** frame, 7
**mareado** *adj.* dizzy, 1; 4
**mármol** *m.* marble, 8
**más** *adv.* more, 3
**masticar un pañuelo** to chew on a handkerchief, 1
**mata: una mata espesa rojiza y reseca** a clump of thick, dry, red hair, 5
**materia** course, 3
**matiz** *m.* shade, tint, 8
**matizar** to blend (colors), 8
**maullar** to meow, 4
**medio hermano(a)** half brother (half sister), 2
**médula** marrow, 9
**mejilla** cheek, 3
**melancólico** *adj.* melancholy, sad, 2
**melcocha** foamy part, 4
**memorias** *pl.* memoirs, 8
**mendigar (gu)** to beg, 5
    **los mendigamos** we beg for it, 7
**menos** *adv.* less, 3
    **a menos que** *conj.* unless, 7
**menospreciar** to undervalue, to scorn, 10

**menosprecio** lack of appreciation, scorn, 10

**meta** goal, 6

**metáfora** metaphor, 8

**meter preso(a)** to put in prison, 7

**mezcla** mixture, 4

**mezclar** to mix, 4

**mientras** *conj.* while, 2

**mimado** *adj.* spoiled, pampered, 2

**mimar** to spoil, 2

**minoría** minority, 1

**misa** mass, 2

**mismo** *adj.* same, 2

**mítico** *adj.* mythical, 8

**mito** myth, 8

**mitología** mythology, 8

**moda** style, 5

**moldear** to mold, 8

**molestar** to annoy, 5

**monolingüismo** monolingualism, 10

**montaje** *m.* montage, 9

**montaña rusa** roller coaster, 4

**montañoso** *adj.* mountainous, 1

**montar un negocio** to start a business, 6

**montón** *m.* whole bunch, 6

**monumento** monument, 3

**moqueante** *adj.* runny-nosed, 5

**morder: morder un hueso** to bite a bone, 10

**mortero** mortar, 4

**motosierra** chainsaw, 10

**movilización** *f.* mobilization, 7

**movilizar** to mobilize, 7

**moviola** device for editing film, 9

**muchas veces** *adv.* often, 2

**mudarse** to move (residence), 3

**muestra** sample, copy, 8

**mulata** a type of flower, 6

**multa** ticket, fine, 7

    **ponerle una multa** to give someone a ticket, fine, 7

**mural** *m.* mural, 8

**muro** *pared*, 10

**música** *f.* **salsa/cumbia/merengue** salsa/cumbia/merengue music, 1

**mustia** *adj.* withered, 2

# N

**nacimiento** birth, 2

**nada** nothing, 3

**nadie** no one, 3

**nariz aguileña** hooked nose, 5

    **nariz puntiaguda** pointed nose, 5

**narizotas** nostrils, 5

**narrador(a)** narrator, 8

**narrar** to narrate, 8

**narrativa** narrative, 8

**naturaleza muerta** still life, 8

**navegar a vela** to sail a sailboat, 4

**neblina** fog, 1

**negar (ie)** to deny, 3

    **negarse (ie) a** to refuse, 3

**neoliberal** *adj.* political term used to refer to capitalist philosophies relating to globalization and trade between developed and developing countries, 10

**nevar (ie)** to snow, 1

**ni cuenta** didn't even realize, 3

**ni a sol ni a sombra** *nunca*, 3

**ni... ni** *conj.* neither . . . nor, 3

**niñera** baby-sitter, 2

**ningún, ninguno** *adj.* no, none, 3

**nítidamente** *adv.* clearly, 9

**novedoso** *adj.* novel, new, 9

**novela rosa / policíaca** romantic / detective novel, 8

**nuca** back of the neck, 9

**nuevas** *f. pl. noticias*, 1

**nunca** *adv.* never, 3

# O

**obra maestra** masterpiece, 8

**ocio** leisure, 4

**ofrecerse (zc) de voluntario(a)** to offer to serve as a volunteer, 6

**ola** wave, 6

**olla** saucepan, 4

**oponer** to oppose, 2

**opresión** *f.* oppression, 7

**oprimir** to oppress, 7

**organización** *f.* **sin fines de lucro** nonprofit organization, 6

**orgullo** pride, 1

**orilla** edge, 2

**orondo** *adj. arrogante*, 4

# P

**pachanga** party, party music, 1

**pacífico** *adj.* peaceful, 7

**padecer (zc)** *sufrir*, 5

**paisaje** *m.* landscape, 8

**paisanaje** the manner in which local people treat each other, 10

**paja** straw, 4

**palidecer (zc)** *ponerse pálido*, 1

**palillo** toothpick, 5

**palmadita** pat on the back, 2

**palo: de palo** wooden, 4

**pana** corduroy, 5

**pancarta** (picket) sign, 7

**pandilla** gang, 7

**pandillero(a)** gangster, 7

**paño** cloth, 4

**pantalla** screen, 9

**pantanal** *m.* marsh, 10

**para** *prep.* for

    **para cuando** by the time that, 7

    **para que** in order that, 7

**parachoque** *m.* bumper, 1

**parada** (bus)stop, 3

**parar** to stop, 2; 7

    **no paraban** *no dejaron de*, 5

**parecer (zc)** to seem, 3; to appear, 5

    **parecerse (zc) a** to resemble, 3

**paro** stoppage, 7

**pasa** raisin, 4

**pasacalle** *m.* procession, 7

**pasado de moda** *adj.* out of style, 5

**pasaje** *m.* ticket, passage, 3

**pascua** a type of flower, 6

**pasito** *adv. suavemente*, 4

**pata** leg of an animal, 4

    **patas** *pl.* **de un compás** hands of a compass, 5

**patentar** to patent, 9

**patente** *f.* patent, 9

**patizambo** *adj.* bowlegged, 5

**patoso** *adj.* clumsy, 5

**patrón** *m. jefe*, 3

**pecera** fish bowl, 5

**pecho** chest, 2; breast, 9

**pechugón(ona)** *adj.* big-chested or breasted, 5

**pedir (i) un aventón** to hitchhike, 3

**pelea** fight, 2

**pelear** to fight, 2

**pelo lacio** straight hair, 5

    **pelo rizado** curly hair, 5

**pelotón** *m.* **de fijo** permanent platoon, 3

**pena de muerte** death sentence, 7

**pensión** *f.* pension, 6

**pequeño de estatura** *adj.* small in stature (size), 5

**perder (ie) el tren/autobús/vuelo** to miss the train/bus/flight, 3

**perdigón** *m.* pellet, 7

**perfil** *m.* **genético** genetic profile, 9

**personaje** *m./f.* character, 8

**personalidad** *f.* personality, 5

**pertenecer (zc) a** to belong to, 1

**pesadez** *f.* weight, 2

**pesar** to weigh, 2

**pese a todo** *conj.* in spite of everything, 10

**peso** weight, 2

**picadora** cutting machine, 10

**picado** *adj.* ground, 4

**picante** *adj.* spicy, 4

**picar (qu)** to cut, 4

**pícaro** *adj.* roguish, 4

**picudo** *adj.* bony, 5

**pie: en pie de guerra** on the war path, 5

**pieza** piece (of work), 8

**pila** battery, 9

**píldora anticonceptiva** birth control pill, 9

**pincel** *m.* paintbrush, 8

**pintar al óleo** to paint in oils, 8

**pintura** paint, painting, 8

**pirámide** *f.* pyramid, 3

**pirata** *m./f.* pirate, 9

**piratear** to pirate, 9

**piratería** piracy, 9

**pizca** pinch, 4

**plagiar** to plagiarize, 7

**plagio** plagiarism, 7

**planear** to plan, 6

**Planeta** *m.* **Tierra** Planet Earth, 10

**plano** *adj.* flat, 1

**plano general** *n.* long shot, 9

   **plano más próximo** a closer shot, 9

   **planos muy breves** very short shots, 9

   **primer plano** close-up, 9

**platea** *asientos,* 9

**platillo volante** flying saucer, 5

**plaza** space (on a bus), 3

**plazo: a largo/corto plazo** long/short term, 6

**población** *f.* population; village, 1

**pobreza (extrema)** (extreme) poverty, 6

**poder** *m.* **hidroeléctrico** hydroelectric power, 10

**política migratoria** immigration policy, 10

**polvo** dust, 1; face powder, 4

**pómulo** cheekbone, 3

**poner (g)** to put, 3

**ponerse (g)** to put on, to become, 3

   **a punto de ponerse** about to start, 9

**por** *prep.* for

   **por aquí** around here, 3

   **por casualidad** *adv.* by chance, 3

   **por ciento** percent, 3

   **por cierto** for sure, by the way, 3

   **por completo** *adv.* completely, 3

   **por dentro** *adv.* inside, 3

   **por desgracia** *adv.* unfortunately, 3

   **por ejemplo** for example, 3

   **por eso** therefore, 3

   **por favor** please, 3

   **por lo general** *adv.* usually, 2

   **por lo menos** at least, 3

   **por lo visto** *adv.* apparently, 3

   **por mi parte** as for me, 3

   **por ningún lado** nowhere, 3

   **por primera vez** *adv.* for the first time, 3

   **por si acaso** *adv.* just in case, 2; 3

   **por supuesto** of course, 3

   **por todas partes** everywhere, 3

**portadora de la cabellera** owner of the head of hair, 9

**portarse (bien, mal)** to behave (well, poorly), 2

**portavoz** *m./f.* spokesperson, 7

**posgrado** *adj.* graduate, 3

**potencia** power, 9

**potente** *adj.* powerful, 9

**pozo** well, 3

**practicar paracaidismo** to skydive, 4

   **practicar tablavela** to windsurf, 4

**predecir (i, g)** to predict, 9

**premiar** to award, 1

**premio** award, 1

   **premio Nobel** Nobel Prize, Nobel laureate, 8

**prenda** item of clothing, 5

**preparativos** *pl.* preparations, 2

**prestigio** prestige, 8

**prestigioso** *adj.* prestigious, 8

**prevención** *f.* prevention, 9

**prevenir (ie)** to prevent, 9

**primo(a) segundo(a)** second cousin, 2

**primogénito(a)** first born, 2

**privacidad** *f.* privacy, 7

**privado** *adj.* private, 7

**privar(se) de** to deprive (oneself) of, 7

**privilegio** privilege, 7

**probar (ue)** to try, 4

   **probarse (ue)** to try on, 3

**procesión** *f.* procession, 2

**prohibir** to prohibit, 9

**prolongar (gu) la vida** to prolong life, 9

**promover (ue)** to promote, 6

**propiciar** *causar,* 3

**proponer (g)** to propose, 6

**protagonista** *m./f.* protagonist, 8

**protección** *f.* protection, 6

**proteger (j)** to protect, 6

**protesta** protest, 7

**protestar** to protest, 7

**proveedor(a)** provider, 2

**proveer** to provide, 2

**proyectar** to project, 5

**prueba de ADN (ácido desoxirribonucleico)** DNA test, 9

**publicación** *f.* publication, 8

**publicar** to publish, 8

**publicidad** *f.* advertising, 6

**puente** *m.* bridge, 6

**puesta** *f.* **del sol** sunset, 1

**puesto** booth, 1

**puesto que** *conj.* since, 7

**puñado** handful, 4

**puñal** *m.* dagger, 10

**punto** knit, 5

**pupitre** *m. escritorio pequeño,* 1

## Q

**quedar** to turn out, 3; to fit; to remain; to keep, 5

   **quedar(le) a alguien** to fit, 5

   **quedarse atrás** to be left behind, 10

   **quedarse de sobremesa** to stay at the table for table talk, 2

**quejarse de** to complain of, 3

**quien(es)quiera** whoever, 7

**quinceañera** fifteenth birthday; Sweet Fifteen, 2

**quisquilloso** *adj.* finicky, fussy, 5

**quitar** to take away, 3

    **quitarse** to take off, 3

## R

**racismo** racism, 10

**raja** stick, 4

**rama** branch, 2

**ramo** bouquet, 6

**rasgo** *aspecto*, 9

**rayar** to grate, 4

**rayó** *adj.* grated, 4

**realismo** realism, 8

**realista** realist; *adj.* realistic, 8

**recámara** bedroom, 3

**recapacitar** to mull over, 2

**recaudar fondos** to raise funds, 6

**recelo** distrust, 3

**rechistar** to protest, 2

**recipiente** *m.* container, 4

**reclutador(a)** recruiter, 6

**recoger** to pick, 1

**reconocimiento** recognition, 8

**recorrer** *pasar por*, 5

**recorrido turístico** sightseeing trip, 3

**recostado: tipo recostado** man leaning, 9

**recuperar (datos)** to recover (data), 9

**recurso** resource, 6

    **recurso renovable** renewable resource, 10

**redada** raid, 10

**reemplazar** to replace, 9

**reflejar** to reflect, 8

**refutable** *adj.* refutable, 10

**regalar (muñecas)** to give away (dolls), 2

**regalos: envolver regalos** to wrap presents, 2

**regañar** to scold, 2

**regatear** to bargain, 3

**regocijo** joy, merriment, 2

**regulación** *f.* regulation, 10

**regular** to regulate, 10

**reja** iron bar on windows and doors, 6

**relaciones** *f. pl.* **familiares** family relations, 2

**relatar** to tell, relate a story, 8

**relato** story, 8

**religioso** *adj.* religious, 2

**reluciente** *adj. brillante*, 4

**remediar** to remedy, 9

**remedio** remedy, 9

**remesa** remittance, 10

**remojar** to soak, 4

**remunerado** *adj.* paid, 6

**remunerar** to pay, reward, 6

**renombrado** *adj.* renowned, famous, 8

**rentar un carro** to rent a car, 3

**reparar** to repair, 10

**repartir las cartas** to deal cards, 4

**repercusión** *f.* repercussion, 9

**repoblación** *f.* repopulation, reforestation, 6

**repoblar (ue)** to repopulate, reforest, 6

**represa** dam, 10

**reproductor** *m.* **de MP3 / DVD** MP3 / DVD player, 9

**requisito** requirement, 6

**resaltar** to highlight, emphasize, 2; 9

**resbalar** *caer*, 3

**rescatar** to rescue, 6

**rescate** *m.* rescue, 6

**resentimiento** resentment, 6; 7

**reservar con anticipación** to reserve in advance, 3

**restauración** *f.* restoration, 10

**restaurar** to restore, 10

**restricción** *f.* restriction, 10

**restringir (j)** to restrict, 10

**resultar** to result, 9

**retirar** to remove, 4

    **retirar dinero** to withdraw money, 3

**retraso** delay, 3

**retrolectura** *re-evaluación*, 9

**retumbo** rumble, 2

**reutilizar** to reuse, 10

**revelar** to develop (film), 8

**rezar** to pray, 2

**rico** *adj.* rich (prosperous); delicious, 1

**riesgo** risk, 9

**rima** rhyme, 8

**rimar** to rhyme, 8

**riqueza natural** natural richness, 10

**risible** *adj. cómico*, 5

**ritmo** *m.* **bailable** danceable rhythm, 1

**robo de identidad** identity theft, 9

**roída por comejenes** *comida por termites*, 1

**rollo de película (blanco y negro / en colores)** roll of film (black and white / color), 8

**romper con la tradición** to break with tradition, 8

**ropa de etiqueta** designer clothing, 5

**ropero** closet, 4

**rostro: un rostro como de careta de verbena** a face like a mask on a carnival attraction, 5

**rueda** wheel, 3; 9

**rugir** to bellow, 6

**ruina** ruin, 3

## S

**sabiduría** wisdom, 10

**sabor** *m.* taste, 4

**saborear** *disfrutar*, 1

**sabroso** *adj.* tasty, delicious, 4

**sacar** to stick out

    **sacar a todos la cabeza** to be taller than the rest, 5

    **sacar pecho (en plena calle)** to stick out one's chest (in the middle of the street), 4

**sacerdote** *m.* priest, 2

**saco** mens' blazer, 5

**salamandras** heat radiator, 10

**saltamontes** *m.* grasshopper, 5

**salto** jump, 4

**salvador** rescuer, 10

**San Antonio** para los hispanos católicos, San Antonio de Padua es el santo patrón de las mujeres solteras y es un rito común rezarle para encontrar novio, 4

**sangre** *f.* blood, 6

**sangriento** *adj.* bloody, 7

**saquear** to plunder, 6

**sartén** *f.* frying pan, 4

**sastre** *m.* tailor, 3

**sátira** satire, 8

**satírico** *adj.* satirical, 8

**sazonar** to season, 4

**seco** *adj.* dry, 1

**secuestrar** to kidnap, 7

**secuestro** kidnapping, 7

**seguir (i) cogiendo fresco** to keep cool, 4

**segunda pareja** second marriage; second spouse, 2

**seguridad** *f.* security, safety, 7

**seguro** *adj.* safe; sure, certain, 1

   **seguro** *adj.* **de sí mismo** secure about oneself, 5

**selección** *f.* **genética** genetic selection, 9

**sembrar: sembrando terror** instilling fear, 7

**semilla** seed, 10

**Sendero, Túpac Amaru** grupos peruanos de guerilla, 7

**sensato** *adj.* sensible, 5

**sensible** *adj.* sensitive, 5

**serrín** *m.* *polvo de madera*, 10

**servir: no servir para nada** to be useless, 3

**siempre** *adv.* always, 2

   **para siempre** *adv.* forever, 3

   **siempre que** *conj.* provided that, whenever, 7

**Siete de junio** song of unknown origin, popular in El Salvador in 1917, the year of a terrible earthquake, 6

**siglo** century, 3

**significante** *adj.* significant, 10

**simbólico** *adj.* symbolic, 8

**simbolizar** to symbolize, 8

**símbolo** symbol, 8

**símil** *m.* simile, 8

**sin que** *adv.* out of nowhere, 3; *conj.* without, 7

**sinvergüenza** *m./f.* shameless person, 5

**sistema** *m.* **operativo** operating system, 9

**sitio** place, location, site, 1

**sobornar** to bribe, 7

**soborno** bribe, bribery, 7

**sobrar(le) (a alguien)** to be in excess, to have in excess, 5

**sobrepesca** overfishing, 10

**sobreviviente** *m./f.* survivor, 9

**sofocado** *adj.* overwhelmed, 1

**soga** rope, 1

**soldado** soldier, 6

**soleado** *adj.* sunny, 1

**solicitud** *f.* application, 3

**solidaridad** *f.* solidarity, 7

**someter** to subject, 7

   **someter a** to subject (someone) to, 7

**sometido** *adj.* subjected to, 7

**són** *m.* sound, 8

**sonar (ue) el timbre** to ring the doorbell, 7

**soplar** to blow, 2

**soportar** to tolerate, 2

**sospechar** to suspect, 7

**sospechoso(a)** suspect, 7

**subempleo** underemployment, 10

**subir a la red** to upload, 9

**subirse encima** to climb on top of, 2

**suceder** to follow, 9

**sudadera** sweatshirt, sweat suit, 5

**suelo** ground, 10

**superar(se)** to overcome; to improve oneself, 1

**supervisar** to supervise, 6

**suprimir** to suppress, 9

**surco** trench, 1

**sustantivo** noun, 1

**susurrar** to whisper, 1; *decir en voz muy baja*, 4

**switcher** *m.* device used by the director to switch cameras, 9

# T

**tal** somebody by the name of, 10

**tala** tree felling, 10

**talar** to fell a tree, 10

**talla** carving, sculpture, 8

**tallar** to carve (wood), 8

**tamaño** size, 2

**también** *adv.* also, 3

**taquilla** ticket office, 3

**tarea** homework, 6

**tarifa** price, 3

**tarima** *plataforma*, 9

**tatarabuelo(a)** great-great-grandfather (great-great-grandmother), 2

**tatuaje** *m.* **adhesivo** adhesive tattoo, 5

**taza** cup, 4

**techo** roof, 2

**técnica** technique, 8

**tecnología: alta tecnología** high technology, 9

   **tecnología de la información** information technology, 6

**televidente** *f.* viewer, 9

**tema** *m.* theme, 3

**temporada** season, 1; 3

**tendencia** trend, 5

**tener (g) (ie)** to have

   **tener alto grado de motivación** to be highly motivated, 6

   **tener buen aspecto** to look good, 5

**tener conocimientos de** to be knowledgeable in, 6

**tener derecho a** to have a right to, 7

**tener dueño** to have an owner, 7

**tener la culpa** (to be) guilty, 7

**tener manejo de** to manage, understand (to get the hang of), 6

**teñido** *adj.* dyed, 5

**terapéutico** *adj.* therapeutic, 9

**terapia** therapy, 9

**terco** *adj.* stubborn, 5

**terminal** *f.* terminal, 3

**término: en primer / segundo término** in the fore- / background, 8

**terremoto** earthquake, 2; 6

**tieso** *adj.* *rígido*, 5

**timbre** *m.* bell, 1

**tío(a) abuelo(a)** great-uncle (great-aunt), 2

**tiradita** little pull, 4

**tirar(se)** to throw (oneself), 2

   **tirar la bola** to throw the ball, 4

**tiritar** *temblar por el frío*, 2

**Tlaloc** Aztec god of rain; the counterpart of ChacMool, 6

**tocino** bacon, 4

**todita todita** *adv.* completely, 4

**tolerancia** tolerance, 10

**tolerante** *adj.* tolerant, 10

**toma de decisiones** decision making, 10

**tomar conciencia** to become aware, 10

**tomar medidas** to take measures, 7

**tomo** volume, 8

**tono** tone, 8

**tormenta** storm, 1

**torneo** tournament, 4

**torre** *f.* tower, 8

**tortura** torture, 7

**torturar** to torture, 7

**tostar** to brown; to toast, 4; to roast, 6

**tóxico** *adj.* toxic, 10

**trabajar bajo presión** to work under pressure, 6

**tradición** *f.* **oral** oral tradition, 8

**traducido** *adj.* translated, 8

**traducir (zc)** to translate, 8

**tráfico de personas** trafficking of people, 10

**tragar (gu)** to swallow, 6

**tragedia** tragedy, 8

**traicionar** to betray, 6

**trámite** *m.* step (in a process), 3

**transbordador** *m.* **espacial** space shuttle, 9

**transbordar** to transfer (on a bus), 3

**transcurrir** to take place, 8

**transgénico** *adj.* transgenic, 9

**transitar** to travel, 3

**transitado** *adj.* traveled, 3

**transmutado** *adj.* transformed, 5

**transplantar** to transplant, 9

**transplante** *m.* **de órganos** organ transplant, 9

**transporte** *m.* transportation, 3

**trasero** buttocks, 9

**trasfondo** background, 2

**traslado** move, 2

**trasnochar** to stay up very late, 2

**trata** *f.* **de esclavos** slave trade, 1

**tratamiento** treatment, 9

**traviesa** *adj.* mischievous, 2

**trigo** wheat, 9

**triturar** to grind, 6

**trozo: en trozos** in pieces, 4

**tumbar los bolos** to knock over bowling pins, 4

## U

**último** last

    **por última vez** for the last time, 3

    **por último** *adv.* lastly, finally, 3

**umbral** *m.* *entrada*, 7

**usuario(a)** user, 9

**utensilio** utensil, 4

**útil** *adj.* useful, 9

**utilidad** *f.* usefulness, 9

## V

**vacío** *adj.* empty, 5

**vacuna** vaccination, 3

**vacunarse** to get vaccinated, 3

**vagón** *m.* car (of a train), 3

**valiente** *adj.* courageous, 5

**valor** *m.* value, 1

**valorar** to value, 1

**vals** *m.* waltz, 2

**vanidoso** *adj.* vain, conceited, 5

**vaqueros** jeans, 5

    **de pata ancha** wide-legged jeans, 5

    **con cierre** *m.* **de cremallera** with zipper, 5

**vecino(a)** neighbor, 5

    **del tercero** from the third floor, 5

**veintiuna** blackjack, 4

**vencer** to defeat, overcome, 7

**vencido** *adj.* defeated, 7

**venda** blindfold, 7

**vender acciones** to sell stocks, shares, 6

**venta** sale, 6

**ventajoso** *adj.* advantageous, 10

**ventarrón** *m.* **como si siempre soplaron frente a él un ventarrón furioso** as if he were facing furiously blowing winds, 5

**verdadero** *adj.* real, true, 1

**verde** *adj.* green, 1; unripe, 4

**veredicto** verdict, 7

**vergüenza** shame, 3

**verso** verse, 8

**verter (ie)** to pour out, 4

**vestir (i) (una prenda)** to wear (an item of clothing), 5

**viaje** *m.* **redondo** round trip, 3

**vida cotidiana** everyday life, 8

**videojuego** video game, 4

**vidriera de colores** stained glass, 8

**vidrerias** *f. pl.* window panes, 2

**vidrio** glass, 8

**vidrioso** *adj.* glassy, 5

**vientos** *m.pl.* **alisios** prevailing winds of the region, 2

**vigente** *adj.* current, 3

**villancico** Christmas carol, 2

**viña** *plantación de uvas*, 1

**violación** *f.* violation, 7

**violar** to violate, 7

**vivienda** housing, house, 6

**vivo** *adj.* sharp; cunning, 1

**volar una cometa** to fly a kite, 4

**volcán** *m.* volcano, 1

**voltear** *dar una vuelta*, 7

**voluntariado** volunteerism, group of volunteers, 6

**voluntario(a)** volunteer, 6

**volverse (ue)** to turn around, 1

## Y

**yema** yolk, 4

## Z

**zapatillas** *pl.* slippers, sports shoes, 5

**zapatos** *pl.* shoes, 5

    **zapatos planos** flat, 5

    **zapatos de tacón alto** high-heeled, 5

    **zapatos con punta estrecha** pointed toe, 5

**zumbido** buzz(ing), 1

# Índice

# Credits

## Text Credits

**Chapter 1:** Francisco Jiménez, *Cajas de Cartón.* © Francisco Jiménez. Reprinted with author's permission.;
**Chapter 2:** Copyright *Gioconda Belli.* Used by permission of the author.; **Chapter 3:** Hernán Lara Zavala, *Un lugar en el mundo:* from *De Zitilchén.* Copyright © by Hernán Lara Zavala; reprinted by permission of the author.;
**Chapter 4:** From *Sonatinas: Cuentos de niños.* Copyright © 1989 by Rosario Ferré. Published by Ediciones Huracán, Puerto Rico. By permission of Susan Bergholz Literary Services, New York, NY and Lamy, NM. All rights reserved.;
**Chapter 5:** Rosa Montero. *La gloria de los feos,* de *Amantes y enemigos.* © Rosa Montero, 1998; **Chapter 6:** *Flores de volcán* (pp. 44, 46, 48, and 50) from *Flowers from the Volcano,* by Claribel Alegría, translated by Carolyn Forché. © 1982. Reprinted by permission of the University of Pittsburgh Press.; **Chapter 7:** © 1992 J. César Bravo V. *Calle de las Letras* 199, Depto. 1102, Lima 41, Perú. Tel. (511) 225-3763, <u>celou01@yahoo.es</u>.; **Chapter 8:** Eduardo Carranza, *El insomne.* © 2007 Editorial Norma (Colombia), todos los derechos reservados.; **Chapter 9:** Beatriz Sarlo, *Zapping.* © Beatriz Sarlo - © Emecé Editores S.A./Seix Barral.; **Chapter 10:** Luis Sepúlveda: *Historias marginales.* © Luis Sepúlveda, 2000 By arrangement with Literarische Agentur Mertin, Inh. Nicole Witte. K., Frankfurt am Main, Germany.

## Photo Credits